I0289230

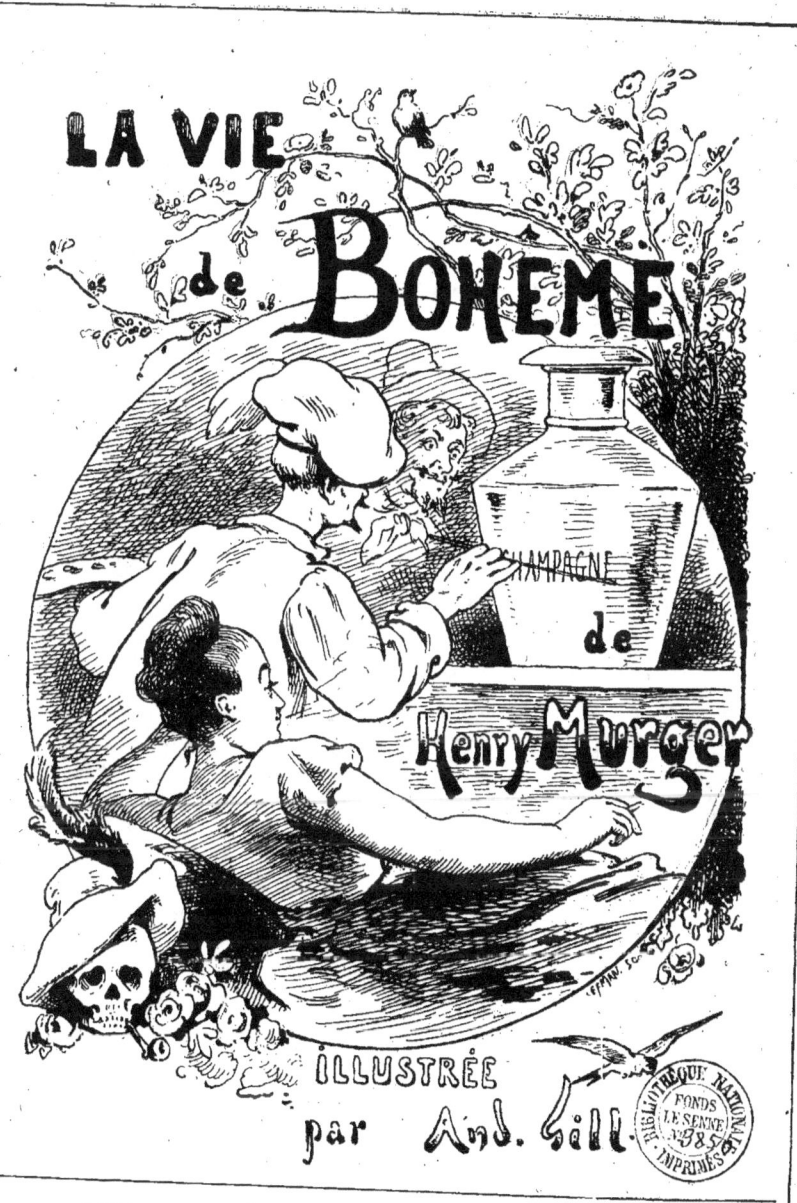

LA VIE DE BOHÊME

I

COMMENT FUT INSTITUÉ LE CÉNACLE DE LA BOHÊME

Voici comment le hasard, que les sceptiques appellent l'homme d'affaires du bon Dieu, mit un jour en contact les individus dont l'association fraternelle devait plus tard constituer le cénacle formé de cette fraction de la *Bohême* que l'auteur de ce livre a essayé de faire connaître au public.

Un matin, c'était le 8 avril, Alexandre Schaunard, qui cultivait les deux arts libéraux de la peinture et de la musique, fut brusquement réveillé par le carillon que lui sonnait un coq du voisinage qui lui servait d'horloge.

— Sacrebleu! s'écria Schaunard, ma pendule à plumes avance, il n'est pas possible qu'il soit déjà aujourd'hui.

En disant ces mots, il sauta précipitamment hors d'un meuble de son industrieuse invention et qui, jouant le rôle de lit pendant la nuit, ce n'est pas pour dire, mais il le jouait bien mal, remplissait pendant le jour le rôle de tous les autres meubles, absents par suite du froid rigoureux qui avait signalé le précédent hiver : une espèce de meuble maître-Jacques, comme on voit.

Pour se garantir des morsures d'une bise matinale, Schaunard passa à la hâte un jupon de satin rose semé d'étoiles en pailleté, et qui lui servait de robe de chambre. Cet oripeau avait été, une nuit de bal masqué, oublié chez l'artiste par une *folie* qui avait commis celle de se laisser prendre aux fallacieuses

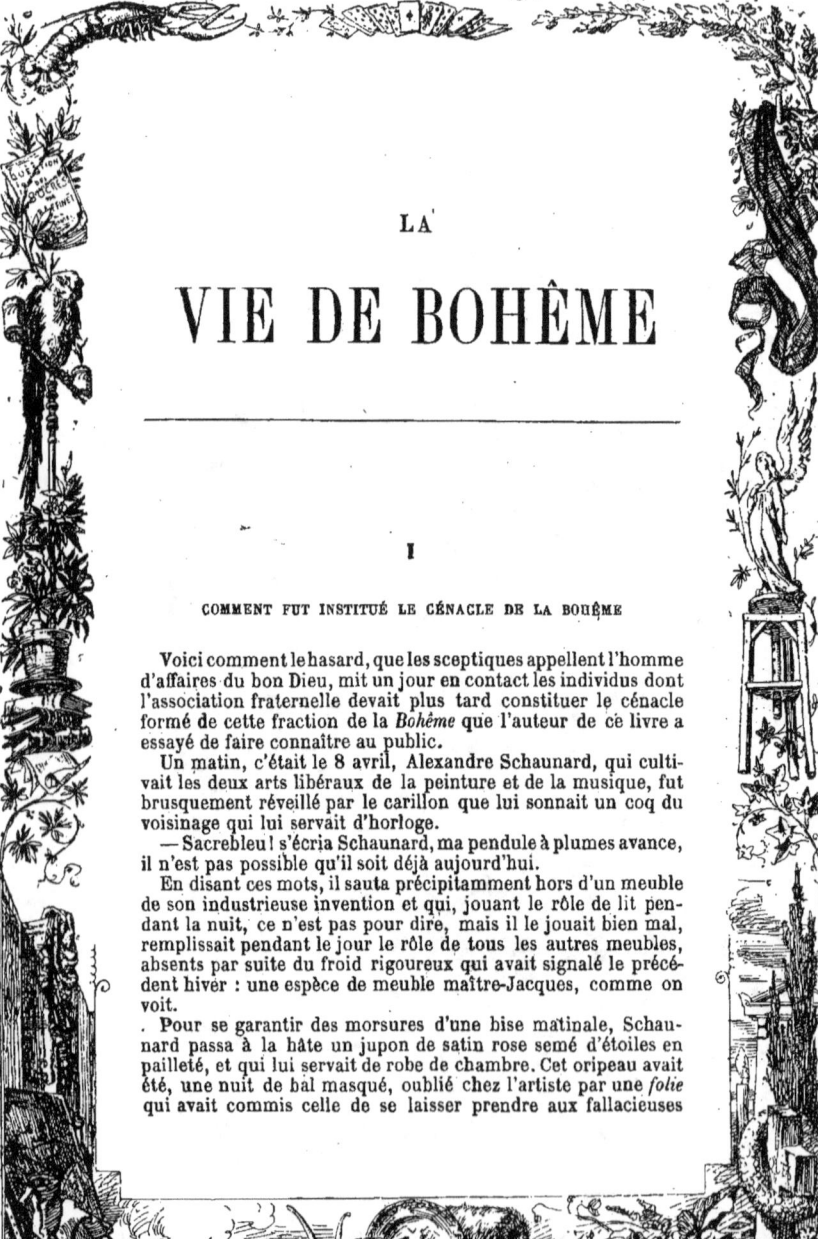

promesses de Schaunard, lequel, déguisé en marquis de Mondor, faisait résonner dans ses poches les sonorités séductrices d'une douzaine d'écus, monnaie de fantaisie, découpée à l'emporte-pièce dans une plaque de métal, et empruntée aux accessoires d'un théâtre.

Lorsqu'il eut vêtu sa toilette d'intérieur, l'artiste alla ouvrir sa fenêtre et son volet. Un rayon de soleil, pareil à une flèche de lumière, pénétra brusquement dans la chambre et le força à écarquiller ses yeux encore voilés par les brumes du sommeil ; en même temps, cinq heures sonnèrent à un clocher d'alentour.

— C'est l'aurore elle-même, murmura Schaunard ; c'est étonnant. Mais, ajouta-t-il en consultant un calendrier accroché à son mur, il n'y a pas moins erreur. Les indications de la science affirment qu'à cette époque de l'année le soleil ne doit se lever qu'à cinq heures et demie ; il n'est que cinq heures, et le voilà déjà debout. Zèle coupable ; cet astre est dans son tort, je porterai plainte au bureau des Longitudes. Cependant, ajouta-t-il, il faudrait commencer à m'inquiéter un peu ; c'est bien aujourd'hui le lendemain d'hier ; et comme hier était le 7, à moins que Saturne ne marche à reculons, ce doit être aujourd'hui le 8 avril ; et si j'en crois les discours de ce papier, dit Schaunard en allant relire une formule de congé par huissier affichée à la muraille, c'est aujourd'hui à midi précis que je dois avoir vidé ces lieux et compté ès mains de M. Bernard, mon propriétaire, une somme de soixante-quinze francs pour trois termes échus, et qu'il me réclame dans une fort mauvaise écriture. J'avais, comme toujours, espéré que le hasard se chargerait de liquider cette affaire, mais il paraîtrait qu'il n'a pas eu le temps. Enfin, j'ai encore six heures devant moi ; en les employant bien, peut-être que... Allons... allons, en route... ajouta Schaunard.

Il se disposait à vêtir un paletot dont l'étoffe, primitivement à longs poils, était atteinte d'une profonde calvitie, lorsque tout à coup, comme s'il eût été mordu par une tarentule, il se mit à exécuter dans sa chambre une chorégraphie de sa composition qui, dans les bals publics, lui avait souvent mérité les honneurs de la gendarmerie.

— Tiens, tiens, s'écria-t-il, c'est particulier, comme l'air du matin vous donne des idées ; il me semble que je suis sur la piste de mon air ! Voyons.

Et Schaunard, à moitié nu, alla s'asseoir devant son piano, et après avoir réveillé l'instrument endormi par un orageux placage d'accords, il commença, tout en monologuant, à poursuivre sur le clavier la phrase mélodique qu'il cherchait depuis si longtemps.

— *Do, sol, mi, do, la, si, do, ré,* boum, boum. *Fa, ré, mi, ré.* Aïe, aïe, il est faux comme Judas, ce *ré,* fit Schaunard en frappant avec violence sur la note aux sons douteux. Voyons le mineur...

Il doit dépeindre adroitement le chagrin d'une jeune personne qui effeuille une marguerite blanche dans un lac bleu. Voilà une idée qui n'est pas en bas âge. Enfin, puisque c'est la mode, et qu'on ne trouverait pas un éditeur qui osât publier une romance où il n'y aurait pas de lac bleu, il faut s'y conformer... *Do, sol, mi, do, la, si, do, ré;* je ne suis pas mécontent de ceci, ça donne assez l'idée d'une pâquerette, surtout aux gens qui sont forts en botanique. *La, si, do, ré,* gredin de *ré,* va! Maintenant, pour bien faire comprendre le lac bleu, il faudrait quelque chose d'humide, d'azuré, de clair de lune, car la lune en est aussi. Tiens, mais ça vient, n'oublions pas le cygne... *Fa, mi, la, sol,* continua Schaunard en faisant clapoter les notes cristallines de l'octave d'en bas. Reste l'adieu de la jeune fille, qui se décide à se jeter dans le lac bleu, pour rejoindre son bien-aimé enseveli sous la neige ; ce dénoûment n'est pas clair, murmura Schaunard, mais il est intéressant. Il faudrait quelque chose de tendre, de mélancolique ; ça vient, ça vient, voilà une douzaine de mesures qui pleurent comme des Madeleines, ça fend le cœur ! Brr, brr, fit Schaunard en frissonnant dans son jupon semé d'étoiles, si ça pouvait fendre le bois : il y a dans mon alcôve une solive qui me gêne beaucoup quand j'ai du monde... à dîner ; je ferais un peu de feu avec... *la, la... ré, mi,* car je sens que l'inspiration m'arrive enveloppée d'un rhume de cerveau. Ah ! bah ! tant pis !... continuons à noyer ma jeune fille.

Et tandis que ses doigts tourmentaient le clavier palpitant, Schaunard, l'œil allumé, l'oreille tendue, poursuivait sa mélodie, qui, pareille à un sylphe insaisissable, voltigeait au milieu du brouillard sonore que les vibrations de l'instrument semblaient dégager dans la chambre.

— Voyons maintenant, reprit Schaunard, comment ma musique s'accroche avec les paroles de mon poëte.

Et il fredonna d'une voix désagréable ce fragment de poésie employée spécialement pour les opéras-comiques et les légendes de mirliton :

> La blonde jeune fille,
> Vers le ciel étoilé,
> En ôtant sa mantille,
> Jette un regard voilé ;
> Et dans l'onde *azurée*
> Du lac aux flots d'*argent*. . . .
> . . . .

—Comment, comment ! fit Schaunard, transporté d'une juste indignation, l'onde azurée d'un lac d'argent ! Je ne m'étais pas encore aperçu de celle-là ; c'est trop romantique, à la fin ; ce poëte est un idiot, il n'a jamais vu d'argent ni de lac. Sa ballade est stupide, d'ailleurs ; la coupe des vers me gênait pour ma musique ; à l'avenir je composerai mes poëmes moi-même, et pas plus tard que tout de suite ; comme je me sens en train,

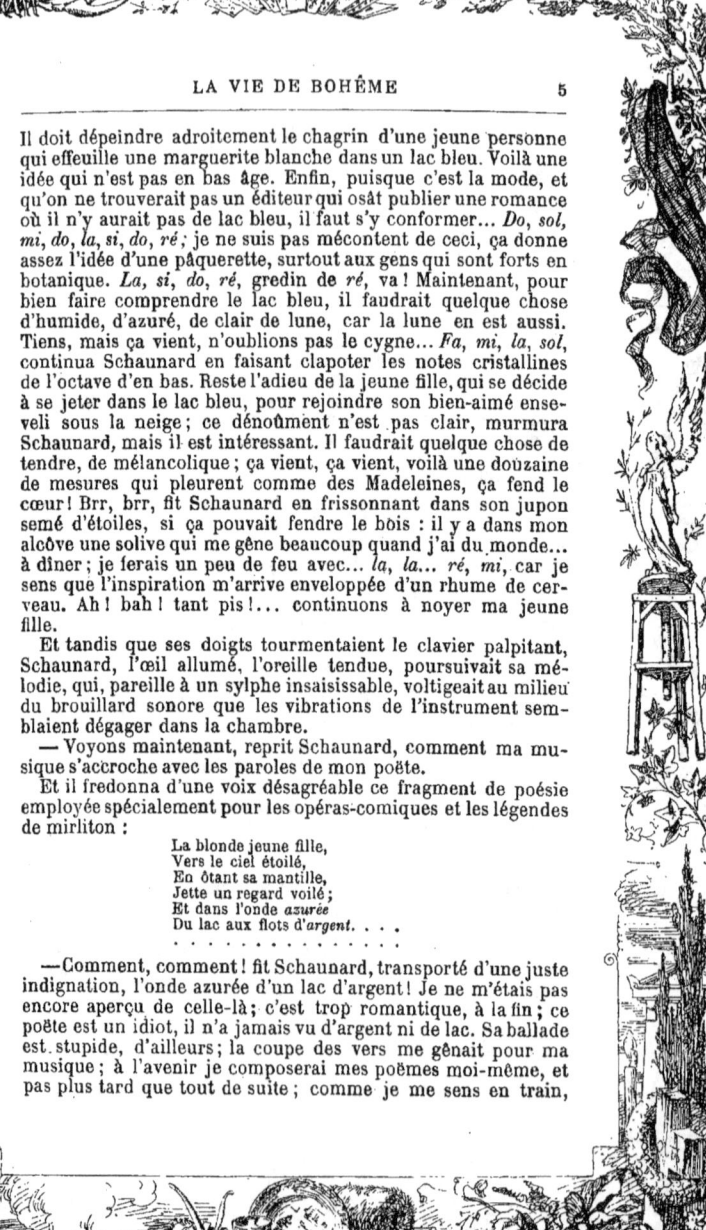

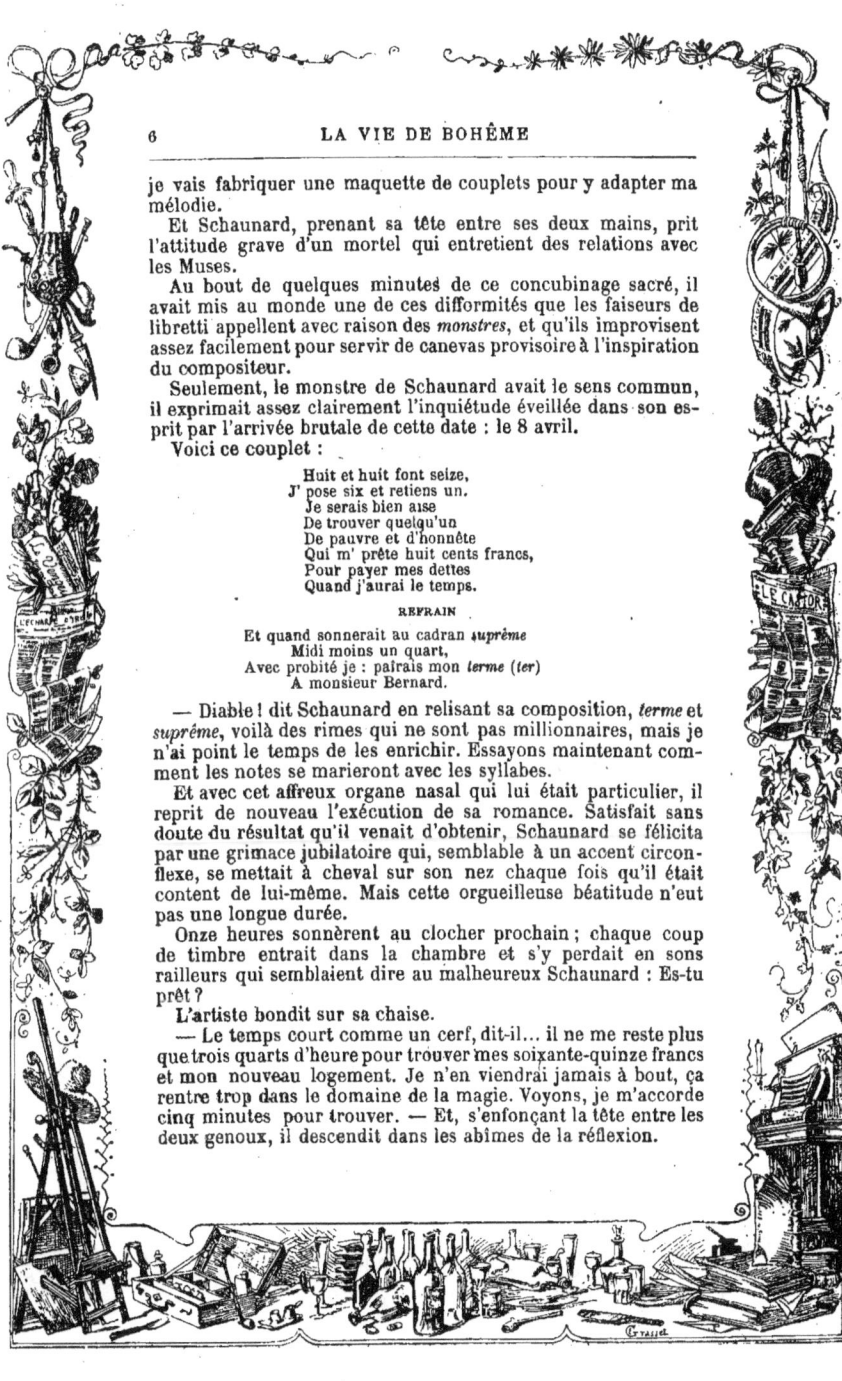

je vais fabriquer une maquette de couplets pour y adapter ma mélodie.

Et Schaunard, prenant sa tête entre ses deux mains, prit l'attitude grave d'un mortel qui entretient des relations avec les Muses.

Au bout de quelques minutes de ce concubinage sacré, il avait mis au monde une de ces difformités que les faiseurs de libretti appellent avec raison des *monstres*, et qu'ils improvisent assez facilement pour servir de canevas provisoire à l'inspiration du compositeur.

Seulement, le monstre de Schaunard avait le sens commun, il exprimait assez clairement l'inquiétude éveillée dans son esprit par l'arrivée brutale de cette date : le 8 avril.

Voici ce couplet :

> Huit et huit font seize,
> J' pose six et retiens un.
> Je serais bien aise
> De trouver quelqu'un
> De pauvre et d'honnête
> Qui m' prête huit cents francs,
> Pour payer mes dettes
> Quand j'aurai le temps.

REFRAIN

> Et quand sonnerait au cadran *suprême*
> Midi moins un quart,
> Avec probité je : paîrais mon *terme* (ter)
> A monsieur Bernard.

— Diable ! dit Schaunard en relisant sa composition, *terme* et *suprême*, voilà des rimes qui ne sont pas millionnaires, mais je n'ai point le temps de les enrichir. Essayons maintenant comment les notes se marieront avec les syllabes.

Et avec cet affreux organe nasal qui lui était particulier, il reprit de nouveau l'exécution de sa romance. Satisfait sans doute du résultat qu'il venait d'obtenir, Schaunard se félicita par une grimace jubilatoire qui, semblable à un accent circonflexe, se mettait à cheval sur son nez chaque fois qu'il était content de lui-même. Mais cette orgueilleuse béatitude n'eut pas une longue durée.

Onze heures sonnèrent au clocher prochain ; chaque coup de timbre entrait dans la chambre et s'y perdait en sons railleurs qui semblaient dire au malheureux Schaunard : Es-tu prêt ?

L'artiste bondit sur sa chaise.

— Le temps court comme un cerf, dit-il... il ne me reste plus que trois quarts d'heure pour trouver mes soixante-quinze francs et mon nouveau logement. Je n'en viendrai jamais à bout, ça rentre trop dans le domaine de la magie. Voyons, je m'accorde cinq minutes pour trouver. — Et, s'enfonçant la tête entre les deux genoux, il descendit dans les abîmes de la réflexion.

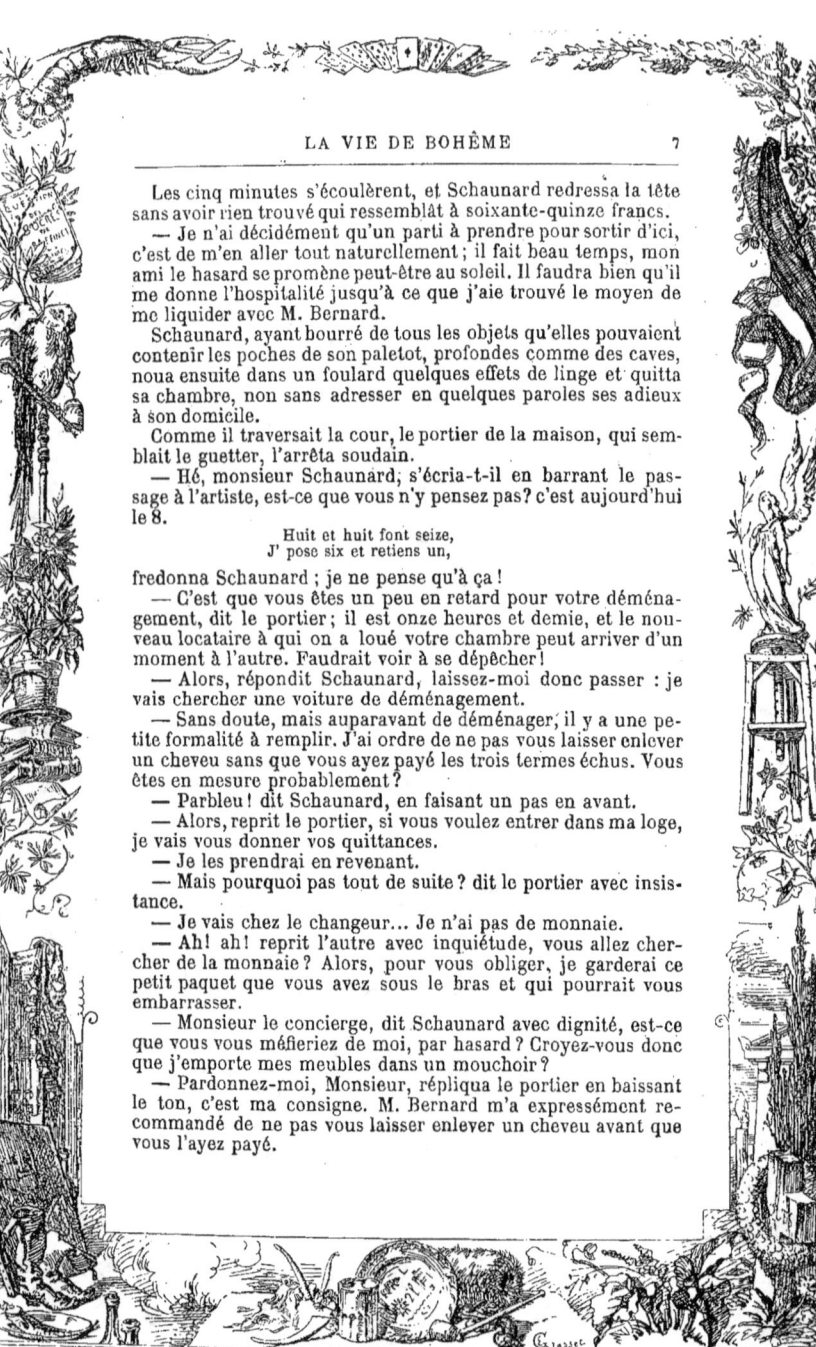

Les cinq minutes s'écoulèrent, et Schaunard redressa la tête sans avoir rien trouvé qui ressemblât à soixante-quinze francs.

— Je n'ai décidément qu'un parti à prendre pour sortir d'ici, c'est de m'en aller tout naturellement ; il fait beau temps, mon ami le hasard se promène peut-être au soleil. Il faudra bien qu'il me donne l'hospitalité jusqu'à ce que j'aie trouvé le moyen de me liquider avec M. Bernard.

Schaunard, ayant bourré de tous les objets qu'elles pouvaient contenir les poches de son paletot, profondes comme des caves, noua ensuite dans un foulard quelques effets de linge et quitta sa chambre, non sans adresser en quelques paroles ses adieux à son domicile.

Comme il traversait la cour, le portier de la maison, qui semblait le guetter, l'arrêta soudain.

— Hé, monsieur Schaunard, s'écria-t-il en barrant le passage à l'artiste, est-ce que vous n'y pensez pas ? c'est aujourd'hui le 8.

Huit et huit font seize,
J' pose six et retiens un,

fredonna Schaunard ; je ne pense qu'à ça !

— C'est que vous êtes un peu en retard pour votre déménagement, dit le portier ; il est onze heures et demie, et le nouveau locataire à qui on a loué votre chambre peut arriver d'un moment à l'autre. Faudrait voir à se dépêcher !

— Alors, répondit Schaunard, laissez-moi donc passer : je vais chercher une voiture de déménagement.

— Sans doute, mais auparavant de déménager, il y a une petite formalité à remplir. J'ai ordre de ne pas vous laisser enlever un cheveu sans que vous ayez payé les trois termes échus. Vous êtes en mesure probablement ?

— Parbleu ! dit Schaunard, en faisant un pas en avant.

— Alors, reprit le portier, si vous voulez entrer dans ma loge, je vais vous donner vos quittances.

— Je les prendrai en revenant.

— Mais pourquoi pas tout de suite ? dit le portier avec insistance.

— Je vais chez le changeur... Je n'ai pas de monnaie.

— Ah ! ah ! reprit l'autre avec inquiétude, vous allez chercher de la monnaie ? Alors, pour vous obliger, je garderai ce petit paquet que vous avez sous le bras et qui pourrait vous embarrasser.

— Monsieur le concierge, dit Schaunard avec dignité, est-ce que vous vous méfieriez de moi, par hasard ? Croyez-vous donc que j'emporte mes meubles dans un mouchoir ?

— Pardonnez-moi, Monsieur, répliqua le portier en baissant le ton, c'est ma consigne. M. Bernard m'a expressément recommandé de ne pas vous laisser enlever un cheveu avant que vous l'ayez payé.

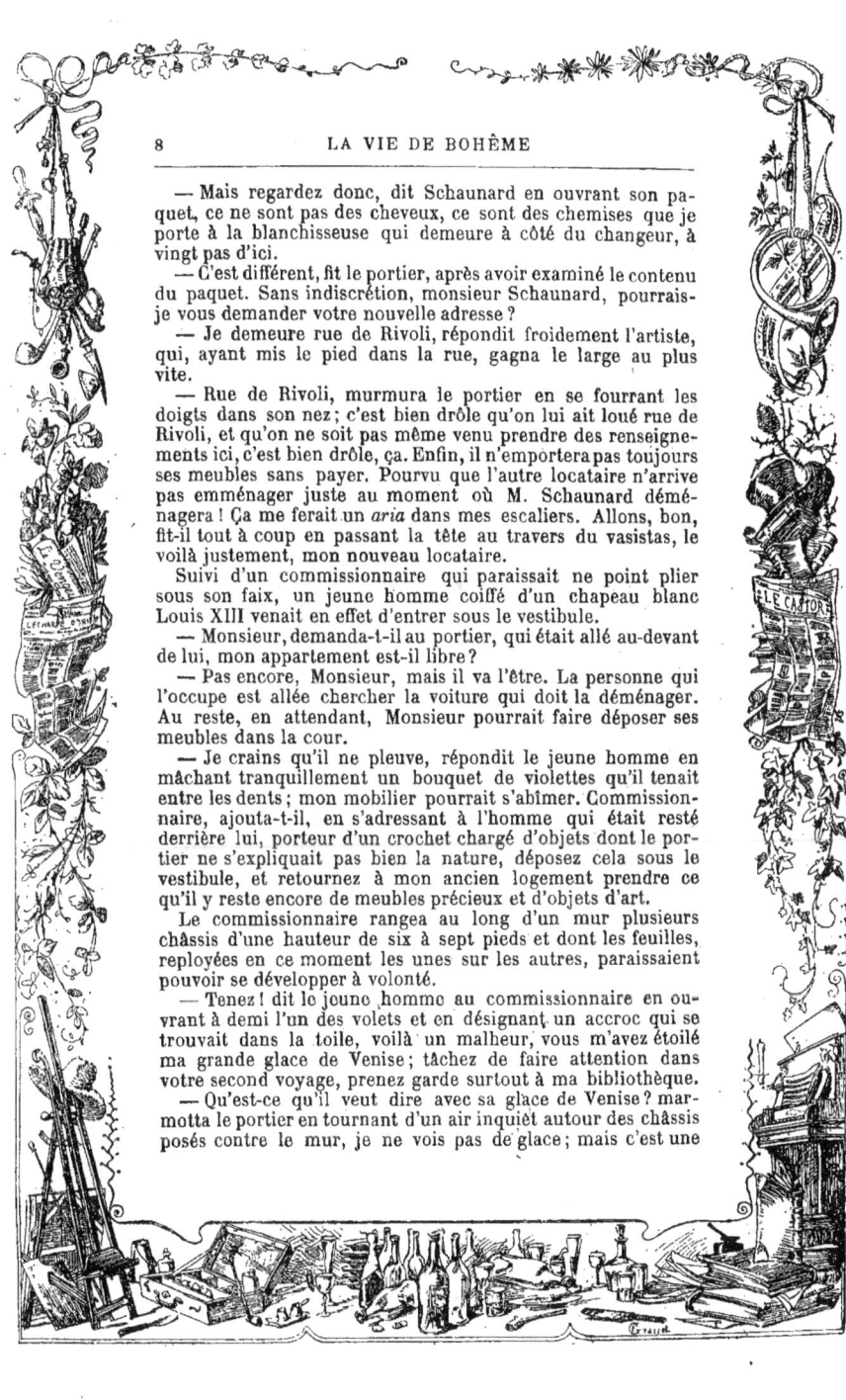

— Mais regardez donc, dit Schaunard en ouvrant son paquet, ce ne sont pas des cheveux, ce sont des chemises que je porte à la blanchisseuse qui demeure à côté du changeur, à vingt pas d'ici.
— C'est différent, fit le portier, après avoir examiné le contenu du paquet. Sans indiscrétion, monsieur Schaunard, pourrais-je vous demander votre nouvelle adresse?
— Je demeure rue de Rivoli, répondit froidement l'artiste, qui, ayant mis le pied dans la rue, gagna le large au plus vite.
— Rue de Rivoli, murmura le portier en se fourrant les doigts dans son nez; c'est bien drôle qu'on lui ait loué rue de Rivoli, et qu'on ne soit pas même venu prendre des renseignements ici, c'est bien drôle, ça. Enfin, il n'emportera pas toujours ses meubles sans payer. Pourvu que l'autre locataire n'arrive pas emménager juste au moment où M. Schaunard déménagera! Ça me ferait un *aria* dans mes escaliers. Allons, bon, fit-il tout à coup en passant la tête au travers du vasistas, le voilà justement, mon nouveau locataire.

Suivi d'un commissionnaire qui paraissait ne point plier sous son faix, un jeune homme coiffé d'un chapeau blanc Louis XIII venait en effet d'entrer sous le vestibule.
— Monsieur, demanda-t-il au portier, qui était allé au-devant de lui, mon appartement est-il libre?
— Pas encore, Monsieur, mais il va l'être. La personne qui l'occupe est allée chercher la voiture qui doit la déménager. Au reste, en attendant, Monsieur pourrait faire déposer ses meubles dans la cour.
— Je crains qu'il ne pleuve, répondit le jeune homme en mâchant tranquillement un bouquet de violettes qu'il tenait entre les dents; mon mobilier pourrait s'abîmer. Commissionnaire, ajouta-t-il, en s'adressant à l'homme qui était resté derrière lui, porteur d'un crochet chargé d'objets dont le portier ne s'expliquait pas bien la nature, déposez cela sous le vestibule, et retournez à mon ancien logement prendre ce qu'il y reste encore de meubles précieux et d'objets d'art.

Le commissionnaire rangea au long d'un mur plusieurs châssis d'une hauteur de six à sept pieds et dont les feuilles, reployées en ce moment les unes sur les autres, paraissaient pouvoir se développer à volonté.
— Tenez! dit le jeune homme au commissionnaire en ouvrant à demi l'un des volets et en désignant un accroc qui se trouvait dans la toile, voilà un malheur, vous m'avez étoilé ma grande glace de Venise; tâchez de faire attention dans votre second voyage, prenez garde surtout à ma bibliothèque.
— Qu'est-ce qu'il veut dire avec sa glace de Venise? marmotta le portier en tournant d'un air inquiet autour des châssis posés contre le mur, je ne vois pas de glace; mais c'est une

Il se mit à exécuter dans sa chambre une chorégraphie de sa composition.

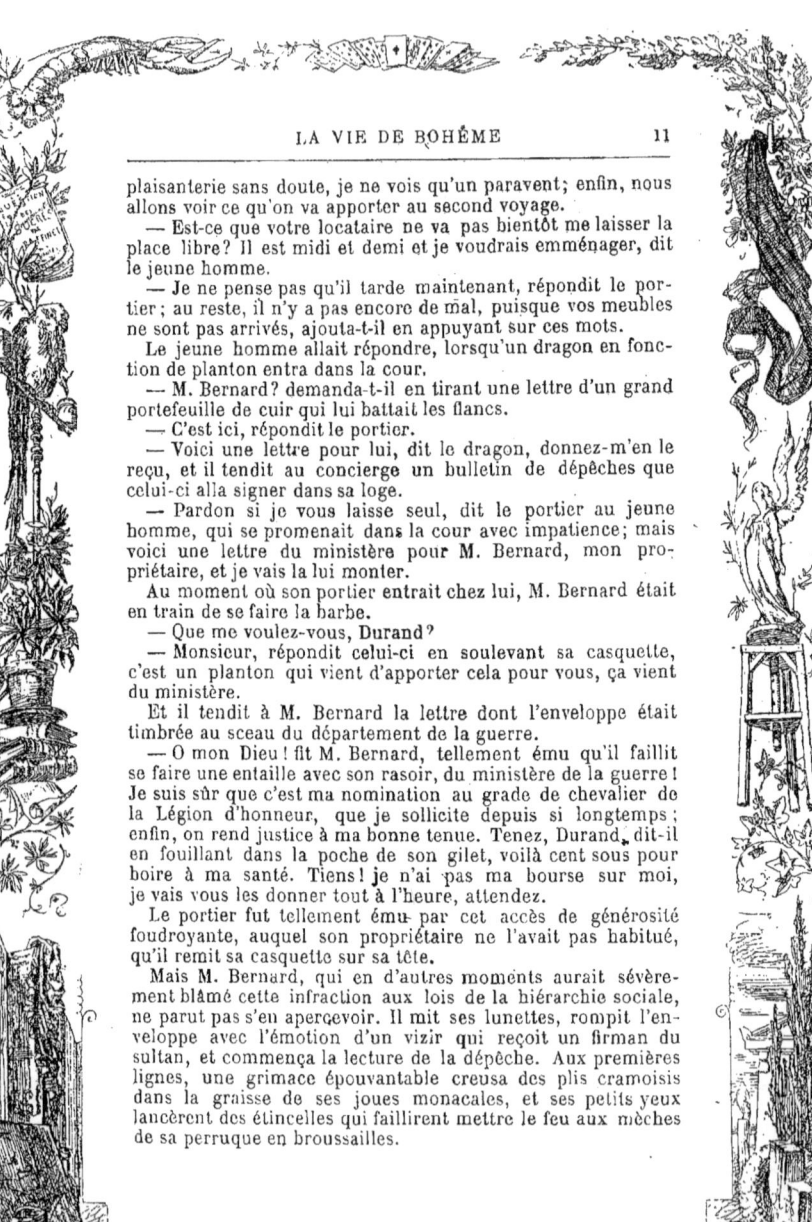

plaisanterie sans doute, je ne vois qu'un paravent; enfin, nous allons voir ce qu'on va apporter au second voyage.

— Est-ce que votre locataire ne va pas bientôt me laisser la place libre? Il est midi et demi et je voudrais emménager, dit le jeune homme.

— Je ne pense pas qu'il tarde maintenant, répondit le portier; au reste, il n'y a pas encore de mal, puisque vos meubles ne sont pas arrivés, ajouta-t-il en appuyant sur ces mots.

Le jeune homme allait répondre, lorsqu'un dragon en fonction de planton entra dans la cour.

— M. Bernard? demanda-t-il en tirant une lettre d'un grand portefeuille de cuir qui lui battait les flancs.

— C'est ici, répondit le portier.

— Voici une lettre pour lui, dit le dragon, donnez-m'en le reçu, et il tendit au concierge un bulletin de dépêches que celui-ci alla signer dans sa loge.

— Pardon si je vous laisse seul, dit le portier au jeune homme, qui se promenait dans la cour avec impatience; mais voici une lettre du ministère pour M. Bernard, mon propriétaire, et je vais la lui monter.

Au moment où son portier entrait chez lui, M. Bernard était en train de se faire la barbe.

— Que me voulez-vous, Durand?

— Monsieur, répondit celui-ci en soulevant sa casquette, c'est un planton qui vient d'apporter cela pour vous, ça vient du ministère.

Et il tendit à M. Bernard la lettre dont l'enveloppe était timbrée au sceau du département de la guerre.

— O mon Dieu! fit M. Bernard, tellement ému qu'il faillit se faire une entaille avec son rasoir, du ministère de la guerre! Je suis sûr que c'est ma nomination au grade de chevalier de la Légion d'honneur, que je sollicite depuis si longtemps; enfin, on rend justice à ma bonne tenue. Tenez, Durand, dit-il en fouillant dans la poche de son gilet, voilà cent sous pour boire à ma santé. Tiens! je n'ai pas ma bourse sur moi, je vais vous les donner tout à l'heure, attendez.

Le portier fut tellement ému par cet accès de générosité foudroyante, auquel son propriétaire ne l'avait pas habitué, qu'il remit sa casquette sur sa tête.

Mais M. Bernard, qui en d'autres moments aurait sévèrement blâmé cette infraction aux lois de la hiérarchie sociale, ne parut pas s'en apercevoir. Il mit ses lunettes, rompit l'enveloppe avec l'émotion d'un vizir qui reçoit un firman du sultan, et commença la lecture de la dépêche. Aux premières lignes, une grimace épouvantable creusa des plis cramoisis dans la graisse de ses joues monacales, et ses petits yeux lancèrent des étincelles qui faillirent mettre le feu aux mèches de sa perruque en broussailles.

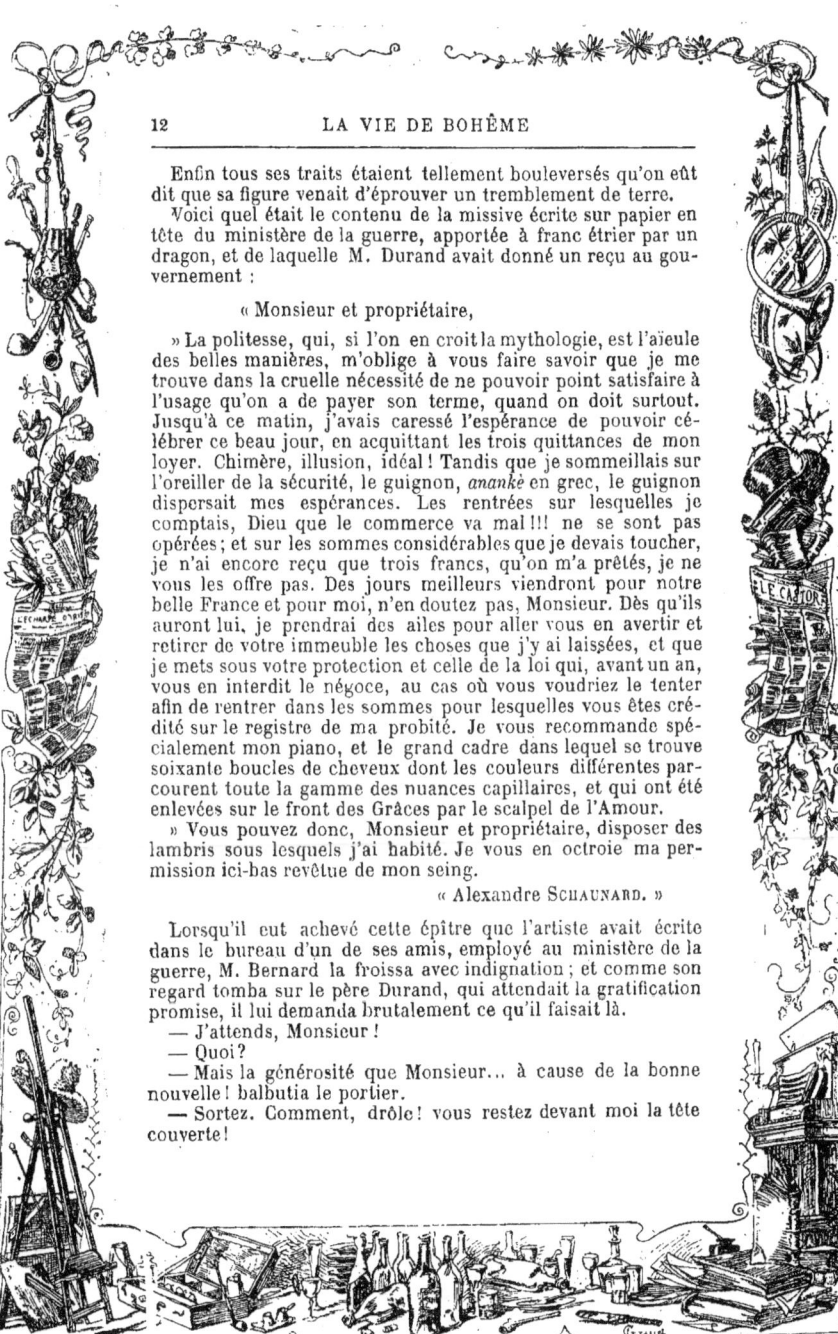

Enfin tous ses traits étaient tellement bouleversés qu'on eût dit que sa figure venait d'éprouver un tremblement de terre.

Voici quel était le contenu de la missive écrite sur papier en tête du ministère de la guerre, apportée à franc étrier par un dragon, et de laquelle M. Durand avait donné un reçu au gouvernement :

« Monsieur et propriétaire,

» La politesse, qui, si l'on en croit la mythologie, est l'aïeule des belles manières, m'oblige à vous faire savoir que je me trouve dans la cruelle nécessité de ne pouvoir point satisfaire à l'usage qu'on a de payer son terme, quand on doit surtout. Jusqu'à ce matin, j'avais caressé l'espérance de pouvoir célébrer ce beau jour, en acquittant les trois quittances de mon loyer. Chimère, illusion, idéal ! Tandis que je sommeillais sur l'oreiller de la sécurité, le guignon, *ananké* en grec, le guignon dispersait mes espérances. Les rentrées sur lesquelles je comptais, Dieu que le commerce va mal !!! ne se sont pas opérées ; et sur les sommes considérables que je devais toucher, je n'ai encore reçu que trois francs, qu'on m'a prêtés, je ne vous les offre pas. Des jours meilleurs viendront pour notre belle France et pour moi, n'en doutez pas, Monsieur. Dès qu'ils auront lui, je prendrai des ailes pour aller vous en avertir et retirer de votre immeuble les choses que j'y ai laissées, et que je mets sous votre protection et celle de la loi qui, avant un an, vous en interdit le négoce, au cas où vous voudriez le tenter afin de rentrer dans les sommes pour lesquelles vous êtes crédité sur le registre de ma probité. Je vous recommande spécialement mon piano, et le grand cadre dans lequel se trouve soixante boucles de cheveux dont les couleurs différentes parcourent toute la gamme des nuances capillaires, et qui ont été enlevées sur le front des Grâces par le scalpel de l'Amour.

» Vous pouvez donc, Monsieur et propriétaire, disposer des lambris sous lesquels j'ai habité. Je vous en octroie ma permission ici-bas revêtue de mon seing.

« Alexandre Schaunard. »

Lorsqu'il eut achevé cette épître que l'artiste avait écrite dans le bureau d'un de ses amis, employé au ministère de la guerre, M. Bernard la froissa avec indignation ; et comme son regard tomba sur le père Durand, qui attendait la gratification promise, il lui demanda brutalement ce qu'il faisait là.

— J'attends, Monsieur !
— Quoi ?
— Mais la générosité que Monsieur... à cause de la bonne nouvelle ! balbutia le portier.
— Sortez. Comment, drôle ! vous restez devant moi la tête couverte !

— Mais, Monsieur...
— Allons, pas de réplique, sortez, ou plutôt, non, attendez-moi. Nous allons monter dans la chambre de ce gredin d'artiste, qui déménage sans me payer.
— Comment! fit le portier, M. Schaunard...
— Oui, continua le propriétaire, dont la fureur allait comme chez Nicollet. Et s'il a emporté le moindre objet, je vous chasse, entendez-vous? je vous châââsse.
— Mais c'est impossible, ça, murmura le pauvre portier. M. Schaunard n'est pas déménagé; il est allé chercher de la monnaie pour payer Monsieur et commander la voiture qui doit emporter ses meubles.
— Emporter ses meubles! exclama M. Bernard; courons, je suis sûr qu'il est en train; il vous a tendu un piége pour vous éloigner de votre loge et faire son coup, imbécile que vous êtes!
— Ah! mon Dieu! imbécile que je suis! s'écria le père Durand tout tremblant devant la colère olympienne de son supérieur qui l'entraînait dans l'escalier.
Comme ils arrivaient dans la cour, le portier fut apostrophé par le jeune homme au chapeau blanc.
— Ah çà! concierge, s'écria-t-il, est-ce que je ne vais pas bientôt être mis en possession de mon domicile? est-ce aujourd'hui le 8 avril? n'est-ce pas ici que j'ai loué, et ne vous ai-je pas donné le denier à Dieu, oui ou non?
— Pardon, Monsieur, pardon, dit le propriétaire, je suis à vous. Durand, ajouta-t-il en se tournant vers son portier, je vais répondre moi-même à Monsieur. Courez là-haut, ce gredin de Schaunard est sans doute rentré pour faire ses paquets; vous l'enfermerez si vous le surprenez, et vous redescendrez pour aller chercher la garde.
Le père Durand disparut dans l'escalier.
— Pardon, Monsieur, dit en s'inclinant le propriétaire au jeune homme avec qui il était resté seul, à qui ai-je l'avantage de parler?
— Monsieur, je suis votre nouveau locataire; j'ai loué une chambre dans cette maison au sixième, et je commence à m'impatienter que ce logement ne soit pas vacant.
— Vous me voyez désolé, Monsieur, répliqua M. Bernard, une difficulté s'élève entre moi et un de mes locataires, celui que vous devez remplacer.
— Monsieur, Monsieur! s'écria d'une fenêtre située au dernier étage de la maison, le père Durand; M. Schaunard n'y est pas... mais sa chambre y est... Imbécile que je suis, je peux dire qu'il n'a rien emporté, pas un cheveu, Monsieur.
— C'est bien, descendez, répondit M. Bernard. Mon Dieu, reprit-il en s'adressant au jeune homme, un peu de patience, je vous prie. Mon portier va descendre à la cave les objets qui garnissent la chambre de mon locataire insolvable, et dans une

demi-heure vous pourrez en prendre possession; d'ailleurs vos meubles ne sont pas encore arrivés.

— Pardon, Monsieur, répondit tranquillement le jeune homme.

M. Bernard regarda autour de lui et n'aperçut que les grands paravents qui avaient déjà inquiété son portier.

— Comment! pardon... comment... murmura-t-il, mais je ne vois rien.

— Voilà, répondit le jeune homme en déployant les feuilles du châssis et en offrant à la vue du propriétaire ébahi un magnifique intérieur de palais avec colonnes de jaspe, bas-reliefs et tableaux de grands maîtres.

— Mais vos meubles? demanda M. Bernard.

— Les voici, répondit le jeune homme en indiquant le mobilier somptueux qui se trouvait peint dans le *palais* qu'il venait d'acheter à l'hôtel Bullion, où il faisait partie d'une vente de décorations d'un théâtre de société...

— Monsieur, reprit le propriétaire, j'aime à croire que vous avez des meubles plus sérieux que ceux-ci...

— Comment, du Boule tout pur !

— Vous comprenez qu'il me faut des garanties pour mes loyers.

— Fichtre ! un palais ne vous suffit pas pour répondre du loyer d'une mansarde?

— Non, Monsieur, je veux des meubles, des vrais meubles en acajou !

— Hélas! Monsieur, ni l'or ni l'acajou ne nous rendent heureux, a dit un ancien. Et puis, moi, je ne peux pas le souffrir, c'est un bois trop bête, tout le monde en a.

— Mais enfin, Monsieur, vous avez bien un mobilier, quel qu'il soit?

— Non, ça prend trop de place dans les appartements, dès qu'on a des chaises on ne sait plus où s'asseoir.

— Mais cependant vous avez un lit. Sur quoi reposez-vous?

— Je me repose sur la Providence, Monsieur.

— Pardon, encore une question, dit M. Bernard, votre profession, s'il vous plaît?

En ce moment même le commissionnaire du jeune homme, arrivant de son second voyage, entra dans la cour. Parmi les objets dont étaient chargés ses crochets, on remarquait un chevalet.

— Ah! Monsieur, s'écria le père Durand avec terreur; et il montrait le chevalet au propriétaire. C'est un peintre !

— Un artiste, j'en étais sûr ! exclama à son tour M. Bernard, et les cheveux de sa perruque se dressèrent d'effroi; un peintre!!! Mais vous n'avez donc pas pris d'informations sur Monsieur? reprit-il en s'adressant au portier. Vous ne saviez donc pas ce qu'il faisait?

— Dame, répondit le pauvre homme, il m'avait donné *cinq* francs de *denier* à Dieu; est-ce que je pouvais me douter...

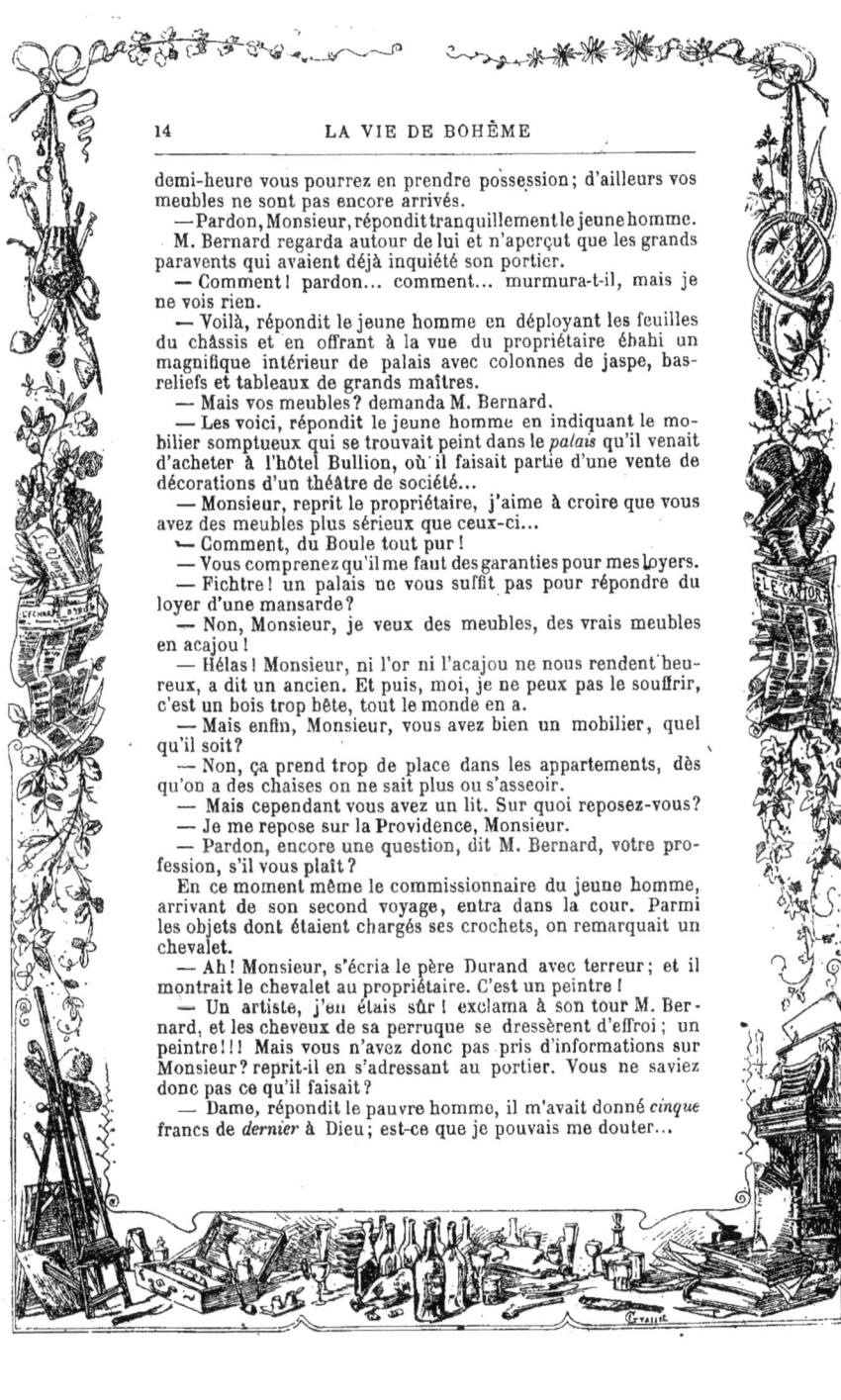

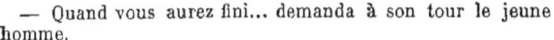

— Quand vous aurez fini... demanda à son tour le jeune homme.
— Monsieur, reprit M. Bernard en chaussant ses lunettes d'aplomb sur son nez, puisque vous n'avez pas de meubles, vous ne pouvez pas emménager. La loi autorise à refuser un locataire qui n'apporte pas de garantie.
— Et ma parole, donc ! fit l'artiste avec dignité.
— Ça ne vaut pas des meubles... vous pouvez chercher un logement ailleurs. Durand va vous rendre votre denier à Dieu.
— Hein? fit le portier avec stupeur, je l'ai mis à la caisse d'épargne.
— Mais, Monsieur, reprit le jeune homme, je ne puis pas trouver un autre logement à la minute. Donnez-moi au moins l'hospitalité pour un jour.
— Allez loger à l'hôtel, répondit M. Bernard. A propos, ajouta-t-il vivement en faisant une réflexion subite, si vous le voulez, je vous louerai en garni la chambre que vous deviez occuper, et où se trouvent les meubles de mon locataire insolvable. Seulement, vous savez que dans ce genre de location le loyer se paye d'avance.
— Il s'agirait de savoir ce que vous allez me demander pour ce bouge? dit l'artiste forcé d'en passer par là.
— Mais le logement est très-convenable, le loyer sera de vingt-cinq francs par mois, en faveur des circonstances. On paye d'avance.
— Vous l'avez déjà dit ; cette phrase-là ne mérite pas les honneurs du bis, fit le jeune homme en fouillant dans sa poche. Avez-vous la monnaie de cinq cents francs ?
— Hein? demanda le propriétaire stupéfait, vous dites ?...
— Eh bien, la moitié de mille, quoi ! Est-ce que vous n'en avez jamais vu ? ajouta l'artiste en faisant passer le billet devant les yeux du propriétaire et du portier, qui, à cette vue, parurent perdre l'équilibre.
Je vais vous faire rendre, reprit M. Bernard respectueusement : ce ne sera que vingt francs à prendre, puisque Durand vous rendra le denier à Dieu.
— Je le lui laisse, dit l'artiste, à la condition qu'il viendra tous les matins me dire le jour et la date du mois, le quartier de la lune, le temps qu'il fera et la forme du gouvernement sous lequel nous vivrons.
— Ah ! Monsieur, s'écria le père Durand en décrivant une courbe de quatre-vingt-dix degrés.
— C'est bon, brave homme, vous me servirez d'almanach. En attendant, vous allez aider mon commissionnaire à m'emménager.
— Monsieur, dit le propriétaire, je vous evaisnvoyer votre quittance.

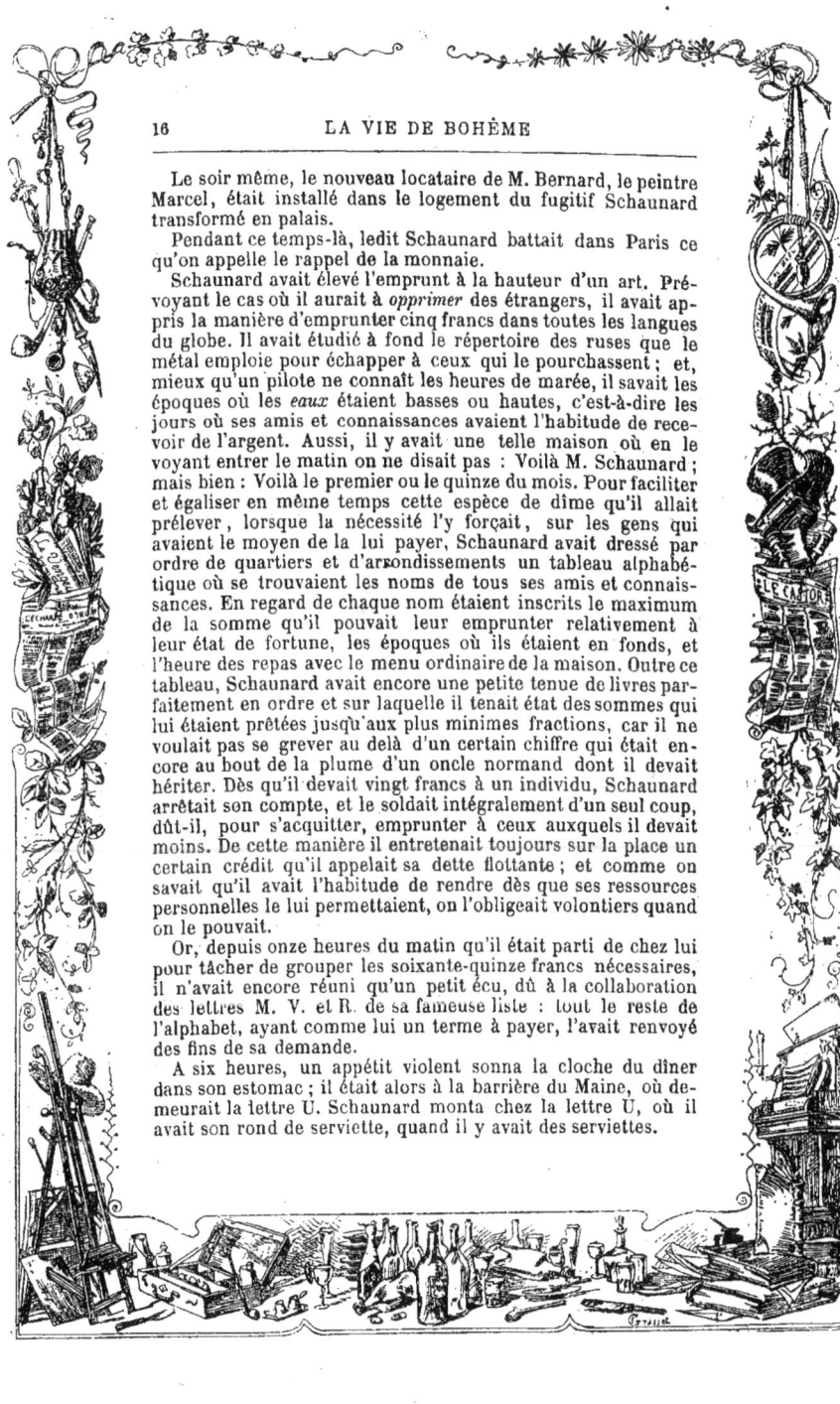

Le soir même, le nouveau locataire de M. Bernard, le peintre Marcel, était installé dans le logement du fugitif Schaunard transformé en palais.

Pendant ce temps-là, ledit Schaunard battait dans Paris ce qu'on appelle le rappel de la monnaie.

Schaunard avait élevé l'emprunt à la hauteur d'un art. Prévoyant le cas où il aurait à *opprimer* des étrangers, il avait appris la manière d'emprunter cinq francs dans toutes les langues du globe. Il avait étudié à fond le répertoire des ruses que le métal emploie pour échapper à ceux qui le pourchassent ; et, mieux qu'un pilote ne connaît les heures de marée, il savait les époques où les *eaux* étaient basses ou hautes, c'est-à-dire les jours où ses amis et connaissances avaient l'habitude de recevoir de l'argent. Aussi, il y avait une telle maison où en le voyant entrer le matin on ne disait pas : Voilà M. Schaunard ; mais bien : Voilà le premier ou le quinze du mois. Pour faciliter et égaliser en même temps cette espèce de dîme qu'il allait prélever, lorsque la nécessité l'y forçait, sur les gens qui avaient le moyen de la lui payer, Schaunard avait dressé par ordre de quartiers et d'arrondissements un tableau alphabétique où se trouvaient les noms de tous ses amis et connaissances. En regard de chaque nom étaient inscrits le maximum de la somme qu'il pouvait leur emprunter relativement à leur état de fortune, les époques où ils étaient en fonds, et l'heure des repas avec ce menu ordinaire de la maison. Outre ce tableau, Schaunard avait encore une petite tenue de livres parfaitement en ordre et sur laquelle il tenait état des sommes qui lui étaient prêtées jusqu'aux plus minimes fractions, car il ne voulait pas se grever au delà d'un certain chiffre qui était encore au bout de la plume d'un oncle normand dont il devait hériter. Dès qu'il devait vingt francs à un individu, Schaunard arrêtait son compte, et le soldait intégralement d'un seul coup, dût-il, pour s'acquitter, emprunter à ceux auxquels il devait moins. De cette manière il entretenait toujours sur la place un certain crédit qu'il appelait sa dette flottante ; et comme on savait qu'il avait l'habitude de rendre dès que ses ressources personnelles le lui permettaient, on l'obligeait volontiers quand on le pouvait.

Or, depuis onze heures du matin qu'il était parti de chez lui pour tâcher de grouper les soixante-quinze francs nécessaires, il n'avait encore réuni qu'un petit écu, dû à la collaboration des lettres M. V. et R. de sa fameuse liste : tout le reste de l'alphabet, ayant comme lui un terme à payer, l'avait renvoyé des fins de sa demande.

A six heures, un appétit violent sonna la cloche du dîner dans son estomac ; il était alors à la barrière du Maine, où demeurait la lettre U. Schaunard monta chez la lettre U, où il avait son rond de serviette, quand il y avait des serviettes.

Permettez-moi de ne pas vous offrir la tête.

— Où allez-vous, Monsieur? lui dit le portier en l'arrêtant au passage.
— Chez M. U..., répondit l'artiste.
— Il n'y est pas.
— Et madame?
— Elle n'y est pas non plus : ils m'ont chargé de dire à un de leurs amis qui devait venir chez eux ce soir qu'ils étaient allés dîner en ville : au fait, dit le portier, si c'est vous qu'ils attendaient, voici l'adresse qu'ils ont laissée, et il tendit à Schaunard un bout de papier sur lequel son ami U... avait écrit :
« Nous sommes allés dîner chez Schaunard, rue... nº..., viens nous retrouver. »
— Très-bien, dit celui-ci en s'en allant, quand le hasard s'en mêle, il fait de singuliers vaudevilles.

Schaunard se ressouvint alors qu'il se trouvait à deux pas d'un petit bouchon où deux ou trois fois il s'était nourri pour pas bien cher, et se dirigea vers cet établissement, situé chaussée du Maine, et connu dans la basse Bohême sous le nom de *la Mère Cadet*. C'est un cabaret mangeant dont la clientèle ordinaire se compose des rouliers de la route d'Orléans, des cantatrices du Montparnasse et des jeunes premiers de Bobino. Dans la belle saison les rapins de nombreux ateliers qui avoisinent le Luxembourg, les hommes de lettres inédits, les folliculaires des gazettes mystérieuses, viennent en chœur dîner chez *la Mère Cadet*, célèbre par ses gibelottes, sa choucroute authentique, et un petit vin blanc qui sent la pierre à fusil.

Schaunard alla se placer sous les bosquets : on appelle ainsi chez *la Mère Cadet* le feuillage clair-semé de deux ou trois arbres rachitiques dont on a fait plafonner la verdure maladive.

— Ma foi, tant pis, dit Schaunard en lui-même, je vais me donner une bosse et faire un Balthasar intime.

Et, sans faire ni une ni deux, il commanda une soupe, une demi-choucroute et deux demi-gibelottes : il avait remarqué qu'en fractionnant la portion on gagnait au moins un quart sur l'entier.

La commande de cette carte attira sur lui les regards d'une jeune personne, vêtue de blanc, coiffée de fleurs d'oranger et chaussée de souliers de bal, un voile en imitation d'imitation flottait sur des épaules qui auraient bien dû garder l'incognito. C'était une cantatrice du théâtre Montparnasse, dont les coulisses donnent pour ainsi dire dans la cuisine de *la Mère Cadet*. Elle était venue prendre son repas pendant un entr'acte de la *Lucie*, et achevait en ce moment, par une demi-tasse, un dîner composé exclusivement d'un artichaut à l'huile et au vinaigre.

— Deux gibelottes, mâtin! dit-elle tout bas à la fille qui servait le garçon, voilà un jeune homme qui se nourrit bien. Combien dois-je, Adèle?

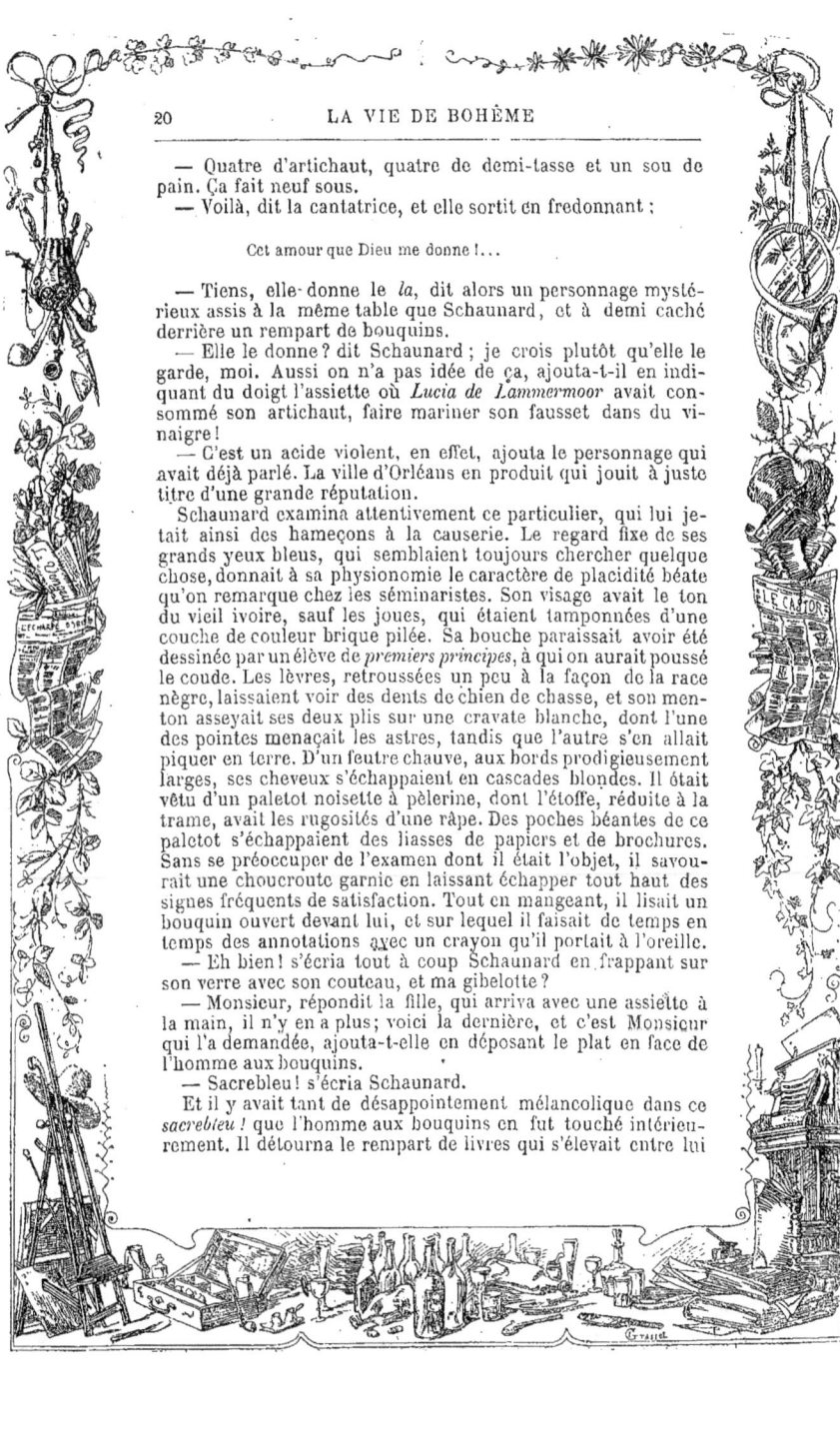

— Quatre d'artichaut, quatre de demi-tasse et un sou de pain. Ça fait neuf sous.
— Voilà, dit la cantatrice, et elle sortit en fredonnant :

Cet amour que Dieu me donne !...

— Tiens, elle donne le *la*, dit alors un personnage mystérieux assis à la même table que Schaunard, et à demi caché derrière un rempart de bouquins.
— Elle le donne ? dit Schaunard ; je crois plutôt qu'elle le garde, moi. Aussi on n'a pas idée de ça, ajouta-t-il en indiquant du doigt l'assiette où *Lucia de Lammermoor* avait consommé son artichaut, faire mariner son fausset dans du vinaigre !
— C'est un acide violent, en effet, ajouta le personnage qui avait déjà parlé. La ville d'Orléans en produit qui jouit à juste titre d'une grande réputation.

Schaunard examina attentivement ce particulier, qui lui jetait ainsi des hameçons à la causerie. Le regard fixe de ses grands yeux bleus, qui semblaient toujours chercher quelque chose, donnait à sa physionomie le caractère de placidité béate qu'on remarque chez les séminaristes. Son visage avait le ton du vieil ivoire, sauf les joues, qui étaient tamponnées d'une couche de couleur brique pilée. Sa bouche paraissait avoir été dessinée par un élève de *premiers principes*, à qui on aurait poussé le coude. Les lèvres, retroussées un peu à la façon de la race nègre, laissaient voir des dents de chien de chasse, et son menton asseyait ses deux plis sur une cravate blanche, dont l'une des pointes menaçait les astres, tandis que l'autre s'en allait piquer en terre. D'un feutre chauve, aux bords prodigieusement larges, ses cheveux s'échappaient en cascades blondes. Il était vêtu d'un paletot noisette à pèlerine, dont l'étoffe, réduite à la trame, avait les rugosités d'une râpe. Des poches béantes de ce paletot s'échappaient des liasses de papiers et de brochures. Sans se préoccuper de l'examen dont il était l'objet, il savourait une choucroute garnie en laissant échapper tout haut des signes fréquents de satisfaction. Tout en mangeant, il lisait un bouquin ouvert devant lui, et sur lequel il faisait de temps en temps des annotations avec un crayon qu'il portait à l'oreille.

— Eh bien ! s'écria tout à coup Schaunard en frappant sur son verre avec son couteau, et ma gibelotte ?
— Monsieur, répondit la fille, qui arriva avec une assiette à la main, il n'y en a plus ; voici la dernière, et c'est Monsieur qui l'a demandée, ajouta-t-elle en déposant le plat en face de l'homme aux bouquins.
— Sacrebleu ! s'écria Schaunard.

Et il y avait tant de désappointement mélancolique dans ce *sacrebleu !* que l'homme aux bouquins en fut touché intérieurement. Il détourna le rempart de livres qui s'élevait entre lui et Schaunard; et, mettant l'assiette entre eux deux, il lui dit avec les plus douces cordes de sa voix :

— Monsieur, oserais-je vous prier de partager ce mets avec moi ?

— Monsieur, répondit Schaunard, je ne veux pas vous priver.

— Vous me priverez donc du plaisir de vous être agréable !

— S'il en est ainsi, Monsieur... Et Schaunard avança son assiette.

— Permettez-moi de ne pas vous offrir la tête, dit l'étranger.

— Ah ! Monsieur, s'écria Schaunard, je ne souffrirai pas...

Mais en ramenant son assiette vers lui il s'aperçut que l'étranger lui avait justement servi la portion qu'il disait vouloir garder pour lui.

— Eh bien ! qu'est-ce qu'il me chante, alors, avec sa politesse ? grogna Schaunard en lui-même.

— Si la tête est la plus noble partie de l'homme, dit l'étranger, c'est la partie la plus désagréable du lapin. Aussi avons-nous beaucoup de personnes qui ne peuvent pas la souffrir. Moi, c'est différent, je l'adore.

— Alors, dit Schaunard, je regrette vivement que vous vous soyez privé pour moi.

— Comment ?... pardon, fit l'homme aux bouquins, c'est moi qui ai gardé la tête. J'ai même eu l'honneur de vous faire observer que...

— Permettez, dit Schaunard en lui mettant son assiette sous le nez. Qu'est-ce que c'est que ce morceau-là ?

— Juste ciel ! Que vois-je ! ô dieux ! Encore une tête ! C'est un lapin bicéphale ! s'écria l'étranger.

— Bicé... dit Schaunard.

— ... phale. Ça vient du grec. Au fait, M. de Buffon, qui mettait des manchettes, cite des exemples de cette singularité. Eh bien, ma foi ! je ne suis pas fâché d'avoir mangé du phénomène.

Grâce à cet incident, la conversation était définitivement engagée. Schaunard, qui ne voulait pas rester en reste de politesse, demanda un litre de supplément. L'homme aux bouquins en fit venir un autre. Schaunard offrit de la salade, l'homme aux bouquins offrit du dessert. A huit heures du soir, il y avait six litres vides sur la table. En causant, la franchise, arrosée par les libations du petit bleu, les avait poussés l'un l'autre à se faire leur biographie, et ils se connaissaient déjà comme s'ils ne s'étaient jamais quittés. L'homme aux bouquins, après avoir écouté les confidences de Schaunard, lui avait appris qu'il s'appelait Gustave Colline ; il exerçait la profession de philosophe, et vivait en donnant des leçons de mathématique, de scolastique, de botanique, et de plusieurs sciences en *ique*.

Le peu d'argent qu'il gagnait à courir ainsi le cachet, Colline le dépensait en achats de bouquins. Son paletot noisette était connu de tous les étalagistes du quai, depuis le pont de la Concorde jusqu'au pont Saint-Michel. Ce qu'il faisait de tous ces livres, si nombreux que la vie d'un homme n'aurait pas suffi pour les lire, personne ne le savait, et il le savait moins que personne. Mais ce tic avait pris chez lui les proportions d'une passion ; et lorsqu'il rentrait chez lui le soir sans y rapporter un nouveau bouquin, il refaisait pour son usage le mot de Titus, et disait : « J'ai perdu ma journée. » Ses manières câlines et son langage, qui offraient une mosaïque de tous les styles, les calembours terribles dont il émaillait sa conversation, avaient séduit Schaunard, qui demanda sur-le-champ à Colline la permission d'ajouter son nom à ceux qui composaient la fameuse liste dont nous avons parlé.

Ils sortirent de chez *la Mère Cadet* à neuf heures du soir, passablement gris tous les deux, et ayant la démarche de gens qui viennent de dialoguer avec les bouteilles.

Colline offrit le café à Schaunard, et celui-ci accepta à la condition qu'il se chargerait des alcools. Ils montèrent dans un café situé rue Saint-Germain-l'Auxerrois, et portant l'enseigne de *Momus*, dieu des Jeux et des Ris (1).

Au moment où ils entraient dans l'estaminet, une discussion très-vive venait de s'engager entre deux habitués de l'endroit. L'un d'eux était un jeune homme, dont la figure se perdait au fond d'un énorme buisson de barbe multicolore. Comme une antithèse à cette abondance de *poil mentonnier*, une calvitie précoce avait dégarni son front, qui ressemblait à un genou, et dont un groupe de cheveux, si rares qu'on aurait pu les compter, essayait vainement de cacher la nudité. Il était vêtu d'un habit noir tonsuré aux coudes, et laissant voir, quand il levait le bras trop haut, des ventilateurs pratiqués à l'embouchure des manches. Son pantalon avait pu être noir, mais ses bottes, qui n'avaient jamais été neuves, paraissaient avoir déjà fait plusieurs fois le tour du monde aux pieds du Juif errant.

Schaunard avait remarqué que son nouvel ami Colline et le jeune homme à grande barbe s'étaient salués.

— Vous connaissez ce monsieur ? demanda-t-il au philosophe.

— Pas absolument, répondit celui-ci ; seulement je le rencontre quelquefois à la Bibliothèque. Je crois que c'est un homme de lettres.

— Il en a l'habit, du moins, répliqua Schaunard.

Le personnage avec lequel discutait ce jeune homme était un individu d'une quarantaine d'années, voué au coup de foudre apoplectique, comme l'indiquait une grosse tête enfoncée immédiatement entre les deux épaules, sans la transition du cou. L'idiotisme se lisait en lettres majuscules sur son front dé-

(1) Voir les *Confessions de Sylvius*, par Champfleury.

primé, couvert d'une petite calotte noire. Il s'appelait M. Mouton, et était employé à la mairie du IVe arrondissement, où il tenait le registre des décès.

— Monsieur Rodolphe! s'écriait-il avec un organe d'eunuque, en secouant le jeune homme qu'il avait empoigné par un bouton de son habit, voulez-vous que je vous dise mon opinion? Eh bien, tous les journaux, ça ne sert à rien. Tenez, une supposition : je suis un père de famille, moi, n'est-ce pas?... bon... Je viens faire ma partie de dominos au café. Suivez bien mon raisonnement.

— Allez, allez, dit Rodolphe.

— Eh bien, continua le père Mouton, en scandant chacune de ses phrases par un coup de poing qui faisait frémir les chopes et les verres placés sur la table, eh bien, je tombe sur les journaux, bon... Qu'est-ce que je vois? L'un qui dit blanc, l'autre qui dit noir, et pata ti et pata ta. Qu'est-ce que ça me fait à moi? Je suis un bon père de famille qui vient pour faire...

— Sa partie de dominos, dit Rodolphe.

— Tous les soirs, continua M. Mouton. Eh bien, une supposition : vous comprenez...

— Très-bien! dit Rodolphe.

— Je lis un article qui n'est pas de mon opinion. Ça me met en colère, et je me mange les sangs, parce que, voyez-vous, monsieur Rodolphe, tous les journaux, c'est des menteries. Oui, des menteries! hurla-t-il dans son fausset le plus aigu, et les journalistes sont des brigands, des folliculaires.

— Cependant, monsieur Mouton...

— Oui, des brigands, continua l'employé. C'est eux qui sont cause des malheurs de tout le monde ; ils ont fait la révolution et les assignats ; à preuve Murat.

— Pardon, dit Rodolphe, vous voulez dire Marat.

— Mais non, mais non, reprit M. Mouton; Murat, puisque j'ai vu son enterrement quand j'étais petit..,

— Je vous assure...

— Même qu'on a fait une pièce au Cirque, la.

— Eh bien, précisément, dit Rodolphe ; c'est Murat.

— Mais qu'est-ce que je vous dis depuis une heure? s'écria l'obstiné Mouton. Murat, qui travaillait dans une cave, quoi! Eh bien, une supposition. Est-ce que les Bourbons n'ont pas bien fait de le guillotiner, puisqu'il avait trahi?

— Qui? guillotiné! trahi! quoi? s'écria Rodolphe en empoignant à son tour M. Mouton par le bouton de sa redingote.

— Eh bien, Marat.

— Mais non, mais non, monsieur Mouton, Murat. Entendons-nous, sacrebleu !

— Certainement. Marat, une canaille. Il a trahi l'empereur en 1815. C'est pourquoi je dis que tous les journaux sont les mêmes, continua M. Mouton en rentrant dans la thèse de ce

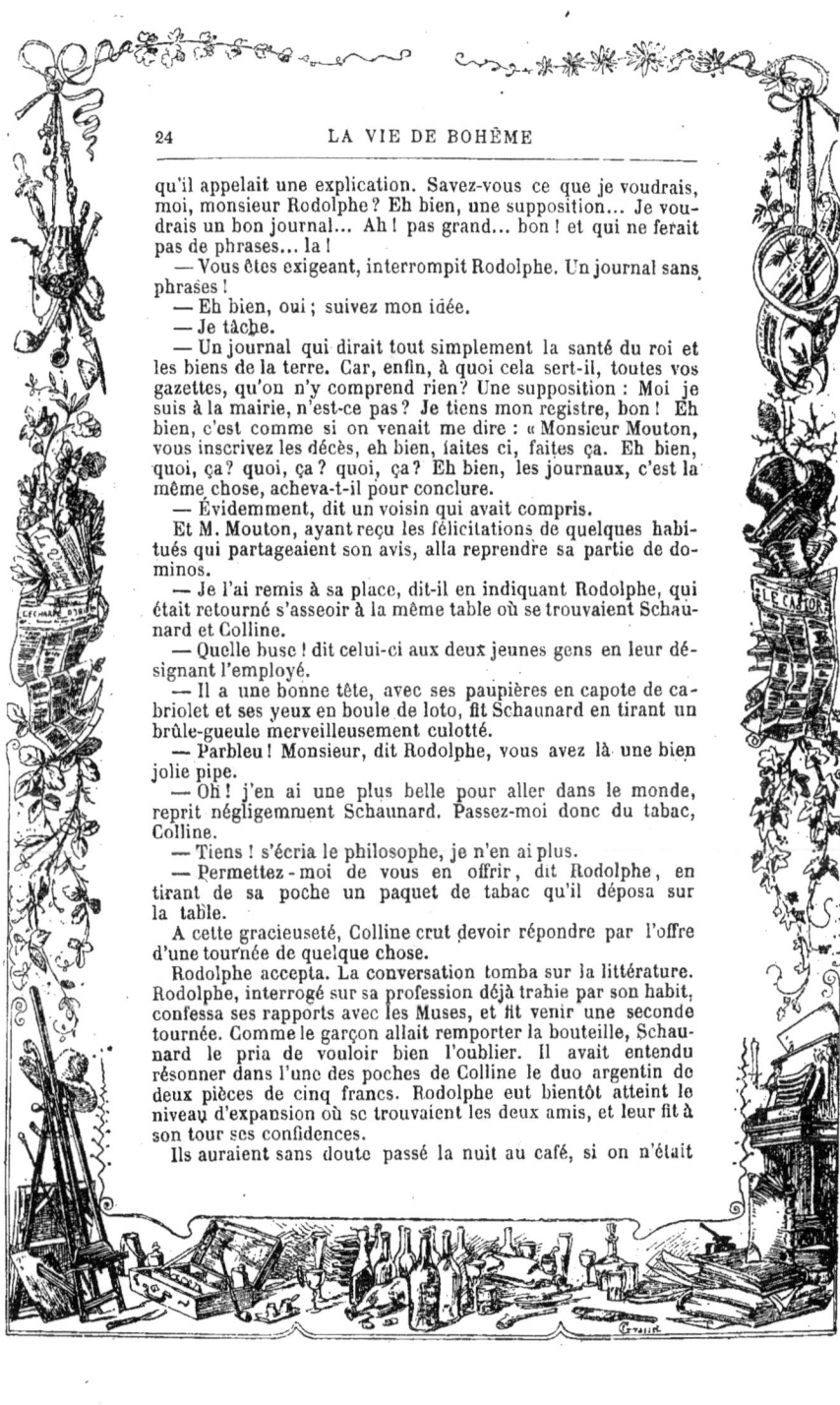

qu'il appelait une explication. Savez-vous ce que je voudrais, moi, monsieur Rodolphe? Eh bien, une supposition... Je voudrais un bon journal... Ah! pas grand... bon! et qui ne ferait pas de phrases... la!

— Vous êtes exigeant, interrompit Rodolphe. Un journal sans phrases!

— Eh bien, oui; suivez mon idée.

— Je tâche.

— Un journal qui dirait tout simplement la santé du roi et les biens de la terre. Car, enfin, à quoi cela sert-il, toutes vos gazettes, qu'on n'y comprend rien? Une supposition : Moi je suis à la mairie, n'est-ce pas? Je tiens mon registre, bon! Eh bien, c'est comme si on venait me dire : « Monsieur Mouton, vous inscrivez les décès, eh bien, faites ci, faites ça. Eh bien, quoi, ça? quoi, ça? quoi, ça? Eh bien, les journaux, c'est la même chose, acheva-t-il pour conclure.

— Évidemment, dit un voisin qui avait compris.

Et M. Mouton, ayant reçu les félicitations de quelques habitués qui partageaient son avis, alla reprendre sa partie de dominos.

— Je l'ai remis à sa place, dit-il en indiquant Rodolphe, qui était retourné s'asseoir à la même table où se trouvaient Schaunard et Colline.

— Quelle buse! dit celui-ci aux deux jeunes gens en leur désignant l'employé.

— Il a une bonne tête, avec ses paupières en capote de cabriolet et ses yeux en boule de loto, fit Schaunard en tirant un brûle-gueule merveilleusement culotté.

— Parbleu! Monsieur, dit Rodolphe, vous avez là une bien jolie pipe.

— Oh! j'en ai une plus belle pour aller dans le monde, reprit négligemment Schaunard. Passez-moi donc du tabac, Colline.

— Tiens! s'écria le philosophe, je n'en ai plus.

— Permettez-moi de vous en offrir, dit Rodolphe, en tirant de sa poche un paquet de tabac qu'il déposa sur la table.

A cette gracieuseté, Colline crut devoir répondre par l'offre d'une tournée de quelque chose.

Rodolphe accepta. La conversation tomba sur la littérature. Rodolphe, interrogé sur sa profession déjà trahie par son habit, confessa ses rapports avec les Muses, et fit venir une seconde tournée. Comme le garçon allait remporter la bouteille, Schaunard le pria de vouloir bien l'oublier. Il avait entendu résonner dans l'une des poches de Colline le duo argentin de deux pièces de cinq francs. Rodolphe eut bientôt atteint le niveau d'expansion où se trouvaient les deux amis, et leur fit à son tour ses confidences.

Ils auraient sans doute passé la nuit au café, si on n'était

Ils n'avaient pas fait dix pas dans la rue...

4ᵉ LIVRAISON. Propriété de M. Calmann Lévy.

venu les prier de se retirer. Ils n'avaient point fait dix pas dans la rue, et ils avaient mis un quart d'heure pour les faire, qu'ils furent surpris par une pluie torrentielle. Colline et Rodolphe demeuraient aux deux extrémités opposées de Paris, l'un dans l'île Saint-Louis et l'autre à Montmartre.

Schaunard, qui avait complétement oublié qu'il était sans domicile, leur offrit l'hospitalité.

— Venez chez moi, dit-il, je loge ici près; nous passerons la nuit à causer littérature et beaux-arts.

— Tu feras de la musique, et Rodolphe nous dira de ses vers, dit Colline.

— Ma foi, oui, ajouta Schaunard, il faut rire, nous n'avons qu'un temps à vivre.

Arrivé devant sa maison, que Schaunard eut quelque difficulté à reconnaître, il s'assit un instant sur une borne en attendant Rodolphe et Colline, qui étaient entrés chez un marchand de vin encore ouvert, pour y prendre les premiers éléments d'un souper. Quand ils furent de retour, Schaunard frappa plusieurs fois à la porte, car il se souvenait vaguement que le portier avait l'habitude de le faire attendre. La porte s'ouvrit enfin, et le père Durand, plongé dans les douceurs du premier sommeil, et ne se rappelant pas que Schaunard n'était plus son locataire, ne se dérangea aucunement quand celui-ci lui eut crié son nom par le vasistas.

Quant ils furent arrivés tous trois en haut de l'escalier, dont l'ascension avait été aussi longue que difficile, Schaunard, qui marchait en avant, jeta un cri d'étonnement en trouvant la clef sur la porte de sa chambre.

— Qu'est-ce qu'il y a ? demanda Rodolphe.

— Je n'y comprends rien, murmura-t-il, je trouve sur ma porte la clef que j'avais emportée ce matin. Ah! nous allons bien voir. Je l'avais mise dans ma poche. Eh! parbleu! la voilà encore ! s'écria-t-il en montrant une clef.

— C'est de la magie !

— De la fantasmagorie, dit Colline.

— De la fantaisie, ajouta Rodolphe.

— Mais, reprit Schaunard, dont la voix accusait un commencement de terreur, entendez-vous ?

— Quoi ?

— Quoi ?

— Mon piano, qui joue tout seul, *ut, la mi ré do, la si sol ré.* Gredin de *ré*, va! il sera toujours faux.

— Mais ce n'est pas chez vous, sans doute, lui dit Rodolphe, qui ajouta bas à l'oreille de Colline sur qui il appuya lourdement : Il est gris.

— Je le crois. D'abord, ce n'est pas un piano, c'est une flûte.

— Mais, vous aussi, vous êtes gris, mon cher, répondit le poëte au philosophe, qui s'était assis sur le carré. C'est un violon.

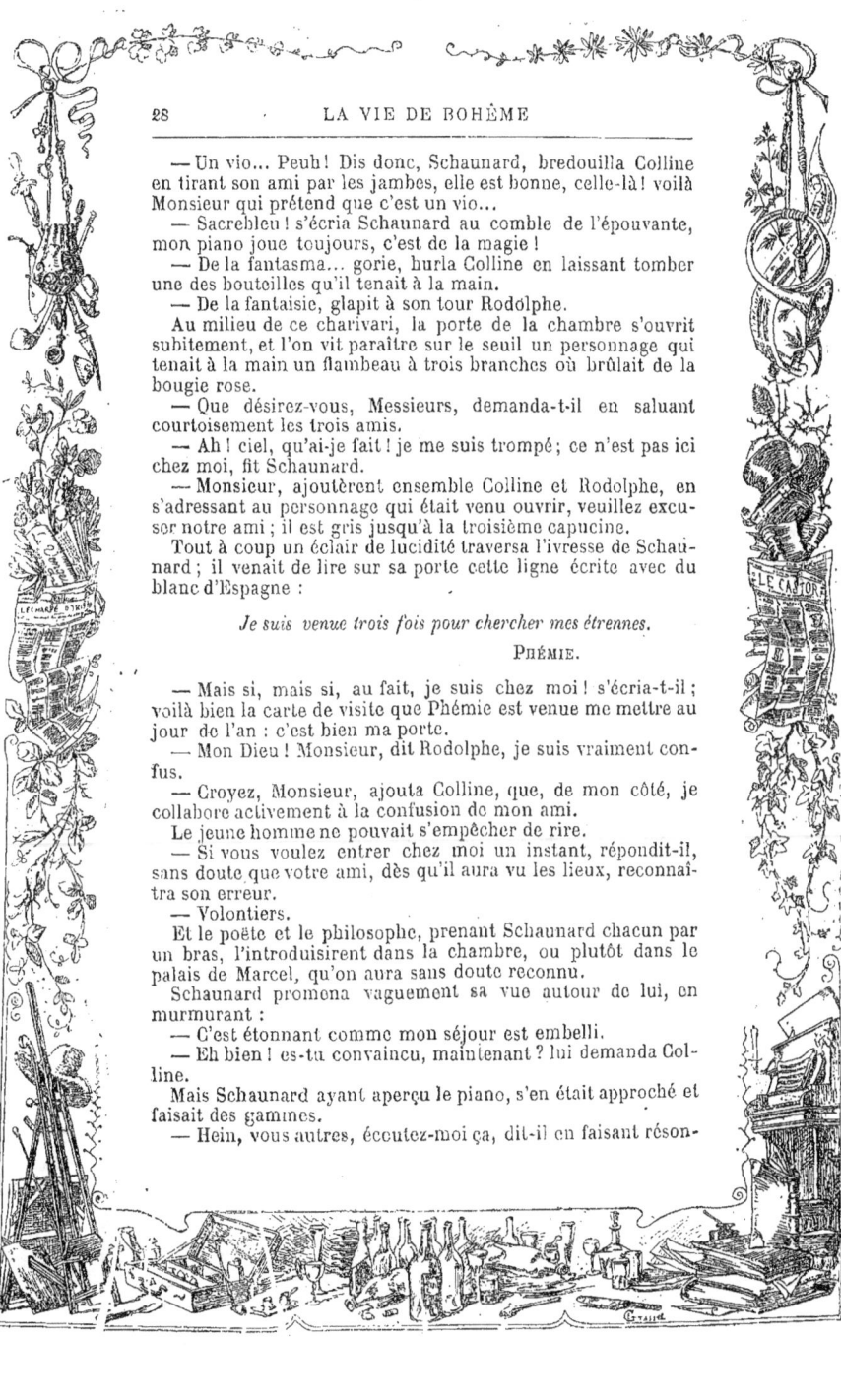

— Un vio... Peuh ! Dis donc, Schaunard, bredouilla Colline en tirant son ami par les jambes, elle est bonne, celle-là ! voilà Monsieur qui prétend que c'est un vio...

— Sacrebleu ! s'écria Schaunard au comble de l'épouvante, mon piano joue toujours, c'est de la magie !

— De la fantasma... gorie, hurla Colline en laissant tomber une des bouteilles qu'il tenait à la main.

— De la fantaisie, glapit à son tour Rodolphe.

Au milieu de ce charivari, la porte de la chambre s'ouvrit subitement, et l'on vit paraître sur le seuil un personnage qui tenait à la main un flambeau à trois branches où brûlait de la bougie rose.

— Que désirez-vous, Messieurs, demanda-t-il en saluant courtoisement les trois amis.

— Ah ! ciel, qu'ai-je fait ! je me suis trompé ; ce n'est pas ici chez moi, fit Schaunard.

— Monsieur, ajoutèrent ensemble Colline et Rodolphe, en s'adressant au personnage qui était venu ouvrir, veuillez excuser notre ami ; il est gris jusqu'à la troisième capucine.

Tout à coup un éclair de lucidité traversa l'ivresse de Schaunard ; il venait de lire sur sa porte cette ligne écrite avec du blanc d'Espagne :

Je suis venue trois fois pour chercher mes étrennes.

PHÉMIE.

— Mais si, mais si, au fait, je suis chez moi ! s'écria-t-il ; voilà bien la carte de visite que Phémie est venue me mettre au jour de l'an : c'est bien ma porte.

— Mon Dieu ! Monsieur, dit Rodolphe, je suis vraiment confus.

— Croyez, Monsieur, ajouta Colline, que, de mon côté, je collabore activement à la confusion de mon ami.

Le jeune homme ne pouvait s'empêcher de rire.

— Si vous voulez entrer chez moi un instant, répondit-il, sans doute que votre ami, dès qu'il aura vu les lieux, reconnaîtra son erreur.

— Volontiers.

Et le poëte et le philosophe, prenant Schaunard chacun par un bras, l'introduisirent dans la chambre, ou plutôt dans le palais de Marcel, qu'on aura sans doute reconnu.

Schaunard promena vaguement sa vue autour de lui, en murmurant :

— C'est étonnant comme mon séjour est embelli.

— Eh bien ! es-tu convaincu, maintenant ? lui demanda Colline.

Mais Schaunard ayant aperçu le piano, s'en était approché et faisait des gammes.

— Hein, vous autres, écoutez-moi ça, dit-il en faisant résonner les accords... A la bonne heure! L'animal a reconnu son maître : *si la sol, fa mi ré*. Ah ! gredin de *ré*! tu seras toujours le même, va ! Je disais bien que c'était mon instrument.

— Il insiste, dit Colline à Rodolphe.

— Il insiste, répéta Rodolphe à Marcel.

— Et ça donc, ajouta Schaunard en montrant le jupon semé d'étoiles qui était jeté sur une chaise, ce n'est pas mon ornement, peut-être!... Ah!

Et il regardait Marcel sous le nez.

— Et ça, continua-t-il, en détachant du mur le congé par huissier dont il a été parlé plus haut.

Et il se mit à lire :

« En conséquence, M. Schaunard sera tenu de vider les lieux et de les rendre en bon état de réparations locatives, le huit avril avant midi. Et je lui ai signifié le présent acte, dont le coût est de cinq francs. » Ah ! ah ! ce n'est donc pas moi qui suis M. Schaunard, à qui on donne congé par huissier, les honneurs du timbre, dont le coût est de cinq francs? Et ça encore, continua-t-il en reconnaissant ses pantoufles dans les pieds de Marcel, ce ne sont donc pas mes babouches, présent d'une main chère ? A votre tour, Monsieur, dit-il à Marcel, expliquez votre présence dans mes lares.

— Messieurs, répondit Marcel en s'adressant particulièrement à Colline et à Rodolphe, Monsieur, et il désignait Schaunard, Monsieur est chez lui, je le confesse.

— Ah ! exclama Schaunard, c'est heureux.

— Mais, continua Marcel, moi aussi je suis chez moi.

— Cependant, Monsieur, interrompit Rodolphe, si notre ami reconnaît...

— Oui, continua Colline, si notre ami...

— Et si de votre côté vous vous souvenez que... ajouta Rodolphe, comment se fait-il...

— Oui, reprit Colline, écho, comment il se fait !...

— Veuillez vous asseoir, Messieurs, répliqua Marcel, je vais vous expliquer le mystère.

— Si nous arrosions l'explication ? hasarda Colline.

— En cassant une croûte, ajouta Rodolphe.

Les quatre jeunes gens se mirent à table et donnèrent l'assaut à un morceau de veau froid que leur avait cédé le marchand de vin.

Marcel expliqua alors ce qui s'était passé le matin entre lui et le propriétaire, quand il était venu pour emménager.

— Alors, dit Rodolphe, Monsieur a parfaitement raison, nous sommes chez lui.

— Vous êtes chez vous, dit poliment Marcel.

Mais il fallut un travail énorme pour faire comprendre à Schaunard ce qui s'était passé. Un incident comique vint encore compliquer la situation. Schaunard, en cherchant quelque chose dans un buffet, y découvrit la monnaie du billet de cinq cents francs que Marcel avait changé le matin à M. Bernard.

— Ah ! j'en étais bien sûr ! s'écria-t-il, que le hasard ne m'abandonnerait pas. Je me rappelle maintenant... que j'étais sorti ce matin pour courir après lui. A cause du terme, c'est vrai, il sera venu pendant mon absence. Nous nous sommes croisés, voilà tout. Comme j'ai bien fait de laisser la clef sur mon tiroir !

— Douce folie ! murmura Rodolphe en voyant Schaunard qui dressait les espèces en piles égales.

— Songe, mensonge, telle est la vie, ajouta le philosophe.

Marcel riait.

Une heure après ils étaient endormis tous les quatre.

Le lendemain, à midi, ils se réveillèrent et parurent d'abord très-étonnés de se trouver ensemble : Schaunard, Colline et Rodolphe n'avaient pas l'air de se reconnaître et s'appelaient Monsieur. Il fallut que Marcel leur rappelât qu'ils étaient venus ensemble la veille.

En ce moment le père Durand entra dans la chambre.

— Monsieur, dit-il à Marcel, c'est aujourd'hui le neuf avril mil huit cent quarante... il y a de la boue dans les rues, et S. M. Louis-Philippe est toujours roi de France et de Navarre. Tiens ! s'écria le père Durand en apercevant son ancien locataire, Monsieur Schaunard, par où donc êtes-vous venu?

— Par le télégraphe, répondit Schaunard.

— Mais dites donc, reprit le portier, vous êtes encore un farceur, vous !...

— Durand, dit Marcel, je n'aime pas que la livrée se mêle à ma conversation ; vous irez chez le restaurant voisin, et vous ferez monter à déjeuner pour quatre personnes. Voici la carte, ajouta-t-il en donnant un bout de papier sur lequel il avait indiqué son menu. Sortez.

— Messieurs, reprit Marcel, aux trois jeunes gens, vous m'avez offert à souper hier soir, permettez-moi de vous offrir à déjeuner ce matin, non pas chez moi, mais chez nous, ajouta-t-il en tendant la main à Schaunard.

A la fin du déjeuner, Rodolphe demanda la parole.

— Messieurs, dit-il, permettez-moi de vous quitter...

— Oh ! non, dit sentimentalement Schaunard, ne nous quittons jamais.

— C'est vrai, on est très-bien ici, ajouta Colline.

— De vous quitter un moment, continua Rodolphe ; c'est demain que paraît l'*Écharpe d'Iris*, un journal de modes dont je suis le rédacteur en chef, et il faut que j'aille corriger mes épreuves, je reviens dans une heure.

— Diable ! dit Colline, ça me fait penser que j'ai une leçon à donner à un prince indien qui est venu à Paris pour apprendre l'arabe.

— Vous irez demain, dit Marcel.

— Oh ! non, répondit le philosophe, le prince doit me payer

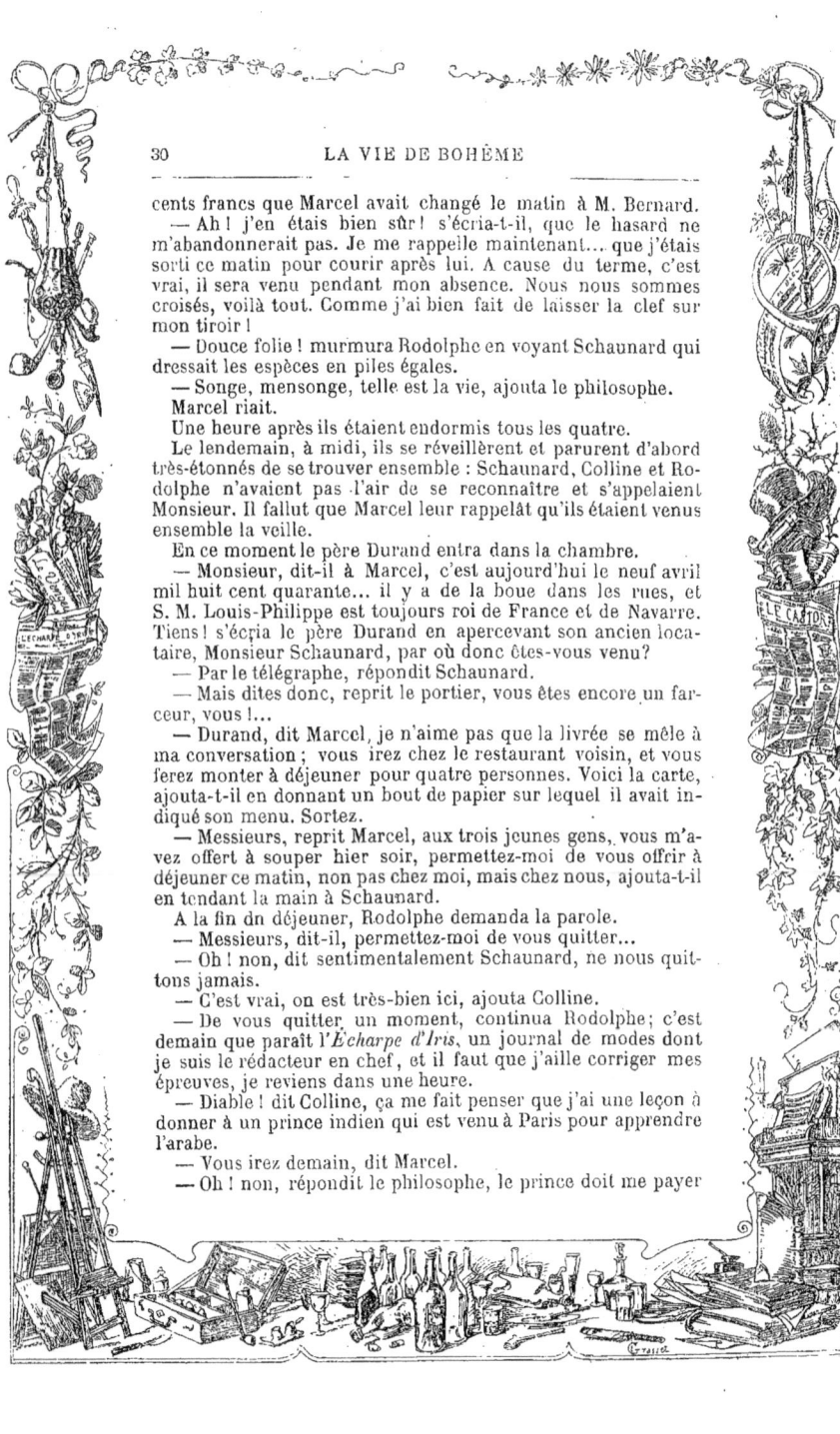

aujourd'hui. Et puis je vous avouerai que cette belle journée serait gâtée pour moi si je n'allais pas faire un petit tour à la halle aux bouquins.

— Mais tu reviendras? demanda Schaunard.

— Avec la rapidité d'une flèche lancée d'une main sûre, répondit le philosophe, qui aimait les images excentriques.

Et il sortit avec Rodolphe.

— Au fait, dit Schaunard, resté seul avec Marcel, au lieu de me dorloter sur l'oreiller du *far niente*, si j'allais chercher quelque or pour apaiser la cupidité de M. Bernard?

— Mais, dit Marcel avec inquiétude, vous comptez donc toujours déménager?

— Dame! reprit Schaunard, il le faut bien, puisque j'ai congé par huissier, coût cinq francs.

— Mais, continua Marcel, si vous déménagez, est-ce que vous emporterez vos meubles?

— J'en ai la prétention; je ne laisserai pas un cheveu, comme dit M. Bernard.

— Diable! ça va me gêner, fit Marcel, moi qui ai loué votre chambre en garni.

— Tiens, c'est vrai, au fait, reprit Schaunard. Ah bah! ajouta-t-il avec mélancolie, rien ne prouve que je trouverai mes soixante-quinze francs aujourd'hui, ni demain, ni après.

— Mais attendez donc, s'écria Marcel, j'ai une idée.

— Exhibez, dit Schaunard.

— Voici la situation : légalement, ce logement est à moi, puisque j'ai payé un mois d'avance.

— Le logement, oui; mais les meubles, si je paye, je les enlève légalement; et, si cela était possible, je les enlèverais même extralégalement, dit Schaunard.

— De façon, continua Marcel, que vous avez des meubles et pas de logement, et que moi j'ai un logement et pas de meubles.

— Voilà, fit Schaunard.

— Moi, ce logement me plaît, reprit Marcel.

— Et moi, donc, ajouta Schaunard, il ne m'a jamais plus plu.

— Vous dites?

— *Plus plu* pour *davantage*. Oh! je connais ma langue.

— Eh bien, nous pouvons arranger ces affaires-là, reprit Marcel; restez avec moi, je fournirai le logement, vous fournirez les meubles.

— Et les termes? dit Schaunard.

— Puisque j'ai de l'argent aujourd'hui, je les payerai; la prochaine fois ce sera votre tour. Réfléchissez.

— Je ne réfléchis jamais, surtout pour accepter une proposition qui m'est agréable; j'accepte d'emblée : au fait, la peinture et la musique sont sœurs.

— Belles-sœurs, dit Marcel.

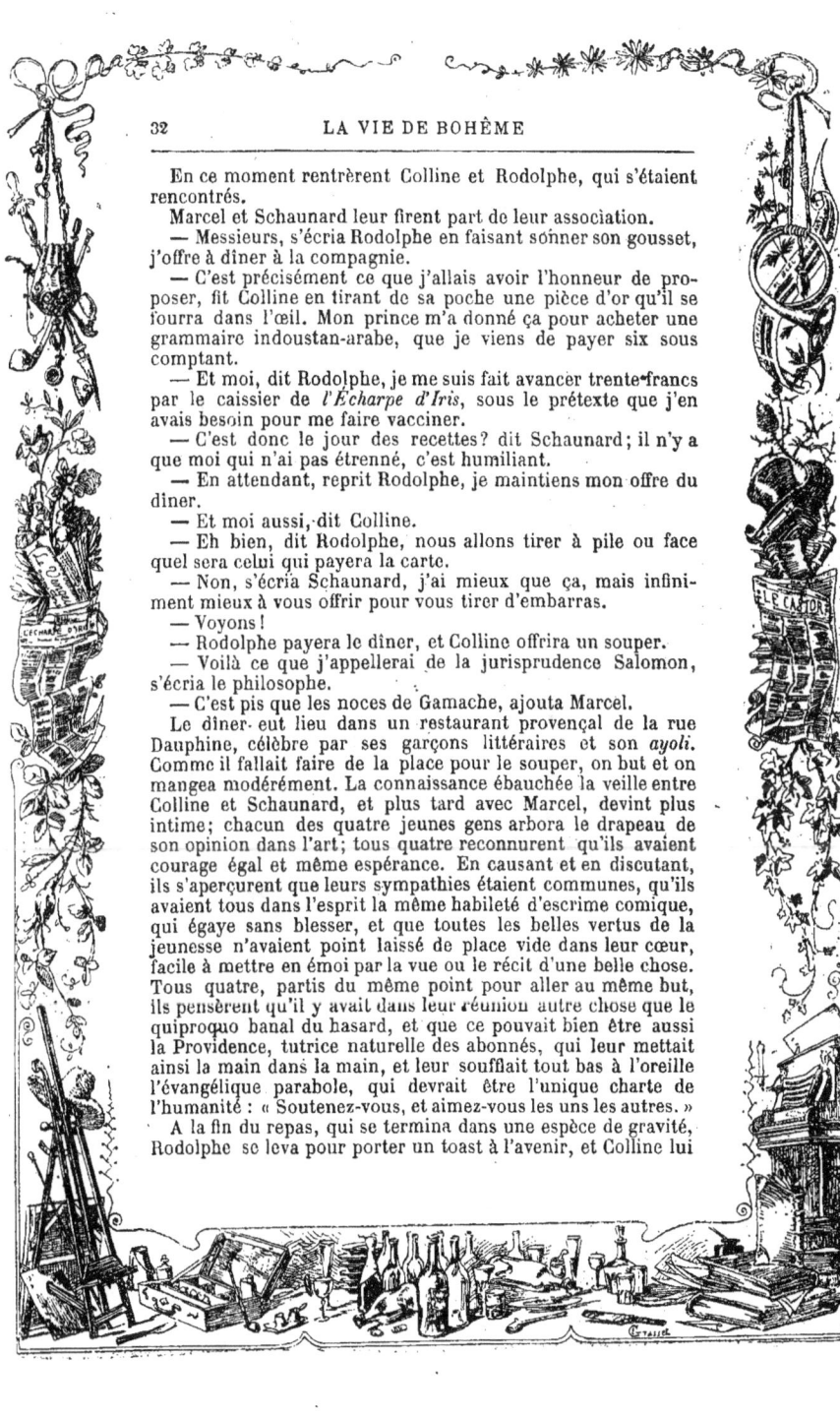

En ce moment rentrèrent Colline et Rodolphe, qui s'étaient rencontrés.

Marcel et Schaunard leur firent part de leur association.

— Messieurs, s'écria Rodolphe en faisant sonner son gousset, j'offre à dîner à la compagnie.

— C'est précisément ce que j'allais avoir l'honneur de proposer, fit Colline en tirant de sa poche une pièce d'or qu'il se fourra dans l'œil. Mon prince m'a donné ça pour acheter une grammaire indoustan-arabe, que je viens de payer six sous comptant.

— Et moi, dit Rodolphe, je me suis fait avancer trente francs par le caissier de *l'Écharpe d'Iris*, sous le prétexte que j'en avais besoin pour me faire vacciner.

— C'est donc le jour des recettes? dit Schaunard; il n'y a que moi qui n'ai pas étrenné, c'est humiliant.

— En attendant, reprit Rodolphe, je maintiens mon offre du dîner.

— Et moi aussi, dit Colline.

— Eh bien, dit Rodolphe, nous allons tirer à pile ou face quel sera celui qui payera la carte.

— Non, s'écria Schaunard, j'ai mieux que ça, mais infiniment mieux à vous offrir pour vous tirer d'embarras.

— Voyons!

— Rodolphe payera le dîner, et Colline offrira un souper.

— Voilà ce que j'appellerai de la jurisprudence Salomon, s'écria le philosophe.

— C'est pis que les noces de Gamache, ajouta Marcel.

Le dîner eut lieu dans un restaurant provençal de la rue Dauphine, célèbre par ses garçons littéraires et son *ayoli*. Comme il fallait faire de la place pour le souper, on but et on mangea modérément. La connaissance ébauchée la veille entre Colline et Schaunard, et plus tard avec Marcel, devint plus intime; chacun des quatre jeunes gens arbora le drapeau de son opinion dans l'art; tous quatre reconnurent qu'ils avaient courage égal et même espérance. En causant et en discutant, ils s'aperçurent que leurs sympathies étaient communes, qu'ils avaient tous dans l'esprit la même habileté d'escrime comique, qui égaye sans blesser, et que toutes les belles vertus de la jeunesse n'avaient point laissé de place vide dans leur cœur, facile à mettre en émoi par la vue ou le récit d'une belle chose. Tous quatre, partis du même point pour aller au même but, ils pensèrent qu'il y avait dans leur réunion autre chose que le quiproquo banal du hasard, et que ce pouvait bien être aussi la Providence, tutrice naturelle des abonnés, qui leur mettait ainsi la main dans la main, et leur soufflait tout bas à l'oreille l'évangélique parabole, qui devrait être l'unique charte de l'humanité : « Soutenez-vous, et aimez-vous les uns les autres. »

A la fin du repas, qui se termina dans une espèce de gravité, Rodolphe se leva pour porter un toast à l'avenir, et Colline lui

A minuit Marcel les trouva dans les bras l'un de l'autre.

répondit par un petit discours qui n'était tiré d'aucun bouquin, n'appartenait par aucun point au beau style, et parlait tout simplement le bon patois de la naïveté qui fait si bien comprendre ce qu'il dit si mal.

— Est-il bête ce philosophe! murmura Schaunard, qui avait le nez dans son verre, voilà qu'il me force à mettre de l'eau dans mon vin.

Après le dîner on alla prendre le café à *Momus*, où on avait déjà passé la soirée la veille. Ce fut à compter de ce jour-là que l'établissement devint inhabitable pour les autres habitués.

Après le café et les liqueurs, le clan bohème, définitivement fondé, retourna au logement de Marcel, qui prit le nom d'*Élysée* Schaunard. Pendant que Colline allait commander le souper qu'il avait promis, les autres se procuraient des pétards, des fusées et d'autres pièces pyrotechniques; et, avant de se mettre à table, on tira par les fenêtres un superbe feu d'artifice qui mit toute la maison sens dessus dessous, et pendant lequel les quatre amis chantaient à tue-tête :

Célébrons, célébrons, célébrons ce beau jour!

Le lendemain matin, ils se retrouvèrent ensemble de nouveau, mais sans en paraître étonnés, cette fois. Avant de retourner chacun à leur affaire, ils allèrent de compagnie déjeuner frugalement au café *Momus*, où ils se donnèrent rendez-vous pour le soir, et où on les vit pendant longtemps revenir assidûment tous les jours.

Tels sont les principaux personnages qu'on verra reparaître dans les petites histoires dont se compose ce volume, qui n'est pas un roman, et n'a d'autre prétention que celle indiquée par son titre; car les Scènes de la Vie de bohème ne sont en effet que des études de mœurs dont les héros appartiennent à une classe mal jugée jusqu'ici, et dont le plus grand défaut est le désordre; et encore peuvent-ils donner pour excuse que ce désordre même est une nécessité que leur fait la vie.

II

UN ENVOYÉ DE LA PROVIDENCE

Schaunard et Marcel, qui s'étaient vaillamment mis à la besogne dès le matin, suspendirent tout à coup leur travail.

— Sacrebleu! qu'il fait faim! dit Schaunard; et il ajouta négligemment : Est-ce qu'on ne déjeune pas aujourd'hui?

Marcel parut très-étonné de cette question, plus que jamais inopportune.

— Depuis quand déjeune-t-on deux jours de suite? dit-il. C'était hier jeudi.

Et il compléta sa réponse en désignant de son appui-main ce commandement de l'Église :

« Vendredi chair ne mangeras,
« Ni autre chose pareillement. »

Schaunard ne trouva rien à répondre et se mit à son tableau, lequel représentait une plaine habitée par un arbre rouge et un arbre bleu qui se donnent une poignée de branches. Allusion transparente aux douceurs de l'amitié, et qui ne laissait pas en effet que d'être très-philosophique.

En ce moment, le portier frappa à la porte. Il apportait une lettre pour Marcel.

— C'est trois sous, dit-il.

— Vous êtes sûr? répliqua l'artiste. C'est bon, vous nous les devrez.

Et il lui ferma la porte au nez.

Marcel avait pris la lettre et rompu le cachet. Aux premiers mots, il se mit à faire dans l'atelier des sauts d'acrobate et entonna à tue-tête la célèbre romance suivante, qui indiquait chez lui l'apogée de la jubilation :

Y' avait quat' jeunes gens du quartier,
Ils étaient tous les quat' malades;
On les a m'nés à l'Hôtel-Dieu
Eu! eu! eu! eu!

— Eh bien, oui, dit Schaunard en continuant :

On les a mis dans un grand lit,
Deux à la tête et deux aux pieds.

— Nous savons ça!
Marcel reprit :

Ils virent arriver un' petit' sœur,
Eur! eur! eur! eur!

— Si tu ne te tais pas, dit Schaunard, qui ressentait déjà des symptômes d'aliénation mentale, je vais t'exécuter l'allégro de ma symphonie sur *l'influence du bleu dans les arts*.

Et il s'approcha de son piano.

Cette menace produisit l'effet d'une goutte d'eau froide tombée dans un liquide en ébullition.

Marcel se calma comme par enchantement.

— Tiens! dit-il en passant la lettre à son ami. Vois.

C'était une invitation à dîner d'un député, protecteur éclairé des arts et en particulier de Marcel, qui avait fait le portrait de sa maison de campagne.

— C'est pour aujourd'hui, dit Schaunard; il est malheureux que le billet ne soit pas bon pour deux personnes. Mais au fait, j'y songe, ton député est ministériel; tu ne peux pas, tu ne dois pas accepter : tes principes te défendent d'aller manger un pain trempé dans les sueurs du peuple.

— Bah! dit Marcel, mon député est centre gauche; il a voté

l'autre jour contre le gouvernement. D'ailleurs, il doit me faire avoir avoir une commande, et il m'a promis de me présenter dans le monde; et puis, vois-tu, ça a beau être vendredi, je me sens pris d'une voracité Ugoline, et je veux dîner aujourd'hui, voilà.

— Il y a encore d'autres obstacles, reprit Schaunard, qui ne laissait pas que d'être un peu jaloux de la bonne fortune qui tombait à son ami. Tu ne peux pas aller dîner en ville en vareuse rouge et avec un bonnet de débardeur.

— J'irai emprunter les habits de Rodolphe ou de Colline.

— Jeune insensé! oublies-tu que nous sommes passé le vingt du mois, et qu'à cet époque les habits de ces Messieurs sont *cloués* et *surcloués*?

— Je trouverai au moins un habit noir d'ici à cinq heures, dit Marcel.

— J'ai mis trois semaines pour en trouver un quand j'ai été à la noce de mon cousin; et c'était au commencement de janvier.

— Eh bien, j'irai comme ça, reprit Marcel en marchant à grands pas. Il ne sera pas dit qu'une misérable question d'étiquette m'empêchera de faire mon premier pas dans le monde.

— A propos de ça, interrompit Schaunard, prenant beaucoup de plaisir à faire du chagrin à son ami, et des bottes?

Marcel sortit dans un état d'agitation impossible à décrire. Au bout de deux heures il rentrait chargé d'un faux col.

— Voilà tout ce que j'ai pu trouver, dit-il piteusement.

— Ce n'était pas la peine de courir pour si peu, répondit Schaunard, il y a ici du papier de quoi en faire une douzaine.

— Mais, dit Marcel en s'arrachant les cheveux, nous devons avoir des effets que diable!

Et il commença une longue perquisition dans tous les coins des deux chambres.

Après une heure de recherche, il réalisa un costume ainsi composé :

Un pantalon écossais; — un chapeau gris; — une cravate rouge; — un gant jadis blanc; — un gant noir.

— Ça te fera deux gants noirs au besoin, dit Schaunard. Mais quand tu seras habillé, tu auras l'air du spectre solaire. Après ça, quand on est coloriste!

Pendant ce temps, Marcel essayait les bottes.

Fatalité! elles étaient toutes deux du même pied!

L'artiste, désespéré, avisa alors dans un coin une vieille botte dans laquelle on mettait les vessies usées. Il s'en empara.

— De *Garrick* en *Syllabe*, dit son ironique compagnon : celle-ci est pointue et l'autre est carrée.

— Ça ne se verra pas, je les vernirai.

— C'est une idée! il ne te manque plus que l'habit noir de rigueur.

— Oh! dit Marcel en se mordant les poings, pour en avoir un, je donnerais dix ans de ma vie et ma main droite, vois-tu!

Ils entendirent de nouveau frapper à la porte. Marcel ouvrit.

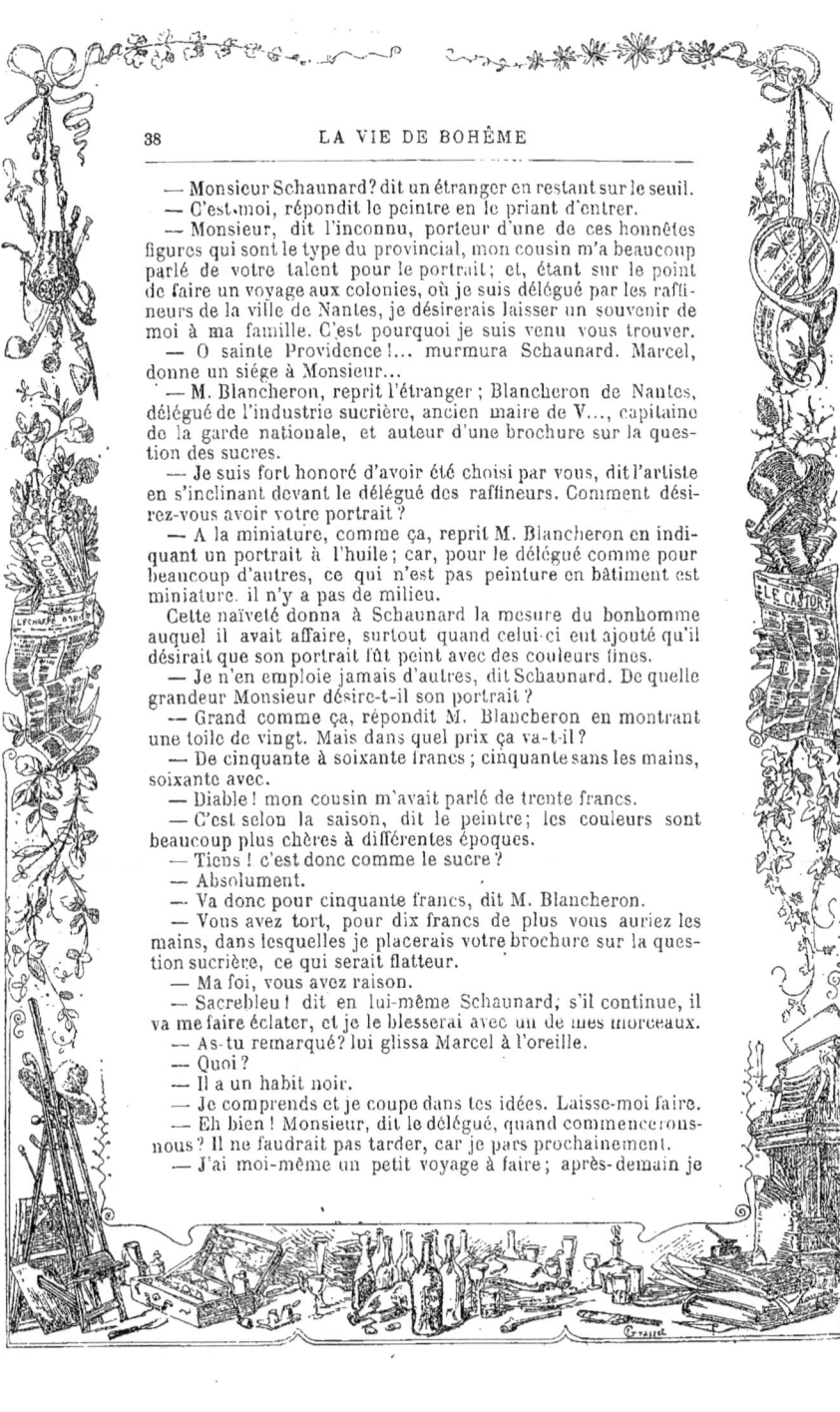

— Monsieur Schaunard? dit un étranger en restant sur le seuil.
— C'est moi, répondit le peintre en le priant d'entrer.
— Monsieur, dit l'inconnu, porteur d'une de ces honnêtes figures qui sont le type du provincial, mon cousin m'a beaucoup parlé de votre talent pour le portrait ; et, étant sur le point de faire un voyage aux colonies, où je suis délégué par les raffineurs de la ville de Nantes, je désirerais laisser un souvenir de moi à ma famille. C'est pourquoi je suis venu vous trouver.
— O sainte Providence !... murmura Schaunard. Marcel, donne un siége à Monsieur...
— M. Blancheron, reprit l'étranger ; Blancheron de Nantes, délégué de l'industrie sucrière, ancien maire de V..., capitaine de la garde nationale, et auteur d'une brochure sur la question des sucres.
— Je suis fort honoré d'avoir été choisi par vous, dit l'artiste en s'inclinant devant le délégué des raffineurs. Comment désirez-vous avoir votre portrait ?
— A la miniature, comme ça, reprit M. Blancheron en indiquant un portrait à l'huile ; car, pour le délégué comme pour beaucoup d'autres, ce qui n'est pas peinture en bâtiment est miniature. il n'y a pas de milieu.
Cette naïveté donna à Schaunard la mesure du bonhomme auquel il avait affaire, surtout quand celui-ci eut ajouté qu'il désirait que son portrait fût peint avec des couleurs fines.
— Je n'en emploie jamais d'autres, dit Schaunard. De quelle grandeur Monsieur désire-t-il son portrait ?
— Grand comme ça, répondit M. Blancheron en montrant une toile de vingt. Mais dans quel prix ça va-t-il ?
— De cinquante à soixante francs ; cinquante sans les mains, soixante avec.
— Diable ! mon cousin m'avait parlé de trente francs.
— C'est selon la saison, dit le peintre; les couleurs sont beaucoup plus chères à différentes époques.
— Tiens ! c'est donc comme le sucre ?
— Absolument.
— Va donc pour cinquante francs, dit M. Blancheron.
— Vous avez tort, pour dix francs de plus vous auriez les mains, dans lesquelles je placerais votre brochure sur la question sucrière, ce qui serait flatteur.
— Ma foi, vous avez raison.
— Sacrebleu ! dit en lui-même Schaunard, s'il continue, il va me faire éclater, et je le blesserai avec un de mes morceaux.
— As-tu remarqué? lui glissa Marcel à l'oreille.
— Quoi ?
— Il a un habit noir.
— Je comprends et je coupe dans tes idées. Laisse-moi faire.
— Eh bien ! Monsieur, dit le délégué, quand commencerons-nous ? Il ne faudrait pas tarder, car je pars prochainement.
— J'ai moi-même un petit voyage à faire ; après-demain je

quitte Paris. Donc, si vous le voulez, nous allons commencer tout de suite. Une bonne séance avancera la besogne.

— Mais il va bientôt faire nuit, et on ne peut pas peindre aux lumières, dit M. Blancheron.

— Mon atelier est disposé pour qu'on y puisse travailler à toute heure... reprit le peintre. Si vous voulez ôter votre habit et prendre la pose, nous allons commencer.

— Ôter mon habit! Pourquoi faire?

— Ne m'avez-vous pas dit que vous destiniez votre portrait à votre famille?

— Sans doute.

— Eh bien, alors, vous devez être représenté dans votre costume d'intérieur, en robe de chambre. C'est l'usage, d'ailleurs.

— Mais je n'ai pas de robe de chambre ici.

— Mais j'en ai, moi. Le cas est prévu, dit Schaunard en présentant à son modèle un haillon historié de taches de peinture et qui fit tout d'abord hésiter l'honnête provincial.

— Ce vêtement est bien singulier, dit-il.

— Et bien précieux, répondit le peintre. C'est un vizir turc qui en a fait présent à M. Horace Vernet, qui me l'a donné à moi. Je suis son élève.

— Vous êtes élève de Vernet? dit Blancheron.

— Oui, Monsieur, je m'en vante. Horreur, murmura-t-il en lui-même, je renie mes dieux.

— Il y a de quoi, jeune homme, reprit le délégué en endossant la robe de chambre qui avait une si noble origine.

— Accroche l'habit de Monsieur au porte-manteau, dit Schaunard à son ami avec un clignement d'yeux significatif.

— Dis donc, murmura Marcel en se jetant sur sa proie et en désignant le Blancheron, il est bien bon! si tu pouvais en garder un morceau?

— Je tâcherai! mais ce n'est pas ça, habille-toi vite et file. Sois de retour à dix heures, je le garderai jusque-là. Surtout rapporte-moi quelque chose dans tes poches.

— Je t'apporterai un ananas, dit Marcel en se sauvant.

Il s'habilla à la hâte. L'habit lui allait comme un gant, puis il sortit par la seconde porte de l'atelier.

Schaunard s'était mis à la besogne. Comme la nuit était tout à fait venue, M. Blancheron entendit sonner six heures et se souvint qu'il n'avait pas dîné. Il en fit la remarque au peintre.

— Je suis dans le même cas; mais, pour vous obliger, je m'en passerai ce soir. Pourtant j'étais invité dans une maison du faubourg Saint-Germain, dit Schaunard. Mais nous ne pouvons pas nous déranger, ça compromettrait la ressemblance.

Il se mit à l'œuvre.

— Après ça, dit il tout à coup, nous pouvons dîner sans nous déranger. Il y eu a bas un excellent restaurant qui nous montera ce que nous voudrons.

Et Schaunard attendit l'effet de son trio de pluriels.

— Je partage votre idée, dit M. Blancheron, et en revanche, j'aime à croire que vous me ferez l'honneur de me tenir compagnie à table.

Schaunard s'inclina.

— Allons, se dit-il à lui-même, c'est un brave homme, un véritable employé de la Providence. Voulez-vous faire la carte? demanda-t-il à son amphitryon.

— Vous m'obligerez de vous charger de ce soin répondit poliment celui-ci.

— Tu t'en repentiras, Nicolas, chanta le peintre en descendant les escaliers quatre à quatre.

Il entra chez le restaurateur, se mit au comptoir et rédigea un menu dont la lecture fit pâlir le Vatel en boutique.

— Du bordeaux à l'ordinaire.

— Qu'est-ce qui payera?

— Pas moi probablement, dit Schaunard, mais un mien oncle que vous verrez là-haut, un fin gourmet. Ainsi, tâchez de vous distinguer, et que nous soyons servis dans une demi-heure; et dans de la porcelaine surtout.

A huit heures, M. Blancheron sentait déjà le besoin d'épancher dans le sein d'un ami ses idées sur l'industrie sucrière, et il récita à Schaunard la brochure qu'il avait écrite.

Celui-ci l'accompagna sur le piano.

A dix heures, M. Blancheron et son ami dansaient le galop et se tutoyaient. A onze heures, ils jurèrent de ne jamais se quitter et firent chacun un testament où ils se léguaient réciproquement leur fortune.

A minuit, Marcel rentra et les trouva dans les bras l'un de l'autre; ils fondaient en pleurs. Et il y avait déjà un demi-pouce d'eau dans l'atelier. Marcel se heurta à la table et vit les splendides débris du superbe festin. Il regarda les bouteilles, elles étaient parfaitement vides.

Il voulut réveiller Schaunard, mais celui-ci le menaça de le tuer s'il voulait lui ravir M. Blancheron, dont il se faisait un oreiller.

Ingrat! dit Marcel en tirant de la poche de son habit une poignée de noisettes. Moi qui lui apportais à dîner.

III

LES AMOURS DE CARÊME.

Un soir de carême, Rodolphe entra chez lui de bonne heure avec l'intention de travailler. Mais à peine se fut-il mis à table et eût-il trempé sa plume dans l'encrier, qu'il fut distrait par un bruit singulier; et, appliquant l'oreille à l'indiscrète cloison qui le séparait de la chambre voisine, il écouta et distingua

Louise.

parfaitement un dialogue alterné de baisers et autres amoureuses onomatopées.

— Diable ! pensa Rodolphe, en regardant sa pendule, il n'est pas tard... et ma voisine est une Juliette qui garde ordinairement son Roméo bien après le chant de l'alouette. Je ne pourrai pas travailler cette nuit. Et, prenant son chapeau, il sortit.

En remettant la clef dans la loge, il trouva la femme du portier emprisonnée à demi dans les bras d'un galant. La pauvre femme fut tellement effarouchée qu'elle resta plus de cinq minutes sans pouvoir tirer le cordon.

— Au fait, pensa Rodolphe, il y a des moments où les portières redeviennent des femmes.

En ouvrant la porte il trouva dans l'angle un sapeur-pompier et une cuisinière en sortie qui se donnaient la main et échangeaient les arrhes de l'amour.

— Eh parbleu ! dit Rodolphe en faisant allusion au guerrier et à sa robuste compagne, voilà des hérétiques qui ne songent guère que nous sommes dans le carême.

Et il prit le chemin pour se rendre chez un de ses amis qui habitait le voisinage.

— Si Marcel est chez lui, se disait-il, nous passerons la soirée à dire du mal de Colline. Il faut bien faire quelque chose...

Comme il frappait un vigoureux appel, la porte s'entre-bâilla à demi, et un jeune homme simplement vêtu d'un lorgnon et d'une chemise se présenta.

— Je ne peux pas te recevoir, dit-il à Rodolphe.

— Pourquoi ? demanda celui-ci.

— Tiens ! dit Marcel en désignant une tête féminine qui venait d'apparaître derrière un rideau : voici ma réponse.

— Elle n'est pas belle, répondit Rodolphe auquel on venait de refermer la porte sur le nez. Ah çà, se dit-il quand il fut dans la rue, que faire ? Si j'allais chez Colline, nous passerions le temps à dire du mal de Marcel.

En traversant la rue de l'Ouest, ordinairement obscure et peu fréquentée, Rodolphe distingua une ombre qui se promenait mélancoliquement en mâchant des rimes entre ses dents.

— Hé ! hé ! dit Rodolphe, quel est ce sonnet qui fait le pied de grue ? Tiens, Colline !

— Tiens, Rodolphe ! Où vas-tu ?

— Chez toi.

— Tu ne m'y trouveras pas.

— Qu'est-ce que tu fais là ?

— J'attends.

— Et qu'est-ce que tu attends ?

— Ah ! dit Colline avec une emphase railleuse, que peut-on attendre quand on a vingt ans, qu'il y a des étoiles au ciel et des chansons dans l'air ?

— Parle en prose.

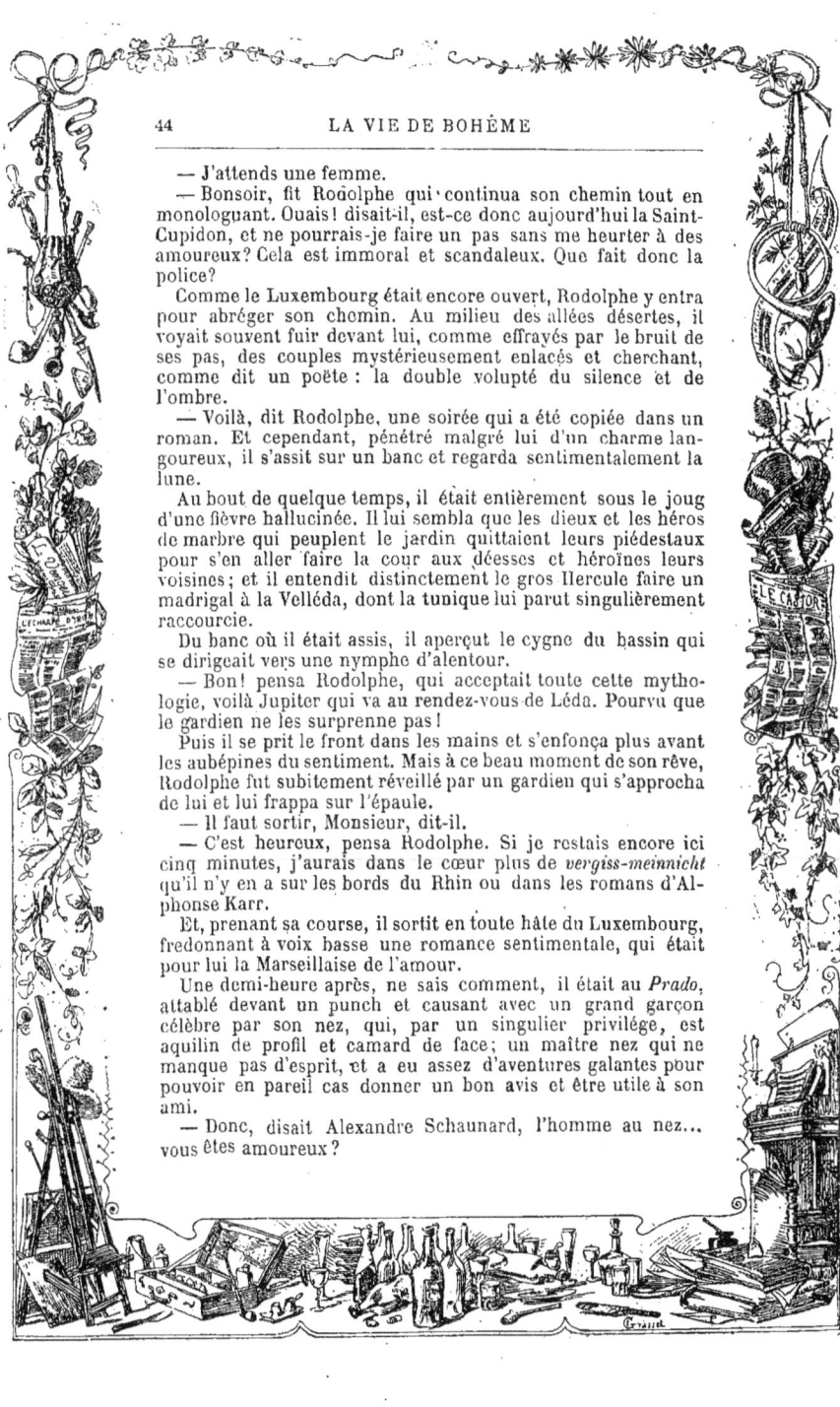

— J'attends une femme.

— Bonsoir, fit Rodolphe qui continua son chemin tout en monologuant. Ouais! disait-il, est-ce donc aujourd'hui la Saint-Cupidon, et ne pourrais-je faire un pas sans me heurter à des amoureux? Cela est immoral et scandaleux. Que fait donc la police?

Comme le Luxembourg était encore ouvert, Rodolphe y entra pour abréger son chemin. Au milieu des allées désertes, il voyait souvent fuir devant lui, comme effrayés par le bruit de ses pas, des couples mystérieusement enlacés et cherchant, comme dit un poëte : la double volupté du silence et de l'ombre.

— Voilà, dit Rodolphe, une soirée qui a été copiée dans un roman. Et cependant, pénétré malgré lui d'un charme langoureux, il s'assit sur un banc et regarda sentimentalement la lune.

Au bout de quelque temps, il était entièrement sous le joug d'une fièvre hallucinée. Il lui sembla que les dieux et les héros de marbre qui peuplent le jardin quittaient leurs piédestaux pour s'en aller faire la cour aux déesses et héroïnes leurs voisines; et il entendit distinctement le gros Hercule faire un madrigal à la Velléda, dont la tunique lui parut singulièrement raccourcie.

Du banc où il était assis, il aperçut le cygne du bassin qui se dirigeait vers une nymphe d'alentour.

— Bon! pensa Rodolphe, qui acceptait toute cette mythologie, voilà Jupiter qui va au rendez-vous de Léda. Pourvu que le gardien ne les surprenne pas!

Puis il se prit le front dans les mains et s'enfonça plus avant les aubépines du sentiment. Mais à ce beau moment de son rêve, Rodolphe fut subitement réveillé par un gardien qui s'approcha de lui et lui frappa sur l'épaule.

— Il faut sortir, Monsieur, dit-il.

— C'est heureux, pensa Rodolphe. Si je restais encore ici cinq minutes, j'aurais dans le cœur plus de *vergiss-meinnicht* qu'il n'y en a sur les bords du Rhin ou dans les romans d'Alphonse Karr.

Et, prenant sa course, il sortit en toute hâte du Luxembourg, fredonnant à voix basse une romance sentimentale, qui était pour lui la Marseillaise de l'amour.

Une demi-heure après, ne sais comment, il était au *Prado*, attablé devant un punch et causant avec un grand garçon célèbre par son nez, qui, par un singulier privilége, est aquilin de profil et camard de face; un maître nez qui ne manque pas d'esprit, et a eu assez d'aventures galantes pour pouvoir en pareil cas donner un bon avis et être utile à son ami.

— Donc, disait Alexandre Schaunard, l'homme au nez... vous êtes amoureux?

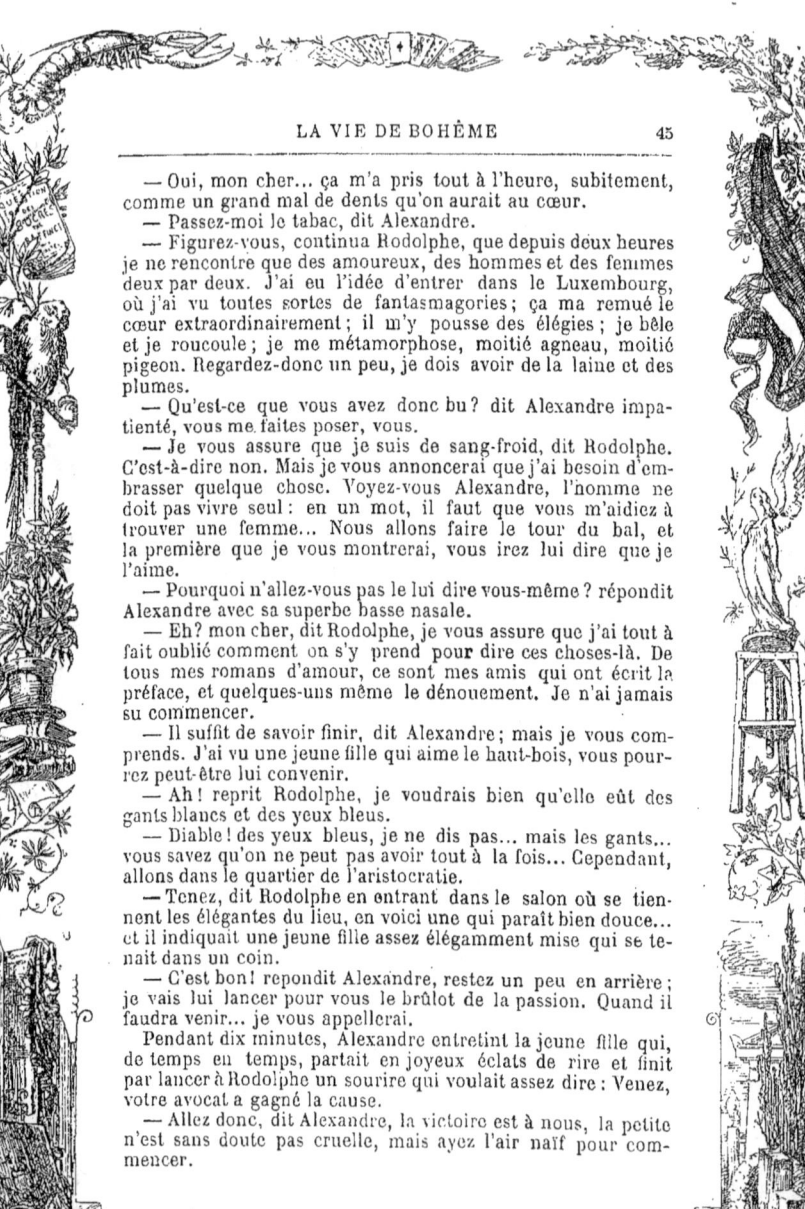

— Oui, mon cher... ça m'a pris tout à l'heure, subitement, comme un grand mal de dents qu'on aurait au cœur.

— Passez-moi le tabac, dit Alexandre.

— Figurez-vous, continua Rodolphe, que depuis deux heures je ne rencontre que des amoureux, des hommes et des femmes deux par deux. J'ai eu l'idée d'entrer dans le Luxembourg, où j'ai vu toutes sortes de fantasmagories ; ça ma remué le cœur extraordinairement ; il m'y pousse des élégies ; je bêle et je roucoule ; je me métamorphose, moitié agneau, moitié pigeon. Regardez-donc un peu, je dois avoir de la laine et des plumes.

— Qu'est-ce que vous avez donc bu ? dit Alexandre impatienté, vous me faites poser, vous.

— Je vous assure que je suis de sang-froid, dit Rodolphe. C'est-à-dire non. Mais je vous annoncerai que j'ai besoin d'embrasser quelque chose. Voyez-vous Alexandre, l'homme ne doit pas vivre seul : en un mot, il faut que vous m'aidiez à trouver une femme... Nous allons faire le tour du bal, et la première que je vous montrerai, vous irez lui dire que je l'aime.

— Pourquoi n'allez-vous pas le lui dire vous-même ? répondit Alexandre avec sa superbe basse nasale.

— Eh ? mon cher, dit Rodolphe, je vous assure que j'ai tout à fait oublié comment on s'y prend pour dire ces choses-là. De tous mes romans d'amour, ce sont mes amis qui ont écrit la préface, et quelques-uns même le dénouement. Je n'ai jamais su commencer.

— Il suffit de savoir finir, dit Alexandre ; mais je vous comprends. J'ai vu une jeune fille qui aime le haut-bois, vous pourrez peut-être lui convenir.

— Ah ! reprit Rodolphe, je voudrais bien qu'elle eût des gants blancs et des yeux bleus.

— Diable ! des yeux bleus, je ne dis pas... mais les gants... vous savez qu'on ne peut pas avoir tout à la fois... Cependant, allons dans le quartier de l'aristocratie.

— Tenez, dit Rodolphe en entrant dans le salon où se tiennent les élégantes du lieu, en voici une qui paraît bien douce ; et il indiquait une jeune fille assez élégamment mise qui se tenait dans un coin.

— C'est bon ! répondit Alexandre, restez un peu en arrière ; je vais lui lancer pour vous le brûlot de la passion. Quand il faudra venir... je vous appellerai.

Pendant dix minutes, Alexandre entretint la jeune fille qui, de temps en temps, partait en joyeux éclats de rire et finit par lancer à Rodolphe un sourire qui voulait assez dire : Venez, votre avocat a gagné la cause.

— Allez donc, dit Alexandre, la victoire est à nous, la petite n'est sans doute pas cruelle, mais ayez l'air naïf pour commencer.

— Vous n'avez pas besoin de me recommander cela.
— Alors, passez-moi un peu de tabac, dit Alexandre, et allez vous asseoir près d'elle.
— Mon Dieu! dit la jeune fille, quand Rodolphe eut pris place à ses côtés, comme votre ami est drôle, il parle comme un cor de chasse.
— C'est qu'il est musicien, répondit Rodolphe.
Deux heures après, Rodolphe et sa compagne étaient arrêtés devant une maison de la rue Saint-Denis.
— C'est ici que je demeure, dit la jeune fille.
— Eh bien, chère Louise, quand vous reverrai-je, et où?
— Chez vous, demain soir, à huit heures.
— Bien vrai?
— Voilà ma promesse, répondit Louise en tendant ses joues fraîches à Rodolphe qui mordit à même dans ces beaux fruits mûrs de jeunesse et de santé.
Rodolphe rentra chez lui *ivre fou*,
— Ah! dit-il en parcourant sa chambre à grands pas, ça ne peut pas se passer comme ça ; il faut que je fasse des vers.
Le lendemain matin, son portier trouva dans la chambre une trentaine de feuilles de papier en tête desquelles s'étalait avec majesté cet alexandrin solitaire :

O l'Amour ! ô l'Amour ! prince de la jeunesse !

Ce jour-là, le lendemain, contre ses habitudes, Rodolphe s'était réveillé de fort bonne heure, et, bien qu'ayant peu dormi, il se leva sur-le-champ.
— Ah! s'écria-t-il, c'est donc aujourd'hui le grand jour... Mais douze heures d'attente... Avec quoi combler ces douze éternités ?...
Et comme son regard était tombé sur son bureau, il lui sembla voir frétiller sa plume qui avait l'air de lui dire : Travaille ?
— Ah! bien oui, travaille, foin de la prose!... Je ne veux pas rester ici, ça pue l'encre.
Il fut s'installer dans un café où il était sûr de ne point rencontrer d'amis.
— Ils verraient que je suis amoureux, pensa-t-il, et me formeraient d'avance mon idéal.
Après un repas très-succinct, il courut au chemin de fer et monta dans un wagon,
Au bout d'une demi-heure, il était dans les bois de Ville-d'Avray.
Rodolphe se promena toute la journée, lâché à travers la nature rajeunie, et ne revint à Paris qu'au tomber de la nuit.
Après avoir fait mettre en ordre le temple qui allait recevoir son idole, Rodolphe fit une toilette de circonstance, et regretta beaucoup de ne pouvoir s'habiller en blanc.

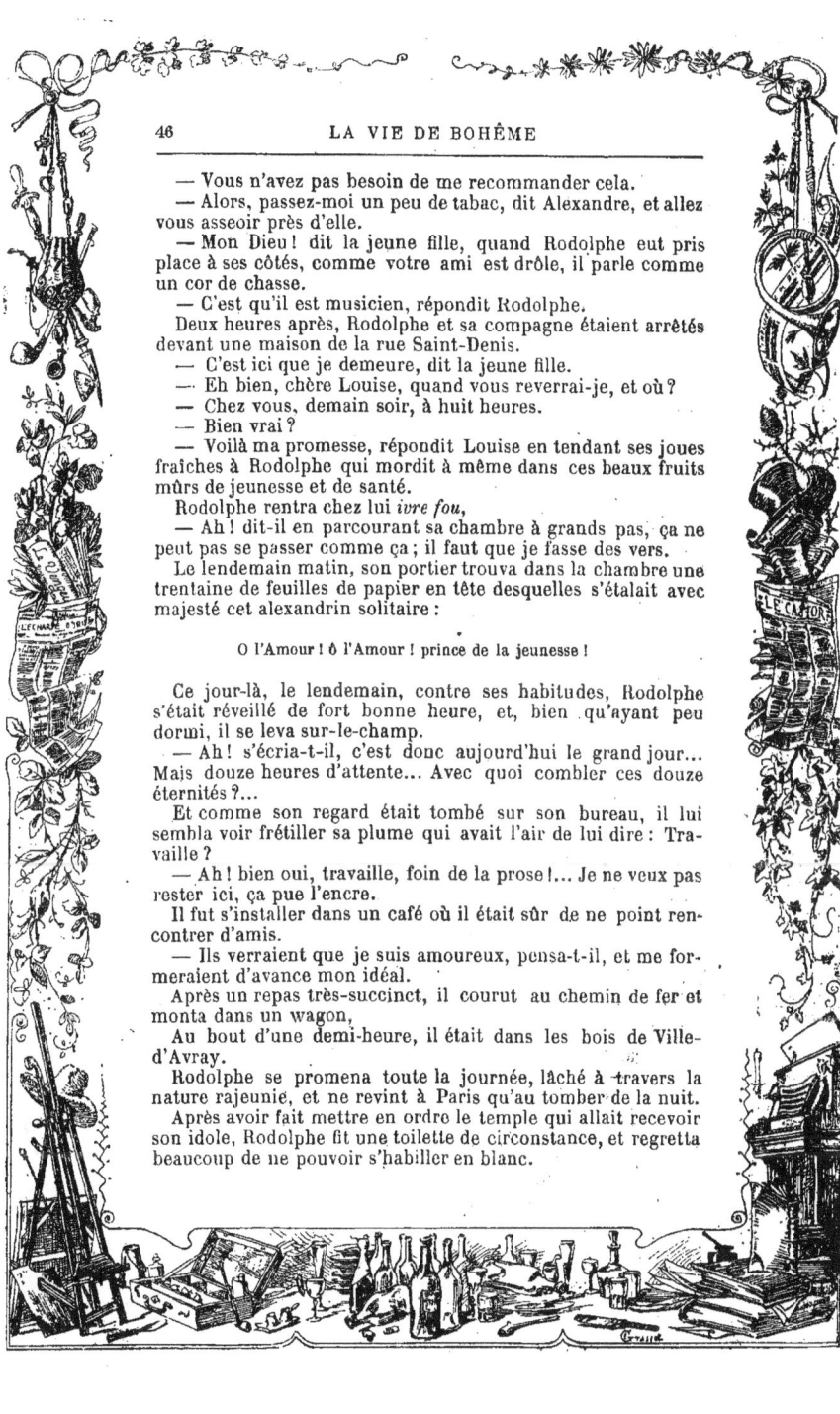

De sept à huit heures, il fut en proie à la fièvre aiguë de l'attente. Supplice lent qui lui rappela ses jours anciens, et les anciennes amours qui les avaient charmés. Puis, suivant son habitude, il rêva déjà une grande passion, un amour en dix volumes, un véritable poëme lyrique avec clairs de lune, soleils couchants, rendez-vous sous les saules, jalousies, soupirs, et le reste. Et il en était ainsi chaque fois que le hasard amenait une femme à sa porte, et pas une ne l'avait quitté sans emporter au front une auréole et au cou un collier de larmes.

— Elles aimeraient mieux un chapeau ou des bottines, lui disaient ses amis.

Mais Rodolphe s'obstinait, et jusqu'ici les nombreuses écoles qu'il avait commises n'avaient pu le guérir. Il attendait toujours une femme qui voulût bien poser en idole, un ange en robe de velours à qui il pourrait tout à son aise adresser des sonnets écrits sur feuilles de saule.

Enfin, Rodolphe entendit sonner « l'heure sainte ; » et comme le dernier coup résonnait sur le timbre de métal, il crut voir l'*Amour* et la *Psyché* qui surmontaient sa pendule enlacer leurs corps d'albâtre. Au même moment on frappa deux coups timides à la porte.

Rodolphe alla ouvrir ; c'était Louise.

— Je suis de parole, dit-elle, vous voyez !

Rodolphe ferma les rideaux et alluma une bougie neuve.

Pendant ce temps, la petite s'était débarrassée de son châle et de son chapeau, qu'elle alla poser sur le lit. L'éblouissante blancheur des draps la fit sourire, et presque rougir.

Louise était plutôt gracieuse que jolie ; sa fraîche figure offrait un piquant mélange de naïveté et de malice. C'était quelque chose comme un motif de Greuze arrangé par Gavarni. Toute la jeunesse attrayante de la jeune fille était adroitement mise en relief par une toilette qui, bien que très-simple, attestait chez elle cette science innée de coquetterie que toutes les femmes possèdent, depuis leur premier lange jusqu'à leur robe de noce. Louise paraissait en outre avoir particulièrement étudié la théorie des attitudes, et prenait devant Rodolphe, qui l'examinait en artiste, une foule de poses séduisantes dont le maniérisme avait souvent plus de grâce que le naturel : ses pieds finement chaussés, étaient d'une exiguïté satisfaisante... même pour un romantique épris des miniatures andalouses ou chinoises. Quant à ses mains, leur délicatesse attestait l'oisiveté. En effet, depuis six mois, elles n'avaient plus à redouter les morsures de l'aiguille. Pour tout dire, Louise était un de ces oiseaux volages et passagers qui, par fantaisie et souvent par besoin, font pour un jour, ou plutôt une nuit, leur nid dans les mansardes du quartier latin et y demeurent volontiers quelques jours, si on sait les retenir par un caprice, ou par des rubans.

Après avoir causé une heure avec Louise, Rodolphe lui montra comme exemple le groupe de l'Amour et Psyché.

— Est-ce pas Paul et Virginie? dit-elle.
— Oui, répondit Rodolphe, qui ne voulut pas d'abord la contrarier par une contradiction.
— Ils sont bien imités, répondit Louise.
— Hélas! pensa Rodolphe en la regardant, la pauvre enfant n'a guère de littérature. Je suis sûr qu'elle se borne à l'orthographe du cœur, celle qui ne met point d's au pluriel. Il faudra que je lui achète un Lhomond.

Cependant, comme Louise se plaignait d'être gênée dans sa chaussure, il l'aida obligeamment à délacer ses bottines.

Tout à coup la lumière s'éteignit.

— Tiens, s'écria Rodolphe, qui donc a soufflé la bougie?

Un joyeux éclat de rire lui répondit.

Quelques jours après, Rodolphe rencontra dans la rue un de ses amis.

— Que fais-tu donc? lui demanda celui-ci. On ne te voit plus.

— Je fais de la poésie intime, répondit Rodolphe.

Le malheureux disait vrai, il avait voulu demander à Louise plus que la pauvre enfant ne pouvait lui donner. Musette, elle n'avait point les sons d'une lyre. Elle parlait, pour ainsi dire, le patois de l'amour, et Rodolphe voulait absolument en parler le beau langage. Aussi ne se comprenaient-ils guère.

Huit jours après, au même bal où elle avait trouvé Rodolphe... Louise rencontra un jeune homme blond, qui la fit danser plusieurs fois, et à la fin de la soirée il la reconduisit chez lui.

C'était un étudiant de seconde année, il parlait très-bien la prose du plaisir, avait de jolis yeux et le gousset sonore.

Louise lui demanda du papier et de l'encre, et écrivit à Rodolphe une lettre ainsi conçue :

« Ne conte plus sur moi du tou, je t'embrâse pour la dernière fois. Adieu.

« LOUISE. »

Comme Rodolphe lisait ce billet le soir en rentrant chez lui, sa lumière mourut tout à coup.

— Tiens, dit Rodolphe en manière de réflexion, c'est la bougie que j'ai allumée le soir où Louise est venue : elle devait finir avec notre liaison. Si j'avais su, je l'aurais choisie plus longue, ajouta-t-il avec un accent moitié dépit, moitié regret, et il déposa le billet de sa maîtresse dans un tiroir qu'il appelait quelquefois les catacombes de ses amours.

Un jour, étant chez Marcel, Rodolphe ramassa à terre, pour allumer sa pipe, un morceau de papier sur lequel il reconnut l'écriture et l'orthographe de Louise.

— J'ai, dit-il à son ami, un autographe de la même personne; seulement, il y a deux fautes de moins que dans le

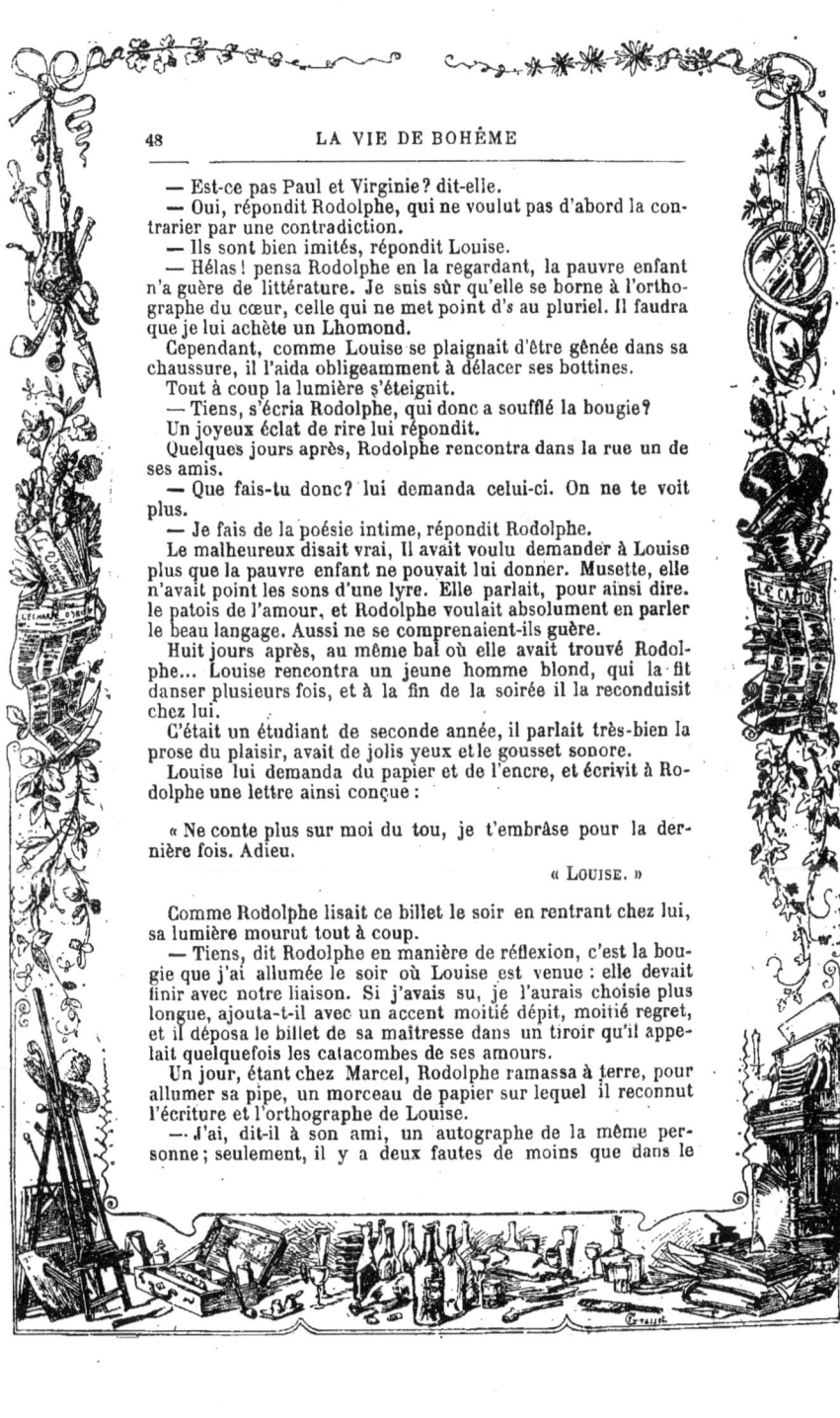

Il attacha sa pipe à une ficelle, et la laissa glisser.

tien. Est-ce que cela ne prouve pas qu'elle m'aimait mieux que toi?

— Ça prouve que tu es un niais, lui répondit Marcel : les blanches épaules et les bras blancs n'ont pas besoin de savoir la grammaire.

IV

ALI-RODOLPHE, OU LE TURC PAR NÉCESSITÉ.

Frappé d'ostracisme par un propriétaire inhospitalier, Rodolphe vivait depuis quelque temps plus errant que les nuages, et perfectionnait de son mieux l'art de se coucher sans souper, ou de souper sans se coucher; son cuisinier l'appelait le Hasard, et il logeait fréquemment à l'auberge de la Belle-Etoile.

Il y avait pourtant deux choses qui n'abandonnaient point Rodolphe au milieu de ces pénibles traverses, c'était sa bonne humeur, et le manuscrit du *Vengeur*, drame qui avait fait des stations dans tous les lieux dramatiques de Paris.

Un jour, Rodolphe, conduit au *violon* pour cause de chorégraphie trop macabre, se trouva nez à nez avec un oncle à lui, le sieur Monetti, poêlier-fumiste, sergent de la garde nationale, et que Rodolphe n'avait pas vu depuis une éternité.

Touché des malheurs de son neveu, l'oncle Monetti promit d'améliorer sa position, et nous allons voir comme, si le lecteur ne s'effraye pas d'une ascension de six étages.

Donc prenons la rampe et montons. Ouf! cent vingt-cinq marches. Nous voici arrivés. Un pas de plus nous sommes dans la chambre, un autre nous n'y serions plus, c'est petit, mais c'est haut; au reste, bon air et belle vue.

Le mobilier se compose de plusieurs cheminées à la prussienne, de deux poêles, de fourneaux économiques, quand on n'y fait pas de feu surtout, d'une douzaine de tuyaux en terre rouge ou en tôle, et d'une foule d'appareils de chauffage; citons encore, pour clore l'inventaire, un hamac suspendu à deux clous fichés dans la muraille, une chaise de jardin amputée d'une jambe, un chandelier orné de sa bobèche, et divers autres objets d'art et de fantaisie.

Quant à la seconde pièce, le balcon, deux cyprès nains, mis en pots, la transforment en parc pour la belle saison.

Au moment où nous entrons, l'hôte du lieu, jeune homme habillé en Turc d'opéra-comique, achève un repas dans lequel il viole effrontément la loi du prophète, ainsi que l'indique la présence d'un ex-jambonneau et d'une bouteille ci-devant pleine de vin. Son repas terminé, le jeune Turc s'étendit à l'orientale sur le carreau, et se mit à fumer nonchalamment un narguillé marqué J. G. Tout en s'abandonnant à la béatitude asiatique, il passait de temps en temps sa main sur le dos d'un magnifique chien de Terre-Neuve, qui aurait sans doute répondu à ses caresses s'il n'eût aussi été en terre cuite.

Tout à coup un bruit de pas se fit entendre dans le corridor, et la porte de la chambre s'ouvrit, donnant entrée à un personnage qui, sans mot dire, alla droit à l'un des poêles servant de secrétaire, ouvrit la porte du four et en tira un rouleau de papiers qu'il considéra avec attention.

— Comment, s'écria le nouveau venu avec un fort accent piémontais, tu n'as pas achevé encore le chapitre des Ventouses?

— Permettez, mon oncle, répondit le Turc, le chapitre des Ventouses est un des plus intéressants de votre ouvrage, et demande à être étudié avec soin. Je l'étudie.

— Mais, malheureux, tu me dis toujours la même chose. Et mon chapitre des Calorifères, où en est-il?

— Le calorifère va bien. Mais, à propos, mon oncle, si vous pouviez me donner un peu de bois, cela ne me ferait pas de peine. C'est une petite Sibérie ici. J'ai tellement froid, que je ferais tomber le thermomètre au-dessous de zéro, rien qu'en le regardant.

— Comment, tu as déjà consumé un fagot?

— Permettez, mon oncle, il y a fagots et fagots, et le vôtre était bien petit.

— Je t'enverrai une bûche économique. Ça garde la chaleur.

— C'est précisément pourquoi ça n'en donne pas.

— Eh bien! dit le Piémontais en se retirant, je te ferai monter un petit cotret. Mais je veux mon chapitre des Calorifères pour demain.

— Quand j'aurai du feu, ça m'inspirera, dit le Turc, qu'on venait de renfermer à double tour.

Si nous faisions une tragédie, ce serait ici le moment de faire apparaître le confident. Il s'appellerait Noureddin ou Osman, et d'un air à la fois discret et protecteur il s'avancerait auprès de notre héros, et lui tirerait adroitement les vers du nez à l'aide de ceux-ci :

> Quel funeste chagrin vous occupe seigneur,
> A votre auguste front, pourquoi cette pâleur ?
> Allah se montre-t-il à vos desseins contraire ?
> Ou le farouche Ali, par un ordre sévère,
> A-t-il sur d'autres bords, en apprenant vos vœux,
> Eloigné la beauté qui sut charmer vos yeux.

Mais nous ne faisons pas de tragédie, et malgré le besoin que nous avons d'un confident, il faut nous en passer.

Notre héros n'est point ce qu'il paraît être, le turban ne fait pas le Turc. Ce jeune homme est notre ami Rodolphe recueilli par son oncle, pour lequel il rédige actuellement un manuel du *Parfait Fumiste*. En effet, M. Monetti, passionné pour son art, avait consacré ses jours à la fumisterie. Ce digne Piémontais avait arrangé pour son usage une maxime faisant à peu près pendant à celle de Cicéron, et dans ses beaux moments d'enthousiasme, il s'écriait: *Nascuntur poé...liers*. Un

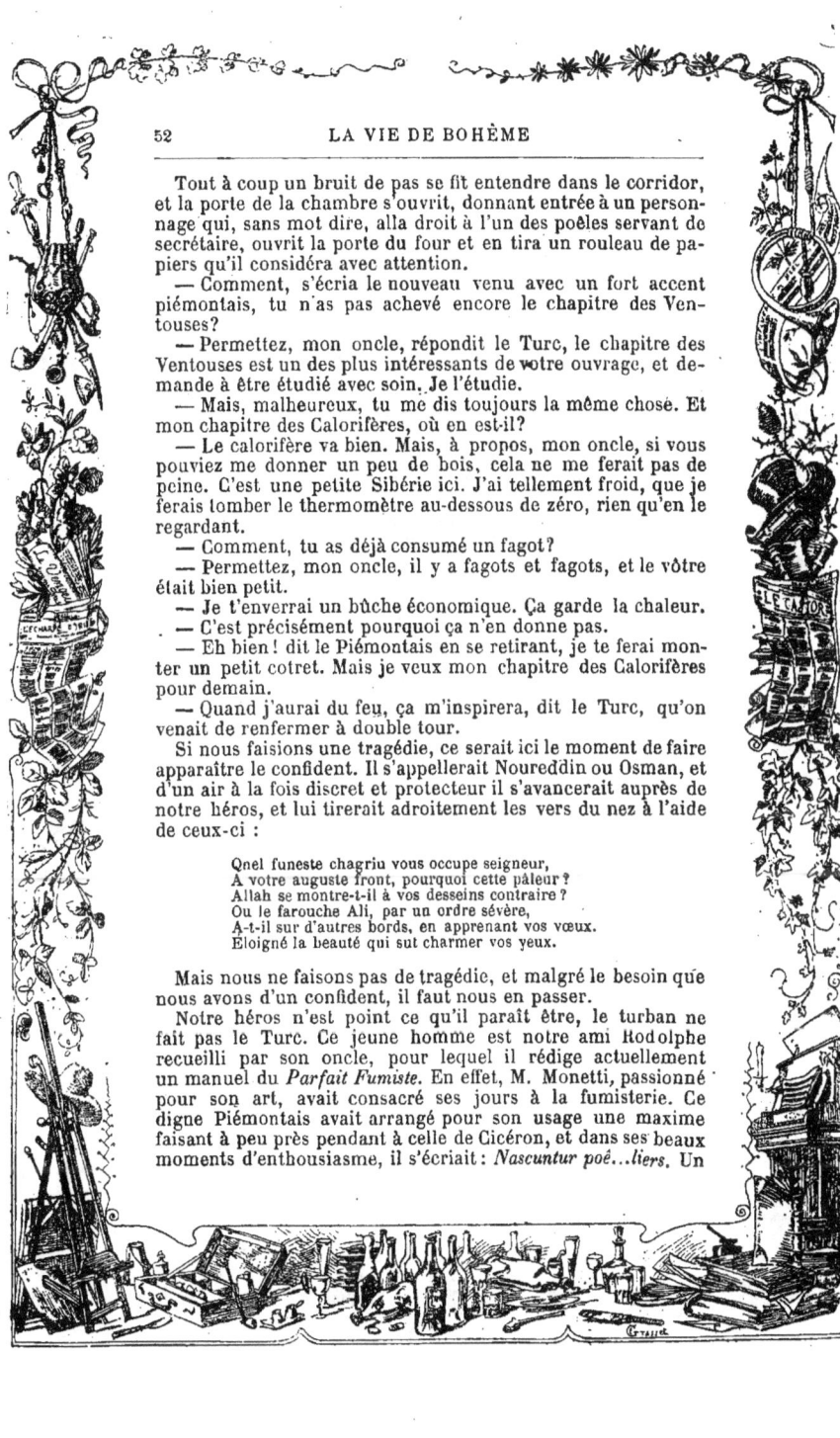

jour, pour l'utilité des races futures, il avait songé à formuler un code théorique des principes d'un art dans la pratique duquel il excellait, et il avait, comme nous l'avons vu, choisi son neveu pour encadrer le fond de ses idées dans la forme qui pût les faire comprendre. Rodolphe était nourri, couché, logé, etc... et devait, à l'achèvement du *Manuel*, recevoir une gratification de cent écus.

Dans les premiers jours, pour encourager son neveu au travail, Monetti lui avait généreusement fait une avance de cinquante francs. Mais Rodolphe, qui n'avait point *vu* une pareille somme depuis près d'un an, était sorti à moitié fou, accompagné de ses écus, et il resta trois jours dehors : le quatrième il rentrait, seul !

Monetti, qui avait hâte de voir achever son *Manuel*, car il comptait obtenir un brevet, craignait de nouvelles escapades de son neveu ; et pour le forcer à travailler, en l'empêchant de sortir, il lui enleva ses vêtements et lui laissa en place le déguisement sous lequel nous l'avons vu tout à l'heure.

Cependant, le fameux *Manuel* n'en allait pas moins *piano, piano*, Rodolphe manquant absolument des cordes nécessaires à ce genre de littérature. L'oncle se vengeait de cette intelligence paresseuse en matière de cheminées, en faisant subir à son neveu une foule de misères. Tantôt il lui abrégeait ses repas, et souvent il le privait de tabac à fumer.

Un dimanche, après avoir péniblement sué sang et encre sur le fameux chapitre des Ventouses, Rodolphe brisa sa plume qui lui brûlait les doigts, et s'en alla se promener dans son parc.

Comme pour le narguer et exciter encore son envie, il ne pouvait hasarder un seul regard autour de lui sans apercevoir à toutes les fenêtres une figure de fumeur.

Au balcon doré d'une maison neuve, un lion en robe de chambre mâchait entre ses dents le pannatellas aristocratique. Un étage au-dessus, un artiste chassait devant lui le brouillard odorant d'un tabac levantin qui brûlait dans une pipe à bouquin d'ambre. A la fenêtre d'un estaminet, un gros Allemand faisait mousser la bière et repoussait avec une précision mécanique les nuages opaques s'échappant d'une pipe de Cudmer. D'un autre côté, des groupes d'ouvriers se rendant aux barrières passaient en chantant, le *brûle-gueule* aux dents. Enfin, tous les autres piétons qui emplissaient la rue fumaient.

— Hélas ! disait Rodolphe avec envie, excepté moi et les cheminées de mon oncle, tout le monde fume à cette heure dans la création.

Et Rodolphe, le front appuyé sur la barre du balcon, songea combien la vie était amère.

Tout à coup un éclat de rire sonore et prolongé se fit entendre au-dessous de lui. Rodolphe se pencha un peu en avant peur voir d'où sortait cette fusée de folle joie, et il *s'aperçut* qu'il avait été aperçu par la locataire occupant l'étage inférieur : mademoiselle Sidonie, jeune première au théâtre du Luxembourg.

Mademoiselle Sidonie s'avança sur sa terrasse en roulant entre ses doigts, avec une habileté castillane, un petit papier gonflé d'un tabac blond qu'elle tirait d'un sac en velours brodé.

— Oh ! la belle tabatière, murmura Rodolphe avec une admiration contemplative.

— Quel est cet *Ali-Baba*? pensait de son côté mademoiselle Sidonie.

Et elle rumina tout bas un prétexte pour engager la conversation avec Rodolphe, qui, de son côté, cherchait à en faire autant.

— Ah ! mon Dieu ! s'écria mademoiselle Sidonie, comme si elle se parlait à elle-même ; Dieu ! que c'est ennuyeux ! je n'ai pas d'allumettes.

— Mademoiselle, voulez-vous me permettre de vous en offrir ? dit Rodolphe, en laissant tomber sur le balcon deux ou trois allumettes chimiques roulées dans du papier.

— Mille remerciements, répondit Sidonie en allumant sa cigarette.

— Mon Dieu, Mademoiselle... continua Rodolphe, en échange du léger service que *mon bon ange* m'a permis de vous rendre, oserais-je vous demander ?...

— Comment ! il demande déjà ! pensa Sidonie en regardant Rodolphe avec plus d'attention. Ah ! dit-elle, ces Turcs ! on les dit volages, mais bien agréables. Parlez, Monsieur, fit-elle ensuite en relevant la tête vers Rodolphe : Que désirez-vous ?

— Mon Dieu, Mademoiselle, je vous demanderai la charité d'un peu de tabac ; il y a deux jours que je n'ai fumé. Une pipe seulement...

— Avec plaisir, Monsieur, Mais comment faire ? Veuillez prendre la peine de descendre un étage.

— Hélas ! cela ne m'est point possible... Je suis enfermé. Mais il me reste la liberté d'employer un moyen très-simple, dit Rodolphe.

Et il attacha sa pipe à une ficelle, et la laissa glisser jusqu'à la terrasse, où mademoiselle Sidonie la bourra elle-même avec abondance. Rodolphe procéda ensuite, avec lenteur et circonspection à l'ascension de sa pipe, qui lui arriva sans encombre.

— Ah ! Mademoiselle, dit-il à Sidonie, combien cette pipe m'eût semblé meilleure si j'avais pu l'allumer au feu de vos yeux !

Cette agréable plaisanterie en était au moins à la centième édition, mais mademoiselle Sidonie ne la trouva pas moins superbe.

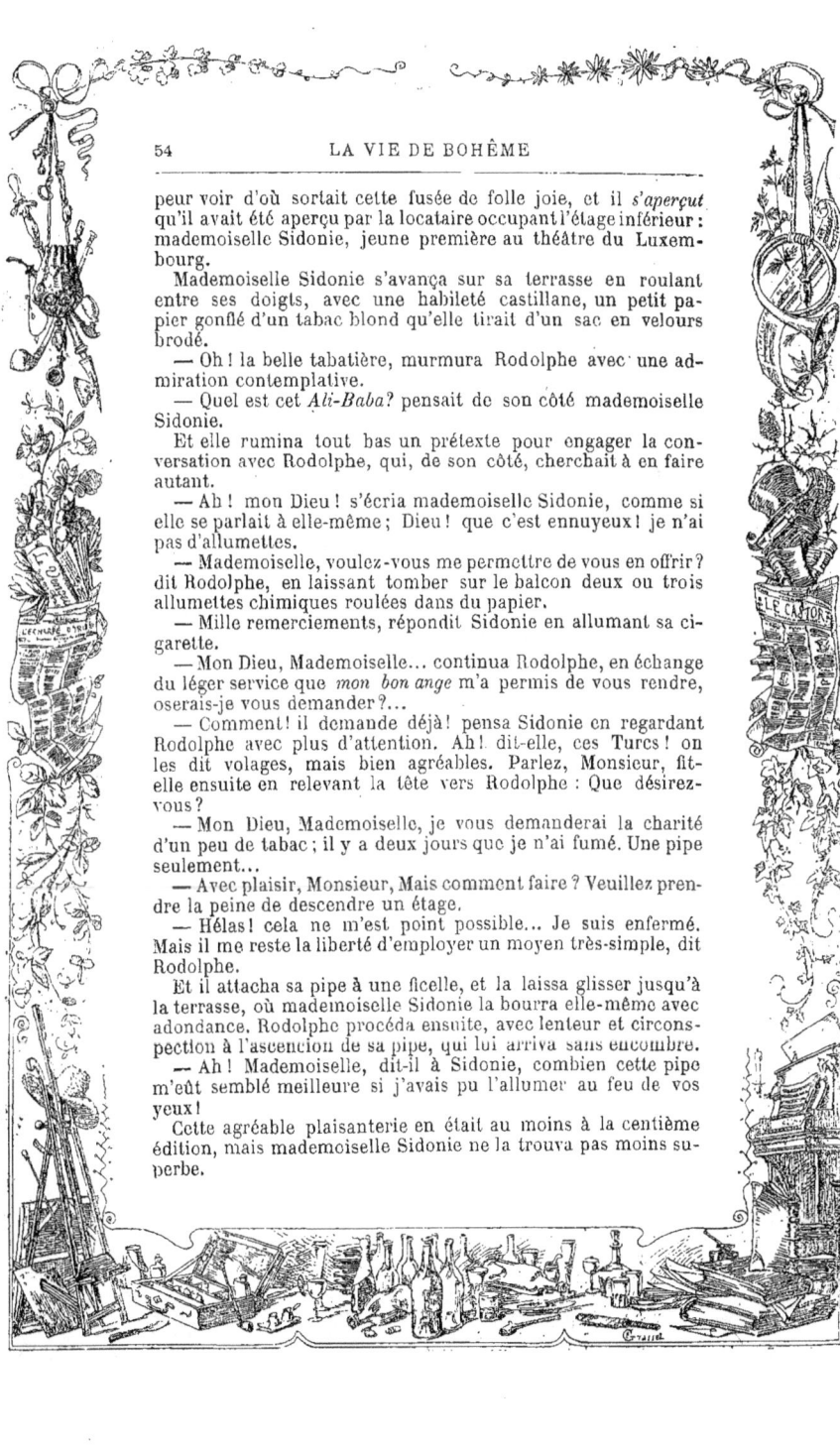

— Vous me flattez! crut-elle devoir répondre.
— Ah! Mademoiselle, je vous assure que vous me paraissez belle comme les trois Grâces.
— Décidément, *Ali-Baba* est bien galant, pensa Sidonie... Est-ce que vous êtes vraiment Turc? demanda-t-elle à Rodolphe.
— Point par vocation, répondit-il, mais par nécessité; je suis auteur dramatique, Madame.
— Et moi artiste, reprit Sidonie.
Puis elle ajouta :
— Monsieur mon voisin, voulez-vous me faire l'honneur de venir dîner et passer la soirée chez moi?
— Ah! Mademoiselle, dit Rodolphe, bien que cette proposition m'ouvre le ciel, il m'est impossible de l'accepter. Comme j'ai eu l'honneur de vous le dire, je suis enfermé par mon oncle, le sieur Monetti, poêlier-fumiste, dont je suis actuellement le secrétaire.
— Vous n'en dînerez pas moins avec moi, répliqua Sidonie; écoutez bien ceci : je vais entrer dans ma chambre et frapper à mon plafond. A l'endroit où je frapperai, vous regarderez et vous trouverez les traces d'un *judas* qui existait et a été condamné depuis : trouvez le moyen d'enlever la pièce de bois qui bouche le trou, et, quoique chacun chez nous, nous serons presque ensemble...
Rodolphe se mit à l'œuvre sur le champ. Après cinq minutes de travail, une communication était établie entre les deux chambres.
Ah! fit Rodolphe, le trou est petit, mais il y aura toujours assez de place pour que je puisse vous passer mon cœur.
— Maintenant, dit Sidonie, nous allons dîner... Mettez le couvert chez vous, je vais vous passer les plats.
Rodolphe laissa glisser dans la chambre son turban attaché à une ficelle et le remonta chargé de comestibles, puis le poëte et l'artiste se mirent à dîner ensemble, chacun de son côté. Des dents, Rodolphe dévorait le pâté, et des yeux, mademoiselle Sidonie.
— Hélas! Mademoiselle, dit Rodolphe, quand ils eurent achevé leur repas, grâce à vous, mon estomac est satisfait. Ne satisferiez-vous pas de même la fringale de mon cœur, qui est à jeun depuis si longtemps?
— Pauvre garçon! dit Sidonie.
Et, montant sur un meuble, elle apporta jusqu'aux lèvres de Rodolphe sa main, que celui-ci *ganta* de baisers.
— Ah! s'cria le jeune homme, quel malheur que vous ne puissiez faire comme saint Denis, qui avait le droit de porter sa tête dans ses mains.
Après le dîner commença une conversation amoroso-littéraire. Rodolphe parla du *Vengeur*, et mademoiselle Sidonie en

demanda la lecture. Penché au bord du trou, Rodolphe commença à déclamer son drame à l'actrice qui, pour être plus à portée, s'était assise dans un fauteuil échafaudé sur sa commode. Mademoiselle Sidonie déclara le *Vengeur* un chef-d'œuvre; et comme elle était un peu *maîtresse* au théâtre, elle promit à Rodolphe de lui faire recevoir sa pièce.

Au moment le plus tendre de l'entretien, l'oncle Monetti fit entendre dans le corridor son pas léger comme celui du *Commandeur*. Rodolphe n'eut que le temps de fermer le judas.

— Tiens, dit Monetti à son neveu, voici une lettre qui court après toi depuis un mois.

— Voyons, dit Rodolphe. Ah! mon oncle, s'écria-t-il, mon oncle, je suis riche! Cette lettre m'annonce que j'ai remporté un prix de trois cents francs à une académie de Jeux floraux. Vite ma redingote et mes *affaires*, que j'aille cueillir mes lauriers! on m'attend au Capitole.

— Et mon chapitre des Ventouses? dit Monetti froidement.

— Eh! mon oncle, il s'agit bien de cela? Rendez-moi mes *affaires*. Je ne peux pas sortir dans cet équipage...

— Tu ne sortiras que lorsque mon *Manuel* sera terminé, dit l'oncle, en enfermant Rodolphe à double tour.

Resté seul, Rodolphe ne balança point longtemps sur le parti qu'il avait à prendre... Il attacha solidement à son balcon une couverture transformée en corde à nœuds; et, malgré le péril de la tentative, il descendit, à l'aide de cette échelle improvisée, sur la terrasse de mademoiselle Sidonie.

— Qui est là? s'écria celle-ci en entendant Rodolphe frapper à ses carreaux.

— Silence, répondit-il, ouvrez...

— Que voulez-vous? qui êtes-vous?

— Pouvez-vous le demander? Je suis l'auteur du *Vengeur*, et je viens rechercher mon cœur que j'ai laissé tomber dans votre chambre par le judas.

— Malheureux jeune homme, dit l'actrice, vous auriez pu vous tuer!

— Ecoutez, Sidonie... continua Rodolphe en montrant la lettre qu'il venait de recevoir. Vous le voyez, la fortune et la gloire me sourient. Que l'amour fasse comme elles ! . . . . . .
. . . .

Le lendemain matin, à l'aide d'un déguisement masculin que lui avait fourni Sidonie, Rodolphe pouvait s'échapper de la maison de son oncle... Il courut chez le correspondant de l'académie des Jeux floraux recevoir une églantine d'or de la force de cent écus, qui vécurent à peu près ce que vivent les roses.

Un mois après, M. Monetti était convié, de la part de son neveu, d'assister à la première représentation du *Vengeur*. Grâce au talent de mademoiselle Sidonie, la pièce eut dix-sept représentations et rapporta quarante francs à son auteur.

M. Gustave Coline, modestement déshabillé, imitera les jeux athlétiques de la 4ᵉ Olympiade.

Quelque temps après, c'était dans la belle saison, Rodolphe demeurait avenue de Saint-Cloud, dans le troisième arbre à gauche en sortant du bois de Boulogne, sur la cinquième branche.

V

L'ÉCU DE CHARLEMAGNE.

Vers la fin du mois de décembre, les facteurs de l'administration Bidault furent chargés de distribuer environ cent exemplaires d'un billet de faire part, dont voici une copie que nous certifions sincère et véritable :

M
« MM. Rodolphe et Marcel vous prient de leur faire l'honneur
« de venir passer la soirée chez eux, samedi prochain, veille
« de Noël. » On rira !
P. S. Nous n'avons qu'un temps à vivre ! !

PROGRAMME DE LA FÊTE.

A 7 heures, ouverture des salons ; conversation vive et animée.

A 8 heures, entrée et promenade dans les salons des spirituels auteurs de la *Montagne en couche*, comédie refusée au théâtre de l'Odéon.

A 8 heures 1/2, M. Alexandre Schaunard, virtuose distingué, exécutera sur le piano l'*Influence du bleu dans les arts*, symphonie imitative.

A 9 heures, première lecture du mémoire sur l'abolition de la peine de la tragédie.

A 9 heures 1/2, M. Gustave Colline, philosophe hyperphysoque, et M. Schaunard entameront une discussion de philosophie et de métapolitique comparées. Afin d'éviter toute collision entre les deux antagonistes, ils seront attachés l'un et l'autre,

A 10 heures, M. Tristan, homme de lettres, racontera ses premières amours. M. Alexandre Schaunard l'accompagnera sur le piano.

A 10 heures 1/2, deuxième lecture du mémoire sur l'abolition de la peine de la tragédie.

A 11 heures, récit d'une chasse au casoar, par un prince étranger.

DEUXIÈME PARTIE.

A minuit, M. Marcel, peintre d'histoire, se fera bander les yeux, et improvisera au crayon blanc l'entrevue de Napoléon et de Voltaire dans les champs Elysées. M. Rodolphe improvisera également un parallèle entre l'auteur de *Zaïre* et l'auteur de la *Bataille d'Austerlitz*.

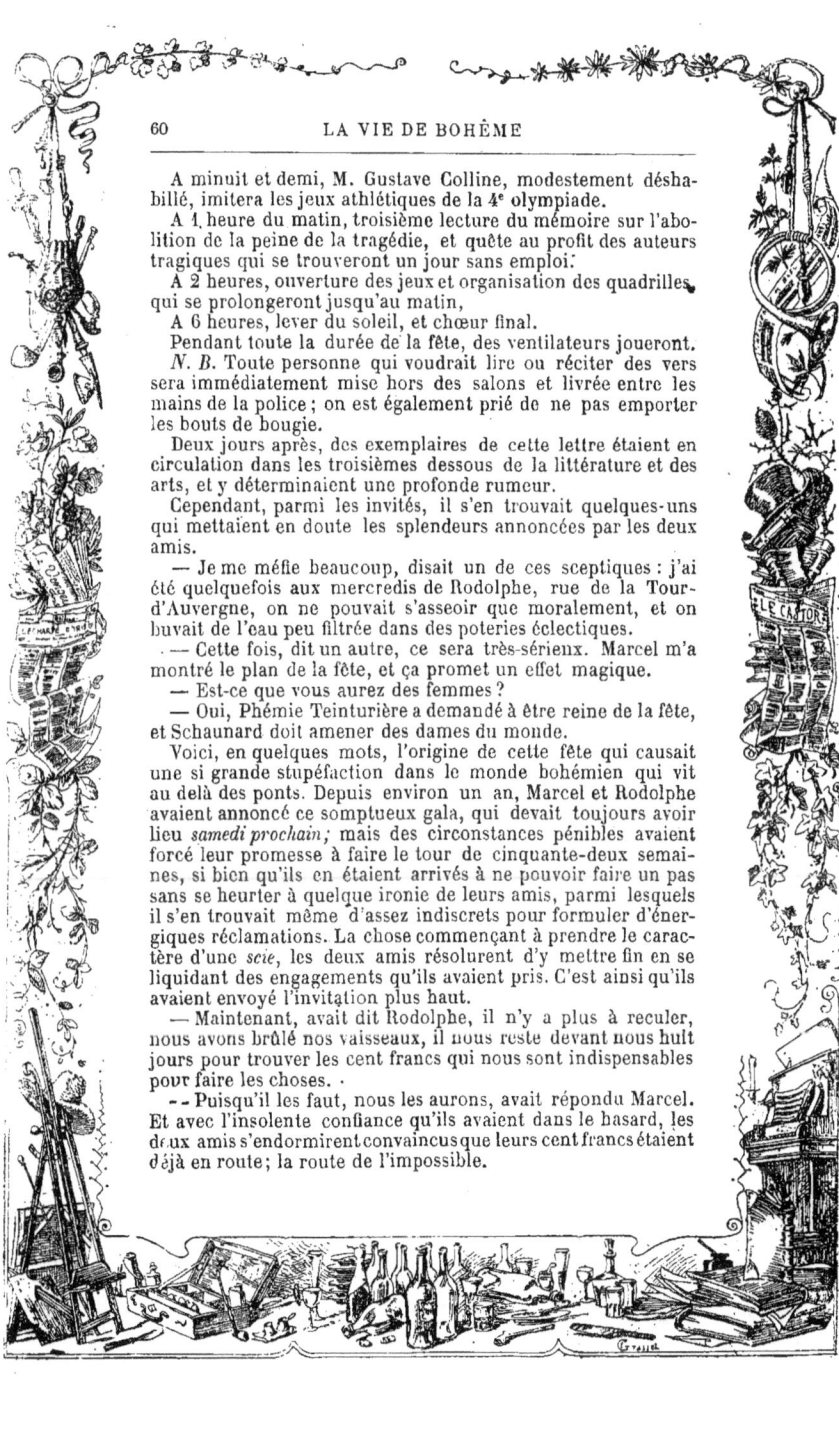

A minuit et demi, M. Gustave Colline, modestement déshabillé, imitera les jeux athlétiques de la 4ᵉ olympiade.

A 1 heure du matin, troisième lecture du mémoire sur l'abolition de la peine de la tragédie, et quête au profit des auteurs tragiques qui se trouveront un jour sans emploi.

A 2 heures, ouverture des jeux et organisation des quadrilles, qui se prolongeront jusqu'au matin.

A 6 heures, lever du soleil, et chœur final.

Pendant toute la durée de la fête, des ventilateurs joueront.

N. B. Toute personne qui voudrait lire ou réciter des vers sera immédiatement mise hors des salons et livrée entre les mains de la police ; on est également prié de ne pas emporter les bouts de bougie.

Deux jours après, des exemplaires de cette lettre étaient en circulation dans les troisièmes dessous de la littérature et des arts, et y déterminaient une profonde rumeur.

Cependant, parmi les invités, il s'en trouvait quelques-uns qui mettaient en doute les splendeurs annoncées par les deux amis.

— Je me méfie beaucoup, disait un de ces sceptiques : j'ai été quelquefois aux mercredis de Rodolphe, rue de la Tour-d'Auvergne, on ne pouvait s'asseoir que moralement, et on buvait de l'eau peu filtrée dans des poteries éclectiques.

— Cette fois, dit un autre, ce sera très-sérieux. Marcel m'a montré le plan de la fête, et ça promet un effet magique.

— Est-ce que vous aurez des femmes ?

— Oui, Phémie Teinturière a demandé à être reine de la fête, et Schaunard doit amener des dames du monde.

Voici, en quelques mots, l'origine de cette fête qui causait une si grande stupéfaction dans le monde bohémien qui vit au delà des ponts. Depuis environ un an, Marcel et Rodolphe avaient annoncé ce somptueux gala, qui devait toujours avoir lieu *samedi prochain;* mais des circonstances pénibles avaient forcé leur promesse à faire le tour de cinquante-deux semaines, si bien qu'ils en étaient arrivés à ne pouvoir faire un pas sans se heurter à quelque ironie de leurs amis, parmi lesquels il s'en trouvait même d'assez indiscrets pour formuler d'énergiques réclamations. La chose commençant à prendre le caractère d'une *scie*, les deux amis résolurent d'y mettre fin en se liquidant des engagements qu'ils avaient pris. C'est ainsi qu'ils avaient envoyé l'invitation plus haut.

— Maintenant, avait dit Rodolphe, il n'y a plus à reculer, nous avons brûlé nos vaisseaux, il nous reste devant nous huit jours pour trouver les cent francs qui nous sont indispensables pour faire les choses.

— Puisqu'il les faut, nous les aurons, avait répondu Marcel. Et avec l'insolente confiance qu'ils avaient dans le hasard, les deux amis s'endormirent convaincus que leurs cent francs étaient déjà en route ; la route de l'impossible.

Cependant la surveille du jour désigné pour la fête, et comme rien n'était encore arrivé, Rodolphe pensa qu'il serait peut-être plus sûr d'aider le hasard, s'il ne voulait pas rester en affront quand l'heure serait venue d'allumer les lustres. Pour plus de facilité, les deux amis modifièrent progressivement les somptuosités du programme qu'ils s'étaient imposé.

Et de modification en modification, après avoir fait subir force deleatur à l'article Gâteaux, après avoir soigneusement revu et diminué l'article Rafraîchissements, le total des frais se trouva réduit à quinze francs.

La question était simplifiée, mais non encore résolue,

— Voyons, voyons, dit Rodolphe, il faut maintenant employer les grands moyens ; d'abord nous ne pouvons pas faire relâche cette fois.

— Impossible ! reprit Marcel.

— Combien y a-t-il de temps que j'ai entendu le récit de la bataille de Studzianka ?

— Deux mois à peu près.

— Deux mois, bon, c'est un délai honnête, mon oncle n'aura pas à se plaindre. J'irai demain me faire raconter la bataille de Studzianka, ce sera cinq francs, ça, c'est sûr.

— Et moi, dit Marcel, j'irai vendre un *manoir abandonné*, au vieux Médicis. Ça fera cinq francs aussi. Si j'ai assez de temps pour mettre trois tourelles et un moulin, ça ira peut-être à dix francs, et nous aurons notre budget.

Et les deux amis s'endormirent, rêvant que la princesse de Belgiojoso les priait de changer leurs jours de réception, pour ne point lui enlever ses habitués.

Éveillé dès le grand matin, Marcel prit une toile et procéda vivement à la construction d'un *manoir abandonné*, article qui lui était particulièrement demandé par un brocanteur de la place du Carrousel. De son côté Rodolphe alla rendre visite à son oncle Monetti, qui excellait dans le récit de la retraite de Russie, et auquel Rodolphe procurait, cinq ou six fois par an, dans les circonstances graves, la satisfaction de narrer ses campagnes, moyennant un prêt de quelque argent que le vétéran-poêlier-fumiste ne disputait pas trop quand on savait montrer beaucoup d'enthousiasme à l'audition de ses récits.

Sur les deux heures, Marcel, le front bas et portant sous son bras une toile, rencontra, place du Carrousel, Rodolphe qui venait de chez son oncle ; son attitude annonçait une mauvaise nouvelle.

— Eh bien, dit Marcel, as-tu réussi ?

— Non, mon oncle est allé voir le musée de Versailles. Et toi ?

— Cet animal de Médicis ne veut plus de *châteaux en ruine* ; il m'a demandé un *Bombardement de Tanger*.

— Nous sommes perdus de réputation si nous ne donnons pas notre fête, murmura Rodolphe. Qu'est-ce que pensera mon

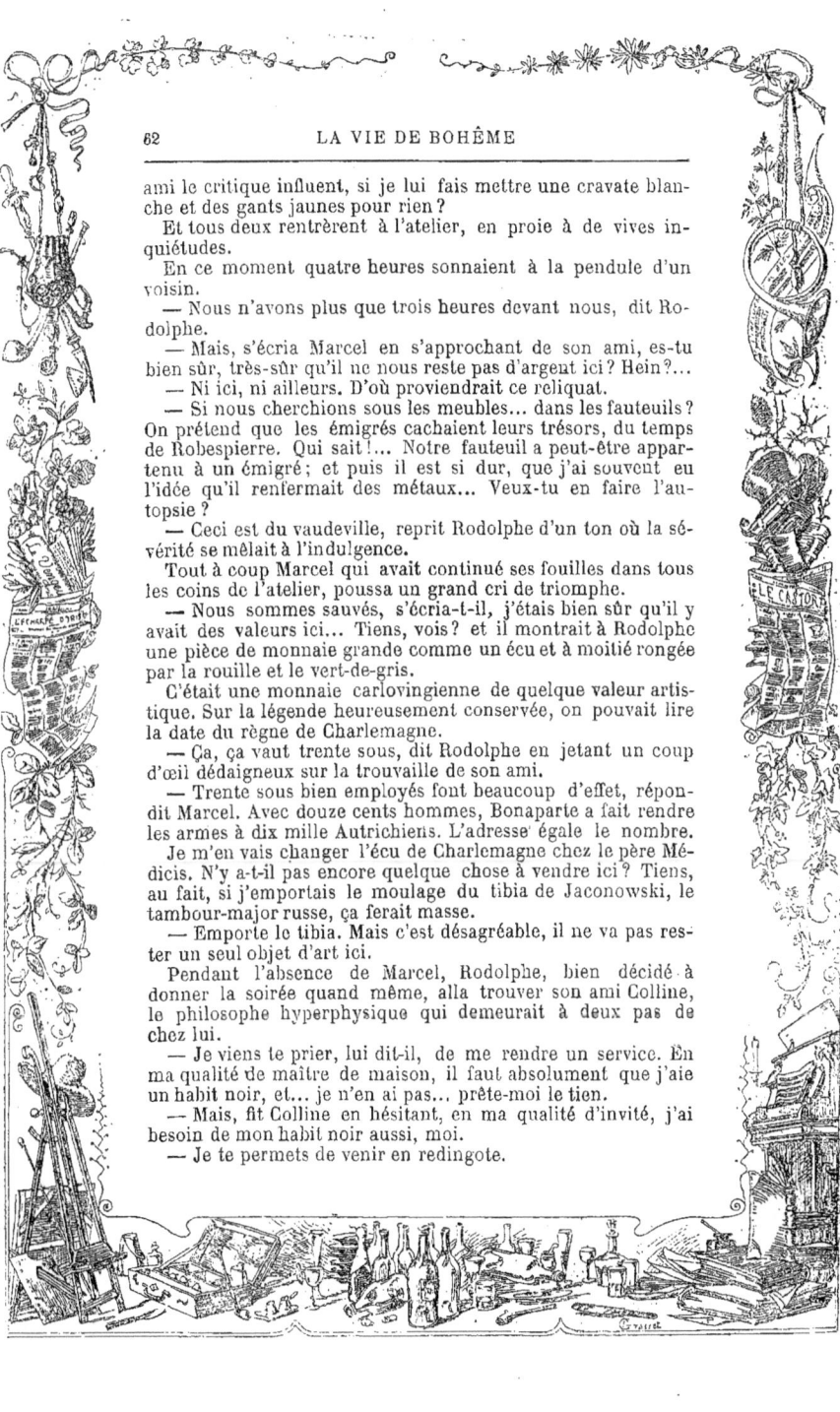

ami le critique influent, si je lui fais mettre une cravate blanche et des gants jaunes pour rien ?

Et tous deux rentrèrent à l'atelier, en proie à de vives inquiétudes.

En ce moment quatre heures sonnaient à la pendule d'un voisin.

— Nous n'avons plus que trois heures devant nous, dit Rodolphe.

— Mais, s'écria Marcel en s'approchant de son ami, es-tu bien sûr, très-sûr qu'il ne nous reste pas d'argent ici ? Hein ?...

— Ni ici, ni ailleurs. D'où proviendrait ce reliquat.

— Si nous cherchions sous les meubles... dans les fauteuils ? On prétend que les émigrés cachaient leurs trésors, du temps de Robespierre. Qui sait !... Notre fauteuil a peut-être appartenu à un émigré ; et puis il est si dur, que j'ai souvent eu l'idée qu'il renfermait des métaux... Veux-tu en faire l'autopsie ?

— Ceci est du vaudeville, reprit Rodolphe d'un ton où la sévérité se mêlait à l'indulgence.

Tout à coup Marcel qui avait continué ses fouilles dans tous les coins de l'atelier, poussa un grand cri de triomphe.

— Nous sommes sauvés, s'écria-t-il, j'étais bien sûr qu'il y avait des valeurs ici... Tiens, vois ? et il montrait à Rodolphe une pièce de monnaie grande comme un écu et à moitié rongée par la rouille et le vert-de-gris.

C'était une monnaie carlovingienne de quelque valeur artistique. Sur la légende heureusement conservée, on pouvait lire la date du règne de Charlemagne.

— Ça, ça vaut trente sous, dit Rodolphe en jetant un coup d'œil dédaigneux sur la trouvaille de son ami.

— Trente sous bien employés font beaucoup d'effet, répondit Marcel. Avec douze cents hommes, Bonaparte a fait rendre les armes à dix mille Autrichiens. L'adresse égale le nombre. Je m'en vais changer l'écu de Charlemagne chez le père Médicis. N'y a-t-il pas encore quelque chose à vendre ici ? Tiens, au fait, si j'emportais le moulage du tibia de Jaconowski, le tambour-major russe, ça ferait masse.

— Emporte le tibia. Mais c'est désagréable, il ne va pas rester un seul objet d'art ici.

Pendant l'absence de Marcel, Rodolphe, bien décidé à donner la soirée quand même, alla trouver son ami Colline, le philosophe hyperphysique qui demeurait à deux pas de chez lui.

— Je viens te prier, lui dit-il, de me rendre un service. En ma qualité de maître de maison, il faut absolument que j'aie un habit noir, et... je n'en ai pas... prête-moi le tien.

— Mais, fit Colline en hésitant, en ma qualité d'invité, j'ai besoin de mon habit noir aussi, moi.

— Je te permets de venir en redingote.

— Je n'ai jamais eu de redingote, tu le sais bien.
— Eh bien, écoute, ça peut s'arranger autrement. Au besoin, tu pourrais ne pas venir à ma soirée, et me prêter ton habit noir.
— Tout ça, c'est désagréable: puisque je suis sur le programme, je ne peux pas manquer.
— Il y a bien d'autres choses qui manqueront, dit Rodolphe. Prête-moi ton habit noir et, si tu veux venir, viens comme tu voudras... en bras de chemise... tu passeras pour un fidèle domestique.
— Oh! non, dit Colline en rougissant. Je mettrai mon paletot noisette. Mais enfin c'est bien désagréable tout ça. Et comme il aperçut Rodolphe qui s'était déjà emparé du fameux habit noir, il lui cria :
— Mais attends donc... Il y a quelques petites choses dedans.

L'habit de Colline mérite une mention. D'abord cet habit était complétement bleu, et c'était par habitude que Colline disait mon habit noir. Et comme il était alors le seul de la bande possédant un habit, ses amis avaient également la coutume de dire en parlant du vêtement officiel du philosophe : l'habit noir de Colline. En outre, ce vêtement célèbre avait une forme particulière, la plus bizarre qu'on pût voir : les basques très-longues, attachées à une taille très-courte, possédaient deux poches, véritables gouffres, dans lesquelles Colline avait l'habitude de loger une trentaine de volumes qu'il portait éternellement sur lui, ce qui faisait dire à ses amis que, pendant les vacances des bibliothèques, les savants et les hommes de lettres pouvaient aller chercher des renseignements dans les basques de l'habit de Colline, bibliothèque toujours ouverte aux lecteurs.

Ce jour-là, par extraordinaire, l'habit de Colline ne contenait qu'un volume in-quarto de Bayle, un traité des facultés hyperphysiques en trois volumes, un tome de Condillac, deux volumes de Swedenborg et l'*Essai sur l'homme* de Pope. Quand il eut débarrassé son habit-bibliothèque, il permit à Rodolphe de s'en vêtir.

— Tiens, dit celui-ci, la poche gauche est encore bien lourde; tu as laissé quelque chose.
— Ah! dit Colline, c'est vrai; j'ai oublié de vider la poche aux langues étrangères. Et il en retira deux grammaires arabes, un dictionnaire malai et un *Parfait bouvier* en chinois, sa lecture favorite.

Quand Rodolphe rentra chez lui, il trouva Marcel qui jouait au palet avec des pièces de cinq francs, au nombre de trois. Au premier moment, Rodolphe repoussa la main que lui tendait son ami, il croyait à un crime.

— Dépêchons-nous, dépêchons-nous, dit Marcel... Nous avons les quinze francs demandés... Voici comment : J'ai rencontré un antiquaire chez Médicis. Quand il a vu ma pièce, il a failli se trouver mal : c'était la seule qui manquât à son médailler. Il a envoyé dans tous les pays pour combler cette lacune, et il avait perdu tout espoir. Aussi, quand il a eu bien examiné mon écu de Charlemagne, il n'a pas hésité un seul moment à m'offrir cinq francs. Médicis m'a poussé du coude, son regard a complété le reste. Il voulait dire. Partageons le bénéfice de la vente et je surenchéris ; nous avons monté jusqu'à trente francs. J'en ai donné quinze au juif, et voilà le reste. Maintenant nos invités peuvent venir, nous sommes en mesure de leur donner des éblouissements. Tiens tu as un habit noir, toi ?

— Oui, dit Rodolphe, l'habit de Colline. Et comme il fouillait dans la poche pour prendre son mouchoir, Rodolphe fit tomber un petit volume de *mandchou*, oublié dans la poche aux littératures étrangères.

Sur-le-champ les deux amis procédèrent aux préparatifs. On rangea l'atelier ; on fit du feu dans le poêle ; un châssis de toile, garni de bougies, fut suspendu au plafond en guise de lustre : un bureau fut placé au milieu de l'atelier pour servir de tribune aux orateurs ; on plaça devant l'unique fauteuil, qui devait être occupé par le critique influent, et l'on disposa sur une table tous les volumes : romans, poëmes, feuilletons dont les auteurs devaient honorer la société de leur présence. Afin d'éviter toute collision entre les différents corps de gens de lettres, l'atelier avait été, en outre, disposé en quatre compartiments, à l'entrée de chacun desquels, sur quatre écriteaux fabriqués en toute hâte, on lisait :

COTÉ DES POËTES.   ROMANTIQUES.
COTÉ DES PROSATEURS.   CLASSIQUES.

Les dames devaient occuper un espace pratiqué au centre.
— Ah ça ! mais, ça manque de chaises, dit Rodolphe.
— Oh ! fit Marcel, il y en a plusieurs sur le carré qui sont accrochées le long du mur. Si nous les cueillions !
— Certainement qu'il faut les cueillir, dit Rodolphe en allant s'emparer des sièges qui appartenaient à quelque voisin.

Six heures sonnèrent ; les deux amis allèrent dîner en toute hâte et remontèrent procéder à l'éclairage des salons. Ils en demeurèrent éblouis eux-mêmes. A sept heures, Schaunard arriva accompagné de trois dames qui avaient oublié de prendre leurs diamants et leurs chapeaux. L'une d'elles avait un châle rouge, taché de noir. Schaunard la désigna particulièrement à Rodolphe.

— C'est une femme très comme il faut, dit-il, une Anglaise que la chute des Stuarts a forcée à l'exil ; elle vit modestement en donnant des leçons d'anglais. Son père a été chancelier sous Cromwell, à ce qu'elle m'a dit ; faut être poli avec elle ; ne la tutoie pas trop.

Des pas nombreux se firent entendre dans l'escalier, c'étaient

les invités qui arrivaient ; ils parurent étonnés de voir du feu dans le poêle.

L'habit noir de Rodolphe allait au-devant des dames et leur baisait la main avec une grâce toute régence ; quand il y eut une vingtaine de personnes, Schaunard demanda s'il n'y aurait pas une tournée de quelque chose.

— Tout à l'heure, dit Marcel ; nous attendons l'arrivée du critique influent pour allumer le punch.

A huit heures, tous les invités étaient au complet, et l'on commença à exécuter le programme. Chaque avertissement était alterné d'une tournée de quelque chose ; on n'a jamais su quoi.

Vers les dix heures on vit apparaître le gilet blanc du critique influent ; il ne resta qu'une heure et fut très-sobre dans sa consommation.

Sur le minuit, comme il n'y avait plus de bois et qu'il faisait très-froid, les invités qui étaient assis tiraient au sort à qui jetterait sa chaise au feu.

A une heure tout le monde était debout.

Une aimable gaieté ne cessa point de régner parmi les invités. On n'eut aucun accident à regretter, sinon un accroc fait à la poche aux langues étrangères de l'habit de Colline, et un soufflet que Schaunard appliqua à la fille du chancelier de Cromwell.

Cette mémorable soirée fut pendant huit jours l'objet de la chronique du quartier ; et Phémie Teinturière, qui avait été reine de la fête, avait l'habitude de dire en en parlant à ses amies :

C'était fièrement beau ; il y avait de la bougie, ma chère.

VI

MADEMOISELLE MUSETTE

Mademoiselle Musette était une jolie fille de vingt ans, qui, peu de temps après son arrivée à Paris, était devenue ce que deviennent les jolies filles quand elles ont la taille fine, beaucoup de coquetterie, un peu d'ambition et guère d'orthographe. Après avoir fait longtemps la joie des soupers du quartier Latin, où elle chantait d'une voix toujours très-fraîche, sinon très-juste, une foule de rondes campagnardes qui lui valurent le nom sous lequel l'ont depuis célébrée les plus fins lapidaires de la rime, mademoiselle Musette quitta brusquement la rue de la Harpe pour aller habiter les hauteurs cythéréennes du quartier Bréda.

Elle ne tarda pas à devenir une des lionnes de l'aristocratie du plaisir, et s'achemina peu à peu vers cette célébrité qui consiste à être citée dans les courriers de Paris, ou lithographiée chez les marchands d'estampes.

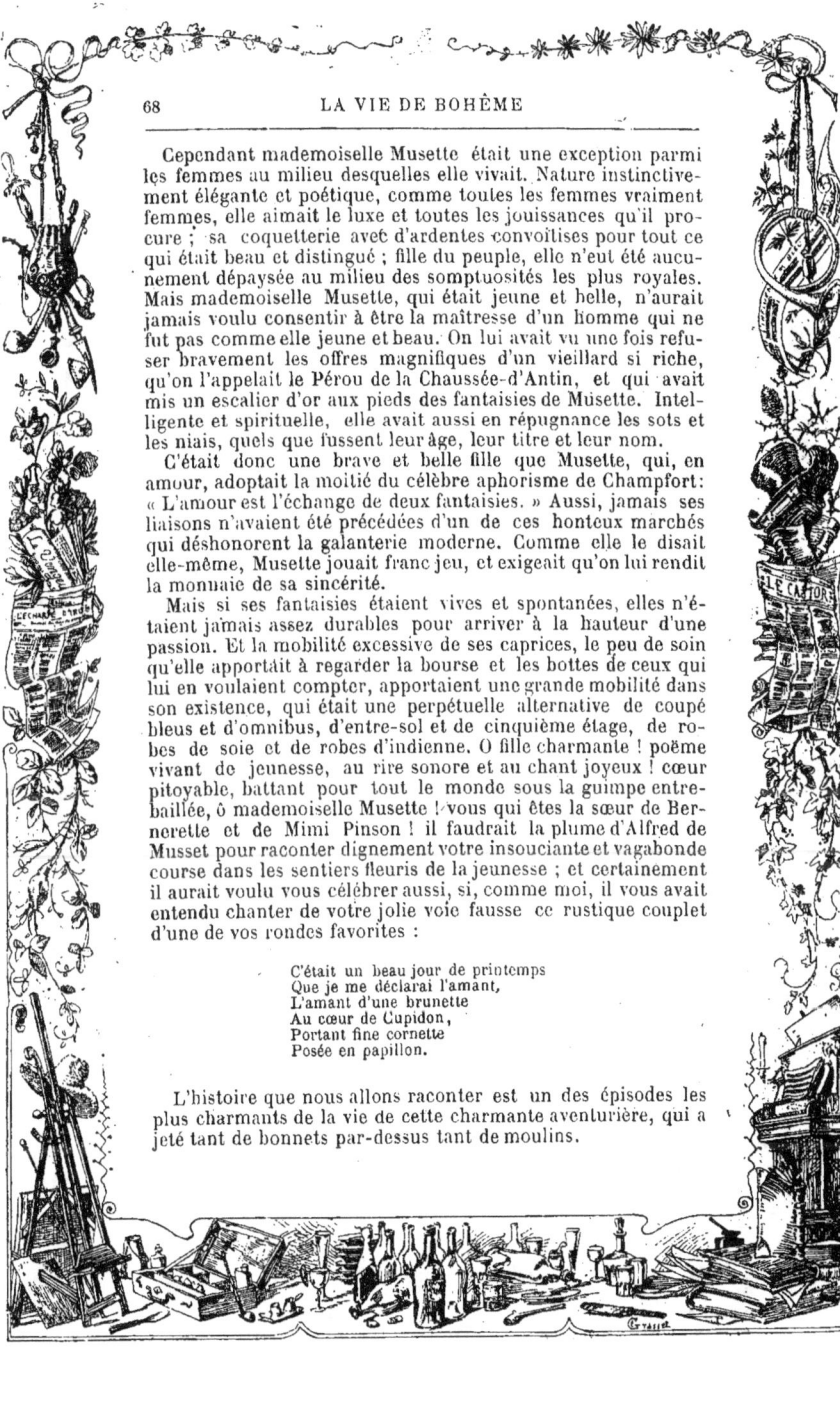

Cependant mademoiselle Musette était une exception parmi les femmes au milieu desquelles elle vivait. Nature instinctivement élégante et poétique, comme toutes les femmes vraiment femmes, elle aimait le luxe et toutes les jouissances qu'il procure ; sa coquetterie avec d'ardentes convoitises pour tout ce qui était beau et distingué ; fille du peuple, elle n'eut été aucunement dépaysée au milieu des somptuosités les plus royales. Mais mademoiselle Musette, qui était jeune et belle, n'aurait jamais voulu consentir à être la maîtresse d'un homme qui ne fut pas comme elle jeune et beau. On lui avait vu une fois refuser bravement les offres magnifiques d'un vieillard si riche, qu'on l'appelait le Pérou de la Chaussée-d'Antin, et qui avait mis un escalier d'or aux pieds des fantaisies de Musette. Intelligente et spirituelle, elle avait aussi en répugnance les sots et les niais, quels que fussent leur âge, leur titre et leur nom.

C'était donc une brave et belle fille que Musette, qui, en amour, adoptait la moitié du célèbre aphorisme de Champfort : « L'amour est l'échange de deux fantaisies. » Aussi, jamais ses liaisons n'avaient été précédées d'un de ces honteux marchés qui déshonorent la galanterie moderne. Comme elle le disait elle-même, Musette jouait franc jeu, et exigeait qu'on lui rendît la monnaie de sa sincérité.

Mais si ses fantaisies étaient vives et spontanées, elles n'étaient jamais assez durables pour arriver à la hauteur d'une passion. Et la mobilité excessive de ses caprices, le peu de soin qu'elle apportait à regarder la bourse et les bottes de ceux qui lui en voulaient compter, apportaient une grande mobilité dans son existence, qui était une perpétuelle alternative de coupé bleus et d'omnibus, d'entre-sol et de cinquième étage, de robes de soie et de robes d'indienne. O fille charmante ! poëme vivant de jeunesse, au rire sonore et au chant joyeux ! cœur pitoyable, battant pour tout le monde sous la guimpe entrebaillée, ô mademoiselle Musette ! vous qui êtes la sœur de Bernerette et de Mimi Pinson ! il faudrait la plume d'Alfred de Musset pour raconter dignement votre insouciante et vagabonde course dans les sentiers fleuris de la jeunesse ; et certainement il aurait voulu vous célébrer aussi, si, comme moi, il vous avait entendu chanter de votre jolie voix fausse ce rustique couplet d'une de vos rondes favorites :

> C'était un beau jour de printemps
> Que je me déclarai l'amant,
> L'amant d'une brunette
> Au cœur de Cupidon,
> Portant fine cornette
> Posée en papillon.

L'histoire que nous allons raconter est un des épisodes les plus charmants de la vie de cette charmante aventurière, qui a jeté tant de bonnets par-dessus tant de moulins.

A une époque où elle était la maîtresse d'un jeune conseiller d'Etat qui lui avait galamment mis entre les mains la chef de son patrimoine, mademoiselle Musette avait l'habitude de donner une fois par semaine des soirées dans son joli salon de la rue de la Bruyère. Ces soirées ressemblaient à la plupart des soirées parisiennes, avec cette différence qu'on s'y amusait ; quand il n'y avait pas assez de place, on s'asseyait les uns sur les autres, et il arrivait aussi que le même verre servait pour un couple. Rodolphe qui était l'ami de Musette, et qui ne fut jamais que son ami (ils n'ont jamais su pourquoi ni l'un ni l'autre), Rodolphe demanda à Musette la permission de lui amener son ami, le peintre Marcel : un garçon de talent; ajouta-t-il, à qui l'avenir est en train de broder un habit d'académicien.

— Amenez ! dit Musette.

Le soir où ils devaient aller ensemble chez Musette, Rodolphe monta chez Marcel pour le prendre. L'artiste faisait sa toilette.

— Comment, dit Rodolphe, tu vas dans le monde avec une chemise de couleur ?

— Est-ce que ça blesse l'usage ? dit tranquillement Marcel.

— Si ça le blesse ? mais jusqu'au sang, malheureux.

— Diable, fit Marcel en regardant sa chemise qui était à fond bleu, avec vignettes représentant des sangliers poursuivis par une meute, c'est que je n'en ai pas d'autre ici... Ah bah ! tant pis ! je prendrai un faux col ; et, comme *Mathusalem* boutonne jusqu'au cou, on ne verra pas la couleur de mon linge.

— Comment, dit Rodolphe avec inquiétude, tu vas encore mettre *Mathusalem* ?

— Hélas ! répondit Marcel, il le faut bien ; Dieu le veut, et mon tailleur aussi ; d'ailleurs, il a une garniture de boutons neuve, et je l'ai reprisé tantôt avec du noir de pêche.

Mathusalem était simplement l'habit de Marcel ; il le nommait ainsi parce que c'était le doyen de sa garde-robe. *Mathusalem* était fait à la dernière mode d'il y a quatre ans, et était en outre d'un vert atroce ; mais, aux lumières, Marcel affirmait qu'il jouait le noir.

Au bout de cinq minutes, Marcel était habillé ; il était mis avec le mauvais goût le plus parfait : tenue de rapin allant dans le monde.

M. Casimir Bonjour ne sera jamais si étonné le jour où on lui apprendra son élection à l'Institut, que ne furent étonnés Marcel et Rodolphe en arrivant à la maison de mademoiselle Musette. Voici la cause de leur étonnement : mademoiselle Musette, qui depuis quelque temps s'était brouillée avec son amant le conseiller d'Etat, avait été délaissée par lui dans un moment fort grave. Poursuivie par ses créanciers et par son propriétaire, ses meubles avaient été saisis et descendus dans la cour de la maison pour être enlevés et vendus le lendemain. Malgré cet incident, mademoiselle Musette n'eut pas un moment l'idée de fausser compagnie à ses invités, et ne contremanda point la soirée. Elle fit gravement disposer la cour en salon, mit un tapis sur le pavé, prépara tout comme à l'ordinaire, s'habilla pour recevoir, et invita tous les locataires à sa petite fête, à la splendeur de laquelle le bon Dieu voulut bien contribuer pour les illuminations.

Cette bouffonnerie eut un succès énorme ; jamais les soirées de Musette n'avaient eu tant d'entrain et de gaieté ; on dansait et on chantait encore, que les commissionnaires vinrent enlever meubles, tapis et divans, et force fut alors à la compagnie de se retirer.

Musette reconduisait tout son monde en chantant :

> On en parlera longtemps, la ri ra.
> De ma soirée de jeudi ;
> On en parlera longtemps, la ri ri.

Marcel et Rodolphe restèrent seuls avec Musette, qui était remontée dans son appartement, où il ne restait plus que le lit.

— Ah çà ! mais, dit Musette, ce n'est pas déjà si gai mon aventure ; il va falloir que j'aille loger à l'hôtel de la belle étoile. Je le connais, cet hôtel ; il y a furieusement des courants d'air.

— Ah ! Madame, dit Marcel, si j'avais les dons de Plutus, je voudrais vous offrir un temple plus beau que celui de Salomon, mais...

— Vous n'êtes pas Plutus, mon ami. C'est égal, je vous sais gré de l'intention... Ah bah ! ajouta-t-elle en parcourant son appartement du regard, je m'ennuyais ici, moi ; et puis le mobilier était vieux. Voilà près de six mois que je l'avais ! Mais ce n'est pas tout, ça ; après le bal on soupe, que je soupçonne.

— Soupe-çonnons donc, dit Marcel, qui avait la maladie du calembour, le matin surtout, où il était terrible.

Comme Rodolphe avait gagné quelque argent au lansquenet qui s'était fait pendant la nuit, il emmena Musette et Marcel dans un restaurant qui venait d'ouvrir.

Après le déjeuner, les trois convives qui n'avaient aucune envie d'aller dormir, parlèrent d'aller achever la journée à la campagne, et comme ils se trouvaient près du chemin de fer, ils montèrent dans le premier convoi près de partir, qui les descendit à Saint-Germain.

Toute la journée ils coururent les bois, et ne revinrent à Paris qu'à sept heures du soir, et cela malgré Marcel, qui soutenait qu'il ne devait être que midi et demi, et que s'il faisait nuit, c'est parce que le temps était couvert.

Pendant toute la nuit de la fête et tout le reste de la journée, Marcel, dont le cœur était un salpêtre qu'un seul regard allumait, s'était épris de mademoiselle Musette, et lui avait fait une cour *colorée*, comme il disait à Rodolphe. Il avait été jusqu'à proposer à la belle fille de lui racheter un mobilier plus beau

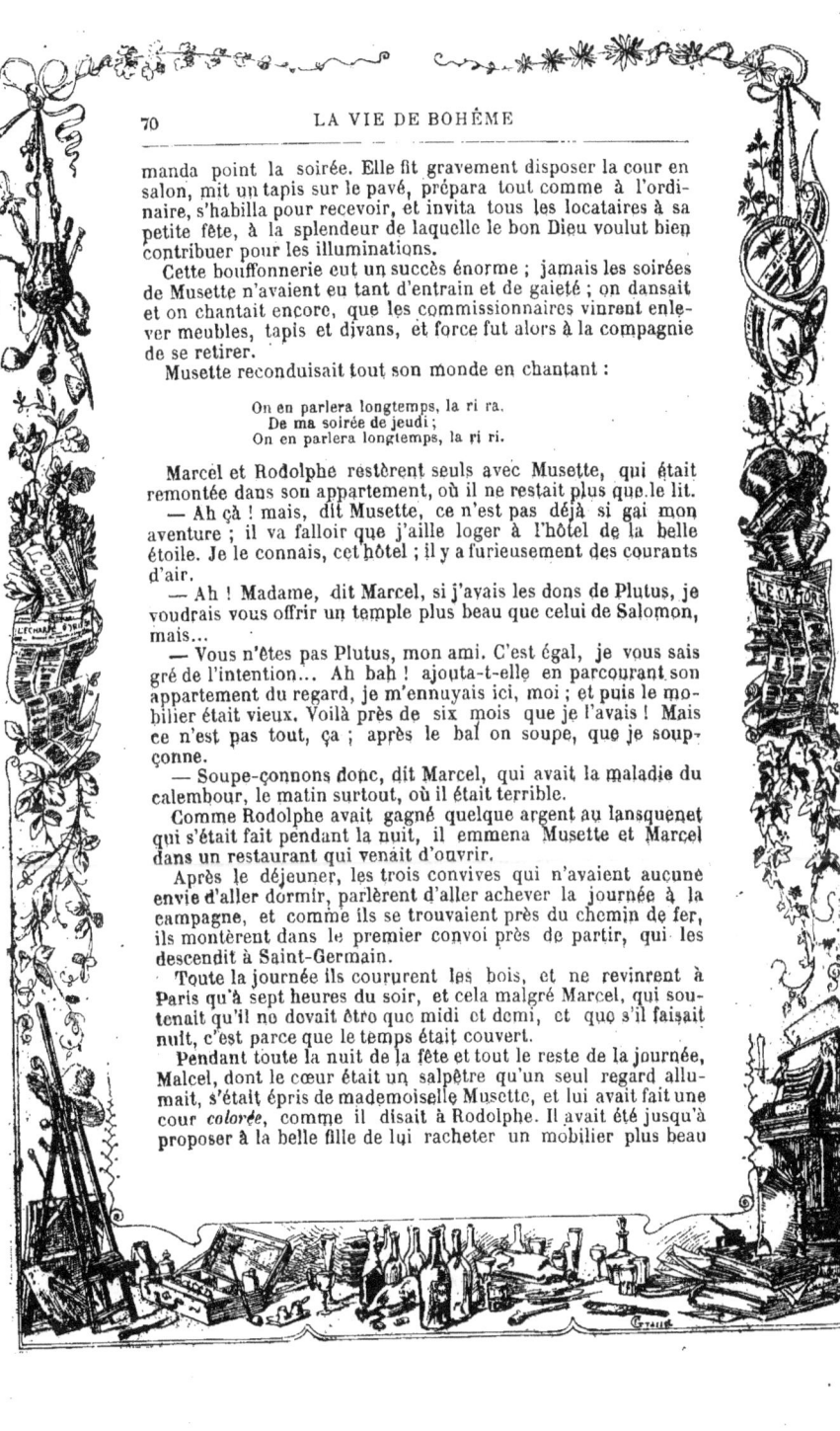

que l'ancien, avec le produit de la vente de son fameux tableau du *Passage de la mer rouge*. Aussi l'artiste voyait-il avec peine arriver le moment où il faudrait se séparer de Musette, qui, tout en se laissant baiser les mains, le cou et divers autres accessoires, se bornait à le repousser doucement toutes les fois qu'il voulait pénétrer dans son cœur avec effraction.

En arrivant à Paris, Rodolphe avait laissé son ami avec la jeune fille, qui pria l'artiste de l'accompagner jusqu'à sa porte.

— Me permettrez-vous de venir vous voir? demanda Marcel; je vous ferai votre portrait.

— Mon cher, dit la jolie fille, je ne peux pas vous donner mon adresse, puisque je n'en aurai peut-être plus demain; mais j'irai vous voir, et je vous raccommoderai votre habit qui a un trou si grand qu'on pourrait déménager au travers sans payer.

— Je vous attendrai comme le Messie, dit Marcel.

— Pas si longtemps, dit Musette en riant.

— Quelle charmante fille! disait Marcel en s'en allant lentement; c'est la déesse de la gaieté. Je ferai deux trous à mon habit.

Il n'avait pas fait trente pas qu'il se sentit frapper sur l'épaule: c'était mademoiselle Musette.

— Mon cher monsieur Marcel, lui dit-elle, êtes-vous chevalier français?

— Je le suis : Rubens et ma dame, voilà ma devise.

— Eh bien, alors, oyez ma peine et y compatissez, noble sire, reprit Musette, qui était un peu teintée de littérature, bien qu'elle se livrât sur la grammaire à d'horribles Saint-Barthélemy; mon propriétaire a emporté la clef de mon appartement, et il est onze heures du soir : comprenez-vous?

— Je comprends, dit Marcel en offrant son bras à Musette. Il la conduisit à son atelier, situé quai aux Fleurs.

Musette tombait de sommeil; mais elle eut encore assez de force pour dire à Marcel en lui serrant la main :

— Vous vous rappellerez ce que vous m'avez promis.

— O Musette! charmante fille, dit l'artiste d'une voix un peu émue, vous êtes ici sous un toit hospitalier; dormez en paix, bonne nuit; moi, je m'en vais.

— Pourquoi? dit Musette, les yeux presque fermés; je n'ai point peur, je vous assure; d'abord il y a deux chambres, je me mettrai sur votre canapé.

— Mon canapé est trop dur pour y dormir, ce sont des cailloux cardés. Je vous donne l'hospitalité chez moi, et je vais aller la demander pour moi à un ami qui demeure là sur mon carré; c'est plus prudent, dit-il. Je tiens ordinairement ma parole; mais j'ai vingt-deux ans et vous dix-huit, ô Musette... et je m'en vais. Bonsoir.

Le lendemain matin, à huit heures, Marcel rentra chez lui avec un pot de fleurs qu'il avait été acheter au marché. Il trouva Musette qui s'était jetée tout habillée sur le lit et dormait en-

core. Au bruit qu'il fit elle se réveilla et tendit la main à Marcel.
— Brave garçon ! lui dit-elle.
— Brave garçon, répéta Marcel, n'est-il point là un synonime à ridicule ?
— Oh ! fit Musette, pourquoi me dites-vous cela ? ce n'est pas aimable ; au lieu de me dire des méchancetés, offrez-moi donc ce joli pot de fleurs.
— C'est en effet à votre intention que je l'ai monté, dit Marcel. Prenez-le donc, et, en retour de mon hospitalté, chantez-moi une de vos jolies chansons ; l'écho de ma mansarde gardera peut-être quelque chose de votre voix, et je vous entendrai encore quand vous serez partie.
— Ah çà ! mais, vous voulez donc me mettre à la porte ? dit Musette. Et si je ne veux pas m'en aller, moi ? Écoutez Marcel, je ne monte pas à trente-six échelles pour dire ma façon de penser. Vous me plaisez et je vous plais. Ça n'est pas de l'amour, mais c'en est peut-être de la graine. Eh bien ! je ne m'en vais pas ; je reste, et je resterai ici tant que les fleurs que vous venez de me donner ne se faneront pas.
— Ah ! s'écria Marcel, mais elles seront flétries dans deux jours ! Si j'avais su, j'aurais pris des immortelles.

. . . .

Depuis quinze jours Musette et Marcel demeuraient ensemble et menaient, bien qu'ils fussent souvent sans argent, la plus charmante vie du monde. Musette sentait pour l'artiste une tendresse qui n'avait rien de commun avec ses passions antérieures, et Marcel commençait à craindre qu'il ne fût amoureux sérieusement de sa maîtresse. Ignorant qu'elle-même redoutait fort d'être éprise de lui, il regardait chaque matin l'état dans lequel se trouvaient les fleurs dont la mort devait amener la rupture de leur liaison, et il avait grand'peine à s'expliquer leur fraîcheur chaque jour nouvelle. Mais il eut bientôt la clef du mystère : une nuit, en se réveillant, il ne trouva plus Musette à côté de lui. Il se leva, courut dans la chambre, et aperçut sa maîtresse qui profitait chaque nuit de son sommeil pour arroser les fleurs et les empêcher de mourir.

VII

LES FLOTS DU PACTOLE

C'était le 19 mars... Et dut-il atteindre l'âge avancé de M. Raoul-Rochette, qui a vu bâtir Ninive, Rodolphe n'oubliera jamais cette date, car ce fut ce jour-là même, jour de la saint-Joseph, à trois heures de relevée, que notre ami sortait de chez un banquier, où il venait de toucher une somme de cinq cents francs en espèces sonnantes et ayant cours.

Le premier usage que Rodolphe fit de cette tranche du Pérou, qui venait de tomber dans sa poche, fut de ne point payer ses

Au bruit sonore du métal...

dettes; attendu qu'il s'était juré à lui-même d'aller à l'économie et de ne faire aucun extra. Il avait d'ailleurs à ce sujet des idées extrêmement arrêtées, et disait qu'avant de songer au superflu, il fallait s'occuper du nécessaire; c'est pourquoi il ne paya point ses créanciers, et acheta une pipe turque, qu'il convoitait depuis longtemps.

Muni de cette emplette, il se dirigea vers la demeure de son ami Marcel, qui le logeait depuis quelque temps. En entrant dans l'atelier de l'artiste, les poches de Rodolphe carillonnaient comme un clocher de village le jour d'une grande fête. En entendant ce bruit inaccoutumé, Marcel pensa que c'était un de ses voisins, grand joueur à la baisse, qui passait en revue ses bénéfices d'agio, et il murmura :

— Voilà encore cet intrigant d'à côté qui recommence ses épigrammes. Si cela doit durer, je donnerai congé. Il n'y a pas moyen de travailler avec un pareil vacarme. Cela donne des idées de quitter l'état d'artiste pauvre pour se faire quarante voleurs. Et sans se douter le moins du monde que son ami Rodolphe était métamorphosé en Crésus, Marcel se remit à son tableau du *Passage de la mer Rouge*, qui était sur le chevalet depuis tantôt trois ans.

Rodolphe, qui n'avait pas encore dit un mot, ruminant tout bas une expérience qu'il allait faire sur son ami, se disait en lui-même :

— Nous allons bien rire tout à l'heure; ah! que ça va donc être gai, mon Dieu! et il laissa tomber une pièce de cinq francs à terre.

Marcel leva les yeux et regarda Rodolphe, qui était sérieux comme un article de la *Revue des Deux-Mondes*.

L'artiste ramassa la pièce avec un air très-satisfait et lui fit un très-gracieux accueil, car, bien que rapin, il savait vivre et était fort civil avec les étrangers. Sachant, du reste, que Rodolphe était sorti pour aller chercher de l'argent, Marcel, voyant que son ami avait réussi dans ses démarches, se borna à en admirer le résultat, sans lui demander à l'aide de quels moyens il avait été obtenu.

Il se remit donc sans mot dire à son travail, et acheva de noyer un Egyptien dans les flots de la mer Rouge. Comme il accomplissait cet homicide, Rodolphe laissa tomber une seconde pièce de cinq francs. Et observant la figure que le peintre allait faire, il se mit à rire dans sa barbe, qui est tricolore, comme chacun sait.

Au bruit sonore du métal, Marcel, comme frappé d'une commotion électrique, se leva subitement et s'écria :

— Comment! il y a un second couplet?

Une troisième pièce roula sur le carreau, puis une autre, puis une autre, puis une autre encore; enfin tout un quadrille d'écus se mit à danser dans la chambre.

Marcel commençait à donner des signes visibles d'aliénation

mentale, et Rodolphe riait comme le parterre du Théâtre-Français à la première représentation de *Jeanne de Flandre.* Tout à coup, et sans aucuns ménagements, Rodolphe fouilla à pleines mains dans ses poches, et les écus commencèrent un *steaple chase* tabuleux. C'était le débordement du Pactole, le bacchanal de Jupiter entrant chez Danaé.

Marcel était immobile, muet, l'œil fixe; l'étonnement amenait à peu près chez lui une métamorphose pareille à celle dont la curiosité rendit jadis la femme de Loth victime; et comme Rodolphe jetait sur le carreau sa dernière pile de cent francs, l'artiste avait déjà tout un côté du corps salé.

Rodolphe, lui, riait toujours. Et auprès de cette orageuse hilarité, les tonnerres d'un orchestre de M. Saxe eussent semblé des soupirs d'enfant à la mamelle.

Ébloui, strangulé, stupéfié par l'émotion, Marcel pensa qu'il rêvait; et pour chasser le cauchemar qui l'obsédait, il se mordit le doigt jusqu'au sang, ce qui lui procura une douleur atroce au point de le faire crier.

Il s'aperçut alors qu'il était parfaitement éveillé; et voyant qu'il foulait l'or à ses pieds, il s'écria, comme dans les tragédies :

— En croirais-je mes yeux !

Puis il ajouta, en prenant la main de Rodolphe dans la sienne :

— Donne-moi l'explication de ce mystère.
— Si je te l'expliquais, ce n'en serait plus un.
— Mais encore?
— Cet or est le fruit de mes sueurs, dit Rodolphe en ramassant l'argent, qu'il rangea sur une table ; puis, se reculant de quelques pas, il considéra avec respect les cinq cents francs rangés en piles, et il pensait en lui même :

— C'est donc maintenant que je vais réaliser mes rêves?
— Il ne doit pas y avoir loin de six mille francs, disait Marcel en contemplant les écus qui tremblaient sur la table. J'ai une idée. Je vais charger Rodolphe d'acheter mon *Passage de la mer Rouge.*

Tout à coup, Rodolphe prit une pose théâtrale, et, avec une grande solennité dans le geste et dans la voix, il dit à l'artiste :

— Écoute-moi, Marcel, la fortune que j'ai fait briller à tes regards n'est point le résultat de viles manœuvres, je n'ai point trafiqué de ma plume, je suis riche, mais honnête; cet or m'a été donné par une main généreuse, et j'ai fait serment de l'utiliser à acquérir par le travail une position sérieuse pour l'homme vertueux. Le travail est le plus saint des devoirs.

— Et le cheval le plus noble des animaux, dit Marcel en interrompant Rodolphe. Ah ça! ajouta-t-il, que signifie ce discours, et d'où tires-tu cette prose? des carrières de l'école du bon sens, sans doute?

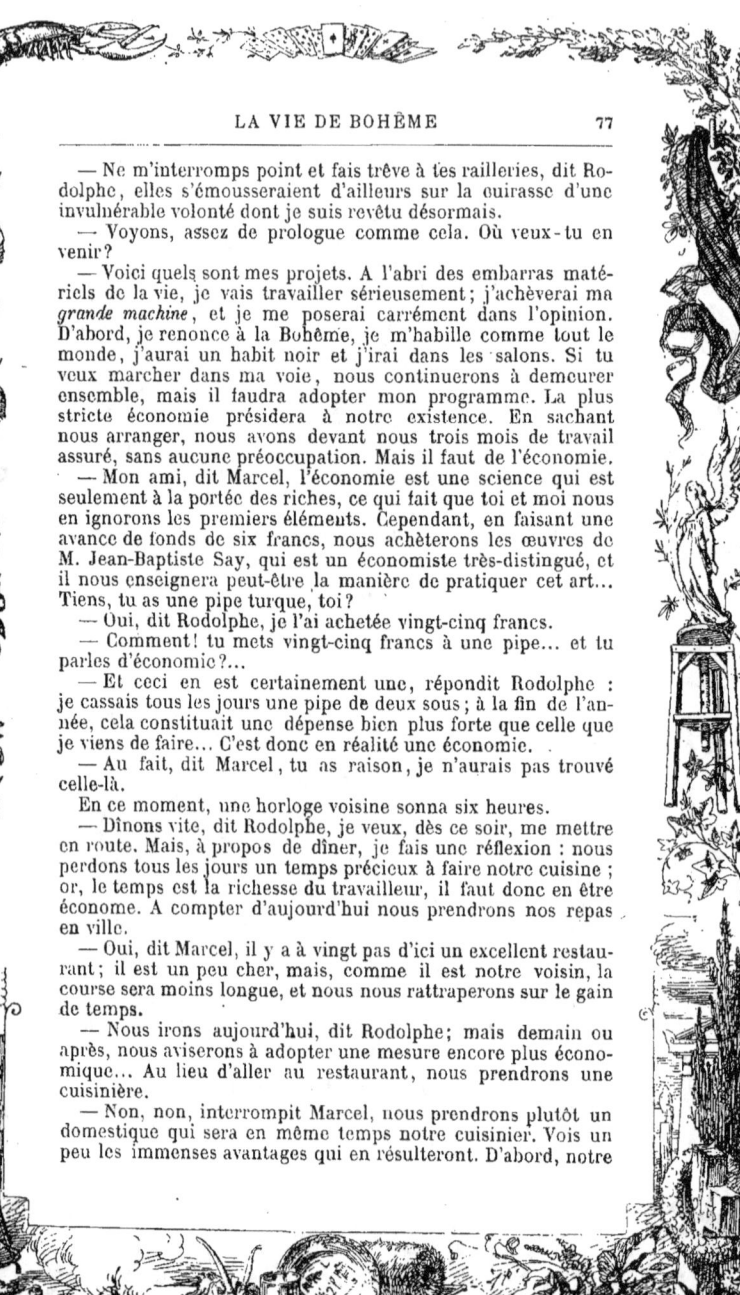

— Ne m'interromps point et fais trêve à tes railleries, dit Rodolphe, elles s'émousseraient d'ailleurs sur la cuirasse d'une invulnérable volonté dont je suis revêtu désormais.

— Voyons, assez de prologue comme cela. Où veux-tu en venir?

— Voici quels sont mes projets. A l'abri des embarras matériels de la vie, je vais travailler sérieusement; j'achèverai ma *grande machine*, et je me poserai carrément dans l'opinion. D'abord, je renonce à la Bohême, je m'habille comme tout le monde, j'aurai un habit noir et j'irai dans les salons. Si tu veux marcher dans ma voie, nous continuerons à demeurer ensemble, mais il faudra adopter mon programme. La plus stricte économie présidera à notre existence. En sachant nous arranger, nous avons devant nous trois mois de travail assuré, sans aucune préoccupation. Mais il faut de l'économie.

— Mon ami, dit Marcel, l'économie est une science qui est seulement à la portée des riches, ce qui fait que toi et moi nous en ignorons les premiers éléments. Cependant, en faisant une avance de fonds de six francs, nous achèterons les œuvres de M. Jean-Baptiste Say, qui est un économiste très-distingué, et il nous enseignera peut-être la manière de pratiquer cet art... Tiens, tu as une pipe turque, toi?

— Oui, dit Rodolphe, je l'ai achetée vingt-cinq francs.

— Comment! tu mets vingt-cinq francs à une pipe... et tu parles d'économie?...

— Et ceci en est certainement une, répondit Rodolphe : je cassais tous les jours une pipe de deux sous; à la fin de l'année, cela constituait une dépense bien plus forte que celle que je viens de faire... C'est donc en réalité une économie.

— Au fait, dit Marcel, tu as raison, je n'aurais pas trouvé celle-là.

En ce moment, une horloge voisine sonna six heures.

— Dînons vite, dit Rodolphe, je veux, dès ce soir, me mettre en route. Mais, à propos de dîner, je fais une réflexion : nous perdons tous les jours un temps précieux à faire notre cuisine; or, le temps est la richesse du travailleur, il faut donc en être économe. A compter d'aujourd'hui nous prendrons nos repas en ville.

— Oui, dit Marcel, il y a à vingt pas d'ici un excellent restaurant; il est un peu cher, mais, comme il est notre voisin, la course sera moins longue, et nous nous rattraperons sur le gain de temps.

— Nous irons aujourd'hui, dit Rodolphe; mais demain ou après, nous aviserons à adopter une mesure encore plus économique... Au lieu d'aller au restaurant, nous prendrons une cuisinière.

— Non, non, interrompit Marcel, nous prendrons plutôt un domestique qui sera en même temps notre cuisinier. Vois un peu les immenses avantages qui en résulteront. D'abord, notre ménage sera toujours fait : il cirera nos bottes, il lavera mes pinceaux, il fera nos commissions ; je tâcherai même de lui inculquer le goût des beaux-arts, et j'en ferai mon rapin. De cette façon, à nous deux nous économiserons au moins six heures par jour en soins et en occupations qui seraient d'autant nuisibles à notre travail.

— Ah ! fit Rodolphe, j'ai une autre idée, moi... mais allons dîner.

Cinq minutes après, les deux amis étaient installés dans un des cabinets du restaurant voisin et continuaient à deviser d'économie.

— Voici quelle est mon idée : si, au lieu de prendre un domestique, nous prenions une maîtresse ? hasarda Rodolphe.

— Une maîtresse pour deux ! dit Marcel avec effroi, ce serait l'avarice portée jusqu'à la prodigalité, et nous dépenserions nos économies à acheter des couteaux pour nous égorger l'un l'autre. Je préfère le domestique ; d'abord, cela donne de la considération.

— En effet, dit Rodolphe, nous nous procurerons un garçon intelligent ; et s'il a quelque teinture d'orthographe, je lui apprendrai à rédiger.

— Ça lui sera une ressource pour ses vieux jours, dit Marcel en additionnant la carte, qui se montait à quinze francs. Tiens, c'est assez cher. Habituellement, nous dînions pour trente sous à nous deux.

— Oui, reprit Rodolphe, mais nous dînions mal, et nous étions obligés de souper le soir. A tout prendre, c'est donc une économie.

— Tu es comme le plus fort, murmura l'artiste vaincu par ce raisonnement, tu as toujours raison. Est-ce que nous travaillons ce soir ?

— Ma foi, non. Moi, je vais aller voir mon oncle, dit Rodolphe ; c'est un brave homme, je lui apprendrai ma nouvelle position, et il me donnera de bons conseils. Et toi, où vas-tu Marcel ?

— Moi, je vais aller chez le vieux Médicis pour lui demander s'il n'a pas de restaurations de tableaux à me confier. A propos, donne-moi cinq francs.

— Pourquoi faire ?

— Pour passer le pont des Arts.

— Ah ! ceci est une dépense inutile, et, quoique peu considérable, elle s'éloigne de notre principe.

— J'ai tort, en effet, dit Marcel, je passerai par le pont Neuf... Mais je prendrai un cabriolet.

Et les deux amis se quittèrent en prenant chacun un chemin différent, qui, par un singulier hasard, les conduisit tous deux au même endroit, où ils se retrouvèrent.

— Tiens, tu n'as donc pas trouvé ton oncle ? demanda Marcel.

— Tu n'as donc point vu Médicis? demanda Rodolphe.
Et ils éclatèrent de rire.
Cependant ils rentrèrent chez eux de très-bonne heure... le lendemain.

Deux jours après, Rodolphe et Marcel étaient complètement métamorphosés. Habillés tous deux comme des mariés de première classe, ils étaient si beaux, si reluisants, si élégants, que, lorsqu'ils se rencontraient dans la rue, ils hésitaient à se reconnaître l'un l'autre.

Leur système d'économie était, du reste, en pleine vigueur, mais l'organisation du travail avait bien de la peine à se réaliser. Ils avaient pris un domestique. C'était un grand garçon de trente-quatre ans, d'origine suisse, et d'une intelligence qui rappelait celle de Jocrisse. Du reste, il n'était pas né pour être domestique; et si un de ses maîtres lui confiait quelque paquet un peu apparent à porter, Baptiste rougissait avec indignation et faisait faire la course par un commissionnaire. Cependant Baptiste avait des qualités; ainsi, quand on lui donnait un lièvre, il en faisait un civet au besoin. En outre, comme il avait été distillateur avant d'être valet, il avait conservé un grand amour pour son art, et dérobait une grande partie du temps qu'il devait à ses maîtres à chercher la composition d'un nouveau vulnéraire supérieur, auquel il voulait donner son nom; il réussissait aussi dans le brou de noix. Mais où Baptiste n'avait pas de rival, c'était dans l'air de fumer les cigares de Marcel et de les allumer avec les manuscrits de Rodolphe.

Un jour Marcel voulut faire poser Baptiste en costume de Pharaon, pour son tableau du *Passage de la mer Rouge*. A cette proposition, Baptiste répondit par un refus absolu et demanda son compte.

— C'est bien, dit Marcel, je vous le réglerai ce soir, votre compte.

Quand Rodolphe rentra, son ami lui déclara qu'il fallait renvoyer Baptiste. Il ne nous sert absolument à rien, dit-il.

— Il est vrai, répondit Marcel; c'est un objet d'art vivant.
— Il est bête à faire cuire.
— Il est paresseux.
— Il faut le renvoyer.
— Renvoyons-le.
— Cependant il a bien quelques qualités. Il fait très-bien le civet.
— Et le brou de noix, donc. Il est le Raphaël du brou de noix.
— Oui; mais il n'est bon qu'à cela, et cela ne peut nous suffire. Nous perdons tout notre temps en discussions avec lui.
— Il nous empêche de travailler.
— Il est cause que je ne pourrai pas avoir achevé mon

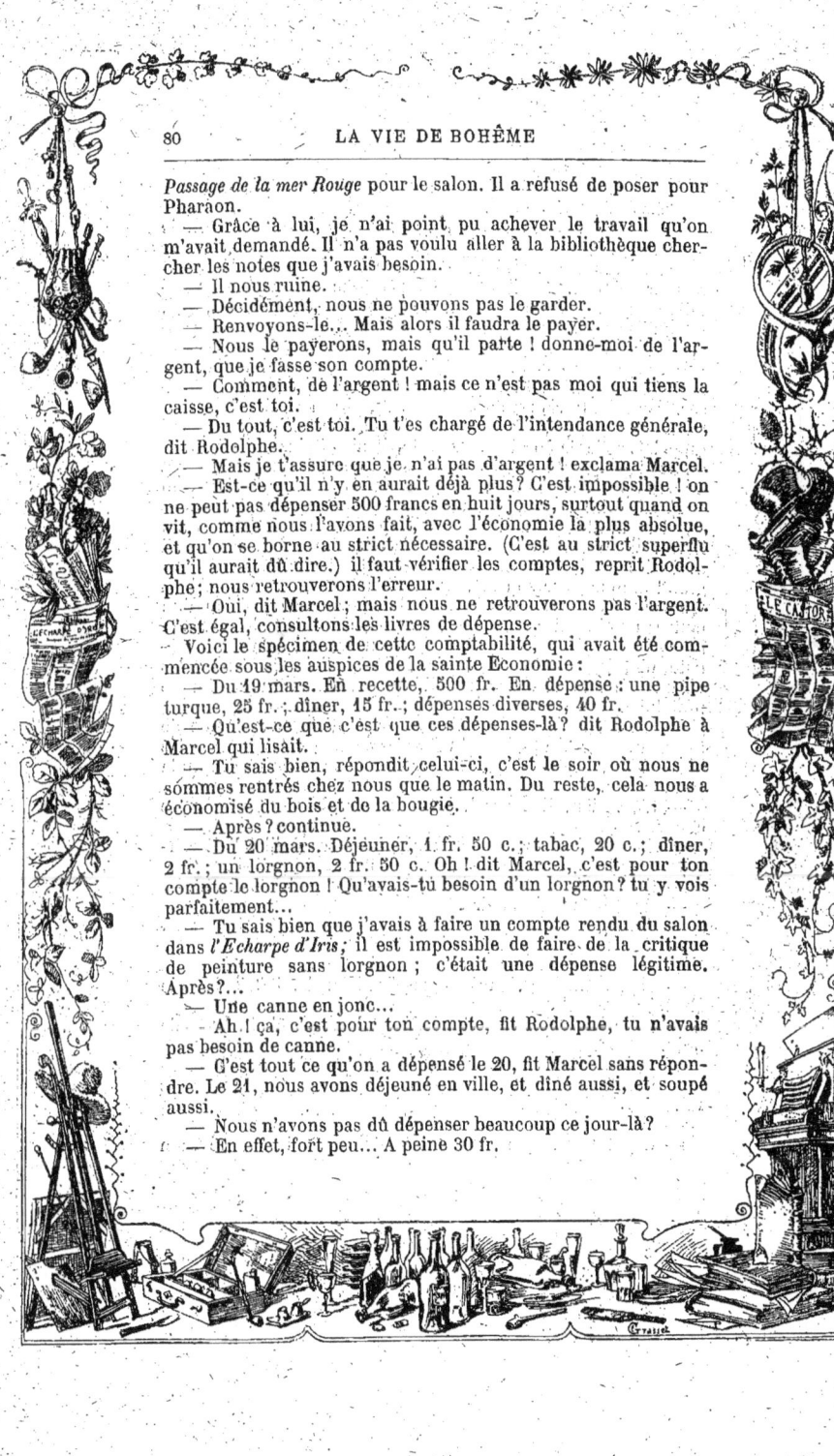

Passage de la mer Rouge pour le salon. Il a refusé de poser pour Pharaon.

— Grâce à lui, je n'ai point pu achever le travail qu'on m'avait demandé. Il n'a pas voulu aller à la bibliothèque chercher les notes que j'avais besoin.

— Il nous ruine.

— Décidément, nous ne pouvons pas le garder.

— Renvoyons-le... Mais alors il faudra le payer.

— Nous le payerons, mais qu'il parte ! donne-moi de l'argent, que je fasse son compte.

— Comment, de l'argent ! mais ce n'est pas moi qui tiens la caisse, c'est toi.

— Du tout, c'est toi. Tu t'es chargé de l'intendance générale, dit Rodolphe.

— Mais je t'assure que je n'ai pas d'argent ! exclama Marcel.

— Est-ce qu'il n'y en aurait déjà plus ? C'est impossible ! on ne peut pas dépenser 500 francs en huit jours, surtout quand on vit, comme nous l'avons fait, avec l'économie la plus absolue, et qu'on se borne au strict nécessaire. (C'est au strict superflu qu'il aurait dû dire.) il faut vérifier les comptes, reprit Rodolphe ; nous retrouverons l'erreur.

— Oui, dit Marcel ; mais nous ne retrouverons pas l'argent. C'est égal, consultons les livres de dépense.

Voici le spécimen de cette comptabilité, qui avait été commencée sous les auspices de la sainte Economie :

— Du 19 mars. En recette, 500 fr. En dépense : une pipe turque, 25 fr. ; dîner, 15 fr. ; dépenses diverses, 40 fr.

— Qu'est-ce que c'est que ces dépenses-là ? dit Rodolphe à Marcel qui lisait.

— Tu sais bien, répondit celui-ci, c'est le soir où nous ne sommes rentrés chez nous que le matin. Du reste, cela nous a économisé du bois et de la bougie.

— Après ? continue.

— Du 20 mars. Déjeuner, 1 fr. 50 c. ; tabac, 20 c. ; dîner, 2 fr. ; un lorgnon, 2 fr. 50 c. Oh ! dit Marcel, c'est pour ton compte le lorgnon ! Qu'avais-tu besoin d'un lorgnon ? tu y vois parfaitement...

— Tu sais bien que j'avais à faire un compte rendu du salon dans *l'Echarpe d'Iris ;* il est impossible de faire de la critique de peinture sans lorgnon ; c'était une dépense légitime. Après ?...

— Une canne en jonc...

— Ah ! ça, c'est pour ton compte, fit Rodolphe, tu n'avais pas besoin de canne.

— C'est tout ce qu'on a dépensé le 20, fit Marcel sans répondre. Le 21, nous avons déjeuné en ville, et dîné aussi, et soupé aussi.

— Nous n'avons pas dû dépenser beaucoup ce jour-là ?

— En effet, fort peu... A peine 30 fr.

Madame, dit Rodolphe, je suis connu pour ma constance.

— Mais à quoi donc, alors?

— Je ne sais plus, dit Marcel; mais c'est marqué sous la rubrique Dépenses diverses.

— Un titre vague et perfide ! interrompit Rodolphe.

— Le 22. C'est le jour d'entrée de Baptiste; nous lui avons donné un à-compte de 5 fr. sur ses appointements; pour l'orgue de barbarie, 50 c.; pour le rachat de quatre petits enfants chinois condamnés à être jetés dans le fleuve Jaune, par des parents d'une barbarie incroyable, 2 fr. 40 c.

— Ah çà ! dit Rodolphe, explique-moi un peu la contradiction qu'on remarque dans cet article. Si tu donnes aux orgues de barbarie, pourquoi insultes-tu les parents barbares? Et d'ailleurs quelle nécessité de racheter des petits Chinois ? S'ils avaient été à l'eau-de-vie, seulement.

— Je suis né généreux, répliqua Marcel, va, continue; jusqu'à présent on ne s'est que très-peu éloigné du principe de l'économie.

— Du 23, il n'y a rien de marqué. Du 24, idem. Voilà deux bons jours. Du 25, donné à Baptiste, à-compte sur ses appointements, 3 fr.

— Il me semble qu'on lui donne bien souvent de l'argent, fit Marcel en manière de réflexion.

— On lui devra moins, répondit Rodolphe. Continue.

— Du 26 mars, dépenses diverses et utiles au point de vue de l'art, 36 fr. 40 c.

— Qu'est-ce qu'on peut donc avoir racheté de si utile? dit Rodolphe; je ne me souviens pas, moi. 36 fr. 40 c., qu'est-ce que ça peut donc être?

— Comment ! tu ne te souviens pas?... C'est le jour où nous sommes montés sur les tours Notre-Dame pour voir Paris à vol d'oiseau.

— Mais ça coûte huit sous pour monter aux tours, dit Rodolphe.

— Oui, mais en descendant nous avons été dîner à Saint-Germain.

— Cette rédaction pèche par la limpidité.

— Du 27, il n'y a rien de marqué.

— Bon ! voilà de l'économie.

— Du 28, donné à Baptiste, à-compte sur ses gages, 6 fr.

— Ah ! cette fois je suis sûr que nous ne devons plus rien à Baptiste. Il se pourrait même qu'il nous dût... Il faudra voir.

— Du 29. Tiens, on n'a pas marqué le 29; la dépense est remplacée par un commencement d'article de mœurs.

— Le 30. Ah ! nous avions du monde à dîner; forte dépense, 30 fr. 55 c. Le 31, c'est aujourd'hui, nous n'avons encore rien dépensé. Tu vois, dit Marcel en achevant, que les comptes ont été tenus très-exactement. Le total ne fait pas 500 fr.

— Alors il doit rester de l'argent en caisse.

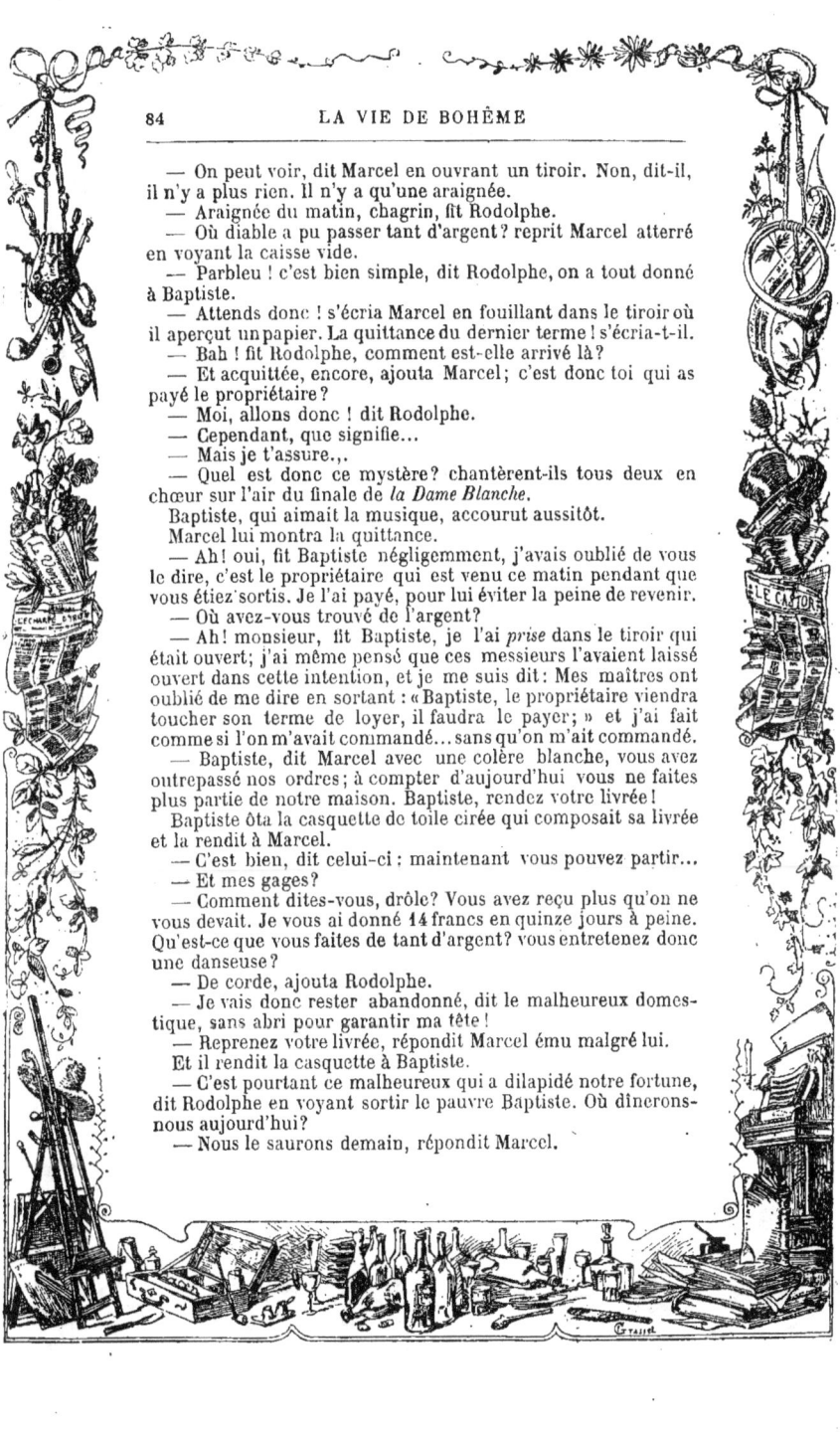

— On peut voir, dit Marcel en ouvrant un tiroir. Non, dit-il, il n'y a plus rien. Il n'y a qu'une araignée.
— Araignée du matin, chagrin, fit Rodolphe.
— Où diable a pu passer tant d'argent? reprit Marcel atterré en voyant la caisse vide.
— Parbleu! c'est bien simple, dit Rodolphe, on a tout donné à Baptiste.
— Attends donc! s'écria Marcel en fouillant dans le tiroir où il aperçut un papier. La quittance du dernier terme! s'écria-t-il.
— Bah! fit Rodolphe, comment est-elle arrivé là?
— Et acquittée, encore, ajouta Marcel; c'est donc toi qui as payé le propriétaire?
— Moi, allons donc! dit Rodolphe.
— Cependant, que signifie...
— Mais je t'assure.,.
— Quel est donc ce mystère? chantèrent-ils tous deux en chœur sur l'air du finale de *la Dame Blanche*.
Baptiste, qui aimait la musique, accourut aussitôt.
Marcel lui montra la quittance.
— Ah! oui, fit Baptiste négligemment, j'avais oublié de vous le dire, c'est le propriétaire qui est venu ce matin pendant que vous étiez sortis. Je l'ai payé, pour lui éviter la peine de revenir.
— Où avez-vous trouvé de l'argent?
— Ah! monsieur, fit Baptiste, je l'ai *prise* dans le tiroir qui était ouvert; j'ai même pensé que ces messieurs l'avaient laissé ouvert dans cette intention, et je me suis dit : Mes maîtres ont oublié de me dire en sortant : « Baptiste, le propriétaire viendra toucher son terme de loyer, il faudra le payer; » et j'ai fait comme si l'on m'avait commandé... sans qu'on m'ait commandé.
— Baptiste, dit Marcel avec une colère blanche, vous avez outrepassé nos ordres; à compter d'aujourd'hui vous ne faites plus partie de notre maison. Baptiste, rendez votre livrée!
Baptiste ôta la casquette de toile cirée qui composait sa livrée et la rendit à Marcel.
— C'est bien, dit celui-ci : maintenant vous pouvez partir...
— Et mes gages?
— Comment dites-vous, drôle? Vous avez reçu plus qu'on ne vous devait. Je vous ai donné 14 francs en quinze jours à peine. Qu'est-ce que vous faites de tant d'argent? vous entretenez donc une danseuse?
— De corde, ajouta Rodolphe.
— Je vais donc rester abandonné, dit le malheureux domestique, sans abri pour garantir ma tête!
— Reprenez votre livrée, répondit Marcel ému malgré lui.
Et il rendit la casquette à Baptiste.
— C'est pourtant ce malheureux qui a dilapidé notre fortune, dit Rodolphe en voyant sortir le pauvre Baptiste. Où dînerons-nous aujourd'hui?
— Nous le saurons demain, répondit Marcel.

VIII

CE QUE COUTE UNE PIÈCE DE CINQ FRANCS

Un samedi soir, dans le temps où il n'était pas encore en ménage avec mademoiselle Mimi, qu'on verra paraître bientôt, Rodolphe fit connaissance, à sa table d'hôte, d'une marchande à la toilette en chambre, appelée mademoiselle Laure. Ayant appris que Rodolphe était rédacteur en chef de l'*Echarpe d'Iris* et du *Castor*, journaux de fashion, la modiste, dans l'espérance d'obtenir des réclames pour ses produits, lui fit une foule d'agaceries significatives. A ces provocations, Rodolphe avait répondu par un feu d'artifice de madrigaux à rendre jaloux Benserade, Voiture et tous les Ruggieri du style galant; et à la fin du dîner, mademoiselle Laure, ayant appris que Rodolphe était poëte, lui donna clairement à entendre qu'elle n'était pas éloignée de l'accepter pour son Pétrarque. Elle lui accorda même, sans circonlocution, un rendez-vous pour le lendemain.

— Parbleu! se disait Rodolphe en reconduisant mademoiselle Laure, voilà certainement une aimable personne. Elle me paraît avoir de la grammaire et une garde-robe assez cossue. Je suis tout disposé à la rendre heureuse.

Arrivée à la porte de sa maison, mademoiselle Laure quitta le bras de Rodolphe en le remerciant de la peine qu'il avait bien voulu prendre en l'accompagnant dans un quartier aussi éloigné.

— Oh! madame, répondit Rodolphe en s'inclinant jusqu'à terre, j'aurais désiré que vous demeurassiez à Moscou ou aux îles de la Sonde, afin d'avoir plus longtemps le plaisir d'être votre cavalier.

— C'est un peu loin, répondit Laure en minaudant.

— Nous aurions pris par les boulevards, madame, dit Rodolphe. Permettez-moi de vous baiser la main sur la personne de votre joue, continua-t-il en embrassant sa compagne sur les lèvres, avant que Laure eût pu faire résistance.

— Oh! monsieur, exclama-t-elle, vous allez trop vite.

— C'est pour arriver plus tôt, dit Rodolphe. En amour, les premiers relais doivent être franchis au galop.

— Drôle de corps! pensa la modiste en rentrant chez elle.

— Jolie personne! disait Rodolphe en s'en allant.

Rentré chez lui, il se coucha à la hâte, et fit les rêves les plus doux. Il se vit ayant à son bras, dans les bals, dans les théâtres et aux promenades, mademoiselle Laure vêtue de robes plus splendides que celles ambitionnées par la coquetterie de Peau-d'Ane.

Le lendemain à 11 heures, selon son habitude, Rodolphe se leva. Sa première pensée fut pour mademoiselle Laure.

— C'est une femme très-bien, murmura-t-il; je suis sûr

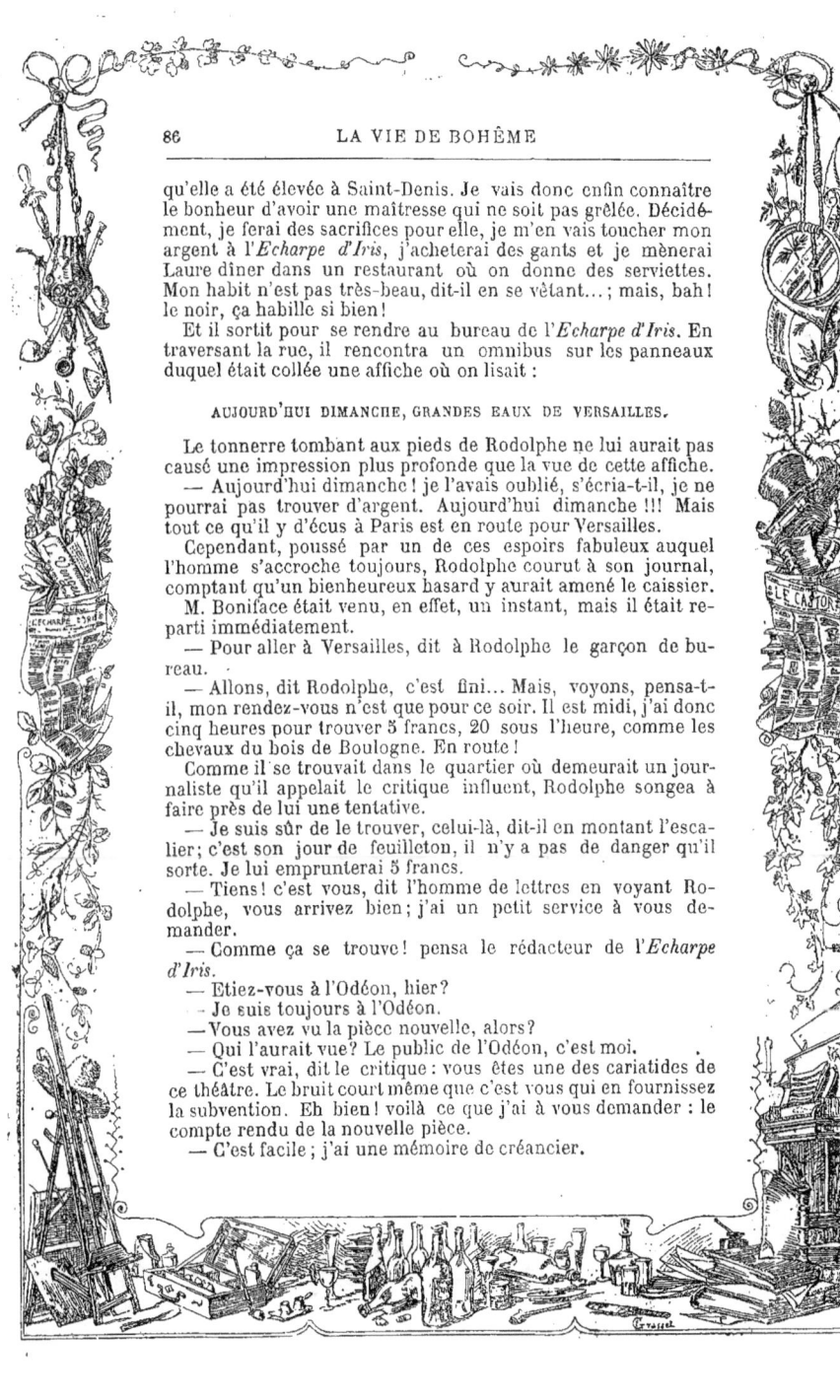

qu'elle a été élevée à Saint-Denis. Je vais donc enfin connaître le bonheur d'avoir une maîtresse qui ne soit pas grêlée. Décidément, je ferai des sacrifices pour elle, je m'en vais toucher mon argent à l'*Echarpe d'Iris*, j'acheterai des gants et je mènerai Laure dîner dans un restaurant où on donne des serviettes. Mon habit n'est pas très-beau, dit-il en se vêtant...; mais, bah! le noir, ça habille si bien!

Et il sortit pour se rendre au bureau de l'*Echarpe d'Iris*. En traversant la rue, il rencontra un omnibus sur les panneaux duquel était collée une affiche où on lisait :

AUJOURD'HUI DIMANCHE, GRANDES EAUX DE VERSAILLES.

Le tonnerre tombant aux pieds de Rodolphe ne lui aurait pas causé une impression plus profonde que la vue de cette affiche.

— Aujourd'hui dimanche! je l'avais oublié, s'écria-t-il, je ne pourrai pas trouver d'argent. Aujourd'hui dimanche !!! Mais tout ce qu'il y d'écus à Paris est en route pour Versailles.

Cependant, poussé par un de ces espoirs fabuleux auquel l'homme s'accroche toujours, Rodolphe courut à son journal, comptant qu'un bienheureux hasard y aurait amené le caissier.

M. Boniface était venu, en effet, un instant, mais il était reparti immédiatement.

— Pour aller à Versailles, dit à Rodolphe le garçon de bureau.

— Allons, dit Rodolphe, c'est fini... Mais, voyons, pensa-t-il, mon rendez-vous n'est que pour ce soir. Il est midi, j'ai donc cinq heures pour trouver 5 francs, 20 sous l'heure, comme les chevaux du bois de Boulogne. En route!

Comme il se trouvait dans le quartier où demeurait un journaliste qu'il appelait le critique influent, Rodolphe songea à faire près de lui une tentative.

— Je suis sûr de le trouver, celui-là, dit-il en montant l'escalier; c'est son jour de feuilleton, il n'y a pas de danger qu'il sorte. Je lui emprunterai 5 francs.

— Tiens! c'est vous, dit l'homme de lettres en voyant Rodolphe, vous arrivez bien; j'ai un petit service à vous demander.

— Comme ça se trouve! pensa le rédacteur de l'*Echarpe d'Iris*.

— Etiez-vous à l'Odéon, hier?

— Je suis toujours à l'Odéon.

— Vous avez vu la pièce nouvelle, alors?

— Qui l'aurait vue? Le public de l'Odéon, c'est moi.

— C'est vrai, dit le critique : vous êtes une des cariatides de ce théâtre. Le bruit court même que c'est vous qui en fournissez la subvention. Eh bien! voilà ce que j'ai à vous demander : le compte rendu de la nouvelle pièce.

— C'est facile ; j'ai une mémoire de créancier.

— De qui est-ce, cette pièce? demanda le critique à Rodolphe pendant que celui-ci écrivait.

— C'est d'un monsieur.

— Ça ne doit pas être fort.

— Moins fort qu'un Turc, assurément.

— Alors, ça n'est pas robuste. Les Turcs, voyez-vous, ont une réputation usurpée de force, ils ne pourraient pas être Savoyards.

— Qu'est-ce qui les en empêcherait?

— Parce que tous les Savoyards sont Auvergnats, et que les Auvergnats sont commissionnaires. Et puis, il n'y a plus de Turcs, sinon aux bals masqués des barrières et aux Champs-Elysées, où ils vendent des dattes. Le Turc est un préjugé. J'ai un de mes amis qui connaît l'Orient, il m'a assuré que tous les nationaux étaient venus au monde dans la rue Coquenard.

— C'est joli, ce que vous dites-là, dit Rodolphe.

— Vous trouvez? fit le critique. Je vais mettre cela dans mon feuilleton.

— Voilà mon analyse ; c'est carrément fait, reprit Rodolphe.

— Oui, mais c'est court.

— En mettant des tirets, et en développant votre opinion critique, ça prendra de la place.

— Je n'ai guère le temps, mon cher, et puis mon opinion critique ne prend pas assez de place.

— Vous mettrez un adjectif tous les trois mots.

— Est-ce que vous ne pourriez pas me faufiler à votre analyse une petite ou plutôt une longue appréciation de la pièce, hein? demanda le critique.

— Dame, dit Rodolphe, j'ai bien mes idées sur la tragédie, mais je vous préviens que je les ai imprimées trois fois dans le *Castor* et l'*Echarpe d'Iris*.

— C'est égal, combien ça fait-il de lignes, vos idées?

— Quarante lignes.

— Fichtre! vous avez de grandes idées! vous! Eh bien prêtez-moi donc vos quarante lignes.

— Bon! pensa Rodolphe, si je lui fais pour vingt francs de copie, il ne pourra pas me refuser cinq francs. Je dois vous prévenir, dit-il au critique, que mes idées ne sont pas absolument neuves. Elles sont un peu râpées, au coude. Avant de les imprimer, je les ai hurlées dans tous les cafés de Paris, il n'y pas un garçon qui ne les sache par cœur.

— Oh! *quéque* ça me fait!... Vous ne me connaissez donc pas! Est-ce qu'il y a quelque chose de neuf au monde? excepté la vertu.

— Voilà, dit Rodolphe quand il eut achevé.

— Foudre et tempête! il manque encore deux colonnes... Avec quoi combler cet abîme? s'écria le critique. Tandis que vous y êtes, fournissez-moi donc quelques paradoxes!

— Je n'en ai pas sur moi, dit Rodolphe, mais je puis vous en

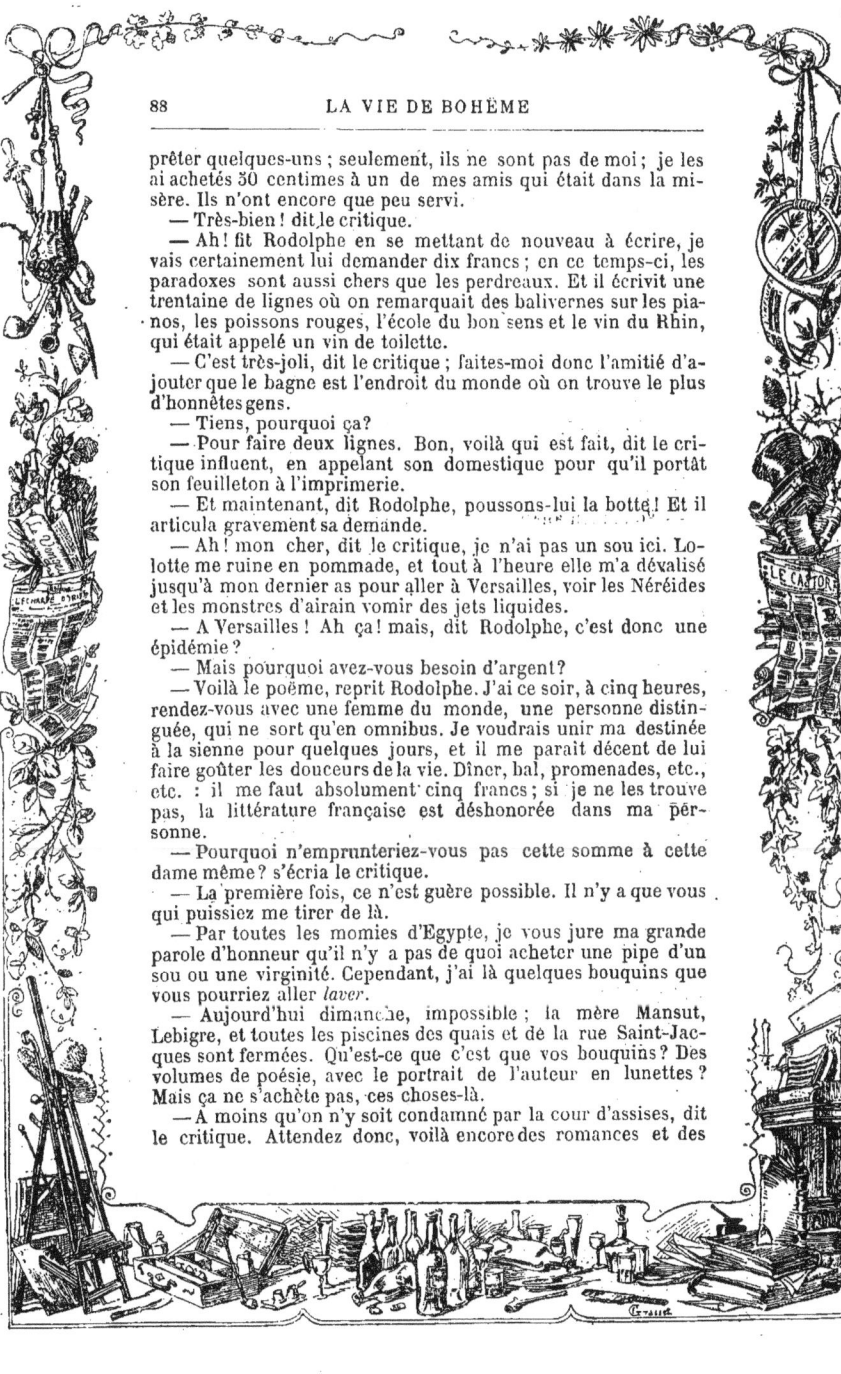

prêter quelques-uns ; seulement, ils ne sont pas de moi ; je les ai achetés 30 centimes à un de mes amis qui était dans la misère. Ils n'ont encore que peu servi.

— Très-bien! dit le critique.

— Ah! fit Rodolphe en se mettant de nouveau à écrire, je vais certainement lui demander dix francs ; en ce temps-ci, les paradoxes sont aussi chers que les perdreaux. Et il écrivit une trentaine de lignes où on remarquait des balivernes sur les pianos, les poissons rouges, l'école du bon sens et le vin du Rhin, qui était appelé un vin de toilette.

— C'est très-joli, dit le critique ; faites-moi donc l'amitié d'ajouter que le bagne est l'endroit du monde où on trouve le plus d'honnêtes gens.

— Tiens, pourquoi ça?

— Pour faire deux lignes. Bon, voilà qui est fait, dit le critique influent, en appelant son domestique pour qu'il portât son feuilleton à l'imprimerie.

— Et maintenant, dit Rodolphe, poussons-lui la botte! Et il articula gravement sa demande.

— Ah! mon cher, dit le critique, je n'ai pas un sou ici. Lolotte me ruine en pommade, et tout à l'heure elle m'a dévalisé jusqu'à mon dernier as pour aller à Versailles, voir les Néréides et les monstres d'airain vomir des jets liquides.

— A Versailles! Ah ça! mais, dit Rodolphe, c'est donc une épidémie?

— Mais pourquoi avez-vous besoin d'argent?

— Voilà le poëme, reprit Rodolphe. J'ai ce soir, à cinq heures, rendez-vous avec une femme du monde, une personne distinguée, qui ne sort qu'en omnibus. Je voudrais unir ma destinée à la sienne pour quelques jours, et il me parait décent de lui faire goûter les douceurs de la vie. Dîner, bal, promenades, etc., etc. : il me faut absolument cinq francs ; si je ne les trouve pas, la littérature française est déshonorée dans ma personne.

— Pourquoi n'emprunteriez-vous pas cette somme à cette dame même? s'écria le critique.

— La première fois, ce n'est guère possible. Il n'y a que vous qui puissiez me tirer de là.

— Par toutes les momies d'Egypte, je vous jure ma grande parole d'honneur qu'il n'y a pas de quoi acheter une pipe d'un sou ou une virginité. Cependant, j'ai là quelques bouquins que vous pourriez aller *laver*.

— Aujourd'hui dimanche, impossible ; la mère Mansut, Lebigre, et toutes les piscines des quais et de la rue Saint-Jacques sont fermées. Qu'est-ce que c'est que vos bouquins? Des volumes de poésie, avec le portrait de l'auteur en lunettes? Mais ça ne s'achète pas, ces choses-là.

—A moins qu'on n'y soit condamné par la cour d'assises, dit le critique. Attendez donc, voilà encore des romances et des

...et sur le champ il se mit à la besogne.

billets de concert. En vous y prenant adroitement, vous pourriez peut-être en faire de la monnaie.

— J'aimerais mieux autre chose, un pantalon, par exemple.

— Allons ! dit le critique, prenez encore ce Bossuet et le plâtre de M. Odilon Barrot ; ma parole d'honneur, c'est le denier de la veuve.

— Je vois que vous y mettez de la bonne volonté, dit Rodolphe. J'emporte les trésors ; mais si j'en tire trente sous, je considérerai cela comme le treizième travail d'Hercule.

Après avoir fait environ quatre lieues, Rodolphe, à l'aide d'une éloquence dont il avait le secret dans les grandes occasions, parvint à se faire prêter deux francs par sa blanchisseuse, sur la consignation des volumes de poésies, des romances et du portrait de M. Barrot.

— Allons, dit-il en repassant les ponts, voilà la sauce, maintenant il faut trouver le fricot. Si j'allais chez mon oncle.

Une demi-heure après, il était chez son oncle Monetti, lequel lut sur la physionomie de son neveu de quoi il allait être question. Aussi se mit-il en garde, et prévint toute demande par une série de récriminations telles que celles-ci :

— Les temps sont durs, le pain est cher, les créanciers ne payent pas, les loyers qu'il faut payer, le commerce dans le marasme, etc., etc., toutes les hypocrites litanies des boutiquiers.

— Croirais-tu, dit l'oncle, que j'ai été forcé d'emprunter de l'argent à mon garçon de boutique pour payer un billet ?

— Il fallait envoyer chez moi, dit Rodolphe. Je vous aurais prêté de l'argent ; j'ai reçu deux cents francs il y a trois jours.

— Merci, mon garçon, dit l'oncle, mais tu as besoin de ton avoir... Ah ! pendant que tu es ici, tu devrais bien, toi qui as une si belle main, me copier des factures que je veux envoyer toucher.

— Voilà cinq francs qui me coûteront cher, dit Rodolphe en se mettant à la besogne qu'il abrégea.

— Mon cher oncle, dit-il à Monetti, je sais combien vous aimez la musique, et je vous apporte des billets de concert.

— Tu es bien aimable, mon garçon. Veux-tu dîner avec moi ?...

— Merci, mon oncle, je suis attendu à dîner faubourg Saint-Germain ; je suis même contrarié, parce que je n'ai pas le temps d'aller chez moi prendre de l'argent pour acheter des gants.

— Tu n'as pas de gants ? veux-tu que je te prête les miens ? dit l'oncle.

— Merci, nous n'avons pas la même main ; seulement vous m'obligeriez de me prêter...

— Vingt-neuf sous pour en acheter ? Certainement, mon garçon, les voilà. Quand on va dans le monde, il faut y aller bien mis. Mieux vaut faire envie que pitié, disait ta tante. Allons, je vois que tu te lances, tant mieux... Je t'aurais bien donné plus,

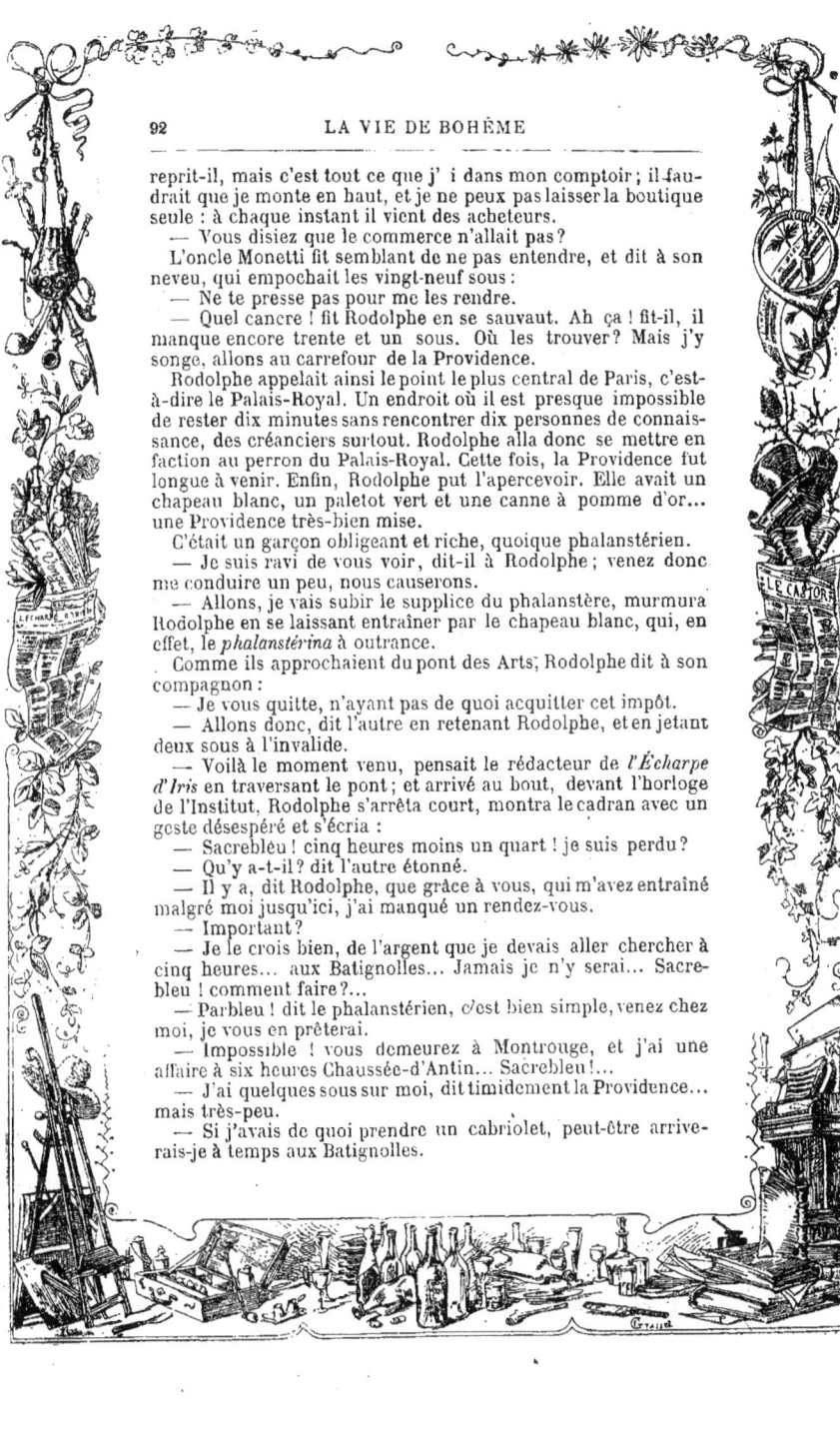

reprit-il, mais c'est tout ce que j' i dans mon comptoir ; il faudrait que je monte en haut, et je ne peux pas laisser la boutique seule : à chaque instant il vient des acheteurs.

— Vous disiez que le commerce n'allait pas ?

L'oncle Monetti fit semblant de ne pas entendre, et dit à son neveu, qui empochait les vingt-neuf sous :

— Ne te presse pas pour me les rendre.

— Quel cancre ! fit Rodolphe en se sauvant. Ah ça ! fit-il, il manque encore trente et un sous. Où les trouver ? Mais j'y songe, allons au carrefour de la Providence.

Rodolphe appelait ainsi le point le plus central de Paris, c'est-à-dire le Palais-Royal. Un endroit où il est presque impossible de rester dix minutes sans rencontrer dix personnes de connaissance, des créanciers surtout. Rodolphe alla donc se mettre en faction au perron du Palais-Royal. Cette fois, la Providence fut longue à venir. Enfin, Rodolphe put l'apercevoir. Elle avait un chapeau blanc, un paletot vert et une canne à pomme d'or... une Providence très-bien mise.

C'était un garçon obligeant et riche, quoique phalanstérien.

— Je suis ravi de vous voir, dit-il à Rodolphe ; venez donc me conduire un peu, nous causerons.

— Allons, je vais subir le supplice du phalanstère, murmura Rodolphe en se laissant entraîner par le chapeau blanc, qui, en effet, le *phalanstérina* à outrance.

Comme ils approchaient du pont des Arts, Rodolphe dit à son compagnon :

— Je vous quitte, n'ayant pas de quoi acquitter cet impôt.

— Allons donc, dit l'autre en retenant Rodolphe, et en jetant deux sous à l'invalide.

— Voilà le moment venu, pensait le rédacteur de *l'Écharpe d'Iris* en traversant le pont ; et arrivé au bout, devant l'horloge de l'Institut, Rodolphe s'arrêta court, montra le cadran avec un geste désespéré et s'écria :

— Sacrebleu ! cinq heures moins un quart ! je suis perdu ?

— Qu'y a-t-il ? dit l'autre étonné.

— Il y a, dit Rodolphe, que grâce à vous, qui m'avez entraîné malgré moi jusqu'ici, j'ai manqué un rendez-vous.

— Important ?

— Je le crois bien, de l'argent que je devais aller chercher à cinq heures... aux Batignolles... Jamais je n'y serai... Sacrebleu ! comment faire ?...

— Parbleu ! dit le phalanstérien, c'est bien simple, venez chez moi, je vous en prêterai.

— Impossible ! vous demeurez à Montrouge, et j'ai une affaire à six heures Chaussée-d'Antin... Sacrebleu !...

— J'ai quelques sous sur moi, dit timidement la Providence... mais très-peu.

— Si j'avais de quoi prendre un cabriolet, peut-être arriverais-je à temps aux Batignolles.

— Voilà le fond de ma bourse, mon cher, trente et un sous.
— Donnez vite, donnez, que je me sauve ! dit Rodolphe qui venait d'entendre sonner cinq heures, et il se hâta de courir au lieu de son rendez-vous.
— Ç'a été dur à tirer, fit-il en comptant sa monnaie. Cent sous, juste comme de l'or. Enfin, je suis paré, et Laure verra qu'elle a affaire à un homme qui sait vivre. Je ne veux pas rapporter un centime chez moi ce soir. Il faut réhabiliter les lettres, et prouver qu'il ne leur manque que de l'argent pour être riches.

Rodolphe trouva mademoiselle Laure au rendez-vous.
— A la bonne heure ! dit-il. Pour l'exactitude, c'est une femme Bréguet.

Il passa la soirée avec elle, et fondit bravement ses cinq francs au creuset de la prodigalité. Mademoiselle Laure était enchantée de ses manières et voulut bien s'apercevoir que Rodolphe ne la reconduisait pas chez elle qu'au moment où il la faisait entrer dans sa chambre à lui.
— C'est un faute que je fais, dit-elle. N'allez point m'en faire par une ingratitude qui est l'apanage de votre sexe.
— Madame, dit Rodolphe, je suis connu pour ma constance repentir C'est au point que tous mes amis s'étonnent de ma fidélité, et m'ont surnommé le général Bertrand de l'amour.

IX

LES VIOLETTES DU POLE

En ce temps-là, Rodolphe était très-amoureux de sa cousine Angèle, qui ne pouvait pas le souffrir, et le thermomètre de l'ingénieur Chevalier marquait douze degrés au-dessous de zéro.

Mademoiselle Angèle était la fille de M. Monetti, le poêlier-fumiste dont nous avons eu occasion de parler déjà. Mademoiselle Angèle avait dix-huit ans, et arrivait de la Bourgogne, où elle avait passé cinq années près d'une parente qui devait lui laisser son bien après sa mort. Cette parente était une vieille femme qui n'avait jamais été ni jeune ni belle, mais qui avait toujours été méchante, quoique dévote, ou parce que, Angèle qui, à son départ, était une charmante enfant, dont l'adolescence portait déjà le germe d'une charmante jeunesse, revint au bout de cinq années changée en une belle, mais froide, mais sèche et indifférente personne. La vie retirée de province, les pratiques d'une dévotion outrée et l'éducation à principes mesquins qu'elle avait reçue avaient rempli son esprit de préjugés vulgaires et absurdes, rétréci son imagination, et fait de son cœur une espèce d'organe qui se bornait à accomplir sa fonction de balancier. Angèle avait, pour ainsi dire, de l'eau bénite

au lieu de sang dans les veines. A son retour, elle accueillit son cousin avec une réserve glaciale, et il perdit son temps toutes les fois qu'il essaya de faire vibrer en elle la tendre corde des ressouvenirs, souvenirs du temps où ils avaient ébauché tous deux cette amourette à la Paul et Virginie, qui est traditionnelle entre cousin et cousine. Cependant, Rodolphe était très-amoureux de sa cousine Angèle, qui ne pouvait pas le souffrir; et ayant appris un jour que la jeune fille devait aller prochainement à un bal de noces d'une de ses amies, il s'était enhardi jusqu'au point de promettre à Angèle un bouquet de violettes pour aller à ce bal. Et après avoir demandé la permission à son père, Angèle accepta la galanterie de son cousin, en insistant toutefois pour avoir des violettes blanches.

Rodolphe, tout heureux de l'amabilité de sa cousine, gambadait et chantonnait en regagnant son *mont Saint-Bernard.* C'est ainsi qu'il appelait son domicile. On verra pourquoi tout à l'heure. Comme il traversait le Pont-Royal, en passant devant la boutique de madame Provost, la célèbre fleuriste, Rodolphe vit des violettes blanches à l'étalage, et par curiosité il entra pour en demander le prix. Un bouquet présentable ne coûtait pas moins de dix francs, mais il y en avait qui coûtaient davantage.

— Diable! dit Rodolphe, dix francs, et rien que huit jours devant moi pour trouver ce million. Il y aura du tirage; mais c'est égal, ma cousine aura son bouquet. J'ai mon idée.

Cette aventure se passait au temps de la genèse littéraire de Rodolphe. Il n'avait alors d'autre revenu qu'une pension de quinze francs par mois qui lui était faite par un de ses amis, un grand poëte qui, après un long séjour à Paris, était devenu, à l'aide de protections, maître d'école en province. Rodolphe, qui avait eu la prodigalité pour marraine, dépensait toujours sa pension en quatre jours ; et, comme il ne voulait pas abandonner la sainte et peu productive profession de poëte élégiaque, il vivait le reste du temps de cette manne hasardeuse qui tombe lentement des corbeilles de la Providence. Ce carême ne l'effrayait pas; il le traversait gaiement, grâce à une sobriété stoïque, et aux trésors d'imagination qu'il dépensait chaque jour pour atteindre le 1er du mois, ce jour de Pâques qui terminait son jeûne. A cette époque, Rodolphe habitait rue Contrescarpe-Saint-Marcel, dans un grand bâtiment qui s'appelait autrefois l'hôtel de l'*Eminence grise*, parce que le père Joseph, l'âme damnée de Richelieu, y avait habité, disait-on. Rodolphe logeait tout en haut de cette maison, une des plus élevées qui soient à Paris. Sa chambre, disposée en forme de belvédère, était une délicieuse habitation pendant l'été; mais d'octobre à avril, c'était un petit Kamchatka. Les quatre vents cardinaux, qui pénétraient par les quatre croisées dont chaque face était percée, y venaient exécuter de farouches quatuors durant toute la mauvaise saison. Comme une ironie, on remarquait encore une cheminée dont l'immense ouverture semblait une entrée d'honneur réservée à Borée et à toute sa suite. Aux premières atteintes du froid, Rodolphe avait recouru à un système particulier de chauffage : il avait mis en coupe réglée le peu de meubles qu'il avait, et au bout de huit jours son mobilier se trouva considérablement abrégé, il ne lui restait plus que le lit et deux chaises; il est vrai de dire que ces meubles étaient en fer et, par ainsi, naturellement assurés contre l'incendie. Rodolphe appelait cette manière de se chauffer déménager par la cheminée.

On était donc au mois de janvier, et le thermomètre, qui marquait douze degrés au quai des Lunettes, en aurait marqué deux ou trois de plus s'il avait été transporté dans le belvédère que Rodolphe avait surnommé le *mont Saint-Bernard*, le *Spitzberg*, la *Sibérie*.

Le soir où il avait promis des violettes blanches à sa cousine, Rodolphe fut pris d'une grande colère en rentrant chez lui : les quatre vents cardinaux avaient encore cassé un carreau en jouant aux quatre coins dans la chambre. C'était le troisième dégât de ce genre depuis quinze jours. Aussi Rodolphe s'emporta en imprécations furibondes contre Éole et toute sa famille de Brise-Tout. Après avoir bouché cette brèche nouvelle avec un portrait d'un de ses amis, Rodolphe se jeta tout habillé entre les deux planches cardées qu'il appelait ses matelas, et toute la nuit il rêva violettes blanches.

Au bout de cinq jours, Rodolphe n'avait encore trouvé aucun moyen qui pût l'aider à réaliser son rêve, et c'était le surlendemain qu'il devait donner le bouquet à sa cousine. Pendant ce temps-là, le thermomètre était encore descendu, et le malheureux poëte se désespérait en songeant que les violettes étaient peut-être renchéries. Enfin la Providence eut pitié de lui, et voici comment elle vint à son secours.

Un matin, Rodolphe alla à tout hasard demander à déjeuner à son ami, le peintre Marcel, et il le trouva en conversation avec une femme en deuil. C'était une veuve du quartier; elle avait perdu son mari récemment, et elle venait demander combien on lui prendrait pour peindre sur le tombeau qu'elle avait fait élever au défunt une *main d'homme*, au-dessous de laquelle on écrirait :

JE T'ATTENDS, MON ÉPOUSE CHÉRIE.

Pour obtenir le travail à meilleur compte, elle fit même observer à l'artiste qu'à l'époque où Dieu l'enverrait rejoindre son époux il aurait à peindre une seconde main, sa main à elle, ornée d'un bracelet, avec une nouvelle légende qui serait ainsi conçue :

NOUS VOILA DONC ENFIN RÉUNIS...

— Je mettrai cette clause dans mon testament, disait la

veuve, et j'exigerai que ce soit à vous que la besogne soit confiée.

— Puisque c'est ainsi, madame, répondit l'artiste, j'accepte le prix que vous me proposez... mais c'est dans l'espérance de la *poignée de main*. N'allez pas m'oublier dans votre testament.

— Je désirerais que vous me donniez cela le plus tôt possible, dit la veuve; néanmoins, prenez votre temps et n'oubliez pas la cicatrice au pouce. Je veux une main vivante.

— Elle sera parlante. Madame, soyez tranquille, fit Marcel en reconduisant la veuve. Mais, au moment de sortir, celle-ci revint sur ses pas.

— J'ai encore un renseignement à vous demander, monsieur le peintre; je voudrais faire écrire sur la tombe de mon mari une *machine* en vers, où on raconterait sa bonne conduite et les dernières paroles qu'il a prononcées à son lit de mort. Est-ce distingué?

— C'est très-distingué, on appelle ça une épitaphe, c'est très-distingué!

— Vous ne connaîtriez pas quelqu'un qui pourrait me faire cela à bon marché? Il y a bien mon voisin, M. Guérin, l'écrivain public, mais il me demande les yeux de la tête.

Ici Rodolphe lança un coup d'œil à Marcel, qui comprit sur-le-champ.

— Madame, dit l'artiste en désignant Rodolphe, un hasard heureux a amené ici la personne qui peut vous être utile en cette douloureuse circonstance. Monsieur est un poëte distingué, et vous ne pourriez mieux trouver.

— Je tiendrais à ce que ce soit très-triste, dit la veuve, et que l'orthographe fût bien mise.

— Madame, répondit Marcel, mon ami sait l'orthographe sur le bout du doigt: au collége, il avait tous les prix.

— Tiens, dit la veuve, mon neveu a eu aussi un prix; il n'a pourtant que sept ans.

— C'est un enfant bien précoce, répliqua Marcel.

— Mais, dit la veuve en insistant, monsieur sait-il faire des vers tristes?

— Mieux que personne, madame, car il a eu beaucoup de chagrins dans sa vie. Mon ami excelle dans les vers tristes, c'est ce que les journaux lui reprochent toujours.

— Comment! s'écria la veuve, on parle de lui dans les journaux! alors, il est bien aussi savant que M. Guérin, l'écrivain public.

— Oh! bien plus! Adressez-vous à lui, madame, vous ne vous en repentirez pas.

Après avoir expliqué au poëte le sens de l'inscription en vers qu'elle voulait faire mettre sur la tombe de son mari, la veuve convint de donner dix francs à Rodolphe, si elle était contente; seulement, elle voulait avoir les vers très-vite. Le poëte promit de les lui envoyer le lendemain même, par son ami.

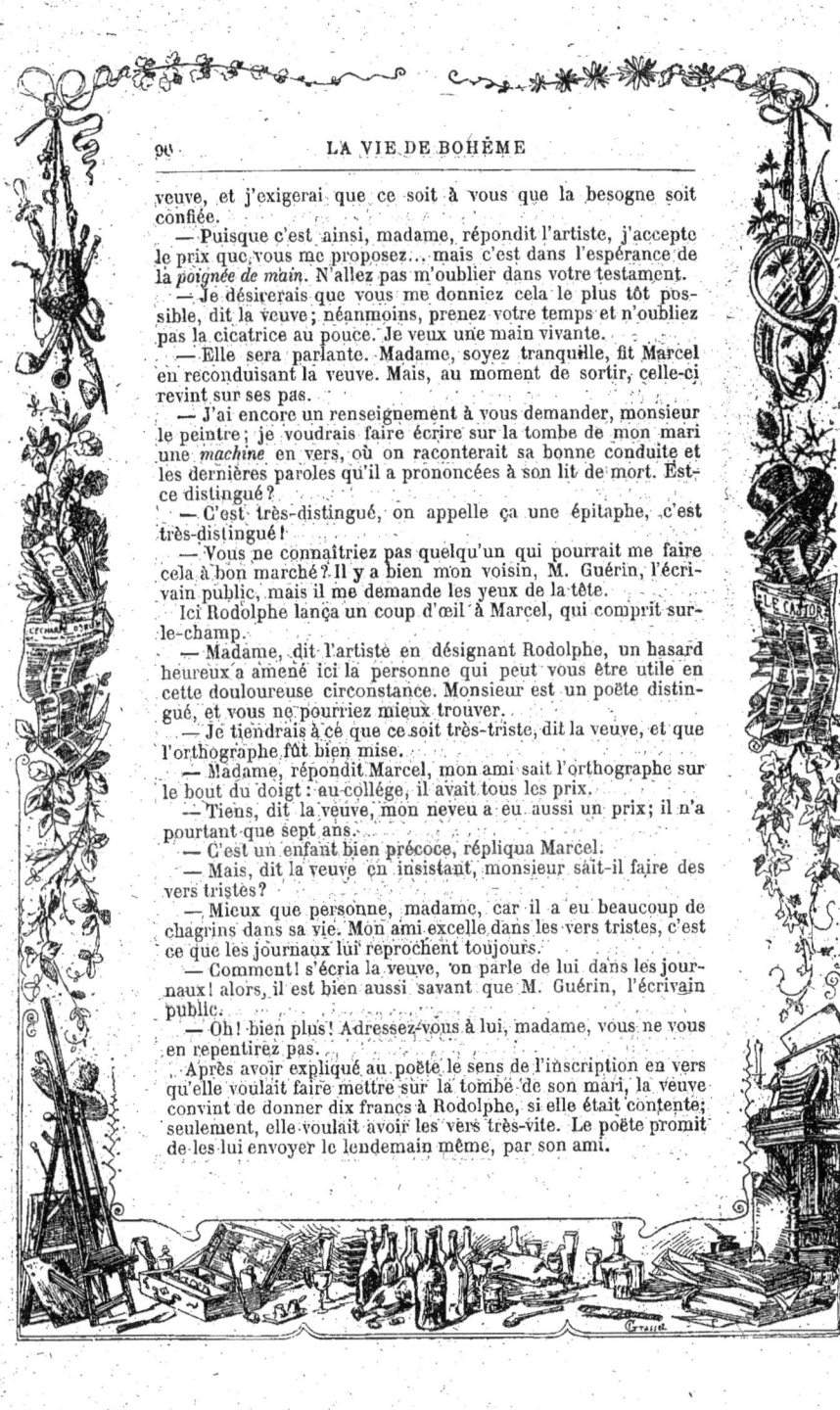

— Messieurs, dit-il, je n'aime pas qu'on se moque de moi.

— O bonne fée Artémise, s'écria Rodolphe quand la veuve fut partie, je te promets que tu seras contente; je te ferai bonne mesure de lyrisme funèbre, et l'orthographe sera mieux mise qu'une duchesse. O bonne vieille, puisse, pour te récompenser, le ciel te faire vivre cent sept ans, comme la bonne eau-de-vie!

— Je m'y oppose! s'écria Marcel.

— C'est vrai, dit Rodolphe, j'oubliais que tu as encore sa main à peindre après sa mort, et qu'une pareille longévité te ferait perdre de l'argent. Et il leva les mains en disant : Ciel n'exaucez pas ma prière! Ah! j'ai une fière chance d'être venu ici, ajouta-t-il.

— Au fait, qu'est-ce que tu me voulais? dit Marcel.

— J'y resonge, et maintenant surtout que je suis forcé de passer la nuit pour faire cette poésie, je ne puis me dispenser de ce que je venais te demander : 1° à dîner; 2° du tabac, de la chandelle; et 3° ton costume d'ours blanc.

— Est-ce que tu vas au bal masqué? C'est ce soir le premier, en effet.

— Non; mais tel que tu me vois, je suis aussi gelé que la grande armée pendant la retraite de Russie. Certainement mon paletot de lasting vert et mon pantalon en mérinos écossais sont très-joli; mais c'est trop printanier, et bon pour habiter sous l'équateur; lorsqu'on demeure sous le pôle, comme moi, un costume d'ours blanc est plus convenable, je dirai même plus, il est exigible.

— Prends le *martin*, dit Marcel; c'est une idée, il est chaud comme braise, et tu seras là-dedans comme un pain dans un four. Rodolphe habitait déjà la peau de l'animal fourré.

— Maintenant, dit-il, le thermomètre va être furieusement vexé.

— Est-ce que tu vas sortir comme ça? dit Marcel à son ami, après qu'ils eurent achevé un dîner vague, servi dans de la vaisselle timbrée à cinq centimes.

— Parbleu, dit Rodolphe, je me moque pas mal de l'opinion; d'ailleurs, c'est aujourd'hui le commencement du carnaval. Et il traversa tout Paris avec l'attitude grave du quadrupède dont il habitait le poil. En passant devant le thermomètre de l'ingénieur Chevalier, Rodolphe alla lui faire un pied de nez.

Rentré chez lui, non sans avoir causé une grande frayeur à son portier, le poëte alluma sa chandelle et eut grand soin de l'entourer d'un papier transparent pour prévenir les malices des aquilons; et sur-le-champ il se mit à la besogne. Mais il ne tarda pas à s'apercevoir que si son corps était préservé à peu près du froid, ses mains ne l'étaient pas; et il n'avait point écrit deux vers de son épitaphe, qu'une onglée féroce vint lui mordre les doigts, qui lâchèrent la plume.

— L'homme le plus courageux ne peut pas lutter contre les

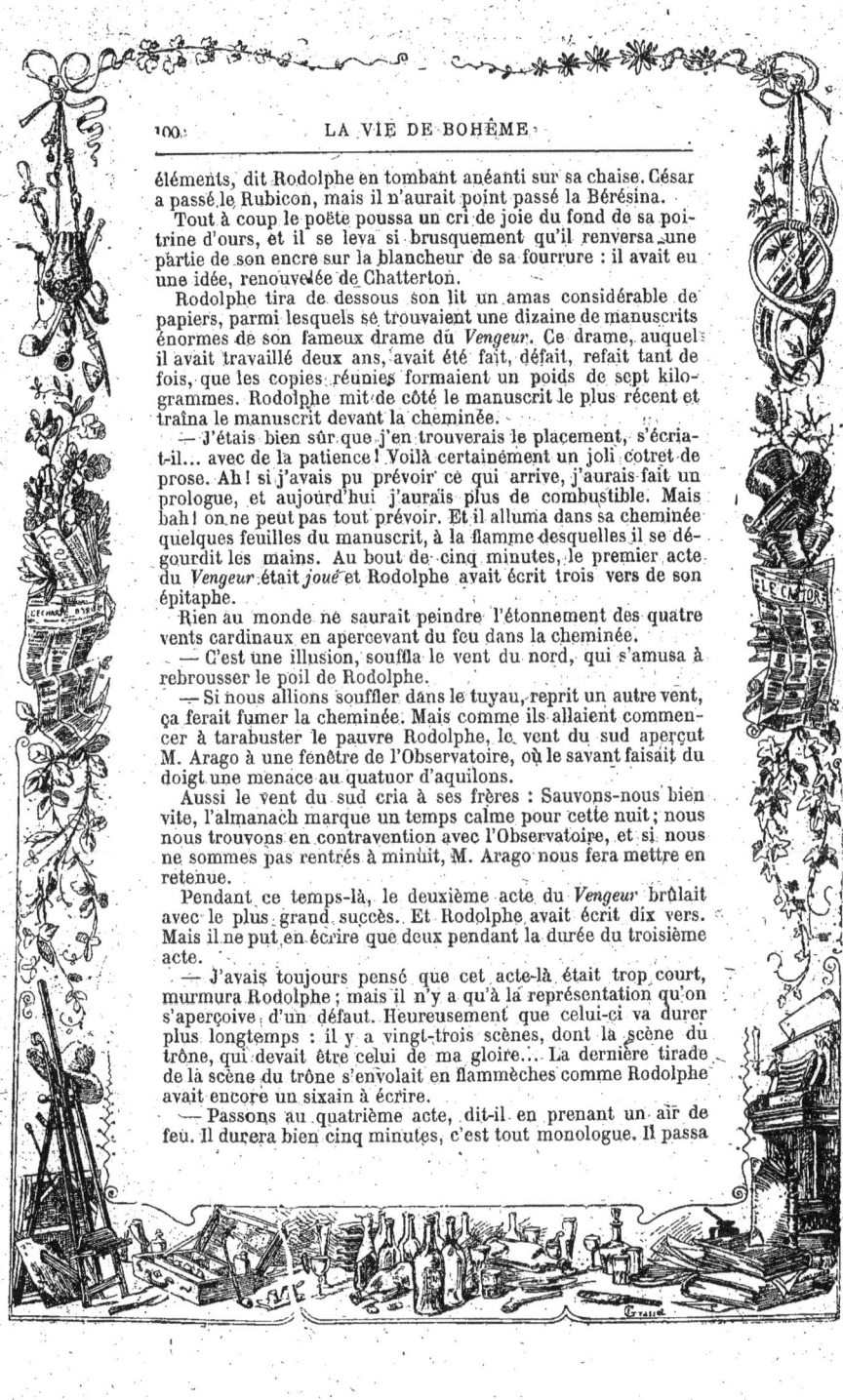

éléments, dit Rodolphe en tombant anéanti sur sa chaise. César a passé le Rubicon, mais il n'aurait point passé la Bérésina.

Tout à coup le poëte poussa un cri de joie du fond de sa poitrine d'ours, et il se leva si brusquement qu'il renversa une partie de son encre sur la blancheur de sa fourrure : il avait eu une idée, renouvelée de Chatterton.

Rodolphe tira de dessous son lit un amas considérable de papiers, parmi lesquels se trouvaient une dizaine de manuscrits énormes de son fameux drame du *Vengeur*. Ce drame, auquel il avait travaillé deux ans, avait été fait, défait, refait tant de fois, que les copies réunies formaient un poids de sept kilogrammes. Rodolphe mit de côté le manuscrit le plus récent et traîna le manuscrit devant la cheminée.

— J'étais bien sûr que j'en trouverais le placement, s'écriat-il... avec de la patience ! Voilà certainement un joli cotret de prose. Ah ! si j'avais pu prévoir ce qui arrive, j'aurais fait un prologue, et aujourd'hui j'aurais plus de combustible. Mais bah ! on ne peut pas tout prévoir. Et il alluma dans sa cheminée quelques feuilles du manuscrit, à la flamme desquelles il se dégourdit les mains. Au bout de cinq minutes, le premier acte du *Vengeur* était *joué* et Rodolphe avait écrit trois vers de son épitaphe.

Rien au monde ne saurait peindre l'étonnement des quatre vents cardinaux en apercevant du feu dans la cheminée.

— C'est une illusion, souffla le vent du nord, qui s'amusa à rebrousser le poil de Rodolphe.

— Si nous allions souffler dans le tuyau, reprit un autre vent, ça ferait fumer la cheminée. Mais comme ils allaient commencer à tarabuster le pauvre Rodolphe, le vent du sud aperçut M. Arago à une fenêtre de l'Observatoire, où le savant faisait du doigt une menace au quatuor d'aquilons.

Aussi le vent du sud cria à ses frères : Sauvons-nous bien vite, l'almanach marque un temps calme pour cette nuit ; nous nous trouvons en contravention avec l'Observatoire, et si nous ne sommes pas rentrés à minuit, M. Arago nous fera mettre en retenue.

Pendant ce temps-là, le deuxième acte du *Vengeur* brûlait avec le plus grand succès. Et Rodolphe avait écrit dix vers. Mais il ne put en écrire que deux pendant la durée du troisième acte.

— J'avais toujours pensé que cet acte-là était trop court, murmura Rodolphe ; mais il n'y a qu'à la représentation qu'on s'aperçoive d'un défaut. Heureusement que celui-ci va durer plus longtemps : il y a vingt-trois scènes, dont la scène du trône, qui devait être celui de ma gloire... La dernière tirade de la scène du trône s'envolait en flammèches comme Rodolphe avait encore un sixain à écrire.

— Passons au quatrième acte, dit-il en prenant un air de feu. Il durera bien cinq minutes, c'est tout monologue. Il passa au dénoûment, qui ne fit que flamber et s'éteindre. Au même moment, Rodolphe encadrait dans un magnifique élan de lyrisme les dernières paroles du défunt en l'honneur de qui il venait de travailler. Il en restera pour une seconde représentation, dit-il en poussant sous son lit quelques autres manuscrits.

Le lendemain, à huit heures du soir, mademoiselle Angèle faisait son entrée au bal, ayant à la main un superbe bouquet de violettes blanches, au milieu desquelles s'épanouissaient deux roses, blanches aussi. Toute la nuit, ce bouquet valut à la jeune fille des compliments des femmes et des madrigaux des hommes. Aussi Angèle sut-elle un peu gré à son cousin qui lui avait procuré toutes ces petites satisfactions d'amour-propre, et elle aurait peut-être pensé à lui davantage sans les galantes persécutions d'un parent de la mariée qui avait dansé plusieurs fois avec elle. C'était un jeune homme blond, et porteur d'une de ces superbes paires de moustaches relevées en crocs, qui sont des hameçons où s'accrochent les cœurs novices. Le jeune homme avait déjà demandé à Angèle qu'elle lui donnât les deux roses blanches qui restaient de son bouquet, effeuillé par tout le monde... Mais Angèle avait refusé, pour oublier à la fin du bal les deux fleurs sur une banquette, où le jeune homme blond courut les prendre.

A ce moment-là il y avait quatorze degrés de froid dans le belvédère de Rodolphe, qui, appuyé à sa fenêtre, regardait du côté de la barrière du Maine les lumières de la salle de bal où dansait sa cousine Angèle, qui ne pouvait pas le souffrir.

X

LE CAP DES TEMPÊTES

Il y a dans les mois qui commencent chaque nouvelle saison des époques terribles : le 1er et le 15 ordinairement. Rodolphe, qui ne pouvait voir sans effroi approcher l'une ou l'autre de ces deux dates, les appelait le *cap des Tempêtes*. Ce jour-là, ce n'est point l'Aurore qui ouvre les portes de l'Orient, ce sont des créanciers, des propriétaires, des huissiers et autres gens de sac...oches. Ce jour-là commence par une pluie de mémoires, de quittances, de billets, et se termine par une grêle de protêts, *Dies iræ!*

Or, le matin d'un 15 avril, Rodolphe dormait fort paisiblement... et rêvait qu'un de ses oncles lui léguait par testament toute une province du Pérou, les Péruviennes avec.

Comme il nageait en plein dans un Pactole imaginaire, un bruit de clef tournant dans la serrure vint interrompre l'héritier présomptueux au moment le plus reluisant de son rêve doré.

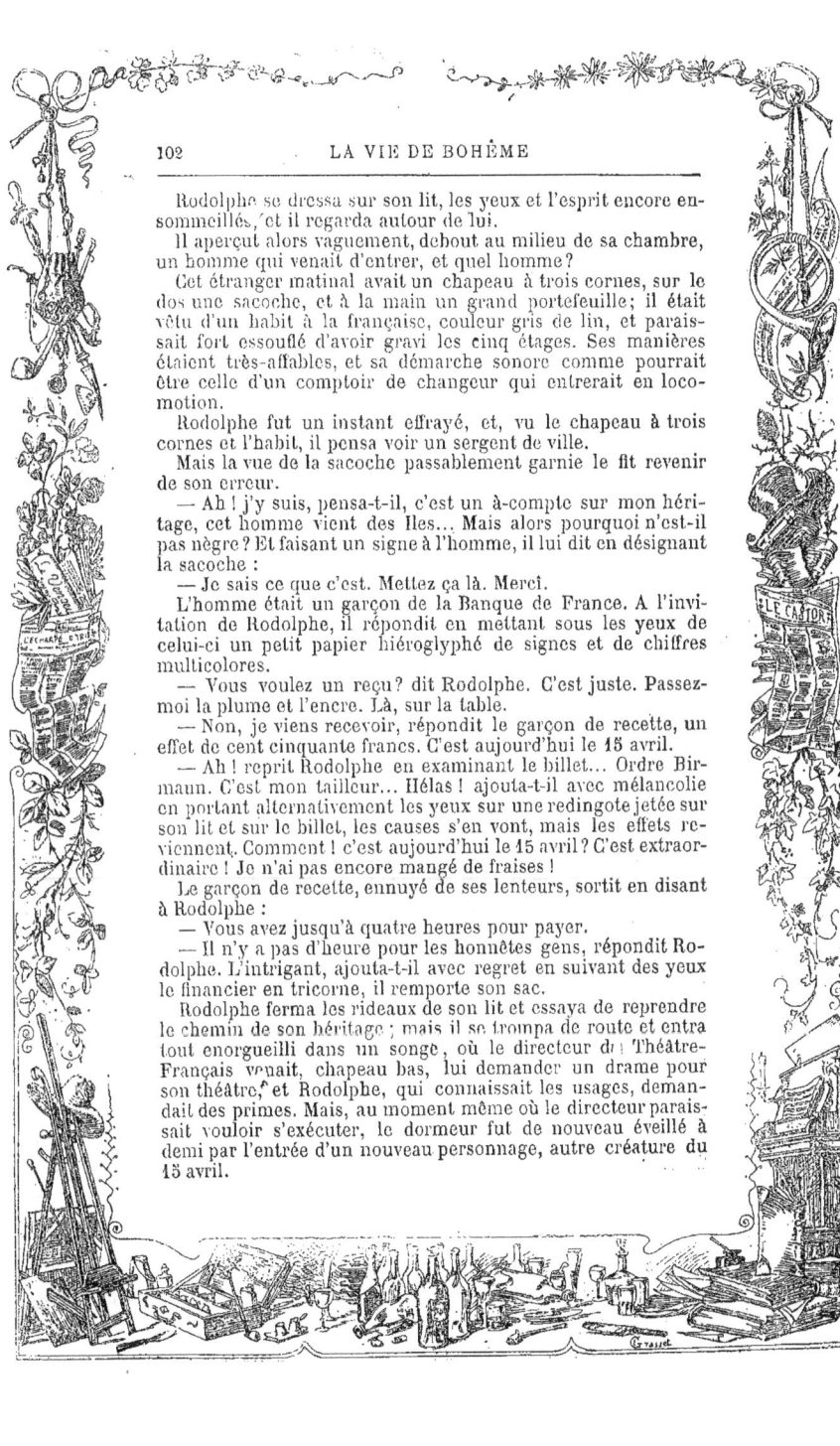

Rodolphe se dressa sur son lit, les yeux et l'esprit encore ensommeillés, et il regarda autour de lui.

Il aperçut alors vaguement, debout au milieu de sa chambre, un homme qui venait d'entrer, et quel homme?

Cet étranger matinal avait un chapeau à trois cornes, sur le dos une sacoche, et à la main un grand portefeuille; il était vêtu d'un habit à la française, couleur gris de lin, et paraissait fort essoufflé d'avoir gravi les cinq étages. Ses manières étaient très-affables, et sa démarche sonore comme pourrait être celle d'un comptoir de changeur qui entrerait en locomotion.

Rodolphe fut un instant effrayé, et, vu le chapeau à trois cornes et l'habit, il pensa voir un sergent de ville.

Mais la vue de la sacoche passablement garnie le fit revenir de son erreur.

— Ah! j'y suis, pensa-t-il, c'est un à-compte sur mon héritage, cet homme vient des Iles... Mais alors pourquoi n'est-il pas nègre? Et faisant un signe à l'homme, il lui dit en désignant la sacoche :

— Je sais ce que c'est. Mettez ça là. Merci.

L'homme était un garçon de la Banque de France. A l'invitation de Rodolphe, il répondit en mettant sous les yeux de celui-ci un petit papier hiéroglyphé de signes et de chiffres multicolores.

— Vous voulez un reçu? dit Rodolphe. C'est juste. Passez-moi la plume et l'encre. Là, sur la table.

— Non, je viens recevoir, répondit le garçon de recette, un effet de cent cinquante francs. C'est aujourd'hui le 15 avril.

— Ah! reprit Rodolphe en examinant le billet... Ordre Birmann. C'est mon tailleur... Hélas! ajouta-t-il avec mélancolie en portant alternativement les yeux sur une redingote jetée sur son lit et sur le billet, les causes s'en vont, mais les effets reviennent. Comment! c'est aujourd'hui le 15 avril? C'est extraordinaire! Je n'ai pas encore mangé de fraises!

Le garçon de recette, ennuyé de ses lenteurs, sortit en disant à Rodolphe :

— Vous avez jusqu'à quatre heures pour payer.

— Il n'y a pas d'heure pour les honnêtes gens, répondit Rodolphe. L'intrigant, ajouta-t-il avec regret en suivant des yeux le financier en tricorne, il remporte son sac.

Rodolphe ferma les rideaux de son lit et essaya de reprendre le chemin de son héritage ; mais il se trompa de route et entra tout enorgueilli dans un songe, où le directeur du Théâtre-Français venait, chapeau bas, lui demander un drame pour son théâtre, et Rodolphe, qui connaissait les usages, demandait des primes. Mais, au moment même où le directeur paraissait vouloir s'exécuter, le dormeur fut de nouveau éveillé à demi par l'entrée d'un nouveau personnage, autre créature du 15 avril.

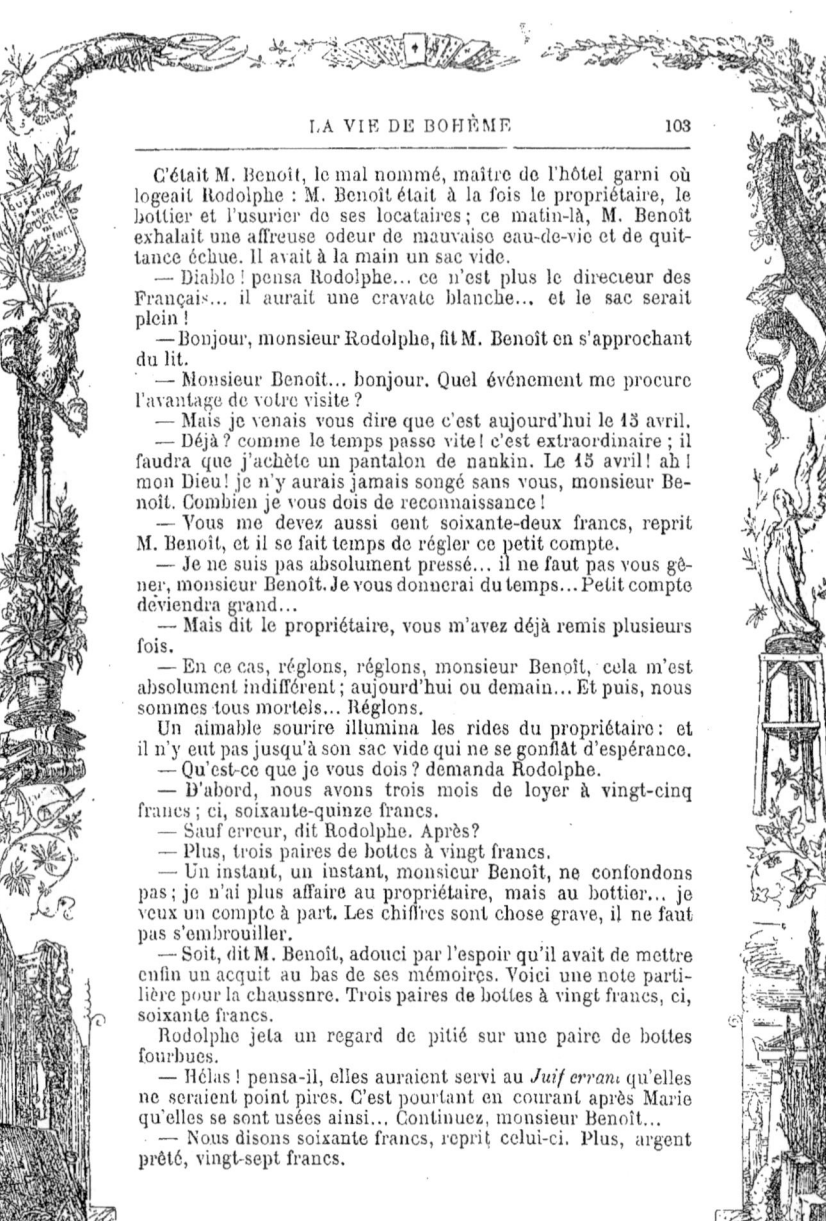

C'était M. Benoît, le mal nommé, maître de l'hôtel garni où logeait Rodolphe : M. Benoît était à la fois le propriétaire, le bottier et l'usurier de ses locataires ; ce matin-là, M. Benoît exhalait une affreuse odeur de mauvaise eau-de-vie et de quittance échue. Il avait à la main un sac vide.

— Diable ! pensa Rodolphe... ce n'est plus le directeur des Français... il aurait une cravate blanche..., et le sac serait plein !

— Bonjour, monsieur Rodolphe, fit M. Benoît en s'approchant du lit.

— Monsieur Benoît... bonjour. Quel événement me procure l'avantage de votre visite ?

— Mais je venais vous dire que c'est aujourd'hui le 15 avril.

— Déjà ? comme le temps passe vite ! c'est extraordinaire ; il faudra que j'achète un pantalon de nankin. Le 15 avril ! ah ! mon Dieu ! je n'y aurais jamais songé sans vous, monsieur Benoît. Combien je vous dois de reconnaissance !

— Vous me devez aussi cent soixante-deux francs, reprit M. Benoît, et il se fait temps de régler ce petit compte.

— Je ne suis pas absolument pressé... il ne faut pas vous gêner, monsieur Benoît. Je vous donnerai du temps... Petit compte deviendra grand...

— Mais dit le propriétaire, vous m'avez déjà remis plusieurs fois.

— En ce cas, réglons, réglons, monsieur Benoît, cela m'est absolument indifférent ; aujourd'hui ou demain... Et puis, nous sommes tous mortels... Réglons.

Un aimable sourire illumina les rides du propriétaire : et il n'y eut pas jusqu'à son sac vide qui ne se gonflât d'espérance.

— Qu'est-ce que je vous dois ? demanda Rodolphe.

— D'abord, nous avons trois mois de loyer à vingt-cinq francs ; ci, soixante-quinze francs.

— Sauf erreur, dit Rodolphe. Après ?

— Plus, trois paires de bottes à vingt francs.

— Un instant, un instant, monsieur Benoît, ne confondons pas ; je n'ai plus affaire au propriétaire, mais au bottier... je veux un compte à part. Les chiffres sont chose grave, il ne faut pas s'embrouiller.

— Soit, dit M. Benoît, adouci par l'espoir qu'il avait de mettre enfin un acquit au bas de ses mémoires. Voici une note particulière pour la chaussure. Trois paires de bottes à vingt francs, ci, soixante francs.

Rodolphe jeta un regard de pitié sur une paire de bottes fourbues.

— Hélas ! pensa-t-il, elles auraient servi au *Juif errant* qu'elles ne seraient point pires. C'est pourtant en courant après Marie qu'elles se sont usées ainsi... Continuez, monsieur Benoît...

— Nous disons soixante francs, reprit celui-ci. Plus, argent prêté, vingt-sept francs.

— Halte-là, monsieur Benoît. Nous sommes convenus que chaque saint aurait sa niche. C'est à titre d'ami que vous m'avez prêté de l'argent. Or donc, s'il vous plaît, quittons le domaine de la chaussure, et entrons dans les domaines de la confiance et de l'amitié, qui exigent un compte à part. A combien se monte votre amitié pour moi?

— Vingt-sept francs.

— Vingt-sept francs. Vous avez un ami à bon marché, monsieur Benoît. Enfin, nous disons donc : soixante-quinze, soixante et vingt-sept... Tout cela fait?

— Cent soixante-deux francs, dit M. Benoît en présentant les trois notes.

— Cent soixante-deux francs, fit Rodolphe... c'est extraordinaire... Quelle belle chose que l'addition! Eh bien! monsieur Benoît, maintenant que le compte est réglé, nous pouvons être tranquilles tous les deux, nous savons à quoi nous en tenir. Le mois prochain, je vous demanderai votre acquit, et comme pendant ce temps la confiance et l'amitié que vous avez en moi ne pourront que s'augmenter, au cas où cela serait nécessaire, vous pourrez m'accorder un autre délai. Cependant, si le propriétaire et le bottier étaient par trop pressés, je prierai l'ami de leur faire entendre raison. C'est extraordinaire, monsieur Benoît ; mais toutes les fois que je songe à votre triple caractère de propriétaire, de bottier et d'ami, je suis tenté de croire à la Sainte-Trinité.

En écoutant Rodolphe, le maître d'hôtel était devenu à la fois rouge, vert, jaune et blanc ; et, à chaque nouvelle raillerie de son locataire, cet arc-en-ciel de la colère allait se forçant de plus en plus sur son visage.

— Monsieur, dit-il, je n'aime pas qu'on se moque de moi. J'ai attendu assez longtemps. Je vous donne congé, et si ce soir vous ne m'avez pas donné d'argent!... je verrai ce que j'aurai à faire.

— De l'argent! de l'argent! est-ce que je vous en demande, moi? dit Rodolphe ; et puis, d'ailleurs, j'en aurais, que je ne vous en donnerais pas... Un vendredi, ça porte malheur.

La colère de M. Benoît tournait à l'ouragan ; et si le mobilier ne lui eût pas appartenu, il aurait sans doute fracturé les membres de quelque fauteuil.

Cependant il sortit en proférant des menaces.

— Vous oubliez votre sac, lui cria Rodolphe en le rappelant.

— Quel métier! murmura le malheureux jeune homme quand il fut seul. J'aimerais mieux dompter des lions.

— Mais, reprit Rodolphe en sautant hors du lit et en s'habillant à la hâte, je ne peux pas rester ici. L'invasion des alliés va se continuer. Il faut fuir, il faut même déjeuner. Tiens, si j'allais voir Schaunard. Je lui demanderai un couvert et je lui em-

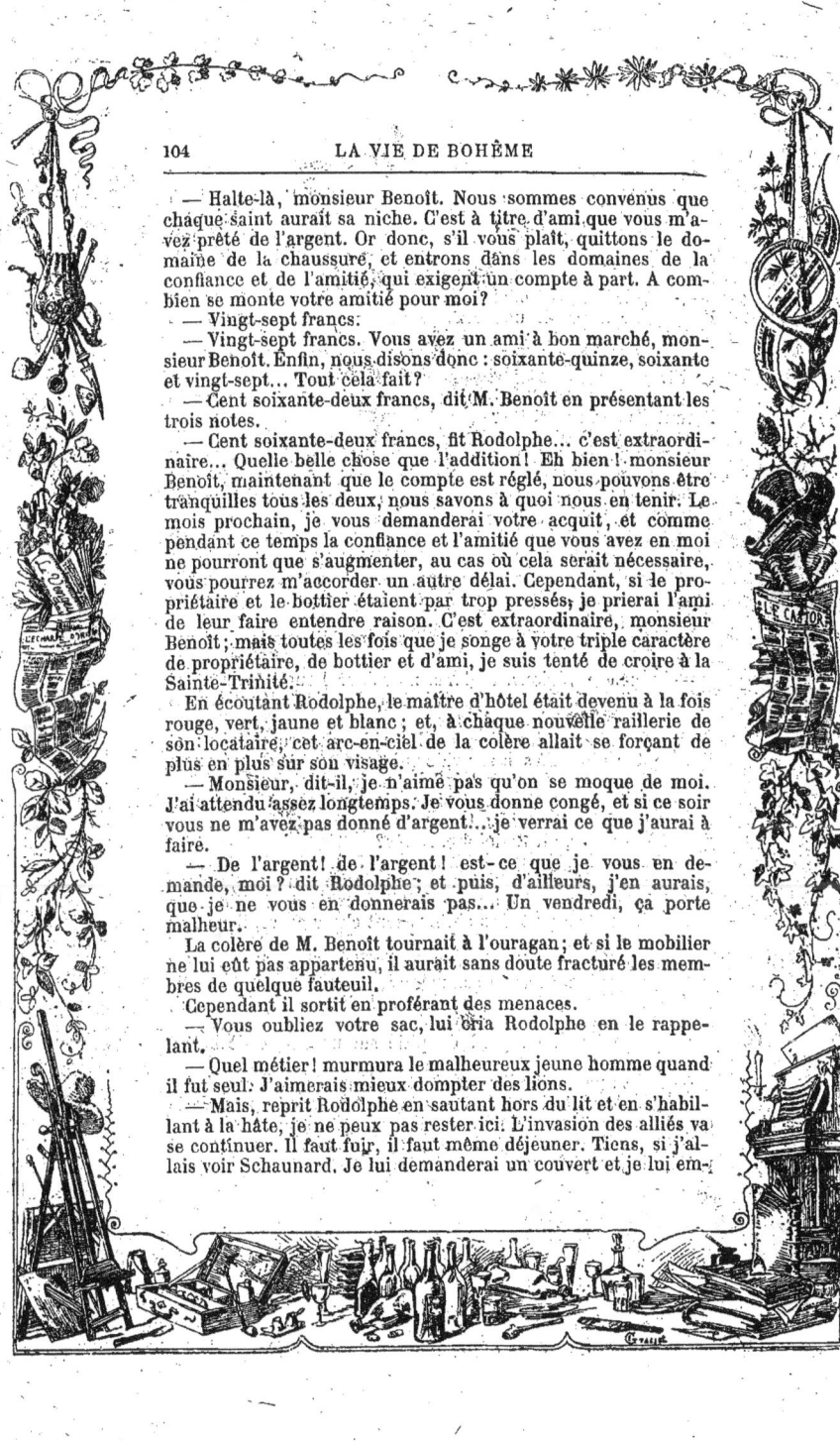

— D'ailleurs, ajouta-t-il, la vertu de Madame était une sûre barrière qui...

prunterai quelques sous... Cent francs peuvent me suffire... Allons chez Schaunard.

En descendant l'escalier, Rodolphe rencontra M. Benoît, qui venait de subir de nouveaux échecs chez ses autres locataires, ainsi que l'attestait son sac vide, un objet d'art.

— Si l'on vient me demander, vous direz que je suis à la campagne... dans les Alpes... dit Rodolphe. Ou bien, non, dites que je ne demeure plus ici.

— Je dirai la vérité, murmura M. Benoît, en donnant à ses paroles une accentuation très-significative.

Schaunard demeurait à Montmartre. C'était tout Paris à traverser. Cette pérégrination était des plus dangereuses pour Rodolphe.

— Aujourd'hui, se disait-il, les rues sont pavées de créanciers.

Pourtant il ne prit point les boulevards extérieurs comme il en avait envie. Une espérance fantastique l'encouragea, au contraire, à suivre l'itinéraire dangereux du centre parisien. Rodolphe pensait que, dans un jour où les millions se promenaient en public sur le dos des garçons de recette, il se pourrait bien faire qu'un billet de mille francs, abandonné sur le chemin, attendît son Vincent de Paul. Aussi Rodolphe marchait-il doucement, les yeux à terre. Mais il ne trouva que deux épingles.

Au bout de deux heures il arriva chez Schaunard.

— Ah ! c'est toi, dit celui-ci.

— Oui, je viens te demander à déjeuner.

— Ah ! mon cher, tu arrives mal ; ma maîtresse vient de venir et il y a quinze jours que je ne l'ai vu ; si tu étais arrivé seulement dix minutes plus tôt...

— Mais tu n'as pas une centaine de francs à me prêter ? reprit Rodolphe.

— Comment ! toi aussi, répondit Schaunard qui était au comble de l'étonnement... tu viens me demander de l'argent ! Tu te mêles à mes ennemis !

— Je te le rendrai lundi.

— Ou à la Trinité. Mon cher, tu oublies donc quel jour nous sommes ? Je ne puis rien pour toi. Mais il n'y a rien de désespéré, la journée n'est pas achevée. Tu peux encore rencontrer la Providence, elle ne se lève jamais avant midi.

— Ah ! reprit Rodolphe, la Providence a trop de besogne auprès des petits oiseaux. Je m'en vais aller voir Marcel.

Marcel demeurait alors rue de Bréda. Rodolphe le trouva très-triste en contemplation devant son grand tableau qui devait représenter le passage de la mer Rouge.

— Qu'as-tu ? demanda Rodolphe en entrant, tu parais tout mortifié.

— Hélas ! fit le peintre en procédant par allégorie, voilà quinze jours que je suis dans la semaine sainte.

Pour Rodolphe, cette réponse était transparente comme de l'eau de roche.

— Harangs salés et radis noirs ! Très-bien. Je me souviens.

En effet, Rodolphe avait la mémoire encore salée des souvenirs d'un temps où il avait été réduit à la consommation exclusive de ce poisson.

— Diable ! diable, fit-il, ceci est grave ! Je venais t'emprunter cent francs.

— Cent francs ! fit Marcel... Tu feras donc toujours de la fantaisie. Me venir demander cette somme mythologique à une époque où l'on est toujours sous l'équateur de la nécessité ! Tu as pris du hatchich...

— Hélas ! dit Rodolphe, je n'ai rien pris du tout.

Et il laissa son ami au bord de la mer Rouge.

De midi à quatre heures, Rodolphe mit tour à tour le cap sur toutes les maisons de connaissance ; il parcourut les quarante-huit quartiers et fit environ huit lieues, mais sans aucun succès. L'influence du 15 avril se faisait partout sentir avec une égale rigueur ; cependant on approchait de l'heure du dîner. Mais il ne paraissait guère que le dîner approchât avec l'heure, et il sembla à Rodolphe qu'il était sur le radeau de *la Méduse*.

Comme il traversait le pont Neuf, il eut tout à coup une idée :

— Oh ! oh ! se dit-il en retournant sur ses pas, le 15 avril... le 15 avril... mais j'ai une invitation à dîner pour aujourd'hui.

Et, fouillant dans sa poche, il en tira un billet imprimé ainsi conçu :

BARRIÈRE DE LA VILLETTE

AU GRAND VAINQUEUR
Salon de 300 couverts.

BANQUET ANNIVERSAIRE
EN L'HONNEUR DE LA NAISSANCE
DU

MESSIE HUMANITAIRE
le 15 *avril* 184...

Bon pour une personne.

—

N. B. — On n'a droit qu'à une demi-bouteille de vin.

— Je ne partage pas les opinions des disciples du Messie, se dit Rodolphe... mais je partagerai volontiers leur nourriture. Et

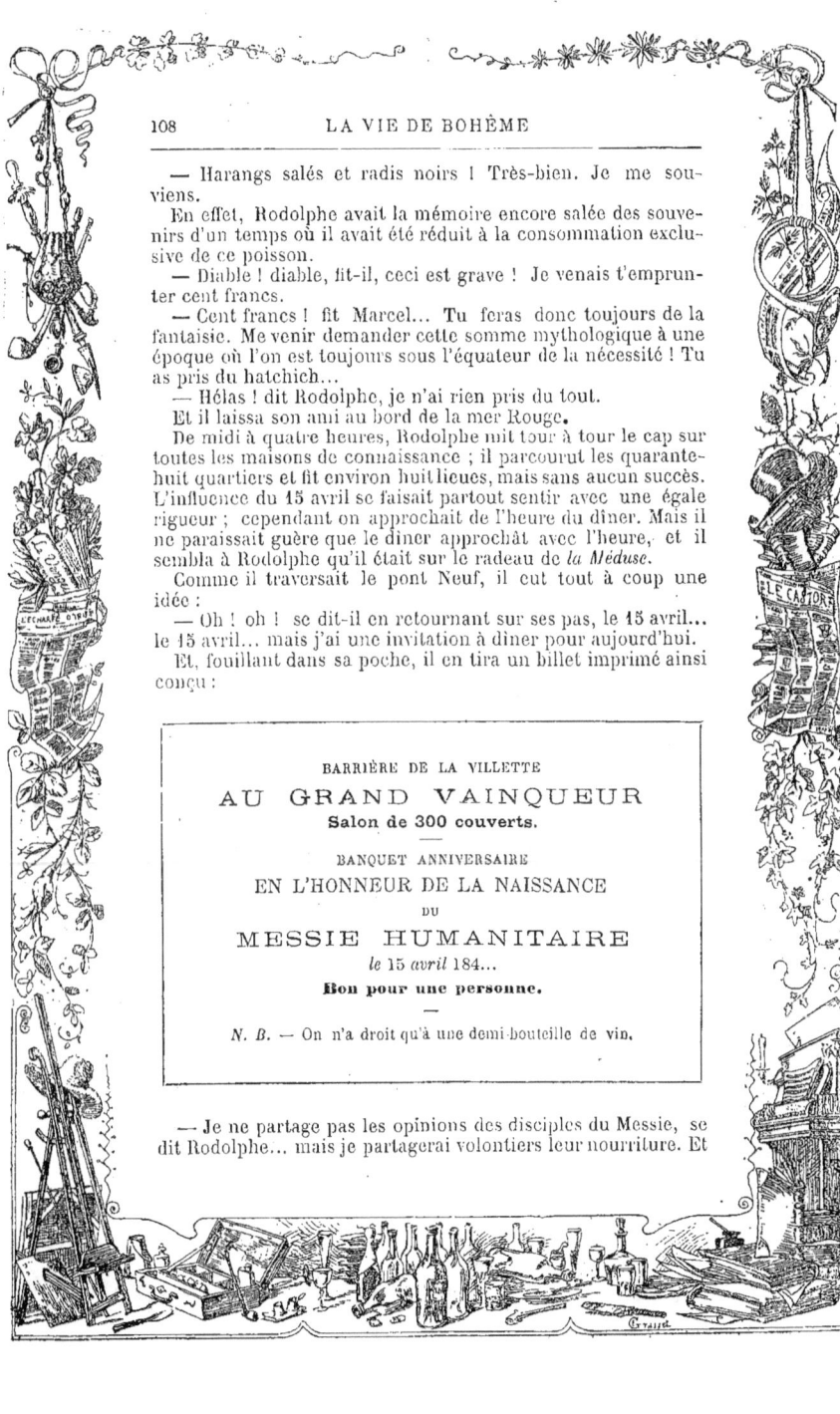

avec une vélocité d'oiseau il dévora la distance qui le séparait de la barrière.

Quand il arriva dans les salons du *Grand-Vainqueur*, la foule était immense... Le salon de trois cents couverts contenait cinq cents personnes. Un vaste horizon de veau aux carottes se déroulait à la vue de Rodolphe.

On commença à servir le potage.

Comme les convives portaient leur cuiller à leur bouche, cinq ou six personnes en bourgeois et plusieurs sergents de ville firent irruption dans la salle, un commissaire à leur tête.

— Messieurs, dit le commissaire, par ordre de l'autorité supérieure, le banquet ne peut avoir lieu, je vous somme de vous retirer.

— Oh! dit Rodolphe en sortant avec tout le monde, oh! la fatalité qui vient de renverser mon potage!

Il reprit tristement le chemin de son domicile et y arriva sur les onze heures du soir.

M. Renoît l'attendait.

— Ah! c'est vous, dit le propriétaire. Avez-vous songé à ce que je vous ai dit ce matin? M'apportez-vous de l'argent?

— Je dois en recevoir cette nuit; je vous en donnerai demain matin, répondit Rodolphe en cherchant sa clef et son flambeau dans la case. Il ne trouva rien.

— Monsieur Rodolphe, dit M. Benoît, j'en suis bien fâché mais j'ai loué votre chambre, et je n'en ai plus d'autre qui soit disponible; il faut voir ailleurs.

Rodolphe avait l'âme grande, et une nuit à la belle étoile ne l'effrayait pas. D'ailleurs, en cas de mauvais temps, il pouvait coucher dans une loge d'avant-scène à l'Odéon, ainsi que cela lui était arrivé déjà. Seulement, il réclama *ses affaires* à M. Benoît, lesquelles affaires consistaient en une liasse de papiers.

— C'est juste, dit le propriétaire: je n'ai pas le droit de vous retenir ces choses-là, elles sont restées dans le secrétaire. Montez avec moi; si la personne qui a pris votre chambre n'est pas couchée, nous pourrons entrer.

La chambre avait été louée dans la journée à une jeune fille qui s'appelait Mimi, et avec qui Rodolphe avait jadis commencé un duo de tendresse.

Ils se reconnurent sur le champ. Rodolphe parla tout bas à l'oreille de Mimi, et lui serra doucement la main.

— Voyez comme il pleut! dit-il en indiquant le bruit de l'orage qui venait d'éclater.

Mademoiselle Mimi alla droit à M. Benoît, qui attendait dans un coin de la chambre.

— Monsieur, lui dit-elle en désignant Rodolphe... Monsieur est la personne que j'attendais ce soir... Ma porte est défendue.

— Ah! fit M. Benoît avec une grimace. C'est bien!

Pendant que mademoiselle Mimi préparait à la hâte un souper improvisé, minuit sonna.

— Ah ! dit Rodolphe en lui même, le 15 avril est passé, j'ai enfin doublé mon cap des Tempêtes. Chère Mimi, fit le jeune homme en attirant la belle fille dans ses bras et l'embrassant sur le cou à l'endroit de la nuque, il ne vous aurait pas été possible de me laisser mettre à la porte. Nous avez la bosse de l'hospitalité.

XI

UN CAFÉ DE LA BOHÊME.

Voici par quelle suite de circonstances Carolus Barbemuche, homme de lettres et philosophe platonicien, devint membre de la Bohême en la vingt-quatrième année de son âge.

En ce temps-là, Gustave Colline, le grand philosophe, Marcel, le grand peintre, Schaunard, le grand musicien, et Rodolphe, le grand poëte, comme ils s'appelaient entre eux, fréquentaient régulièrement le café *Momus*, où on les avait surnommés les *quatre mousquetaires*, à cause qu'on les voyait toujours ensemble. En effet, ils venaient, s'en allaient ensemble, jouaient ensemble, et quelquefois aussi ne payaient pas leur consommation, toujours avec un ensemble digne de l'orchestre du Conservatoire.

Ils avaient choisi pour se réunir une salle où quarante personnes eussent été à l'aise ; mais on les y trouvait toujours seuls car ils avaient fini par rendre le lieu inabordable aux habitués ordinaires.

Le consommateur de passage qui s'aventurait dans cet antre y devenait, dès son entrée, la victime du farouche quatuor, et, la plupart du temps, se sauvait sans achever sa gazette et sa demitasse, dont des aphorismes inouïs sur l'art, le sentiment et l'économie politique faisaient tourner la crème. Les conversations des quatre compagnons étaient de telle nature que le garçon qui les servait était devenu idiot à la fleur de l'âge.

Cependant les choses arrivèrent à un tel point d'arbitraire, que le maître du café perdit enfin patience, et il monta un soir faire gravement l'exposé de ses griefs :

1° M. Rodolphe venait dès le matin déjeuner, et emportait dans *sa* salle tous journaux de l'établissement ; il poussait même l'exigence jusqu'à se fâcher quand il trouvait les bandes rompues, ce qui faisait que les autres habitués, privés des organes de l'opinion, demeuraient jusqu'au dîner ignorants comme des carpes en matière politique. La société Bosquet savait à peine les noms des membres du dernier cabinet.

M. Rodolphe avait même obligé le café de s'abonner au *Castor*, dont il était rédacteur en chef. Le maître de l'établissement s'y était d'abord refusé ; mais comme M. Rodolphe et sa compagnie appelaient tous les quarts d'heure le garçon, et criaient à haute voix : *Le Castor* ! apportez-nous *le Castor* ! Quelques au-

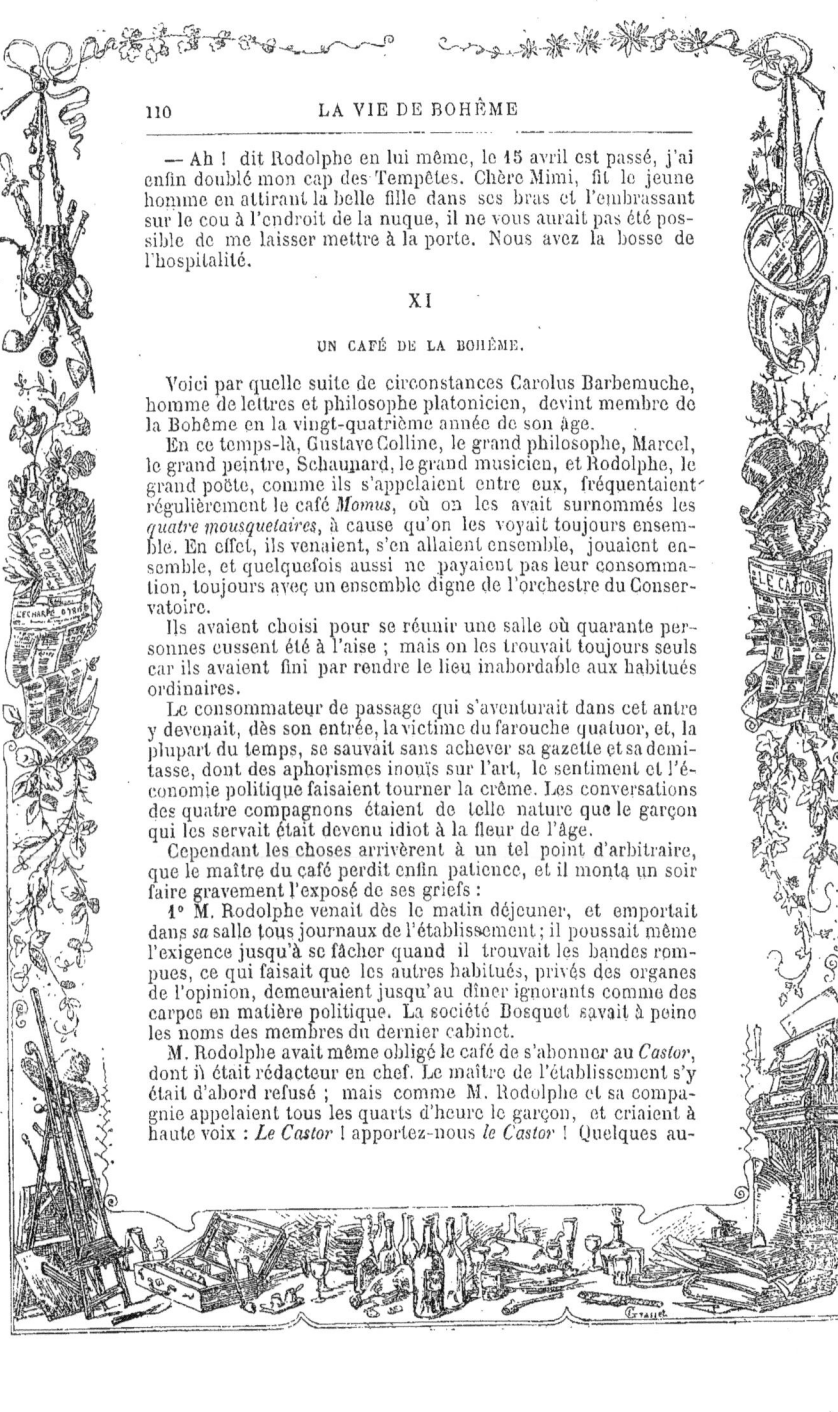

tres abonnés, dont la curiosité était excitée par ces demandes acharnées, demandèrent aussi *le Castor*. On prit donc un abonnement au *Castor*, journal de la chapellerie, qui paraissait tous les mois orné d'une vignette et d'un article de philosophie en *Variétés*, par Gustave Colline.

2º Ledit M. Colline et son ami M. Rodolphe se delassaient des travaux de l'intelligence en jouant au trictrac depuis dix heures du matin jusqu'à minuit ; et comme l'établissement ne possédait qu'une table de trictrac, les autres personnes se trouvaient lésées dans leur passion pour ce jeu par l'accaparement de ces messieurs, qui, chaque fois qu'on venait le leur demander, se bornaient à répondre :

— Le trictrac est en lecture qu'on repasse demain.

La société Bosquet se trouvait donc réduite à se raconter ses premières amours ou à jouer au piquet.

3º M. Marcel, oubliant qu'un café est un lieu public, s'est permis d'y transporter son chevalet, sa boite à peindre et tous les instruments de son art. Il pousse même l'inconvenance jusqu'à appeler des modèles de sexes divers.

Ce qui peut affliger les mœurs de la société Bosquet.

4º Suivant l'exemple de son ami, M. Schaunard parle de transporter son piano dans le café, et n'a pas craint d'y faire chanter en chœur un motif tiré de sa symphonie : *l'Influence du bleu dans les arts*. M. Schaunard a été plus loin, il a glissé dans la lanterne qui sert d'enseigne au café un transparent sur lequel on lit :

COURS GRATUIT DE MUSIQUE VOCALE ET INSTRUMENTALE,

A L'USAGE DES DEUX SEXES.

S'adresser au comptoir.

Ce qui fait que ledit comptoir est tous les soirs encombré de personnes d'une mise négligée, qui viennent s'informer *par où qu'on passe*. En outre, M. Schaunard y donne des rendez-vous à une dame qui s'appelle Phémie, teinturière, et qui a toujours oublié son bonnet. Aussi M. Bosquet le jeune a-t-il déclaré qu'il ne mettrait plus les pieds dans un établissement où l'on outrageait ainsi la nature.

5º Non contents de ne faire qu'une consommation très-modérée, ces messieurs ont essayé de la modérer davantage. Sous prétexte qu'ils ont surpris le moka de l'établissement en adultère avec de la chicorée, ils ont apporté un filtre à esprit de vin, et rédigent eux-mêmes leur café, qu'ils édulcorent avec du sucre acquis au dehors à bas prix, ce qui est une insulte faite au laboratoire.

6º Corrompu par les discours de ces messieurs, le garçon *Bergami* (ainsi nommé à cause de ses favoris), oubliant son humble naissance et bravant toute retenue, s'est permis d'adresser à la dame du comptoir une pièce de vers dans laquelle il l'excite à l'oubli de ses devoirs de mère et d'épouse ; au désordre de son style, on a reconnu que cette lettre avait été écrite sous l'influence pernicieuse de M. Rodolphe et de sa littérature. En conséquence, et malgré le regret qu'il éprouve, le directeur de l'établissement se voit dans la nécessité de prier la société Colline de choisir un autre endroit pour y établir ses conférences révolutionnaires.

Gustave Colline, qui était le Cicéron de la bande, prit la parole, et, *à priori*, prouva au maître du café que ses doléances étaient ridicules et mal fondées ; qu'on lui faisait grand honneur en choisissant son établissement pour en faire un foyer d'intelligence ; que son départ et celui de ses amis causeraient la ruine de sa maison, élevée par leur présence à la hauteur de café artistique et littéraire.

— Mais, dit le maître du café, vous et ceux qui viennent vous voir, vous consommez si peu.

— Cette sobriété dont vous vous plaignez est un argument en faveur de nos mœurs, répliqua Colline. Au reste, il ne tient qu'à vous que nous fassions une dépense plus considérable ; il suffira de nous ouvrir un compte.

— Nous fournirons le registre, dit Marcel.

Le cafetier n'eut pas l'air d'entendre et demanda quelques éclaircissements à propos de la lettre incendiaire que Bergami avait adressée à sa femme. Rodolphe, accusé d'avoir servi de secrétaire à cette passion illicite, s'innocenta avec vivacité.

— D'ailleurs, ajouta-t-il, la vertu de Madame était une sûre barrière qui...

— Oh ! dit le cafetier avec un sourire d'orgueil, ma femme a été élevée à Saint-Denis.

Bref, Colline acheva de l'enferrer complètement dans les replis de son éloquence insidieuse, et tout s'arrangea sur la promesse que les quatre amis ne feraient plus leur café eux-mêmes, que l'établissement recevrait désormais le *Castor* gratis, que *Phémie*, teinturière, mettrait un bonnet ; que le trictrac serait abandonné à la société Bosquet, tous les dimanches de midi à deux heures, et surtout qu'on ne demanderait pas de nouveaux crédits.

Tout alla bien pendant quelques jours.

La veille de Noël, les quatre amis arrivèrent au café accompagnés de leurs épouses.

Il y a mademoiselle Musette, mademoiselle Mimi, la nouvelle maîtresse de Rodolphe, une adorable créature dont la voix bruyante avait l'éclat des cymbales. et Phémie, teinturière, l'idole de Schaunard. Ce soir-là, Phémie, teinturière, avait un bonnet. Quant à madame Colline, qu'on ne voyait jamais, elle était, comme toujours, restée chez elle, occupée à mettre des virgules aux manuscrits de son époux. Après le café qui fut, par extraordinaire, escorté d'un bataillon de petits verres, on

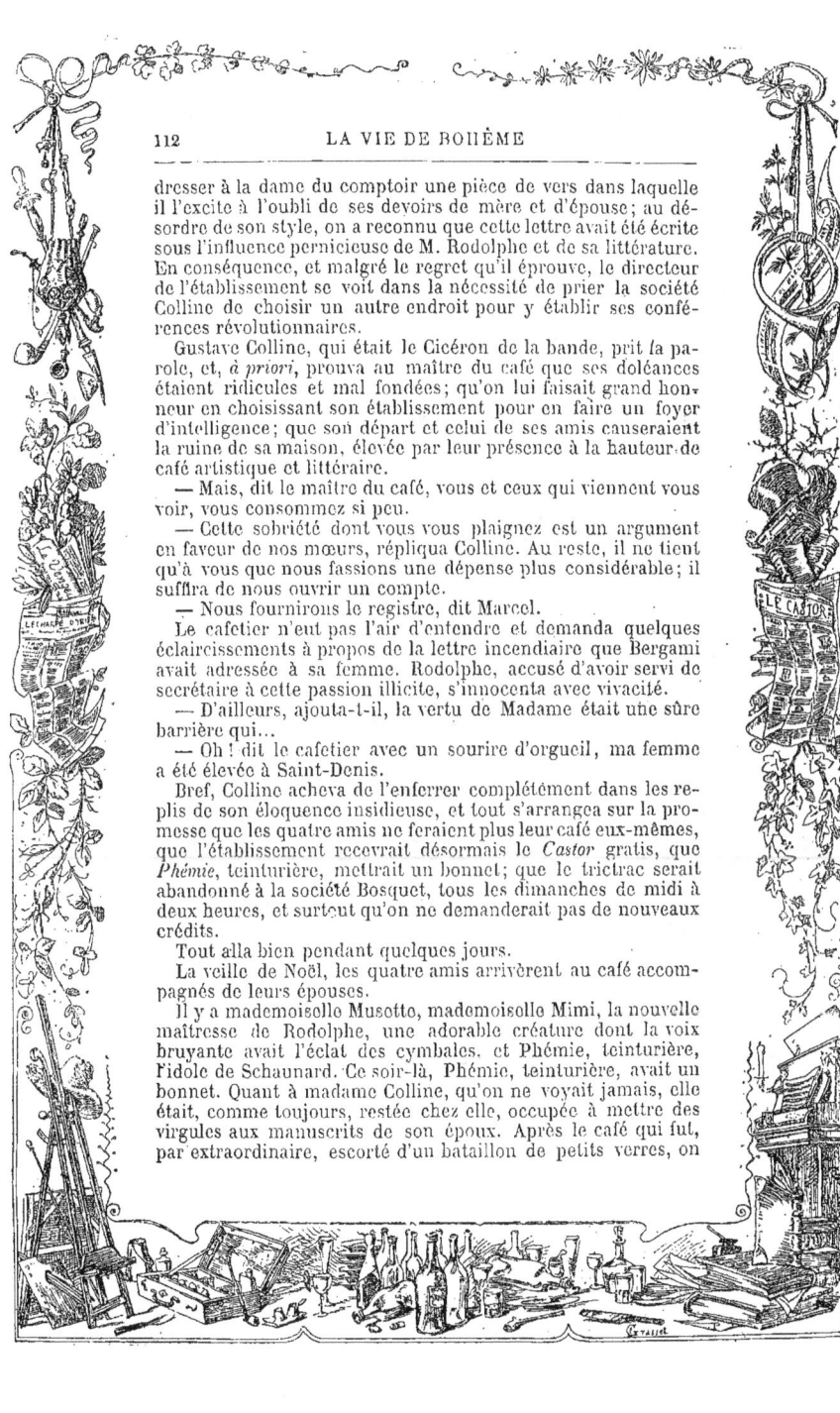

Voici un petit local où ma situation est plus nette, dit-il.

demande du punch. Peu habitué à ces grandes manières, le garçon se fit répéter deux fois l'ordre. Phémie, qui n'avait jamais été au café, paraissait extasiée et ravie de boire dans des verres à patte. Marcel disputait Musette à propos d'un chapeau neuf dont il suspectait l'origine. Mimi et Rodolphe, encore dans la lune de miel de leur ménage, avaient ensemble une causerie muette alternée d'étranges sonorités. Quant à Colline, il allait de femme en femme égrener avec une bouche en cœur toutes les galantes verroteries de style ramassées dans la collection de l'*Almanach des Muses*.

Pendant que cette joyeuse compagnie se livrait ainsi aux jeux et aux ris, un personnage étranger, assis au fond de la salle à une table isolée, observait le spectacle animé qui se passait devant lui avec des yeux dont le regard était étrange.

Depuis quinze jours environ, il venait ainsi tous les soirs : c'était de tous les consommateurs le seul qui avait pu résister au vacarme effroyable que faisaient les bohémiens. Les scies les plus farouches l'avaient trouvé inébranlable ; il restait là toute la soirée, fumant sa pipe avec une régularité mathématique, les yeux fixes comme s'il gardait un trésor, et l'oreille ouverte à tout ce qui se disait autour de lui. Au demeurant, il paraissait doux et aisé, car il possédait une montre retenue en esclavage dans sa poche par une chaîne d'or. Et un jour que Marcel s'était rencontré avec lui au comptoir, il l'avait surpris changeant un louis pour payer sa consommation. Dès ce moment, les quatre amis le désignèrent sous le nom du *capitaliste*.

Tout à coup Schaunard, qui avait la vue excellente, fit remarquer que les verres étaient vides.

— Parbleu ! dit Rodolphe, c'est aujourd'hui le réveillon ; nous sommes tous bons chrétiens, il faut faire un extra.

— Ma foi oui, fit Marcel ; demandons des choses surnaturelles.

— Colline, ajouta Rodolphe, sonne un peu le garçon.

Colline agita la sonnette avec frénésie.

— Qu'allons-nous prendre ? dit Marcel.

Colline se courba en deux comme un arc et dit en montrant les femmes :

— C'est à ces dames qu'il appartient de régler l'ordre et la marche des rafraîchissements.

— Moi, dit Musette en faisant claquer sa bouche, je ne craindrais pas du champagne.

— Es-tu folle ? exclama Marcel, du champagne, ce n'est pas du vin, d'abord.

— Tant pis, j'aime ça, ça fait du bruit.

— Moi, dit Mimi en câlinant Rodolphe d'un regard, j'aime mieux du *beaune*, dans un petit panier.

— Perds-tu la tête ? fit Rodolphe.

— Non, je veux la perdre, répondit Mimi, sur qui le beaune exerçait une influence particulière. Son amant fut foudroyé par ce mot.

— Moi, dit Phémie, teinturière, en se faisant rebondir sur l'élastique divan, je voudrais bien du *parfait amour*. C'est bon pour l'estomac.

Schaunard articula d'une voix nasale quelques mots qui firent tressaillir Phémie sur sa base.

Ah ! bah ! dit le premier Marcel, faisons pour cent mille francs de dépense, une fois par hasard.

— Et puis, ajouta Rodolphe, le comptoir se plaint qu'on ne consomme pas assez. Il faut le plonger dans l'étonnement.

— Oui, dit Colline, livrons-nous à un festin splendide : d'ailleurs, nous devons à ces dames l'obéissance, la plus passive, l'amour vit de dévouement, le vin est le jus du plaisir, le plaisir est le devoir de la jeunesse, les femmes sont des fleurs, on doit les arroser. Arrosons ! Garçon ! garçon ! Et Colline se pendit au cordon de sonnette avec une agitation fiévreuse.

Le garçon arriva, rapide comme les aquilons.

Quand il entendit parler de champagne, et de beaune, et de liqueurs diverses, sa physionomie exécuta toutes les gammes de la surprise.

— J'ai des trous dans l'estomac, dit Mimi, je prendrais bien du jambon.

— Et moi des sardines et du beurre, ajouta Musette.

— Et moi des radis, fit Phémie, avec un peu de viande autour...

-- Dites donc tout de suite que vous voulez souper, alors, reprit Marcel.

— Ça nous irait assez, reprirent les femmes.

— Garçon ! montez-nous ce qu'il faut pour souper, dit Colline gravement.

Le garçon était devenu tricolore à force de surprise.

Il descendit lentement au comptoir, et fit part au maître du café des choses extraordinaires qu'on venait de lui demander.

Le cafetier crut que c'était une plaisanterie, mais à un nouvel appel de la sonnette, il monta lui-même et s'adressa à Colline, pour qui il avait une certaine estime. Colline lui expliqua qu'on devait célébrer chez lui la solennité du réveillon, et qu'il voulût bien faire servir ce qu'on lui avait demandé.

Le cafetier ne répondit rien, il s'en alla à reculons en faisant des nœuds à sa serviette. Pendant un quart d'heure il se consulta avec sa femme, et, grâce à l'éducation libérale qu'elle avait reçue à Saint-Denis, cette dame, qui avait un faible pour les beaux-arts et les belles-lettres, engagea son époux à faire servir le souper.

— Au fait, dit le cafetier, ils peuvent bien avoir de l'argent, une fois par hasard. Et il donna ordre au garçon de monter en haut tout ce qu'on lui demandait. Puis il s'abîma dans une partie de piquet avec un vieil abonné. Fatale imprudence !

Depuis dix heures jusqu'à minuit le garçon ne fit que monter et descendre les escaliers. A chaque instant on lui demandait

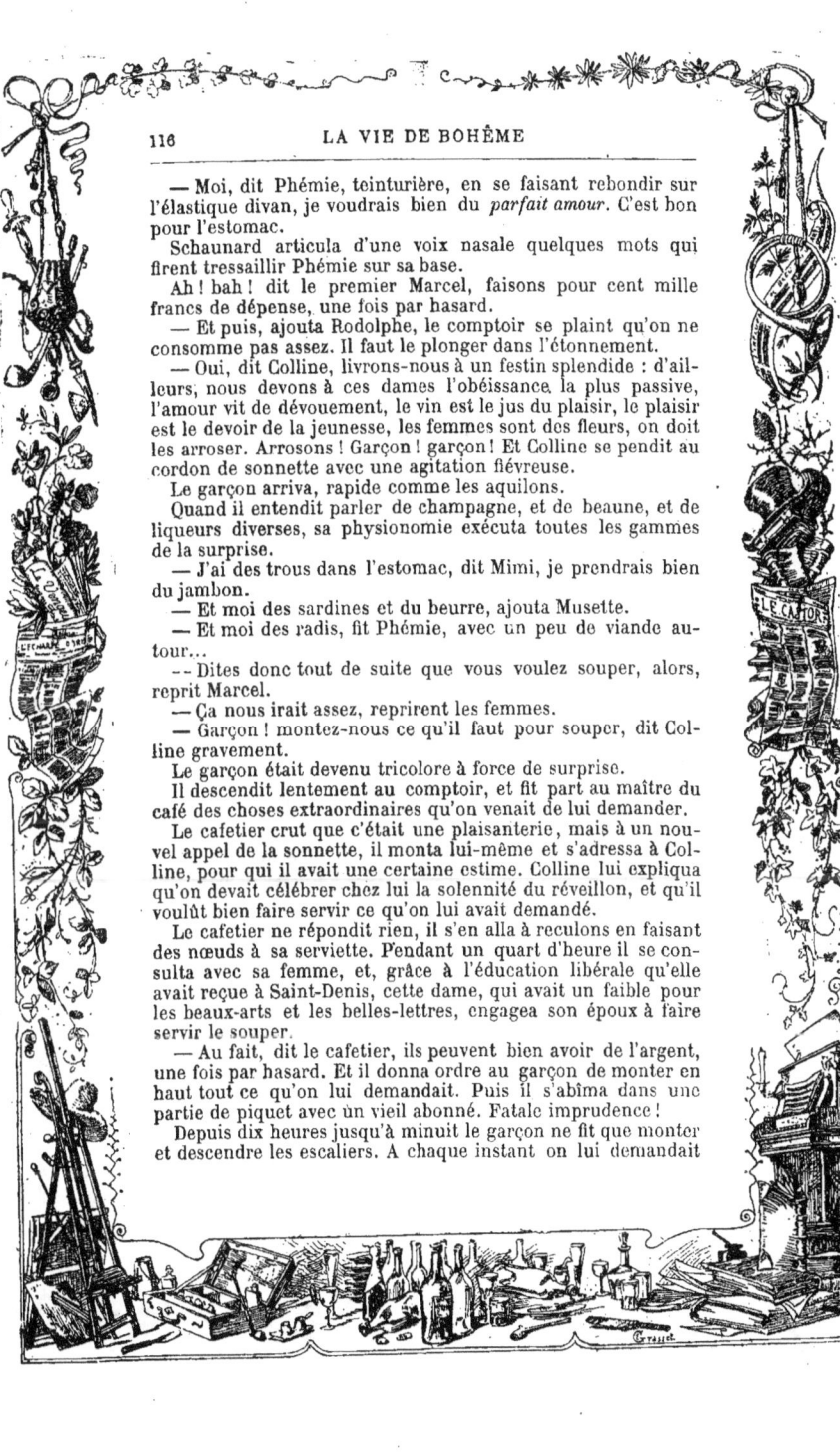

des suppléments. Musette se faisait servir à l'anglaise et changeait de couvert à chaque bouchée; Mimi buvait de tous les vins dans tous les verres; Schaunard avait dans le gosier un Sahara inaltérable; Colline exécutait des feux croisés avec ses yeux, et, tout en coupant sa serviette avec ses dents, pinçait le pied de la table, qu'il prenait pour le genou de Phémie. Quant à Marcel et Rodolphe, ils ne quittaient point les étriers du sang-froid, et voyaient, non sans inquiétude, arriver l'heure du dénoûment.

Le personnage étranger considérait cette scène avec une curiosité grave; de temps en temps on voyait sa bouche s'ouvrir comme pour un sourire; puis on entendait un bruit pareil à celui d'une fenêtre qui grince en se fermant. C'était l'étranger qui riait en dedans.

À minuit moins un quart, la dame de comptoir envoya l'addition. Elle atteignait des hauteurs exagérées, 25 fr. 75 c.

— Voyons, dit Marcel, nous allons tirer au sort quel sera celui qui ira parlementer avec le cafetier. Ça va être grave.

On prit un jeu de dominos et on tira au plus gros dé.

Le sort désigna malheureusement Schaunard comme plénipotentiaire. Schaunard était excellent virtuose, mais mauvais diplomate. Il arriva justement au comptoir comme le cafetier venait de perdre avec son vieil habitué. Fléchissant sous la honte de trois capotes, Momus était d'une humeur massacrante, et, aux premières ouvertures de Schaunard, il entra dans une violente colère. Schaunard était bon musicien, mais il avait un caractère déplorable. Il répondit par des insolences à double détente. La querelle s'envenima, et le cafetier monta en haut signifier qu'on eût à le payer, sans quoi l'on ne sortirait pas. Colline essaya d'intervenir avec son éloquence modérée, mais en apercevant une serviette avec laquelle Colline avait fait de la charpie, la colère du cafetier redoubla, et, pour se garantir, il osa même porter une main profane sur le paletot noisette du philosophe et sur les pelisses des dames.

Un feu de peloton d'injures s'engagea entre les bohémiens et le maître de l'établissement.

Les trois femmes parlaient amourettes et chiffons.

Le personnage étranger se dérangeait de son impassibilité; peu à peu il s'était levé, avait fait un pas, puis deux, et marchait comme une personne naturelle; il s'avança près du cafetier, le prit à part et lui parla tout bas. Rodolphe et Marcel le suivaient du regard. Le cafetier sortit enfin en disant à l'étranger :

— Certainement que je consens, monsieur Barbemuche, certainement; arrangez-vous avec eux.

M. Barbemuche retourna à sa table pour prendre son chapeau, le mit sur sa tête, fit une conversion à droite, et, en trois pas, arriva près de Rodolphe et de Marcel, ôta son chapeau, s'inclina devant les hommes, envoya un salut aux dames, tira son mouchoir, se moucha et prit la parole d'une voix timide :

— Pardon, messieurs, de l'indiscrétion que je vais commettre, dit-il. Il y a longtemps que je brûle du désir de faire votre connaissance, mais je n'avais pas trouvé jusqu'ici d'occasion favorable pour me mettre en rapport avec vous. Me permettez-vous de saisir celle qui se présente aujourd'hui?
— Certainement, certainement, fit Colline, qui voyait venir l'étranger.

Rodolphe et Marcel saluèrent sans rien dire.

La délicatesse trop exquise de Schaunard faillit tout perdre.
— Permettez, Monsieur, dit-il avec vivacité, vous n'avez pas l'honneur de nous connaître, et les couvenances s'opposent à ce que... Auriez-vous la bonté de me donner une pipe de tabac?... Du reste, je serai de l'avis de mes amis...
— Messieurs, reprit Barbemuche, je suis comme vous un disciple des beaux-arts. Autant que j'ai pu m'en apercevoir en vous entendant causer, nos goûts sont les mêmes, j'ai le plus vif désir d'être de vos amis, et de pouvoir vous retrouver ici chaque soir... Le propriétaire de cet établissement est un brutal, mais je lui ai dit deux mots, et vous êtes libres de vous retirer... J'ose espérer que vous ne me refuserez pas les moyens de vous retrouver en ces lieux, en acceptant le léger service que...

La rougeur de l'indignation monta au visage de Schaunard.
— Il spécule sur notre situation, dit-il, nous ne pouvons pas accepter. Il a payé notre addition : je vais lui jouer les vingt-cinq francs au billard, et je lui rendrai des points.

Barbemuche accepta la proposition et eut le bon esprit de perdre; mais ce beau trait lui gagna l'estime de la Bohème.

On se quitta en se donnant rendez-vous pour le lendemain.
— Comme ça, disait Schaunard à Marcel, nous ne lui devons rien; notre dignité est sauvegardée.
— Et nous pouvons presque exiger un nouveau souper, ajouta Colline.

XII

UNE RÉCEPTION DANS LA BOHÊME

Le soir où il avait, dans un café, soldé sur sa cassette particulière la note d'un souper consommé par les bohèmes, Carolus s'était arrangé de façon à se faire accompagner par Gustave Colline. Depuis qu'il assistait aux réunions des quatre amis dans l'estaminet où il les avait tirés d'embarras, Carolus avait spécialement remarqué Colline, et éprouvait déjà une sympathie attractive pour ce Socrate, dont il devait plus tard devenir le Platon. C'est pourquoi il l'avait choisi tout d'abord pour être son introducteur dans le cénacle. Chemin faisant,

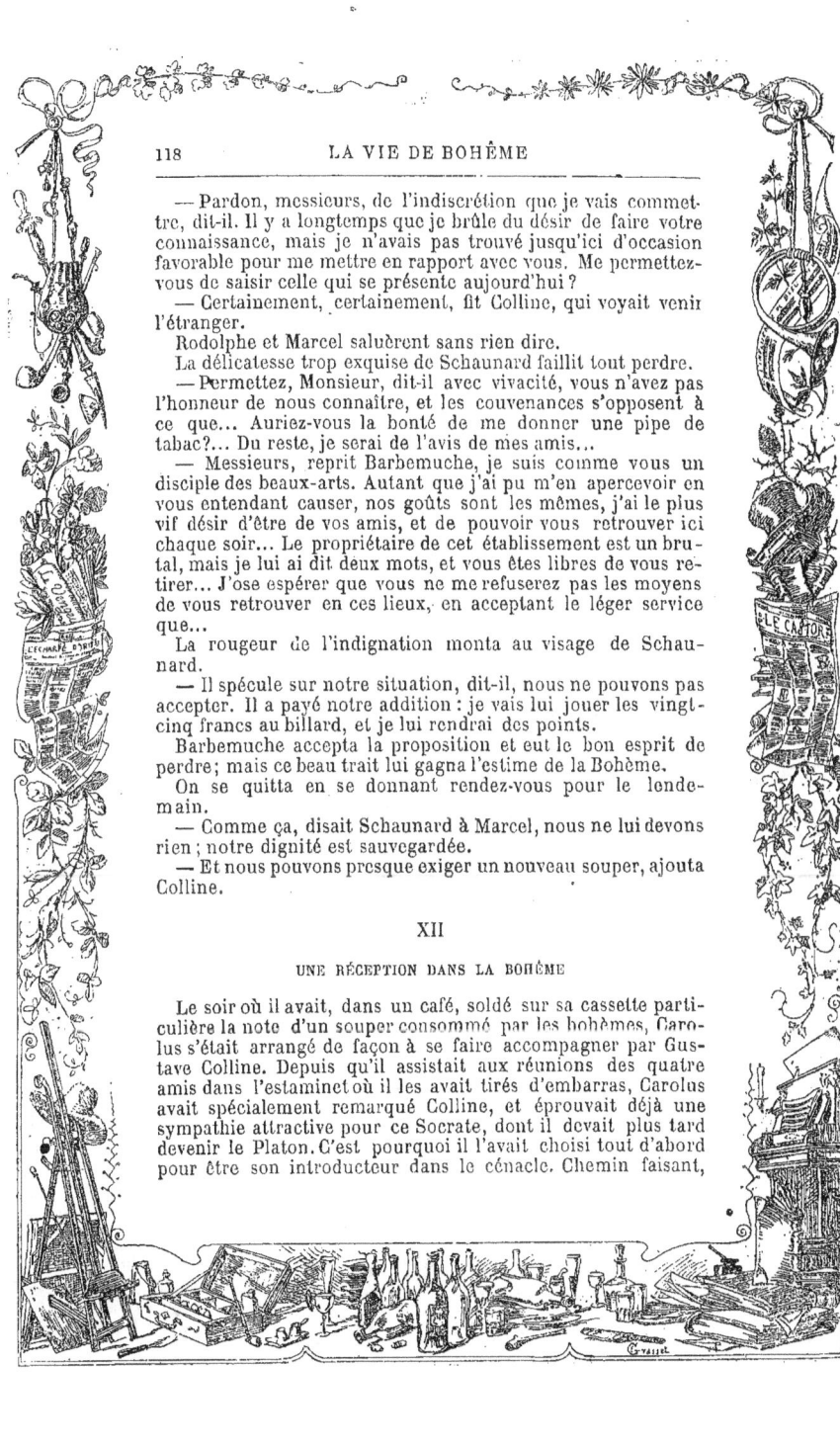

Barbemuche offrit à Colline d'entrer prendre quelque chose dans un café qui se trouvait encore ouvert. Non-seulement Colline refusa, mais encore il doubla le pas en passant devant ledit café, et renfonça soigneusement sur ses yeux son feutre hyperphysique.

— Pourquoi ne voulez-vous pas entrer là? dit Barbemuche en insistant avec une politesse de bon goût.

— J'ai des raisons, répliqua Colline; il y a dans cet établissement une dame de comptoir qui s'occupe beaucoup de sciences exactes, et je ne pourrais m'empêcher d'avoir avec elle une discussion fort prolongée, ce que j'essaye d'éviter en ne passant jamais dans cette rue à midi, ni aux autres heures du soleil. Oh! c'est bien simple, répondit naïvement Colline, j'ai habité ce quartier avec Marcel.

— J'aurais cependant bien voulu vous offrir un verre de punch et causer un instant avec vous. Ne connaîtriez-vous pas dans les alentours un endroit où vous pourriez entrer sans être arrêté par des difficultés... mathématiques? ajouta Barbemuche, qui jugea à propos d'être énormément spirituel.

Colline rêva un instant.

— Voici un petit local où ma situation est plus nette, dit-il.

Et il indiquait un marchand de vin.

Barbemuche fit la grimace et parut hésiter.

Est-ce un lieu convenable, fit-il.

Vu son attitude glaciale et réservée, sa parole rare, son sourire discret, et vu surtout sa chaîne à breloques et sa montre, Colline s'était imaginé que Barbemuche était employé dans une ambassade, et il pensa qu'il craignait de se compromettre en entrant dans un cabaret.

— Il n'y a pas de danger que nous soyons vus, dit-il ; à cette heure, tout le corps diplomatique est couché.

Barbemuche se décida à entrer; mais, au fond de l'âme, il aurait bien voulu avoir un faux nez. Pour plus de sûreté, il demanda un cabinet et eut soin d'attacher une serviette aux carreaux de la porte vitrée. Ces précautions prises, il parut moins inquiet et fit venir un bol de punch. Excité un peu par la chaleur du breuvage, Barbemuche devint plus communicatif; et, après avoir donné quelques détails sur lui-même, il osa articuler l'espérance qu'il avait conçue de faire officiellement partie de la Société des bohèmes, et il sollicitait l'appui de Colline pour l'aider dans la réussite de ce dessein ambitieux.

Colline répondit que pour son compte il se tenait tout à la disposition de Barbemuche, mais qu'il ne pouvait cependant rien assurer d'une manière absolue.

— Je vous promets ma voix, dit-il, mais je ne puis prendre sur moi de disposer de celle de mes camarades.

— Mais, fit Barbemuche, pour quelles raisons refuseraient-ils de m'admettre parmi eux?

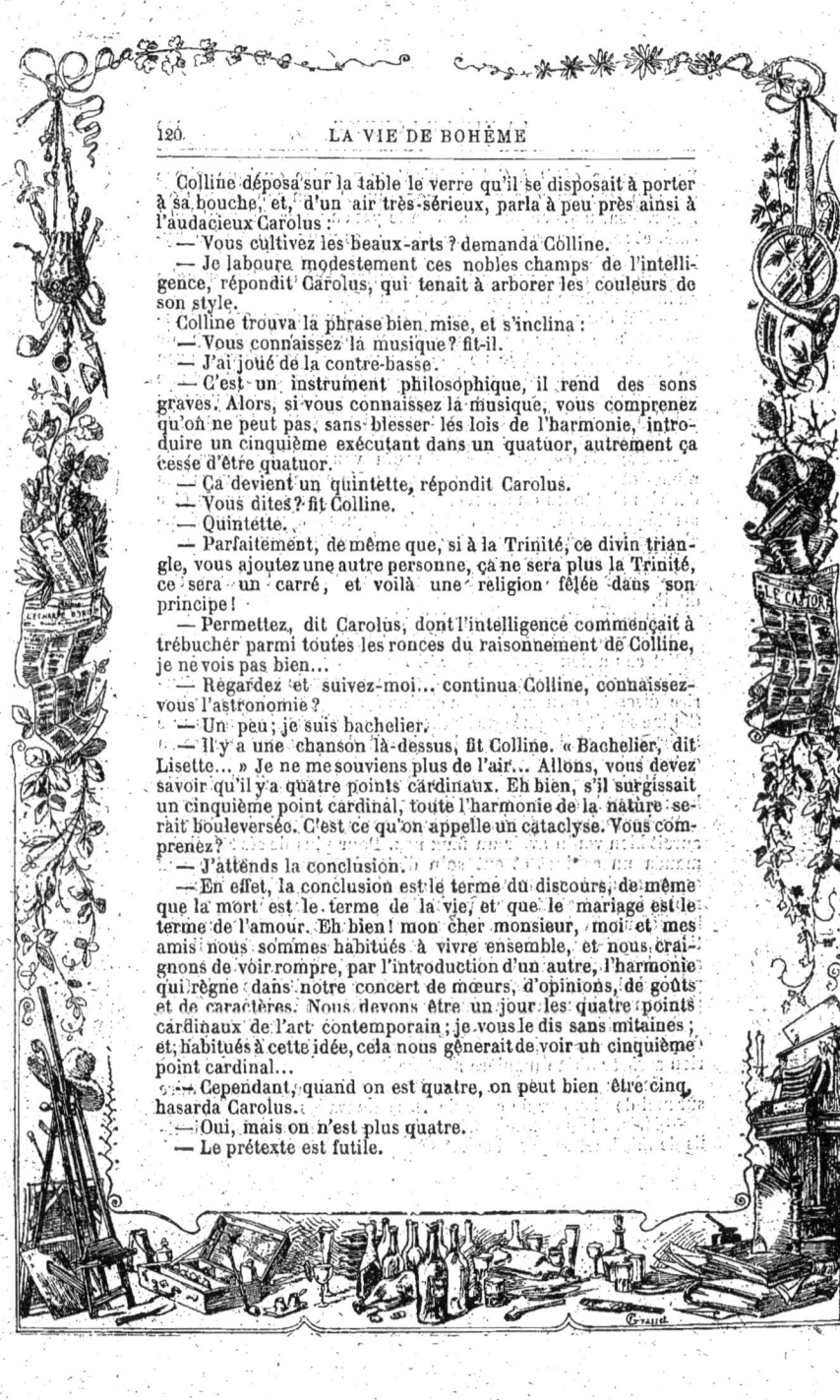

Colline déposa sur la table le verre qu'il se disposait à porter à sa bouche, et, d'un air très sérieux, parla à peu près ainsi à l'audacieux Carolus :

— Vous cultivez les beaux-arts ? demanda Colline.

— Je laboure modestement ces nobles champs de l'intelligence, répondit Carolus, qui tenait à arborer les couleurs de son style.

Colline trouva la phrase bien mise, et s'inclina :

— Vous connaissez la musique ? fit-il.

— J'ai joué de la contre-basse.

— C'est un instrument philosophique, il rend des sons graves. Alors, si vous connaissez la musique, vous comprenez qu'on ne peut pas, sans blesser les lois de l'harmonie, introduire un cinquième exécutant dans un quatuor, autrement ça cesse d'être quatuor.

— Ça devient un quintette, répondit Carolus.

— Vous dites ? fit Colline.

— Quintette.

— Parfaitement, de même que, si à la Trinité, ce divin triangle, vous ajoutez une autre personne, ça ne sera plus la Trinité, ce sera un carré, et voilà une religion fêlée dans son principe !

— Permettez, dit Carolus, dont l'intelligence commençait à trébucher parmi toutes les ronces du raisonnement de Colline, je ne vois pas bien...

— Regardez et suivez-moi... continua Colline, connaissez-vous l'astronomie ?

— Un peu ; je suis bachelier.

— Il y a une chanson là-dessus, fit Colline. « Bachelier, dit Lisette... » Je ne me souviens plus de l'air... Allons, vous devez savoir qu'il y a quatre points cardinaux. Eh bien, s'il surgissait un cinquième point cardinal, toute l'harmonie de la nature serait bouleversée. C'est ce qu'on appelle un cataclysme. Vous comprenez ?

— J'attends la conclusion.

— En effet, la conclusion est le terme du discours, de même que la mort est le terme de la vie, et que le mariage est le terme de l'amour. Eh bien ! mon cher monsieur, moi et mes amis nous sommes habitués à vivre ensemble, et nous craignons de voir rompre, par l'introduction d'un autre, l'harmonie qui règne dans notre concert de mœurs, d'opinions, de goûts et de caractères. Nous devons être un jour les quatre points cardinaux de l'art contemporain ; je vous le dis sans mitaines ; et, habitués à cette idée, cela nous gênerait de voir un cinquième point cardinal...

— Cependant, quand on est quatre, on peut bien être cinq, hasarda Carolus.

— Oui, mais on n'est plus quatre.

— Le prétexte est futile.

LA VIE DE BOHÊME

C'est la maladie des hommes qui n'osent pas embrasser les femmes.

— Il n'y a rien de futile en ce monde, tout est dans tout, les petits ruisseaux font les grandes rivières, les petites syllabes font des alexandrins, et les montagnes sont faites de grains de sable ; c'est dans la *Sagesse des nations*; il y en a un exemplaire sur le quai.

— Vous croyez alors que ces messieurs feront des difficultés pour m'admettre à l'honneur de leur compagnie intime?

— Je le *crains*, de cheva[1], fit Colline, qui ne ratait jamais cette plaisanterie.

— Vous avez dit?.. demanda Carolus étonné.

— Pardon... c'est une paillette! Et Colline reprit : Dites-moi, mon cher monsieur, quel est, dans les nobles champs de l'intelligence, le sillon que vous creusez de préférence?

— Les grands philosophes et les bons auteurs classiques sont mes modèles; je me nourris de leur étude. *Télémaque* m'a le premier inspiré la passion qui me dévore.

— *Télémaque*, il est beaucoup sur le quai, fit Colline. On l'y trouve à toute heure, je l'ai acheté cinq sous, parce que c'était une occasion ; cependant je consentirai à m'en défaire pour vous obliger. Au reste, bon ouvrage et bien rédigé pour le temps.

— Oui, Monsieur, continua Carolus, la haute philosophie et la sainte littérature, voilà où j'aspire. A mon sens, l'art est un sacerdoce.

— Oui, oui, oui... dit Colline, il y a aussi une chanson là-dessus.

Et il se mit à chanter :

> Oui l'art est un sacerdoce
> Et sachons nous en servir.

Je crois que c'est dans *Robert le Diable*, ajouta-t-il.

— Je disais donc que, l'art étant une fonction solennelle, les écrivains doivent incessamment...

— Pardon, Monsieur, interrompit Colline qui entendait sonner une heure avancée, il va être demain matin, et je crains de rendre inquiète une personne qui m'est chère ; d'ailleurs, murmura-t-il à lui-même, je lui avais promis de rentrer... c'est son jour!

— En effet, il est tard, dit Carolus; retirons-nous.

— Vous logez loin? demanda Colline.

— Rue Royale-Saint-Honoré, n° 10.

Colline avait eu occasion autrefois d'aller dans cette maison, et se ressouvint que c'était un magnifique hôtel.

— Je parlerai de vous à ces messieurs, dit-il à Carolus en le quittant, et soyez sûr que j'userai de toute mon influence pour qu'ils vous soient favorables... Ah! permettez-moi de vous donner un conseil.

— Parlez, dit Carolus.

— Soyez aimable et galant avec mesdemoiselles Mimie, Musette et Phémie ; ces dames exercent une autorité sur mes amis, et en sachant les mettre sous la pression de leurs maîtresses, vous arriveriez plus facilement à obtenir ce que vous voulez de Marcel, Schaunard et Rodolphe.

— Je tâcherai, dit Carolus.

Le lendemain, Colline tomba au milieu du phalanstère bohême : c'était l'heure du déjeuner, et le déjeuner était arrivé avec l'heure. Les trois ménages étaient à table et se livraient à une orgie d'artichauts à la poivrade.

— Fichtre ! dit Colline, on fait bonne chère ici, ça ne pourra pas durer. Je viens, dit-il ensuite, comme ambassadeur du mortel généreux que nous avons rencontré hier soir au café.

— Enverrait-il déjà redemander l'argent qu'il a avancé pour nous? demanda Marcel.

— Oh ! fit Mademoiselle Mimi, je n'aurais pas cru ça de lui, il a l'air si comme il faut ?

— Il ne s'agit pas de ça, répondit Colline ; ce jeune homme désire être des nôtres, il veut prendre des actions dans notre société, et avoir une part dans les bénéfices, bien entendu.

Les trois bohêmes levèrent la tête et s'entre-regardèrent.

— Voilà, termina Caroline ; maintenant la discussion est ouverte.

— Quelle est la position sociale de ton protégé? demanda Rodolphe.

— Ce n'est pas mon protégé, répliqua Colline : hier soir, en vous quittant vous m'avez prié de le suivre; de son côté, il m'a invité à l'accompagner, ça se trouvait parfaitement bien. Je l'ai donc suivi ; il m'a abreuvé une partie de la nuit d'attentions et de liqueurs fines, mais j'ai néanmoins gardé mon indépendance.

— Très-bien, dit Schaunard.

— Esquisse-nous quelques-uns des traits principaux de son caractère, fit Marcel.

— Grandeur d'âme, mœurs austères, a peur d'entrer chez les marchands de vin, bachelier ès lettres, hostie de candeur, joue de la contre-basse, nature qui change quelquefois cinq francs.

— Très-bien, dit Schaunard.

— Quelles sont ses espérances?

— Je vous l'ai déjà dit, son ambition n'a pas de bornes ; il aspire à nous tutoyer.

— C'est-à-dire qu'il veut nous exploiter, répliqua Marcel. Il veut être vu montant dans nos carrosses.

— Quel est son art? demanda Rodolphe.

— Oui, continua Marcel, de quoi joue-t-il ?

— Son art? dit Colline, de quoi il joue? Littérature et philosophie mêlées.

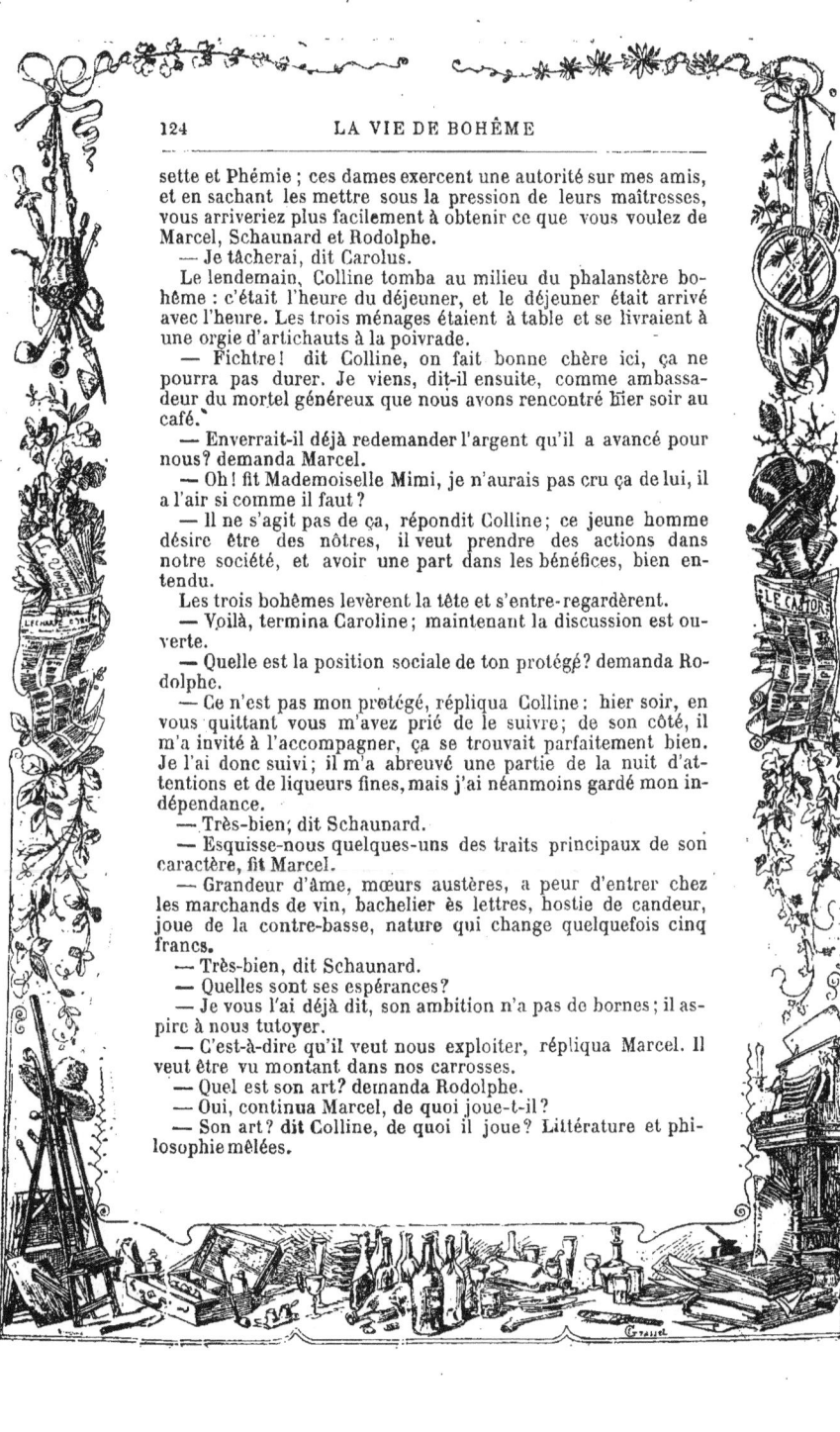

— Quelles sont ses connaissances philosophiques?
— Il pratique une philosophie départementale. Il appelle l'art un sacerdoce.
— Il dit sacerdoce, fit Rodolphe avec épouvante.
— Il le dit.
— Et en littérature, quelle est sa voie?
— Il fréquente TÉLÉMAQUE,
— Très-bien, dit Schaunard en mâchant le foin des artichauts.
— Comment! très-bien, imbécile? interrompit Marcel; ne t'avise pas de répéter cela dans la rue.

Schaunard, contrarié de cette réprimande, donna par-dessous la table un coup de pied à Phémie, qu'il venait de surprendre faisant une invasion dans sa sauce.
— Encore une fois, dit Rodolphe, quelle est sa condition dans le monde? de quoi vit-il? son nom? sa demeure?
— Sa condition est honorable, il est professeur de toutes sortes de choses au sein d'une riche famille. Il s'appelle Carolus Barbemuche, mange ses revenus dans des habitudes de luxe, et loge rue Royale, dans un hôtel.
— Un hôtel garni?
— Non, il y a des meubles.
— Je demande la parole, dit Marcel. Il est évident pour moi que Colline est corrompu; il a vendu d'avance son vote pour une somme quelconque de petits verres. N'interromps pas, fit Marcel, en voyant le philosophe se lever pour protester, tu répondras tout à l'heure. Colline, âme vénale, vous a présenté cet étranger sous un aspect trop favorable pour qu'il soit l'image de la vérité. Je vous l'ai dit, j'entrevois les desseins de cet étranger. Il veut spéculer sur nous. Il s'est dit: Voilà des gaillards qui font leur chemin; il faut me fourrer dans leur poche, j'arriverai avec eux au débarcadère de la renommée.
— Très-bien, dit Schaunard: est-ce qu'il n'y a plus de sauce?
— Non, répondit Rodolphe, l'édition est épuisée.
— D'un autre côté, continua Marcel, ce mortel insidieux que patronne Colline n'aspire peut-être à l'honneur de notre intimité qu'avec de coupables pensées. Nous ne sommes pas seuls ici, Messieurs, continua l'orateur en jetant sur les femmes un regard éloquent; et le protégé de Colline, en s'introduisant à notre foyer sous le manteau de la littérature, pourrait bien n'être qu'un séducteur félon. Réfléchissez! Pour moi, je vote contre l'admission.
— Je demande la parole pour une rectification seulement, dit Rodolphe. Dans son improvisation remarquable, Marcel a dit que le nommé Carolus voulait, dans le but de nous déshonorer, s'introduire chez nous sous le MANTEAU DE LA LITTÉRATURE.
— C'était une figure parlementaire, fit Marcel.

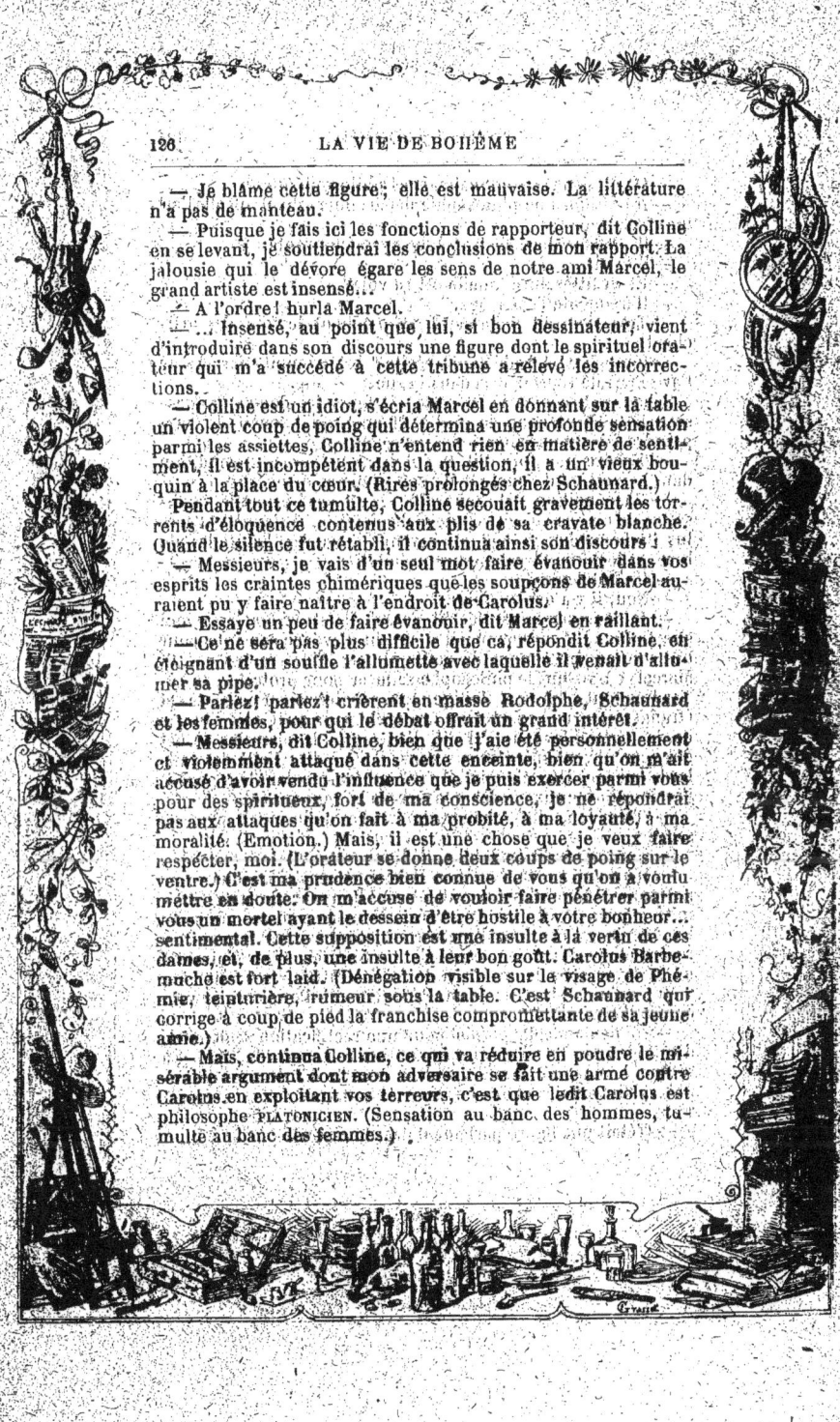

— Je blâme cette figure; elle est mauvaise. La littérature n'a pas de manteau.

— Puisque je fais ici les fonctions de rapporteur, dit Colline en se levant, je soutiendrai les conclusions de mon rapport. La jalousie qui le dévore égare les sens de notre ami Marcel, le grand artiste est insensé...

— A l'ordre! hurla Marcel.

— Insensé, au point que lui, si bon dessinateur, vient d'introduire dans son discours une figure dont le spirituel orateur qui m'a succédé à cette tribune a relevé les incorrections.

— Colline est un idiot, s'écria Marcel en donnant sur la table un violent coup de poing qui détermina une profonde sensation parmi les assiettes, Colline n'entend rien en matière de sentiment, il est incompétent dans la question, il a un vieux bouquin à la place du cœur. (Rires prolongés chez Schaunard.)

Pendant tout ce tumulte, Colline secouait gravement les torrents d'éloquence contenus aux plis de sa cravate blanche. Quand le silence fut rétabli, il continua ainsi son discours :

— Messieurs, je vais d'un seul mot faire évanouir dans vos esprits les craintes chimériques que les soupçons de Marcel auraient pu y faire naître à l'endroit de Carolus.

— Essaye un peu de faire évanouir, dit Marcel en raillant.

— Ce ne sera pas plus difficile que ça, répondit Colline, en éloignant d'un souffle l'allumette avec laquelle il venait d'allumer sa pipe.

— Parlez! parlez! crièrent en masse Rodolphe, Schaunard et les femmes, pour qui le débat offrait un grand intérêt.

— Messieurs, dit Colline, bien que j'aie été personnellement et violemment attaqué dans cette enceinte, bien qu'on m'ait accusé d'avoir vendu l'influence que je puis exercer parmi vous pour des spiritueux, fort de ma conscience, je ne répondrai pas aux attaques qu'on fait à ma probité, à ma loyauté, à ma moralité. (Emotion.) Mais, il est une chose que je veux faire respecter, moi. (L'orateur se donne deux coups de poing sur le ventre.) C'est ma prudence bien connue de vous qu'on a voulu mettre en doute. On m'accuse de vouloir faire pénétrer parmi vous un mortel ayant le dessein d'être hostile à votre bonheur... sentimental. Cette supposition est une insulte à la vertu de ces dames, et, de plus, une insulte à leur bon goût: Carolus Barbemuche est fort laid. (Dénégation visible sur le visage de Phémie, teinturière, rumeur sous la table. C'est Schaunard qui corrige à coup de pied la franchise compromettante de sa jeune amie.)

— Mais, continua Colline, ce qui va réduire en poudre le misérable argument dont mon adversaire se fait une arme contre Carolus en exploitant vos terreurs, c'est que ledit Carolus est philosophe PLATONICIEN. (Sensation au banc des hommes, tumulte au banc des femmes.)

— Platonicien, qu'est-ce que ça veut dire? demanda Phémie.

— C'est la maladie des hommes qui n'osent pas embrasser les femmes, dit Mimi, j'ai eu un amant comme ça, je l'ai gardé deux heures.

— Des bêtises, quoi, fit mademoiselle Musette.

— Tu as raison, ma chère, lui dit Marcel, le platonisme en amour, c'est de l'eau dans du vin, vois-tu? Buvons notre vin pur.

— Et vive la jeunesse, ajouta Musette.

La déclaration de Colline avait déterminé une réaction favorable envers Carolus. Le philosophe voulut profiter du bon mouvement opéré par son éloquente et adroite inculpation.

— Maintenant, continua-t-il, je ne vois pas quelles seraient justement les préventions qu'on pourrait élever contre ce jeune mortel, qui, après tout, nous a rendu service. Quant à moi, qu'on accuse d'avoir agi à l'étourdie en voulant l'introduire parmi nous, je considère cette opinion comme attentatoire à ma dignité. J'ai agi dans cette affaire avec la prudence du serpent; et si un vote motivé ne me conserve pas cette prudence, j'offre ma démission.

— Voudrais-tu poser la question de cabinet? dit Marcel.

— Je la pose, répondit Colline.

Les trois bohèmes se consultèrent, et d'un commun accord on s'entendit pour restituer au philosophe le caractère de haute prudence qu'il réclamait. Colline laissa ensuite la parole à Marcel, lequel, revenu un peu de ses préventions, déclara qu'il voterait peut-être pour les conclusions du rapporteur. Mais avant de passer au vote définitif qui ouvrirait à Carolus l'intimité de la Bohême, Marcel fit mettre aux voix cet amendement:

« Comme l'introduction d'un nouveau membre dans le cénacle était chose grave, qu'un étranger pouvait y apporter des éléments de discorde, en ignorant les mœurs, les caractères et les opinions de ses camarades, chacun des membres passerait une journée avec ledit Carolus, et se livrerait à une enquête sur sa vie, ses goûts, sa capacité littéraire et sa garde-robe. Les bohémiens se communiqueraient ensuite leurs impressions particulières, et l'on statuerait après sur le refus ou l'admission; en outre, avant cette admission, Carolus devrait subir un noviciat d'un mois, c'est-à-dire qu'il n'aurait pas avant cette époque le droit de les tutoyer et de leur donner le bras dans la rue. Le jour de la réception arrivé, une fête splendide serait donnée aux frais du récipiendaire. Le budget de ces réjouissances ne pourrait pas s'élever à moins de douze francs. »

Cet amendement fut adopté à la majorité de trois voix contre une, celle de Colline, qui trouvait qu'on ne s'en rapportait pas assez à lui, et que cet amendement attentait de nouveau à sa prudence.

Le soir même, Colline alla exprès de très-bonne heure au café, afin d'être le premier à voir Carolus.

Il ne l'attendit pas longtemps. Carolus arriva bientôt, portant à la main trois énormes bouquets de roses.

— Tiens! dit Colline avec étonnement, que comptez-vous faire de ce jardin?

— Je me suis souvenu de ce que vous m'avez dit hier, vos amis viendront sans doute avec leurs dames, et c'est à leur intention que j'apporte ces fleurs; elles sont fort belles.

— En effet, il y en a au moins pour quinze sous.

— Y pensez-vous? reprit Carolus : au mois de décembre, si vous disiez quinze francs.

— Ah! ciel! s'écria Colline, un trio d'écus pour ces simples dons de Flore, quelle folie! Vous êtes donc parent des Cordillères? Eh bien, mon cher Monsieur, voilà quinze francs que nous allons être forcés d'effeuiller par la fenêtre.

— Comment! que voulez-vous dire?

Colline raconta alors les soupçons jaloux que Marcel avait fait concevoir à ses amis, et instruisit Carolus de la violente discussion qui avait eu lieu entre les bohèmes à propos de son introduction dans le cénacle. J'ai protesté que vos intentions étaient immaculées, ajouta Colline, mais l'opposition n'a pas été moins vive. Gardez-vous donc de renouveler les soupçons jaloux qu'on a pu concevoir sur vous en étant trop galant avec ces dames, et, pour commencer, faisons disparaître ces bouquets.

Et Colline prit les roses et les cacha dans une armoire qui servait de débarras.

— Mais ce n'est pas tout, reprit-il : ces messieurs désirent, avant de se lier intimement avec vous, se livrer, chacun en particulier, à une enquête sur votre caractère, vos goûts, etc. Puis, pour que Barbemuche ne heurtât pas trop ses amis, Colline lui traça rapidement un portrait moral de chacun des bohèmes. Tâchez de vous trouver d'accord avec eux séparément, ajouta le philosophe, et à la fin ils seront tous pour vous.

Carolus consentit à tout.

Les trois amis arrivèrent bientôt, accompagnés de leurs épouses.

Rodolphe se montra poli avec Carolus, Schaunard fut familier, Marcel resta froid. Pour Carolus, il s'efforça d'être gai et affectueux avec les hommes, en étant très-affectueux avec les femmes.

En se quittant le soir, Barbemuche invita Rodolphe à dîner pour le lendemain. Seulement, il le pria de venir chez lui à midi.

Le poëte accepta.

— Bon, se dit-il à lui même, c'est moi qui commencerai l'enquête.

Le lendemain, à l'heure convenue, Rodolphe se rendit chez Carolus. Barbemuche logeait en effet dans un fort bel hôtel de

Et ceci, reprit Colline en montrant les bottines.

la rue Royale, et y occupait une chambre où régnait un certain confortable. Seulement, Rodolphe parut étonné de voir, bien qu'on fût en plein jour, les volets fermés, les rideaux tirés et deux bougies allumées sur une table. Il en demanda des explications à Barbemuche.

— L'étude est fille du mystère et du silence, répondit celui-ci. On s'assit et on causa. Au bout d'une heure de conversation, Carolus, avec une adresse et une patience oratoire infinies, sut amener une phrase qui, malgré sa forme humble, n'était rien moins qu'une sommation faite à Rodolphe d'avoir à écouter un petit opuscule qui était le fruit des veilles dudit Carolus.

Rodolphe comprit qu'il était pris. Curieux, en outre, de voir la couleur du style de Barbemuche, il s'inclina poliment, en assurant qu'il était enchanté de ce que...

Carolus n'attendit pas le reste de la phrase. Il courut mettre le verrou à la porte de la chambre, la ferma à clef en dedans, et revint près de Rodolphe. Il prit ensuite un petit cahier dont le format étroit et le peu d'épaisseur amenèrent un sourire de satisfaction sur la figure du poëte.

— C'est là le manuscrit de votre ouvrage? demanda-t-il.

— Non, répondit Carolus, c'est le catalogue de mes manuscrits, et je cherche le numéro de celui que vous me permettez de vous lire... Voilà : *Don Lopez, ou la Fatalité*, n° 14. C'est sur le troisième rayon, dit Carolus, et il alla ouvrir une petite armoire dans laquelle Rodolphe aperçut avec épouvante une grande quantité de manuscrits. Carolus en prit un, ferma l'armoire et vint s'asseoir en face du poëte.

Rodolphe jeta un coup d'œil sur l'un des quatre cahiers dont se composait l'ouvrage, écrit sur un papier format du Champ de Mars.

— Allons, se dit-il, ce n'est pas en vers... mais ça s'appelle Don Lopez !

Carolus prit le premier cahier et commença ainsi sa lecture :

« Par une froide nuit d'hiver, deux cavaliers, enveloppés dans
« les plis de leurs manteaux et montés sur des mules indolentes,
« cheminaient côte à côte sur l'une des routes qui traversent la
« solitude affreuse des déserts de la Sierra Morena... »

— Où suis-je? pensa Rodolphe atterré par ce début. Carolus continua ainsi la lecture du premier chapitre, écrit tout dans ce style.

Rodolphe écoutait vaguement et songeait à trouver un moyen de s'évader.

— Il y a bien la fenêtre, se disait-il en lui-même; mais, outre qu'elle est fermée, nous sommes au quatrième. Ah ! je comprends maintenant toutes ces précautions.

— Que dites-vous de mon premier chapitre? demanda Carolus ; je vous en supplie, ne me ménagez pas les critiques.

Rodolphe crut se rappeler qu'il avait entendu des lambeaux de philosophie déclamatoire sur le suicide, proférés par le nommé Lopez, héros du roman, et il répondit à tout hasard :

— La grande figure de don Lopez est étudiée avec conscience ; ça rappelle la *Profession de foi du vicaire savoyard* ; la description de la chute de don Alvar me plaît infiniment ; on dirait une ébauche de Géricault. Le paysage offre de belles lignes ; quant aux idées, c'est de la graine de J.-J. Rousseau semée dans le terrain de Lesage. Seulement, permettez-moi une observation. Vous mettez trop de virgules, et vous abusez du mot *dorénavant* ; c'est un joli mot qui fait bien de temps en temps, ça donne de la couleur, mais il ne faut pas en abuser.

Carolus prit son second cahier et relut encore une fois le titre de D. LOPEZ OU LA FATALITÉ.

— J'ai connu un don Lopez jadis, dit Rodolphe ; il vendait des cigarettes et du chocolat de Bayonne ; c'était peut-être un parent du vôtre... Continuez...

A la fin du second chapitre, le poëte interrompit Carolus.

— Est-ce que vous ne vous sentez pas un peu de mal à la gorge ? lui demanda-t-il.

— Aucunement, répondit Carolus ; vous allez savoir l'histoire d'Inésille.

— J'en suis très-curieux... Cependant, si vous étiez fatigué, dit le poëte, il ne faudrait pas...

— CHAPITRE III ! dit Carolus d'une voix claire.

Rodolphe examina attentivement Carolus, et s'aperçut qu'il avait le cou très-court et le teint sanguin. J'ai encore un espoir, pensa le poëte après qu'il eut fait cette découverte. C'est l'apoplexie.

— Nous allons passer au Chapitre IV. Vous aurez l'obligeance de me dire ce que vous pensez de la scène d'amour.

Et Carolus reprit sa lecture.

Dans un moment où il regardait Rodolphe pour lire sur sa figure l'effet que produisait son dialogue, Carolus aperçut le poëte qui, incliné sur sa chaise, tendait la tête dans l'attitude d'un homme qui écoute des sons lointains.

— Qu'avez-vous ? lui demanda-t-il.

— Chut ! dit Rodolphe : n'entendez-vous pas ? Il me semble qu'on crie au feu ! Si nous allions voir ?

Carolus écouta un instant, mais n'entendit rien.

— L'oreille m'aura tinté, fit Rodolphe, continuez ; don Alvar m'intéresse prodigieusement ; c'est un noble jeune homme.

Carolus continua à lire et mit toute la musique de son organe sur cette phrase du jeune don Alvar :

« O Inésille, qui que vous soyez, ange ou démon, et quelle
« que soit votre patrie, ma vie est à vous, et je vous suivrai,
« fût-ce au ciel, fût-ce en enfer. »

En ce moment on frappa à la porte, et une voix appela Carolus du dehors.

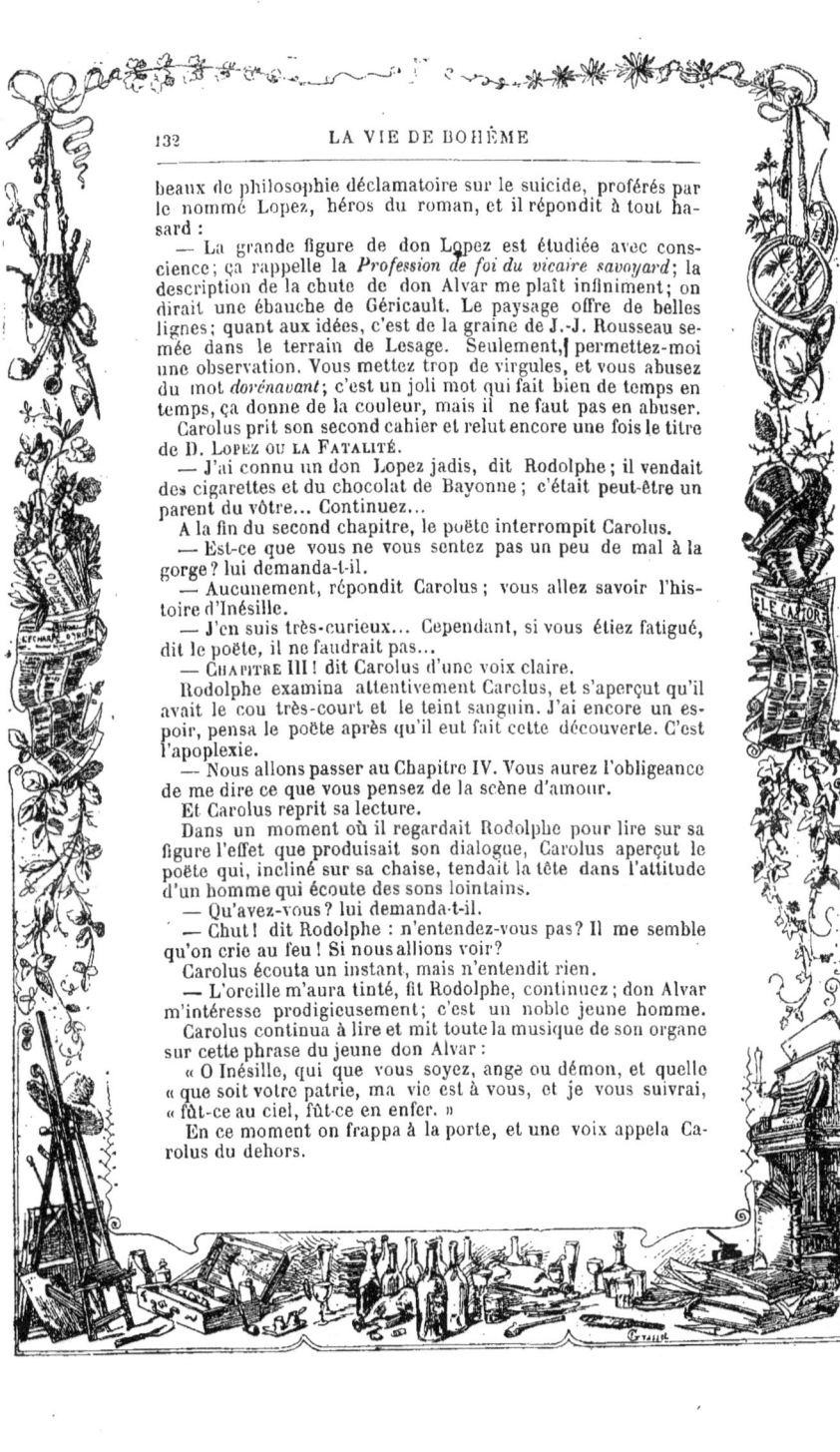

— C'est mon portier, dit-il en allant entre-bâiller sa porte.

C'était en effet le portier; il apportait une lettre; Carolus l'ouvrit avec précipitation. Fâcheux contre-temps, dit-il; nous sommes obligés de remettre la lecture à une autre fois; je reçois une nouvelle qui me force à sortir sans retard.

— Oh! pensa Rodolphe, voilà une lettre qui tombe du ciel; je reconnais le cachet de la Providence.

— Si vous voulez, reprit Carolus, nous ferons ensemble la course à laquelle m'oblige ce message, après quoi nous irons dîner.

— Je suis à vos ordres, dit Rodolphe.

Le soir, quand il revint dans le cénacle, le poëte fut interrogé par ses amis à propos de Barbemuche.

— Est-tu content de lui ? T'a-t-il bien traité ? demandèrent Marcel et Schaunard.

— Oui, mais ça m'a coûté cher, dit Rodolphe.

— Comment ? Est-ce que Carolus t'aurait fait payer ? demanda Schaunard avec une indignation croissante.

— Il m'a lu un roman dans l'intérieur duquel on se nomme don Lopez et don Alvard, et où les jeunes premiers appellent leur maîtresse *Ange ou Démon*.

— Quelle horreur ! dirent tous les bohèmes en cœur.

— Mais autrement, fit Colline, littérature à part, quel est ton avis sur Carolus ?

— C'est un bon jeune homme. Au reste, vous pourrez faire personnellement vos observations : Carolus compte nous traiter tous les uns après les autres. Schaunard est invité à déjeuner pour demain. Seulement, ajouta Rodolphe, quand vous irez chez Barbemuche, méfiez-vous de l'armoire aux manuscrits, c'est un meuble dangereux.

Schaunard fut exact au rendez-vous, et se livra à une enquête de commissaire-priseur et d'huissier opérant une saisie. Aussi revint-il le soir l'esprit rempli de notes ; il avait étudié Carolus sous le point de vue des choses mobilières.

— Eh bien, lui demanda-t-on, quel est ton avis ?

— Mais, reprit Schaunard, ce Barbemuche est pétri de bonnes qualités ; il sait les noms de tous les vins, et m'a fait manger des choses délicates, comme on n'en fait pas chez ma tante le jour de sa fête. Il me paraît lié assez intimement avec des tailleurs de la rue Vivienne et des bottiers des Panoramas. J'ai remarqué, en outre, qu'il était à peu près de notre taille à tous, ce qui fait qu'au besoin nous pourrions lui prêter nos habits. Ses mœurs sont moins sévères que Colline voulait bien le dire, et m'a payé un déjeuner en deux actes dont le second s'est passé dans un cabaret de la halle, où je suis connu pour y avoir fait des orgies diverses dans le carnaval. Carolus est entré là dedans comme un homme naturel. Voilà ! Marcel est invité pour demain.

Carolus savait que Marcel était, parmi les bohèmes, celui qui

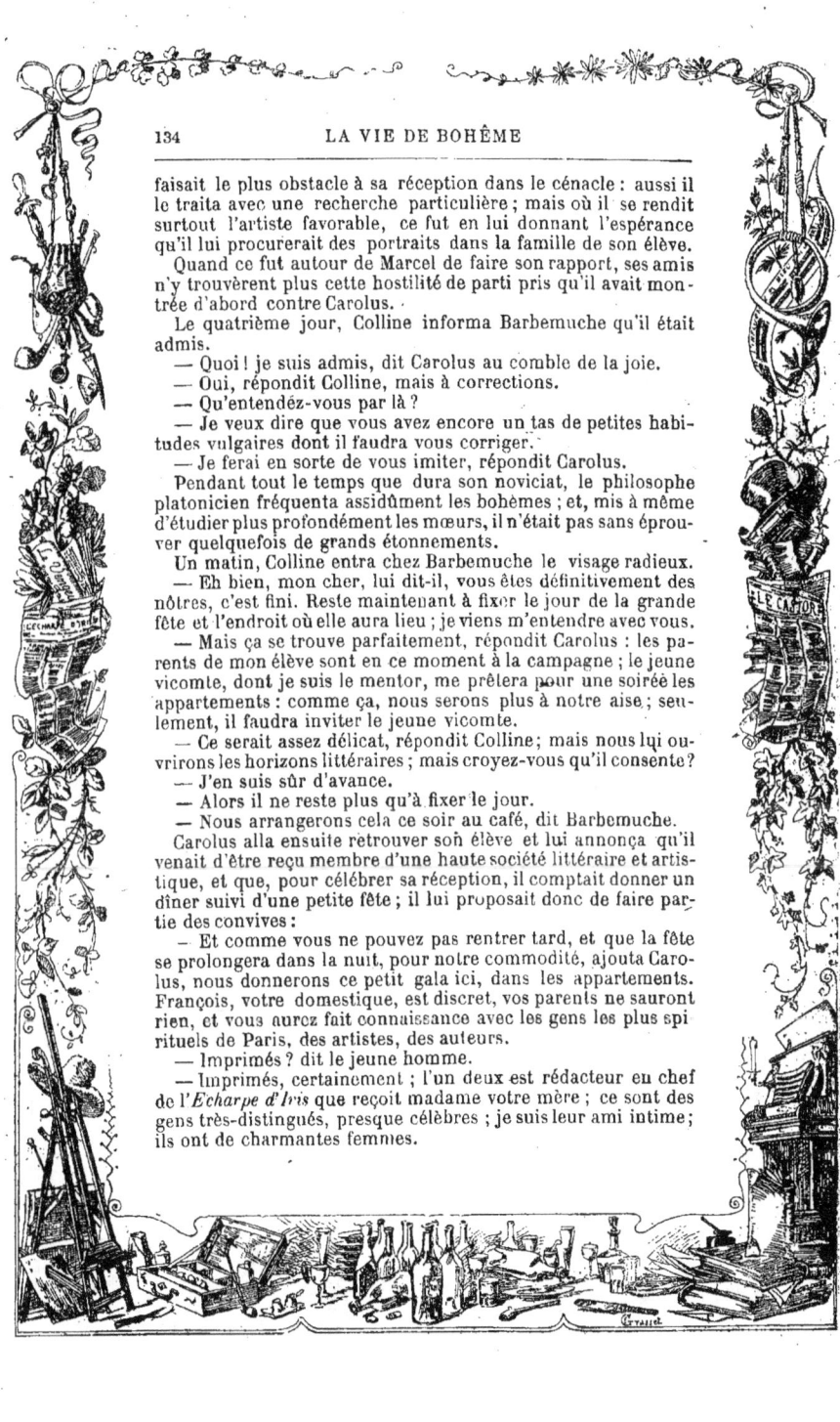

faisait le plus obstacle à sa réception dans le cénacle : aussi il le traita avec une recherche particulière ; mais où il se rendit surtout l'artiste favorable, ce fut en lui donnant l'espérance qu'il lui procurerait des portraits dans la famille de son élève.

Quand ce fut autour de Marcel de faire son rapport, ses amis n'y trouvèrent plus cette hostilité de parti pris qu'il avait montrée d'abord contre Carolus.

Le quatrième jour, Colline informa Barbemuche qu'il était admis.

— Quoi ! je suis admis, dit Carolus au comble de la joie.

— Oui, répondit Colline, mais à corrections.

— Qu'entendez-vous par là ?

— Je veux dire que vous avez encore un tas de petites habitudes vulgaires dont il faudra vous corriger.

— Je ferai en sorte de vous imiter, répondit Carolus.

Pendant tout le temps que dura son noviciat, le philosophe platonicien fréquenta assidûment les bohèmes ; et, mis à même d'étudier plus profondément les mœurs, il n'était pas sans éprouver quelquefois de grands étonnements.

Un matin, Colline entra chez Barbemuche le visage radieux.

— Eh bien, mon cher, lui dit-il, vous êtes définitivement des nôtres, c'est fini. Reste maintenant à fixer le jour de la grande fête et l'endroit où elle aura lieu ; je viens m'entendre avec vous.

— Mais ça se trouve parfaitement, répondit Carolus : les parents de mon élève sont en ce moment à la campagne ; le jeune vicomte, dont je suis le mentor, me prêtera pour une soirée les appartements : comme ça, nous serons plus à notre aise ; seulement, il faudra inviter le jeune vicomte.

— Ce serait assez délicat, répondit Colline ; mais nous lui ouvrirons les horizons littéraires ; mais croyez-vous qu'il consente ?

— J'en suis sûr d'avance.

— Alors il ne reste plus qu'à fixer le jour.

— Nous arrangerons cela ce soir au café, dit Barbemuche.

Carolus alla ensuite retrouver son élève et lui annonça qu'il venait d'être reçu membre d'une haute société littéraire et artistique, et que, pour célébrer sa réception, il comptait donner un dîner suivi d'une petite fête ; il lui proposait donc de faire partie des convives :

— Et comme vous ne pouvez pas rentrer tard, et que la fête se prolongera dans la nuit, pour notre commodité, ajouta Carolus, nous donnerons ce petit gala ici, dans les appartements. François, votre domestique, est discret, vos parents ne sauront rien, et vous aurez fait connaissance avec les gens les plus spirituels de Paris, des artistes, des auteurs.

— Imprimés ? dit le jeune homme.

— Imprimés, certainement ; l'un deux est rédacteur en chef de l'*Echarpe d'Iris* que reçoit madame votre mère ; ce sont des gens très-distingués, presque célèbres ; je suis leur ami intime ; ils ont de charmantes femmes.

— Il y aura des femmes? dit le vicomte Paul.
— Ravissantes, reprit Carolus.
— O mon cher maître, je vous remercie ; certainement, nous donnerons la fête ici ; on allumera tous les lustres et je ferai ôter les housses des meubles.

Le soir, au café, Barbemuche annonça que la fête aurait lieu le samedi suivant.

Les bohèmes invitèrent leurs maîtresses à songer à leur toilette.

— N'oubliez pas, leur dirent-ils, que nous allons dans de vrais salons. Ainsi donc, préparez-vous ; toilette simple, mais riche.

A compter de ce jour, toute la rue fut instruite que mesdemoiselles Mimi, Phémie et Musette allaient dans le monde.

Le matin de la solennité, voici ce qui arriva. Colline, Schaunard, Marcel et Rodolphe se rendirent en chœur chez Barbemuche, qui parut étonné de les voir si matinalement.

— Serait-il arrivé quelque accident qui oblige la fête à être remise? demanda-t-il avec une certaine inquiétude.

— Oui et non, répondit Colline. Seulement, voici ce qui arrive. Entre nous, nous ne faisons jamais de cérémonie ; mais quand nous devons nous trouver avec des étrangers, nous voulons garder un certain décorum.

— Eh bien? fit Barbemuche.

— Eh bien, continua Colline, comme nous devons nous rencontrer ce soir avec le jeune gentilhomme qui nous ouvre ses salons, par respect pour lui et par respect pour nous, que notre tenue quasi négligée pourrait compromettre, nous venons vous demander si vous ne pourriez pas, pour ce soir, nous prêter quelques hardes d'une coupe avantageuse. Il nous est presque impossible, vous devez le comprendre, d'entrer en vareuse et en paletot sous les lambris somptueux de cette résidence.

— Mais, dit Carolus, je n'ai pas quatre habits noirs.

— Ah! dit Colline, nous nous arrangerons de ce que vous aurez.

— Voyez donc, fit Carolus en leur ouvrant une garde-robe assez bien fournie.

— Mais vous avez là un arsenal complet d'élégance.

— Trois chapeaux! dit Schaunard avec extase ; peut-on avoir trois chapeaux quand on a qu'une tête?

— Et les bottes, dit Rodolphe, voyez donc!

— Il y en a des bottes! hurla Colline.

En un clin d'œil ils avaient choisi chacun un équipement complet.

— A ce soir, dirent-ils en quittant Barbemuche ; ces dames se proposent d'être éblouissantes.

— Mais, dit Barbemuche en jetant un coup d'œil sur les porte-manteaux complètement dégarnis, vous ne me laissez rien, à moi. Comment vous recevrai-je?

— Ah! vous, c'est différend, vous êtes le maître de la maison ; vous pouvez laisser l'étiquette de côté.

— Cependant, dit Carolus, il ne reste plus qu'une robe de chambre, un pantalon à pied, un gilet de flanelle et des pantoufles ; vous avez tout pris.

— Qu'importe ? nous vous excuserons d'avance, répondirent les bohémiens.

A six heures, un fort beau dîner était servi dans la salle à manger. Les bohémiens arrivèrent. Marcel boitait un peu et était de mauvaise humeur. Le jeune vicomte Paul se précipita au-devant des dames et les conduisit aux meilleures places. Mimi avait une toilette de haute fantaisie. Musette était mise avec un goût plein de provocation. Phémie ressemblait à une fenêtre garnie de verres de couleur, et n'osait pas se mettre à table. Le dîner dura deux heures et demie et fut d'une gaîté ravissante.

Le jeune vicomte Paul marchait avec fureur sur le pied de Mimi qui était sa voisine, et Phémie redemandait quelque chose à chaque service. Schaunard était dans les pampres. Rodolphe improvisait des sonnets et cassait des verres en marquant le rhythme. Colline causait avec Marcel, qui était toujours maussade.

— Qu'as-tu ? lui disait-il.

— Je souffre horriblement des pieds et ça me gêne. Ce Carolus a un pied de petite-maîtresse.

— Mais, dit Colline, il suffira de lui faire comprendre que ça ne peut pas durer comme ça, et qu'à l'avenir il ait à faire faire sa chaussure quelques points plus large ; sois tranquille, j'arrangerai cela. Mais passons au salon, où les liqueurs des îles nous appellent.

La fête recommença avec plus d'éclat. Schaunard se mit au piano et exécuta, avec une verve prodigieuse, sa nouvelle symphonie : LA MORT DE LA JEUNE FILLE. Le beau morceau de la marche du CRÉANCIER obtint les honneurs du *ter*. Il y eut deux cordes brisées au piano.

Marcel était toujours morose, et comme Carolus venait s'en plaindre à lui, l'artiste lui répondit :

— Mon cher Monsieur, nous ne serons jamais amis intimes, et voici pourquoi. Les dissemblances physiques sont presque toujours l'indice certain d'une dissemblance morale, la philosophie et la médecine sont d'accord là-dessus.

— Eh bien ? fit Carolus.

— Eh bien, dit Marcel en montrant ses pieds, votre chaussure, infiniment trop étroite pour moi, m'indique que nous n'avons pas le même caractère ; du reste, votre petite fête était charmante.

A une heure du matin, les bohémiens se retirèrent et rentrèrent chez eux en faisant de longs détours. Barbemuche fut malade et tint des discours insensés à son élève qui, de son côté, rêvait aux yeux bleus de mademoiselle Mimi.

LA VIE DE BOHÊME

Mademoiselle Mimi.

XIII

LA CRÉMAILLÈRE.

Ceci se passait quelque temps après la mise en ménage du poëte Rodolphe avec la jeune mademoiselle Mimi ; et depuis environ huit jours tout le cénacle bohémien était fort en peine à cause de la disparition de Rodolphe, qui était subitement devenu impondérable. On l'avait cherché dans tous les endroits où il avait habitude d'aller, et partout on avait reçu la même réponse :

— Nous ne l'avons pas vu depuis huit jours.

Gustave Colline, surtout, était dans une grande inquiétude, et voici à quel propos. Quelques jours auparavant, il avait confié à Rodolphe un article de haute philosophie que celui-ci devait insérer dans les colonnes *Variétés* du journal *le Castor*, revue de la chapellerie élégante dont il était rédacteur en chef. L'article philosophique était-il paru aux yeux de l'Europe étonnée ? Telle était la question que se posait le malheureux Colline ; et on comprendra cette anxiété quand on saura que le philosophe n'avait pas encore eu les honneurs de la typographie, et qu'il brûlait du désir de voir quel effet produirait sa prose imprimée en caractère *cicéro*. Pour se procurer cette satisfaction d'amour-propre, il avait déjà dépensé six francs en séance de lecture dans tous les salons littéraires de Paris, sans y rencontrer *le Castor*. N'y pouvant plus tenir, Colline se jura à lui-même qu'il ne prendrait pas une minute de repos avant d'avoir mis la main sur l'introuvable rédacteur de cette feuille.

Aidé par des hasards qu'il serait trop long de faire connaître, le philosophe s'était tenu parole. Deux jours après, il connaissait bien le domicile de Rodolphe, et se présentait chez lui à six heures du matin.

Rodolphe habitait alors un hôtel garni d'une rue déserte située dans le faubourg Saint-Germain, et il logeait au cinquième parce qu'il n'y avait point de sixième. Lorsque Colline arriva à la porte, il ne trouva point la clef dessus. Il frappa pendant dix minutes sans qu'on lui répondit de l'intérieur ; le vacarme matinal attira même le portier qui vint prier Colline de se taire.

— Vous voyez bien que ce monsieur dort, dit-il.

— C'est pour cela que je veux le réveiller, répondit Colline en frappant de nouveau.

— Il ne veut pas vous répondre, alors, reprit le concierge en déposant à la porte de Rodolphe une paire de bottes vernies et une paire de bottines de femme qu'il venait de cirer.

— Attendez donc un peu, fit Colline en examinant la chaussure mâle et femelle, des bottes vernies toutes neuves ! Je me serai trompé de porte, ce n'est pas ici que j'ai affaire.

— Au fait, dit le portier, après qui demandez-vous?
— Des bottines de femme! continua Colline en se parlant à lui-même et en songeant aux mœurs austères de son ami; oui, décidément je me suis trompé. Ce n'est pas ici la chambre de Rodolphe.
— Faites excuse, Monsieur, c'est ici.
— Eh bien, alors, c'est donc vous qui vous trompez, mon brave homme?
— Que voulez-vous dire?
— Certainement que vous faites erreur, ajouta Colline en indiquant les bottes vernies. Qu'est-ce que c'est que ça?
— Ce sont les bottes de M. Rodolphe; qu'est-ce qu'il y a d'étonnant?
— Et ceci, reprit Colline en montrant les bottines, est-ce aussi à M. Rodolphe?
— C'est à sa dame, dit le portier.
— A sa dame! exclama Colline stupéfait! Ah! le voluptueux! voilà pourquoi il ne veut pas ouvrir.
— Dame! dit le portier, il est libre, ce jeune homme; si Monsieur veut me dire son nom, j'en ferai part à M. Rodolphe.
— Non, dit Colline, maintenant que je sais où le trouver, je reviendrai; et il alla sur-le-champ annoncer les grandes nouvelles aux amis.

Les bottes vernies de Rodolphe furent généralement traitées de fables dues à la richesse d'imagination de Colline, et on déclara à l'unanimité que sa maîtresse était un paradoxe.

Ce paradoxe était pourtant une vérité; car, le soir même Marcel reçut une lettre collective pour tous les amis. Cette soir, à lettre était ainsi conçue :

« Monsieur et madame Rodolphe, hommes de lettres, vous prient de leur faire l'honneur de venir dîner chez eux demain soir, à cinq heures précises. »

N. B. Il y aura des assiettes.

— Messieurs, dit Marcel en allant communiquer la lettre à ses camarades, la nouvelle se confirme; Rodolphe a vraiment une maîtresse; de plus il nous invite à dîner, et, continua Marcel, le *post-scriptum* promet de la vaisselle. Je ne vous cache pas que ce paragraphe me paraît une exagération lyrique; cependant il faudra voir.

Le lendemain, à l'heure indiquée, Marcel, Gustave Colline et Alexandre Schaunard, affamés comme le dernier jour du carême, se rendirent chez Rodolphe, qu'ils trouvèrent en train de jouer avec un chat écarlate, tandis qu'une jeune femme disposait le couvert.

— Messieurs, dit Rodolphe en serrant la main à ses amis et en leur désignant la jeune femme, permettez-moi de vous présenter la maîtresse de céans.

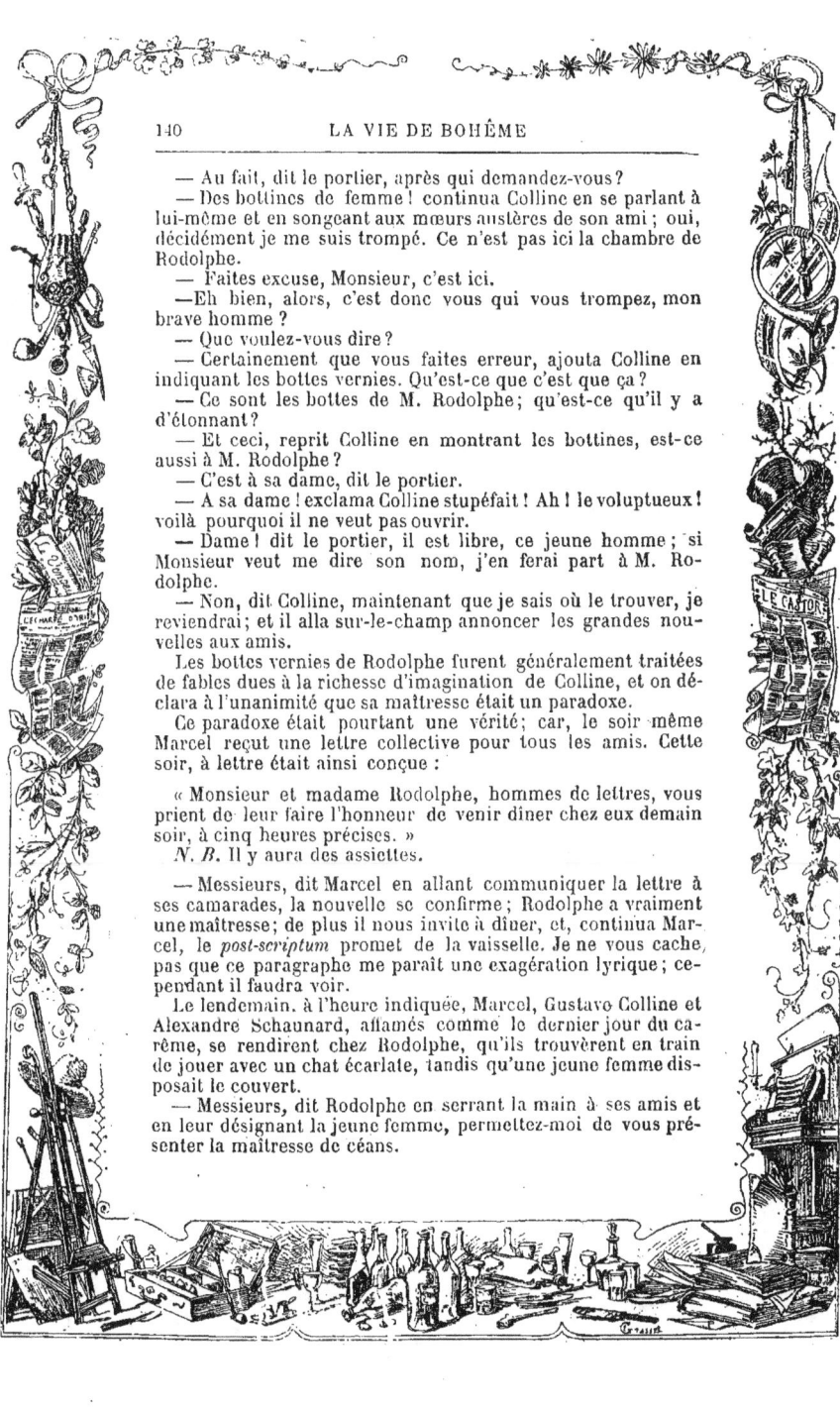

— C'est toi qui es céans, n'est-ce pas ? dit Colline, qui avait la lèpre de ce genre de bons mots.

— Mimi, répondit Rodolphe, je te présente mes meilleurs amis, et maintenant va tremper la soupe.

— Oh! Madame, fit Alexandre Schaunard en se précipitant vers Mimi, vous êtes fraîche comme une fleur sauvage.

Après s'être convaincu qu'il y avait en réalité des assiettes sur la table, Schaunard s'informa de ce qu'on allait manger. Il poussa même la curiosité jusqu'à soulever le couvercle des casseroles où cuisait le dîner. La présence d'un homard lui causa une vive impression.

Quant à Colline, il avait tiré Rodolphe à part pour lui demander des nouvelles de son article philosophique.

— Mon cher, il est à l'imprimerie. *Le Castor* paraît jeudi prochain.

Nous renonçons à peindre la joie du philosophe.

— Messieurs, dit Rodolphe à ses amis, je vous demande pardon si je suis resté si longtemps sans vous donner de mes nouvelles, mais j'étais dans ma lune de miel. Et il raconta l'histoire de son mariage avec cette charmante créature, qui lui avait apporté en dot ses dix-huit ans et six mois, deux tasses en porcelaine et un chat rouge qui s'appelait Mimi comme elle.

— Allons, Messieurs, dit Rodolphe, nous allons pendre la crémaillère de mon ménage. Je vous préviens, au reste, que nous allons faire un repas de bourgeois; les truffes seront remplacées par la plus franche cordialité.

En effet, cette aimable déesse ne cessa point de régner parmi les convives, qui trouvaient cependant que ce repas, soi-disant frugal, ne manquait pas d'une certaine tournure. Rodolphe, en effet, s'était mis en frais. Colline faisait remarquer qu'on changeait d'assiettes, et déclara à haute voix que mademoiselle Mimi était digne de l'écharpe azurée dont on décore les impératrices du fourneau, phrase qui était complétement *sanscrite* pour la jeune fille, et que Rodolphe traduisait en lui disant : « Qu'elle ferait un excellent cordon bleu. »

L'entrée en scène du homard causa une admiration générale. Sous le prétexte qu'il avait étudié l'histoire naturelle, Schaunard demanda à le partager lui-même; il profita même de la circonstance pour casser un couteau et pour s'adjuger la plus grosse part, ce qui excita l'indignation générale. Mais Schaunard n'avait point d'amour-propre, en matière de homard surtout; et, comme il en restait encore une portion, il eut l'audace de la mettre de côté, disant qu'elle lui servirait de modèle pour un tableau de nature morte qu'il avait en train.

L'indulgente amitié eut l'air de croire à ce mensonge, fils d'une gourmandise immodérée.

Quant à Colline, il réservait ses sympathies pour le dessert, et s'obstina même cruellement à ne point échanger sa part de gâteau au rhum contre une entrée à l'orangerie de Versailles que lui proposait Schaunard.

En ce moment, la conversation commença à s'animer. Aux trois bouteilles de cachet rouge succédèrent trois bouteilles de cachet vert, au milieu desquelles on vit bientôt apparaître un flacon qu'à son goulot surmonté d'un casque argenté on reconnut pour faire partie du régiment de Royal-Champenois, un champagne de fantaisie récolté dans les vignobles de Saint-Ouen, et vendu à Paris deux francs la bouteille, pour cause de liquidation, à ce que prétendait le marchand.

Mais ce n'est pas le pays qui fait le vin, et nos bohèmes acceptèrent comme de l'aï authentique la liqueur qu'on leur servait dans des verres *ad hoc*; et malgré le peu de vivacité que le bouchon mit à s'évader de sa prison, ils s'extasièrent sur l'excellence du crû en voyant la quantité de mousse. Schaunard employa ce qui lui restait de sang-froid à se tromper de verre et à prendre celui de Colline, lequel trempait gravement son biscuit dans le moutardier, en expliquant à mademoiselle Mimi l'article philosophique qui devait paraître dans le *Castor*; puis tout à coup il devint pâle et demanda la permission d'aller à la fenêtre pour voir le soleil couchant, bien qu'il fut dix heures du soir et que le soleil fût couché et endormi depuis longtemps.

— C'est bien malheureux que le champagne ne soit pas frappé, dit Schaunard en essayant encore de substituer son verre vide au verre plein de son voisin, tentative qui n'eut point de succès.

— Madame, disait à Mimi Colline, qui avait cessé de prendre l'air, on frappe le champagne avec la glace, la glace est formée par la condensation de l'eau, *aqua* en latin. L'eau gèle à deux degrés, et il y a quatre saisons, l'été, le printemps, l'automne et l'hiver; c'est ce qui a causé la retraite de Russie; Rodolphe, donne-moi un hémistiche de champagne.

— Qu'est-ce qu'il dit donc, ton ami? demanda Mimi, qui ne comprenait pas, à Rodolphe.

— C'est un mot, répond celui-ci; Colline veut dire un *demi-verre*.

Tout à coup Colline frappa brusquement sur l'épaule de Rodolphe, et lui dit d'une voix embarrassée qui semblait mettre des syllabes en pâte :

— C'est demain jeudi, n'est-ce pas?

— Non, répondit Rodolphe, c'est demain dimanche.

— Non, jeudi.

— Non, encore une fois, c'est demain dimanche.

— Ah! dimanche, fit Colline en dodelinant de la tête, plus souvent, c'est demain jeu...di...

Et il s'endormit en allant mouler sa figure dans le fromage à la crème qui était sur son assiette.

— Qu'est-ce qu'il chante donc avec son jeudi? fit Marcel.

— Ah! j'y suis maintenant, dit Rodolphe qui commençait à

comprendre l'insistance du philosophe, tourmenté par son idée fixe ; c'est à cause de son article du *Castor*... Tenez, il en rêve tout haut.

— Bon, dit Schaunard, il n'aura pas de café, n'est-ce pas, Madame?

— A propos, dit Rodolphe, sers-nous donc le café, Mimi.

Celle-ci allait se lever, quand Colline, qui avait retrouvé un peu de sang-froid, la retint par la taille et lui dit confidentiellement à l'oreille :

— Madame, le café est originaire de l'Arabie, où il fut découvert par une chèvre. L'usage en passa en Europe. Voltaire en prenait soixante-douze tasses par jour. Moi, je l'aime sans sucre, mais je le prends très-chaud.

— Dieu ! comme ce monsieur est savant ! pensait Mimi en apportant le café et les pipes.

Cependant l'heure s'avançait ; minuit avait sonné depuis longtemps, et Rodolphe essaya de faire comprendre à ses convives qu'il était temps de se retirer. Marcel, qui avait conservé toute sa raison, se leva pour partir.

Mais Schaunard s'aperçut qu'il y avait encore de l'eau-de-vie dans une bouteille, et déclara qu'il ne serait pas minuit tant qu'il resterait quelque chose dans le flacon. Pour Colline, il était à cheval sur sa chaise et murmurait à voix basse :

— Lundi, mardi, mercredi, jeudi.

— Ah çà ! disait Rodolphe très-embarrassé, je ne peux pourtant pas les garder ici cette nuit ; autrefois, c'était bien ; mais maintenant, c'est autre chose, ajouta-t-il en regardant Mimi, dont le regard, doucement allumé, semblait appeler la solitude à deux.

— Comment donc faire? Conseille-moi donc un peu, toi, Marcel. Invente une ficelle pour les éloigner.

— Non, je n'inventerai pas, dit Marcel, mais j'imiterai.

— Je me rappelle une comédie où un valet intelligent trouve le moyen de mettre à la porte de chez son maître trois coquins ivres comme Silène.

— Je me souviens de ça, fit Rodolphe, c'est dans *Kean*. En effet, la situation est la même.

— Eh bien, dit Marcel, nous allons voir si le théâtre est la nature. Attends un peu, nous commencerons par Schaunard. Eh ! Schaunard, s'écria le peintre.

— Hein? qu'est-ce qu'il y a? répondait celui-ci, qui semblait nager dans le bleu d'une douce ivresse.

— Il y a qu'il n'y a plus rien à boire ici, et que nous avons tous soif.

— Ah ! oui, dit Schaunard, ces bouteilles, c'est si petit.

— Eh bien, reprit Marcel, Rodolphe a décidé qu'on passerait la nuit ici ; mais il faut aller chercher quelque chose avant que les boutiques soient fermées.

— Mon épicier demeure au coin de la rue, dit Rodolphe.

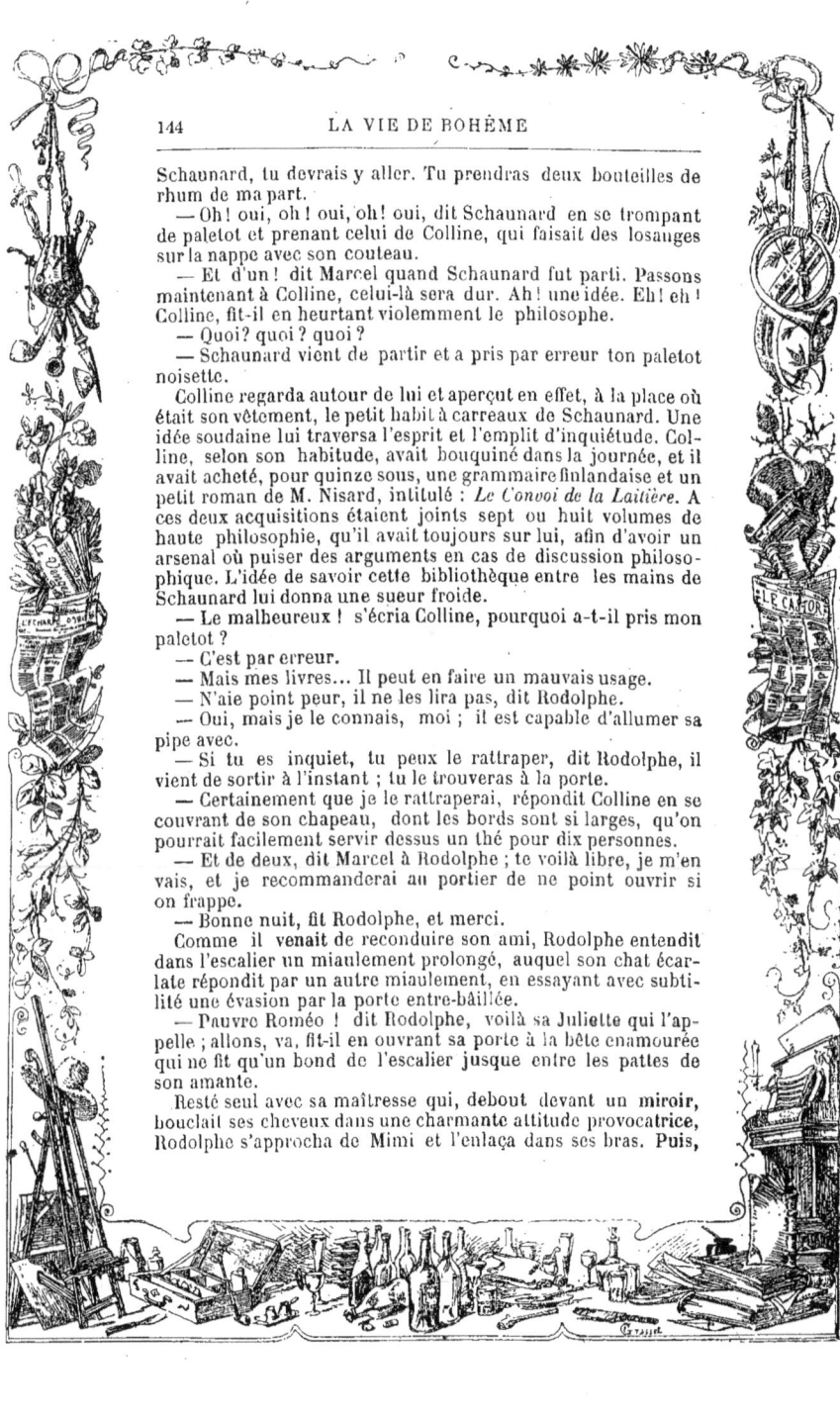

Schaunard, tu devrais y aller. Tu prendras deux bouteilles de rhum de ma part.

— Oh! oui, oh! oui, oh! oui, dit Schaunard en se trompant de paletot et prenant celui de Colline, qui faisait des losanges sur la nappe avec son couteau.

— Et d'un! dit Marcel quand Schaunard fut parti. Passons maintenant à Colline, celui-là sera dur. Ah! une idée. Eh! eh! Colline, fit-il en heurtant violemment le philosophe.

— Quoi? quoi? quoi?

— Schaunard vient de partir et a pris par erreur ton paletot noisette.

Colline regarda autour de lui et aperçut en effet, à la place où était son vêtement, le petit habit à carreaux de Schaunard. Une idée soudaine lui traversa l'esprit et l'emplit d'inquiétude. Colline, selon son habitude, avait bouquiné dans la journée, et il avait acheté, pour quinze sous, une grammaire finlandaise et un petit roman de M. Nisard, intitulé : *Le Convoi de la Laitière*. A ces deux acquisitions étaient joints sept ou huit volumes de haute philosophie, qu'il avait toujours sur lui, afin d'avoir un arsenal où puiser des arguments en cas de discussion philosophique. L'idée de savoir cette bibliothèque entre les mains de Schaunard lui donna une sueur froide.

— Le malheureux! s'écria Colline, pourquoi a-t-il pris mon paletot?

— C'est par erreur.

— Mais mes livres... Il peut en faire un mauvais usage.

— N'aie point peur, il ne les lira pas, dit Rodolphe.

— Oui, mais je le connais, moi; il est capable d'allumer sa pipe avec.

— Si tu es inquiet, tu peux le rattraper, dit Rodolphe, il vient de sortir à l'instant; tu le trouveras à la porte.

— Certainement que je le rattraperai, répondit Colline en se couvrant de son chapeau, dont les bords sont si larges, qu'on pourrait facilement servir dessus un thé pour dix personnes.

— Et de deux, dit Marcel à Rodolphe; te voilà libre, je m'en vais, et je recommanderai au portier de ne point ouvrir si on frappe.

— Bonne nuit, fit Rodolphe, et merci.

Comme il venait de reconduire son ami, Rodolphe entendit dans l'escalier un miaulement prolongé, auquel son chat écarlate répondit par un autre miaulement, en essayant avec subtilité une évasion par la porte entre-bâillée.

— Pauvre Roméo! dit Rodolphe, voilà sa Juliette qui l'appelle; allons, va, fit-il en ouvrant sa porte à la bête enamourée qui ne fit qu'un bond de l'escalier jusque entre les pattes de son amante.

Resté seul avec sa maîtresse qui, debout devant un miroir, bouclait ses cheveux dans une charmante attitude provocatrice, Rodolphe s'approcha de Mimi et l'enlaça dans ses bras. Puis,

LA VIE DE BOHÈME

C'était un pas qu'on appelle le pas des regrets et soupirs.

comme un musicien qui, avant de commencer son morceau, frappe un placage d'accords pour s'assurer de la capacité de son instrument, Rodolphe assit la jeune Mimi sur ses genoux et lui appuya sur l'épaule un long et sonore baiser qui imprima une vibration soudaine au corps de la printanière créature.

L'instrument était d'accord.

XIV

MADEMOISELLE MIMI.

O mon ami Rodolphe, qu'est-il donc advenu pour que vous soyez changé ainsi ? Dois-je croire les bruits que l'on rapporte, et ce malheur a-t-il pu abattre à ce point votre robuste philosophie ? Comment pourrai-je, moi, l'historien ordinaire de votre épopée bohème, si pleine d'éclats de rire, comment pourrai-je raconter sur un ton assez mélancolique la pénible aventure qui met un crêpe à votre constante gaieté, et arrête ainsi tout à coup la sonnerie de vos paradoxes ?

O Rodolphe mon ami ! je veux bien que le mal soit grand, mais là, en vérité, ce n'est point de quoi s'aller jeter à l'eau. Donc je vous convie au plus vite à faire une croix sur le passé. Fuyez surtout la solitude peuplée de fantômes qui éterniseraient vos regrets. Fuyez le silence, où les échos des souvenirs seraient encore pleins de vos joies et de vos douleurs passées. Jetez courageusement à tous les vents de l'oubli le nom que vous avez tant aimé, et jetez avec lui tout ce qui vous reste encore de celle-là qui le portait. Boucles de cheveux mordues par les lèvres folles du désir ; flacon de Venise, où dort encore un reste de parfum, qui, en ce moment serait plus dangereux à respirer pour vous que tous les poisons du monde ; au feu les fleurs, les fleurs de gaze, de soie et de velours ; les jasmins blancs, les anémones empourprées par le sang d'Adonis, les myosotis bleus, et tous ces charmants bouquets qu'elle composait aux jours lointains de votre court bonheur. Alors, je l'aimais aussi, moi, votre Mimi, et je ne voyais pas de danger à ce que vous l'aimassiez. Mais suivez mes conseils : au feu les rubans, les jolis rubans roses, bleus et jaunes dont elle se faisait des colliers pour agacer le regard ; au feu les dentelles et les bonnets, et les voiles et tous ces chiffons coquets dont elle se parait pour aller faire de l'amour mathématique avec M. César, M. Jérôme, M. Charles, ou tel autre galant du calendrier, alors que vous l'attendiez à votre fenêtre, frissonnant sous les brises et les givres de l'hiver ; au feu, Rodolphe, et sans pitié, tout ce qui lui a appartenu et pourrait encore vous parler d'elle ; au feu les lettres d'*amour*. Tenez, en voici précisément une, et vous avez pleuré dessus comme une fontaine, ô mon ami infortuné !

« *Comme tu ne rentres pas, je sors pour aller chez ma tante;*

j'emporte l'argent qu'il y a ici, pour prendre une voiture. — Lucile. » Et ce soir-là, ô Rodolphe, vous n'avez pas dîné, vous en souvenez-vous? et vous êtes venu chez moi me tirer un feu d'artifice de plaisanteries qui attestaient de la tranquillité de votre esprit. Car vous croyiez Mimi chez sa tante, et si je vous avais dit qu'elle était chez M. César, ou avec un comédien du Montparnasse, vous auriez certainement voulu me couper la gorge. Au feu encore cet autre billet qui a toute la tendresse laconique du premier :

« *Je vais me commander des bottines, il faut absolument que tu trouves de l'argent pour que je les aille chercher après-demain.* »
Ah! mon ami, ces bottines-là ont dansé bien des contre danses où vous ne faisiez pas vis-à-vis. A la flamme tous ces souvenirs, et au vent leurs cendres.

Mais d'abord, ô Rodolphe, par amour pour l'humanité et pour la gloire de *l'Echarpe d'Iris* et du *Castor*, reprenez les rênes du bon goût que vous aviez abandonnées durant votre souffrance égoïste, sans quoi il peut arriver des choses horribles et dont vous seriez responsable. Nous en reviendrions aux manches à gigot, aux pantalons à petit pont, on verrait un jour venir à la mode des chapeaux qui fâcheraient l'univers et appelleraient la colère du ciel.

Et maintenant, voici le moment venu de raconter les amours de notre ami Rodolphe avec mademoiselle Lucile, surnommée mademoiselle Mimi. Ce fut au détour de sa vingt-quatrième année que Rodolphe fut pris subitement au cœur par cette passion, qui eut une grande influence sur sa vie. A l'époque où il rencontra Mimi, Rodolphe menait cette existence accidentée et fantastique que nous avons essayé de décrire dans les précédentes scènes de cette série. C'était certainement un des plus gais porte-misère qui fussent au pays de Bohême. Et lorsque dans sa journée il avait fait un mauvais dîner et un bon mot, il marchait plus fier sur le pavé qui souvent faillit lui servir de gîte, plus fier sous son habit noir criant merci par toutes les coutures, qu'un empereur sous la robe de pourpre. Dans le cénacle où vivait Rodolphe, par une pose assez commune à quelques jeunes gens, on affectait de traiter l'amour comme une chose de luxe, un prétexte à bouffonnerie. Gustave Colline, qui était depuis fort longtemps en relation avec une giletière qu'il rendit contrefaite de corps et d'esprit à force de lui faire copier jour et nuit les manuscrits de ses ouvrages philosophiques, prétendait que l'amour était une espèce de purgation, bonne à prendre à chaque saison nouvelle, pour se débarrasser des humeurs. Au milieu de tous ces faux sceptiques, Rodolphe était le seul qui osât parler avec quelque révérence de l'amour; et quand on avait le malheur de lui laisser prendre cette corde, il en avait pour une heure à roucouler des élégies sur le bonheur d'être aimé, l'azur du lac paisible, chanson de la brise, concert d'étoiles, etc., etc. Cette manie l'avait fait surnommer l'*harmo-*

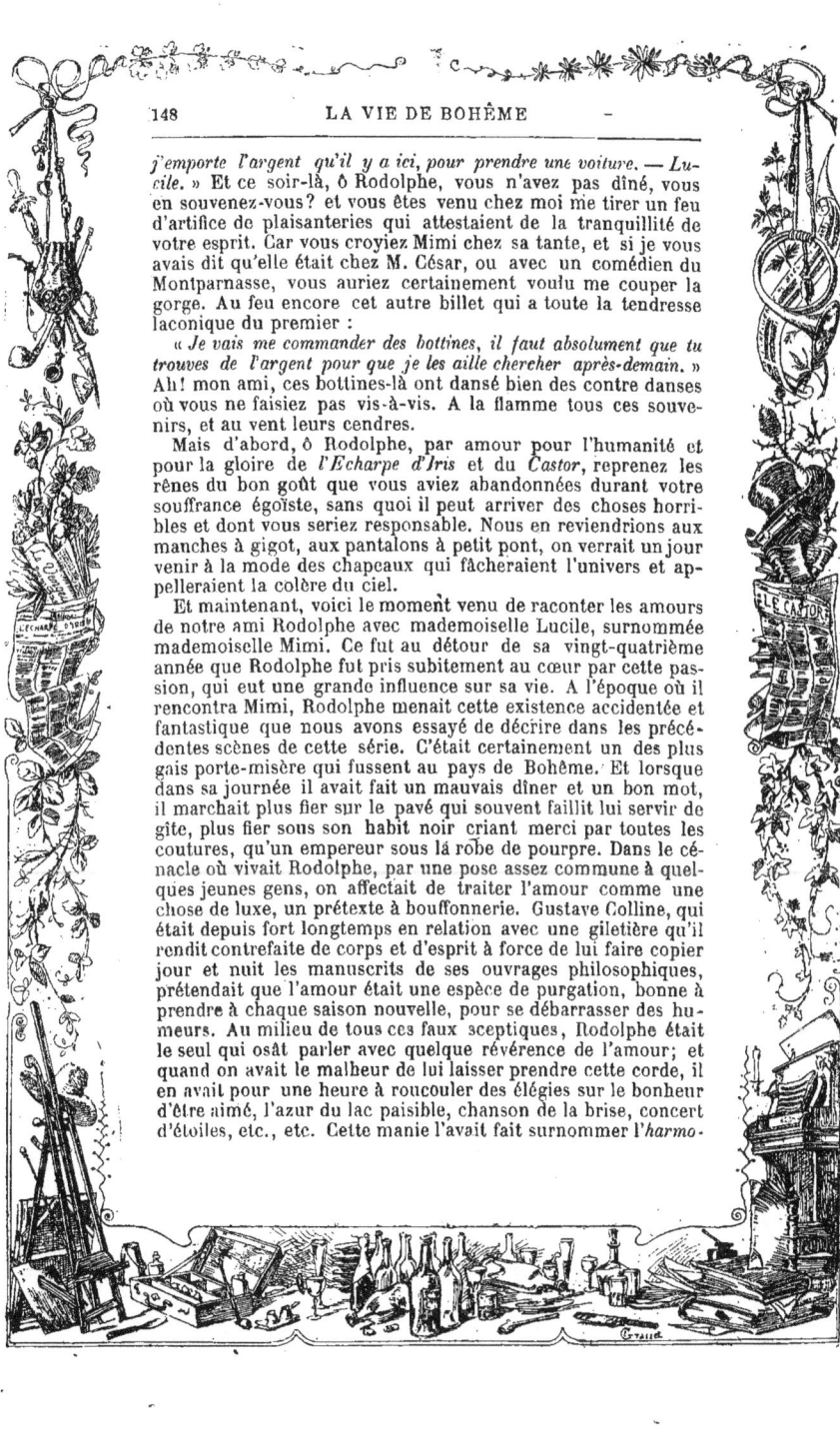

nica, par Schaunard. Marcel avait aussi fait à ce propos un mot très-joli, où, faisant allusion aux tirades sentimentales et germaniques de Rodolphe, ainsi qu'à sa calvitie précoce, il l'appelait : *myosotis chauve*. La vérité vraie était ceci : Rodolphe croyait alors sérieusement en avoir fini avec toutes les choses de jeunesse et d'amour; il chantait insolemment le *De profundis* sur son cœur qu'il croyait mort, alors qu'il n'était qu'immobile, mais prêt au réveil, mais facile à la joie et plus tendre que jamais à toutes les chères douleurs qu'il n'espérait plus et qui le désespéraient aujourd'hui. Vous l'avez voulu, ô Rodolphe ! et nous ne vous plaindrons pas, car ce mal dont vous souffrez est un de ceux qu'on envie le plus, surtout si l'on sait qu'on en est à jamais guéri.

Rodolphe rencontra donc la jeune Mimi qu'il avait jadis connue, alors qu'elle était la maîtresse d'un de ses amis. Et il en fit la sienne. Ce fut d'abord un grand haro parmi les amis de Rodolphe lorsqu'ils apprirent son mariage; mais comme mademoiselle Mimi était fort avenante, point du tout bégueule, et supportait sans maux de tête la fumée de la pipe et les conversations littéraires, on s'accoutuma à elle et on la traita comme une camarade. Mimi était une charmante femme et d'une nature qui convenait particulièrement aux sympathies plastiques et poétiques de Rodolphe. Elle avait vingt-deux ans; elle était petite, délicate, mièvre. Son visage semblait l'ébauche d'une figure aristocratique; mais ses traits, d'une certaine finesse et comme doucement éclairés par les lueurs de ses yeux bleus et limpides, prenaient en de certains moments d'ennui ou d'humeur un caractère de brutalité presque fauve, où un physiologiste aurait peut-être reconnu l'indice d'un profond égoïsme ou d'une grande insensibilité. Mais c'était le plus souvent une charmante tête au sourire jeune et frais, aux regards tendres ou pleins d'impérieuse coquetterie. Le sang de la jeunesse courait chaud et rapide dans ses veines, et colorait de teintes rosées sa peau transparente aux blancheurs de camélia. Cette beauté maladive séduisait Rodolphe, et il passait souvent, la nuit, bien des heures à couronner de baisers le front pâle de sa maîtresse endormie, dont les yeux humides et lassés brillaient à demi clos sous le rideau de ses magnifiques cheveux bruns. Mais ce qui contribua surtout à rendre Rodolphe amoureux fou de mademoiselle Mimi, ce furent ses mains que, malgré les soins du ménage, elle savait conserver plus blanches que les mains de la déesse de l'Oisiveté. Cependant, ces mains si frêles, si mignonnes, si douces aux caresses de la lèvre, ces mains d'enfant entre lesquelles Rodolphe avait déposé son cœur de nouveau en floraison, ces mains blanches de mademoiselle Mimi devaient bientôt mutiler le cœur du poète avec leurs ongles roses.

Au bout d'un mois, Rodolphe commença à s'apercevoir qu'il avait épousé une tempête, et que sa maîtresse avait un grand défaut. Elle *voisinait*, comme on dit, et passait une grande partie de son temps chez des femmes entretenues du quartier, dont elle avait fait la connaissance. Il en résulta bientôt ce que Rodolphe avait craint lorsqu'il s'était aperçu des relations contractées par sa maîtresse. L'opulence variable de quelques-unes de ses *amies* nouvelles avait fait naître une forêt d'ambition dans l'esprit de mademoiselle Mimi, qui jusque-là n'avait eu que des goûts modestes et se contentait du nécessaire, que Rodolphe lui procurait de son mieux. Mimi commença à rêver la soie, le velours et la dentelle. Et malgré les défenses de Rodolphe, elle continua à fréquenter les femmes, qui toutes étaient d'accord pour lui persuader de rompre avec le bohémien qui ne pouvait pas seulement lui donner cent cinquante francs pour s'acheter une robe de drap.

— Jolie comme vous êtes, lui disaient ses conseillères, vous trouverez facilement une position meilleure. Il ne faut que chercher.

Et mademoiselle Mimi se mit à chercher. Témoin de ses fréquentes sorties, maladroitement motivées, Rodolphe entra dans la voie douloureuse des soupçons. Mais dès qu'il se sentait sur la trace de quelque preuve d'infidélité, il s'enfonçait avec acharnement un bandeau sur les yeux, afin de ne rien voir. Cependant, quoi qu'il en fût, il adorait Mimi. Il avait pour elle cet amour jaloux, fantasque, querelleur et bizarre que la jeune femme ne comprenait pas, parce qu'elle n'éprouvait alors pour Rodolphe que cet attachement tiède qui résulte de l'habitude. Et d'ailleurs, la moitié de son cœur avait déjà été dépensée au temps de son premier amour, et l'autre moitié était encore pleine des souvenirs de son premier amant.

Huit mois se passèrent ainsi, alternés de jours bons et mauvais. Pendant ce temps, Rodolphe fut vingt fois sur le point de se séparer de mademoiselle Mimi, qui avait pour lui toutes les cruautés maladroites de la femme qui n'aime pas. A proprement parler, cette existence était devenue pour tous deux un enfer. Mais Rodolphe s'était habitué à ces luttes quotidiennes, et ne craignait rien tant que de voir cesser cet état des choses, parce qu'il sentait qu'avec lui cesseraient à jamais et ces fièvres de jeunesse et ces agitations qu'il n'avait point ressenties depuis si longtemps. Et puis, s'il faut tout dire aussi, il y avait des heures où mademoiselle Mimi savait faire oublier à Rodolphe tous les soupçons auxquels il se déchirait le cœur. Il y avait des moments où elle courbait à ses genoux comme un enfant, sous le charme de son regard bleu, ce poëte à qui elle avait fait retrouver la poésie perdue, ce jeune à qui elle avait rendu la jeunesse, et qui, grâce à elle, était rentré sous l'équateur de l'amour. Deux ou trois fois par mois, au milieu de leurs orageuses querelles, Rodolphe et Mimi s'arrêtaient d'un commun accord dans l'oasis fraîche d'une nuit d'amour et de douces causeries. Alors, Rodolphe prenait entre ses bras la tête souriante et animée de son amie, et pendant des heures entières il se laissait aller à lui parler cet admirable et absurde langage que la passion improvise à ses heures de délire. Mimi écoutait calme d'abord, plutôt étonnée qu'émue ; mais à la fin, l'éloquence enthousiaste de Rodolphe, tour à tour tendre, gai, mélancolique, la gagnait peu à peu. Elle sentait fondre, au contact de cet amour, les glaces d'indifférence qui engourdissaient son cœur, des fièvres contagieuses commençaient à l'agiter, elle se jetait au cou de Rodolphe et lui disait en baisers tout ce qu'elle n'aurait pu lui dire en paroles. Et l'aube les surprenait ainsi, enlacés l'un à l'autre, les yeux sur les yeux, les mains dans les mains, tandis que leurs bouches humides et brûlantes murmuraient encore le mot immortel :

« Qui, depuis cinq mille ans,
« Se suspend chaque nuit aux lèvres des amants, »

Mais le lendemain, le plus futile prétexte amenait une querelle, et l'amour épouvanté s'enfuyait encore pour longtemps.

A la fin, cependant, Rodolphe s'aperçut que, s'il n'y prenait garde, les mains blanches de mademoiselle Mimi l'achemineraient à un abîme où il laisserait son avenir et sa jeunesse. Un instant la raison austère parla en lui plus fort que l'amour, et il se convainquit par de beaux raisonnements appuyés de preuves que sa maîtresse ne l'aimait pas. Il alla jusqu'à se dire que les heures de tendresse qu'elle lui accordait n'étaient qu'un caprice de sens pareil à ceux que les femmes mariées éprouvent pour leurs maris lorsqu'elles ont la fièvre d'un cachemire, d'une robe nouvelle, ou que leur amant se trouve éloigné d'elles, ce qui fait pendant au proverbe : « Quand on n'a point de pain blanc on se contente de pain bis. » Bref, Rodolphe pouvait tout pardonner à sa maîtresse, excepté de n'être point aimé. Il prit donc un parti suprême et annonça à mademoiselle Mimi qu'elle eût à chercher un autre amant. Mimi se mit à rire et fit des bravades. A la fin, voyant que Rodolphe tenait bon dans sa résolution, et l'accueillait avec beaucoup de tranquillité lorsqu'elle rentrait à la maison après une nuit et un jour passés au dehors, elle commença à s'inquiéter un peu devant cette fermeté à laquelle elle n'était point habituée. Elle fut alors charmante pendant deux ou trois jours. Mais son amant ne revenait point sur ce qu'il avait dit, et se contentait de lui demander si elle avait trouvé quelqu'un.

— Je n'ai seulement pas cherché, répondit-elle.

Cependant elle avait cherché, et même avant que Rodolphe lui en eût donné le conseil. En quinze jours elle avait fait deux tentatives. Une de ses amies l'avait aidée et lui avait d'abord ménagé la connaissance d'un jeune jouvenceau qui avait fait briller aux yeux de Mimi un horizon de cachemires de l'Inde et de mobiliers en palissandre. Mais, de l'avis de Mimi elle-même ce jeune lycéen, qui pouvait être très-fort en algèbre, n'était pas un très-grand clerc en amour; et comme Mimi n'aimait point à faire les éducations, elle planta là son amoureux novice avec ses cachemires, qui broutaient encore les prairies du Tibet, et ses mobiliers de palissandre, encore en feuilles dans les forêts du Nouveau-Monde.

Le lycéen ne tarda pas à être remplacé par un gentilhomme breton, dont Mimi s'était rapidement affolée, et elle n'eut point besoin de prier longtemps pour devenir comtesse.

Malgré les protestations de sa maîtresse, Rodolphe eut vent de quelque intrigue; il voulut savoir au juste où il en était, et un matin, après une nuit où mademoiselle Mimi n'était point rentrée, il courut à l'endroit où il la soupçonnait être, et là il put à loisir s'enfoncer en plein cœur une de ces preuves auxquelles il faut croire quand même. Les yeux bordés d'une auréole de volupté, il vit mademoiselle Mimi sortir du manoir où elle s'était fait anoblir, pendue au bras de son nouveau maître et seigneur, lequel, il faut le dire, paraissait beaucoup moins fier de sa nouvelle conquête que ne le fût Pâris, le beau berger grec, après l'enlèvement de la belle Hélène.

En voyant arriver son amant, mademoiselle Mimi parut un peu surprise. Elle s'approcha de lui, et pendant cinq minutes ils s'entretinrent fort tranquillement. Ils se séparèrent ensuite pour aller chacun de son côté. Leur rupture était résolue.

Rodolphe rentra chez lui et passa la journée à disposer en paquets tous les objets qui appartenaient à sa maîtresse.

Durant la journée qui suivit le divorce avec sa maîtresse, Rodolphe reçut la visite de plusieurs de ses amis, et leur annonça tout ce qui s'était passé. Tout le monde le complimenta de cet événement comme d'un grand bonheur.

— Nous vous aiderons, ô mon poëte, lui disait un de ceux-là qui avaient été le plus souvent témoins des misères que mademoiselle Mimi faisait endurer à Rodolphe, nous vous aiderons à retirer votre cœur des mains d'une méchante créature. Et avant peu, vous serez guéri et tout prêt à courir avec une autre Mimi les verts chemins d'Aulnay et de Fontenay-aux-Roses.

Rodolphe jura que c'en était à jamais fini avec les regrets et le désespoir. Il se laissa même entraîner au bal Mabille, où sa tenue délabrée représentait fort mal *l'Echarpe d'Iris* qui lui procurait ses entrées dans ce beau jardin de l'élégance et du plaisir. Là, Rodolphe rencontra de nouveaux amis avec qui il se mit à boire. Il leur raconta son malheur avec un luxe inouï de style bizarre, et, pendant une heure, il fut étourdissant de verve et d'entrain.

— Hélas! hélas! disait le peintre Marcel en écoutant la pluie d'ironie qui tombait des lèvres de son ami, Rodolphe est trop gai, beaucoup trop!

— Il est charmant! répondit une jeune femme à qui Rodolphe venait d'offrir un bouquet; et, quoiqu'il soit bien mal mis,

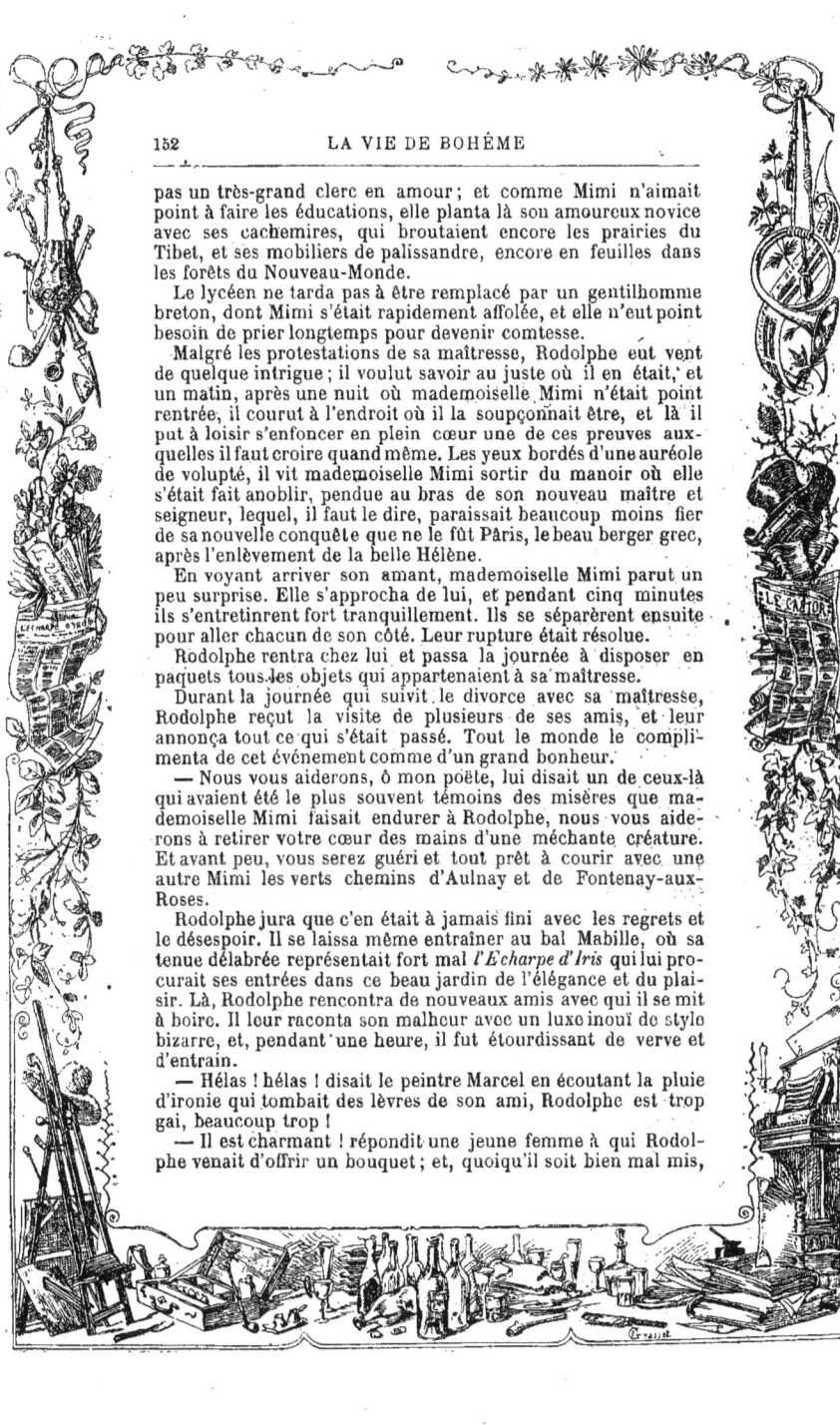

LA VIE DE BOHÊME

Je ne pouvais pas lutter contre des truffes, pensa-t-il.

je me compromettrais volontiers à danser avec lui s'il voulait m'inviter.

Deux secondes après, Rodolphe, qui avait entendu, était à ses pieds, enveloppant son invitation dans un discours aromatisé de tout le musc et de tout le benjoin d'une galanterie à 80 degrés Richelieu. La dame demeura confondue devant ce langage pailleté d'adjectifs éblouissants et de phrase contournées et régence au point de faire rougir le talon des souliers de Rodolphe, qui n'avait jamais été si gentilhomme vieux-Sèvres. L'invitation fut acceptée.

Rodolphe ignorait les premier éléments de la danse à l'égal de la règle de trois. Mais il était mû par une audace extraordinaire, il n'hésita point à partir, et improvisa une danse inconnue à toutes les chorégraphies passées. C'était un pas qu'on appelle le *pas des regrets et soupirs*, et dont l'originalité obtint un incroyable succès. Les trois mille becs de gaz avaient beau lui tirer la langue, comme pour se moquer de lui, Rodolphe allait toujours, et jetait sans relâche, à la figure de sa danseuse, des poignées de madrigaux entièrement inédits.

— Hélas ! disait le peintre Marcel, cela est incroyable, Rodolphe me fait l'effet d'un homme ivre qui se roule sur des verres cassés.

— En attendant, il *a fait* une femme superbe, dit un autre en voyant Rodolphe s'enfuir avec sa danseuse.

— Tu ne nous dis pas adieu, lui cria Marcel.

Rodolphe revint près de l'artiste et lui tendit la main. Cette main était froide et humide comme une pierre mouillée.

La compagne de Rodolphe était une robuste fille de Normandie, riche et abondante nature dont la rusticité native s'était promptement aristocratisée au milieu des élégances du luxe parisien et d'une vie oisive. Elle s'appelait quelque chose comme madame Séraphine, et était pour le présent la maîtresse d'un Rhumatisme, pair de France, qui lui donnait cinquante louis par mois, qu'elle partageait avec un gentilhomme de comptoir qui ne lui donnait que des coups. Rodolphe lui avait plu, elle espéra qu'il ne lui donnerait rien, elle l'emmena chez elle.

— Lucile, dit-elle à sa femme de chambre, je n'y suis pour personne. Et, après avoir passé dans sa chambre, elle revint au bout de cinq minutes, revêtue d'un costume spécial. Elle trouva Rodolphe immobile et muet, car depuis son entrée il s'était malgré lui enfoncé dans des ténèbres plein de sanglots silencieux.

— Vous ne me regardez plus, tu ne me parles pas, dit Séraphine étonnée.

— Allons, se dit Rodolphe en relevant la tête, regardons-là, mais pour l'art seulement !

« Et quel spectacle, alors, vint s'offrir à ses yeux ! » comme dit Raoul dans *les Huguenots*.

Séraphine était admirablement belle. Ces formes splendides, habilement mises en valeur par son vêtement, s'accusaient pleines de provocations sous la demi-transparence du tissu. Toutes les impérieuses fièvres du désir se réveillèrent dans les veines de Rodolphe. Un chaud brouillard lui monta au cerveau. Il regarda Séraphine autrement que pour l'amour de l'esthétique, et il prit dans ses mains celles de la belle fille. C'étaient les mains sublimes et qu'on eût dites sculptées par les plus purs ciseaux de la statuaire grecque. Rodolphe sentit ces admirables mains trembler dans les siennes ; et, de moins en moins critique d'art, il attira près de lui Séraphine, dont le visage se colorait déjà de cette rougeur qui est l'aurore de la volupté.

— Cette créature est un véritable instrument de plaisir, un vrai *Stradivarius* d'amour, et dont je jouerais volontiers un air, pensa Rodolphe, en entendant d'une manière très-distincte le cœur de la belle battre une charge précipitée.

En ce moment un coup de sonnette violent retentit à la porte de l'appartement.

— Lucile, Lucile, cria Séraphine à la femme de chambre, n'ouvrez pas ; dites que je ne suis pas rentrée.

A ce nom de Lucile, deux fois prononcé, Rodolphe se leva.

— Je ne veux vous gêner en aucune façon, Madame, dit-il. D'ailleurs, il faut que je me retire, il est tard et je demeure très-loin. Bonsoir.

— Comment ! vous partez ? s'écria Séraphine en redoublant les éclairs de son regard. Pourquoi, pourquoi partez-vous ? je suis libre, vous pouvez rester.

— Impossible, répondit Rodolphe. J'attends ce soir un de mes parents qui arrive de la terre de Feu, et il me déshériterait s'il ne me trouvait pas chez moi pour lui faire accueil. Bonsoir, Madame !

Et il sortit avec précipitation. La servante alla l'éclairer, Rodolphe leva par mégarde les yeux sur elle. C'était une jeune femme frêle, à la démarche lente ; son visage très pâle faisait une antithèse avec sa chevelure noire ondée naturellement, et ses yeux bleus semblaient deux étoiles malades.

— O fantôme ! s'écria Rodolphe en se reculant devant celle qui portait le nom et le visage de sa maîtresse. Arrière ! que me veux-tu ? Et il descendit l'escalier à la hâte.

— Mais, Madame, dit la camériste en rentrant chez sa maîtresse, il est fou ce jeune homme !

— Dis donc qu'il est bête, répondit Séraphine exaspérée. Oh ! ajouta-t-elle, ça m'apprendra à être bonne. Si cet imbécile de Léon avait au moins l'esprit de venir à présent.

Léon était le gentilhomme dont la tendresse portait une cravache.

Rodolphe courut chez lui tout d'une haleine. En montant l'escalier, il trouva son chat écarlate qui poussait des gémissements plaintifs. Il y avait deux nuits déjà qu'il appelait ainsi vainement son amante infidèle, une Manon Lescaut angora, partie en campagne galante sur les toits d'alentour. Pauvre bête, dit Rodolphe, toi aussi on t'a trompé ; ta Mimi t'a fait des traits comme la mienne. Bast ! consolons-nous. Vois-tu, ma pauvre bête, le cœur des femmes et des chattes est un abîme que les hommes et les chats ne pourront jamais sonder.

Lorsqu'il entra dans sa chambre, bien qu'il fît une chaleur épouvantable, Rodolphe crut sentir un manteau glacé descendre sur ses épaules. C'était le froid de la solitude, de la terrible solitude de la nuit que rien ne vient troubler. Il alluma sa bougie et aperçut alors la chambre dévastée. Les meubles ouvraient leurs tiroirs vides, et, du plafond au sol, une immense tristesse emplissait cette petite chambre, qui parut à Rodolphe plus grande qu'un désert. En marchant, il heurta du pied les paquets renfermant les objets appartenant à mademoiselle Mimi, et il ressentit un mouvement de joie en voyant qu'elle n'était pas encore venue pour les prendre, comme elle lui avait dit qu'elle le ferait le matin. Rodolphe sentait, malgré tous ses combats, approcher l'heure de la réaction, et il devinait bien qu'une nuit atroce allait expier toute la joie amère qu'il avait dépensée dans la soirée. Cependant, il espérait que son corps, brisé par la fatigue, s'endormirait avant le réveil des angoisses, si longtemps comprimées dans son cœur.

Comme il s'approchait du lit et en écartait les rideaux, en voyant ce lit qui n'avait pas été dérangé depuis deux jours, devant les deux oreillers placés l'un à côté de l'autre, et sous l'un desquels se cachait encore à demi la garniture d'un bonnet de femme, Rodolphe sentit son cœur étreint dans l'invincible étau de cette douleur morne qui ne peut éclater. Il tomba au pied du lit, prit son front dans ses mains ; et, après avoir jeté un regard dans cette chambre désolée, il s'écria :

— O petite Mimi, joie de ma maison, est-il bien vrai que vous soyez partie, que je vous ai renvoyée, et que je ne vous reverrai plus, mon Dieu ! O jolie tête brune qui avez si longtemps dormi à cette place, ne reviendrez-vous plus y dormir encore ? O voix capricieuse dont les caresses me donnaient le délire, et dont les colères me charmaient, est-ce que je ne vous entendrai plus ? O petites mains blanches aux veines bleues, vous à qui j'avais fiancé mes lèvres, ô petites mains blanches, avez-vous donc reçu mon dernier baiser ? Et Rodolphe plongeait avec une ivresse délirante, sa tête dans les oreillers, encore imprégnés des parfums de la chevelure de son amie. Du fond de cette alcôve il lui semblait voir sortir le fantôme des belles nuits qu'il avait passées avec sa jeune maîtresse. Il entendait retentir claire et sonore, au milieu du silence nocturne, le rire épanoui de mademoiselle Mimi, et il se ressouvint de cette charmante et contagieuse gaieté avec laquelle elle avait su tant de fois lui faire oublier tous les embarras et toutes les misères de leur existence hasardeuse.

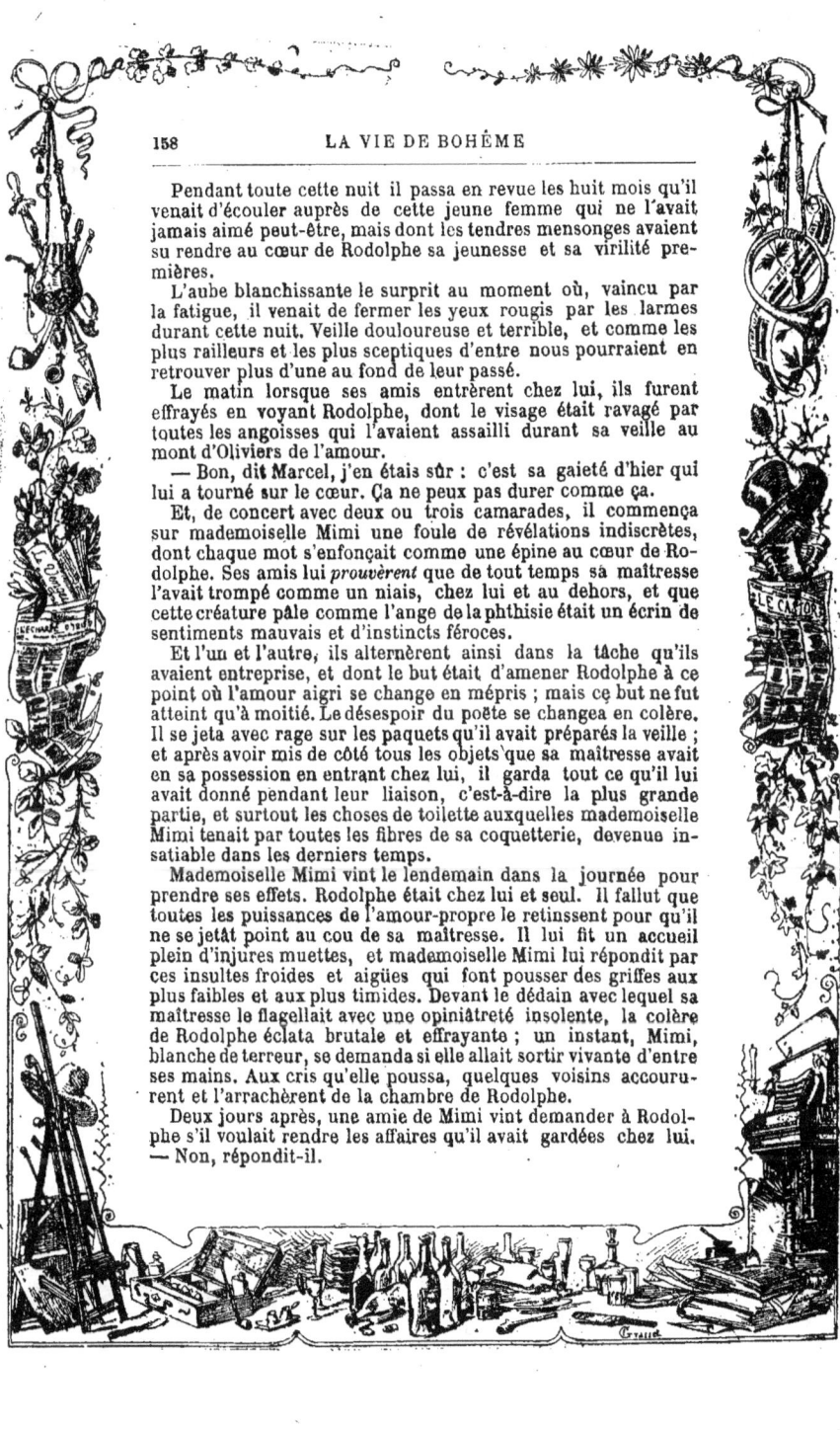

Pendant toute cette nuit il passa en revue les huit mois qu'il venait d'écouler auprès de cette jeune femme qui ne l'avait jamais aimé peut-être, mais dont les tendres mensonges avaient su rendre au cœur de Rodolphe sa jeunesse et sa virilité premières.

L'aube blanchissante le surprit au moment où, vaincu par la fatigue, il venait de fermer les yeux rougis par les larmes durant cette nuit. Veille douloureuse et terrible, et comme les plus railleurs et les plus sceptiques d'entre nous pourraient en retrouver plus d'une au fond de leur passé.

Le matin lorsque ses amis entrèrent chez lui, ils furent effrayés en voyant Rodolphe, dont le visage était ravagé par toutes les angoisses qui l'avaient assailli durant sa veille au mont d'Oliviers de l'amour.

— Bon, dit Marcel, j'en étais sûr : c'est sa gaieté d'hier qui lui a tourné sur le cœur. Ça ne peux pas durer comme ça.

Et, de concert avec deux ou trois camarades, il commença sur mademoiselle Mimi une foule de révélations indiscrètes, dont chaque mot s'enfonçait comme une épine au cœur de Rodolphe. Ses amis lui *prouvèrent* que de tout temps sa maîtresse l'avait trompé comme un niais, chez lui et au dehors, et que cette créature pâle comme l'ange de la phthisie était un écrin de sentiments mauvais et d'instincts féroces.

Et l'un et l'autre, ils alternèrent ainsi dans la tâche qu'ils avaient entreprise, et dont le but était d'amener Rodolphe à ce point où l'amour aigri se change en mépris ; mais ce but ne fut atteint qu'à moitié. Le désespoir du poète se changea en colère. Il se jeta avec rage sur les paquets qu'il avait préparés la veille ; et après avoir mis de côté tous les objets que sa maîtresse avait en sa possession en entrant chez lui, il garda tout ce qu'il lui avait donné pendant leur liaison, c'est-à-dire la plus grande partie, et surtout les choses de toilette auxquelles mademoiselle Mimi tenait par toutes les fibres de sa coquetterie, devenue insatiable dans les derniers temps.

Mademoiselle Mimi vint le lendemain dans la journée pour prendre ses effets. Rodolphe était chez lui et seul. Il fallut que toutes les puissances de l'amour-propre le retinssent pour qu'il ne se jetât point au cou de sa maîtresse. Il lui fit un accueil plein d'injures muettes, et mademoiselle Mimi lui répondit par ces insultes froides et aiguës qui font pousser des griffes aux plus faibles et aux plus timides. Devant le dédain avec lequel sa maîtresse le flagellait avec une opiniâtreté insolente, la colère de Rodolphe éclata brutale et effrayante ; un instant, Mimi, blanche de terreur, se demanda si elle allait sortir vivante d'entre ses mains. Aux cris qu'elle poussa, quelques voisins accoururent et l'arrachèrent de la chambre de Rodolphe.

Deux jours après, une amie de Mimi vint demander à Rodolphe s'il voulait rendre les affaires qu'il avait gardées chez lui.
— Non, répondit-il.

Et il fit causer la messagère de sa maîtresse. Cette femme lui apprit que la jeune Mimi était dans une situation fort malheureuse, et qu'elle allait manquer de logement.

— Et son amant, dont elle est si folle ?

— Mais, répondit Amélie, l'amie en question, ce jeune homme n'a point l'intention de la prendre pour maîtresse. Il en a une depuis fort longtemps, et il paraît peu s'occuper de Mimi, qui est à ma charge et m'embarrasse beaucoup.

— Qu'elle s'arrange, dit Rodolphe, elle l'a voulu ; ça ne me regarde pas... Et il fit des madrigaux à mademoiselle Amélie, et lui persuada qu'elle était la plus belle femme du monde.

Amélie fit part à Mimi de son entrevue avec Rodolphe.

— Que dit-il ? que fait-il ? demanda Mimi. Vous a-t-il parlé de moi ?

— Aucunement ; vous êtes déjà oubliée, ma chère. Rodolphe a une nouvelle maîtresse, et il lui a acheté une toilette superbe, car il a reçu beaucoup d'argent, et lui-même est vêtu comme un prince. Il est très-aimable, ce jeune homme, et il m'a dit des choses charmantes.

— Je saurai ce que cela veut dire, pensa Mimi.

Tous les jours, mademoiselle Amélie venait voir Rodolphe sous un prétexte quelconque ; et, quoi qu'il fît, celui-ci ne pouvait s'empêcher de lui parler de Mimi.

— Elle est fort gaie, répondait l'amie, et n'a point l'air de se préoccuper de sa position. Au reste, elle assure qu'elle reviendra avec vous quand elle voudra, sans faire aucune avance et uniquement pour faire enrager vos amis.

— C'est bien, dit Rodolphe ; qu'elle vienne et nous verrons.

Et il recommença à faire la cour à Amélie, qui s'en allait tout rapporter à Mimi, et assurait que Rodolphe était fort épris d'elle ;

— Il m'a encore baisé la main et le cou, lui disait-elle ; voyez, c'est tout rouge. Il veut m'emmener au bal demain.

— Ma chère amie, dit Mimi piquée, je vois où vous en voulez venir, à me faire croire que Rodolphe est amoureux de vous, et qu'il ne pense plus à moi. Mais vous perdez votre temps, et avec lui, et avec moi.

Le fait était que Rodolphe n'était aimable avec Amélie que pour l'attirer chez lui souvent, et avoir l'occasion de lui parler de sa maîtresse, mais avec un machiavélisme qui avait peut-être son but ; et, s'apercevant bien que Rodolphe aimait toujours Mimi, et que celle-ci n'était pas éloignée de rentrer avec lui, Amélie s'efforçait, par des rapports adroitement inventés, à éviter tout ce qui pourrait rapprocher les deux amants.

Le jour où elle devait aller au bal, Amélie vint dans la matinée demander à Rodolphe si la partie tenait toujours.

— Oui, lui répondit-il, je ne veux pas manquer l'occasion d'être le chevalier de la plus belle personne des temps modernes.

Amélie prit l'air coquet qu'elle avait le soir de son unique début dans un théâtre de la banlieue, dans les quatrièmes rôles de soubrette, et elle promit qu'elle serait prête pour le soir.

— A propos, fit Rodolphe, dites à mademoiselle Mimi que, si elle veut faire une infidélité à son amant en ma faveur et venir passer une nuit chez moi, je lui rendrai toutes ses affaires.

Amélie fit la commission de Rodolphe et prêta à ses paroles un sens tout autre que celui qu'elle avait su deviner.

— Votre Rodolphe est un homme ignoble, dit-elle à Mimi : sa proposition est une infamie. Il veut vous faire descendre par cette démarche au rang des plus viles créatures ; et si vous allez chez lui, non-seulement il ne vous rendra pas vos affaires, mais il vous servira en risée à tous ses amis : c'est une conspiration arrangée entre eux.

— Je n'irai pas, dit Mimi ; et comme elle vit Amélie en train de préparer sa toilette, elle lui demanda si elle allait au bal.

— Oui, répondit l'autre.
— Avec Rodolphe.
— Oui, il doit venir m'attendre ce soir à vingt pas de la maison.

— Bien du plaisir, dit Mimi ; et voyant l'heure du rendez-vous avancer, elle courut en toute hâte chez l'amant de mademoiselle Amélie et le prévint que celle-ci était en train de lui machiner une petite trahison avec son ancien amant à elle.

Le monsieur, jaloux comme un tigre et brutal comme un bâton, arriva chez mademoiselle Amélie, et lui annonça qu'il trouvait excellent qu'elle passât la soirée avec lui.

A huit heures, Mimi courut à l'endroit où Rodolphe devait trouver Amélie. Elle aperçut son amant qui se promenait dans l'attitude d'un homme qui attend ; elle passa deux fois à côté de lui, sans oser l'aborder. Rodolphe était mis très-élégamment ce soir-là, et les crises violentes auxquelles il était en proie depuis huit jours avaient donné à son visage un grand caractère. Mimi fut singulièrement émue. Enfin, elle se décida à lui parler. Rodolphe l'accueillit sans colère, et lui demanda des nouvelles de sa santé, après quoi il s'informa du motif qui l'amenait près de lui ; tout cela d'une voix douce, et où un accent de tendresse cherchait à se contraindre.

— C'est une mauvaise nouvelle que je viens vous annoncer ; mademoiselle Amélie ne peut venir au bal avec vous, son amant la retient.

— J'irai donc au bal tout seul.

Ici, mademoiselle Mimi feignit de trébucher et s'appuya sur l'épaule de Rodolphe. Il lui prit le bras et lui proposa de la reconduire chez elle.

— Non, dit Mimi, j'habite avec Amélie ; et, comme elle est avec son amant, je ne pourrai rentrer que lorsqu'il sera parti.

— Écoutez, lui dit alors le poète, je vous ai fait faire tantôt

... De fixer vous-même le prix de cette œuvre qui n'en a pas.

une proposition par mademoiselle Amélie; vous l'a-t-elle transmise?

— Oui, dit Mimi, mais en des termes auxquels, même après ce qui est arrivé, je n'ai pu ajouter foi. Non, Rodolphe, je n'ai pas cru que, malgré tout ce que vous pouvez avoir à me reprocher, vous me croyiez assez peu de cœur pour accepter un semblable marché.

— Vous ne m'avez pas compris, ou on vous a mal rapporté les choses. Ce qui est dit est toujours dit, fit Rodolphe; il est neuf heures, vous avez encore trois heures de réflexion. Ma clef sera sur ma porte jusqu'à minuit. Bonsoir. Adieu, ou au revoir.

— Adieu donc, dit Mimi d'une voix tremblante.

Et ils se quittèrent... Rodolphe rentra chez lui et se jeta tout habillé sur son lit. A onze heures et demie mademoiselle Mimi entrait dans sa chambre.

— Je viens vous demander l'hospitalité, dit-elle : l'amant d'Amélie est resté chez elle, et je n'ai pu rentrer.

Jusqu'à trois heures du matin ils causèrent. Une conversation explicative, où de temps en temps le *tu* familier succédait au *vous* de la discussion officielle.

A quatre heures leur bougie s'éteignit. Rodolphe voulut en allumer une neuve.

— Non, dit Mimi, ce n'est point la peine; il est bien temps de dormir.

Et cinq minutes après, sa jolie tête brune avait repris sa place sur l'oreiller; et, d'une voix pleine de tendresse, elle appelait les lèvres de Rodolphe sur ses petites mains blanches aux veines bleues, dont la pâleur nacrée luttait avec les blancheurs du drap. Rodolphe n'alluma pas la bougie.

Le lendemain matin, Rodolphe se leva le premier; et, montrant à Mimi plusieurs paquets, il lui dit très-doucement:

— Voici ce qui vous appartient, vous pouvez l'emporter; je tiens ma parole.

— Oh! dit Mimi, je suis bien fatiguée, voyez-vous, et je ne pourrai pas emporter tous ces gros paquets d'une seule fois. J'aime mieux revenir.

Et comme elle s'était habillée, elle prit seulement une collerette et une paire de manchettes.

— J'emporterai ce qui reste... petit à petit, ajouta-t-elle en souriant.

— Allons, dit Rodolphe, emporte tout ou n'emporte rien; mais que cela finisse.

— Que cela recommence, au contraire, et que cela dure surtout, dit la jeune Mimi en embrassant Rodolphe.

Après avoir déjeûné ensemble, ils partirent pour aller à la campagne. En traversant le Luxembourg, Rodolphe rencontra un grand poëte qui l'avait toujours accueilli avec une charmante bonté. Par convenance, Rodolphe allait feindre de ne pas le voir. Mais le poëte ne lui en donna pas le temps; et, en

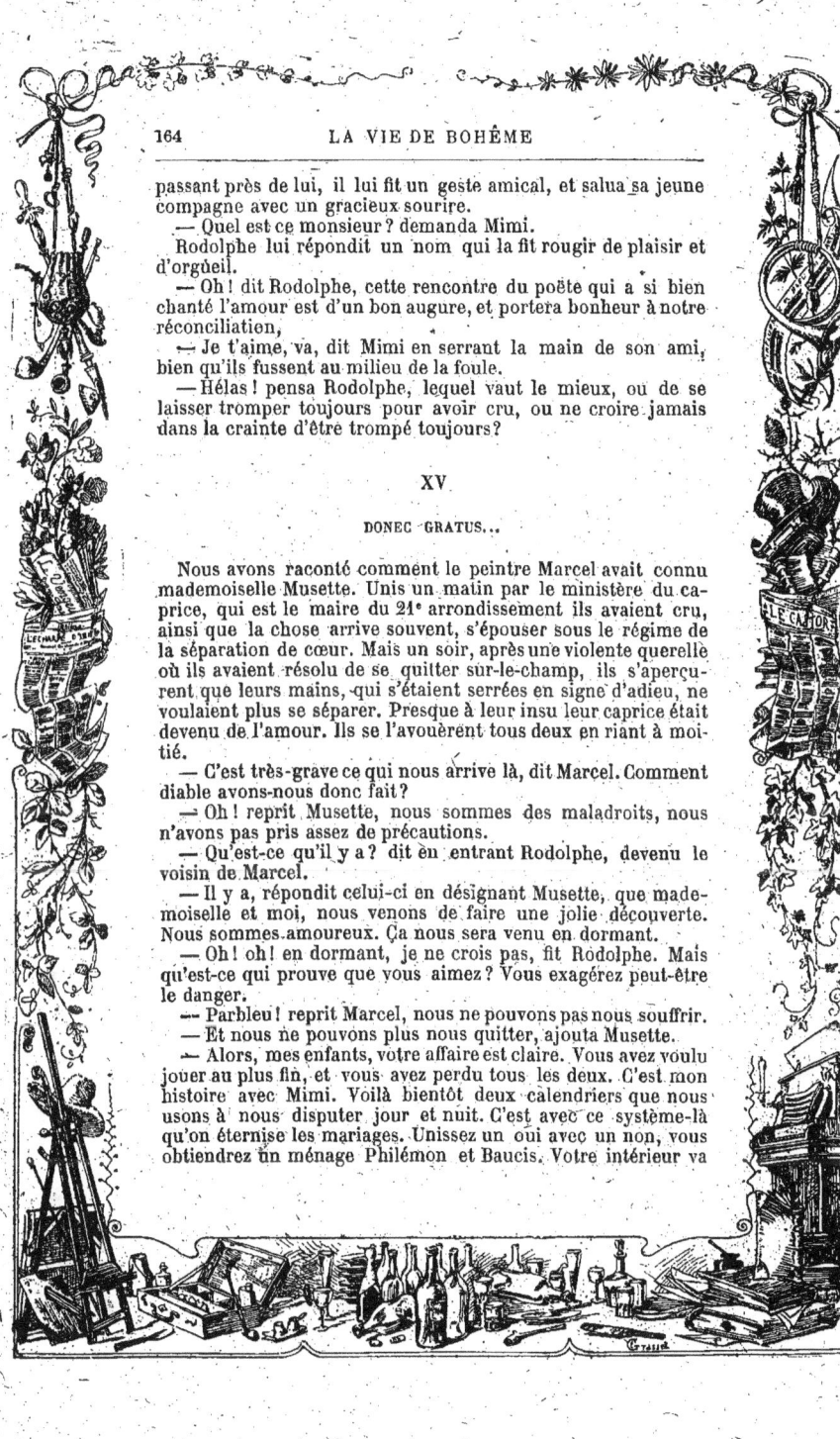

passant près de lui, il lui fit un geste amical, et salua sa jeune compagne avec un gracieux sourire.

— Quel est ce monsieur ? demanda Mimi.

Rodolphe lui répondit un nom qui la fit rougir de plaisir et d'orgueil.

— Oh ! dit Rodolphe, cette rencontre du poëte qui a si bien chanté l'amour est d'un bon augure, et portera bonheur à notre réconciliation.

— Je t'aime, va, dit Mimi en serrant la main de son ami, bien qu'ils fussent au milieu de la foule.

— Hélas ! pensa Rodolphe, lequel vaut le mieux, ou de se laisser tromper toujours pour avoir cru, ou ne croire jamais dans la crainte d'être trompé toujours ?

XV

DONEC GRATUS...

Nous avons raconté comment le peintre Marcel avait connu mademoiselle Musette. Unis un matin par le ministère du caprice, qui est le maire du 21ᵉ arrondissement ils avaient cru, ainsi que la chose arrive souvent, s'épouser sous le régime de la séparation de cœur. Mais un soir, après une violente querelle où ils avaient résolu de se quitter sur-le-champ, ils s'aperçurent que leurs mains, qui s'étaient serrées en signe d'adieu, ne voulaient plus se séparer. Presque à leur insu leur caprice était devenu de l'amour. Ils se l'avouèrent tous deux en riant à moitié.

— C'est très-grave ce qui nous arrive là, dit Marcel. Comment diable avons-nous donc fait ?

— Oh ! reprit Musette, nous sommes des maladroits, nous n'avons pas pris assez de précautions.

— Qu'est-ce qu'il y a ? dit en entrant Rodolphe, devenu le voisin de Marcel.

— Il y a, répondit celui-ci en désignant Musette, que mademoiselle et moi, nous venons de faire une jolie découverte. Nous sommes amoureux. Ça nous sera venu en dormant.

— Oh ! oh ! en dormant, je ne crois pas, fit Rodolphe. Mais qu'est-ce qui prouve que vous aimez ? Vous exagérez peut-être le danger.

— Parbleu ! reprit Marcel, nous ne pouvons pas nous souffrir.

— Et nous ne pouvons plus nous quitter, ajouta Musette.

— Alors, mes enfants, votre affaire est claire. Vous avez voulu jouer au plus fin, et vous avez perdu tous les deux. C'est mon histoire avec Mimi. Voilà bientôt deux calendriers que nous usons à nous disputer jour et nuit. C'est avec ce système-là qu'on éternise les mariages. Unissez un oui avec un non, vous obtiendrez un ménage Philémon et Baucis. Votre intérieur va

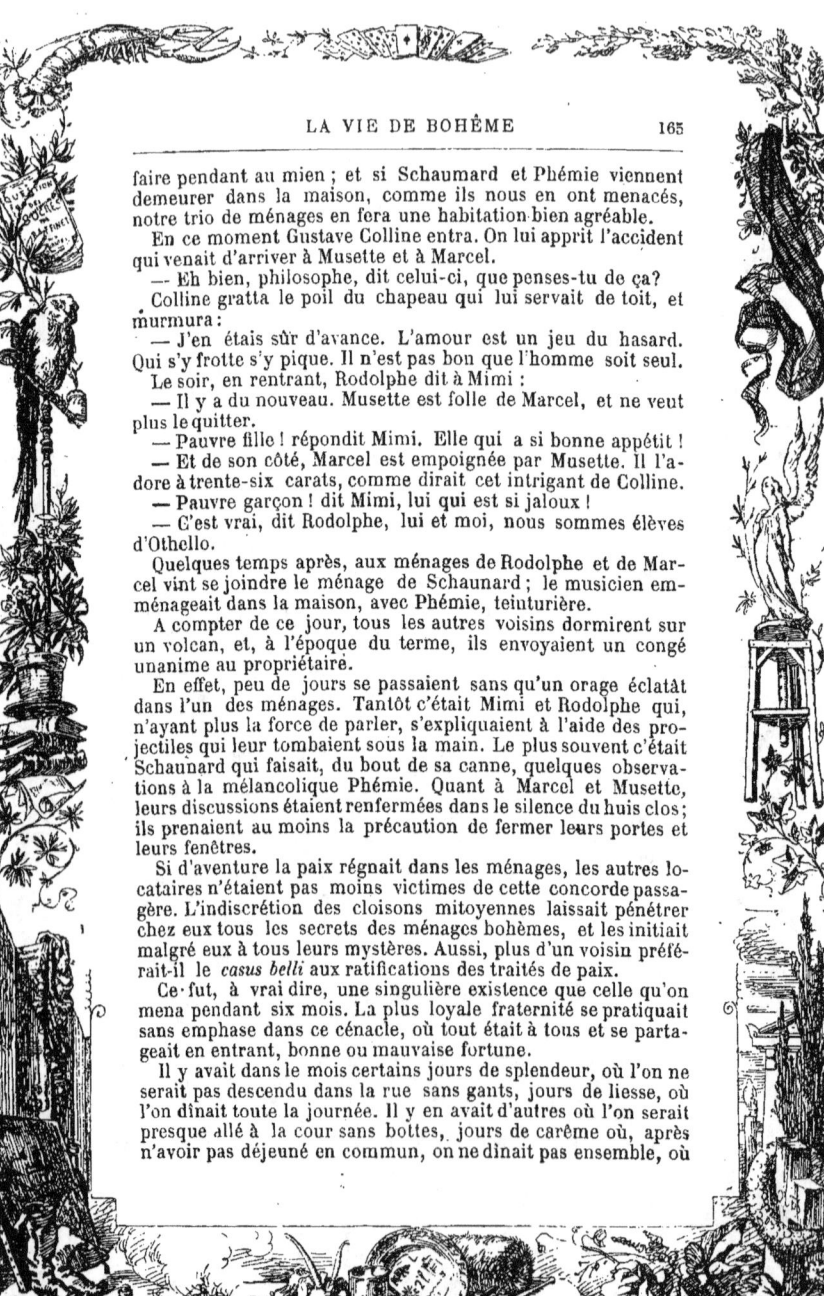

faire pendant au mien ; et si Schaumard et Phémie viennent demeurer dans la maison, comme ils nous en ont menacés, notre trio de ménages en fera une habitation bien agréable.

En ce moment Gustave Colline entra. On lui apprit l'accident qui venait d'arriver à Musette et à Marcel.

— Eh bien, philosophe, dit celui-ci, que penses-tu de ça?

Colline gratta le poil du chapeau qui lui servait de toit, et murmura :

— J'en étais sûr d'avance. L'amour est un jeu du hasard. Qui s'y frotte s'y pique. Il n'est pas bon que l'homme soit seul.

Le soir, en rentrant, Rodolphe dit à Mimi :

— Il y a du nouveau. Musette est folle de Marcel, et ne veut plus le quitter.

— Pauvre fille ! répondit Mimi. Elle qui a si bonne appétit !

— Et de son côté, Marcel est empoignée par Musette. Il l'adore à trente-six carats, comme dirait cet intrigant de Colline.

— Pauvre garçon ! dit Mimi, lui qui est si jaloux !

— C'est vrai, dit Rodolphe, lui et moi, nous sommes élèves d'Othello.

Quelques temps après, aux ménages de Rodolphe et de Marcel vint se joindre le ménage de Schaunard ; le musicien emménageait dans la maison, avec Phémie, teinturière.

A compter de ce jour, tous les autres voisins dormirent sur un volcan, et, à l'époque du terme, ils envoyaient un congé unanime au propriétaire.

En effet, peu de jours se passaient sans qu'un orage éclatât dans l'un des ménages. Tantôt c'était Mimi et Rodolphe qui, n'ayant plus la force de parler, s'expliquaient à l'aide des projectiles qui leur tombaient sous la main. Le plus souvent c'était Schaunard qui faisait, du bout de sa canne, quelques observations à la mélancolique Phémie. Quant à Marcel et Musette, leurs discussions étaient renfermées dans le silence du huis clos ; ils prenaient au moins la précaution de fermer leurs portes et leurs fenêtres.

Si d'aventure la paix régnait dans les ménages, les autres locataires n'étaient pas moins victimes de cette concorde passagère. L'indiscrétion des cloisons mitoyennes laissait pénétrer chez eux tous les secrets des ménages bohèmes, et les initiait malgré eux à tous leurs mystères. Aussi, plus d'un voisin préférait-il le *casus belli* aux ratifications des traités de paix.

Ce fut, à vrai dire, une singulière existence que celle qu'on mena pendant six mois. La plus loyale fraternité se pratiquait sans emphase dans ce cénacle, où tout était à tous et se partageait en entrant, bonne ou mauvaise fortune.

Il y avait dans le mois certains jours de splendeur, où l'on ne serait pas descendu dans la rue sans gants, jours de liesse, où l'on dînait toute la journée. Il y en avait d'autres où l'on serait presque allé à la cour sans bottes, jours de carême où, après n'avoir pas déjeuné en commun, on ne dînait pas ensemble, où

bien l'on arrivait, à force de combinaisons économiques, à réaliser un de ces repas dans lesquels les assiettes et les couverts *faisaient relâche*, comme disait mademoiselle Mimi.

Mais, chose prodigieuse c'est que, dans cette association où se trouvaient pourtant trois femmes jeunes et jolies, aucune ébauche de discorde ne s'éleva entre les hommes : ils s'agenouillaient souvent devant les plus futiles caprices de leurs maîtresses, mais pas un d'eux n'eût hésité un instant entre la femme et l'ami.

L'amour naît surtout de la spontanéité : c'est une improvisation. L'amitié, au contraire, s'édifie pour ainsi dire: c'est un sentiment qui marche avec circonspection; c'est l'égoïsme de l'esprit, tandis que l'amour c'est l'égoïsme du cœur.

Il y avait six ans que les bohèmes se connaissaient. Ce long espace de temps passé dans une intimité quotidienne avait, sans altérer l'individualité bien tranchée de chacun, amené entre eux un accord d'idées, un ensemble qu'ils n'auraient pas trouvé ailleurs. Ils avaient des mœurs qui leur étaient propres, un langage intime dont les étrangers n'auraient pas su trouver la clef. Ceux qui ne les connaissaient pas particulièrement appelaient leur liberté d'allure du cynisme. Ce n'était pourtant que de la franchise. Esprits rétifs à toute chose imposée, ils avaient tous le faux en haine et le commun en mépris. Accusés de vanités exagérées, ils répondaient en étalant fièrement le programme de leur ambition ; et, ayant la conscience de leur valeur, ils ne s'abusaient pas sur eux-mêmes.

Depuis tant d'années qu'ils marchaient ensemble dans la même vie, mis souvent en rivalité par nécessité d'état, ils ne s'étaient pas quitté la main et avaient passé, sans y prendre garde, sur les questions personnelles d'amour-propre, toutes les fois qu'on avait essayé d'en élever entre eux pour les désunir. Ils s'estimaient d'ailleurs les uns les autres juste ce qu'ils valaient ; et l'orgueil qui est le contre-poison de l'envie, les préservait de toutes les petites jalousies de métier.

Cependant, après six mois de vie en commun, une épidémie de divorce s'abattit tout à coup sur les ménages.

Schaunard ouvrit la marche. Un jour, il s'aperçut que Phémie, teinturière, avait un genou mieux fait que l'autre ; et comme, en fait de plastique, il était d'un purisme austère, il renvoya Phémie, lui donnant pour souvenir la canne avec laquelle il lui faisait de si fréquentes observations. Puis il retourna demeurer chez un parent qui lui offrait un logement gratis.

Quinze jours après, Mimi quittait Rodolphe pour monter dans les carrosses du jeune vicomte Paul, l'ancien élève de Carolus Barbemuche, qui lui avait promis des robes couleur du soleil.

Après Mimi, ce fut Musette qui prit la clef des champs et rentra à grand bruit dans l'aristocratie du monde galant qu'elle avait quitté pour suivre Marcel.

Cette séparation eut lieu sans querelle, sans secousse, sans préméditation. Née d'un caprice qui était devenu de l'amour, cette liaison fut rompue par un autre caprice.

Un soir du carnaval au bal masqué de l'Opéra, où elle était allée avec Marcel, Musette eut pour vis-à-vis dans une contredanse un jeune homme qui autrefois lui avait fait la cour. Ils se reconnurent et, tout en dansant, échangèrent quelques paroles. Sans le vouloir peut-être, en instruisant ce jeune homme de sa vie présente, laissa-t-elle échapper un regret sur sa vie passée. Tant fut-il qu'à la fin du quadrille, Musette se trompa ; et, au lieu de donner la main à Marcel qui était son cavalier, elle prit la main de son *vis-à-vis*, qui l'entraîna et disparut avec elle dans la foule.

Marcel la chercha, assez inquiet. Au bout d'une heure, il la trouva au bras du jeune homme ; elle sortait du café de l'Opéra, la bouche pleine de refrains. En apercevant Marcel, qui s'était mis dans un angle les bras croisés, elle lui fit un signe d'adieu, en lui disant : Je vais revenir.

— C'est-à-dire ne m'attendez pas, traduisit Marcel. Il était jaloux, mais il était logique et connaissait Musette; aussi ne l'attendit-il pas ; il rentra chez lui le cœur gros néanmoins, mais l'estomac léger. Il chercha dans une armoire s'il n'y avait pas quelques reliefs à manger ; il aperçut un morceau de pain granitique et un squelette de hareng saur.

— Je ne pouvais pas lutter contre des truffes, pensa-t-il. Au moins Musette aura soupé. Et après avoir passé un coin de son mouchoir sur ses yeux, sous le prétexte de se moucher, il se coucha.

Deux jours après, Musette se réveillait dans un boudoir tendu de rose. Un coupé bleu l'attendait à sa porte, et toutes les fées de la mode, mises en réquisition, apportaient leurs merveilles à ses pieds. Musette était ravissante, et sa jeunesse semblait encore rajeunir au milieu de ce cadre d'élégance. Alors elle recommença l'ancienne existence, fut de toutes les fêtes et reconquit sa célébrité. On parla d'elle partout, dans les coulisses de la Bourse et jusque dans les buvettes parlementaires. Quant à son nouvel amant, M. Alexis, c'était un charmant jeune homme. Souvent il se plaignait à Musette de la trouver un peu légère et un peu insoucieuse lorsqu'il lui parlait de son amour ; alors Musette le regardait en riant, lui tapait dans la main, et lui disait :

— Que voulez-vous, mon cher? Je suis restée pendant six mois avec un homme qui me nourrissait de salade et de soupe sans beurre, qui m'habillait avec une robe d'indienne et me menait beaucoup à l'Odéon, parce qu'il n'était pas riche. Comme l'amour ne coûte rien, et que j'étais folle de ce monstre, nous avons considérablement dépensé d'amour. Il ne m'en reste guère que des miettes. Ramassez-les, je ne vous en empêche pas. Au reste, je ne vous ai pas triché ; et si les rubans ne coûtaient pas si cher, je serais encore avec mon peintre. Quant à mon cœur, depuis que j'ai un corset de quatre-vingts francs, je ne l'entends pas faire grand bruit, et j'ai bien peur de l'avoir oublié dans un des tiroirs de Marcel.

La disparition des trois ménages bohèmes occasionna une fête dans la maison qu'ils avaient habitée. En signe de réjouissance, le propriétaire donna un grand dîner, et les locataires illuminèrent leurs fenêtres.

Rodolphe et Marcel avaient été se loger ensemble; ils avaient pris chacun une idole dont ils ne savaient pas bien le nom au juste. Quelquefois il leur arrivait, l'un de parler de Musette, l'autre de Mimi; alors ils en avaient pour la soirée. Ils se rappelaient leur ancienne vie et les chansons de Musette, et les chansons de Mimi, et les nuits blanches, et les paresseuses matinées, et les dîners faits en rêve. Une à une, ils faisaient résonner dans ces duos de souvenirs, toutes ces heures envolées, et ils finissaient ordinairement par se dire qu'après tout, ils étaient encore heureux de se trouver ensemble, les pieds sur les chenets, tisonnant la bûche de décembre, fumant leur pipe, et de savoir l'un l'autre, comme un prétexte à causerie, pour se raconter tout haut à eux-mêmes ce qu'ils se disaient tout bas lorsqu'ils étaient seuls : qu'ils avaient beaucoup aimé ces créatures disparues en emportant un lambeau de leur jeunesse, et que peut-être ils les aimaient encore.

Un soir, en traversant le boulevard, Marcel aperçut à quelques pas de lui, une jeune dame qui, en descendant de voiture, laissait voir un bout de bas blanc d'une correction toute particulière; le cocher lui-même dévorait des yeux ce charmant *pourboire*.

— Parbleu, fit Marcel, voilà une jolie jambe; j'ai bien envie de lui offrir mon bras; voyons un peu... de quelle façon l'aborderai-je? Voilà mon affaire... c'est assez neuf.

— Pardon, Madame, dit-il en s'approchant de l'inconnue dont il ne put tout d'abord voir le visage, vous n'auriez pas par hasard trouvé mon mouchoir?

— Si, Monsieur, répondit la jeune femme; le voici. Et elle mit dans la main de Marcel un mouchoir qu'elle tenait à la main.

L'artiste roula dans un précipice d'étonnement.

— Mais tout à coup un éclat de rire qu'il reçut en plein visage le fit revenir à lui; à cette joyeuse fanfare, il reconnut ses anciennes amours.

C'était mademoiselle Musette.

— Ah! s'écria-t-elle, monsieur Marcel qui fait la chasse aux aventures. Comment la trouves-tu, celle-là, hein? Elle ne manque pas de gaieté.

— Je la trouve supportable, répondit Marcel.

— Où vas-tu si tard dans ce quartier? demanda Musette.

— Je vais dans ce monument, fit l'artiste en indiquant un petit théâtre où il avait ses entrées.

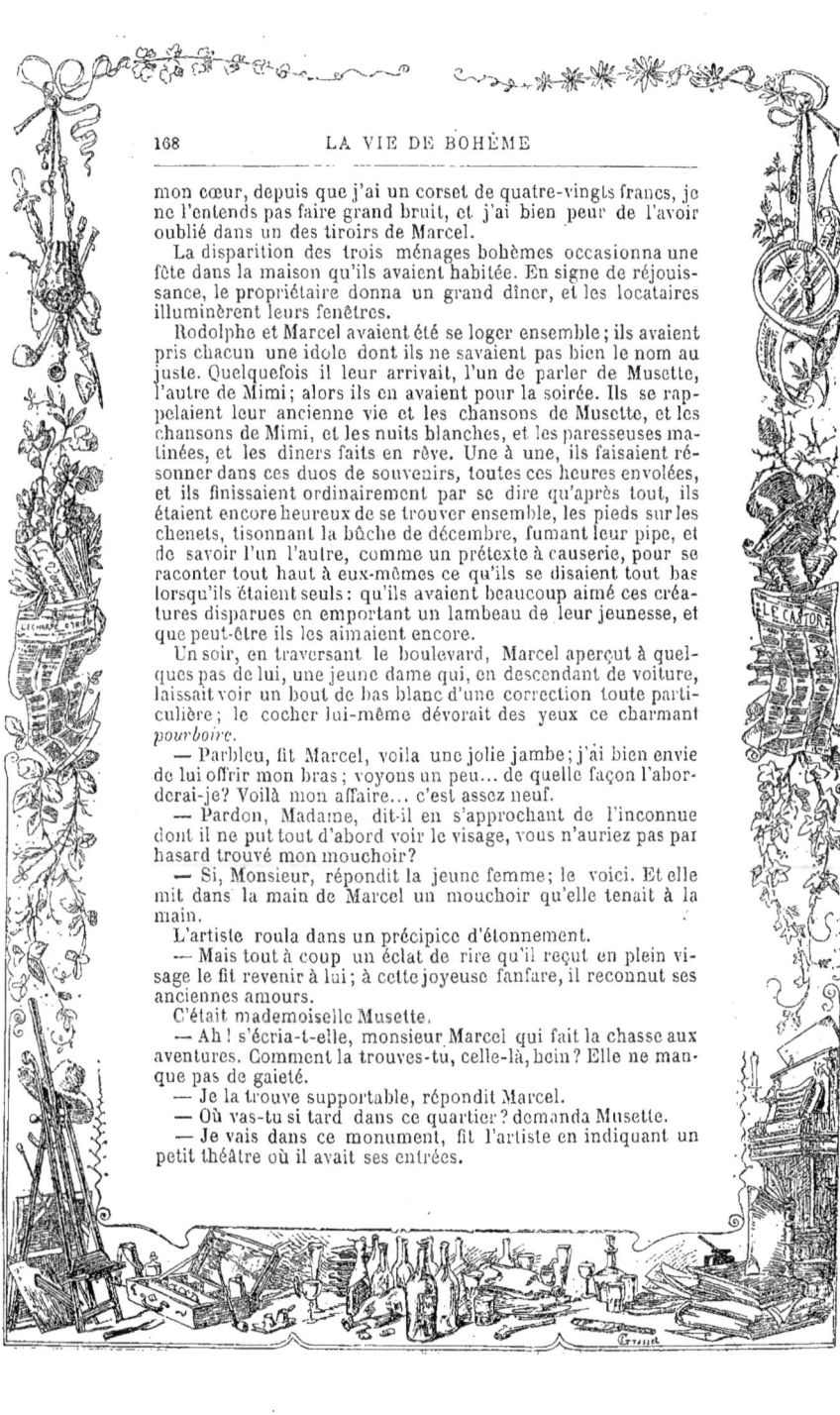

LA VIE DE BOHÊME

Il savait par cœur le répertoire de l'actrice.

— Pour l'amour de l'art?
— Non, pour l'amour de Laure. Tiens, pensa Marcel, voilà un calembour, je le vendrai à Colline : il en fait collection.
— Qu'est-ce que Laure? continua Musette dont les regards jetaient des points d'interrogation.

Marcel continua sa mauvaise plaisanterie.
— C'est une chimère que je poursuis et qui joue les ingénues dans ce petit endroit. Et il chiffonnait de la main un jabot idéal.
— Vous êtes bien spirituel ce soir, dit Musette.
— Et vous bien curieuse, fit Marcel.
— Parlez donc moins haut, tout le monde nous entend ; on va nous prendre pour des amoureux qui se disputent.
— Ça ne serait pas la première fois que cela nous arriverait, dit Marcel.

Musette vit une provocation dans cette phrase et répliqua prestement :
— Et ça ne sera peut-être pas la dernière, hein?

Le mot était clair ; il siffla comme une balle à l'oreille de Marcel.
— Splendeurs des cieux, dit-il en regardant les étoiles, vous êtes témoins que ce n'est pas moi qui ai tiré le premier. Vite ma cuirasse !

A compter de ce moment le feu était engagé.

Il ne s'agissait plus que de trouver un trait d'union convenable pour aboucher ces deux fantaisies qui venaient de se réveiller si vivaces.

Tout en marchant, Musette regardait Marcel, et Marcel regardait Musette. Ils ne se parlaient pas, mais leurs yeux, ces plénipotentiaires du cœur, se rencontraient souvent. Au bout d'un quart d'heure de diplomatie, ce congrès de regards avait tacitement arrangé l'affaire. Il n'y avait plus qu'à ratifier.

La conversation interrompue se renoua.
— Franchement, dit Musette à Marcel, où allais-tu tout à l'heure?
— Je te l'ai dit, j'allais voir Laure.
— Est-elle jolie?
— Sa bouche est un nid de sourires.
— Connu, dit Musette.
— Mais toi-même, fit Marcel, d'où venais-tu sur les ailes de cette citadine?
— Je venais de conduire au chemin de fer Alexis, qui va faire un tour dans sa famille.
— Quel homme est-ce que cet Alexis?

A son tour, Musette fit de son amant actuel un ravissant portrait. Tout en se promenant, Marcel et Musette continuèrent ainsi, en plein boulevard, cette comédie du *revenez-y* de l'amour. Avec la même naïveté, tour à tour tendre et railleuse, ils refaisaient strophe à strophe cette ode immortelle où Horace et Lydie vantent avec tant de grâce les charmes de leurs amours nouvelles, et finissent par ajouter un post-scriptum à leurs anciennes amours. Comme ils arrivaient au détour d'une rue, une assez forte patrouille déboucha tout à coup.

Musette *organisa* une petite attitude effrayée, et, se cramponnant au bras de Marcel, elle lui dit :

Ah! mon Dieu, vois donc, voilà de la troupe qui arrive, il va encore y avoir une révolution. Sauvons-nous, j'ai une peur affreuse ; viens me reconduire !

— Mais où allons-nous? demanda Marcel.

— Chez moi, dit Musette; tu verras comme c'est joli. Je t'offre à souper, nous parlerons politique.

— Non, dit Marcel qui pensait à M. Alexis ; je n'irai pas chez toi malgré l'offre du souper. Je n'aime pas boire mon vin dans le verre des autres.

Musette resta muette devant ce refus. Puis, à travers le brouillard de ses souvenirs, elle aperçut le pauvre intérieur du pauvre artiste ; car Marcel n'était pas devenu millionnaire ; alors Musette eut une idée; et, profitant de la rencontre d'une autre patrouille, elle manifesta une nouvelle terreur.

— On va se battre, s'écria-t-elle ; je n'oserai jamais rentrer chez moi. Marcel, mon ami, mène-moi chez une de mes amies qui *doit* demeurer dans ton quartier.

En traversant le pont Neuf, Musette poussa un éclat de rire.

— Qu'y a-t-il ? demanda Marcel.

— Rien ! dit Musette; je me rappelle que mon amie est déménagée ; elle demeure aux Batignolles.

En voyant arriver Marcel et Musette, bras dessus, bras dessous, Rodolphe ne fut pas étonné.

— Ces amours mal enterrées, dit-il, c'est toujours comme ça !

XVI

LE PASSAGE DE LA MER ROUGE

Depuis cinq ou six ans, Marcel travaillait à ce fameux tableau qu'il affirmait devoir représenter le passage de la mer Rouge, et, depuis cinq ou six ans, ce chef-d'œuvre de couleur était refusé avec obstination par le jury. Aussi, à force d'aller et de revenir de l'atelier de l'artiste au Musée, et du Musée à l'atelier, le tableau connaissait si bien le chemin, que, si on l'eût placé sur des roulettes, il eût été en état de se rendre tout seul au Louvre. Marcel, qui avait refait dix fois, et du haut en bas remanié cette toile, attribuait à une hostilité personnelle des membres du jury l'ostracisme qui le repoussait annuellement du salon carré ; et, dans ses moments perdus, il avait composé en l'honneur des cerbères de l'Institut un petit dictionnaire d'injures avec des illustrations d'une férocité aiguë. Ce recueil,

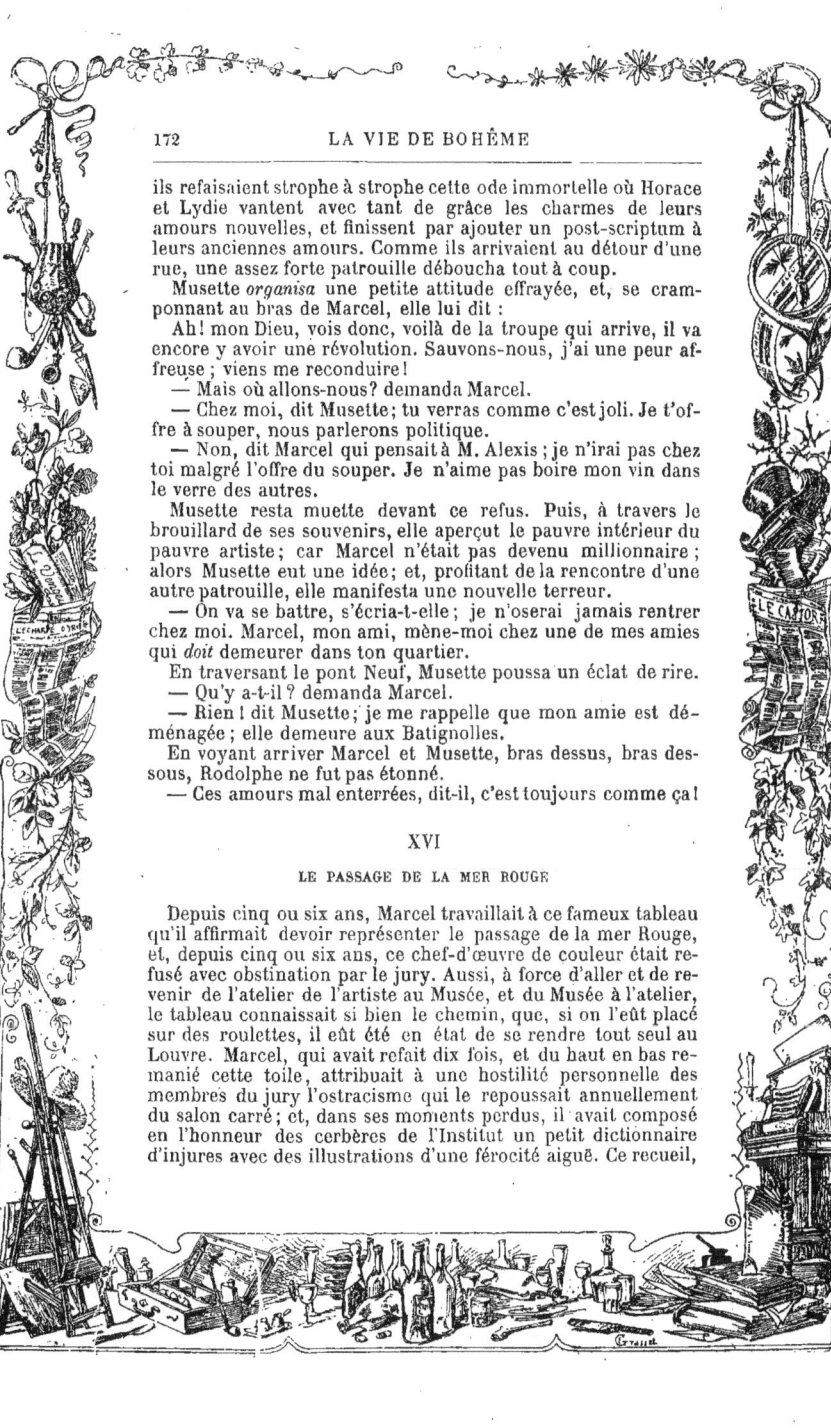

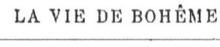

devenu célèbre, avait obtenu dans les ateliers et à l'école des Beaux-Arts le succès populaire qui s'est attaché à l'immortelle complainte de Jean Bélin, peintre ordinaire du grand sultan des Turcs; tous les rapins de Paris en avaient un exemplaire dans leur mémoire.

Pendant longtemps, Marcel ne s'était pas découragé des refus acharnés qui l'accueillaient à chaque exposition. Il s'était confortablement assis dans cette opinion que son tableau était, **dans** des proportions moindres, le pendant attendu par les *Noces de Cana*, ce gigantesque chef-d'œuvre dont la poussière de trois siècles n'a pu ternir l'éclatante splendeur. Aussi, chaque année, à l'époque du Salon, Marcel envoyait son tableau à l'examen du jury. Seulement, pour dérouter les examinateurs et tâcher de les faire faillir dans le parti pris d'exclusion qu'ils paraissaient avoir envers le *Passage de la mer Rouge*, Marcel, sans rien déranger à la composition générale, modifiait quelques détails et changeait le titre de son tableau.

Ainsi, une fois, il arriva devant le jury sous le nom de *Passage du Rubicon;* mais Pharaon, mal déguisé sous le manteau de César, fut reconnu et repoussé avec tous les honneurs qui lui étaient dus.

L'année suivante, Marcel jeta sur un des plans de sa toile une couche de blanc simulant la neige, planta un sapin dans un coin, et, habillant un Égyptien en grenadier de la garde impériale, baptisa son tableau : *Passage de la Bérésina*.

Le jury, qui avait ce jour-là récuré ses lunettes sur le parement de son habit à palmes vertes, ne fut point dupe de cette nouvelle ruse. Il reconnut parfaitement la toile obstinée, surtout à un grand diable de cheval multicolore qui se cabrait au bout d'une vague de la mer Rouge. La robe de ce cheval servait à Marcel pour toutes ses expériences de coloris, et dans son langage familier, il l'appelait tableau synoptique des *tons fins*, parce qu'il reproduisait, avec leurs jeux d'ombre et de lumière, toutes les combinaisons les plus variées de la couleur. Mais une fois encore, insensible à ce détail, le jury n'eut pas assez de boules noires pour refuser le *Passage de la Bérésina*.

— Très-bien, dit Marcel, je m'y attendais. L'année prochaine je le renverrai sous le titre de : *Passage des Panoramas*.

— Ils seront bien attapés... trapés... attrape... trape... chantonna le musicien Schaunard sur un air nouveau de sa composition, un air terrible, bruyant comme une gamme de coups de tonnerre, et dont l'accompagnement était redouté de tous les pianos circonvoisins.

— Comment peuvent-ils refuser cela sans que tout le vermillon de ma mer Rouge leur monte au visage et les couvre de honte? murmurait Marcel en contemplant son tableau... Quand on pense qu'il y a là-dedans pour cent écus de couleur et pour un million de génie, sans compter ma belle jeunesse, devenu chauve comme mon feutre. Une œuvre sérieuse qui ouvre de nouveaux horizons à la science des *glacis*. Mais ils n'auront pas le dernier ; jusqu'à mon dernier soupir, je leur enverrai mon tableau. Je veux qu'il se grave dans leur mémoire.

— C'est la plus sûre manière de le faire jamais graver, dit Gustave Colline d'une voix plaintive ; et en lui-même il ajouta : Il est très-joli, celui-là, très-joli... je le répéterai dans les sociétés.

Marcel continuait ses imprécations, que Schaunard continuait à mettre en musique.

— Ah ! ils ne veulent pas me recevoir, disait Marcel. Ah ! le gouvernement les paye, les loge et leur donne la croix, uniquement dans le seul but de me refuser une fois par an, le premier mars, une toile de cent sur châssis à clef... Je vois distinctement leur idée, je la vois très-distinctement ; ils veulent me faire briser mes pinceaux. Ils espèrent peut-être, en me refusant ma *mer Rouge*, que je vais me jeter dedans par la fenêtre du désespoir. Mais ils connaissent bien mal mon cœur humain, s'ils comptent me prendre à cette ruse grossière. Je n'attendrai même plus l'époque du Salon. A compter d'aujourd'hui, mon œuvre devient le tableau de Damoclès éternellement suspendu sur leur existence. Maintenant, je vais une fois par semaine l'envoyer chez chacun d'eux, à domicile, au sein de leur famille, au plein cœur de leur vie privée. Il troublera leurs joies domestiques, il leur fera trouver le vin sûr, le rôti brûlé, et leurs épouses amères. Ils deviendront fous très-rapidement, et on leur mettra la camisole de force pour aller à l'Institut les jours de séance. Cette idée me sourit.

Quelques jours après, et comme Marcel avait déjà oublié ses terribles plans de vengeance contre ses persécuteurs, il reçut la visite du père *Médicis*. On appelait ainsi dans le cénacle un juif nommé Salomon, et qui, à cette époque, était très-connu de toute la bohème artistique et littéraire, avec qui il était en perpétuels rapports. Le père Médicis négociait dans tous les genres de bric-à-brac. Il vendait des mobiliers complets depuis *douze* francs jusqu'à mille écus. Il achetait tout et savait le revendre avec bénéfice. La banque d'échange de M. Proudhon est bien peu de chose comparée au système appliqué par Médicis, qui possédait le génie du trafic à un degré auquel les plus habiles de sa religion n'étaient point arrivés jusque là. Sa boutique, située place du Carrousel, était un lieu féerique où l'on trouvait toute chose à souhait. Tous les produits de la nature, toutes les créations de l'art, tout ce qui sort des entrailles de la terre et du génie humain, Médicis en faisait un objet de négoce. Son commerce touchait à tout, absolument à tout ce qui existe, il travaillait même dans l'*idéal*. Médicis achetait des IDÉES pour les exploiter lui-même ou les revendre. Connu de tous les littérateurs et de tous les artistes, intime de la palette et familier de l'écritoire, c'était l'Asmodée des arts. Il vous vendait des cigares contre un plan de feuilleton, des pantoufles contre un sonnet, de la marée fraîche contre des paradoxes ; il causait *à l'heure* avec les écrivains chargés de raconter dans les gazettes les cancans du monde ; il vous procurait des places dans les tribunes des parlements, et des invitations pour des soirées particulières ; il logeait à la nuit, à la semaine ou au mois les rapins errants, qui le payaient en copies faites au Louvre d'après les maîtres. Les coulisses n'avaient point de mystères pour lui. Il vous faisait recevoir des pièces dans les théâtres ; il vous obtenait des tours de faveur. Il avait dans la tête un exemplaire de l'Almanach des vingt-cinq mille adresses et connaissait la demeure, les noms et les secrets de toutes les célébrités, même obscures.

Quelques pages copiées dans le *brouillard* de sa tenue de livres pourront, mieux que toutes les explications les plus détaillées, donner une idée de l'universalité de son commerce.

20 mars 184...

— Vendu à M. L..., antiquaire, le compas dont Archimède s'est servi pendant le siége de Syracuse, 75 fr.

— Acheté à M. V..., journaliste, les œuvres complètes, non coupées, de M. ***, membre de l'Académie, 10 fr.

— Vendu au même un article de critique sur les œuvres complètes de M. ***, membre de l'Académie, 30 fr.

— Vendu à M. ***, membre de l'Académie, un feuilleton de douze colonnes sur ses œuvres complètes, 250 fr.

— Acheté à M. R..., homme de lettres, une appréciation critique sur les œuvres complètes de M. ***, de l'Académie française, 10 fr. ; plus 50 livres de charbon de terre et 2 kilogr. de café.

— Vendu à M. *** un vase en porcelaine ayant appartenu à madame du Barry, 18 fr.

— Acheté à la petite D... ses cheveux, 15 fr.

— Acheté à M. B... un lot d'articles de mœurs et les trois dernières fautes d'orthographe faites par M. le préfet de la Seine, 6 fr. ; plus une paire de souliers napolitains.

— Vendu à mademoiselle O... une chevelure blonde, 120 fr.

— Acheté à M. M..., peintre d'histoire, une série de dessins gais, 25 fr.

— Indiqué à M. Ferdinand l'heure à laquelle madame la baronne R... de P... va à la messe. — Au même, loué pour une journée le petit entresol du faubourg Montmartre, le tout 30 fr.

— Vendu à M. Isidore son portrait en Apollon, 30 fr.

— Vendu à mademoiselle R... une paire de homards et six paires de gants, 36 fr. (Reçu 2 fr. 75 c.)

— A la même, procuré un crédit de six mois chez madame ***, modiste. (Prix à débattre).

— Procuré à madame ***, modiste, la clientèle de mademoiselle R... (Reçu pour ce, trois mètres de velours et six aunes de dentelle.)

— Acheté à M. R..., homme de lettres, une créance de 120 fr. sur le journal ***, actuellement en liquidation, 5 fr. ; plus deux livres de tabac de Moravie.
— Vendu à M. Ferdinand deux lettres d'amour, 12 fr.
— Acheté à M. J..., peintre, le portrait de M. Isidore en Apollon, 6 fr.
— Acheté à M. *** 75 kilog. de son ouvrage, intitulé : *Des Révolutions sous-marines*, 15 fr.
— Loué à madame la comtesse de G... un service de Saxe, 20 fr.
— Acheté à M. ***, journaliste, 52 lignes dans son *Courrier de Paris*, 100 fr. ; plus une garniture de cheminée.
— Vendu à MM. O... et Cie 52 lignes dans le *Courrier de Paris* de M. ***, 300 fr. ; plus une garniture de cheminée.
— A mademoiselle S... G..., loué un lit et un coupé pour un jour (néant). (Voir le compte de mademoiselle S... G..., grand livre, folios 26 et 27.)
— Acheté à M. Gustave C... un mémoire sur l'industrie linière, 50 fr. ; plus une édition rare des œuvres de Flavius Josèphe.
— A mademoiselle S... G..., vendu un mobilier moderne, 5,000 fr.
— Pour la même, payé une note chez le pharmacien, 75 fr.
— *Id.* Payé une note chez la crémière, 3 fr. 85.
Etc., etc., etc.

On voit, par ces citations, sur quelle immense échelle s'étendaient les opérations du juif Médicis, qui, malgré les notes un peu illicites de son commerce infiniment éclectique, n'avait jamais été inquiété par personne.

En entrant chez les bohèmes avec cet air intelligent qui le distinguait, le juif avait deviné qu'il arrivait à un moment propice. En effet, les quatre amis se trouvaient en ce moment réunis en conseil, et, sous la présidence d'un appétit féroce, dissertaient la grave question *du pain et de la viande*. C'était un dimanche de la fin du mois. Jour fatal et quantième sinistre !

L'entrée de Médicis fut donc acclamée par un joyeux chorus ; car on savait que le juif était trop avare de son temps pour le dépenser en visites de politesse ; aussi sa présence annonçait-elle toujours une affaire à traiter.

— Bonsoir, Messieurs, dit le juif, comment vous va ?
— Colline, dit Rodolphe, couché sur son lit et engourdi dans les douceurs de la ligne horizontale, exerce les devoirs de l'hospitalité, offre une chaise à notre hôte : un hôte est sacré. Je vous salue en Abraham, ajouta le poëte.

Colline alla prendre un fauteuil qui avait l'élasticité du bronze, et l'avança près du juif en lui disant avec une voix hospitalière :
— Supposez un instant que vous êtes Cinna, et prenez ce siége.

LA VIE DE BOHÊME

A jeûn depuis le matin et profondément triste.

Médicis se laissa tomber dans le fauteuil, et allait se plaindre de sa dureté, lorsqu'il se ressouvint que lui-même l'avait jadis changé avec Colline contre une profession de foi vendue à un député qui n'avait pas la corde de l'improvisation. En s'asseyant, les poches du juif résonnèrent d'un bruit argentin et cette mélodieuse symphonie jeta les quatre bohèmes dans une rêverie pleine de douceurs.

— Voyons la chanson maintenant, dit Rodolphe tout bas à Marcel, l'accompagnement paraît joli.

— Monsieur Marcel fit Médicis, je viens simplement faire votre fortune. C'est-à-dire que je viens vous offrir une occasion superbe d'entrer dans le monde artistique. L'art, voyez-vous bien, monsieur Marcel, est un chemin aride dont la gloire est l'oasis.

— Père Médicis, dit Marcel sur les charbons de l'impatience, au nom de 50 pour cent, votre patron vénéré, soyez bref.

— Oui, dit Colline, bref ainsi que le roi Pépin, qui était un sire concis comme vous : car vous devez l'être, circoncis, fils de Jacob !

— Ouh ! ouh ! ouh ! firent les bohèmes en regardant si le plancher ne s'entr'ouvrait pas pour engloutir le philosophe.

Mais Colline ne fut pas encore englouti cette fois.

— Voici l'affaire, reprit Médicis. Un riche amateur qui monte une galerie destinée à faire le tour de l'Europe m'a chargé de lui procurer une série d'œuvres remarquables. Je viens vous offrir vos entrées dans ce musée. En un mot, je viens pour vous acheter votre *Passage de la mer Rouge*.

— Comptant ? fit Marcel.

— Comptant, répondit le juif en faisant jouer l'orchestre de ses goussets.

— L'es-tu content ! dit Colline.

— Décidément, fit Rodolphe furieux, il faudra se procurer une poire d'angoisse pour fermer le soupirail à sottises de ce gueux-là, Brigand, ne vois-tu pas qu'il cause d'*écus* ? Il n'y a donc rien de sacré pour toi, athée ?

Colline monta sur un meuble et prit la pose d'Harpocrate, dieu du silence.

— Continuez, Médicis, dit Marcel en montrant son tableau. Je veux vous laisser l'honneur de fixer vous-même le prix de cette œuvre qui n'en a pas.

Le juif posa sur la table 50 écus en bel argent neuf.

— Après ? dit Marcel, c'est l'avant-garde.

M. Marcel, dit Médicis, vous savez bien que mon premier mot est toujours mon dernier. Je n'ajouterai rien ; réfléchissez : 50 écus, cela fait 150 francs. C'est une somme, ça !

— Une faible somme, reprit l'artiste ; rien que dans la robe de mon Pharaon, il y a pour 50 écus de cobalt. Payez-moi au moins la façon, égalisez les piles, arrondissez le chiffre, et je vous appellerai Léon X, Léon X *bis*.

—Voici mon dernier mot, reprit Médicis : je n'ajoute pas un sou de plus ; mais j'offre à dîner à tout le monde, vins variés à discrétion, et au dessert je paye en OR.

—Personne ne dit mot ? hurla Colline en frappant trois coups de poing sur la table. Adjugé.

— Allons, dit Marcel, convenu.

— Je ferai prendre le tableau demain, fit le juif. Partons, messieurs le couvert est mis.

Les quatre amis descendirent l'escalier en chantant le chœur des *Huguenots : A table! à table!*

Médicis traita les bohèmes d'une façon tout à fait magnifique. Il leur offrit une foule de choses qui jusque-là étaient restées pour eux complètement inédites. Ce fut à compter de ce dîner que le homard cessa d'être un mythe pour Schaunard, et il contracta dès lors pour cet amphibie une passion qui devait aller jusqu'au délire.

Les quatre amis sortirent de ce splendide festin ivres comme un jour de vendange. Cette ivresse faillit même avoir des suites déplorables pour Marcel qui, en passant devant la boutique de son tailleur, à deux heures du matin, voulait absolument éveiller son créancier pour lui donner en à-compte les 150 francs qu'il venait de recevoir. Une lueur de raison qui veillait encore dans l'esprit de Colline retint l'artiste au bord de ce précipice.

Huit jours après ce festival, Marcel apprit dans quelle galerie son tableau avait pris place. En passant dans le faubourg Saint-Honoré, il s'arrêta au milieu d'un groupe qui paraissait regarder curieusement la pose d'une enseigne au-dessus d'une boutique. Cette enseigne n'était autre chose que le tableau de Marcel, vendu par Médicis à un marchand de comestibles. Seulement, le *Passage de la mer Rouge* avait encore subi une modification et portait un nouveau titre. On y avait ajouté un bateau à vapeur, et il s'appelait : *Au port de Marseille*. Une ovation flatteuse s'était élevée parmi les curieux quand on avait découvert le tableau. Aussi Marcel se retourna-t-il ravi de ce triomphe, et murmura : *La voix du peuple, c'est la voix de Dieu.*

XVII

LA TOILETTE DES GRACES

Mademoiselle Mimi, qui avait coutume de dormir la grasse matinée, se réveilla un matin sur le coup de dix heures, et parut très-étonnée de ne point voir Rodolphe auprès d'elle ni même dans la chambre. La veille au soir, avant de s'endormir, elle l'avait pourtant vu à son bureau, se disposant à passer la nuit sur un travail extra-littéraire qui venait de lui être commandé, et à l'achèvement duquel la jeune Mimi était particulièrement intéressée. En effet, sur le produit de son labeur, le poëte avait fait espérer à son amie qu'il lui achèterait une cer-

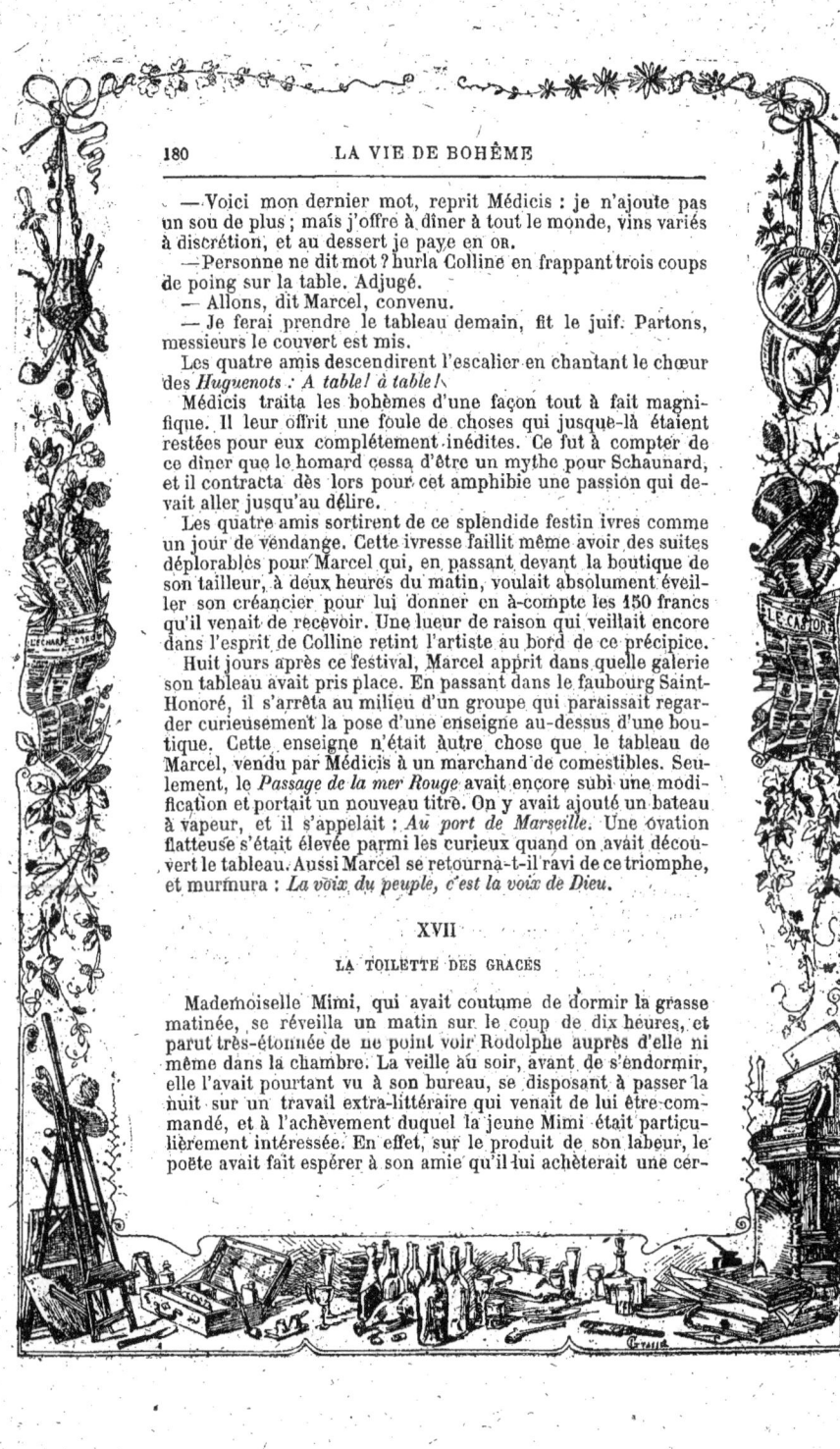

taine robe printanière dont elle avait un jour aperçu le coupon aux *Deux Magots*, un magasin de nouveautés fameux, à l'étalage duquel la coquetterie de Mimi allait faire de fréquentes dévotions. Aussi, depuis que le travail en question était commencé, Mimi se préoccupait-elle avec une grande inquiétude de ses progrès. Souvent elle s'approchait de Rodolphe, pendant qu'il écrivait, et, penchant la tête par-dessus son épaule, elle lui disait gravement :

— Eh bien, ma robe avance-t-elle ?

— Il y a déjà une manche, sois calme, répondait Rodolphe.

Une nuit, ayant entendu Rodolphe qui faisait claquer ses doigts, ce qui indiquait ordinairement qu'il était content de son labeur, Mimi se dressa brusquement sur son lit, et cria en passant sa tête brune à travers les rideaux :

— Est-ce que ma robe est finie ?

— Tiens, répondit Rodolphe en allant lui montrer quatre grandes pages couvertes de lignes serrées, je viens d'achever le corsage.

— Quel bonheur ! fit Mimi, il ne reste plus que la jupe. Combien faut-il de pages comme ça pour faire une jupe ?

— C'est selon ; mais comme tu n'es pas grande, avec une dizaine de pages de cinquante lignes de trente-trois lettres, nous pourrions avoir une jupe convenable.

— Je ne suis pas grande, c'est vrai, dit Mimi sérieusement ; mais il ne faudrait pas cependant avoir l'air de pleurer après l'étoffe : on porte les robes très-amples, et je voudrais de beaux plis pour que ça fasse *frou-frou*.

— C'est bien, répondit gravement Rodolphe, je mettrai dix lettres de plus à la ligne, et nous obtiendrons le *frou-frou*.

Et Mimi se rendormait heureuse.

Comme elle avait commis l'imprudence de parler à ses amies, mesdemoiselles Musette et Phémie, de la belle robe que Rodolphe était en train de lui faire, les deux jeunes personnes n'avaient pas manqué d'entretenir MM. Marcel et Schaunard de la générosité de leur ami envers sa maîtresse ; et ces confidences avaient été suivies de provocations non équivoques à imiter l'exemple donné par le poëte.

— C'est-à-dire, ajoutait mademoiselle Musette en tirant Marcel par les moustaches, c'est-à-dire que si cela continue encore huit jours comme ça, je serai forcée de t'emprunter un pantalon pour sortir.

— Il m'est dû onze francs dans une bonne maison, répondit Marcel ; si je récupère cette valeur, je la consacrerai à t'acheter une feuille de vigne à la mode.

— Et moi ? demandait Phémie à Schaunard. Mon peigne *noir*, elle ne pouvait pas dire peignoir, tombe en ruine.

Schaunard tirait alors trois sous de sa poche et les donnait à sa maîtresse, en lui disant :

— Voici de quoi acheter une aiguille et du fil. Racommode

ton peignoir bleu, cela t'instruira en t'amusant, *utile dulci*.

Néanmoins, dans un conciliabule tenu très-secret, Marcel et Schaunard convinrent avec Rodolphe que chacun de son côté s'efforcerait de satisfaire la juste coquetterie de leurs maîtresses.

— Ces pauvres filles, avait dit Rodolphe, un rien les pare, mais encore faut-il qu'elles aient ce rien. Depuis quelque temps les beaux-arts et la littérature vont très-bien, nous gagnons presque autant que des commissionnaires.

— Il est vrai que je ne puis pas me plaindre, interrompit Marcel ; les beaux-arts se portent comme un charme, on se croirait sous le règne de Léon X.

— Au fait, dit Rodolphe, Musette m'a dit que tu partais de matin et que tu ne rentrais que le soir depuis huit jours. Est-ce que tu as vraiment de la besogne?

— Mon cher, une affaire superbe que m'a procurée Médicis. Je fais des portraits à la caserne de l'*Ave Maria*, dix-huit grenadiers qui m'ont demandé leur image à six francs l'une, dans l'autre, la ressemblance garantie un an, comme les montres. J'espère avoir le régiment tout entier. C'était bien aussi mon idée de requinquer Musette, quand Médicis m'aura payé, car c'est avec lui que j'ai traité et pas avec mes modèles.

— Quant à moi, fit Schaunard négligemment, sans qu'il y paraisse, j'ai deux cents francs qui dorment.

— Sacrebleu ! réveillons-les, dit Rodolphe.

— Dans deux ou trois jours je compte émarger, reprit Schaunard. En sortant de la caisse, je ne vous cacherai pas que je me propose de donner un libre cours à quelques-unes de mes passions. Il y a surtout, chez le fripier d'à côté, un habit de nankin et un cor de chasse qui m'agacent l'œil depuis longtemps ; je m'en ferai certainement hommage.

— Mais, demandèrent à la fois Rodolphe et Marcel, d'où espères-tu tirer ce nombreux capital ?

— Écoutez, messieurs, dit Schaunard en prenant un air grave et en s'asseyant entre ses deux amis, il ne faut pas nous dissimuler aux uns et aux autres qu'avant d'être membres de l'Institut et contribuables, nous avons encore pas mal de pain de seigle à manger, et la miche quotidienne est dure à pétrir. D'un autre côté, nous ne sommes pas seuls ; comme le ciel nous a créés sensibles, chacun de nous s'est créé une chacune, à qui il a offert de partager son sort.

— Précédé d'un hareng, interrompit Marcel.

— Or, continua Schaunard, tout en vivant avec la plus stricte économie, quand on ne possède rien, il est difficile de mettre de côté, surtout si l'on a toujours un appétit plus grand que son assiette.

— Où veux-tu en venir?... demanda Rodolphe.

— A ceci, reprit Schaunard, que, dans la situation actuelle, nous aurions tort les uns et les autres de faire les dédaigneux, lorsqu'il se présente, même en dehors de notre art, une occa-

sion de mettre un chiffre devant le zéro qui constitue notre apport social !

— Eh bien ! dit Marcel, auquel de nous peux-tu reprocher de faire le dédaigneux ? Tout grand peintre que je serai un jour, n'ai-je pas consenti à consacrer mes pinceaux à la reproduction picturale de guerriers français qui me payent avec leur sou de poche ? Il me semble que je ne crains pas de descendre de l'échelle de ma grandeur future.

— Et moi, reprit Rodolphe, ne sais-tu pas que depuis quinze jours je compose un poëme didactique médico-chirurgical-osanore pour un dentiste célèbre qui subventionne mon inspiration à raison de quinze sous la douzaine d'alexandrins, un peu plus cher que les huîtres ?... Cependant, je n'en rougis pas ; plutôt que de voir ma Muse rester les bras croisés, je lui ferais volontiers mettre le *Conducteur parisien* en romances. Quand on a une lyre... que diable ! c'est pour s'en servir... Et puis Mimi est altérée de bottines.

— Alors, reprit Schaunard, vous ne m'en voudrez pas quand vous saurez de quelle source est sorti le Pactole dont j'attends le débordement.

Voici quelle était l'histoire des deux cents francs de Schaunard

Il y avait environ une quinzaine de jours, il était entré chez un éditeur de musique qui lui avait promis de lui trouver, parmi ses clients, soit des leçons de piano, soit des accords.

— Parbleu ! dit l'éditeur en le voyant entrer, vous arrivez à propos, on est venu justement aujourd'hui me demander un pianiste. C'est un Anglais ; je crois qu'on vous payera bien... Etes-vous réellement fort ?

Schaunard pensa qu'une contenance modeste pourrait lui nuire dans l'esprit de son éditeur. Un musicien, et surtout un pianiste, modeste, c'est en effet chose rare. Aussi Schaunard répondit-il avec beaucoup d'aplomb :

— Je suis de première force ; si j'avais seulement un poumon attaqué, de grands cheveux et un habit noir, je serais actuellement célèbre comme le soleil, et, au lieu de me demander huit cents francs pour faire graver ma partition de *la Mort de la jeune Fille*, vous viendriez m'en offrir trois mille, à genoux, et dans un plat d'argent.

— Il est de fait, poursuivit l'artiste, que mes dix doigts ayant dix ans de travaux forcés sur les cinq octaves, je manipule assez agréablement l'ivoire et les dièses.

Le personnage auquel on adressait Schaunard était un Anglais nommé M. Birn'n. Le musicien fut d'abord reçu par un laquais bleu, qui le présenta à un laquais vert, qui le repassa à un laquais noir, lequel l'avait introduit dans un salon où il s'était trouvé en face d'un insulaire accroupi dans une attitude spleenatique qui le faisait ressembler à *Hamlet*, méditant sur le peu que nous sommes. Schaunard se disposait à expliquer le motif de sa présence, lorsque des cris perçants se firent entendre et lui coupèrent la parole. Ce bruit affreux, qui déchirait les oreilles, était poussé par un perroquet exposé sur un perchoir au balcon de l'étage inférieur.

— O le bête ! le bête ! le bête ! murmura l'Anglais en faisant un bond dans son fauteuil, il fera mourir moa.

Et au même instant le volatile se mit à débiter son répertoire, beaucoup plus étendu que celui des jacquots ordinaires ; et Schaunard resta confondu lorsqu'il entendit l'animal, excité par une voix féminine, commencer à déclamer les premiers vers du récit de *Théramène* avec les intonations du Conservatoire.

Ce perroquet était le favori d'une actrice en vogue dans son boudoir. C'était une de ces femmes qui, on ne sait ni pourquoi ni comment, sont cotées des prix fous sur le turf de la galanterie, et dont le nom est inscrit sur les menus des soupers de gentilshommes, où elles servent de dessert vivant. De nos jours, cela pose un chrétien d'être vu avec une de ces païennes, qui souvent n'ont d'antique que leur acte de naissance. Quand elles sont jolies, le mal n'est pas grand, après tout : le plus qu'on risque, c'est d'être mis sur la paille pour les avoir mises dans le palissandre. Mais quand leur beauté s'achète à l'once chez les parfumeurs et ne résiste pas à trois gouttes d'eau versées sur un chiffon, quand leur esprit tient dans un couplet de vaudeville, et leur talent dans le creux de la main d'un claqueur, on a peine à s'expliquer comment des gens distingués, ayant quelquefois un nom, de la raison et un habit à la mode, se laissent emporter, par amour du lieu commun, à élever jusqu'au terre-à-terre du caprice le plus banal des créatures dont leur Frontin ne voudrait pas faire sa Lisette.

L'actrice en question était du nombre de ces beautés du jour, Elle s'appelait Dolorès et se disait Espagnole, bien qu'elle fût née dans cette Andalousie parisienne qui s'appelle la rue Coquenard. Quoiqu'il n'y ait pas dix minutes de la rue Coquenard à la rue de Provence, elle avait mis sept ou huit ans pour faire le chemin. Sa prospérité avait commencé au fur et à mesure de sa décadence personnelle. Ainsi, le jour où elle fit poser sa première fausse dent, elle eut un cheval, et deux chevaux le jour où elle fit poser la seconde. Actuellement elle menait grand train, logeait dans un Louvre, tenait le milieu de la chaussée les jours de Longchamp, et donnait des bals où tout Paris assistait. Le tout Paris de ces dames, c'est-à-dire cette collection d'oisifs courtisans de tous les ridicules et de tous les scandales ; le tout Paris joueur de lansquenet et de paradoxes, les fainéants de la tête et du bras, tueurs de leur temps et de celui des autres ; les écrivains qui se font hommes de lettres pour utiliser les plumes que la nature leur a mises sur le dos ; les bravi de la débauche, les gentilshommes biseautés, les chevaliers d'ordre mystérieux, toute la bohème hantée, venue on

Francine.

ne sait d'où et y retournant; toutes les créatures notées et annotées; toutes les filles d'Ève qui vendaient jadis le fruit maternel sur un éventaire, et qui le débitent maintenant dans des boudoirs; toute la race corrompue, du lange au linceul, qu'on retrouve aux premières représentations avec Golconde sur le front et le Tibet sur les épaules, et pour qui cependant fleurissent les premières violettes du printemps et les premières amours des adolescents. Tout ce monde-là, que les *chroniques* appellent tout Paris, était reçu chez mademoiselle Dolorès, la maîtresse du perroquet en question.

Cet oiseau, que ses talents oratoires avaient rendu célèbre dans tout le quartier, était devenu peu à peu la terreur des plus proches voisins. Exposé sur le balcon, il faisait de son perchoir une tribune où il tenait, du matin jusqu'au soir, des discours interminables. Quelques journalistes liés avec sa maîtresse lui ayant appris certaines spécialités parlementaires, le volatile était devenu d'une force surprenante sur *la question des sucres*. Il savait par cœur le répertoire de l'actrice et le déclamait de façon à pouvoir la doubler elle-même en cas d'indisposition. En outre, comme celle-ci était polyglotte dans ses sentiments et recevait des visites de tous les coins du monde, le perroquet parlait toutes les langues et se livrait quelquefois dans chaque idiome à des blasphèmes qui eussent fait rougir les mariniers à qui *Vert-Vert* dut son éducation avancée. La société de cet oiseau, qui pouvait être instructive et agréable pendant dix minutes, devenait un supplice véritable quand elle se prolongeait. Les voisins s'étaient plaints plusieurs fois; mais l'actrice les avait insolemment renvoyés des fins de leur plainte. Deux ou trois locataires, honnêtes pères de famille, indignés des mœurs relâchées auxquelles les indiscrétions du perroquet les initiaient, avaient même donné congé au propriétaire, que l'actrice avait su prendre par son faible.

L'Anglais chez lequel nous avons vu entrer Schaunard avait pris patience pendant trois mois.

Un jour, il déguisa sa fureur qui venait d'éclater sous un grand costume d'apparat; et tel qu'il se fût présenté chez la reine Victoria un jour de baisemain, à Windsor, il se fit annoncer chez mademoiselle Dolorès.

En le voyant entrer, celle-ci pensa d'abord que c'était *Hoffmann* dans son costume de *lord Spleen;* et, voulant faire bon accueil à un camarade, elle lui offrit à déjeuner. L'Anglais lui répondit gravement dans un français en vingt-cinq leçons que lui avait appris un réfugié espagnol.

— Je acceptai votre invitation, à la condition que nous mangerons cet oiseau... désagréable, et il désignait la cage du perroquet, qui, ayant déjà flairé un insulaire, l'avait salué en fredonnant le *God save the king*.

Dolorès pensa que l'Anglais, son voisin, était venu pour se moquer d'elle, et se disposait à se fâcher, quand celui-ci ajouta :

— Comme je étais fort riche, je mettrai le prix à le bête.

Dolorès répondit qu'elle tenait à son oiseau, et qu'elle ne voulait pas le voir passer entre les mains d'un autre.

— Oh! ce n'était pas dans mes mains que je voulais le mettre, répondit l'Anglais ; c'est dessous mes pieds ! et il montrait le talon de ses bottes.

Dolorès frémit d'indignation, et allait s'emporter peut-être, lorsqu'elle aperçut, au doigt de l'Anglais, une bague dont le diamant représentait peut-être 2,500 francs de rentes. Cette découverte fut comme une douche tombée sur sa colère. Elle réfléchit qu'il était peut-être imprudent de se fâcher avec un homme qui avait 50,000 francs à son petit doigt.

— Eh bien, monsieur, lui dit-elle, puisque ce pauvre Coco vous ennuie, je le mettrai sur le derrière; de cette façon, vous ne pourrez plus l'entendre.

L'Anglais se borna à faire un geste de satisfaction.

— Cependant, ajouta-t-il en montrant ses bottes, je aurais beaucoup préféré...

— Soyez sans crainte, fit Dolorès ; à l'endroit où je le mettrai, il lui sera impossible de troubler milord.

— Oh! je étais pas milord... je étais seulement esquire.

Mais au moment même où M. Birn'n se disposait à se retirer après l'avoir saluée avec une inclination très-modeste, Dolorès, qui ne négligeait en aucune occasion ses intérêts, prit un petit paquet déposé sur un guéridon, et dit à l'Anglais :

— Monsieur, on donne ce soir, au théâtre de.... une représentation à mon bénéfice, et je dois jouer dans trois pièces. Voudriez-vous me permettre de vous offrir quelques coupons de loges? le prix des places n'a été que peu augmenté.

Et elle mit une dizaine de loges entre les mains de l'insulaire.

— Après m'être montrée aussi prompte à lui être agréable, pensait-elle intérieurement, s'il est un homme bien élevé, il est impossible qu'il me refuse; et, s'il me voit jouer, avec mon costume rose, qui sait ? entre voisins ! le diamant qu'il porte au doigt est l'avant-garde d'un million. Ma foi, il est bien laid, il est bien triste, mais ça me fournira une occasion d'aller à Londres sans avoir le mal de mer.

L'Anglais, après avoir pris les billets, se fit expliquer une seconde fois l'usage auquel ils étaient destinés, puis il demanda le prix...

— Les loges sont à soixante francs, et il y en a dix... Mais cela n'est pas pressé, ajouta Dolorès en voyant l'Anglais qui se disposait à prendre son portefeuille ; j'espère qu'en qualité de voisin vous voudrez bien de temps en temps me faire l'honneur d'une petite visite.

M. Birn'n répondit :

— Je n'aimai point à faire les affaires à terme; et, ayant tiré un billet de mille francs, il le mit sur la table, et glissa les coupons de loge dans sa poche.

— Je vais vous rendre, fit Dolorès en ouvrant un petit meuble où elle serrait son argent.

— Oh ! non, dit l'Anglais, ce était pour boire ; et il sortit en laissant Dolorès foudroyée par ce mot.

— Pour boire ! s'écria-t-elle en se trouvant seule. Quel butor ! Je vais lui renvoyer son argent.

Mais cette grossièreté de son voisin avait seulement irrité l'épiderme de son amour-propre ; la réflexion le calma ; elle pensa que vingt louis de *boni* faisaient après tout un joli *banco*, et qu'elle avait jadis supporté des impertinences à meilleur marché.

— Ah bah ! se dit-elle, faut pas être si fière. Personne ne m'a vue, et c'est aujourd'hui le mois de ma blanchisseuse. Après ça, cet Anglais manie si mal la langue, qu'il a cru peut-être me faire un compliment.

Et Dolorès empocha gaiement ses vingt louis.

Mais le soir, après le spectacle, elle rentra chez elle furieuse. M. Birn'n n'avait point fait usage des billets, et les dix loges étaient restées vides.

Aussi, en entrant en scène à minuit et demi, l'infortunée bénéficiaire lisait-elle sur le visage de ses *amies* de coulisses la joie que celles-ci éprouvaient en voyant la salle si pauvrement garnie. Elle entendit même une actrice de ses amies dire à une autre, en montrant les belles loges du théâtre inoccupées :

— Cette pauvre Dolorès n'a *fait* qu'une avant-scène !

— Les loges sont à peine garnies.

— L'orchestre est vide.

— Parbleu ! quand on voit son nom sur l'affiche, cela produit, dans la salle, l'effet d'une machine pneumatique.

— Aussi, quelle idée d'augmenter le prix des places !

— Un beau bénéfice. Je parierais que la recette tient dans une tirelire ou dans le fond d'un bas.

— Ah ! voilà son fameux costume à coques de velours rouge...

— Elle a l'air d'un buisson d'écrevisses.

— Combien as-tu fait à ton dernier bénéfice ? demanda l'une des actrices à sa compagne.

— Comble, ma chère, et c'était jour de *première* ; les tabourets valaient un louis. Mais je n'ai touché que six francs : ma marchande de modes a pris le reste. Si je n'avais pas si peur des engelures, j'irais à Saint-Pétersbourg.

— Comment ! tu n'as pas encore trente ans, et tu songes déjà à *faire* ta Russie ?

— Que veux-tu ! fit l'autre ; et elle ajouta : Et toi, est-ce bientôt ton *benef* ?

— Dans quinze jours. J'ai déjà mille écus de coupons de pris, sans compter mes saint-cyriens.

— Tiens ! tout l'orchestre s'en va.

— C'est Dolorès qui chante.

En effet, Dolorès, pourprée comme son costume, cadençait

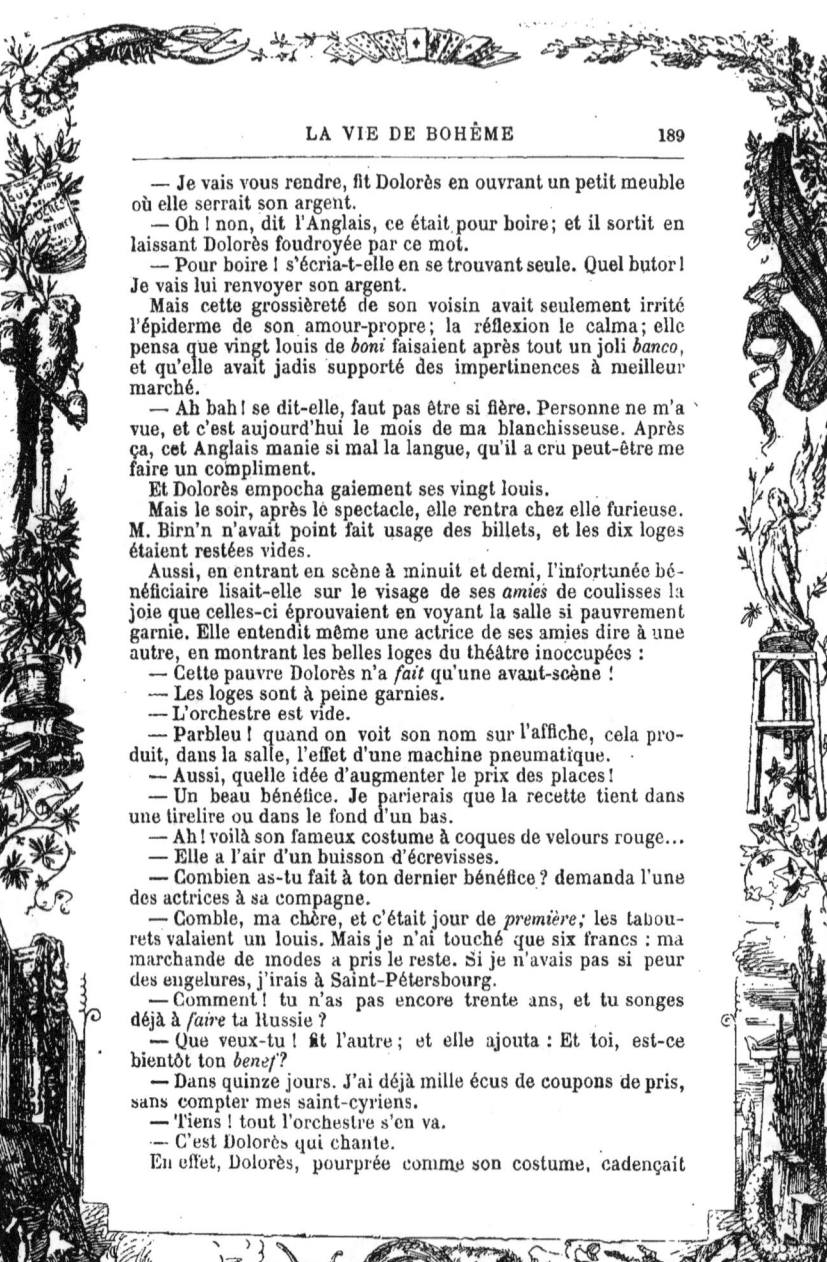

son couplet au verjus. Comme elle l'achevait à grand' peine, deux bouquets tombaient à ses pieds, lancés par la main des deux actrices ses bonnes amies, qui s'avancèrent sur le bord de leur baignoire en criant :

— Bravo, Dolorès !

On s'imaginera facilement la fureur de celle-ci. Aussi, en rentrant chez elle, bien qu'on fût au milieu de la nuit, elle ouvrit la fenêtre et réveilla Coco, qui réveilla l'honnête M. Birn'n, endormi sous la foi de la parole donnée.

A compter de ce jour, la guerre avait été déclarée entre l'actrice et l'Anglais : guerre à outrance, sans repos ni trêve, dans laquelle les adversaires engagés ne reculeraient devant aucuns frais. Le perroquet, éduqué en conséquence, avait approfondi l'étude de la langue d'Albion, et proférait toute la journée des injures contre son voisin, dans son fausset le plus aigu. C'était, en vérité, quelque chose d'intolérable. Dolorès en souffrait elle-même, mais elle espérait que, d'un jour à l'autre, M. Birn'n donnerait congé : c'était là où elle plaçait son amour-propre. L'insulaire, de son côté, avait inventé toutes sortes de magies pour se venger. Il avait d'abord fondé une école de tambours dans son salon ; mais le commissaire de police était intervenu. M. Birn'n, de plus en plus ingénieux, avait alors établi un tir au pistolet ; ses domestiques criblaient cinquante cartons par jour. Le commissaire intervint encore, et lui fit exhiber un article du code municipal qui interdit l'usage des armes à feu dans les maisons. M. Birn'n cessa le feu. Mais huit jours après, mademoiselle Dolorès s'aperçut qu'il pleuvait dans ses appartements. Le propriétaire vint rendre visite à M. Birn'n, qu'il trouva en train de prendre les bains de mer dans son salon. En effet, cette pièce, fort grande, avait été revêtue, sur tous les murs de feuilles de métal ; toutes les portes avaient été condamnées ; et, dans ce bassin improvisé, on avait mêlé dans une centaine de voies d'eau une cinquantaine de quintaux de sel. C'était une véritable réduction de l'Océan. Rien n'y manquait, pas même les poissons. On y descendait par une ouverture pratiquée dans le panneau supérieur de la porte du milieu, et M. Birn'n s'y baignait quotidiennement. Au bout de quelque temps, on sentait la marée dans le quartier, et mademoiselle Dolorès avait un demi-pouce d'eau dans sa chambre à coucher.

Le propriétaire devint furieux, et menaça M. Birn'n de lui faire un procès en dédommagement des dégâts causés dans son immeuble.

— Est-ce que je avais pas le droit, demanda l'Anglais, de me baigner chez moi ?

— Non, monsieur.

— Si je avais pas le droit, c'est bien, dit l'Anglais plein de respect pour la loi du pays où il vivait. C'est dommage, je amusais beaucoup moa.

Et le soir même il donna des ordres pour qu'on fît écouler

son Océan. Il n'était que temps : il y avait déjà un banc d'huîtres sur le parquet.

Cependant M. Birn'n n'avait pas renoncé à la lutte, et cherchait un moyen légal de continuer cette guerre singulière, qui faisait les délices de tout Paris oisif; car l'aventure avait été répandue dans les foyers de théâtre et autres lieux de publicité. Aussi Dolorès tenait-elle à honneur de sortir triomphante de cette lutte, à propos de laquelle des paris étaient engagés.

Ce fut alors que M. Birn'n avait imaginé le piano. Et ce n'était point si mal imaginé : le plus désagréable des instruments était de force à lutter contre le plus désagréable des volatiles. Aussi, dès que cette bonne idée lui était venue, s'était-il dépêché de la mettre à exécution. Il avait loué un piano, et il avait demandé un pianiste. Le pianiste, on se le rappelle, était notre ami Schaunard. L'Anglais lui raconta familièrement ses doléances à cause du perroquet de la voisine, et tout ce qu'il avait fait déjà pour tâcher d'amener l'actrice à composition.

— Mais, milord, dit Schaunard, il y a un moyen de vous débarrasser de cette bête : c'est le persil. Tous les chimistes n'ont qu'un cri pour assurer que cette plante potagère est l'acide prussique de ces animaux; faites hacher du persil sur vos tapis, et faites-les secouer par la fenêtre sur la cage de *Coco* : il expirera absolument comme s'il avait été invité à dîner par le pape Alexandre VI.

— J'y ai pensé, mais la bête est gardée, répondit l'Anglais; le piano est plus sûr.

Schaunard regarda l'Anglais et ne comprit pas tout d'abord.

— Voici ce que je avais combiné, reprit l'Anglais. La comédienne et son bête dormaient jusqu'à midi. Suivez bien mon raisonnement...

— Allez, fit Schaunard, je lui marche sur les talons.

— Je avais entrepris de lui troubler le sommeil. La loi de ce pays me autorise à faire de la musique depuis le matin jusqu'au soir. Comprenez-vous ce que je attends de vous?...

— Mais, dit Schaunard, ce ne serait pas déjà si désagréable pour la comédienne, si elle m'entend jouer du piano toute la journée, et gratis encore. Je suis de première force, et, si j'avais seulement un poumon attaqué...

— Oh! oh! reprit l'Anglais. Aussi je ne dirai pas à vous de faire de l'excellente musique. Il faudrait seulement taper là-dessus votre instrument. Comme ça, ajouta l'Anglais en essayant une gamme; et toujours, toujours le même chose, sans pitié, monsieur le musicien, toujours la gamme. Je savais un peu le médecine, cela rend fou. Ils deviendront fou là-dessous, c'est là-dessus que je compte. Allons, monsieur, mettez-vous tout de suite ; je payerai bien vous.

— Et voilà, dit Schaunard qui avait raconté tous les détails que l'on vient de lire, voilà le métier que je fais depuis quinze jours. Une gamme, rien que la même, depuis sept heures du

matin jusqu'au soir. Ce n'est point là précisément de l'art sérieux; mais que voulez-vous, mes enfants, l'Anglais me paye mon tintamarre deux cents francs par mois; faudrait être le bourreau de son corps pour refuser une pareille aubaine. J'ai accepté, et dans deux ou trois jours je passe à la caisse pour toucher mon premier mois.

Ce fut à la suite de ces mutuelles confidences que les trois amis convinrent entre eux de profiter de la commune rentrée de fonds pour donner à leurs maîtresses l'équipement printanier que la coquetterie de chacune convoitait depuis si longtemps. On était convenu, en outre, que celui qui toucherait son argent le premier attendrait les autres, afin que les acquisitions se fissent en même temps, et que mesdemoiselles Mimi, Musette et Phémie pussent jouir ensemble du plaisir de faire *peau neuve* comme disait Schaunard.

Or, deux ou trois jours après ce conciliabule, Rodolphe tenait la corde, son poëme osanore avait été payé, il pesait quatre-vingts francs. Le surlendemain, Marcel avait émargé chez Médicis le prix de dix-huit caporaux, à six francs.

Marcel et Rodolphe avaient toutes les peines du monde à dissimuler leur fortune.

— Il me semble que je sue de l'or, disait le poëte.

— C'est comme moi, fit Marcel. Si Schaunard tarde longtemps, il me sera impossible de continuer mon rôle de Crésus anonyme.

Mais le lendemain même les bohèmes virent arriver Schaunard, splendidement vêtu d'une jaquette en nankin jaune d'or.

— Ah! mon Dieu! s'écria Phémie, éblouie en voyant son amant si élégamment relié, où as-tu trouvé cet habit-là?

— Je l'ai trouvé dans mes papiers, répondit le musicien en faisant un signe à ses deux amis pour qu'ils eussent à le suivre. J'ai touché, leur dit-il quand ils furent seuls. Voici les piles.

Et il étala une poignée d'or.

— Eh bien, s'écria Marcel, en route! allons mettre les magasins au pillage! Comme Musette va être heureuse!

— Comme Mimi sera contente! ajouta Rodolphe. Allons, viens-tu, Schaunard?

— Permettez-moi de réfléchir, répondit le musicien. En couvrant ces dames des mille caprices de la mode, nous allons peut-être faire une folie. Songez-y, quand elles ressembleront aux gravures de *l'Echarpe d'Iris*, ne craignez-vous pas que ces splendeurs n'exercent une déplorable influence sur leur caractère? et convient-il à des jeunes hommes comme nous d'agir avec les femmes comme si nous étions des Mondor caducs et ridés? Ce n'est pas que j'hésite à sacrifier quatorze ou dix-huit francs pour habiller Phémie; mais je tremble; quand elle aura un chapeau neuf, elle ne voudra plus me saluer, peut-être! Une fleur dans ses cheveux, elle est si bien! Qu'en penses-tu, philosophe? interrompit Schaunard en s'adressant à Colline qui était entré depuis quelques instants.

LA VIE DE BOHÊME

O ma jeunesse ! c'est vous qu'on enterre.

— L'ingratitude est fille du bienfait, dit le philosophe.

— D'un autre côté, continua Schaunard, quand vos maîtresses seront bien mises, quelle figure ferez-vous à leur bras dans vos costumes délabrés ? Vous aurez l'air de leurs femmes de chambre. Ce n'est pas pour moi que je dis cela interrompit Schaunard en se carrant dans son habit de nankin ; car, Dieu merci, je puis me présenter partout maintenant.

Cependant, malgré l'esprit d'opposition de Schaunard, il fut convenu de nouveau que l'on dépouillerait le lendemain tous les bazars du voisinage au bénéfice de ces dames.

Et le lendemain matin, en effet, l'heure même où nous avons vu, au commencement de ce chapitre, mademoiselle Mimi se réveiller très-étonnée de l'absence de Rodolphe, le poëte et ses deux amis montaient les escaliers de l'hôtel, accompagnés par un garçon des *Deux Magots* et par une modiste, qui portaient des échantillons. Schaunard, qui avait acheté la fameuse trompe, marchait devant en jouant l'ouverture de *la Caravane*.

Musette et Phémie, appelées par Mimi qui habitait l'entresol, sur la nouvelle qu'on leur apportait des chapeaux et des robes, descendirent les escaliers avec la rapidité d'une avalanche. En voyant toutes ces pauvres richesses étalées devant elles, les trois femmes faillirent devenir folles de joie. Mimi était prise d'une quinte d'hilarité et sautait comme une chèvre, en faisant voltiger une petite écharpe de barége. Musette s'était jetée au cou de Marcel, ayant dans chaque main une petite bottine verte qu'elle frappait l'une contre l'autre comme des cymbales. Phémie regardait Schaunard en sanglotant, elle ne savait que dire :

— Ah ! mon Alexandre, mon Alexandre !

— Il n'y a point de danger qu'elle refuse les présents d'Artaxercès, murmurait le philosophe Colline.

Après le premier élan de joie passé, quand les choix furent faits et les factures acquittées, Rodolphe annonça aux trois femmes qu'elles eussent à s'arranger pour essayer leur toilette nouvelle le lendemain matin.

— On ira à la campagne, dit-il.

— La belle affaire ! s'écria Musette, ce n'est point la première fois que j'aurais acheté, taillé, cousu et porté une robe le même jour. Et d'ailleurs nous avons la nuit. Nous serons prêtes, n'est-ce pas, mesdames ?

— Nous serons prêtes ! s'écrièrent à la fois Mimi et Phémie.

Sur-le-champ elles se mirent à l'œuvre, et pendant seize heures elles ne quittèrent ni les ciseaux ni l'aiguille.

Le lendemain matin était le premier jour du mois de mai. Les cloches de Pâques avaient sonné depuis quelques jours la résurrection du printemps, et de tous les côtés il arrivait empressé et joyeux ; il arrivait, comme dit la ballade allemande, léger ainsi que le jeune fiancé qui va planter le mai sous la fenêtre de sa bien-aimée. Il peignait le ciel en bleu, les arbres en vert, et toutes choses en belles couleurs. Il réveillait le soleil

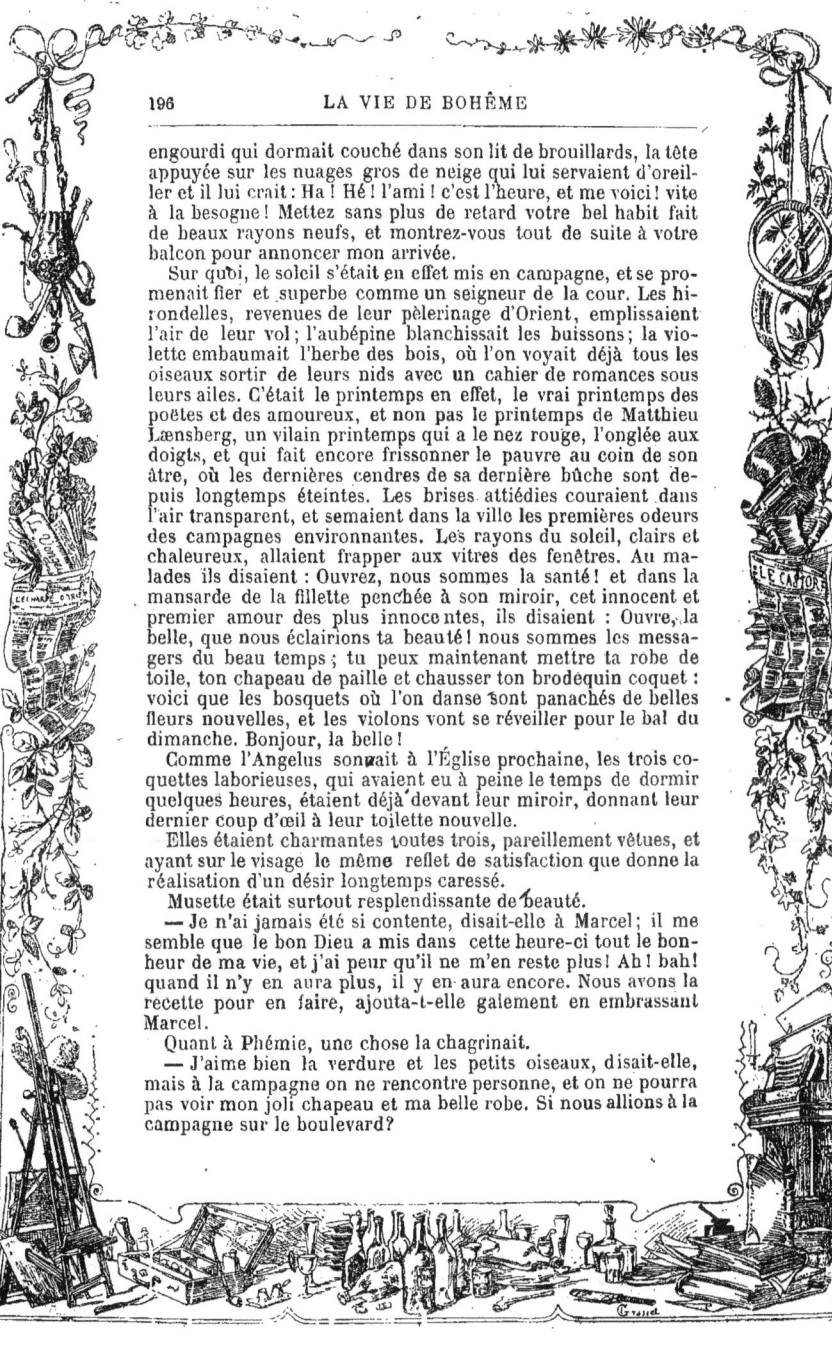

engourdi qui dormait couché dans son lit de brouillards, la tête appuyée sur les nuages gros de neige qui lui servaient d'oreiller et il lui criait : Ha ! Hé ! l'ami ! c'est l'heure, et me voici ! vite à la besogne ! Mettez sans plus de retard votre bel habit fait de beaux rayons neufs, et montrez-vous tout de suite à votre balcon pour annoncer mon arrivée.

Sur quoi, le soleil s'était en effet mis en campagne, et se promenait fier et superbe comme un seigneur de la cour. Les hirondelles, revenues de leur pèlerinage d'Orient, emplissaient l'air de leur vol ; l'aubépine blanchissait les buissons ; la violette embaumait l'herbe des bois, où l'on voyait déjà tous les oiseaux sortir de leurs nids avec un cahier de romances sous leurs ailes. C'était le printemps en effet, le vrai printemps des poëtes et des amoureux, et non pas le printemps de Matthieu Lænsberg, un vilain printemps qui a le nez rouge, l'onglée aux doigts, et qui fait encore frissonner le pauvre au coin de son âtre, où les dernières cendres de sa dernière bûche sont depuis longtemps éteintes. Les brises attiédies couraient dans l'air transparent, et semaient dans la ville les premières odeurs des campagnes environnantes. Les rayons du soleil, clairs et chaleureux, allaient frapper aux vitres des fenêtres. Au malades ils disaient : Ouvrez, nous sommes la santé ! et dans la mansarde de la fillette penchée à son miroir, cet innocent et premier amour des plus innocentes, ils disaient : Ouvre, la belle, que nous éclairions ta beauté ! nous sommes les messagers du beau temps ; tu peux maintenant mettre ta robe de toile, ton chapeau de paille et chausser ton brodequin coquet : voici que les bosquets où l'on danse sont panachés de belles fleurs nouvelles, et les violons vont se réveiller pour le bal du dimanche. Bonjour, la belle !

Comme l'Angelus sonnait à l'Église prochaine, les trois coquettes laborieuses, qui avaient eu à peine le temps de dormir quelques heures, étaient déjà devant leur miroir, donnant leur dernier coup d'œil à leur toilette nouvelle.

Elles étaient charmantes toutes trois, pareillement vêtues, et ayant sur le visage le même reflet de satisfaction que donne la réalisation d'un désir longtemps caressé.

Musette était surtout resplendissante de beauté.

— Je n'ai jamais été si contente, disait-elle à Marcel ; il me semble que le bon Dieu a mis dans cette heure-ci tout le bonheur de ma vie, et j'ai peur qu'il ne m'en reste plus ! Ah ! bah ! quand il n'y en aura plus, il y en aura encore. Nous avons la recette pour en faire, ajouta-t-elle galement en embrassant Marcel.

Quant à Phémie, une chose la chagrinait.

— J'aime bien la verdure et les petits oiseaux, disait-elle, mais à la campagne on ne rencontre personne, et on ne pourra pas voir mon joli chapeau et ma belle robe. Si nous allions à la campagne sur le boulevard ?

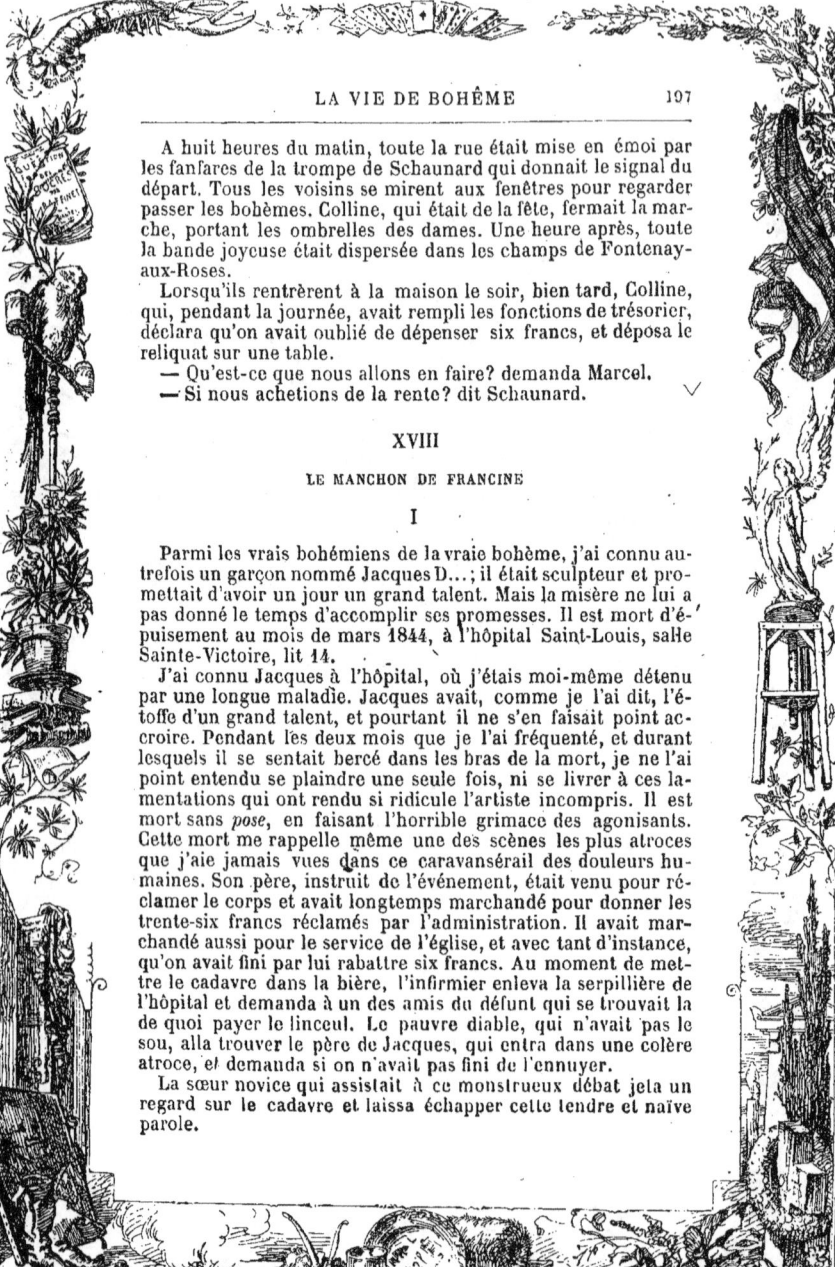

A huit heures du matin, toute la rue était mise en émoi par les fanfares de la trompe de Schaunard qui donnait le signal du départ. Tous les voisins se mirent aux fenêtres pour regarder passer les bohèmes. Colline, qui était de la fête, fermait la marche, portant les ombrelles des dames. Une heure après, toute la bande joyeuse était dispersée dans les champs de Fontenay-aux-Roses.

Lorsqu'ils rentrèrent à la maison le soir, bien tard, Colline, qui, pendant la journée, avait rempli les fonctions de trésorier, déclara qu'on avait oublié de dépenser six francs, et déposa le reliquat sur une table.

— Qu'est-ce que nous allons en faire? demanda Marcel.
— Si nous achetions de la rente? dit Schaunard.

XVIII

LE MANCHON DE FRANCINE

I

Parmi les vrais bohémiens de la vraie bohème, j'ai connu autrefois un garçon nommé Jacques D...; il était sculpteur et promettait d'avoir un jour un grand talent. Mais la misère ne lui a pas donné le temps d'accomplir ses promesses. Il est mort d'épuisement au mois de mars 1844, à l'hôpital Saint-Louis, salle Sainte-Victoire, lit 14.

J'ai connu Jacques à l'hôpital, où j'étais moi-même détenu par une longue maladie. Jacques avait, comme je l'ai dit, l'étoffe d'un grand talent, et pourtant il ne s'en faisait point accroire. Pendant les deux mois que je l'ai fréquenté, et durant lesquels il se sentait bercé dans les bras de la mort, je ne l'ai point entendu se plaindre une seule fois, ni se livrer à ces lamentations qui ont rendu si ridicule l'artiste incompris. Il est mort sans *pose*, en faisant l'horrible grimace des agonisants. Cette mort me rappelle même une des scènes les plus atroces que j'aie jamais vues dans ce caravansérail des douleurs humaines. Son père, instruit de l'événement, était venu pour réclamer le corps et avait longtemps marchandé pour donner les trente-six francs réclamés par l'administration. Il avait marchandé aussi pour le service de l'église, et avec tant d'instance, qu'on avait fini par lui rabattre six francs. Au moment de mettre le cadavre dans la bière, l'infirmier enleva la serpillière de l'hôpital et demanda à un des amis du défunt qui se trouvait là de quoi payer le linceul. Le pauvre diable, qui n'avait pas le sou, alla trouver le père de Jacques, qui entra dans une colère atroce, et demanda si on n'avait pas fini de l'ennuyer.

La sœur novice qui assistait à ce monstrueux débat jeta un regard sur le cadavre et laissa échapper cette tendre et naïve parole.

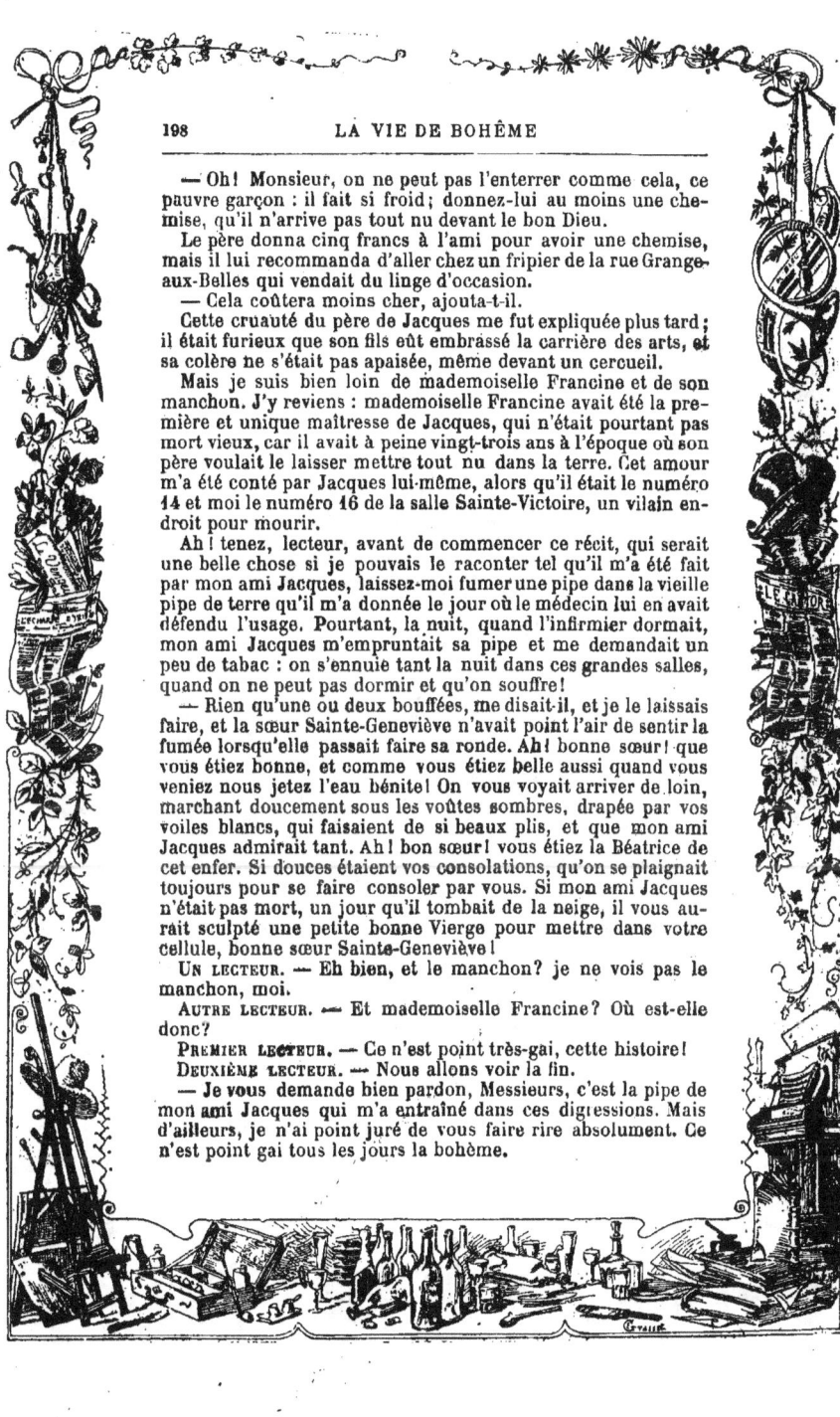

— Oh! Monsieur, on ne peut pas l'enterrer comme cela, ce pauvre garçon : il fait si froid ; donnez-lui au moins une chemise, qu'il n'arrive pas tout nu devant le bon Dieu.

Le père donna cinq francs à l'ami pour avoir une chemise, mais il lui recommanda d'aller chez un fripier de la rue Grange-aux-Belles qui vendait du linge d'occasion.

— Cela coûtera moins cher, ajouta-t-il.

Cette cruauté du père de Jacques me fut expliquée plus tard ; il était furieux que son fils eût embrassé la carrière des arts, et sa colère ne s'était pas apaisée, même devant un cercueil.

Mais je suis bien loin de mademoiselle Francine et de son manchon. J'y reviens : mademoiselle Francine avait été la première et unique maîtresse de Jacques, qui n'était pourtant pas mort vieux, car il avait à peine vingt-trois ans à l'époque où son père voulait le laisser mettre tout nu dans la terre. Cet amour m'a été conté par Jacques lui-même, alors qu'il était le numéro 14 et moi le numéro 16 de la salle Sainte-Victoire, un vilain endroit pour mourir.

Ah ! tenez, lecteur, avant de commencer ce récit, qui serait une belle chose si je pouvais le raconter tel qu'il m'a été fait par mon ami Jacques, laissez-moi fumer une pipe dans la vieille pipe de terre qu'il m'a donnée le jour où le médecin lui en avait défendu l'usage. Pourtant, la nuit, quand l'infirmier dormait, mon ami Jacques m'empruntait sa pipe et me demandait un peu de tabac : on s'ennuie tant la nuit dans ces grandes salles, quand on ne peut pas dormir et qu'on souffre!

— Rien qu'une ou deux bouffées, me disait-il, et je le laissais faire, et la sœur Sainte-Geneviève n'avait point l'air de sentir la fumée lorsqu'elle passait faire sa ronde. Ah! bonne sœur! que vous étiez bonne, et comme vous étiez belle aussi quand vous veniez nous jeter l'eau bénite! On vous voyait arriver de loin, marchant doucement sous les voûtes sombres, drapée par vos voiles blancs, qui faisaient de si beaux plis, et que mon ami Jacques admirait tant. Ah! bon sœur! vous étiez la Béatrice de cet enfer. Si douces étaient vos consolations, qu'on se plaignait toujours pour se faire consoler par vous. Si mon ami Jacques n'était pas mort, un jour qu'il tombait de la neige, il vous aurait sculpté une petite bonne Vierge pour mettre dans votre cellule, bonne sœur Sainte-Geneviève!

Un lecteur. — Eh bien, et le manchon? je ne vois pas le manchon, moi.

Autre lecteur. — Et mademoiselle Francine? Où est-elle donc?

Premier lecteur. — Ce n'est point très-gai, cette histoire!

Deuxième lecteur. — Nous allons voir la fin.

— Je vous demande bien pardon, Messieurs, c'est la pipe de mon ami Jacques qui m'a entraîné dans ces digressions. Mais d'ailleurs, je n'ai point juré de vous faire rire absolument. Ce n'est point gai tous les jours la bohème.

Jacques et Francine s'étaient rencontrés dans une maison de la rue de la Tour-d'Auvergne, où ils étaient emménagés en même temps au terme d'avril.

L'artiste et la jeune fille restèrent huit jours avant d'entamer ces relations de voisinage qui sont presque toujours forcées lorsqu'on habite sur le même carré; cependant, sans avoir échangé une seule parole, ils se connaissaient déjà l'un l'autre. Francine savait que son voisin était un pauvre diable d'artiste, et Jacques avait appris que sa voisine était une petite couturière sortie de sa famille pour échapper aux mauvais traitements d'une belle-mère. Elle faisait des miracles d'économie pour mettre, comme on dit, les deux bouts ensemble ; et comme elle n'avait jamais connu le plaisir, elle ne l'enviait point. Voici comment ils en vinrent tous deux à passer par la commune loi de la cloison mitoyenne. Un soir du mois d'avril, Jacques rentra chez lui harassé de fatigue, à jeun depuis le matin et profondément triste, d'une de ces tristesses vagues qui n'ont point de cause précise, et qui vous prennent partout, à toute heure, espèce d'apoplexie du cœur à laquelle sont particulièrement sujets les malheureux qui vivent solitaires. Jacques, qui se sentait étouffer dans son étroite cellule, ouvrit la fenêtre pour respirer un peu. La soirée était belle, et le soleil couchant déployait ses mélancoliques féeries sur les collines de Montmartre. Jacques resta pensif à sa croisée, écoutant le chœur ailé des harmonies printanières qui chantaient dans le calme du soir, et cela augmenta sa tristesse. En voyant passer devant lui un corbeau qui jeta un croassement, il songea au temps où les corbeaux apportaient du pain à Élie, le pieux solitaire, et il fit cette réflexion que les corbeaux n'étaient plus si charitables. Puis, n'y pouvant plus tenir, il ferma sa fenêtre, tira le rideau ; et comme il n'avait pas de quoi acheter de l'huile pour sa lampe, il alluma une chandelle de résine qu'il avait rapportée d'un voyage à la Grande-Chartreuse. Toujours de plus en plus triste, il bourra sa pipe.

— Heureusement que j'ai encore assez de tabac pour cacher le pistolet, murmura-t-il, et il se mit à fumer.

Il fallait qu'il fût bien triste ce soir-là, mon ami Jacques, pour qu'il songeât à cacher le pistolet. C'était sa ressource suprême dans les grandes crises, et elle lui réussissait assez ordinairement. Voici en quoi consistait ce moyen : Jacques fumait du tabac sur lequel il répandait quelques gouttes de laudanum, et il fumait jusqu'à ce que le nuage de fumée qui sortait de sa pipe fût devenu assez épais pour lui dérober tous les objets qui étaient dans sa petite chambre, et surtout un pistolet accroché au mur. C'était l'affaire d'une dizaine de pipes. Quand le pistolet était entièrement devenu invisible, il arrivait presque toujours que la fumée et le laudanum combinés endormaient Jacques, et il arrivait aussi souvent que sa tristesse l'abandonnait au seuil de ses rêves. Mais, ce soir-là, il avait usé tout son tabac, le pistolet était parfaitement caché, et Jacques était toujours amèrement triste. Ce soir-là, au contraire, mademoiselle Francine était extrêmement gaie en rentrant chez elle, et sa gaieté était sans cause, comme la tristesse de Jacques : c'était une de ces joies qui tombent du ciel et que le bon Dieu jette dans les bons cœurs. Donc, mademoiselle Francine était en belle humeur, et chantonnait en montant l'escalier. Mais, comme elle allait ouvrir sa porte, un coup de vent entré par la fenêtre ouverte du carré éteignit brusquement sa chandelle.

— Mon Dieu, que c'est ennuyeux ! exclama la jeune fille, voilà qu'il faut encore descendre et monter six étages.

Mais ayant aperçu de la lumière à travers la porte de Jacques, un instinct de paresse, enté sur un sentiment de curiosité, lui conseilla d'aller demander de la lumière à l'artiste. C'est un service qu'on se rend journellement entre voisin, pensait-elle, et cela n'a rien de compromettant. Elle frappa donc deux petits coups à la porte de Jacques, qui ouvrit, un peu surpris de cette visite tardive. Mais à peine eut-elle fait un pas dans la chambre, la fumée qui l'emplissait la suffoqua tout d'abord, et, avant d'avoir pu prononcer une parole, elle glissa évanouie sur une chaise et laissa tomber à terre son flambeau et sa clef. Il était minuit, tout le monde dormait dans la maison. Jacques ne jugea point à propos d'appeler du secours, il craignait d'abord de compromettre sa voisine. Il se borna donc à ouvrir la fenêtre pour laisser pénétrer un peu d'air; et, après avoir jeté quelques gouttes d'eau au visage de la jeune fille, il la vit ouvrir les yeux et revenir à elle peu à peu. Lorsqu'au bout de cinq minutes elle eut entièrement repris connaissance, Francine expliqua le motif qui l'avait amenée chez l'artiste, et elle s'excusa beaucoup de ce qui était arrivé.

— Maintenant que je suis remise, ajouta-t-elle, je puis rentrer chez moi.

Et il avait déjà ouvert la porte du cabinet, lorsqu'elle s'aperçut que non-seulement elle oubliait d'allumer sa chandelle, mais encore qu'elle n'avait pas la clef de sa chambre.

— Étourdie que je suis, dit-elle en approchant son flambeau du cierge de résine, je suis entrée ici pour avoir de la lumière, et j'allais m'en aller sans.

Mais, au même instant, le courant d'air établi dans la chambre par la porte et la fenêtre, qui étaient restées entr'ouvertes, éteignit subitement le cierge, et les deux jeunes gens restèrent dans l'obscurité.

— On croirait que c'est fait exprès, dit Francine. Pardonnez-moi, Monsieur, tout l'embarras que je vous cause, et soyez assez bon pour faire de la lumière, pour que je puisse retrouver ma clef.

— Certainement, mademoiselle, répondit Jacques en cherchant des allumettes à tâtons.

Il les eut bien vite trouvées. Mais une idée singulière lui

LA VIE DE BOHÈME

Il lui vola des pommes vertes qui pendaient aux arbres du jardin.

traversa l'esprit : il mit les allumettes dans sa poche, en s'écriant :

— Mon Dieu? mademoiselle, voici bien un autre embarras. Je n'ai pas une seule allumette ici, j'ai employé la dernière quand je suis rentré.

J'espère que voilà une ruse crânement bien machinée ! pensa-t-il en lui-même.

— Mon Dieu ! mon Dieu ! disait Francine, je puis bien encore rentrer chez moi sans chandelle : la chambre n'est pas si grande pour qu'on puisse s'y perdre. Mais il me faut ma clef ; je vous en prie, monsieur, aidez-moi à chercher, elle doit être à terre.

— Cherchons, mademoiselle, dit Jacques.

Et les voilà tous deux dans l'obscurité en quête de l'objet perdu ; mais, comme s'ils eussent été guidés par le même instinct, il arriva que pendant ces recherches leurs mains, qui tâtonnaient dans le même endroit, se rencontraient dix fois par minute. Et, comme ils étaient aussi maladroits l'un que l'autre, ils ne trouvèrent point la clef.

— La lune qui est masquée par les nuages, donne en plein dans ma chambre, dit Jacques. Attendons un peu. Tout à l'heure elle pourra éclairer nos recherches.

Et, en attendant le lever de la lune, ils se mirent à causer. Une causerie au milieu des ténèbres, dans une chambre étroite, par une nuit de printemps ; une causerie qui, d'abord frivole et insignifiante, aborde le chapitre des confidences, vous savez où cela mène... Les paroles deviennent peu à peu confuses, pleines de réticences ; la voix baisse, les mots s'alternent de soupirs... Les mains qui se rencontrent achèvent la pensée qui, du cœur, monte aux lèvres, et... Cherchez la conclusion dans vos souvenirs, ô jeunes couples. Rappelez-vous, jeune homme, rappelez-vous, jeune femme, vous qui marchez aujourd'hui la main dans la main, et qui ne vous étiez jamais vus il y a deux jours.

Enfin, la lune se démasqua et sa lueur claire inonda la chambrette ; mademoiselle Francine sortit de sa rêverie en jetant un petit cri.

— Qu'avez-vous ? lui demanda Jacques, en lui entourant la taille de ses bras.

— Rien, murmura Francine ; j'avais cru entendre frapper. Et, sans que Jacques s'en aperçût, elle poussa du pied sous un meuble, la clef qu'elle venait d'apercevoir.

Elle ne voulait pas la retrouver.

. . . .

PREMIER LECTEUR. — Je ne laisserai certainement pas cette histoire entre les mains de ma fille.

DEUXIÈME LECTEUR. — Jusqu'à présent je n'ai point encore vu un seul poil du manchon de mademoiselle Francine ; et, pour cette jeune fille, je ne sais pas non plus comment elle est faite, si elle est brune ou blonde.

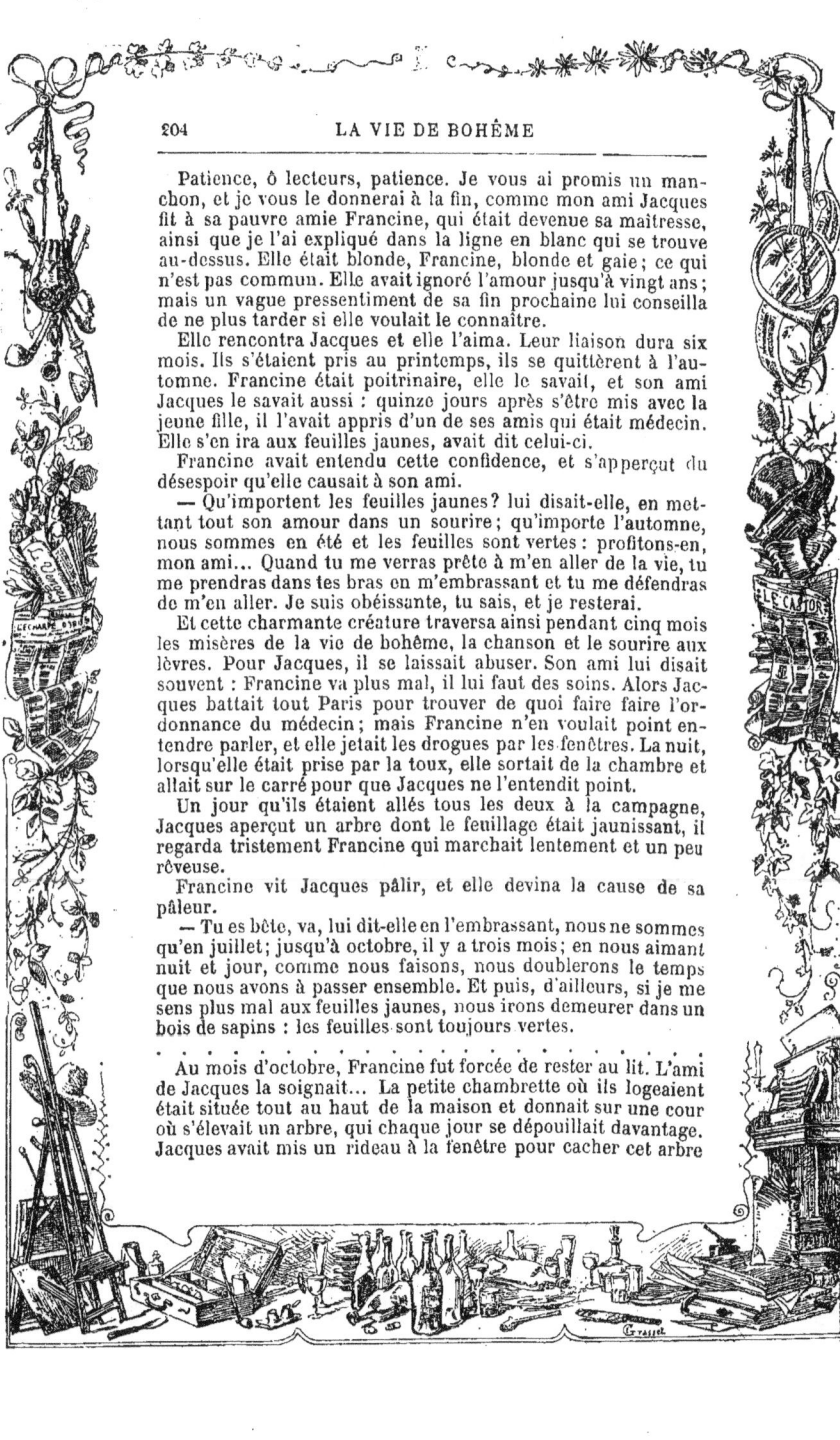

Patience, ô lecteurs, patience. Je vous ai promis un manchon, et je vous le donnerai à la fin, comme mon ami Jacques fit à sa pauvre amie Francine, qui était devenue sa maîtresse, ainsi que je l'ai expliqué dans la ligne en blanc qui se trouve au-dessus. Elle était blonde, Francine, blonde et gaie; ce qui n'est pas commun. Elle avait ignoré l'amour jusqu'à vingt ans; mais un vague pressentiment de sa fin prochaine lui conseilla de ne plus tarder si elle voulait le connaître.

Elle rencontra Jacques et elle l'aima. Leur liaison dura six mois. Ils s'étaient pris au printemps, ils se quittèrent à l'automne. Francine était poitrinaire, elle le savait, et son ami Jacques le savait aussi : quinze jours après s'être mis avec la jeune fille, il l'avait appris d'un de ses amis qui était médecin. Elle s'en ira aux feuilles jaunes, avait dit celui-ci.

Francine avait entendu cette confidence, et s'apperçut du désespoir qu'elle causait à son ami.

— Qu'importent les feuilles jaunes? lui disait-elle, en mettant tout son amour dans un sourire; qu'importe l'automne, nous sommes en été et les feuilles sont vertes: profitons-en, mon ami... Quand tu me verras prête à m'en aller de la vie, tu me prendras dans tes bras en m'embrassant et tu me défendras de m'en aller. Je suis obéissante, tu sais, et je resterai.

Et cette charmante créature traversa ainsi pendant cinq mois les misères de la vie de bohême, la chanson et le sourire aux lèvres. Pour Jacques, il se laissait abuser. Son ami lui disait souvent : Francine va plus mal, il lui faut des soins. Alors Jacques battait tout Paris pour trouver de quoi faire faire l'ordonnance du médecin; mais Francine n'en voulait point entendre parler, et elle jetait les drogues par les fenêtres. La nuit, lorsqu'elle était prise par la toux, elle sortait de la chambre et allait sur le carré pour que Jacques ne l'entendît point.

Un jour qu'ils étaient allés tous les deux à la campagne, Jacques aperçut un arbre dont le feuillage était jaunissant, il regarda tristement Francine qui marchait lentement et un peu rêveuse.

Francine vit Jacques pâlir, et elle devina la cause de sa pâleur.

— Tu es bête, va, lui dit-elle en l'embrassant, nous ne sommes qu'en juillet; jusqu'à octobre, il y a trois mois; en nous aimant nuit et jour, comme nous faisons, nous doublerons le temps que nous avons à passer ensemble. Et puis, d'ailleurs, si je me sens plus mal aux feuilles jaunes, nous irons demeurer dans un bois de sapins : les feuilles sont toujours vertes.

Au mois d'octobre, Francine fut forcée de rester au lit. L'ami de Jacques la soignait... La petite chambrette où ils logeaient était située tout au haut de la maison et donnait sur une cour où s'élevait un arbre, qui chaque jour se dépouillait davantage. Jacques avait mis un rideau à la fenêtre pour cacher cet arbre à la malade : mais Francine exigea qu'on retirât le rideau.

— O mon ami, disait-elle à Jacques, je te donnerai cent fois plus de baisers qu'il n'a de feuilles... Et elle ajoutait : Je vais beaucoup mieux, d'ailleurs... Je vais sortir bientôt; mais comme il fera froid, et que je ne veux pas avoir les mains rouges, tu m'achèteras un manchon. Pendant toute la maladie, ce manchon fut son rêve unique.

La veille de la Toussaint, voyant Jacques plus désolé que jamais, elle voulut lui donner du courage; et, pour lui prouver qu'elle allait mieux, elle se leva.

Le médecin arriva au même instant, il la fit recoucher de force.

— Jacques, dit-il à l'oreille de l'artiste, du courage ! Tout est fini, Francine va mourir.

Jacques fondit en larmes.

— Tu peux lui donner tout ce qu'elle demandera maintenant, continua le médecin : il n'y a plus d'espoir.

Francine *entendit des yeux* ce que le médecin avait dit à son amant.

— Ne l'écoute pas, s'écria-t-elle en étendant les bras vers Jacques, ne l'écoute pas, il ment. Nous sortirons ensemble demain... c'est la Toussaint; il fera froid, va m'acheter un manchon... Je t'en prie, j'ai peur des engelures pour cet hiver.

Jacques allait sortir avec son ami, mais Francine retint le médecin auprès d'elle.

— Va chercher mon manchon, dit-elle à Jacques; prends-le beau, qu'il dure longtemps.

Et quand elle fut seule, elle dit au médecin :

— Oh ! Monsieur, je vais mourir, et je le sais... Mais avant de m'en aller, trouvez-moi quelque chose qui me donne des forces pour une nuit, je vous en prie; rendez-moi belle pour une nuit encore, et que je meure après, puisque le bon Dieu ne veut pas que je vive plus longtemps.

Comme le médecin la consolait de son mieux, un vent de bise secoua dans la chambre et jeta sur le lit de la malade une feuille jaune arrachée à l'arbre de la petite cour.

Francine ouvrit le rideau et vit l'arbre dépouillé complétement.

— C'est la dernière, dit-elle en mettant la feuille sous son oreiller.

— Vous ne mourrez que demain, lui dit le médecin, vous avez une nuit à vous.

— Ah! quel bonheur! fit la jeune fille... une nuit d'hiver... elle sera longue.

Jacques rentra : il apportait un manchon.

— Il est bien joli, dit Francine; je le mettrai pour sortir.

Elle passa la nuit avec Jacques.

Le lendemain, jour de la Toussaint, à l'Angelus de midi, elle fut prise par l'agonie et tout son corps se mit à trembler.

— J'ai froid aux mains, murmura-t-elle; donne-moi mon manchon.

Et elle plongea ses pauvres mains dans la fourrure.

— C'est fini, dit le médecin à Jacques, va l'embrasser.

Jacques colla ses lèvres à celle de son amie. Au dernier moment, on voulait lui retirer le manchon, mais elle y cramponna ses mains.

— Non, non, dit-elle; laissez-le-moi : nous sommes dans l'hiver; il fait froid. Ah! mon pauvre Jacques!... Ah! mon pauvre Jacques... qu'est-ce que tu vas devenir? Ah! mon Dieu!

Et le lendemain Jacques était seul.

Premier lecteur. — Je le disais bien que ce n'était point gai cette histoire.

— Que voulez-vous, lecteur? on ne peut pas toujours rire.

II

C'était le matin du jour de la Toussaint. Francine venait de mourir.

Deux hommes veillaient au chevet : l'un, qui se tenait debout, était le médecin ; l'autre, agenouillé près du lit, collait ses lèvres aux mains de la morte, et semblait vouloir les y sceller dans un baiser désespéré, c'était Jacques, l'amant de Francine. Depuis plus de six heures, il était plongé dans une douloureuse insensibilité. Un orgue de Barbarie qui passait sous les fenêtres vint l'en tirer.

Cet orgue jouait un air que Francine avait l'habitude de chanter le matin en s'éveillant.

Une de ces espérances insensées qui ne peuvent naître que dans les grands désespoirs traversa l'esprit de Jacques. Il recula d'un mois dans le passé, à l'époque où Francine n'était encore que mourante; il oublia l'heure présente, et s'imagina un moment que la trépassée n'était qu'endormie, et qu'elle allait s'éveiller tout à l'heure la bouche ouverte à son refrain matinal.

Mais les sons de l'orgue n'étaient pas encore éteints que Jacques était déjà revenu à la réalité. La bouche de Francine était éternellement close pour les chansons, et le sourire qu'y avait amené sa dernière pensée s'effaçait de ses lèvres où la mort commençait à naître.

— Du courage! Jacques, dit le médecin, qui était l'ami du sculpteur.

Jacques se releva et dit en regardant le médecin :

— C'est fini, n'est-ce pas ? il n'y a plus d'espérance?

Sans répondre à cette triste folie, l'ami alla fermer les rideaux du lit; et, revenant ensuite vers le sculpteur, il lui tendit la main.

— Francine est morte... dit-il, il fallait nous y attendre. Dieu sait que nous avons fait ce que nous avons pu pour la sauver.

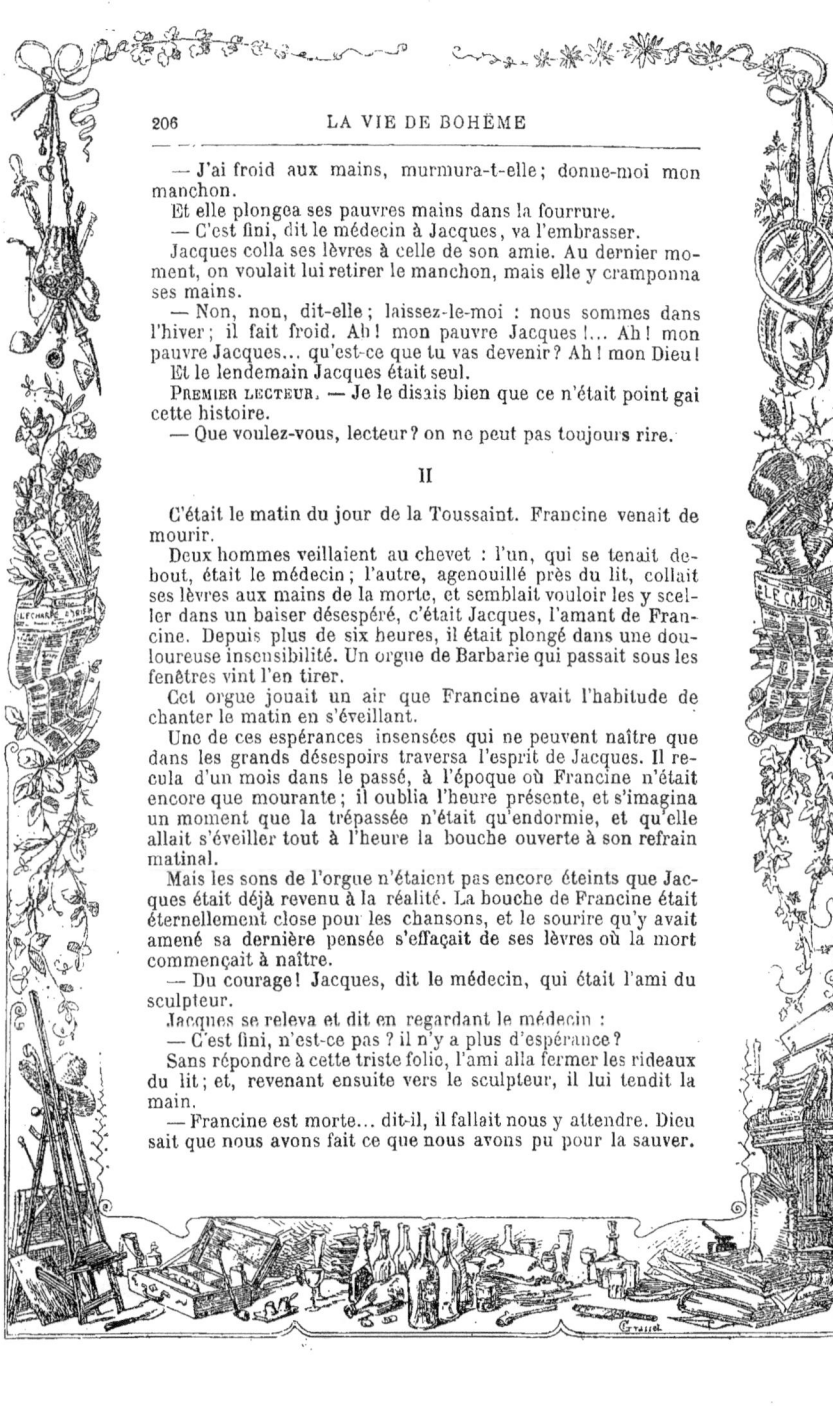

C'était une honnête fille, Jacques, qui t'a beaucoup aimé, plus et autrement que tu ne l'aimais toi-même ; car son amour n'était fait que d'amour, tandis que le tien renfermait un alliage. Francine est morte... mais tout n'est pas fini, il faut maintenant songer à faire les démarches nécessaires pour l'enterrement. Nous nous en occuperons ensemble, et pendant notre absence nous prierons la voisine de veiller ici.

Jacques se laissa entraîner par son ami. Toute la journée ils coururent à la mairie, aux pompes funèbres, au cimetière. Comme Jacques n'avait point d'argent, le médecin engagea sa montre, une bague et quelques effets d'habillement pour subvenir aux frais du convoi, qui fut fixé au lendemain.

Ils rentrèrent tous deux fort tard le soir ; la voisine força Jacques à manger un peu.

— Oui, dit-il, je le veux bien ; j'ai froid et j'ai besoin de prendre un peu de force, car j'aurai à travailler cette nuit.

La voisine et le médecin ne comprirent pas.

Jacques se mit à table et mangea si précipitamment quelques bouchées, qu'il faillit s'étouffer. Alors il demanda à boire. Mais en portant son verre à sa bouche, Jacques le laissa tomber à terre. Le verre qui s'était brisé avait réveillé dans l'esprit de l'artiste un souvenir qui réveillait lui-même sa douleur un instant engourdie. Le jour où Francine était venue pour la première fois chez lui, la jeune fille, qui était déjà souffrante, s'était trouvée indisposée, et Jacques lui avait donné à boire un peu d'eau sucrée dans ce verre. Plus tard, lorsqu'ils demeurèrent ensemble, ils en avaient fait une relique d'amour.

Dans les rares instants de richesse, l'artiste achetait pour son amie une ou deux bouteilles d'un vin fortifiant dont l'usage lui était prescrit, et c'était dans ce verre que Francine buvait la liqueur où sa tendresse puisait une gaieté charmante.

Jacques resta plus d'une demi-heure à regarder, sans rien dire, les morceaux épars de ce fragile et cher souvenir, et il lui semblait que son cœur aussi venait de se briser et qu'il en sentait les éclats déchirer sa poitrine. Lorsqu'il fut revenu à lui, il ramassa les débris du verre et les jeta dans un tiroir. Puis il pria la voisine d'aller lui chercher deux bougies et de faire monter un seau d'eau par le portier.

— Ne t'en va pas, dit-il au médecin qui n'y songeait aucunement, j'aurai besoin de toi tout à l'heure.

On apporta l'eau et les bougies ; les deux amis restèrent seuls.

— Que veux-tu faire ? dit le médecin en voyant Jacques qui, après avoir versé de l'eau dans une sébile en bois, y jetait du plâtre fin à poignées égales.

— Ce que je veux faire, dit l'artiste, ne le devines-tu pas ? Je vais mouler la tête de Francine ; et comme je manquerais de courage si je restais seul, tu ne t'en iras pas.

Jacques alla ensuite tirer les rideaux du lit et abaissa le drap qu'on avait jeté sur la figure de la morte. La main de Jacques

commença à trembler et un sanglot étouffé monta jusqu'à ses lèvres.

— Apporte les bougies, cria-t-il à son ami, et viens me tenir la sébile. L'un des flambeaux fut posé à la tête du lit, de façon à répandre toute sa clarté sur le visage de la poitrinaire ; l'autre bougie fut placée au pied. A l'aide d'un pinceau trempé dans l'huile d'olive, l'artiste oignit les sourcils, les cils et les cheveux, qu'il arrangea ainsi que Francine faisait le plus habituellement.

— Comme cela elle ne souffrira pas quand nous lui enlèverons le masque, murmura Jacques à lui-même.

Ces précautions prises, et après avoir disposé la tête de la morte dans une attitude favorable, Jacques commença à couler le plâtre par couches successives jusqu'à ce que le moule eût atteint l'épaisseur nécessaire. Au bout d'un quart d'heure l'opération était terminée et avait complétement réussi.

Par une étrange particularité, un changement s'était opéré sur le visage de Francine. Le sang, qui n'avait pas eu le temps de se glacer entièrement, réchauffé sans doute par la chaleur du plâtre, avait afflué vers les régions supérieures, et un nuage aux transparences rosées se mêlait graduellement aux blancheurs mates du front et des joues. Les paupières, qui s'étaient soulevées lorsqu'on avait enlevé le moule, laissaient voir l'azur tranquille des yeux, dont le regard paraissait recéler une vague intelligence; et des lèvres, entr'ouvertes par un sourire commencé, semblait sortir, oubliée dans le dernier adieu, cette dernière parole qu'on entend avec le cœur.

Qui pourrait affirmer que l'intelligence finit absolument là où commence l'insensibilité de l'être ? Qui peut dire que les passions s'éteignent et meurent juste avec la dernière pulsation du cœur qu'elles ont agité ? L'âme ne pourrait-elle pas rester quelquefois volontairement captive dans le corps vêtu déjà pour le cercueil, et, du fond de sa prison charnelle, épier un moment les regrets et les larmes ? Ceux qui s'en vont ont tant de raisons pour se défier de ceux qui restent !

Au moment où Jacques songeait à conserver ses traits par les moyens de l'art, qui sait ? une pensée d'outre-vie était peut-être revenue réveiller Francine dans son premier sommeil du repos sans fin. Peut-être s'était-elle rappelé que celui qu'elle venait de quitter était un artiste en même temps qu'un amant ; qu'il était l'un et l'autre, parce qu'il ne pouvait être l'un sans l'autre, que pour lui l'amour était l'âme de l'art, et que, s'il l'avait tant aimée, c'est qu'elle avait su être pour lui une femme et une maîtresse, un sentiment dans une forme. Et alors, peut-être, Francine, voulant laisser à Jacques l'image humaine qui était devenue pour lui un idéal incarné, avait su, morte, déjà glacée, revêtir encore une fois son visage de tous les rayonnements de l'amour et de toutes les grâces de la jeunesse : elle ressuscitait l'objet d'art.

Et peut-être aussi la pauvre fille avait pensé vrai ; car il existe,

« Je t'embrasse autant que tu voudras. » Marcel »

parmi les vrais artistes, de ces Pygmalions singuliers qui, au contraire de l'autre, voudraient pouvoir changer en marbre leurs Galathées vivantes.

Devant la sérénité de cette figure, où l'agonie n'offrait plus de traces, nul n'aurait pu croire aux longues souffrances qui avaient servi de préface à la mort. Francine paraissait continuer un rêve d'amour; et en la voyant ainsi, on eût dit qu'elle était morte de beauté.

Le médecin, brisé par la fatigue, dormait dans un coin.

Quand à Jacques, il était de nouveau retombé dans ses doutes. Son esprit halluciné s'obstinait à croire que celle qu'il avait tant aimée allait se réveiller; et comme de légères contractions nerveuses, déterminées par l'action récente du moulage, rompaient par intervalles l'immobilité du corps, ce simulacre de vie entretenait Jacques dans son heureuse illusion, qui dura jusqu'au matin, à l'heure où le commissaire vint constater le décès et autoriser l'inhumation.

Au reste, s'il avait fallu toute la folie du désespoir pour douter de sa mort en voyant cette belle créature, il fallait aussi pour y croire toute l'infaillibilité de la science.

Pendant que la voisine ensevelissait Francine, on avait entraîné Jacques dans une autre pièce, où il trouva quelques-uns de ses amis venus pour suivre le convoi. Les bohèmes s'abstinrent vis-à-vis de Jacques, qu'ils aimaient pourtant fraternellement, de toutes ces consolations qui ne font qu'irriter la douleur. Sans prononcer une de ces paroles si difficiles à trouver et si pénibles à entendre, ils allaient tour à tour serrer silencieusement la main de son ami.

— Cette mort est un grand malheur pour Jacques, fit l'un d'eux.

— Oui, répondit le peintre Lazare, esprit bizarre qui avait su vaincre de bonne heure toutes les rébellions de la jeunesse en leur imposant l'inflexibilité d'un parti pris, et chez qui l'artiste avait fini par étouffer l'homme, oui; mais un malheur qu'il a volontairement introduit dans sa vie. Depuis qu'il connaît Francine, Jacques est bien changé.

— Elle l'a rendu heureux, dit un autre.

— Heureux! reprit Lazare, qu'appelez-vous heureux, comment nommez-vous bonheur une passion qui met un homme dans l'état où Jacques est en ce moment? Qu'on aille lui montrer un chef-d'œuvre : il ne détournerait pas les yeux; et pour revoir encore une fois sa maîtresse, je suis sûr qu'il marcherait sur un Titien ou sur un Raphaël. Ma maîtresse à moi est immortelle et ne me trompera pas. Elle habite le Louvre et s'appelle *Joconde*.

Au moment où Lazare allait continuer ses théories sur l'art et le sentiment, on vint avertir qu'on allait partir pour l'église.

Après quelques basses prières, le convoi se dirigea vers le cimetière... Comme c'était précisément le jour de la fête des

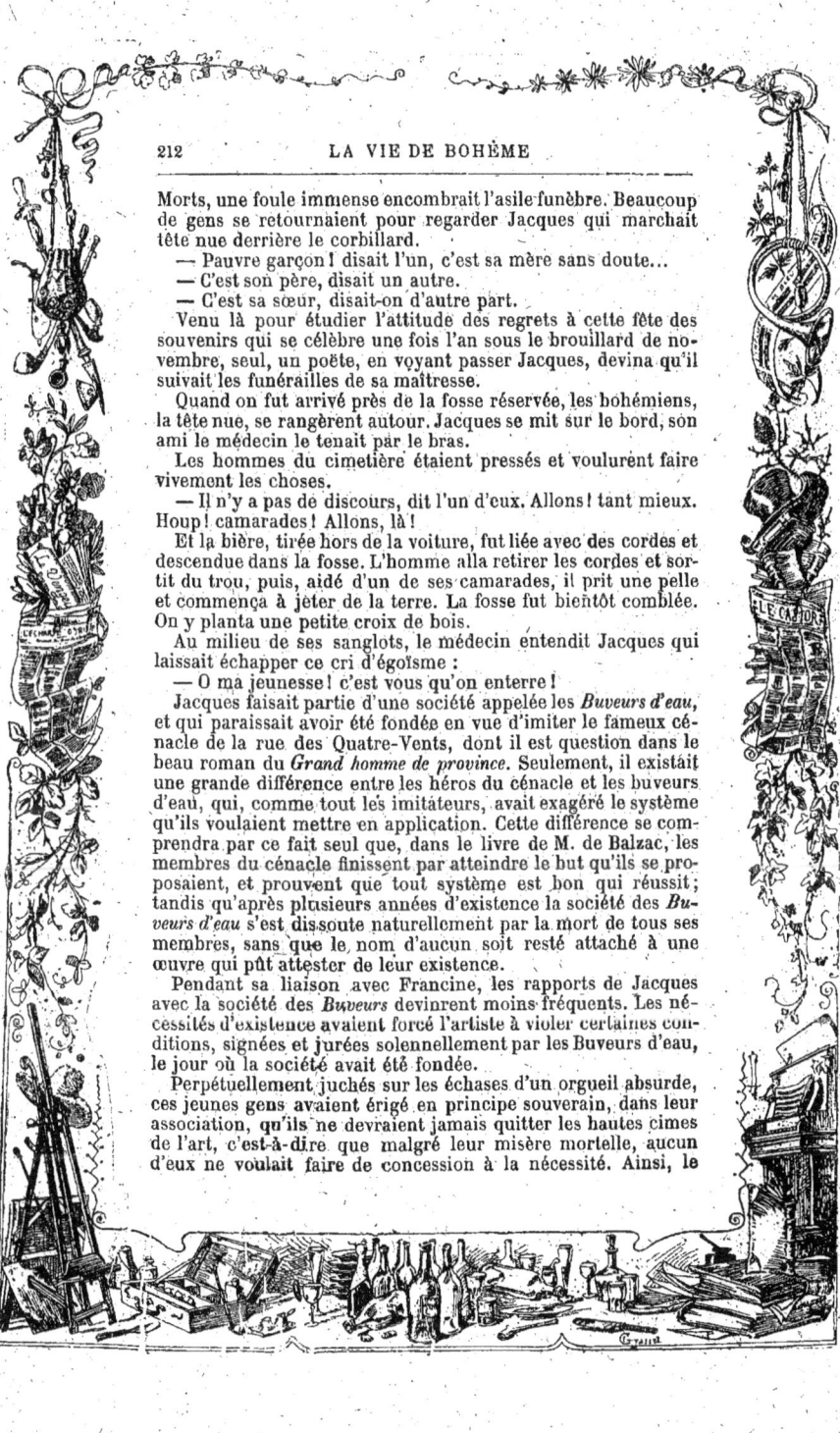

Morts, une foule immense encombrait l'asile funèbre. Beaucoup de gens se retournaient pour regarder Jacques qui marchait tête nue derrière le corbillard.

— Pauvre garçon! disait l'un, c'est sa mère sans doute...
— C'est son père, disait un autre.
— C'est sa sœur, disait-on d'autre part.

Venu là pour étudier l'attitude des regrets à cette fête des souvenirs qui se célèbre une fois l'an sous le brouillard de novembre, seul, un poëte, en voyant passer Jacques, devina qu'il suivait les funérailles de sa maîtresse.

Quand on fut arrivé près de la fosse réservée, les bohémiens, la tête nue, se rangèrent autour. Jacques se mit sur le bord, son ami le médecin le tenait par le bras.

Les hommes du cimetière étaient pressés et voulurent faire vivement les choses.

— Il n'y a pas de discours, dit l'un d'eux. Allons! tant mieux. Houp! camarades! Allons, là!

Et la bière, tirée hors de la voiture, fut liée avec des cordes et descendue dans la fosse. L'homme alla retirer les cordes et sortit du trou, puis, aidé d'un de ses camarades, il prit une pelle et commença à jeter de la terre. La fosse fut bientôt comblée. On y planta une petite croix de bois.

Au milieu de ses sanglots, le médecin entendit Jacques qui laissait échapper ce cri d'égoïsme :

— O ma jeunesse! c'est vous qu'on enterre!

Jacques faisait partie d'une société appelée les *Buveurs d'eau*, et qui paraissait avoir été fondée en vue d'imiter le fameux cénacle de la rue des Quatre-Vents, dont il est question dans le beau roman du *Grand homme de province*. Seulement, il existait une grande différence entre les héros du cénacle et les buveurs d'eau, qui, comme tout les imitateurs, avait exagéré le système qu'ils voulaient mettre en application. Cette différence se comprendra par ce fait seul que, dans le livre de M. de Balzac, les membres du cénacle finissent par atteindre le but qu'ils se proposaient, et prouvent que tout système est bon qui réussit; tandis qu'après plusieurs années d'existence la société des *Buveurs d'eau* s'est dissoute naturellement par la mort de tous ses membres, sans que le nom d'aucun soit resté attaché à une œuvre qui pût attester de leur existence.

Pendant sa liaison avec Francine, les rapports de Jacques avec la société des *Buveurs* devinrent moins fréquents. Les nécessités d'existence avaient forcé l'artiste à violer certaines conditions, signées et jurées solennellement par les Buveurs d'eau, le jour où la société avait été fondée.

Perpétuellement juchés sur les échases d'un orgueil absurde, ces jeunes gens avaient érigé en principe souverain, dans leur association, qu'ils ne devraient jamais quitter les hautes cimes de l'art, c'est-à-dire que malgré leur misère mortelle, aucun d'eux ne voulait faire de concession à la nécessité. Ainsi, le poëte Melchior n'aurait jamais consenti à abandonner ce qu'il appelait sa lyre, pour écrire un prospectus commercial ou une profession de foi. C'était bon pour le poëte Rodolphe, un propre à rien qui était bon à tout, et qui ne laissait jamais passer une pièce de cent sous devant lui sans tirer dessus n'importe avec quoi. Le peintre Lazare, orgueilleux porte-haillons, n'eût jamais voulu salir ses pinceaux à faire le portrait d'un tailleur tenant un perroquet sur ses doigts, comme notre ami le peintre Marcel avait fait une fois en échange de ce fameux habit surnommé *Mathusalem*, et que la main de chacune de ses amantes avait étoilé de reprises. Tout le temps qu'il avait vécu en communion d'idées avec les Buveurs d'eau, le sculpteur Jacques avait subi la tyrannie de l'acte de société; mais dès qu'il connut Francine, il ne voulut pas associer la pauvre enfant, déjà malade, au régime qu'il avait accepté tout le temps de sa solitude. Jacques était par-dessus tout une nature probe et loyale. Il alla trouver le président de la société, l'exclusif Lazare, et lui annonça que désormais il accepterait tout travail qui pourrait lui être productif.

— Mon cher, lui répondit Lazare, ta déclaration d'amour était ta démission d'artiste. Nous resterons tes amis si tu veux, mais nous ne serons plus tes associés. Fais du métier tout à ton aise; pour moi, tu n'est plus un sculpteur, tu es un gâcheur de plâtre. Il est vrai que tu pourras boire du vin, mais nous, qui continuerons à boire notre eau et à manger notre pain de munition, nous resterons des artistes.

Quoi qu'en eût dit Lazare, Jacques resta un artiste. Mais pour conserver Francine auprès de lui, il se livrait, quand les occasions se présentaient, à des travaux productifs. C'est ainsi qu'il travailla longtemps dans l'atelier de l'ornemaniste Romagnési. Habile dans l'exécution, ingénieux dans l'invention, Jacques aurait pu, sans abandonner l'art sérieux, acquérir une grande réputation dans ces compositions de genre qui sont devenues un des principaux éléments du commerce de luxe. Mais Jacques était paresseux comme tous les vrais artistes, et amoureux à la façon des poëtes. La jeunesse, en lui, s'était éveillée tardive, mais ardente; et avec un pressentiment de sa fin prochaine, il voulait tout entière l'épuiser entre les bras de Francine. Aussi il arriva souvent que les bonnes occasions de travail venaient frapper à sa porte, sans que Jacques voulût y répondre, parce qu'il aurait fallu se déranger, et qu'il se trouvait trop bien à rêver aux lueurs des yeux de son amie.

Lorsque Francine fut morte, le sculpteur alla revoir ses anciens amis les Buveurs. Mais l'esprit de Lazare dominait dans ce cercle, où chacun des membres vivait pétrifié dans l'égoïsme de l'art. Jacques n'y trouva pas ce qu'il venait y chercher. On ne comprenait guère son désespoir, qu'on voulait calmer par des raisonnements; et voyant ce peu de sympathie, Jacques préféra isoler sa douleur plutôt que de la voir exposée à la discussion. Il rompit donc complétement avec les buveurs d'eau et s'en alla vivre seul.

Cinq ou six jours après l'enterrement de Francine, Jacques alla trouver un marbrier du cimetière Montparnasse et lui offrit de conclure avec lui le marché suivant : le marbrier fournirait au tombeau de Francine un entourage que Jacques se réservait de dessiner et donnerait en outre à l'artiste un morceau de marbre blanc, moyennant quoi Jacques se mettrait pendant trois mois à la disposition du marbrier, soit comme ouvrier tailleur de pierres, soit comme sculpteur. Le marchand de tombeaux avait alors plusieurs commandes extraordinaires ; il alla visiter l'atelier de Jacques, et, devant plusieurs travaux commencés, il acquit la preuve que le hasard qui lui livrait Jacques était une bonne fortune pour lui. Huit jours après, la tombe de Francine avait un entourage, au milieu duquel la croix de bois avait été remplacée par une croix de pierre, avec le nom gravé en creux.

Jacques avait heureusement affaire à un honnête homme, qui comprit que cent kilog. de fer fondu et trois pieds carrés de marbre des Pyrénées ne pouvaient point payer trois mois de travaux de Jacques, dont le talent lui avait rapporté plusieurs milliers d'écus. Il offrit à l'artiste de l'attacher à son entreprise, moyennant un intérêt, mais Jacques ne consentit point. Le peu de variété des sujets à traiter répugnait à sa nature inventive ; d'ailleurs, il avait ce qu'il voulait, un gros morceau de marbre, des entrailles duquel il voulait faire sortir un chef-d'œuvre qu'il destinait à la tombe de Francine.

Au commencement du printemps, la situation de Jacques devint meilleure : son ami le médecin le mit en relation avec un grand seigneur étranger qui venait se fixer à Paris, et y faisait construire un magnifique hôtel dans un des plus beaux quartiers. Plusieurs artistes célèbres avaient été appelés à concourir au luxe de ce petit palais. On commanda à Jacques une cheminée de salon. Il me semble encore voir les cartons de Jacques ; c'était une chose charmante : tout le poëme de l'hiver était raconté dans ce marbre qui devait servir de cadre à la flamme. L'atelier de Jacques étant trop petit, il demanda et obtint, pour exécuter son œuvre, une pièce dans l'hôtel encore inhabité. On lui avança même une assez forte somme sur le prix convenu de son travail. Jacques commença par rembourser à son ami le médecin l'argent que celui-ci lui avait prêté lorsque Francine était morte ; puis il courut au cimetière, pour y faire cacher sous un champ de fleurs la terre où reposait sa maîtresse.

Mais le printemps était venu avant Jacques, et sur la tombe de la jeune fille mille fleurs croissaient au hasard parmi l'herbe verdoyante. L'artiste n'eut pas le courage de les arracher, car il pensa que ces fleurs renfermaient quelque chose de son amie. Comme le jardinier lui demandait ce qu'il devait faire des roses et des pensées qu'il avait apportées, Jacques lui ordonna de les planter sur une fosse voisine nouvellement creusée, pauvre tombe d'un pauvre, sans clôture, et n'ayant pour signe de reconnaissance qu'un morceau de bois piqué en terre, et surmonté d'une couronne de fleurs en papier noirci, pauvre offrande de la douleur d'un pauvre. Jacques sortit du cimetière tout autre qu'il était entré. Il regardait avec une curiosité pleine de joie ce beau soleil printanier, le même qui avait tant de fois doré les cheveux de Francine lorsqu'elle courait dans la campagne, fauchant les prés avec ses blanches mains. Tout un essaim de bonnes pensées chantait dans le cœur de Jacques. En passant devant un petit cabaret du boulevard extérieur, il se rappela qu'un jour, ayant été surpris par l'orage, il était entré dans ce bouchon avec Francine, et qu'ils y avaient dîné. Jacques entra et se fit servir à dîner sur la même table. On lui donna du désert dans une soucoupe à vignettes; il reconnut la soucoupe et se souvint que Francine était restée une demi-heure à deviner le rébus qui y était peint; et il se ressouvint aussi d'une chanson qu'avait chantée Francine, mis en belle humeur par un petit vin violet, qui ne coûte pas bien cher et qui contient plus de gaieté que de raisin. Mais cette crue de doux souvenirs réveillait son amour sans réveiller sa douleur. Accessible à la superstition, comme tous les esprits poétiques et rêveurs, Jacques s'imagina que c'était Francine qui, en l'entendant marcher tout à l'heure auprès d'elle, lui avait envoyée cette bouffée de bons souvenirs à travers sa tombe, et il ne voulut pas les mouiller d'une larme. Et il sortit du cabaret, pied leste, front haut, œil vif, cœur battant, presque un sourire aux lèvres, et murmurant en chemin ce refrain de la chanson de Francine :

> L'amour rôde dans mon quartier
> Il faut tenir ma porte ouverte.

Ce refrain dans la bouche de Jacques, c'était encore un souvenir, mais aussi c'était déjà une chanson; et peut-être, sans s'en douter, Jacques fit-il ce soir-là le premier pas dans ce chemin de transition qui de la tristesse mène à la mélancolie, et de là à l'oubli. Hélas! quoi qu'on veuille et quoi qu'on fasse, l'éternelle et juste loi de la mobilité le veut ainsi.

De même que les fleurs qui, nées peut-être du corps de Francine, avaient poussé sur sa tombe, des sèves de jeunesse fleurissaient dans le cœur de Jacques, où les souvenirs de l'amour ancien éveillaient de vagues aspirations vers de nouvelles amours. D'ailleurs, Jacques était de cette race d'artistes et de poëtes qui font de la passion un instrument de l'art et de la poésie, et dont l'esprit n'a d'activité qu'autant qu'il est mis en mouvement par les forces motrices du cœur. Chez Jacques, l'invention était vraiment fille du sentiment, et il mettait une parcelle de lui-même dans les plus petites choses qu'il faisait. Il s'aperçut que les souvenirs ne lui suffisaient plus, et que, pareil à la meule qui s'use elle-même quand le grain lui manque, son cœur s'usait faute d'émotion. Le travail n'avait plus de charmes pour lui ; l'invention, jadis fiévreuse et spontanée, n'arrivait plus que sous l'effort de la patience ; Jacques était mécontent et enviait presque la vie de ses anciens amis les Buveurs d'eau.

Il chercha à se distraire, tendit la main aux plaisirs, et se créa de nouvelles liaisons. Il fréquenta le poëte Rodolphe, qu'il avait rencontré dans un café, et tous deux se prirent d'une grande sympathie l'un pour l'autre. Jacques lui avait expliqué ses ennuis ; Rodolphe ne fut pas bien longtemps à en comprendre le motif.

— Mon ami, lui dit-il, je connais ça.... et lui frappant la poitrine à l'endroit du cœur, il ajouta : Vite et vite, il faut rallumer le feu là-dedans ; ébauchez sans retard une petite passion, et les idées vous reviendront.

— Ah ! dit Jacques, j'ai trop aimé Francine.

— Ça ne vous empêchera pas de l'aimer toujours. Vous l'embrasserez sur les lèvres d'un autre.

— Oh ! dit Jacques ; seulement, si je pouvais rencontrer une femme qui lui ressemblât !... Et il quitta Rodolphe tout rêveur.

Six semaines après, Jacques avait retrouvé toute sa verve, rallumée aux doux regards d'une jolie fille qui s'appelait Marie, et dont la beauté maladive rappelait un peu celle de la pauvre Francine. Rien de plus joli en effet que cette jolie Marie, qui avait dix-huit ans moins six semaines, comme elle ne manquait jamais de le dire. Ses amours avec Jacques étaient nées au clair de la lune, dans le jardin d'un bal champêtre, au son d'un violon aigre, d'une contrebasse phthisique et d'une clarinette qui sifflait comme un merle. Jacques l'avait rencontrée un soir, où il se promenait gravement autour de l'hémicycle réservé à la danse. En le voyant passer roide, dans son éternel habit noir boutonné jusqu'au cou, les bruyantes et jolies habituées de l'endroit, qui connaissaient l'artiste de vue, se disaient entre elles :

— Que vient faire ici ce croque-mort ? Y a-t-il donc quelqu'un à enterrer ?

Et Jacques marchait toujours isolé, se faisant intérieurement saigner le cœur aux épines d'un souvenir dont l'orchestre augmentait la vivacité, en exécutant une contre danse joyeuse qui sonnait aux oreilles de l'artiste, triste comme un *De Profundis*. Ce fut au milieu de cette rêverie qu'il aperçut Marie qui le regardait dans un coin, et riait comme une folle en voyant sa mine sombre. Jacques leva les yeux, et entendit à trois pas de lui cet éclat de rire en chapeau rose. Il s'approcha de la jeune fille, et lui adressa quelques paroles auxquelles elle répondit ; il lui offrit son bras pour faire un tour de jardin, elle accepta. Il lui dit qu'il la trouvait jolie comme un ange, elle se le fit répéter deux fois ; il lui vola des pommes vertes qui pendaient aux arbres du jardin, elle les croqua avec délices en faisant entendre

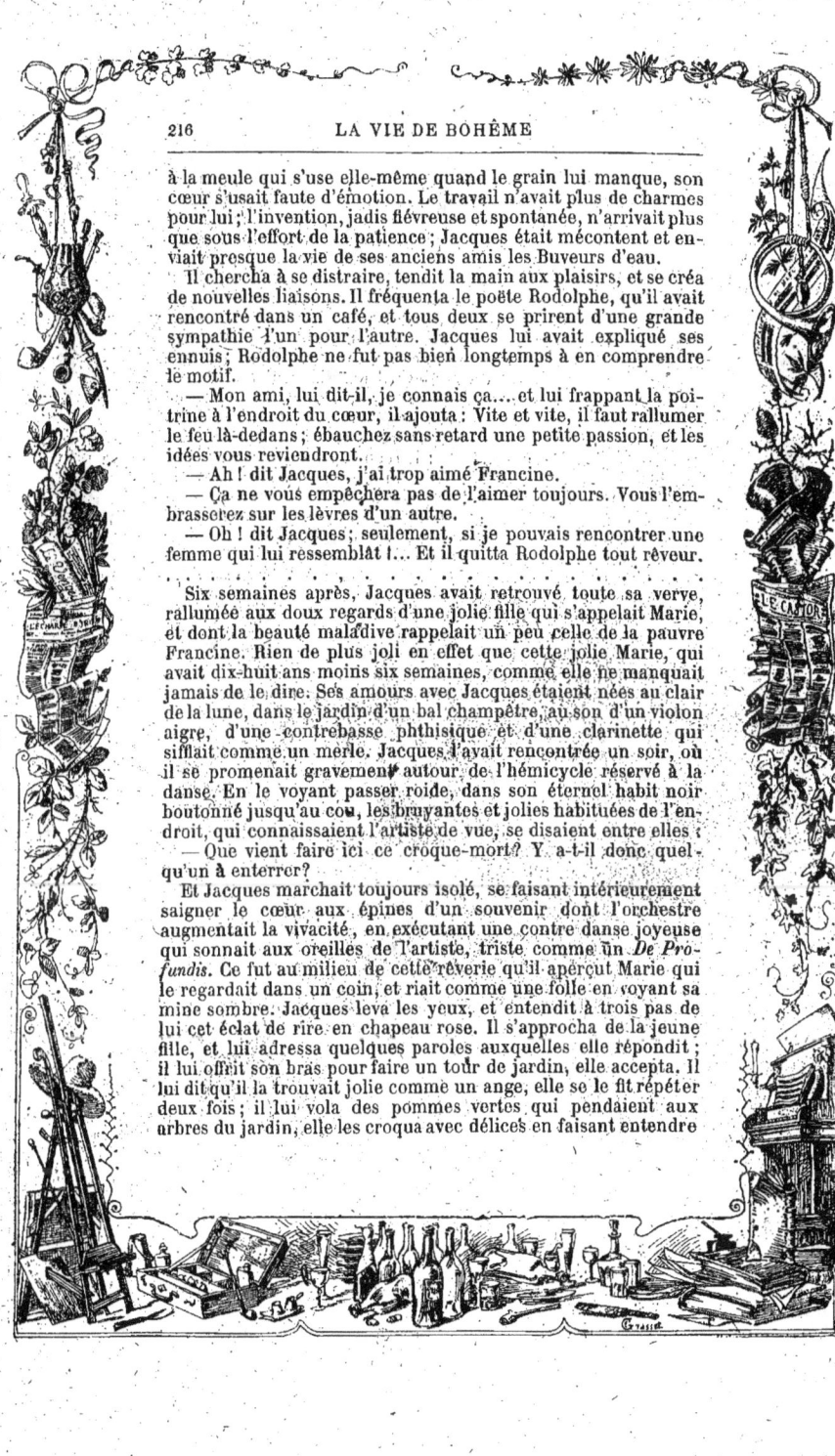

LA VIE DE BOHÈME

Et, comme son épouse s'appelait Hélène, il se compara à Ménélas.

ce rire sonore qui semblait être la ritournelle de sa constante gaieté. Jacques pensa à la Bible et songea qu'on ne devait jamais désespérer avec aucune femme, et encore moins avec celles qui aimaient les pommes. Il fit avec le chapeau rose un nouveau tour de jardin, et c'est ainsi qu'étant arrivé seul au bal il n'en était point revenu de même.

Cependant Jacques n'avait pas oublié Francine : suivant les paroles de Rodolphe, il l'embrassait tous les jours sur les lèvres de Marie, et travaillait en secret à la figure qu'il voulait placer sur la tombe de la morte.

Un jour qu'il avait reçu de l'argent, Jacques acheta une robe à Marie, une robe noire. La jeune fille fut bien contente ; seulement elle trouva que le noir n'était pas gai pour l'été. Mais Jacques lui dit qu'il aimait beaucoup le noir, et qu'elle lui ferait plaisir en mettant cette robe tous les jours. Marie lui obéit.

Un samedi, Jacques dit à la jeune fille.

— Viens demain de bonne heure, nous irons à la campagne.

— Quel bonheur! fit Marie. Je te ménage une surprise, tu verras ; demain il fera du soleil.

Marie passa la nuit chez elle à achever une robe neuve qu'elle avait achetée sur ses économies, une jolie robe rose. Et le dimanche elle arriva vêtue de sa pimpante emplette, à l'atelier de Jacques.

L'artiste la reçut froidement, brutalement presque.

— Moi qui croyais te faire plaisir en me faisant cadeau de cette toilette réjouie! dit Marie, qui ne s'expliquait pas la froideur de Jacques.

— Nous n'irons pas à la campagne, répondit celui-ci, tu peux t'en aller, j'ai à travailler.

Marie s'en retourna chez elle le cœur gros. En route, elle rencontra un jeune homme qui savait l'histoire de Jacques, et qui lui avait fait la cour, à elle.

— Tiens, mademoiselle Marie, vous n'êtes donc plus en deuil? lui dit-il.

— En deuil, dit Marie, et de qui?

— Quoi ! vous ne savez pas? C'est pourtant bien connu ; cette robe noire que Jacques vous a donnée...

— Eh bien? dit Marie.

— Eh bien, c'était le deuil : Jacques vous faisait porter le deuil de Francine.

A compter de ce jour, Jacques ne revit plus Marie.

Cette rupture lui porta malheur. Les mauvais jours revinrent : il n'eût plus de travaux et tomba dans une si affreuse misère, que ne sachant plus ce qu'il allait devenir, il pria son ami le médecin de le faire entrer dans un hôpital. Le médecin vit du premier coup d'œil que cette admission n'était pas difficile à obtenir. Jacques, qui ne se doutait pas de son état, était en route pour aller rejoindre Francine.

On le fit entrer à l'hôpital Saint-Louis.

Comme il pouvait encore agir et marcher, Jacques pria le directeur de l'hôpital de lui donner une petite chambre dont on ne se servait point, et il y fit apporter une selle, des ébauchoirs et de la terre glaise. Pendant les quinze premiers jours il travailla à la figure qu'il destinait au tombeau de Francine. C'était un grand ange aux ailes ouvertes. Cette figure, qui était le portrait de Francine, ne fut pas entièrement achevée, car Jacques ne pouvait plus monter l'escalier, et bientôt il ne put plus quitter son lit.

Un jour, le cahier de l'externe lui tomba entre les mains, et Jacques, en voyant les remèdes qu'on lui ordonnait, comprit qu'il était perdu ; il écrivit à sa famille, et fit appeler la sœur Sainte-Geneviève, qui l'entourait de tous ses soins charitables.

— Ma sœur, lui dit Jacques, il y a là-haut dans la chambre que vous m'avez fait prêter, une petite figure en plâtre ; cette statuette, qui représente un ange, était destinée à un tombeau, mais je n'ai pas le temps de l'exécuter en marbre. Pourtant, j'en ai un beau morceau chez moi, du marbre blanc veiné de rose. Enfin... ma sœur, je vous donne ma petite statuette pour mettre dans la chapelle de la communauté.

Jacques mourut peu de jours après. Comme le convoi eut lieu le jour même de l'ouverture du salon, les Buveurs d'eau n'y assistèrent pas. L'art avant tout, avait dit Lazare.

La famille de Jacques n'était pas riche, et l'artiste n'eut pas de terrain particulier.

Il fut enterré quelque part.

XIX

LES FANTAISIES DE MUSETTE.

On se rappelle peut-être comment le peintre Marcel vendit au juif Médicis son fameux tableau du *Passage de la mer Rouge*, qui devait aller servir d'enseigne à la boutique d'un marchand de comestibles. Le lendemain de cette vente qui avait été suivie d'un fastueux souper offert par le juif aux bohèmes, comme appoint au marché, Marcel, Schaunard, Colline et Rodolphe se réveillèrent fort tard le matin. Encore étourdis les uns et les autres par les fumées de l'ivresse de la veille, ils ne se ressouvinrent plus d'abord de ce qui s'était passé ; et comme l'*Angelus* de midi sonnait à une église prochaine, ils s'entre-regardèrent tous trois avec un sourire mélancolique.

— Voici la cloche aux sons pieux qui appelle l'humanité au réfectoire, dit Marcel.

— En effet, reprit Rodolphe, c'est l'heure solennelle où les honnêtes gens passent dans la salle à manger.

— Il faudrait pourtant voir à devenir d'honnêtes gens, murmura Colline, pour qui c'était tous les jours la Saint-Appétit.

— Ah ! les boîtes au lait de ma nourrice, ah ! les quatre repas de mon enfance, qu'êtes-vous devenus ? ajouta Schaunard ; qu'êtes-vous devenus ? répéta-t-il sur un motif plein d'une mélancolie rêveuse et douce.

— Dire qu'il y a à cette heure, à Paris, plus de cent mille côtelettes sur le gril ! fit Marcel.

— Et autant de biftecks ! ajouta Rodolphe.

Comme une ironique antithèse, pendant que les quatre amis se posaient les uns aux autres le terrible problème quotidien du déjeuner, les garçons d'un restaurant qui était dans la maison, criaient à tue-tête les commandes des consommateurs.

— Ils ne se tairont pas, ces brigands-là ! disait Marcel ; chaque mot me fait l'effet d'un coup de pioche qui me creuserait l'estomac.

— Le vent est au nord, dit gravement Colline, en indiquant une girouette en évolution sur un toit voisin, nous ne déjeunerons pas aujourd'hui, les éléments s'y opposent.

— Pourquoi ça ? demanda Marcel.

— C'est une remarque atmosphérique que j'ai faite, continua le philosophe : le vent au nord signifie presque toujours abstinence, de même que le vent au midi indique ordinairement plaisir et bonne chère. C'est ce que la philosophie appelle les avertissements d'en haut.

A jeun, Gustave Colline avait la plaisanterie féroce.

En ce moment Schaunard, qui venait de plonger l'un de ses bras dans l'abîme qui lui servait de poche, l'en retira en poussant un cri d'angoisse.

— Au secours ! Il y a quelqu'un dans mon paletot, hurla Schaunard en essayant de dégager sa main serrée dans les pinces d'un homard vivant.

Au cri qu'il venait de pousser répondit tout à coup un autre cri. C'était Marcel qui, en enfouissant machinalement sa main dans sa poche, venait d'y découvrir une Amérique à laquelle il ne songeait plus : c'est-à-dire les cent cinquante francs que le juif Médicis lui avait donnés la veille en payement du *Passage de la mer Rouge*.

La mémoire revint alors en même temps aux bohèmes.

— Saluez, messieurs ! dit Marcel en étalant sur la table un tas d'écus, parmi lesquels frétillaient cinq ou six louis neufs.

— On les croirait vivants, fit Colline.

— La jolie voix ! dit Schaunard en faisant chanter les pièces d'or.

— Comme c'est joli, ces médailles ! ajouta Rodolphe ; on dirait des morceaux de soleil. Si j'étais roi, je ne voudrais pas d'autre monnaie, et je la ferais frapper à l'effigie de ma maîtresse.

— Quand on pense qu'il y a un pays où c'est des cailloux, dit Schaunard. Autrefois, les Américains en donnaient quatre pour deux sous. J'ai un de mes anciens parents qui a visité

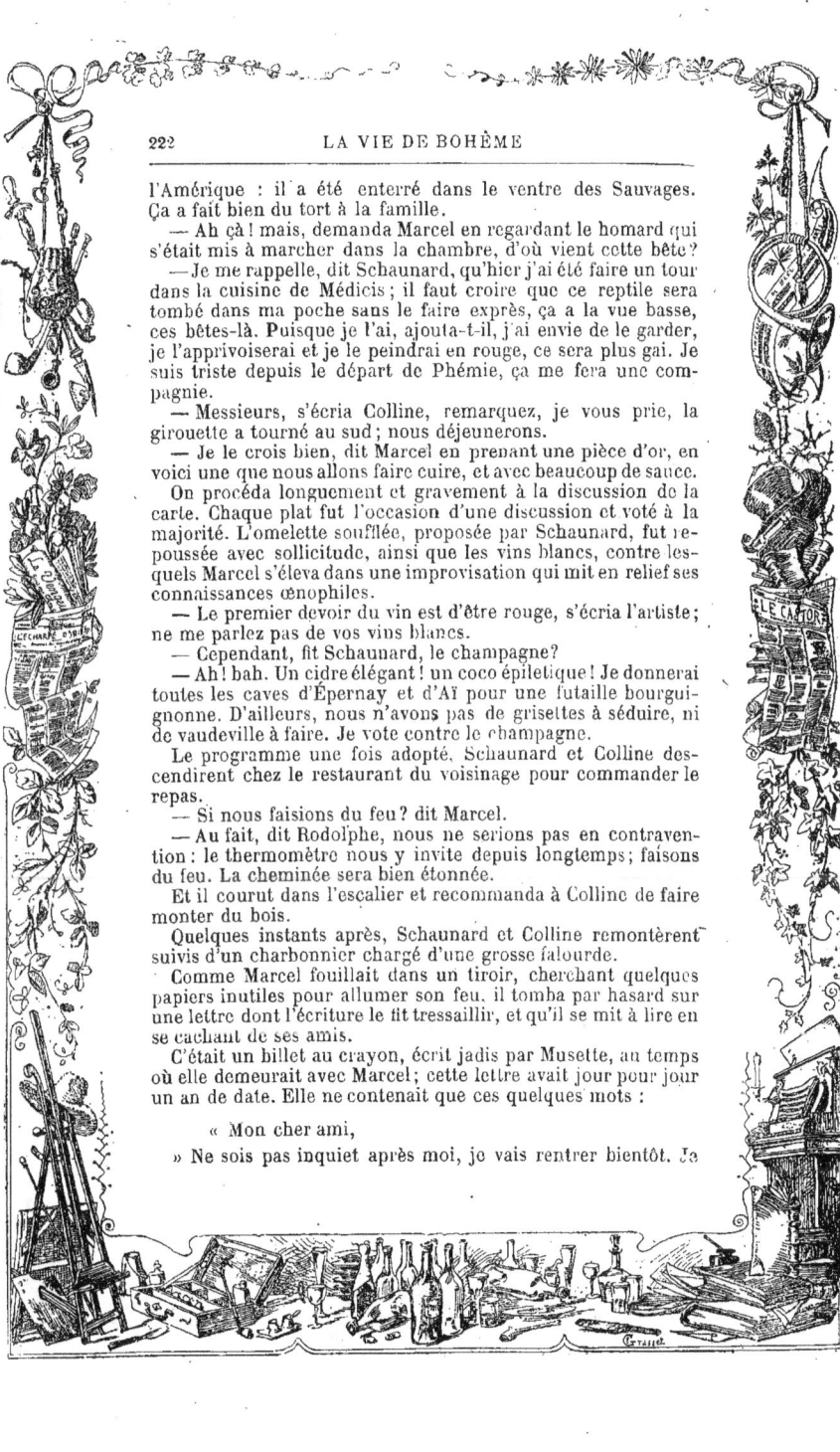

l'Amérique : il a été enterré dans le ventre des Sauvages. Ça a fait bien du tort à la famille.

— Ah çà! mais, demanda Marcel en regardant le homard qui s'était mis à marcher dans la chambre, d'où vient cette bête?

— Je me rappelle, dit Schaunard, qu'hier j'ai été faire un tour dans la cuisine de Médicis ; il faut croire que ce reptile sera tombé dans ma poche sans le faire exprès, ça a la vue basse, ces bêtes-là. Puisque je l'ai, ajouta-t-il, j'ai envie de le garder, je l'apprivoiserai et je le peindrai en rouge, ce sera plus gai. Je suis triste depuis le départ de Phémie, ça me fera une compagnie.

— Messieurs, s'écria Colline, remarquez, je vous prie, la girouette a tourné au sud ; nous déjeunerons.

— Je le crois bien, dit Marcel en prenant une pièce d'or, en voici une que nous allons faire cuire, et avec beaucoup de sauce.

On procéda longuement et gravement à la discussion de la carte. Chaque plat fut l'occasion d'une discussion et voté à la majorité. L'omelette soufflée, proposée par Schaunard, fut repoussée avec sollicitude, ainsi que les vins blancs, contre lesquels Marcel s'éleva dans une improvisation qui mit en relief ses connaissances œnophiles.

— Le premier devoir du vin est d'être rouge, s'écria l'artiste ; ne me parlez pas de vos vins blancs.

— Cependant, fit Schaunard, le champagne?

— Ah! bah. Un cidre élégant! un coco épileptique! Je donnerai toutes les caves d'Épernay et d'Aï pour une futaille bourguignonne. D'ailleurs, nous n'avons pas de grisettes à séduire, ni de vaudeville à faire. Je vote contre le champagne.

Le programme une fois adopté, Schaunard et Colline descendirent chez le restaurant du voisinage pour commander le repas.

— Si nous faisions du feu? dit Marcel.

— Au fait, dit Rodolphe, nous ne serions pas en contravention : le thermomètre nous y invite depuis longtemps ; faisons du feu. La cheminée sera bien étonnée.

Et il courut dans l'escalier et recommanda à Colline de faire monter du bois.

Quelques instants après, Schaunard et Colline remontèrent suivis d'un charbonnier chargé d'une grosse falourde.

Comme Marcel fouillait dans un tiroir, cherchant quelques papiers inutiles pour allumer son feu, il tomba par hasard sur une lettre dont l'écriture le fit tressaillir, et qu'il se mit à lire en se cachant de ses amis.

C'était un billet au crayon, écrit jadis par Musette, au temps où elle demeurait avec Marcel ; cette lettre avait jour pour jour un an de date. Elle ne contenait que ces quelques mots :

« Mon cher ami,

» Ne sois pas inquiet après moi, je vais rentrer bientôt. Je

» suis allée me promener un peu pour me réchauffer en mar-
» chant, il gèle dans la chambre et le charbonnier a clos la pau-
» pière. J'ai cassé les deux derniers bâtons de la chaise, mais
» ça n'a pas brûlé le temps de faire cuire un œuf. Avec ça le
» vent entre comme chez lui par le carreau, et me souffle un tas
» de mauvais conseils qui te feraient du chagrin si je les écou-
» tais. J'aime mieux m'en aller un instant, j'irai voir les maga-
» sins du quartier. On dit qu'il y a du velours à dix francs le
» mètre. C'est incroyable, il faut voir cela. Je serai rentrée
» pour dîner.

« Musette. »

— Pauvre fille? murmura Marcel en serrant la lettre dans sa poche... Et il resta un instant pensif, la tête entre ses mains.

A cette époque, il y avait déjà longtemps que les bohèmes étaient en état de veuvage, à l'exception de Colline pourtant, dont l'amante était toujours restée invisible et anonyme.

Phémie elle-même, cette aimable compagne de Schaunard, avait rencontré une âme naïve qui lui avait offert son cœur, un mobilier en acajou, et une bague de ses cheveux, des cheveux rouges. Cependant, quinze jours après les lui avoir donnés, l'amant de Phémie avait voulu lui reprendre son cœur et son mobilier, parce qu'il s'était aperçu, en regardant les mains de sa maîtresse, qu'elle avait une bague en cheveux, mais noire ; et il osa la soupçonner de trahison.

Pourtant Phémie n'avait pas cessé d'être vertueuse ; seulement, comme plusieurs fois ses amis l'avaient raillée à cause de sa bague en cheveux rouges, elle l'avait fait *teindre* en noir. Le monsieur fut si content, qu'il acheta une robe de soie à Phémie, c'était la première. Le jour où elle l'étrenna, la pauvre enfant s'écria :

— Maintenant, je puis mourir.

Quand à Musette, elle était redevenue un personnage presque officiel, et il y avait trois ou quatre mois que Marcel ne l'avait rencontrée. Pour Mimi, Rodolphe n'en avait plus entendu parler, excepté par lui-même quand il était seul.

— Ah ça, s'écria tout à coup Rodolphe en voyant Marcel accroupi et rêveur au coin de la cheminée, et ce feu, est-ce qu'il ne veut pas prendre?

— Voilà, voilà dit le peintre en allumant le bois qui se mit à flamber en pétillant.

Pendant que ses amis s'agaçaient l'appétit en faisant les préparatifs du repas, Marcel s'était de nouveau isolé dans un coin, et rangeait, avec quelques souvenirs que lui avait laissé Musette, la lettre qu'il venait de retrouver par hasard. Tout à coup il se rappela l'adresse d'une femme qui était l'amie intime de son ancienne passion.

— Ah! s'écria-t-il assez haut pour être entendu, je sais où la trouver.

— Trouver quoi? fit Rodolphe. Qu'est-ce que tu fais là? ajouta-t-il en voyant l'artiste se disposer à écrire.

— Rien, une lettre très-pressée que j'oubliais. Je suis à vous dans l'instant, répondit Marcel, et il écrivit :

« Ma chère enfant,

« J'ai *des sommes* dans mon secrétaire, c'est une apoplexie
« de fortune foudroyante. Il y a à la maison un gros déjeuner
« qui se mitonne, des vins généreux, et nous avons fait du feu,
« ma chère, comme des bourgeois. Il faut voir ça, ainsi que tu
« disais autrefois. Viens passer un moment avec nous, tu trou-
« veras là Rodolphe, Colline et Schaunard ; tu nous chanteras
« des chansons au dessert ; il y a du dessert. Tandis que nous
« y sommes, nous allons probablement rester à table une hui-
« taine de jours. N'aie donc pas peur d'arriver trop tard. Il y a
« si longtemps que je ne t'ai entendue rire ! Rodolphe te fera
« des madrigaux, et nous boirons toutes sortes de choses à nos
« amours défuntes, quitte à les ressusciter. Entre gens comme
« nous... le dernier baiser n'est jamais le dernier. Ah ! s'il n'avait
« pas fait si froid l'an passé, tu ne m'aurais peut-être pas quitté,
« tu m'as trompé pour un fagot, et parce que tu craignais
« d'avoir les mains rouges : tu as bien fait, je ne t'en veux pas
« plus pour cette fois-là que pour les autres ; mais viens te
« chauffer pendant qu'il y a du feu.

« Je t'embrasse autant que tu voudras.

« Marcel. »

Cette lettre achevée, Marcel en écrivit une autre à madame Sidonie, l'amie de Musette, et il la priait de faire parvenir à celle-ci le billet qu'il lui adressait. Puis il descendit chez le portier pour le charger de porter les lettres. Comme il lui payait sa commission d'avance, le portier aperçut une pièce d'or reluire dans les mains du peintre ; et, avant de partir pour faire sa course, il monta prévenir le propriétaire, avec qui Marcel était en retard pour ses loyers.

— *Mossieu*, dit-il tout essoufflé, l'*artisse* du sixième a de l'argent ! Vous savez, ce grand qui me rit au nez quand je lui porte la quittance.

— Oui, dit le propriétaire, celui qui a eu l'audace de m'emprunter de l'argent pour me donner un à-compte. Il a congé.

— Oui, monsieur. Mais il est cousu d'or aujourd'hui, ça m'a brûlé les yeux tout à l'heure. Il donne des fêtes... C'est le bon moment.

— En effet, dit le propriétaire, j'irai moi-même tantôt.

Madame Sidonie, qui se trouvait chez elle quand on lui apporta la lettre de Marcel, envoya sur-le-champ sa femme de chambre remettre la lettre adressée à mademoiselle Musette. Celle-ci habitait alors un charmant appartement dans la Chaussée-d'Antin. Au moment où on lui remit la lettre de Mar-

LA VIE DE BOHÊME

C'est le souper des funérailles de nos amours, me dit-il tout bas.

cel, elle était en compagnie, et avait précisément, pour le même soir, un grand dîner de cérémonie.

— En voilà un miracle! s'écria Musette en riant comme une folle.

— Qu'est-ce qu'il y a donc? lui demanda un beau jeune homme roide comme une statuette.

— C'est une invitation à dîner, fit la jeune femme. Hein! comme ça se trouve?

— Ça se trouve mal, dit le jeune homme?

— Pourquoi ça? fit Musette.

— Comment!... penseriez-vous à aller à ce dîner?

— Je le crois bien que j'y pense... Arrangez-vous comme vous voudrez.

— Mais, ma chère, cependant il n'est pas convenable... Vous irez une autre fois.

— Ah! c'est joli, ça! une autre fois! C'est une ancienne connaissance, Marcel, qui m'invite à dîner, et c'est assez extraordinaire pour que j'aille voir ça en face! Une autre fois! mais c'est rare comme les éclipses, les dîners sérieux dans cette maison-là!

— Comment! vous nous manquez de parole pour aller voir *cette* personne, dit le jeune homme, et c'est à moi que vous le dites!...

— A qui voulez-vous que je le dise donc? Au Grand Turc? Ça ne le regarde pas, cet homme.

— Mais c'est une franchise singulière.

— Vous savez bien que je ne fais rien comme les autres, répliqua Musette.

— Mais que penserez-vous de moi si je vous laisse aller, sachant où vous allez? Songez-y, Musette, pour vous, cela est bien inconvenant: il faut vous excuser près de ce jeune homme...

— Mon cher monsieur Maurice, dit mademoiselle Musette d'une voix très-ferme, vous me connaissiez avant que de me prendre; vous saviez que j'étais pleine de caprices, et que jamais âme qui vive n'a pu se vanter de m'en avoir fait rentrer un.

— Demandez-moi ce que vous voudrez... dit Maurice, mais cela!... Il y a caprice... et caprice...

— Maurice, j'irai chez Marcel: j'y vais, ajouta-t-elle en mettant son chapeau. Vous me quitterez si vous voulez: mais c'est plus fort que moi; c'est le meilleur garçon du monde, et le seul que j'aie jamais aimé. Si son cœur avait été en or, il l'aurait fait fondre pour me donner des bagues. Pauvre garçon! dit-elle en montrant sa lettre... voyez, dès qu'il a un peu de feu, il m'invite à venir me chauffer. Ah! s'il n'était pas si paresseux et s'il n'y avait pas eu de velours et de soieries dans les magasins!!! J'étais bien heureuse avec lui; il avait le talent de me faire souffrir, et c'est lui qui m'a donné le nom de Musette, à cause de mes chansons. Au moins, en allant chez lui, vous êtes sûr que

je reviendrai auprès de vous... si vous ne me fermez pas la porte au nez.

— Vous ne pourriez pas avouer plus franchement que vous ne m'aimez pas, dit le jeune homme.

— Allons donc, mon cher Maurice, vous êtes trop homme d'esprit pour que nous engagions là-dessus une discussion sérieuse. Vous m'avez comme on a un beau cheval dans une écurie; moi, je vous aime... parce que j'aime le luxe, le bruit des fêtes, tout ce qui résonne et tout ce qui rayonne; ne faisons point de sentiment, ce serait ridicule et inutile.

— Au moins, laissez-moi aller avec vous.

— Mais vous ne vous amuserez pas du tout, fit Musette, et vous nous empêcherez de nous amuser. Songez donc qu'il va m'embrasser, ce garçon, nécessairement.

— Musette, dit Maurice, avez-vous souvent trouvé des gens aussi accomodants que moi?

— Monsieur le vicomte, répliqua Musette, un jour que je me promenais en voiture aux Champs-Élysées avec lord***, j'ai rencontré Marcel et son ami Rodolphe qui étaient à pied, très-mal mis tous deux, crottés comme des chiens de berger, et fumant leur pipe. Il y avait trois mois que je n'avais vu Marcel, et il m'a semblé que mon cœur allait sauter par la portière. J'ai fait arrêter la voiture, et pendant une demi-heure j'ai causé avec Marcel devant tout Paris qui passait là en équipage. Marcel m'a offert des gâteaux de Nanterre et un bouquet de violettes d'un sou, que j'ai mis à ma ceinture. Quand il m'a eu quittée, lord*** voulait le rappeler pour l'inviter à dîner avec nous. Je l'ai embrassé pour la peine. Et voilà mon caractère, mon cher monsieur Maurice; si ça ne vous plait pas, il faut le dire tout de suite, je vais prendre mes pantoufles et mon bonnet de nuit.

— C'est donc quelquefois une bonne chose que d'être pauvre! dit le vicomte Maurice avec un air plein de tristesse envieuse.

— Eh! non, fit Musette : si Marcel était riche, je ne l'aurais jamais quitté.

— Allez donc, fit le jeune homme en lui serrant la main. Vous avez mis votre nouvelle robe, ajouta-t-il, elle vous sied à merveille.

— Au fait, c'est vrai, dit Musette; c'est comme un pressentiment que j'ai eu ce matin. Marcel en aura l'étrenne. Adieu! fit-elle, je m'en vais manger un peu du pain béni de la gaieté.

Musette avait ce jour-là une ravissante toilette; jamais reliure plus séductrice n'avait enveloppé le poëme de sa jeunesse et de sa beauté. Au reste, Musette possédait instinctivement le génie de l'élégance. En arrivant au monde, la première chose qu'elle avait cherchée du regard avait dû être un miroir pour s'arranger dans ses langes; et avant d'aller au baptême, elle avait déjà commis le péché de coquetterie. Au temps où sa position avait été des plus humbles, quand elle en était encore réduite aux robes d'indienne imprimée, aux petits bonnets à pompons et

aux souliers de peau de chèvre, elle portait à ravir ce pauvre et simple uniforme des grisettes. Ces jolies filles moitié abeilles, moitié cigales, qui travaillaient en chantant toute la semaine, ne demandaient à Dieu qu'un peu de soleil le dimanche, faisaient vulgairement l'amour avec le cœur, et se jetaient quelquefois par la fenêtre. Race disparue maintenant, grâce à la génération actuelle des jeunes gens : génération corrompue et corruptrice, mais par-dessous tout vaniteuse, sotte et brutale. Pour le plaisir de faire de méchants paradoxes, ils ont raillé ces pauvres filles à propos de leurs mains mutilées par les saintes cicatrices du travail, et elles n'ont bientôt plus gagné assez pour s'acheter de la pâte d'amandes. Peu à peu, ils sont parvenus à leur inoculer leur vanité et leur sottise, et c'est alors que la grisette a disparu. C'est alors que naquit la lorette. Race hybride, créatures impertinentes, beautés médiocres, demi-chair, demi-onguents dont le boudoir est un comptoir où elles débitent des morceaux de leur cœur, comme on ferait des tranches de rosbif. La plupart de ces filles, qui déshonorent le plaisir et sont la honte de la galanterie moderne, n'ont point toujours l'intelligence des bêtes dont elles portent les plumes sur leurs chapeaux. S'il leur arrive par hasard d'avoir, non point un amour, pas même un caprice, mais un désir vulgaire, c'est au bénéfice de quelque bourgeois saltimbanque que la foule absurde entoure et acclame dans les bals publics, et que les journaux courtisans de tous les ridicules, célèbrent par leurs réclames. Bien qu'elle fût forcée de vivre dans ce monde, Musette n'en avait point les mœurs ni les allures ; elle n'avait point la servilité cupide, ordinaire chez ces créatures qui ne savent lire que Barême et n'écrivent qu'en chiffres. C'était une fille intelligente et spirituelle, ayant dans les veines quelques gouttes du sang de Manon ; et, rebelle à toute chose imposée, elle n'avait jamais pu ni su résister à un caprice, quelles que dussent en être les conséquences.

Marcel avait été vraiment le seul homme qu'elle eût aimé. C'était du moins le seul pour qui elle avait réellement souffert, et il avait fallu toute l'opiniâtreté des instincts qui l'attiraient vers « tout ce qui rayonne et tout ce qui résonne » pour qu'elle le quittât. Elle avait vingt ans, et pour elle le luxe était presque une question de santé. Elle pouvait bien s'en passer quelque temps, mais elle ne pouvait y renoncer complètement. Connaissant son inconstance, elle n'avait jamais voulu consentir à mettre à son cœur le cadenas d'un serment de fidélité. Elle avait été ardemment aimée par beaucoup de jeunes gens pour qui elle avait eu elle-même des goûts très-vifs ; et toujours elle procédait envers eux avec une probité pleine de prévoyance ; les engagements qu'elle contractait étaient simples, francs et rustiques comme les déclarations d'amour des paysans de Molière. Vous me voulez bien et je vous veux aussi ; tope, et faisons la noce. Dix fois, si elle eût voulu, Musette aurait trouvé une position stable, ce qu'on appelle un avenir ; mais elle ne croyait guère à

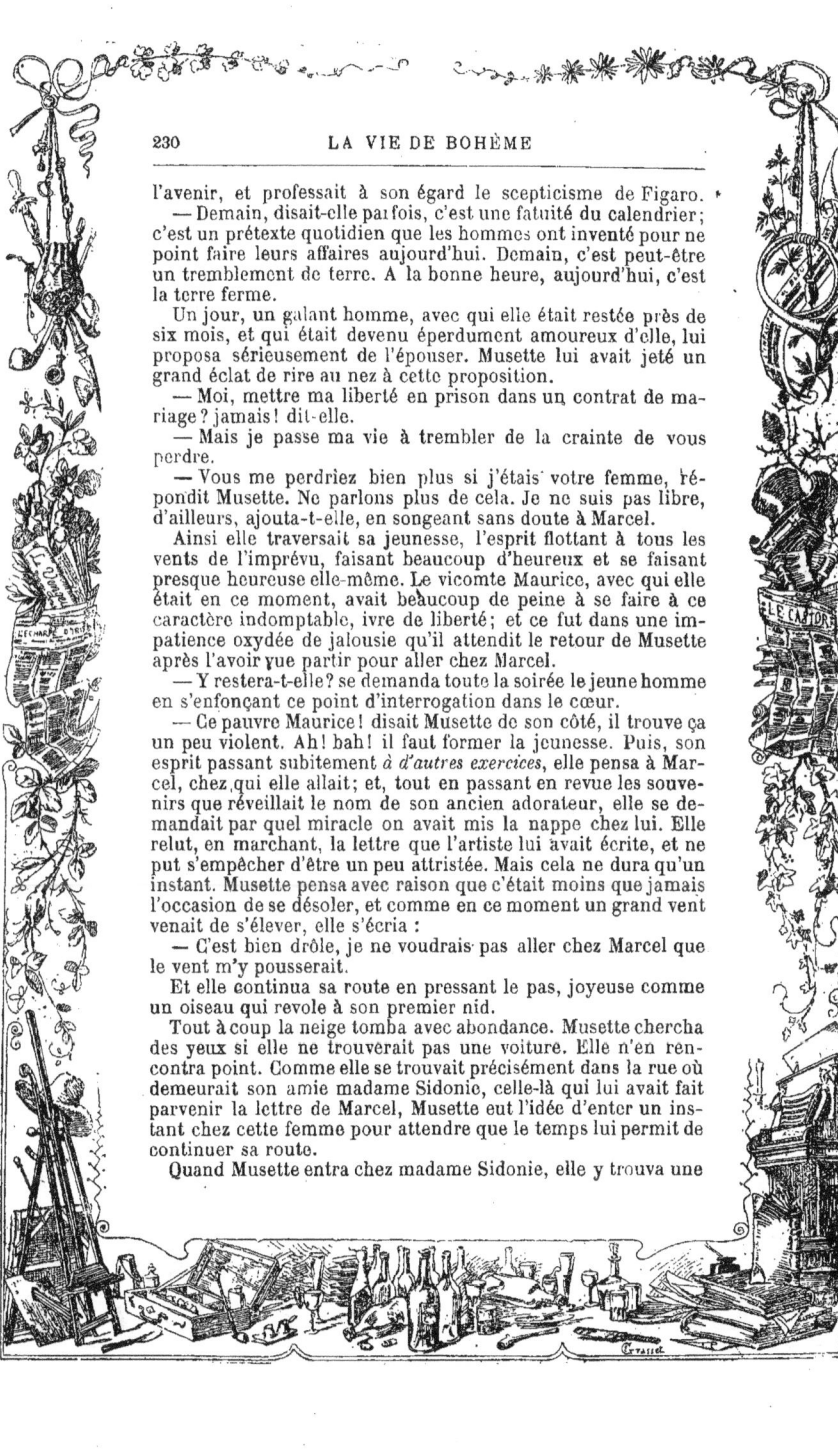

l'avenir, et professait à son égard le scepticisme de Figaro.

— Demain, disait-elle parfois, c'est une fatuité du calendrier; c'est un prétexte quotidien que les hommes ont inventé pour ne point faire leurs affaires aujourd'hui. Demain, c'est peut-être un tremblement de terre. A la bonne heure, aujourd'hui, c'est la terre ferme.

Un jour, un galant homme, avec qui elle était restée près de six mois, et qui était devenu éperdument amoureux d'elle, lui proposa sérieusement de l'épouser. Musette lui avait jeté un grand éclat de rire au nez à cette proposition.

— Moi, mettre ma liberté en prison dans un contrat de mariage? jamais! dit-elle.

— Mais je passe ma vie à trembler de la crainte de vous perdre.

— Vous me perdriez bien plus si j'étais votre femme, répondit Musette. Ne parlons plus de cela. Je ne suis pas libre, d'ailleurs, ajouta-t-elle, en songeant sans doute à Marcel.

Ainsi elle traversait sa jeunesse, l'esprit flottant à tous les vents de l'imprévu, faisant beaucoup d'heureux et se faisant presque heureuse elle-même. Le vicomte Maurice, avec qui elle était en ce moment, avait beaucoup de peine à se faire à ce caractère indomptable, ivre de liberté; et ce fut dans une impatience oxydée de jalousie qu'il attendit le retour de Musette après l'avoir vue partir pour aller chez Marcel.

— Y restera-t-elle? se demanda toute la soirée le jeune homme en s'enfonçant ce point d'interrogation dans le cœur.

— Ce pauvre Maurice! disait Musette de son côté, il trouve ça un peu violent. Ah! bah! il faut former la jeunesse. Puis, son esprit passant subitement *à d'autres exercices*, elle pensa à Marcel, chez qui elle allait; et, tout en passant en revue les souvenirs que réveillait le nom de son ancien adorateur, elle se demandait par quel miracle on avait mis la nappe chez lui. Elle relut, en marchant, la lettre que l'artiste lui avait écrite, et ne put s'empêcher d'être un peu attristée. Mais cela ne dura qu'un instant. Musette pensa avec raison que c'était moins que jamais l'occasion de se désoler, et comme en ce moment un grand vent venait de s'élever, elle s'écria :

— C'est bien drôle, je ne voudrais pas aller chez Marcel que le vent m'y pousserait.

Et elle continua sa route en pressant le pas, joyeuse comme un oiseau qui revole à son premier nid.

Tout à coup la neige tomba avec abondance. Musette chercha des yeux si elle ne trouverait pas une voiture. Elle n'en rencontra point. Comme elle se trouvait précisément dans la rue où demeurait son amie madame Sidonie, celle-là qui lui avait fait parvenir la lettre de Marcel, Musette eut l'idée d'enter un instant chez cette femme pour attendre que le temps lui permit de continuer sa route.

Quand Musette entra chez madame Sidonie, elle y trouva une

nombreuse compagnie. On y continuait un lansquenet commencé depuis trois jours.

— Ne vous dérangez pas, dit Musette, je ne fais qu'entrer et sortir.

— Tu as reçu la lettre de Marcel? lui dit bas à l'oreille madame Sidonie.

— Oui, répondit Musette, merci ; je vais chez lui ; il m'invite à dîner. Veux-tu venir avec moi? tu t'amuseras bien.

— Eh ! non, je ne peux pas, fit Sidonie en montrant la table de jeu, et mon terme ?

— Il y a six louis, dit tout haut le banquier qui tenait les cartes.

— J'en fais deux! s'écria madame Sidonie.

— Je ne suis pas fier, je pars pour deux, répondit le banquier, qui avait déjà passé plusieurs fois. Roi et as. Je suis flambé ! continua-t-il en faisant tomber les cartes, tous les rois sont morts.

— On ne parle pas politique, dit un journaliste.

— Et l'as est l'ennemi de ma famille, acheva le banquier, qui retourna encore un roi. Vive le roi ! s'écria-t-il. Ma mie Sidonia, envoyez-moi deux louis.

— Mets-les dans ta mémoire, fit Sidonie, furieuse d'avoir perdu.

— Ça fait cinq cents francs que vous me devez, petite, fit le banquier. Vous irez à mille. Je passe la main.

Sidonie et Musette causaient tout bas. La partie continua.

A peu près à la même heure, on se mettait à table chez les bohèmes. Pendant tout le repas, Marcel parut inquiet. Chaque fois qu'on entendait un bruit de pas dans l'escalier, on le voyait tressaillir.

— Qu'est-ce que tu as ? demandait Rodolphe; on dirait que tu attends quelqu'un. Ne sommes-nous pas au complet?

Mais à un certain regard que l'artiste lui lança, le poëte comprit quelle était la préoccupation de son ami.

— C'est vrai, pensa-t-il en lui-même, nous ne sommes pas au complet.

Le coup d'œil de Marcel signifiait Musette ; le regard de Rodolphe signifiait Mimi.

Ça manque de femmes, dit tout à coup Schaunard.

— Sacrebleu ! hurla Colline, vas-tu te taire avec tes réflexions libertines ! Il a été convenu qu'on ne parlerait pas d'amour, ça fait tourner les sauces.

Et les amis recommencèrent à boire à plus amples rasades, pendant qu'en dehors la neige tombait toujours, et que dans l'âtre le bois flambait clair en tirant des feux d'artifice d'étincelles.

Au moment où Rodolphe fredonnait tout haut le couplet d'une chanson qu'il venait de trouver au fond de son verre, on frappa plusieurs coups à la porte.

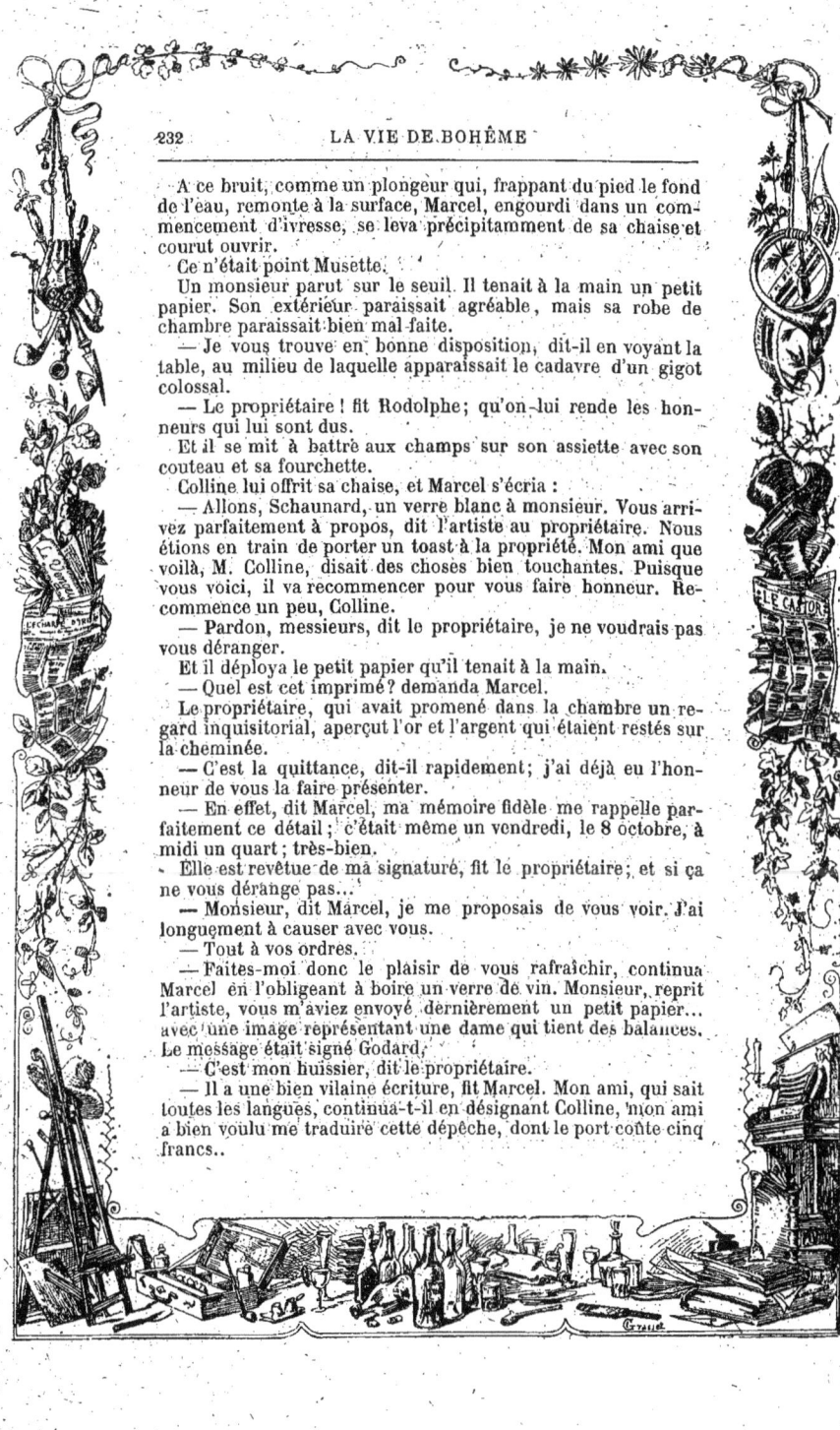

A ce bruit, comme un plongeur qui, frappant du pied le fond de l'eau, remonte à la surface, Marcel, engourdi dans un commencement d'ivresse, se leva précipitamment de sa chaise et courut ouvrir.

Ce n'était point Musette.

Un monsieur parut sur le seuil. Il tenait à la main un petit papier. Son extérieur paraissait agréable, mais sa robe de chambre paraissait bien mal faite.

— Je vous trouve en bonne disposition, dit-il en voyant la table, au milieu de laquelle apparaissait le cadavre d'un gigot colossal.

— Le propriétaire! fit Rodolphe; qu'on lui rende les honneurs qui lui sont dus.

Et il se mit à battre aux champs sur son assiette avec son couteau et sa fourchette.

Colline lui offrit sa chaise, et Marcel s'écria :

— Allons, Schaunard, un verre blanc à monsieur. Vous arrivez parfaitement à propos, dit l'artiste au propriétaire. Nous étions en train de porter un toast à la propriété. Mon ami que voilà, M. Colline, disait des choses bien touchantes. Puisque vous voici, il va recommencer pour vous faire honneur. Recommence un peu, Colline.

— Pardon, messieurs, dit le propriétaire, je ne voudrais pas vous déranger.

Et il déploya le petit papier qu'il tenait à la main.

— Quel est cet imprimé? demanda Marcel.

Le propriétaire, qui avait promené dans la chambre un regard inquisitorial, aperçut l'or et l'argent qui étaient restés sur la cheminée.

— C'est la quittance, dit-il rapidement; j'ai déjà eu l'honneur de vous la faire présenter.

— En effet, dit Marcel, ma mémoire fidèle me rappelle parfaitement ce détail ; c'était même un vendredi, le 8 octobre, à midi un quart; très-bien.

— Elle est revêtue de ma signature, fit le propriétaire; et si ça ne vous dérange pas...

— Monsieur, dit Marcel, je me proposais de vous voir. J'ai longuement à causer avec vous.

— Tout à vos ordres.

— Faites-moi donc le plaisir de vous rafraîchir, continua Marcel en l'obligeant à boire un verre de vin. Monsieur, reprit l'artiste, vous m'aviez envoyé dernièrement un petit papier... avec une image représentant une dame qui tient des balances. Le message était signé Godard.

— C'est mon huissier, dit le propriétaire.

— Il a une bien vilaine écriture, fit Marcel. Mon ami, qui sait toutes les langues, continua-t-il en désignant Colline, mon ami a bien voulu me traduire cette dépêche, dont le port coûte cinq francs..

L'endroit d'ailleurs est habitable et parfaitement réparé.

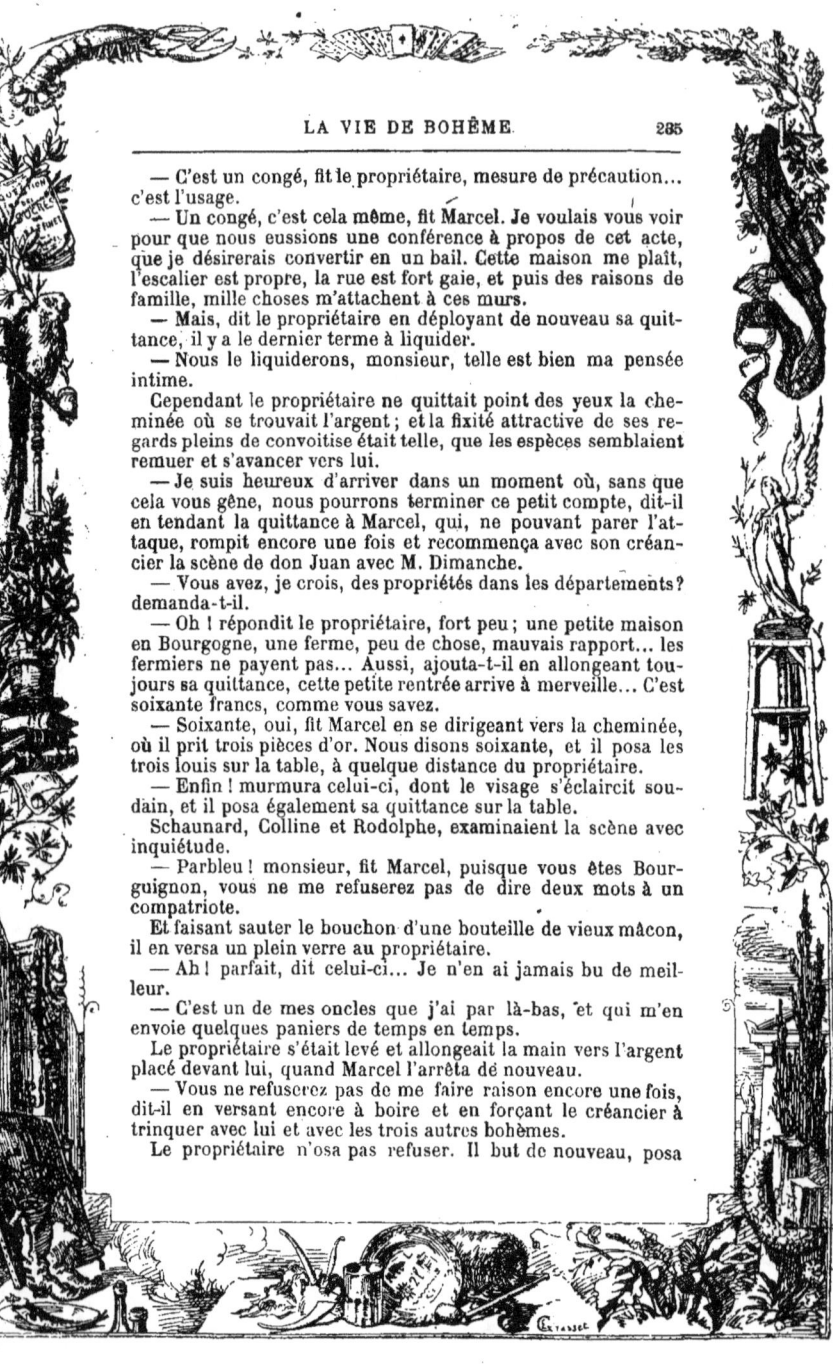

— C'est un congé, fit le propriétaire, mesure de précaution... c'est l'usage.

— Un congé, c'est cela même, fit Marcel. Je voulais vous voir pour que nous eussions une conférence à propos de cet acte, que je désirerais convertir en un bail. Cette maison me plaît, l'escalier est propre, la rue est fort gaie, et puis des raisons de famille, mille choses m'attachent à ces murs.

— Mais, dit le propriétaire en déployant de nouveau sa quittance, il y a le dernier terme à liquider.

— Nous le liquiderons, monsieur, telle est bien ma pensée intime.

Cependant le propriétaire ne quittait point des yeux la cheminée où se trouvait l'argent ; et la fixité attractive de ses regards pleins de convoitise était telle, que les espèces semblaient remuer et s'avancer vers lui.

— Je suis heureux d'arriver dans un moment où, sans que cela vous gêne, nous pourrons terminer ce petit compte, dit-il en tendant la quittance à Marcel, qui, ne pouvant parer l'attaque, rompit encore une fois et recommença avec son créancier la scène de don Juan avec M. Dimanche.

— Vous avez, je crois, des propriétés dans les départements ? demanda-t-il.

— Oh ! répondit le propriétaire, fort peu ; une petite maison en Bourgogne, une ferme, peu de chose, mauvais rapport... les fermiers ne payent pas... Aussi, ajouta-t-il en allongeant toujours sa quittance, cette petite rentrée arrive à merveille... C'est soixante francs, comme vous savez.

— Soixante, oui, fit Marcel en se dirigeant vers la cheminée, où il prit trois pièces d'or. Nous disons soixante, et il posa les trois louis sur la table, à quelque distance du propriétaire.

— Enfin ! murmura celui-ci, dont le visage s'éclaircit soudain, et il posa également sa quittance sur la table.

Schaunard, Colline et Rodolphe, examinaient la scène avec inquiétude.

— Parbleu ! monsieur, fit Marcel, puisque vous êtes Bourguignon, vous ne me refuserez pas de dire deux mots à un compatriote.

Et faisant sauter le bouchon d'une bouteille de vieux mâcon, il en versa un plein verre au propriétaire.

— Ah ! parfait, dit celui-ci... Je n'en ai jamais bu de meilleur.

— C'est un de mes oncles que j'ai par là-bas, et qui m'en envoie quelques paniers de temps en temps.

Le propriétaire s'était levé et allongeait la main vers l'argent placé devant lui, quand Marcel l'arrêta de nouveau.

— Vous ne refuserez pas de me faire raison encore une fois, dit-il en versant encore à boire et en forçant le créancier à trinquer avec lui et avec les trois autres bohèmes.

Le propriétaire n'osa pas refuser. Il but de nouveau, posa

son verre, et se disposait encore à prendre l'argent, quand Marcel s'écria :

— Au fait, monsieur, il me vient une idée. Je me trouve un peu riche en ce moment. Mon oncle de Bourgogne m'a envoyé un supplément à ma pension. Je craindrais de dissiper cet argent. Vous savez, la jeunesse est folle... Si cela ne vous contrarie pas, je vous payerai un terme d'avance.

Et, prenant soixante autres francs en écus, il les ajouta aux louis qui étaient sur la table.

— Je vais alors vous donner une quittance du terme à échoir, dit le propriétaire. J'en ai en blanc dans ma poche, ajouta-t-il en tirant son portefeuille. Je vais la remplir et l'antidater. Mais il est charmant, ce locataire, pensa-t-il tout bas en couvant les cent vingt francs des yeux.

A cette proposition, les trois bohèmes, qui ne comprenaient plus rien à la diplomatie de Marcel, restèrent stupéfaits.

— Mais cette cheminée fume, cela est fort incommode.

— Que ne m'en avez-vous prévenu ? J'aurais fait appeler le fumiste, dit le propriétaire qui ne voulait pas être en reste de procédés. Demain, je ferai venir les ouvriers. Et ayant terminé de remplir la seconde quittance, il la joignit à la première, les poussa toutes les deux devant Marcel, et approcha de nouveau sa main de la pile d'argent. Vous ne sauriez croire combien cette somme arrive à point, dit-il. J'ai des mémoires à payer pour réparations à mon immeuble... et j'étais fort embarrassé.

— Je regrette de vous avoir fait un peu attendre, fit Marcel.

— Oh ! je n'étais pas en peine .. Messieurs... J'ai l'honneur...

Et sa main s'allongeait encore...

— Oh ! oh ! permettez, fit Marcel, nous n'avons pas encore fini. Vous savez le proverbe : Quand le vin est tiré...

Et il emplit de nouveau le verre du propriétaire.

— Il faut boire...

— C'est juste, dit celui-ci en se rasseyant par politesse.

Cette fois, à un coup d'œil que leur lança Marcel, les bohèmes comprirent quel était son but.

Cependant le propriétaire commençait à jouer de la prunelle d'une façon extraordinaire. Il se balançait sur sa chaise, tenait des propos grivois, et promettait à Marcel, qui lui demandait des réparations locatives, des embellissements fabuleux.

— En avant la grosse artillerie ! dit l'artiste bas à Rodolphe, en lui indiquant une bouteille de rhum.

Après le premier petit verre, le propriétaire chanta une gaudriole qui fit rougir Schaunard.

Après le second petit verre, il raconta ses fortunes conjugales ; et, comme son épouse s'appelait Hélène, il se compara à Ménélas.

Après le troisième petit verre, il eut un accès de philosophie, et émit des aphorismes comme ceux-ci :

« La vie est un fleuve.

« La fortune ne fait pas le bonheur.
« L'homme est éphémère.
« Ah! que l'amour est agréable! »

Et prenant Schaunard pour confident, il lui raconta sa liaison clandestine avec une jeune fille qu'il avait mise dans l'acajou, et qui s'appelait Euphémie. Et il fit un portrait si détaillé de cette jeune personne, aux tendresses naïves, que Schaunard commença à être travaillé par un étrange soupçon, qui devint une certitude lorsque le propriétaire lui montra une lettre qu'il tira de son portefeuille.

— Oh! ciel! s'écria Schaunard en apercevant la signature Cruelle fille! tu m'enfonces un poignard dans le cœur.

— Qu'a-t-il donc? s'écrièrent les bohèmes, étonnés de ce langage.

— Voyez, dit Schaunard, cette lettre est de Phémie; voyez ce pâté qui sert de signature. Et il fit circuler la lettre de son ancienne maîtresse; elle commençait par ces mots :

« Mon gros louf-louf! »

— C'est moi qui suis son gros louf-louf, dit le propriétaire en essayant de se lever, sans pouvoir y parvenir.

— Très-bien! fit Marcel qui l'observait, il a jeté l'ancre.

— Phémie! cruelle Phémie! murmurait Schaunard, tu me fais bien de la peine.

— Je lui ai meublé un petit entre-sol, rue Coquenard, n° 12, dit le propriétaire. C'est joli, joli... ça m'a coûté bien cher... Mais l'amour sincère n'a pas de prix, et puis j'ai vingt mille francs de rente... Elle me demande de l'argent, continua-t-il en reprenant la lettre. Pauvre chérie!... Je lui donnerai celui-là, ça lui fera plaisir... et il allongea la main vers l'argent préparé par Marcel. Tiens, tiens! fit-il avec étonnement en tâtonnant sur la table, où donc est-il?...

L'argent avait disparu.

— Il est impossible qu'un galant homme se prête à d'aussi coupables manœuvres, avait dit Marcel. Ma conscience, la morale m'interdisent de verser le prix de mes loyers ès mains de ce vieillard débauché. Je ne payerai point mon terme. Mais mon âme restera du moins sans remords. Quelles mœurs! un homme aussi chauve!

Cependant le propriétaire achevait de se couler à fond et tenait tout haut des discours insensés aux bouteilles.

Comme il était absent depuis deux heures, sa femme, inquiète de lui, l'envoya chercher par la servante, qui poussa de grands cris en le voyant.

— Qu'est-ce que vous avez fait à mon maître? demanda-t-elle aux bohèmes.

— Rien, dit Marcel; il est monté tout à l'heure pour réclamer ses loyers; comme nous n'avions pas d'argent à lui donner, nous lui avons demandé du temps.

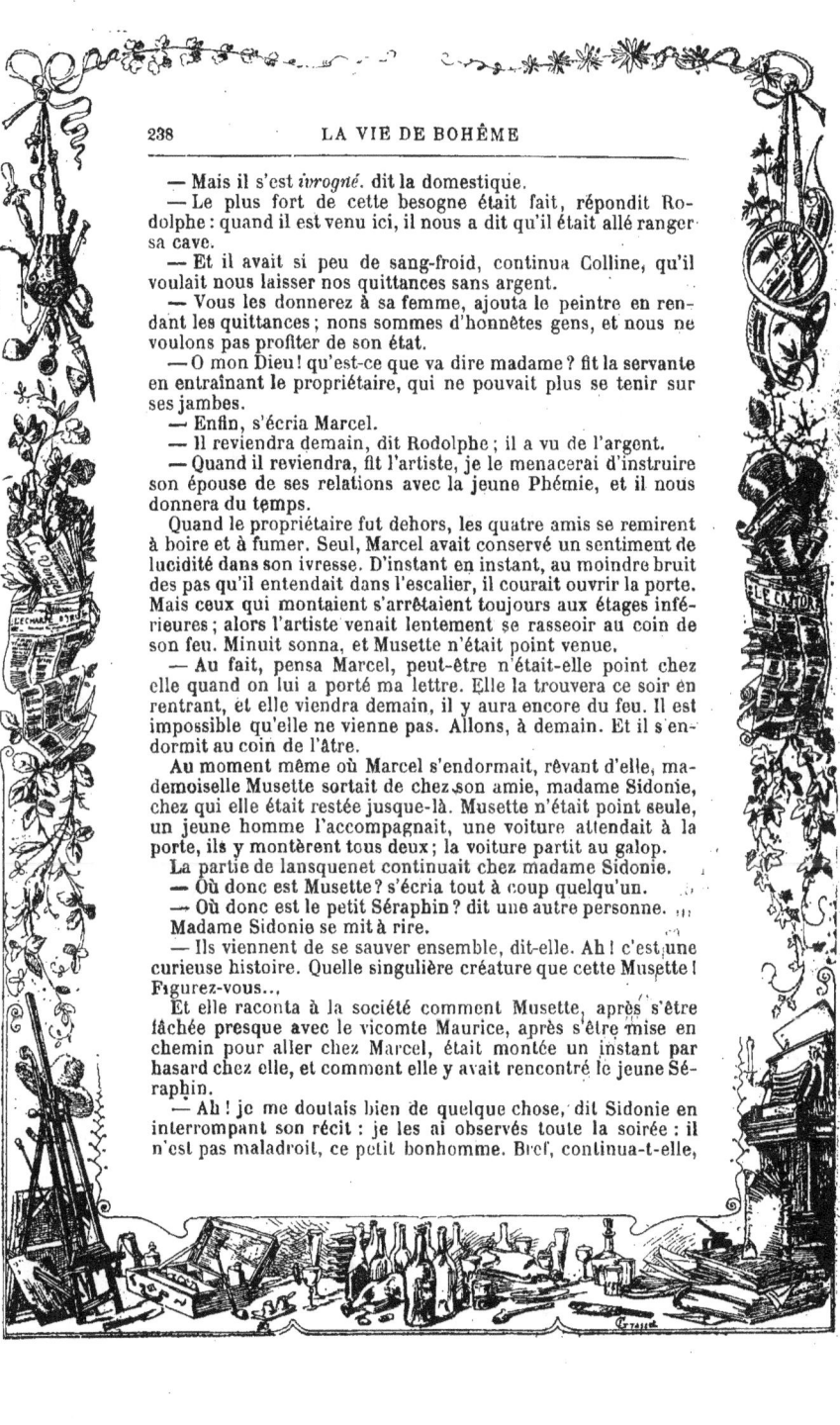

— Mais il s'est *ivrogné*. dit la domestique.

— Le plus fort de cette besogne était fait, répondit Rodolphe : quand il est venu ici, il nous a dit qu'il était allé ranger sa cave.

— Et il avait si peu de sang-froid, continua Colline, qu'il voulait nous laisser nos quittances sans argent.

— Vous les donnerez à sa femme, ajouta le peintre en rendant les quittances ; nous sommes d'honnêtes gens, et nous ne voulons pas profiter de son état.

— O mon Dieu ! qu'est-ce que va dire madame ? fit la servante en entraînant le propriétaire, qui ne pouvait plus se tenir sur ses jambes.

— Enfin, s'écria Marcel.

— Il reviendra demain, dit Rodolphe ; il a vu de l'argent.

— Quand il reviendra, fit l'artiste, je le menacerai d'instruire son épouse de ses relations avec la jeune Phémie, et il nous donnera du temps.

Quand le propriétaire fut dehors, les quatre amis se remirent à boire et à fumer. Seul, Marcel avait conservé un sentiment de lucidité dans son ivresse. D'instant en instant, au moindre bruit des pas qu'il entendait dans l'escalier, il courait ouvrir la porte. Mais ceux qui montaient s'arrêtaient toujours aux étages inférieures ; alors l'artiste venait lentement se rasseoir au coin de son feu. Minuit sonna, et Musette n'était point venue.

— Au fait, pensa Marcel, peut-être n'était-elle point chez elle quand on lui a porté ma lettre. Elle la trouvera ce soir en rentrant, et elle viendra demain, il y aura encore du feu. Il est impossible qu'elle ne vienne pas. Allons, à demain. Et il s'endormit au coin de l'âtre.

Au moment même où Marcel s'endormait, rêvant d'elle, mademoiselle Musette sortait de chez son amie, madame Sidonie, chez qui elle était restée jusque-là. Musette n'était point seule, un jeune homme l'accompagnait, une voiture attendait à la porte, ils y montèrent tous deux ; la voiture partit au galop.

La partie de lansquenet continuait chez madame Sidonie.

— Où donc est Musette ? s'écria tout à coup quelqu'un.

— Où donc est le petit Séraphin ? dit une autre personne.

Madame Sidonie se mit à rire.

— Ils viennent de se sauver ensemble, dit-elle. Ah ! c'est une curieuse histoire. Quelle singulière créature que cette Musette ! Figurez-vous...,

Et elle raconta à la société comment Musette, après s'être fâchée presque avec le vicomte Maurice, après s'être mise en chemin pour aller chez Marcel, était montée un instant par hasard chez elle, et comment elle y avait rencontré le jeune Séraphin.

— Ah ! je me doutais bien de quelque chose, dit Sidonie en interrompant son récit : je les ai observés toute la soirée : il n'est pas maladroit, ce petit bonhomme. Bref, continua-t-elle, ils sont partis sans dire gare, et bien fin qui les attraperait. C'est égal, c'est bien drôle, quand on pense que Musette est folle de son Marcel.

— Si elle en est folle, à quoi bon le Séraphin, un enfant presque? il n'a jamais eu de maîtresse, dit un jeune homme.

— Elle veut lui apprendre à lire, fit le journaliste, qui était fort bête quand il avait perdu.

— C'est égal, reprit Sidonie, puisqu'elle aime Marcel, pourquoi Séraphin? voilà qui me passe.

— Hélas! oui, pourquoi?

. . . .

Pendant cinq jours, et sans sortir de chez eux, les bohèmes menaient la plus joyeuse vie du monde. Ils restaient à table des puis le matin jusqu'au soir. Un admirable désordre régnait dans la chambre, que remplissait une atmosphère pantagruélique. Sur un banc presque entier de coquilles d'huîtres était couchée une armée de bouteilles de divers formats. La table était chargée de débris de toute nature, et une forêt brûlait dans la cheminée.

Le sixième jour, Colline, qui était l'ordonnateur des cérémonies, rédigea, comme il le faisait tous les matins, le menu du déjeuner, du dîner, du goûter et du souper, et le soumit à l'appréciation de ses amis, qui le revêtirent chacun de son parafe, en signe d'acquiescement.

Mais lorsque Colline ouvrit le tiroir qui servait de caisse, afin de prendre l'argent nécessaire à la consommation du jour, il recula de deux pas et devint blême comme le spectre de Banquo.

— Qu'y a-t-il? demandèrent nonchalamment les autres.

— Il y a, qu'il n'y a plus que trente sous, dit le philosophe.

— Diable! diable! firent les autres, ça va causer des remaniements dans notre menu. Enfin, trente sous bien employés!.. C'est égal, nous aurons difficilement des truffes.

Quelques instants après, la table était servie. On y voyait trois plats dressés avec beaucoup de symétrie:

Un plat de harengs;

Un plat de pommes de terres;

Un plat de fromage.

Dans la cheminée fumaient deux petits tisons gros comme le poing.

Au dehors, la neige tombait toujours.

Les quatre bohèmes se mirent à table et déployèrent gravement leurs serviettes.

— C'est singulier, disait Marcel, ce hareng a un goût de faisan.

— Ça tient à la manière dont je l'ai arrangé, répliqua Colline; le hareng a été méconnu.

En ce moment, une joyeuse chanson montait l'escalier, et s'en vint frapper à la porte. Marcel, qui n'avait pu s'empêcher de tressaillir, courut ouvrir.

Musette lui sauta au cou, et le tint embrassé pendant cinq minutes. Marcel la sentit trembler dans ses bras.

— Qu'as-tu? lui demanda-t-il.
— J'ai froid, dit machinalement Musette en s'approchant de la cheminée.
— Ah! dit Marcel, nous avions fait si bon feu!
— Oui, dit Musette en regardant sur la table les débris du festin qui servait depuis cinq jours; je viens trop tard.
— Pourquoi? fit Marcel.
— Pourquoi? dit Musette... en rougissant un peu. Et elle s'assit sur les genoux de Marcel; elle tremblait toujours et ses mains étaient violettes.
— Tu n'étais donc pas libre? lui demanda Marcel bas à l'oreille.
— Moi! pas libre! s'écria la belle fille. Ah! Marcel! je serais assise au milieu des étoiles, dans le paradis du bon Dieu, et tu me ferais un signe, que je descendrais auprès de toi. Moi! pas libre!... Elle se remit à trembler.
— Il y a cinq chaises ici, dit Rodolphe, c'est un nombre impair, sans compter que la cinquième est d'une forme ridicule. Et brisant la chaise contre le mur, il en jeta les morceaux dans la cheminée. Le feu ressuscita soudain en flamme claire et joyeuse; puis, faisant un signe à Colline et à Schaunard, le poëte les emmena avec lui.
— Où allez-vous? demanda Marcel.
— Nous allons acheter du tabac, répondirent-ils.
— A la Havane, ajouta Schaunard en faisant un signe d'intelligence à Marcel, qui le remercia du regard.
— Pourquoi n'es-tu pas venue plus tôt? demanda-t-il de nouveau à Musette lorsqu'ils furent seuls.
— C'est vrai, je suis un peu en retard...
— Cinq jours pour passer le pont Neuf! Tu as donc pris par les Pyrénées? dit Marcel.
Musette baissa la tête et demeura silencieuse.
— Ah! méchante fille! reprit mélancoliquement l'artiste en frappant légèrement avec la main sur le corsage de sa maîtresse. Qu'est-ce que tu as donc là-dessous?
— Tu le sais bien, repartit vivement celle-ci.
— Mais qu'as-tu fait depuis que je t'ai écrit.
— Ne m'interroge pas! reprit vivement Musette en l'embrassant à plusieurs reprises; ne me demande rien! laisse-moi me chauffer à côté de toi pendant qu'il fait froid. Tu vois, j'avais mis ma plus belle robe pour venir... Ce pauvre Maurice, il ne comprenait rien quand je suis partie pour venir ici; mais c'était plus fort que moi... Je me suis mise en route... C'est bon, le feu, ajouta-t-elle en approchant ses petites mains de la flamme. Je resterai avec toi jusqu'à demain. Veux-tu?
— Il fera bien froid ici, dit Marcel, et nous n'avons pas de quoi dîner. Tu es venue trop tard, répéta-t-il.
— Ah! bah! dit Musette, ça ressemblera mieux à autrefois.

LA VIE DE BOHÊME

Je n'ai plus le sou, ma chère, et le Code, dans un cas pareil indique etc. etc.

Rodolphe, Colline et Schaunard restèrent vingt-quatre heures à aller chercher leur tabac. Quand ils revinrent à la maison, Marcel était seul.

Après six jours d'absence, le vicomte Maurice vit arriver Musette.

Il ne lui fit aucun reproche, et lui demanda seulement pourquoi elle paraissait triste.

— Je me suis querellée avec Marcel, dit-elle, nous nous sommes mal quittés

— Et pourtant, dit Maurice, qui sait? vous retournerez encore auprès de lui.

— Que voulez-vous? fit Musette, j'ai besoin de temps en temps d'aller respirer l'air de cette vie-là. Mon existence folle est comme une chanson; chacun de mes amours est un couplet; mais Marcel en est le refrain.

XX

MIMI A DES PLUMES.

I

« Eh! non, non, non, vous n'êtes plus Lisette. Eh! non, non, non, vous n'êtes plus Mimi!

« Vous êtes aujourd'hui madame la vicomtesse; après-demain peut-être serez-vous madame la duchesse, car vous avez posé le pied sur l'escalier des grandeurs; la porte de vos rêves s'est enfin ouverte à deux battants devant vos pas, et voici que vous venez d'y entrer victorieuse et triomphante. J'étais bien sûr que vous finiriez ainsi une nuit ou l'autre. Il fallait que ce fût, d'ailleurs; vos mains blanches étaient faites pour la paresse, et appelaient depuis longtemps l'anneau d'une alliance aristocratique. Enfin vous avez un blason! Mais nous préférons encore celui que la jeunesse donnait à votre beauté, qui, par vos yeux bleus et votre visage pâle, semblait écarteler d'azur sur champ de lis. Noble ou vilaine, allez, vous êtes toujours charmante; et je vous ai bien reconnue quand vous passiez l'autre soir dans la rue, pied rapide et finement chaussé, aidant d'une main gantée le vent à soulever les volants de votre robe nouvelle, un peu pour ne point la salir, beaucoup pour laisser voir vos jupons brodés et vos bas transparents. Vous aviez un chapeau d'un style merveilleux, et vous paraissiez même plongée dans une profonde perplexité à propos du voile en riche dentelle qui flottait sur ce riche chapeau. Embarras bien grave, en effet! car il s'agissait de savoir lequel valait le mieux et était le plus profitable à votre coquetterie, de porter ce voile baissé ou relevé. En le portant baissé, vous risquiez de n'être pas reconnue par ceux de vos amis que vous auriez pu rencontrer, et qui, certes,

auraient passé dix fois près de vous sans se douter que cette opulente enveloppe cachait mademoiselle Mimi. D'un autre côté, en portant ce voile relevé, c'était lui qui risquait de ne pas être vu, et alors, à quoi bon l'avoir? Vous avez spirituellement tranché la difficulté, en baissant et en relevant tour à tour de dix pas en dix pas, ce merveilleux tissu, tramé sans doute dans ces contrées d'arachnides qu'on appelle les Flandres, et qui, à lui tout seul, a coûté plus cher que toute votre ancienne garde-robe... Ah! Mimi!... Pardon... Ah! madame la vicomtesse! j'avais bien raison, vous le voyez, quand je vous disais : Patience, ne désespérez pas; l'avenir est gros de cachemires, d'écrins brillants, de petits soupers, etc. Vous ne vouliez pas me croire, incrédule! Eh bien, mes prédictions se sont pourtant réalisées, et je vaux bien, je l'espère, votre *Oracle des Dames*, un petit sorcier in-dix-huit que vous aviez acheté cinq sous à un bouquiniste du pont Neuf, et que vous fatiguiez par d'éternelles interrogations. Encore une fois, n'avais-je pas raison dans mes prophéties, et me croiriez-vous maintenant si je vous disais que vous n'en resterez pas là? si je vous disais qu'en prêtant l'oreille, j'entends déjà sourdre, dans les profondeurs de votre avenir, le piétinement et les hennissements des chevaux attelés à un coupé bleu, conduit par un cocher poudré qui abaisse le marchepied devant vous en disant : « Où va madame? » Me croiriez-vous encore si je vous disais aussi que plus tard... ah! le plus tard possible, mon Dieu! atteignant le but d'une ambition que vous avez longtemps caressée, vous tiendrez une table d'hôte à Belleville ou aux Batignolles, et vous serez courtisée par de vieux militaires et des Céladons à la réforme, qui viendront faire chez vous des lansquenets et des baccarats clandestins? Mais avant d'arriver à cette époque où le soleil de votre jeunesse aura déjà décliné, croyez-moi, chère enfant, vous userez encore bien des aunes de soie et de velours ; bien des patrimoines sans donte se fondront aux creusets de vos fantaisies ; vous fanerez bien des fleurs sur votre front, bien des fleurs sous vos pieds ; bien des fois vous changerez de blason. On verra tour à tour briller sur votre tête le toril des baronnes, la couronne des comtesses et le diadème emperlé des marquises ; vous prendrez pour devise : *Inconstance*, et vous saurez, selon le caprice ou la nécessité, satisfaire, chacun à son tour ou même à la fois, tous ces nombreux adorateurs qui s'en viendront faire la queue dans l'antichambre de votre cœur comme on fait la queue à la porte d'un théâtre où l'on joue une pièce en vogue. Allez donc, allez devant vous, l'esprit allégé de souvenirs, remplacés par des ambitions; allez, la route est belle, et nous la souhaitons longtemps douce à vos pieds ; mais nous souhaitons surtout que toutes ces somptuosités, ces belles toilettes ne deviennent pas trop tôt le linceul où s'ensevelira votre gaieté. »

Ainsi parlait le peintre Marcel à la jeune mademoiselle Mimi, qu'il venait de rencontrer trois ou quatre jours après son second divorce avec le poëte Rodolphe. Bien qu'il se fût efforcé de mettre une sourdine aux railleries qui parsemaient son horoscope, mademoiselle Mimi ne fut point dupe des belles paroles de Marcel, et comprit parfaitement que, peu respectueux pour son titre nouveau, il s'était moqué d'elle à outrance.

— Vous êtes méchant avec moi, Marcel, dit mademoiselle Mimi, c'est mal : j'ai toujours été très-bonne fille avec vous quand j'étais la maîtresse de Rodolphe; mais si je l'ai quitté, après tout, c'est sa faute. C'est lui qui m'a renvoyée presque sans délai; et encore, comment m'a-t-il traitée pendant les derniers jours que j'ai passés avec lui? J'ai été bien malheureuse, allez! Vous ne savez pas, vous, quel homme c'était que Rodolphe : un caractère pétri de colère et de jalousie, qui me tuait par petits morceaux. Il m'aimait, je le sais bien, mais son amour était dangereux comme une arme à feu; et quelle existence que celle que j'ai menée pendant quinze mois! Ah! voyez-vous, Marcel, je ne veux pas me faire meilleure que je ne suis, mais j'ai bien souffert avec Rodolphe, vous le savez d'ailleurs aussi. Ce n'est point la misère qui me l'a fait quitter, non, je vous l'assure, j'y étais habituée d'abord; et puis, je vous le répète, c'est lui qui m'a renvoyée. Il a marché à deux pieds sur mon amour-propre; il m'a dit que je n'avais pas de cœur si je restais avec lui; il m'a dit qu'il ne m'aimait plus, qu'il fallait que je fisse un autre amant; il a même été jusqu'à me désigner un jeune homme qui me faisait la cour, et il a, par ses défis, servi de trait d'union entre moi et ce jeune homme. J'ai été avec lui autant par dépit que par nécessité, car je ne l'aimais pas; vous savez bien cela, vous, je n'aime pas les *si* jeunes gens, ils sont ennuyeux et sentimentals comme des harmonicas. Enfin, ce qui est fait est fait, et je ne le regrette pas, et je ferais encore de même si c'était à refaire. Maintenant qu'il ne m'a plus avec lui et qu'il me sait heureuse avec un autre, Rodolphe est furieux et très-malheureux; je sais quelqu'un qui l'a rencontré ces jours-ci; il avait les yeux rouges. Cela ne m'étonne pas, j'étais bien sûre qu'il en arriverait ainsi et qu'il courrait après moi; mais vous pouvez lui dire qu'il perdra son temps, et que cette fois-ci c'est tout à fait sérieux et pour de bon. Y a-t-il longtemps que vous l'avez vu, Marcel, et est-ce vrai qu'il est bien changé? demanda Mimi avec un autre accent.

— Bien changé, en effet, répondit Marcel. Assez changé.

— Il se désole, cela est certain; mais que voulez-vous que j'y fasse? Tant pis pour lui! il l'a voulu; il fallait que cela eût une fin, à la fin. Consolez-le, vous.

— Oh! oh! dit tranquillement Marcel, le plus gros de la besogne est fait. Ne vous inquiétez pas, Mimi.

— Vous ne dites pas la vérité, mon cher, reprit Mimi avec une petite moue ironique : Rodolphe ne se consolera pas si vite que cela; si vous saviez dans quel état je l'ai vu, la veille de mon départ! C'était le vendredi; je n'avais pas voulu rester la nuit chez mon nouvel amant, parce que je suis superstitieuse et que le vendredi est un mauvais jour.

— Vous aviez tort, Mimi : en amour, le vendredi est un bon jour, les anciens disaient : *Dies Veneris.*

— Je ne sais pas le latin, dit mademoiselle Mimi en continuant. Je m'en revenais donc de chez Paul ; j'ai trouvé Rodolphe qui m'attendait en faisant sentinelle dans la rue. Il était tard, plus de minuit, et j'avais faim, car j'avais mal dîné. Je priai Rodolphe d'aller chercher quelque chose pour souper. Il revint une demi-heure après ; il avait beaucoup couru pour rapporter pas grandchose de bon : du pain, du vin, des sardines, du fromage et un gâteau aux pommes. Je m'étais donc couchée pendant son absence ; il dressa le couvert près du lit ; je n'avais pas l'air de le regarder, mais je le voyais bien : il était pâle comme la mort, il avait le frisson, et tournait dans la chambre comme un homme qui ne sait pas ce qu'il veut faire. Dans un coin, il aperçut plusieurs paquets de hardes qui étaient à terre. Cette vue parut lui faire du mal et il mit le paravent devant ces paquets pour ne plus les voir. Quand tout fut préparé, nous commençâmes à manger ; il essaya de me faire boire ; mais je n'avais plus ni faim ni soif, et j'avais le cœur tout serré. Il faisait froid, car nous n'avions pas de quoi faire du feu ; on entendait le vent qui soufflait dans la cheminée. C'était bien triste. Rodolphe me regardait, il avait les yeux fixes ; il mit sa main dans la mienne, et je sentis sa main trembler, elle était à la fois brûlante et glacée.

— C'est le souper des funérailles de nos amours, me dit-il tout bas. Je ne répondis rien, mais je n'eus pas le courage de retirer ma main de la sienne.

— J'ai sommeil, lui dis-je à la fin ; il est tard, dormons.

Rodolphe me regarda : j'avais mis une de ses cravates sur ma tête pour me garantir du froid ; il ôta cette cravate sans parler.

— Pourquoi ôtes-tu cela ? lui demandai-je, j'ai froid.

— Oh! Mimi, me dit-il alors, je t'en prie, cela ne te coûtera guère, remets, pour cette nuit, ton petit bonnet rayé.

C'était un bonnet de nuit en indienne rayée, blanc et brun. Rodolphe aimait beaucoup à me voir ce bonnet, cela lui rappelait quelques belles nuits, car c'était ainsi que nous comptions nos beaux jours. En pensant que c'était la dernière fois que j'allais dormir auprès de lui, je n'osai pas refuser de satisfaire son caprice ; je me relevai, et j'allai prendre mon bonnet rayé qui était au fond d'un de mes paquets : par mégarde, j'oubliai de replacer le paravent ; Rodolphe s'en aperçut, et cacha les paquets, comme il avait déjà fait.

— Bonsoir, me dit-il. — Bonsoir, lui répondis-je.

Je croyais qu'il allait m'embrasser, et je ne l'aurais pas empêché, mais il prit seulement ma main, qu'il porta à ses lèvres. Vous savez, Marcel, combien il était fort pour m'embrasser les mains. J'entendis claquer ses dents, et je sentis son corps froid

comme un marbre. Il serrait toujours ma main, et il avait placé sa tête sur mon épaule, qui ne tarda pas à être toute mouillée. Rodolphe était dans un état affreux. Il mordait les draps du lit, pour ne pas crier; mais j'entendais bien des sanglots sourds, et je sentais toujours ses larmes couler sur mes épaules, qu'elles brûlaient d'abord, et qu'elles glaçaient ensuite. En ce moment-là, j'eus besoin de tout mon courage; et il m'en a fallu, allez. Je n'avais qu'un mot à dire, je n'avais qu'à retourner la tête : ma bouche aurait rencontré celle de Rodolphe, et nous nous serions raccomodés encore une fois. Ah! un instant, j'ai vraiment cru qu'il allait mourir entre mes bras, ou que tout au moins il allait devenir fou, comme il faillit le devenir une fois, vous rappelez-vous? J'allais céder, je le sentais; j'allais revenir la première, j'allais l'enlacer dans mes bras, car il faudrait vraiment n'avoir point d'âme pour rester insensible devant de pareilles douleurs. Mais je me souvins des paroles qu'il m'avait dites la veille : « Tu n'as point de cœur si tu restes avec moi, car je ne t'aime plus. » Ah! en me rappelant ces duretés, j'aurais vu Rodolphe près d'expirer et il n'aurait fallu qu'un baiser de moi, que j'aurais détourné ma lèvre, et que je l'aurais laissé mourir. A la fin, vaincue par la fatigue, je m'endormis à moitié. J'entendais toujours Rodolphe sangloter, et, je vous le jure, Marcel, ce sanglot dura toute la nuit; et quand le jour revint et que je regardai dans ce lit, où j'avais dormi pour la dernière fois, cet amant que j'allais quitter pour aller dans les bras d'un autre, j'ai été épouvantablement effrayée en voyant des ravages que cette douleur faisait sur la figure de Rodolphe.

Il se leva, comme moi, sans rien dire, et faillit tomber dans la chambre aux premiers pas qu'il fit, tant il était faible et abattu. Cependant il s'habilla très-vite, et me demanda seulement où en étaient mes affaires et quand je partais. Je lui répondis que je n'en savais rien. Il s'en alla sans me dire à revoir, sans me serrer la main. Voilà comment nous nous sommes quittés. Quel coup il a dû recevoir dans le cœur lorsqu'il ne m'a plus retrouvée en rentrant, hein?

— J'étais là lorsque Rodolphe est rentré, dit Marcel à Mimi essoufflée d'avoir parlé aussi longtemps. Comme il prenait sa clef chez la maîtresse d'hôtel, celle-ci lui a dit :

— La petite est partie.

— Ah! répondit Rodolphe, cela ne m'étonne pas; je m'y attendais. Et il monta dans sa chambre, où je le suivis, craignant aussi quelque crise; mais il n'en fut rien.

— Comme il est trop tard pour aller louer une autre chambre ce soir, ce sera pour demain matin, me dit-il, nous nous en irons ensemble. Allons dîner.

Je croyais qu'il voulait se griser, mais je me trompais. Nous avons fait un dîner très-sobre dans un restaurant où vous alliez quelquefois manger avec lui. J'avais demandé du vin de Beaune pour étourdir un peu Rodolphe.

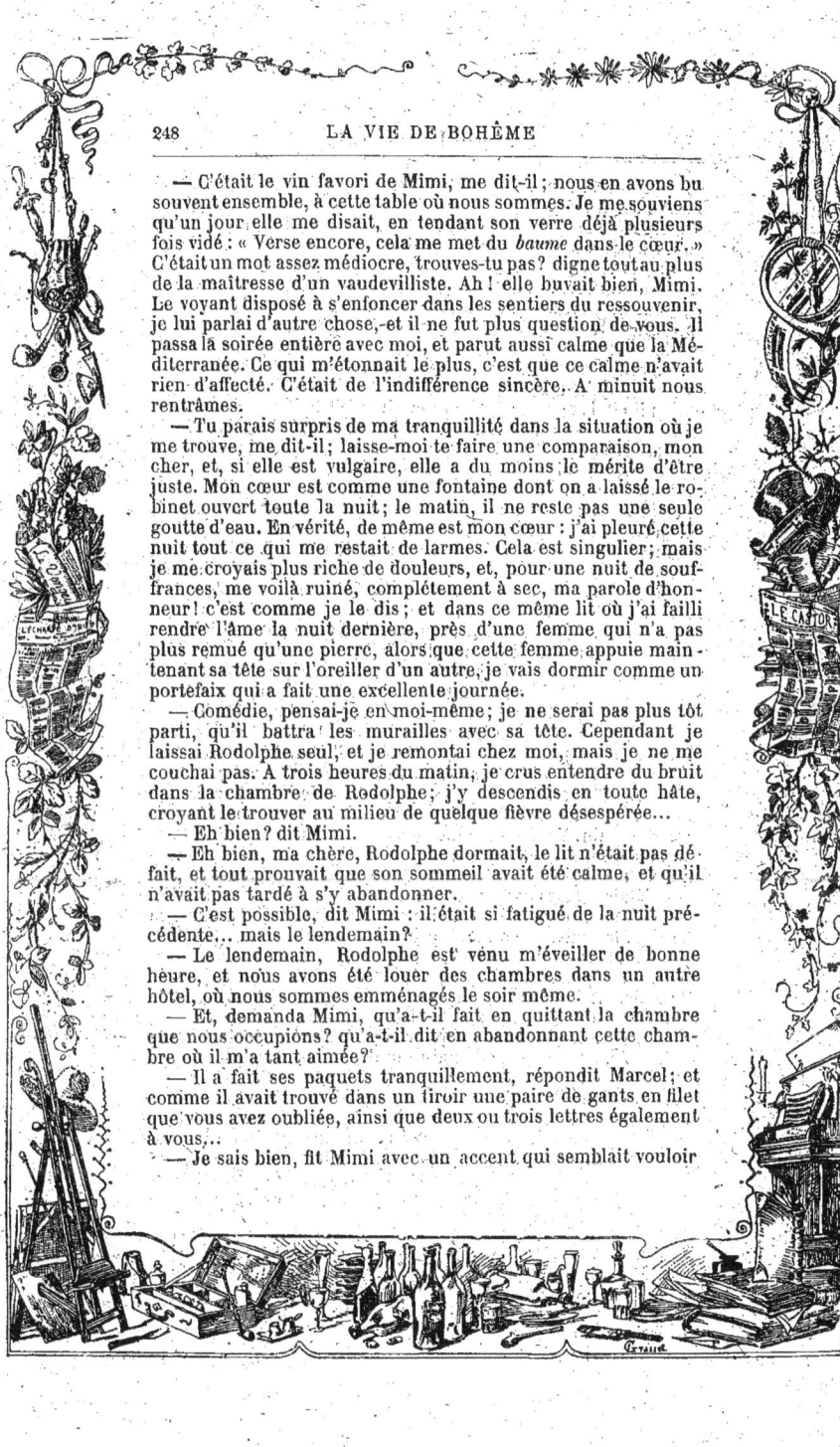

— C'était le vin favori de Mimi, me dit-il ; nous en avons bu souvent ensemble, à cette table où nous sommes. Je me souviens qu'un jour, elle me disait, en tendant son verre déjà plusieurs fois vidé : « Verse encore, cela me met du *baume* dans le cœur. » C'était un mot assez médiocre, trouves-tu pas? digne tout au plus de la maîtresse d'un vaudevilliste. Ah! elle buvait bien, Mimi. Le voyant disposé à s'enfoncer dans les sentiers du ressouvenir, je lui parlai d'autre chose, et il ne fut plus question de vous. Il passa la soirée entière avec moi, et parut aussi calme que la Méditerranée. Ce qui m'étonnait le plus, c'est que ce calme n'avait rien d'affecté. C'était de l'indifférence sincère. A minuit nous rentrâmes.

— Tu parais surpris de ma tranquillité dans la situation où je me trouve, me dit-il; laisse-moi te faire une comparaison, mon cher, et, si elle est vulgaire, elle a du moins le mérite d'être juste. Mon cœur est comme une fontaine dont on a laissé le robinet ouvert toute la nuit; le matin, il ne reste pas une seule goutte d'eau. En vérité, de même est mon cœur : j'ai pleuré cette nuit tout ce qui me restait de larmes. Cela est singulier; mais je me croyais plus riche de douleurs, et, pour une nuit de souffrances, me voilà ruiné, complétement à sec, ma parole d'honneur! c'est comme je le dis ; et dans ce même lit où j'ai failli rendre l'âme la nuit dernière, près d'une femme qui n'a pas plus remué qu'une pierre, alors que cette femme appuie maintenant sa tête sur l'oreiller d'un autre, je vais dormir comme un portefaix qui a fait une excellente journée.

— Comédie, pensai-je en moi-même; je ne serai pas plus tôt parti, qu'il battra les murailles avec sa tête. Cependant je laissai Rodolphe seul, et je remontai chez moi, mais je ne me couchai pas. A trois heures du matin, je crus entendre du bruit dans la chambre de Rodolphe; j'y descendis en toute hâte, croyant le trouver au milieu de quelque fièvre désespérée...

— Eh bien? dit Mimi.

— Eh bien, ma chère, Rodolphe dormait, le lit n'était pas défait, et tout prouvait que son sommeil avait été calme, et qu'il n'avait pas tardé à s'y abandonner.

— C'est possible, dit Mimi : il était si fatigué de la nuit précédente... mais le lendemain?

— Le lendemain, Rodolphe est venu m'éveiller de bonne heure, et nous avons été louer des chambres dans un autre hôtel, où nous sommes emménagés le soir même.

— Et, demanda Mimi, qu'a-t-il fait en quittant la chambre que nous occupions? qu'a-t-il dit en abandonnant cette chambre où il m'a tant aimée?

— Il a fait ses paquets tranquillement, répondit Marcel; et comme il avait trouvé dans un tiroir une paire de gants en filet que vous avez oubliée, ainsi que deux ou trois lettres également à vous...

— Je sais bien, fit Mimi avec un accent qui semblait vouloir

LA VIE DE BOHÈME

Le pigeon chantait toujours, c'était sa romance du saule.

dire : Je les ai oubliés exprès pour qu'il lui restât quelque souvenir de moi. Qu'en a-t-il fait ? ajouta-t-elle.

— Je crois me rappeler, dit Marcel, qu'il a jeté les lettres dans la cheminée et les gants par la fenêtre ; mais sans geste de théâtre, sans pose, fort naturellement, comme on peut le faire lorsqu'on se débarrasse d'une chose inutile.

— Mon cher monsieur Marcel, je vous assure qu'au fond de mon cœur je souhaite que cette indifférence dure. Mais encore une fois, là, bien sincèrement, je ne crois pas à une guérison si rapide, et, malgré tout ce que vous me dites, je suis convaincue que mon poëte a le cœur brisé.

— Cela se peut, répondit Marcel en quittant Mimi ; mais cependant, où je me trompe fort, les morceaux sont encore bons.

Pendant ce colloque sur la voie publique, M. le vicomte Paul attendait sa nouvelle maîtresse, qui se trouva fort en retard, et qui fut parfaitement désagréable avec M. le vicomte. Il se coucha à ses genoux et lui roucoula sa romance favorite, à savoir : qu'elle était charmante, pâle comme la lune, douce comme un mouton ; mais qu'il l'aimait surtout à cause des beautés de son âme.

— Ah ! pensait Mimi en déroulant les ondes de ses cheveux bruns sur la neige de ses épaules, mon amant Rodolphe n'était pas si exclusif.

II

Ainsi que Marcel l'avait annoncé, Rodolphe paraissait être radicalement guéri de son amour pour mademoiselle Mimi, et trois ou quatre jours après sa séparation d'avec elle, on vit reparaître le poëte complètement métamorphosé. Il était mis avec une élégance qui devait le rendre méconnaissable pour son miroir même. Rien en lui, du reste, ne semblait faire craindre qu'il fût dans l'intention de se précipiter dans les abîmes du néant, comme mademoiselle Mimi en faisait courir le bruit avec toutes sortes d'hypocrisies condoléantes. Rodolphe était en effet parfaitement calme ; il écoutait, sans que les plis de son visage se dérangeassent, les récits qui lui étaient faits sur la nouvelle et somptueuse existence de sa maîtresse, qui se plaisait à le faire renseigner sur son compte par une jeune femme qui était restée sa confidente, et qui avait occasion de voir Rodolphe presque tous les soirs.

— Mimi est très-heureuse avec le vicomte Paul, disait-on au poëte, elle en paraît follement *amourachée*; une seule chose l'inquiète, elle craint que vous ne veniez troubler sa tranquillité par des poursuites qui, du reste, seraient dangereuses pour vous, car le vicomte adore sa maîtresse et il a deux ans de salle d'armes.

— Oh ! oh ! répondait Rodolphe, qu'elle dorme donc bien

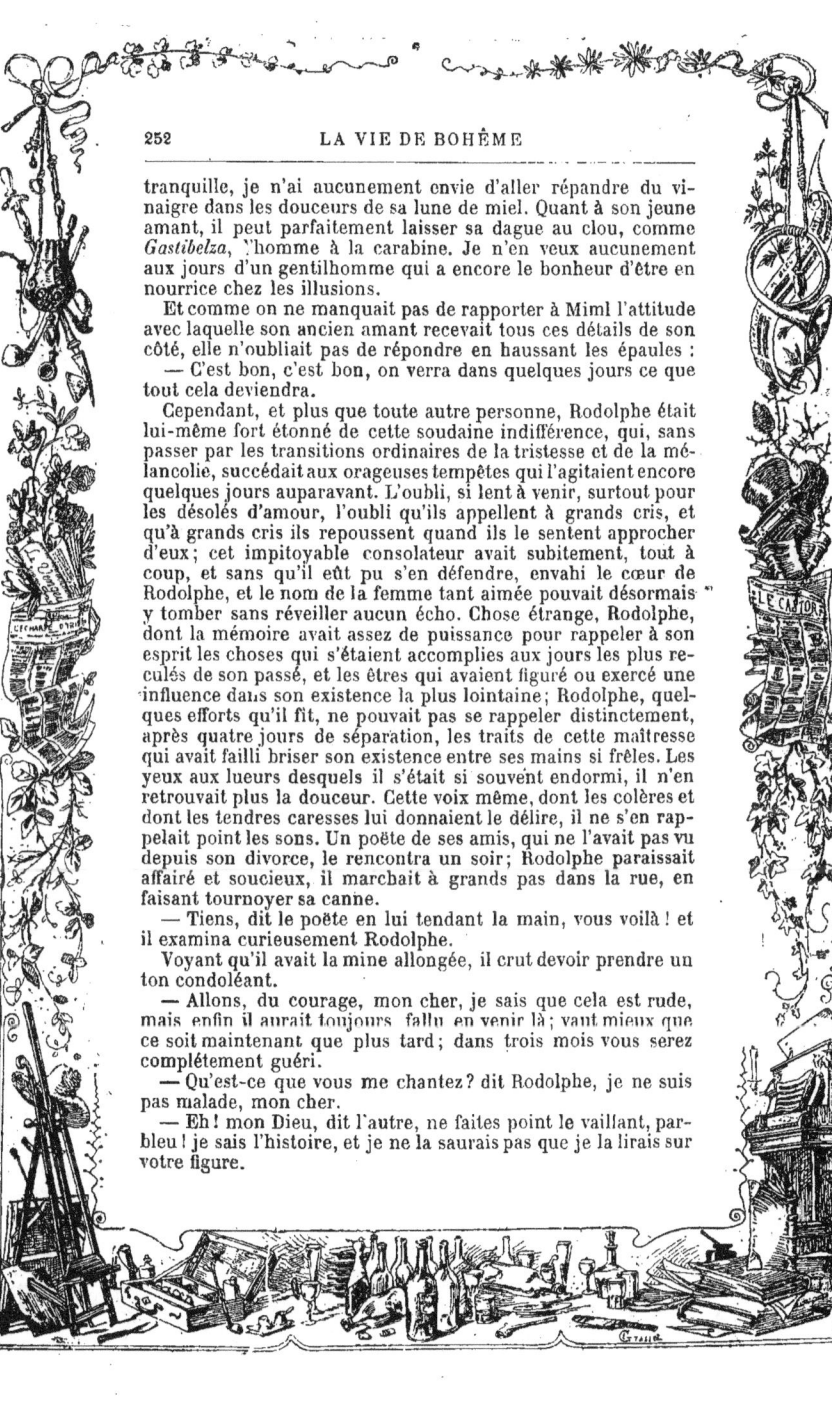

tranquille, je n'ai aucunement envie d'aller répandre du vinaigre dans les douceurs de sa lune de miel. Quant à son jeune amant, il peut parfaitement laisser sa dague au clou, comme *Gastibelza*, l'homme à la carabine. Je n'en veux aucunement aux jours d'un gentilhomme qui a encore le bonheur d'être en nourrice chez les illusions.

Et comme on ne manquait pas de rapporter à Mimi l'attitude avec laquelle son ancien amant recevait tous ces détails de son côté, elle n'oubliait pas de répondre en haussant les épaules :

— C'est bon, c'est bon, on verra dans quelques jours ce que tout cela deviendra.

Cependant, et plus que toute autre personne, Rodolphe était lui-même fort étonné de cette soudaine indifférence, qui, sans passer par les transitions ordinaires de la tristesse et de la mélancolie, succédait aux orageuses tempêtes qui l'agitaient encore quelques jours auparavant. L'oubli, si lent à venir, surtout pour les désolés d'amour, l'oubli qu'ils appellent à grands cris, et qu'à grands cris ils repoussent quand ils le sentent approcher d'eux; cet impitoyable consolateur avait subitement, tout à coup, et sans qu'il eût pu s'en défendre, envahi le cœur de Rodolphe, et le nom de la femme tant aimée pouvait désormais y tomber sans réveiller aucun écho. Chose étrange, Rodolphe, dont la mémoire avait assez de puissance pour rappeler à son esprit les choses qui s'étaient accomplies aux jours les plus reculés de son passé, et les êtres qui avaient figuré ou exercé une influence dans son existence la plus lointaine; Rodolphe, quelques efforts qu'il fît, ne pouvait pas se rappeler distinctement, après quatre jours de séparation, les traits de cette maîtresse qui avait failli briser son existence entre ses mains si frêles. Les yeux aux lueurs desquels il s'était si souvent endormi, il n'en retrouvait plus la douceur. Cette voix même, dont les colères et dont les tendres caresses lui donnaient le délire, il ne s'en rappelait point les sons. Un poëte de ses amis, qui ne l'avait pas vu depuis son divorce, le rencontra un soir; Rodolphe paraissait affairé et soucieux, il marchait à grands pas dans la rue, en faisant tournoyer sa canne.

— Tiens, dit le poëte en lui tendant la main, vous voilà ! et il examina curieusement Rodolphe.

Voyant qu'il avait la mine allongée, il crut devoir prendre un ton condoléant.

— Allons, du courage, mon cher, je sais que cela est rude, mais enfin il aurait toujours fallu en venir là; vaut mieux que ce soit maintenant que plus tard; dans trois mois vous serez complétement guéri.

— Qu'est-ce que vous me chantez? dit Rodolphe, je ne suis pas malade, mon cher.

— Eh! mon Dieu, dit l'autre, ne faites point le vaillant, parbleu ! je sais l'histoire, et je ne la saurais pas que je la lirais sur votre figure.

— Prenez garde, vous me faites un quiproquo, dit Rodolphe. Je suis très-ennuyé ce soir, c'est vrai ; mais quant au motif de cet ennui, vous n'avez pas absolument mis le doigt dessus.

— Bon, pourquoi vous défendre ? cela est tout naturel ; on ne rompt pas comme cela tranquillement une liaison qui dure depuis près de deux ans.

— Ils me disent tous la même chose, fit Rodolphe impatienté. Eh bien, sur l'honneur, vous vous trompez, vous et les autres. Je suis profondément triste, et j'en ai l'air, c'est possible ; mais voici pourquoi : c'est que j'attendais aujourd'hui mon tailleur qui devait m'apporter un habit neuf, et il n'est point venu ; voilà, voilà pourquoi je suis ennuyé.

— Mauvais, mauvais, dit l'autre en riant.

— Point mauvais ; bon, au contraire, très-bon, excellent même. Suivez mon raisonnement, et vous allez voir.

— Voyons, dit le poète, je vous écoute ; prouvez-moi un peu comment on peut raisonnablement avoir l'air si attristé, parce qu'un tailleur vous manque de parole. Allez, allez, je vous attends.

— Eh ! dit Rodolphe, vous savez bien que les petites causes produisent les plus grands effets. Je devais, ce soir, faire une visite très-importante, et je ne la puis faire à cause que je n'ai pas mon habit. Y êtes-vous ?

— Point. Il n'y a pas jusqu'ici motif suffisant à désolation. Vous êtes désolé... parce que... enfin. Vous êtes très-bête de faire des poses avec moi. Voilà mon opinion.

— Mon ami, dit Rodolphe, vous êtes bien obstiné ; il y a toujours de quoi être désolé lorsqu'on manque un bonheur ou tout au moins un plaisir, parce que c'est presque toujours autant de perdu, et qu'on a souvent bien tort de dire, à propos de l'un ou de l'autre. Je le rattraperai une autre fois. Je me résume : j'avais, ce soir, un rendez-vous avec une femme jeune ; je devais la rencontrer dans une maison d'où je l'aurais peut-être ramenée chez moi, si ç'avait été plus court que d'aller chez elle, et même si ç'avait été le plus long. Dans cette maison il y avait une soirée, dans une soirée on ne va qu'en habit ; je n'ai pas d'habit, mon tailleur devait m'en apporter un ; il ne me l'apporte pas, je ne vais pas à la soirée, je ne rencontre pas la jeune femme, qui est peut-être rencontrée par un autre ; je ne la ramène ni chez moi, ni chez elle, où elle est peut-être ramenée par un autre. Donc, comme je vous disais, je manque un bonheur ou un plaisir ; donc je suis désolé, donc j'en ai l'air, et c'est surtout naturel.

— Soit, dit l'ami ; donc un pied dehors d'un enfer, vous remettez l'autre pied dans un autre, vous ; mais, mon bon ami, quand je vous ai trouvé là, dans la rue, vous m'aviez tout l'air de faire le pied de grue.

— Je le faisais aussi parfaitement.

— Mais, continua l'autre, nous sommes là dans le quartier où habite votre ancienne maîtresse : qu'est-ce qui me prouve que vous ne l'attendiez pas?

— Quoique séparé d'elle, des raisons particulières m'ont obligé à rester dans ce quartier; mais, bien que voisins, nous sommes aussi éloignés que si nous restions elle à un pôle et moi à l'autre. D'ailleurs, à l'heure qu'il est, mon ancienne maîtresse est au coin de son feu et prend des leçons de grammaire française avec M. le vicomte Paul, qui veut la ramener à la vertu par le chemin de l'orthographe. Dieu! comme il va la gâter! Enfin, ça le regarde, maintenant qu'il est le rédacteur en chef de son bonheur. Vous voyez donc bien que vos réflexions sont absurdes, et qu'au lieu d'être sur la trace effacée de mon ancienne passion, je suis au contraire sur les traces de ma nouvelle, qui est déjà ma voisine un peu, et qui le deviendra davantage; car je consens à faire tout le chemin nécessaire, et, si elle veut faire le reste, nous ne serons pas longtemps à nous entendre.

— Vraiment! dit le poëte, vous êtes amoureux déjà?

— Voilà comme je suis, répondit Rodolphe : mon cœur ressemble à ces logements qu'on met en location, sitôt qu'un locataire les quitte. Quand un amour s'en va de mon cœur, je mets écriteau pour appeler un autre amour. L'endroit d'ailleurs est habitable et parfaitement réparé.

— Et quelle est cette nouvelle idole? où l'avez-vous connue, et quand?

— Voilà, dit Rodolphe; procédons par ordre. Quand Mimi a été partie, je me suis figuré que je ne serais plus jamais amoureux de ma vie; et je m'imaginai que mon cœur était mort de fatigue, d'épuisement, de tout ce que vous voudrez; il avait tant battu, si longtemps, si vite, et trop vite, que la chose était croyable. Bref, je le crus mort, bien mort, très-mort, et je songeais à l'enterrer, comme M. Marlborough. A cette occasion, je donnai un petit dîner de funérailles où j'invitai quelques-uns de mes amis. Les convives devaient prendre une mine lamentable, et les bouteilles avaient un crêpe à leur goulot.

— Vous ne m'avez pas invité!

— Pardon, mais j'ignorais l'adresse du nuage où vous demeurez!

— Un des convives avait amené une femme, une jeune femme, délaissée aussi depuis peu par un amant. On lui raconta mon histoire, ce fut un de mes amis, un garçon qui joue fort bien sur le violoncelle du sentiment. Il parla à cette jeune veuve des qualités de mon cœur, ce pauvre défunt que nous allions enterrer, et l'invita à boire à son repos éternel. Allons donc, dit-elle en élevant son verre, je bois à sa santé, au contraire; et elle me lança un coup d'œil, un coup d'œil à réveiller un mort, comme on dit, et c'était ou jamais l'occasion de dire ainsi, car elle n'avait pas t achevé son toast que je sentis mon cœur chanter aussitôt l'*O Filii* de la Résurrection. Qu'est-ce que vous auriez fait à ma place?

— Belle question!... Comment se nomme-t-elle?
— Je l'ignore encore, je ne lui demanderai son nom qu'au moment où nous signerons notre contrat. Je sais bien que je ne suis pas dans les délais légaux au point de vue de certaines gens ; mais voilà, je sollicite près de moi-même, et je m'accorde les dispenses. Ce que je sais, c'est que ma future m'apportera en dot la gaieté, qui est la santé de l'esprit, et la santé, qui est la gaieté du corps.
— Elle est jolie?
— Très-jolie, de couleur surtout ; on dirait qu'elle se débarbouille le matin avec la palette de Watteau.

> Elle est blonde, mon cher, et ses regards vainqueurs
> Allument l'incendie aux quatre coins des cœurs.

Témoin le mien.
— Une blonde? vous m'étonnez.
— Oui, j'ai assez de l'ivoire et de l'ébène, je passe au blond ; et Rodolphe se mit à chanter en gambadant :

> Et nous chanterons à la ronde,
>   Si vous voulez,
> Que je l'adore, et qu'elle est blonde
>   Comme les blés.

— Pauvre Mimi, dit l'ami, sitôt oubliée!
Ce nom, jeté dans la gaieté de Rodolphe, donna subitement un autre tour à la conversation. Rodolphe prit son ami par le bras, et lui raconta longuement les causes de sa rupture avec mademoiselle Mimi ; les terreurs qui l'avaient assailli lorsqu'elle était partie ; comment il s'était désolé parce qu'il avait pensé qu'avec elle elle emportait tout ce qui lui restait de jeunesse, de passion ; et comment, deux jours après, il avait reconnu qu'il s'était trompé, en sentant les poudres de son cœur, inondées par tant de sanglots et de larmes, se réchauffer, s'allumer et faire explosion sous le premier regard de jeunesse et de passion que lui avait lancé la première femme qu'il avait rencontrée. Il lui raconta cet envahissement subit et impérieux que l'oubli avait fait en lui, sans même qu'il eût appelé au secours de sa douleur, et comment cette douleur était morte, ensevelie dans cet oubli.
— Est-ce point un miracle que tout cela? disait-il au poëte, qui, sachant par cœur et par expérience tous les douloureux chapitres des amours brisés, lui répondit :
— Eh! non, mon ami, il n'y a point de miracle plus pour vous que pour les autres. Ce qui vous arrive m'est arrivé. Les femmes que nous aimons, lorsqu'elles deviennent nos maîtresses, cessent pour nous d'être ce qu'elles sont réellement. Nous ne les voyons pas seulement avec les yeux de l'amant, nous les voyons aussi avec les yeux du poëte. Comme un peintre jette

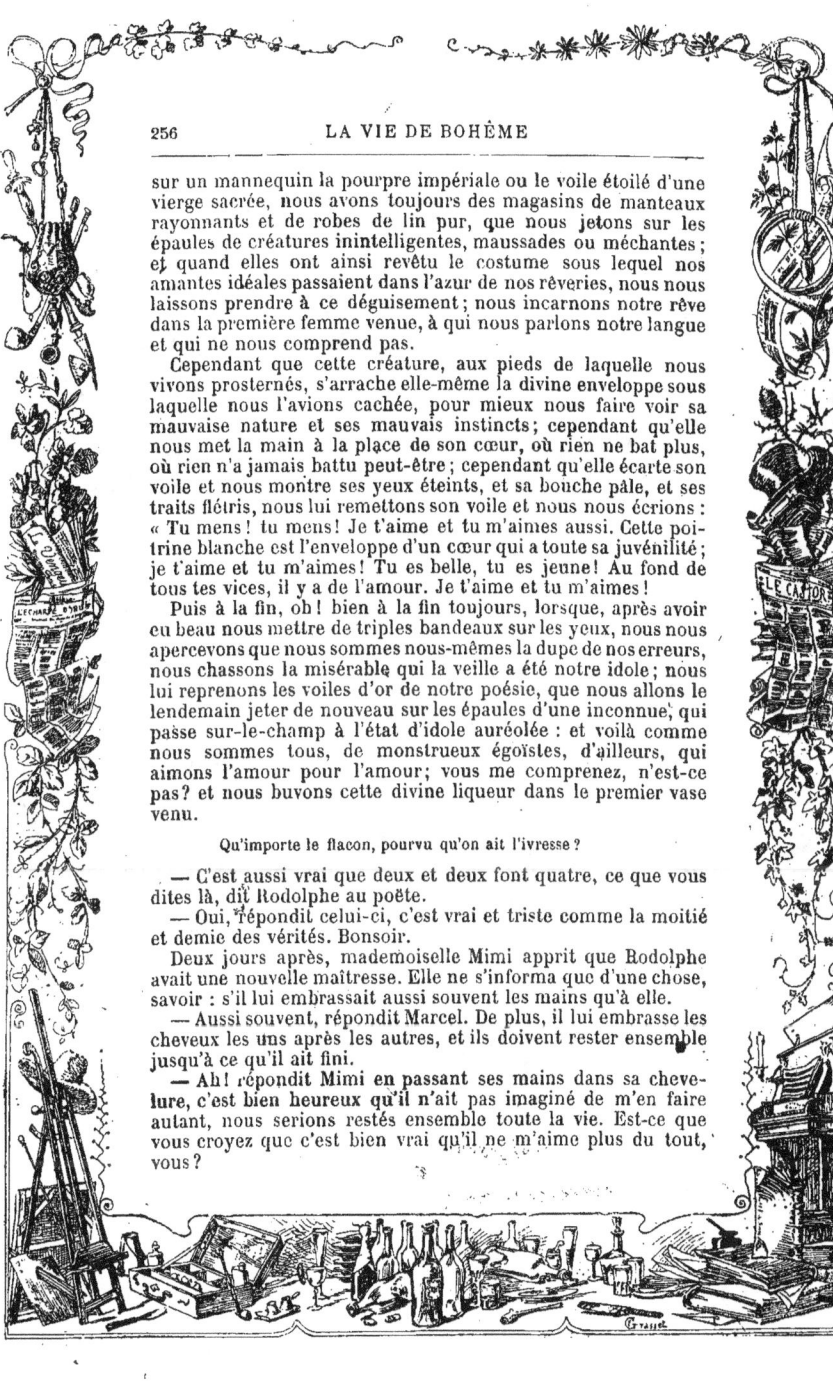

sur un mannequin la pourpre impériale ou le voile étoilé d'une vierge sacrée, nous avons toujours des magasins de manteaux rayonnants et de robes de lin pur, que nous jetons sur les épaules de créatures inintelligentes, maussades ou méchantes; et quand elles ont ainsi revêtu le costume sous lequel nos amantes idéales passaient dans l'azur de nos rêveries, nous nous laissons prendre à ce déguisement; nous incarnons notre rêve dans la première femme venue, à qui nous parlons notre langue et qui ne nous comprend pas.

Cependant que cette créature, aux pieds de laquelle nous vivons prosternés, s'arrache elle-même la divine enveloppe sous laquelle nous l'avions cachée, pour mieux nous faire voir sa mauvaise nature et ses mauvais instincts; cependant qu'elle nous met la main à la place de son cœur, où rien ne bat plus, où rien n'a jamais battu peut-être; cependant qu'elle écarte son voile et nous montre ses yeux éteints, et sa bouche pâle, et ses traits flétris, nous lui remettons son voile et nous nous écrions : « Tu mens! tu mens! Je t'aime et tu m'aimes aussi. Cette poitrine blanche est l'enveloppe d'un cœur qui a toute sa juvénilité ; je t'aime et tu m'aimes! Tu es belle, tu es jeune! Au fond de tous tes vices, il y a de l'amour. Je t'aime et tu m'aimes!

Puis à la fin, oh! bien à la fin toujours, lorsque, après avoir eu beau nous mettre de triples bandeaux sur les yeux, nous nous apercevons que nous sommes nous-mêmes la dupe de nos erreurs, nous chassons la misérable qui la veille a été notre idole; nous lui reprenons les voiles d'or de notre poésie, que nous allons le lendemain jeter de nouveau sur les épaules d'une inconnue, qui passe sur-le-champ à l'état d'idole auréolée : et voilà comme nous sommes tous, de monstrueux égoïstes, d'ailleurs, qui aimons l'amour pour l'amour; vous me comprenez, n'est-ce pas? et nous buvons cette divine liqueur dans le premier vase venu.

Qu'importe le flacon, pourvu qu'on ait l'ivresse?

— C'est aussi vrai que deux et deux font quatre, ce que vous dites là, dit Rodolphe au poëte.

— Oui, répondit celui-ci, c'est vrai et triste comme la moitié et demie des vérités. Bonsoir.

Deux jours après, mademoiselle Mimi apprit que Rodolphe avait une nouvelle maîtresse. Elle ne s'informa que d'une chose, savoir : s'il lui embrassait aussi souvent les mains qu'à elle.

— Aussi souvent, répondit Marcel. De plus, il lui embrasse les cheveux les uns après les autres, et ils doivent rester ensemble jusqu'à ce qu'il ait fini.

— Ah! répondit Mimi en passant ses mains dans sa chevelure, c'est bien heureux qu'il n'ait pas imaginé de m'en faire autant, nous serions restés ensemble toute la vie. Est-ce que vous croyez que c'est bien vrai qu'il ne m'aime plus du tout, vous?

— Peuh!... Et vous, l'aimez-vous encore?
— Moi, je ne l'ai jamais aimé de ma vie.
— Si, Mimi, si, vous l'avez aimé, à ces heures où le cœur des femmes change de place. Vous l'avez aimé, et ne vous en défendez pas, car c'est votre justification.
— Ah! bah! dit Mimi, voilà qu'il en aime une autre, maintenant.
— C'est vrai, fit Marcel. mais *n'empêche*. Plus tard, votre souvenir sera pour lui pareil à ces fleurs qu'on place encore toutes fraîches et toutes parfumées entre les feuillets d'un livre et que, bien longtemps après, on retrouve mortes, décolorées et flétries, mais ayant conservé toujours comme un vague parfum de leur fraîcheur première.

Un soir qu'elle fredonnait à voix basse autour de lui, M. le vicomte Paul dit à Mimi :
— Que chantez-vous là, ma chère?
— L'oraison funèbre de nos amours que mon amant Rodolphe a composée dernièrement. Et elle se mit à chanter.

> Je n'ai plus le sou, ma chère, et le Code,
> Dans un cas pareil, ordonne l'oubli ;
> Et sans pleurs, ainsi qu'une ancienne mode,
> Tu vas m'oublier, n'est-ce pas, Mimi ?
>
> C'est égal, vois-tu, nous aurons, ma chère,
> Sans compter les nuits, passé d'heureux jours.
> Ils n'ont pas duré longtemps ; mais qu'y faire ?
> Ce sont les plus beaux qui sont les plus courts.

XXI

ROMÉO ET JULIETTE.

Mis comme une gravure de son journal *l'Écharpe d'Iris*, ganté, verni, rasé, frisé, la moustache en crocs, le stick en main, le monocle à l'œil, épanoui, rajeuni, tout à fait joli : tel on eût pu voir, un soir du mois de novembre, notre ami le poëte Rodolphe, qui, arrêté sur le boulevard, attendait une voiture pour se faire reconduire chez lui.

Rodolphe attendant une voiture ? Quel cataclysme était donc tout à coup survenu dans sa vie privée?

A cette même heure où le poëte, transformé, tortillait sa moustache, mâchait entre ses dents une énorme régalia, et charmait le regard des belles, un sien ami passait aussi sur le même boulevard. C'était le philosophe Gustave Colline. Rodolphe l'aperçut venir et le reconnut bien vite ; et de ceux qui l'auraient vu une seule fois, qui donc aurait pu ne pas le reconnaître?

Colline était chargé, comme toujours, d'une douzaine de bouquins. Vêtu de cet immortel paletot noisette dont la solidité fait croire qu'il a été construit par les Romains, et coiffé de ce fameux chapeau à grands rebords, dôme en castor sous lequel s'agitait l'essaim des rêves hyperphysiques, et qui a été surnommé l'armet de Mambrin de la philosophie moderne, Gustave Colline marchait à pas lent, et ruminait tout bas la préface d'un ouvrage qui était depuis trois mois sous presse... dans son imagination. Comme il s'avançait vers l'endroit où Rodolphe était arrêté, Colline crut un instant le reconnaître ; mais la suprême élégance étalée par le poëte jeta le philosophe dans le doute et l'incertitude.

— Rodolphe ganté, avec une canne, chimère ! utopie ! quelle aberration ! Rodolphe frisé ! lui qui a moins de cheveux que l'Occasion. Où donc avais-je la tête ? D'ailleurs, à l'heure qu'il est, mon malheureux ami est en train de se lamenter, et compose des vers mélancoliques sur le départ de la jeune mademoiselle Mimi, qui l'a planté là, ai-je oui dire. Ma foi, je la regrette, moi, cette jeunesse ; elle apportait une grande distinction dans la manière de préparer le café, qui est le breuvage des esprits sérieux. Mais j'aime à croire que Rodolphe se consolera, et qu'il prendra bientôt une nouvelle *cafetière*.

Et Colline était si enchanté de son déplorable jeu de mots, qu'il se serait volontiers crié *bis*... si la voix grave de la philosophie ne s'était intérieurement réveillée en lui, et n'avait mis un énergique holà à cette débauche d'esprit.

Cependant, comme il était arrêté près de Rodolphe, Colline fut bien forcé de se rendre à l'évidence ; c'était bien Rodolphe, frisé, ganté, avec une canne ; c'était impossible, mais c'était vrai.

— Eh ! eh ! parbleu, dit Colline, je ne me trompe pas, c'est bien toi, j'en suis sûr.

— Et moi aussi, répondit Rodolphe.

Et Colline se mit à considérer son ami, en donnant à son visage l'expression employée par M. Lebrun, peintre du roi, pour exprimer la surprise. Mais tout à coup il aperçut deux objets bizarres dont Rodolphe était chargé : 1° une échelle de corde ; 2° une cage dans laquelle voltigeait un oiseau quelconque. A cette vue, la physionomie de Gustave Colline exprima un sentiment que M. Lebrun, peintre du roi, a oublié dans son tableau des passions.

— Allons, dit Rodolphe à son ami, je vois distinctement la curiosité de ton esprit qui se met à la fenêtre de tes yeux ; je vais te satisfaire ; seulement, quittons la voie publique, il fait un froid qui gèlerait tes interrogations et mes réponses.

Et tous deux entrèrent dans un café.

Les yeux de Colline ne quittaient point l'échelle de corde, non plus que la cage où le petit oiseau, réchauffé par l'atmosphère du café, se mit à chanter dans une langue inconnue à Colline, qui était cependant polyglotte.

— Enfin, dit le philosophe en montrant l'échelle, qu'est-ce que c'est que ça?
— C'est un trait d'union entre ma bonne amie et moi, répondit Rodolphe avec un accent de mandoline.
— Et ça? dit Colline en indiquant l'oiseau.
— Ça, fit le poëte, dont la voix devenait douce comme le chant de la brise, c'est une horloge.
— Parle-moi donc sans paraboles, en vile prose, mais correctement.
— Soit. As-tu lu Shakspeare?
— Si je l'ai lu! *To be or not be*. C'était un grand philosophe... Oui, je l'ai lu.
— Te souviens-tu de *Roméo et de Juliette?*
— Si je m'en souviens! dit Colline.
Et il se mit à réciter:

>Non, ce n'est pas le jour, ce n'est pas l'allouette
>Dont les champs ont frappé ton oreille inquiète;
>Non, c'est le rossignol...

Parbleu! oui, je m'en souviens. Mais après?
— Comment! dit Rodolphe en montrant l'échelle et l'oiseau, tu ne comprends pas? Voilà le poëme : Je suis amoureux, mon cher, amoureux d'une femme qui s'appelle Juliette.
— Eh bien après? continua Colline impatienté.
— Voilà : ma nouvelle idole s'appelait Juliette, j'ai conçu un plan, c'est de refaire avec elle le drame de Shakspeare. D'abord, je ne m'appelle plus Rodolphe, je me nomme *Roméo Montaigu*, et tu m'obligeras de ne pas m'appeler autrement. Au surplus, pour que tout le monde le sache, j'ai fait graver de nouvelles cartes de visite. Mais ce n'est pas tout, je vais profiter de ce que nous ne sommes pas dans le carnaval pour m'habiller en pourpoint de velours et porter une épée.
— Pour tuer Tybald? dit Colline.
— Absolument, continua Rodolphe. Enfin, cette échelle que tu vois doit me servir pour entrer chez ma maîtresse, qui se trouve précisément posséder un balcon.
— Mais l'oiseau, l'oiseau? dit l'obstiné Colline.
— Eh! parbleu, cet oiseau, qui est un pigeon, doit jouer le rôle du rossignol, et indiquer, chaque matin, le moment précis où, prêt à quitter ses bras adorés, ma maîtresse m'embrassera par le cou et me dira de sa voix douce, absolument comme dans la scène du balcon : Non, ce n'est pas le jour, ce n'est pas l'allouette... c'est-à-dire non, il n'est pas encore onze heures, il y a de la boue dans la rue, ne t'en va pas, nous sommes si bien ici. Afin de compléter l'imitation, je tâcherai de me procurer une nourrice, pour la mettre aux ordres de ma bien-aimée; et j'espère que l'almanach sera assez bon pour m'octroyer de temps en temps un petit clair de lune, alors que j'escaladerai le balcon de ma Juliette. Que dis-tu de mon projet, philosophe?

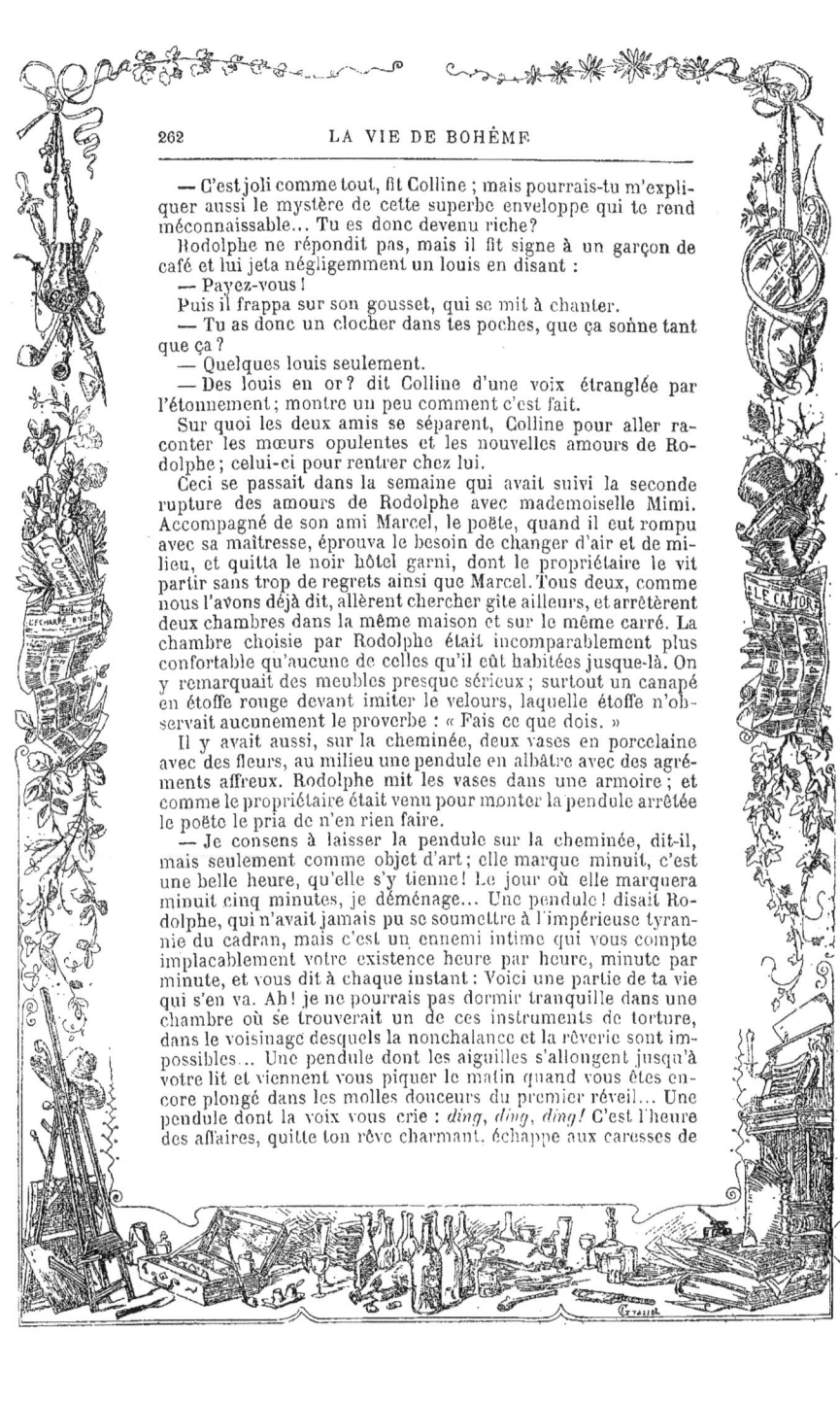

— C'est joli comme tout, fit Colline ; mais pourrais-tu m'expliquer aussi le mystère de cette superbe enveloppe qui te rend méconnaissable... Tu es donc devenu riche?

Rodolphe ne répondit pas, mais il fit signe à un garçon de café et lui jeta négligemment un louis en disant :

— Payez-vous !

Puis il frappa sur son gousset, qui se mit à chanter.

— Tu as donc un clocher dans tes poches, que ça sonne tant que ça ?

— Quelques louis seulement.

— Des louis en or? dit Colline d'une voix étranglée par l'étonnement ; montre un peu comment c'est fait.

Sur quoi les deux amis se séparent, Colline pour aller raconter les mœurs opulentes et les nouvelles amours de Rodolphe ; celui-ci pour rentrer chez lui.

Ceci se passait dans la semaine qui avait suivi la seconde rupture des amours de Rodolphe avec mademoiselle Mimi. Accompagné de son ami Marcel, le poëte, quand il eut rompu avec sa maîtresse, éprouva le besoin de changer d'air et de milieu, et quitta le noir hôtel garni, dont le propriétaire le vit partir sans trop de regrets ainsi que Marcel. Tous deux, comme nous l'avons déjà dit, allèrent chercher gîte ailleurs, et arrêtèrent deux chambres dans la même maison et sur le même carré. La chambre choisie par Rodolphe était incomparablement plus confortable qu'aucune de celles qu'il eût habitées jusque-là. On y remarquait des meubles presque sérieux ; surtout un canapé en étoffe rouge devant imiter le velours, laquelle étoffe n'observait aucunement le proverbe : « Fais ce que dois. »

Il y avait aussi, sur la cheminée, deux vases en porcelaine avec des fleurs, au milieu une pendule en albâtre avec des agréments affreux. Rodolphe mit les vases dans une armoire ; et comme le propriétaire était venu pour monter la pendule arrêtée le poëte le pria de n'en rien faire.

— Je consens à laisser la pendule sur la cheminée, dit-il, mais seulement comme objet d'art ; elle marque minuit, c'est une belle heure, qu'elle s'y tienne ! Le jour où elle marquera minuit cinq minutes, je déménage... Une pendule ! disait Rodolphe, qui n'avait jamais pu se soumettre à l'impérieuse tyrannie du cadran, mais c'est un ennemi intime qui vous compte implacablement votre existence heure par heure, minute par minute, et vous dit à chaque instant : Voici une partie de ta vie qui s'en va. Ah! je ne pourrais pas dormir tranquille dans une chambre où se trouverait un de ces instruments de torture, dans le voisinage desquels la nonchalance et la rêverie sont impossibles... Une pendule dont les aiguilles s'allongent jusqu'à votre lit et viennent vous piquer le matin quand vous êtes encore plongé dans les molles douceurs du premier réveil... Une pendule dont la voix vous crie : *ding, ding, ding!* C'est l'heure des affaires, quitte ton rêve charmant, échappe aux caresses de tes visions (et quelquefois à celle des réalités). Mets ton chapeau, tes bottes, il fait froid, il pleut, va-t'en à tes affaires, c'est l'heure, *ding, ding*... C'est déjà bien assez d'avoir l'almanach... Que ma pendule reste donc paralysée, sinon...

Et tout en monologuant ainsi, il examinait sa nouvelle demeure et se sentait agité par cette secrète inquiétude qu'on éprouve presque toujours en entrant dans un nouveau logement.

— Je l'ai remarqué, pensait-il, les lieux que nous habitons exercent une influence mystérieuse sur nos pensées, et par conséquent sur nos actions. Cette chambre est froide et silencieuse comme un tombeau. Si jamais la gaieté chante ici, c'est qu'on l'amènera du dehors ; et encore elle n'y restera pas longtemps, car les éclats de rire mourraient sans échos sous ce plafond bas, froid et blanc comme un ciel de neige. Hélas ! quelle sera ma vie entre ces quatre murs ?

Cependant, peu de jours après, cette chambre si triste était pleine de clartés et résonnait de joyeuses clameurs ; on y pendait la crémaillère, et de nombreux flacons expliquaient l'humeur gaie des convives. Rodolphe lui-même s'est laissé gagner par la bonne humeur contagieuse de ses convives. Isolé dans un coin avec une jeune femme venue là par hasard et dont il s'était emparé, le poëte madrigalisait avec elle de la parole et des mains. Vers la fin de la *fête*, il avait obtenu un rendez-vous pour le lendemain.

— Allons, se dit-il lorsqu'il fut seul, la soirée n'a pas été trop mauvaise, et ce n'est pas mal inaugurer mon séjour ici.

Le lendemain, à l'heure convenue, arriva mademoiselle Juliette. La soirée se passa seulement en explications. Juliette avait appris la récente rupture de Rodolphe avec cette fille aux yeux bleus qu'il avait tant aimée ; elle savait qu'après l'avoir quittée déjà une fois, Rodolphe l'avait reprise, et elle craignait d'être la victime d'un nouveau *revenez-y* de l'amour.

— C'est que, voyez-vous, ajouta-t-elle avec un joli geste de mutinerie, je n'ai point du tout envie de jouer un rôle ridicule. Je vous préviens que je suis très-méchante ; une fois *maîtresse* ici, et elle souligna par un regard l'intention qu'elle donnait au mot, j'y reste et ne cède point ma place.

Rodolphe appela toute son éloquence à la rescousse pour la convaincre que ses craintes n'étaient point fondées, et la jeune femme ayant de son côté bon désir d'être convaincue, ils finirent par s'entendre. Seulement, ils ne s'entendirent plus quand sonna minuit ; car Rodolphe voulait que Juliette restât, et celle-ci prétendit s'en aller.

— Non, lui dit-elle comme il insistait. Pourquoi tant se presser ? nous arriverons bien toujours où nous devons arriver, à moins que vous ne vous arrêtiez en route ; je reviendrai demain.

Et elle revint ainsi tous les soirs pendant une semaine, pour s'en retourner de même quand sonnait minuit.

Ces lenteurs n'ennuyaient point trop Rodolphe. En amour ou même en caprice, il était de cette école de voyageurs qui n'ont jamais grand'hâte d'arriver, et qui, à la route droite menant au but directement, préfèrent les sentiers perdus qui allongent le voyage et le rendent pittoresque. Cette petite préface sentimentale eut pour résultat d'entraîner d'abord Rodolphe plus loin qu'il ne voulait aller. Et c'était sans doute pour l'amener à ce point où le caprice, mûri par la résistance qu'on lui oppose, commence à ressembler à de l'amour, que mademoiselle Juliette avait employé ce stratagème.

A chaque nouvelle visite qu'elle faisait à Rodolphe, Juliette remarquait un ton de sincérité plus prononcé dans ce qu'il lui disait. Il éprouvait, lorsqu'elle était un peu en retard, de ces impatiences symptomatiques qui enchantaient la jeune fille ; et il lui écrivait même des lettres dont le langage avait de quoi lui faire espérer qu'elle deviendrait prochainement sa *maîtresse légitime*.

Comme Marcel, qui était son confident, avait une fois surpris une des épîtres de Rodolphe, il lui dit en riant :

— Est-ce du style, ou bien penses-tu réellement ce que tu dis là.

— Vraiment oui, je le pense, répondit Rodolphe, et j'en suis bien un peu étonné ; mais cela est ainsi. J'étais, il y a huit jours, dans une situation d'esprit très-triste. Cette solitude et ce silence, qui avaient succédé si brutalement aux tempêtes de mon ancien ménage, m'épouvantaient horriblement, mais Juliette est arrivée presque subitement. J'ai entendu résonner à mon oreille les fanfares d'une gaieté de vingt ans. J'ai eu devant moi un frais visage, des yeux pleins de sourire, une bouche pleine de baisers, et je me suis tout doucement laissé entraîner à suivre cette pente du caprice qui m'aura peut-être amené à l'amour. J'aime à aimer.

Cependant Rodolphe ne tarda pas à s'apercevoir qu'il ne tenait plus guère qu'à lui d'amener une conclusion à ce petit roman ; et c'est alors qu'il avait imaginé de copier dans Shakspeare la mise en scène des amours de *Roméo et Juliette*. Sa future maîtresse avait trouvé l'idée amusante et consentit à se mettre de moitié dans la plaisanterie.

C'était le soir même où ce rendez-vous était fixé que Rodolphe rencontra le philosophe Colline, comme il venait d'acheter cette échelle de soie en corde qui devait lui servir à escalader le balcon de Juliette. Le marchand d'oiseaux auquel il s'était adressé n'ayant point de rossignol, Rodolphe y substitua un pigeon, qui, lui assure-t-on, chantait tous les matins, au lever de l'aube.

Rentré chez lui, le poëte fit cette réflexion qu'une ascension sur une échelle de corde n'était point chose facile, et qu'il était

LA VIE DE BOHÊME

Il ne suffit point de mettre un paletot d'été dans le mois de décembre pour avoir du talent.

bon de faire une petite répétition de la scène du balcon, s'il ne voulait pas, outre les chances d'une chute, courir le risque de se montrer ridicule et maladroit aux yeux de celle qui allait l'attendre. Ayant attaché son échelle à deux clous, solidement enfoncés dans le plafond, Rodolphe employa les deux heures qui lui restaient à faire de la gymnastique ; et, après un nombre infini de tentatives, il parvint tant bien que mal à pouvoir franchir une dizaine d'échelons.

— Allons, c'est bien, se dit-il, je suis maintenant sûr de mon affaire, et d'ailleurs, si je restais en chemin *l'amour me donnerait des ailes.*

Et, chargé de son échelle et de sa cage à pigeon, il se rendit chez Juliette qui habitait son voisinage. Sa chambre était située au fond d'un petit jardin et possédait bien, en effet, une espèce de balcon. Mais cette chambre était au rez-de-chaussée, et ce balcon pouvait s'enjamber le plus facilement du monde.

Aussi Rodolphe fut-il tout atterré lorsqu'il s'aperçut de cette disposition locale qui mettait à néant son poétique projet d'escalade.

— C'est égal, dit-il à Juliette, nous pourrons toujours exécuter l'épisode du balcon. Voilà un oiseau qui nous éveillera demain par sa voix mélodieuse, et nous avertira du moment précis où nous devrons nous séparer l'un de l'autre avec désespoir. Et Rodolphe accrocha la cage dans un angle de la chambre.

Le lendemain, à cinq heures du matin, le pigeon fut parfaitement exact, et remplit la chambre d'un roucoulement prolongé qui aurait réveillé les deux amants s'ils avaient dormi.

— Eh bien, dit Juliette, voilà le moment d'aller sur le balcon et de nous faire des adieux désespérés ; qu'en penses-tu ?

— Le pigeon *avance*, dit Rodolphe ; nous sommes en novembre, le soleil ne se lève qu'à midi.

— C'est égal, dit Juliette, je me lève, moi.

— Tiens ! pourquoi faire ?

— J'ai l'estomac creux, et je ne te cacherai pas que je mangerais bien un peu.

— C'est extraordinaire l'accord qui règne dans nos sympathies, j'ai également une faim atroce, dit Rodolphe en se levant aussi et en s'habillant en toute hâte.

Juliette avait déjà allumé du feu, et cherchait dans son buffet si elle ne trouverait rien ; Rodolphe l'aidait dans ses recherches.

— Tiens, dit-il, des oignons !
— Et du lard, dit Juliette.
— Et du beurre.
— Et du pain.
— Hélas ! c'est tout !

Pendant ces recherches, le pigeon optimiste et insoucieux chantait sur son perchoir.

Roméo regarda Juliette, Juliette regarda Roméo ; tous deux regardèrent le pigeon.

Ils ne s'en dirent pas davantage. Le sort du pigeon-pendule était fixé; il en aurait appelé en cassation que ç'eût été peine perdue, la faim est une si cruelle conseillère.

Rodolphe avait allumé du charbon, et faisait revenir du lard dans le beurre frémissant; il avait l'air grave et solennel.

Juliette épluchait des oignons dans une attitude mélancolique.

Le pigeon chantait toujours, c'était sa *Romance du saule*.

A ces lamentations se joignit la chanson du beurre dans la casserole.

Cinq minutes après, le beurre chantait encore; mais, pareil aux *templiers*, le pigeon ne chantait plus.

Roméo et Juliette avaient accommodé leur pendule à la crapaudine.

— Il avait une jolie voix, disait Juliette en se mettant à table.

— Il était bien tendre, fit Roméo en découpant son *réveille-matin* parfaitement rissolé.

Et les deux amants se regardèrent et se surprirent ayant chacun une larme dans les yeux.

... Hypocrites, c'étaient les oignons qui les faisaient pleurer!

XXII

ÉPILOGUE DES AMOURS DE RODOLPHE ET DE MADEMOISELLE MIMI

I

Pendant les premiers jours de sa rupture définitive avec mademoiselle Mimi, qui l'avait quittée, comme on se rappelle, pour monter dans les carrosses du vicomte Paul, le poëte Rodolphe avait cherché à s'étourdir en prenant une autre maîtresse.

Celle-là même qui était blonde, et pour laquelle nous l'avons vu s'habiller en Roméo dans un jour de folie et de paradoxe. Mais cette liaison, qui n'était chez lui qu'une affaire de dépit et chez l'autre qu'une affaire de caprice, ne pouvait pas avoir une longue durée. Cette jeune fille n'était, après tout, qu'une folle personne, vocalisant dans la perfection le solfége de la rouerie; spirituelle assez pour remarquer l'esprit des autres et s'en servir à l'occasion, et n'ayant de cœur que pour y avoir mal, quand elle avait trop mangé. Avec tout cela, un amour effréné et une coquetterie féroce qui l'eût poussée à préférer une jambe cassée à son amant plutôt qu'un volant de moins à sa robe ou un ruban fané à son chapeau. Beauté contestable, créature ordinaire, dotée nativement de tous les mauvais instincts, et cependant séductrice par certains côtés et à certaines heures. Elle ne tarda pas à s'apercevoir que Rodolphe l'avait prise uniquement pour l'aider à lui faire oublier l'absente, qu'elle lui faisait regretter au contraire, car jamais son ancienne amie n'avait été si bruyante et si vivante dans son cœur.

Un jour, Juliette, la nouvelle maîtresse de Rodolphe, causait de son amant le poëte avec un élève en médecine qui lui faisait la cour; l'étudiant lui répondit:

— Ma chère enfant, ce garçon-là se sert de vous comme on se sert du nitrate pour cautériser les plaies, il veut se cautériser le cœur: aussi vous avez bien tort de vous faire du mauvais sang et de lui être fidèle.

— Ah, ah! s'écria la jeune fille en éclatant de rire, est-ce que vous croyez bonnement que je me gêne? Et le soir même elle donna à l'étudiant la preuve du contraire.

Grâce à l'indiscrétion d'un de ces amis officieux qui ne sauraient garder inédite la nouvelle susceptible de vous causer un chagrin, Rodolphe eut vent de l'affaire et s'en fit un prétexte pour rompre avec sa maîtresse par intérim.

Il s'enferma alors dans une solitude absolue, où toutes les chauves-souris de l'ennui ne tardèrent pas à venir faire leur nid, et il appela le travail à son secours, mais ce fut en vain. Chaque soir, après avoir sué autant de gouttes d'eau qu'il avait usé de gouttes d'encre, il écrivait une vingtaine de lignes dans lesquelles une vieille idée plus fatiguée que le Juif errant, et mal vêtue de haillons empruntés aux friperies littéraires, dansait lourdement sur la corde roide du paradoxe. En relisant ces lignes, Rodolphe demeurait consterné comme un homme qui voit pousser des orties dans la plate-bande où il a cru semer des roses. Il déchirait alors la page où il venait d'égrener ces chapelets de niaiseries, et la foulait aux pieds avec rage.

— Allons, disait-il en se frappant la poitrine à l'endroit du cœur, la corde est cassée, résignons-nous. Et comme depuis longtemps une semblable déception succédait à toutes ses tentatives de travail, il fut pris d'une de ces langueurs découragées qui font trébucher les orgueils les plus robustes et abrutissent les intelligences les plus lucides. Rien n'est plus terrible, en effet, que ces luttes solitaires qui s'engagent quelquefois entre l'artiste obstiné et l'art rebelle, rien n'est plus émouvant que ces emportements alternés d'invocations tour à tour suppliantes et impératives adressées à la Muse dédaigneuse ou fugitive.

Les plus violentes angoisses humaines, les plus profondes blessures faites au vif du cœur ne causent pas une souffrance qui approche de celle qu'on éprouve dans ces heures d'impatience et de doute si fréquentes pour tous ceux qui se livrent au périlleux métier de l'imagination.

A ces violentes crises succédaient de pénibles abattements; Rodolphe restait alors pendant des heures entières comme pétrifié dans une immobilité hébétée. Les coudes appuyés sur sa table, les yeux fixement arrêtés sur l'espace lumineux que le

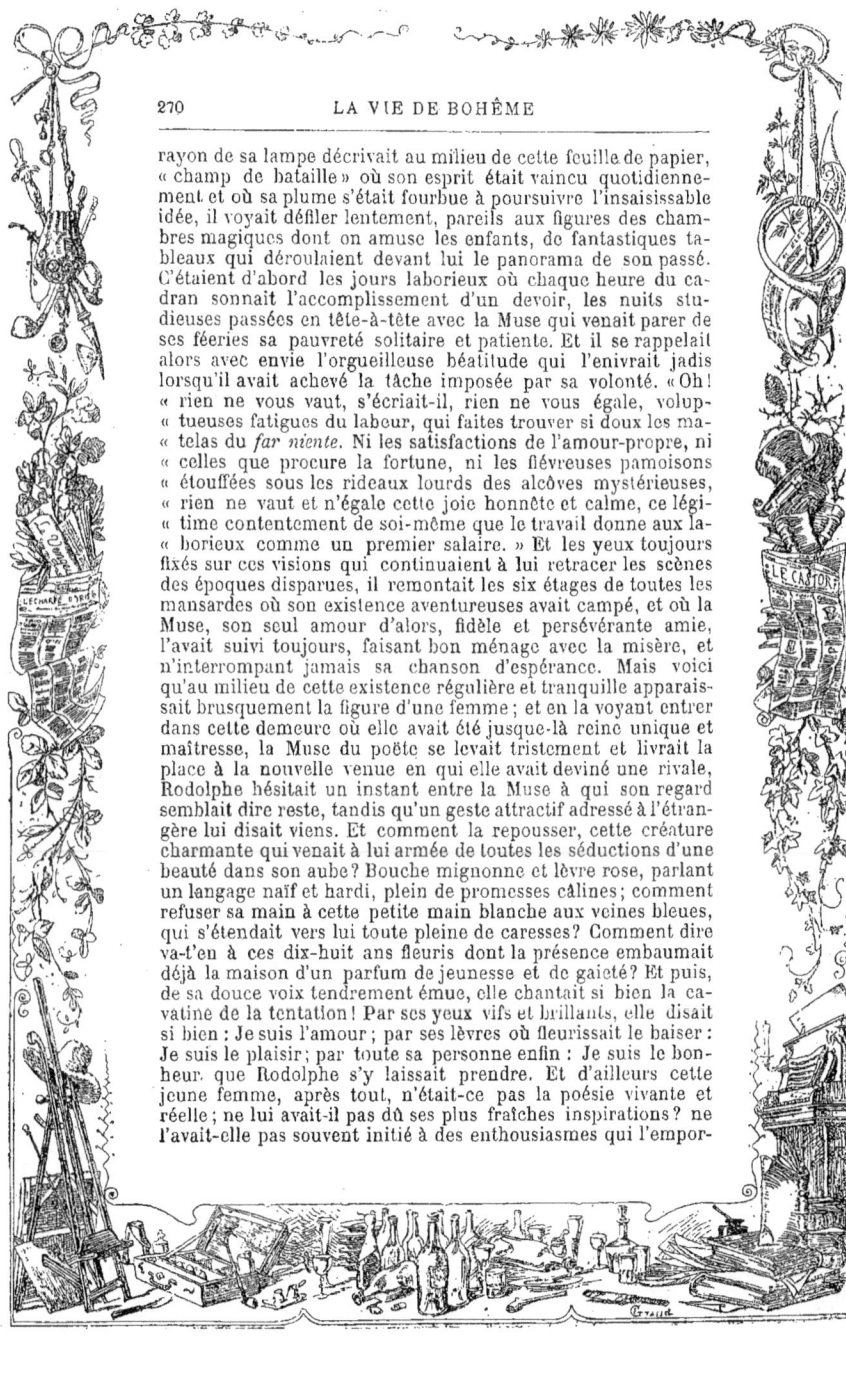

rayon de sa lampe décrivait au milieu de cette feuille de papier, « champ de bataille » où son esprit était vaincu quotidiennement et où sa plume s'était fourbue à poursuivre l'insaisissable idée, il voyait défiler lentement, pareils aux figures des chambres magiques dont on amuse les enfants, de fantastiques tableaux qui déroulaient devant lui le panorama de son passé. C'étaient d'abord les jours laborieux où chaque heure du cadran sonnait l'accomplissement d'un devoir, les nuits studieuses passées en tête-à-tête avec la Muse qui venait parer de ses féeries sa pauvreté solitaire et patiente. Et il se rappelait alors avec envie l'orgueilleuse béatitude qui l'enivrait jadis lorsqu'il avait achevé la tâche imposée par sa volonté. « Oh!
« rien ne vous vaut, s'écriait-il, rien ne vous égale, volup-
« tueuses fatigues du labeur, qui faites trouver si doux les ma-
« telas du *far niente*. Ni les satisfactions de l'amour-propre, ni
« celles que procure la fortune, ni les fiévreuses pamoisons
« étouffées sous les rideaux lourds des alcôves mystérieuses,
« rien ne vaut et n'égale cette joie honnête et calme, ce légi-
« time contentement de soi-même que le travail donne aux la-
« borieux comme un premier salaire. » Et les yeux toujours
fixés sur ces visions qui continuaient à lui retracer les scènes des époques disparues, il remontait les six étages de toutes les mansardes où son existence aventureuse avait campé, et où la Muse, son seul amour d'alors, fidèle et persévérante amie, l'avait suivi toujours, faisant bon ménage avec la misère, et n'interrompant jamais sa chanson d'espérance. Mais voici qu'au milieu de cette existence régulière et tranquille apparaissait brusquement la figure d'une femme ; et en la voyant entrer dans cette demeure où elle avait été jusque-là reine unique et maîtresse, la Muse du poëte se levait tristement et livrait la place à la nouvelle venue en qui elle avait deviné une rivale, Rodolphe hésitait un instant entre la Muse à qui son regard semblait dire reste, tandis qu'un geste attractif adressé à l'étrangère lui disait viens. Et comment la repousser, cette créature charmante qui venait à lui armée de toutes les séductions d'une beauté dans son aube ? Bouche mignonne et lèvre rose, parlant un langage naïf et hardi, plein de promesses câlines ; comment refuser sa main à cette petite main blanche aux veines bleues, qui s'étendait vers lui toute pleine de caresses ? Comment dire va-t'en à ces dix-huit ans fleuris dont la présence embaumait déjà la maison d'un parfum de jeunesse et de gaieté ! Et puis, de sa douce voix tendrement émue, elle chantait si bien la cavatine de la tentation ! Par ses yeux vifs et brillants, elle disait si bien : Je suis l'amour ; par ses lèvres où fleurissait le sourire : Je suis le plaisir ; par toute sa personne enfin : Je suis le bonheur, que Rodolphe s'y laissait prendre. Et d'ailleurs cette jeune femme, après tout, n'était-ce pas la poésie vivante et réelle ; ne lui avait-il pas dû ses plus fraîches inspirations ? ne l'avait-elle pas souvent initié à des enthousiasmes qui l'empor-

taient si haut dans l'éther de la rêverie, qu'il perdait de vue les choses de la terre? S'il avait beaucoup souffert à cause d'elle, cette souffrance n'était-elle point l'expiation des joies immenses qu'elle lui avait données? n'était-ce point la vengeance ordinaire de la destinée humaine, qui interdit le bonheur absolu comme une impiété? Si la loi chrétienne pardonne à ceux qui ont beaucoup aimé, c'est aussi parce qu'ils auront beaucoup souffert, et l'amour terrestre ne devient une passion divine qu'à la condition de se purifier dans les larmes. De même qu'on s'enivre à respirer l'odeur des roses fanées, de même Rodolphe s'enivrait encore en revivant par le souvenir de cette vie d'autrefois, où chaque jour amenait une élégie nouvelle, un drame terrible, une comédie grotesque. Il repassait par toutes les phases de son étrange amour pour la chère absente, depuis leur lune de miel jusqu'aux orages domestiques qui avaient déterminé leur dernière rupture; il se rappelait le répertoire de toutes les ruses de son ancienne maîtresse, il redisait tous ses *mots*. Il la voyait tourner autour de lui dans leur petit ménage, fredonnant sa chanson de *Ma mie Annette*, en accueillant avec la même gaieté insoucieuse les bons et les mauvais jours. Et en fin de compte il arrivait à se dire que la raison avait toujours eu tort en amour. En effet, qu'avait-il gagné à cette rupture? Au temps où il vivait avec Mimi, celle-ci le trompait, il était vrai; mais s'il le savait, c'était sa faute, après tout, et parce qu'il se donnait un mal infini pour l'apprendre, parce qu'il passait son temps à l'affût des preuves, et que lui-même aiguisait les poignards qu'il s'enfonçait dans le cœur. D'ailleurs, Mimi n'était-elle pas assez adroite pour lui démontrer au besoin que c'était lui qui se trompait? Et puis, avec qui lui était-elle infidèle? C'était le plus souvent avec un châle, avec un chapeau, avec des choses et non avec des hommes. Cette tranquillité, ce calme qu'il avait espérés en se séparant de sa maîtresse, les avait-il retrouvés après son départ? Hélas! non. Il n'y avait de moins qu'elle dans la maison. Autrefois sa douleur pouvait s'épancher, il pouvait s'emporter en injures, en représentations, il pouvait montrer tout ce qu'il souffrait, et exciter la pitié de celle qui causait ses souffrances. Et maintenant sa douleur était solitaire, sa jalousie était devenue la rage; car autrefois il pouvait du moins, quand il avait des soupçons, empêcher Mimi de sortir, la garder près de lui, en sa possession; et maintenant, il la rencontrait dans la rue, au bras de son amant nouveau, il fallait qu'il se détournât pour la laisser passer, heureuse sans doute, et allant au plaisir.

Cette misérable vie dura trois ou quatre mois. Peu à peu le calme lui revint. Marcel, qui avait fait un long voyage pour se distraire de Musette, revint à Paris et se logea encore avec Rodolphe. Ils se consolaient l'un par l'autre.

Un jour, un dimanche, en traversant le Luxembourg, Rodolphe rencontra Mimi, en grande toilette. Elle allait au bal.

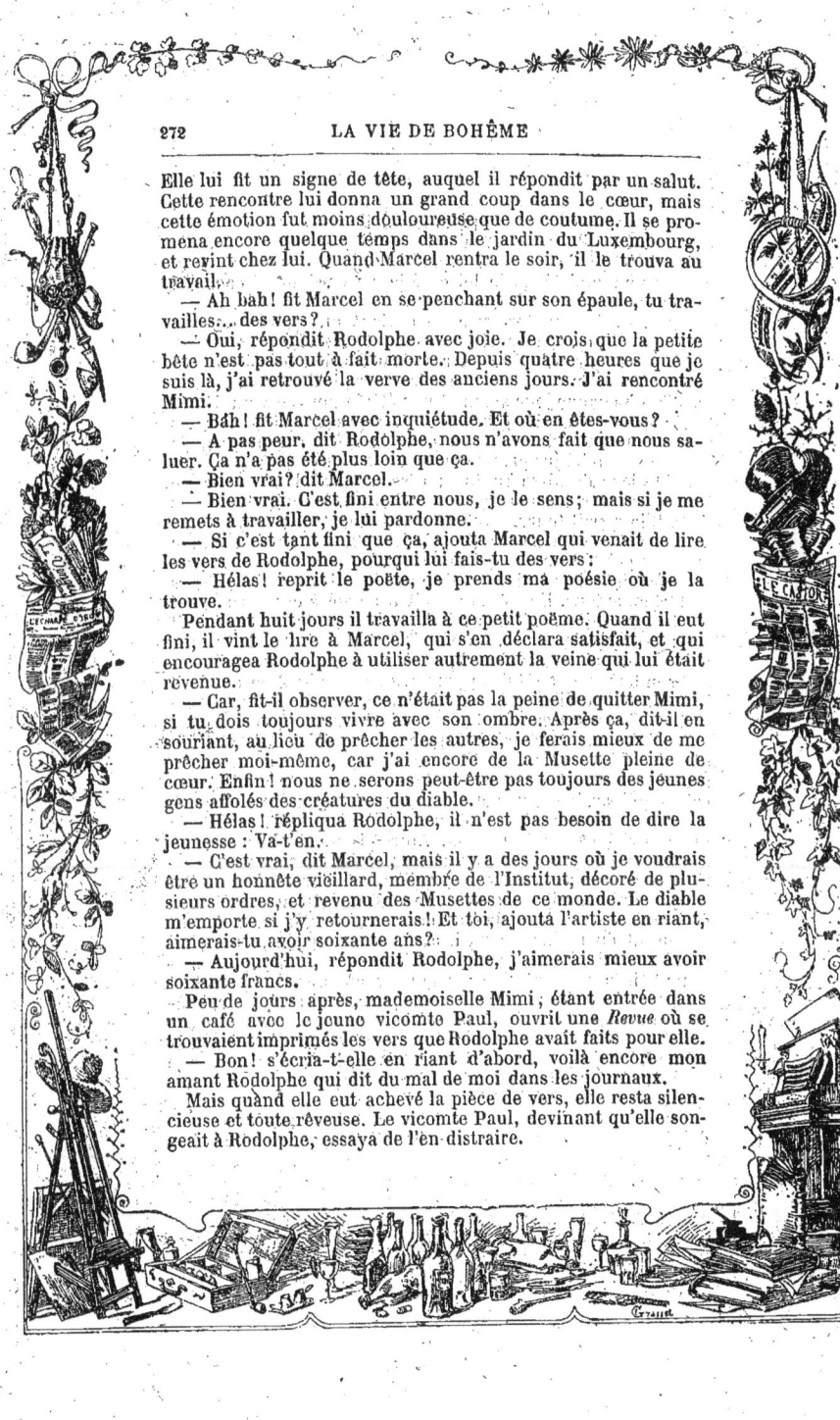

Elle lui fit un signe de tête, auquel il répondit par un salut. Cette rencontre lui donna un grand coup dans le cœur, mais cette émotion fut moins douloureuse que de coutume. Il se promena encore quelque temps dans le jardin du Luxembourg, et revint chez lui. Quand Marcel rentra le soir, il le trouva au travail.

— Ah bah! fit Marcel en se penchant sur son épaule, tu travailles... des vers?

— Oui, répondit Rodolphe avec joie. Je crois que la petite bête n'est pas tout à fait morte. Depuis quatre heures que je suis là, j'ai retrouvé la verve des anciens jours. J'ai rencontré Mimi.

— Bah! fit Marcel avec inquiétude. Et où en êtes-vous?

— A pas peur, dit Rodolphe, nous n'avons fait que nous saluer. Ça n'a pas été plus loin que ça.

— Bien vrai? dit Marcel.

— Bien vrai. C'est fini entre nous, je le sens; mais si je me remets à travailler, je lui pardonne.

— Si c'est tant fini que ça, ajouta Marcel qui venait de lire les vers de Rodolphe, pourqui lui fais-tu des vers?

— Hélas! reprit le poëte, je prends ma poésie où je la trouve.

Pendant huit jours il travailla à ce petit poëme. Quand il eut fini, il vint le lire à Marcel, qui s'en déclara satisfait, et qui encouragea Rodolphe à utiliser autrement la veine qui lui était revenue.

— Car, fit-il observer, ce n'était pas la peine de quitter Mimi, si tu dois toujours vivre avec son ombre. Après ça, dit-il en souriant, au lieu de prêcher les autres, je ferais mieux de me prêcher moi-même, car j'ai encore de la Musette plein de cœur. Enfin! nous ne serons peut-être pas toujours des jeunes gens affolés des créatures du diable.

— Hélas! répliqua Rodolphe, il n'est pas besoin de dire la jeunesse : Va-t'en.

— C'est vrai, dit Marcel, mais il y a des jours où je voudrais être un honnête vieillard, membre de l'Institut, décoré de plusieurs ordres, et revenu des Musettes de ce monde. Le diable m'emporte si j'y retournerais! Et toi, ajouta l'artiste en riant, aimerais-tu avoir soixante ans?

— Aujourd'hui, répondit Rodolphe, j'aimerais mieux avoir soixante francs.

Peu de jours après, mademoiselle Mimi, étant entrée dans un café avec le jeune vicomte Paul, ouvrit une *Revue* où se trouvaient imprimés les vers que Rodolphe avait faits pour elle.

— Bon! s'écria-t-elle en riant d'abord, voilà encore mon amant Rodolphe qui dit du mal de moi dans les journaux.

Mais quand elle eut achevé la pièce de vers, elle resta silencieuse et toute rêveuse. Le vicomte Paul, devinant qu'elle songeait à Rodolphe, essaya de l'en distraire.

LA VIE DE BOHÊME

Mon ami, j'ai une bien mauvaise nouvelle à vous apprendre : Le N° 8 est mort.

— Je t'achèterai des pendants d'oreilles, lui dit-il.
— Ah! dit Mimi, vous avez de l'argent, vous!
— Et un chapeau de paille d'Italie, continua le vicomte Paul.
— Non, dit Mimi, si vous voulez me faire plaisir, achetez-moi ça.

Et elle lui montrait la livraison où elle venait de lire la poésie de Rodolphe.

— Ah! pour cela, non, fit le vicomte piqué.
— C'est bien, répondit Mimi froidement. Je l'achèterai moi-même, avec de l'argent que je gagnerai moi-même. Au fait, j'aime mieux que ce ne soit pas avec le vôtre.

Et pendant deux jours Mimi retourna dans son ancien atelier de fleuriste, où elle gagna de quoi acheter la livraison. Elle apprit par cœur la poésie de Rodolphe; et, pour faire enrager le vicomte Paul, elle la répétait toute la journée à ses amis. Voici quels étaient ces vers :

Alors que je voulais choisir une maîtresse,
Et qu'un jour le hasard fit rencontrer nos pas,
J'ai mis entre tes mains mon cœur et ma jeunesse
Et je t'ai dit : Fais-en ce que tu voudras.

Hélas! ta volonté fut cruelle, ma chère :
Dans tes mains ma jeunesse est restée en lambeaux,
Mon cœur s'est en éclats brisé comme du verre,
Et ma chambre est le cimetière
Où sont enterrés les morceaux
De ce qui t'aima tant naguère.

Entre nous maintenant, n—i, ni, — c'est fini,
Je ne suis plus qu'un spectre et tu n'es qu'un fantôme,
Et sur notre amour mort et bien enseveli,
Nous allons, si tu veux, chanter le dernier psaume.

Pourtant ne prenons point un air écrit trop haut,
Nous pourrions tous les deux n'avoir pas la voix sûre;
Choisissons un mineur grave et sans fioriture;
Moi je ferai la basse et toi le soprano.

Mi, ré, mi, do, ré, la. — Pas cet air, ma petite!
S'il entendait cet air que tu chantais jadis,
Mon cœur, tout mort qu'il est, tressaillirait bien vite
Et ressusciterait à ce *De profundis*.

Do, mi, fa, sol, mi, do. — Celui-ci me rappelle
Une valse à deux temps qui me fit bien du mal;
Le fifre au rire aigu raillait le violoncelle
Qui pleurait sous l'archet ses notes de cristal.

Sol do, do, si, si, la. — Point cet air, je t'en prie,
Nous l'avons, l'an dernier, ensemble répété
Avec des Allemands qui chantaient leur patrie
Dans les bois de Meudon, par une nuit d'été.

Eh bien! ne chantons pas, restons-en là, ma chère;
Et pour n'y plus penser, pour n'y plus revenir,
Sur nos amours défunts, sans haine et sans colère,
Jetons en souriant un dernier souvenir.

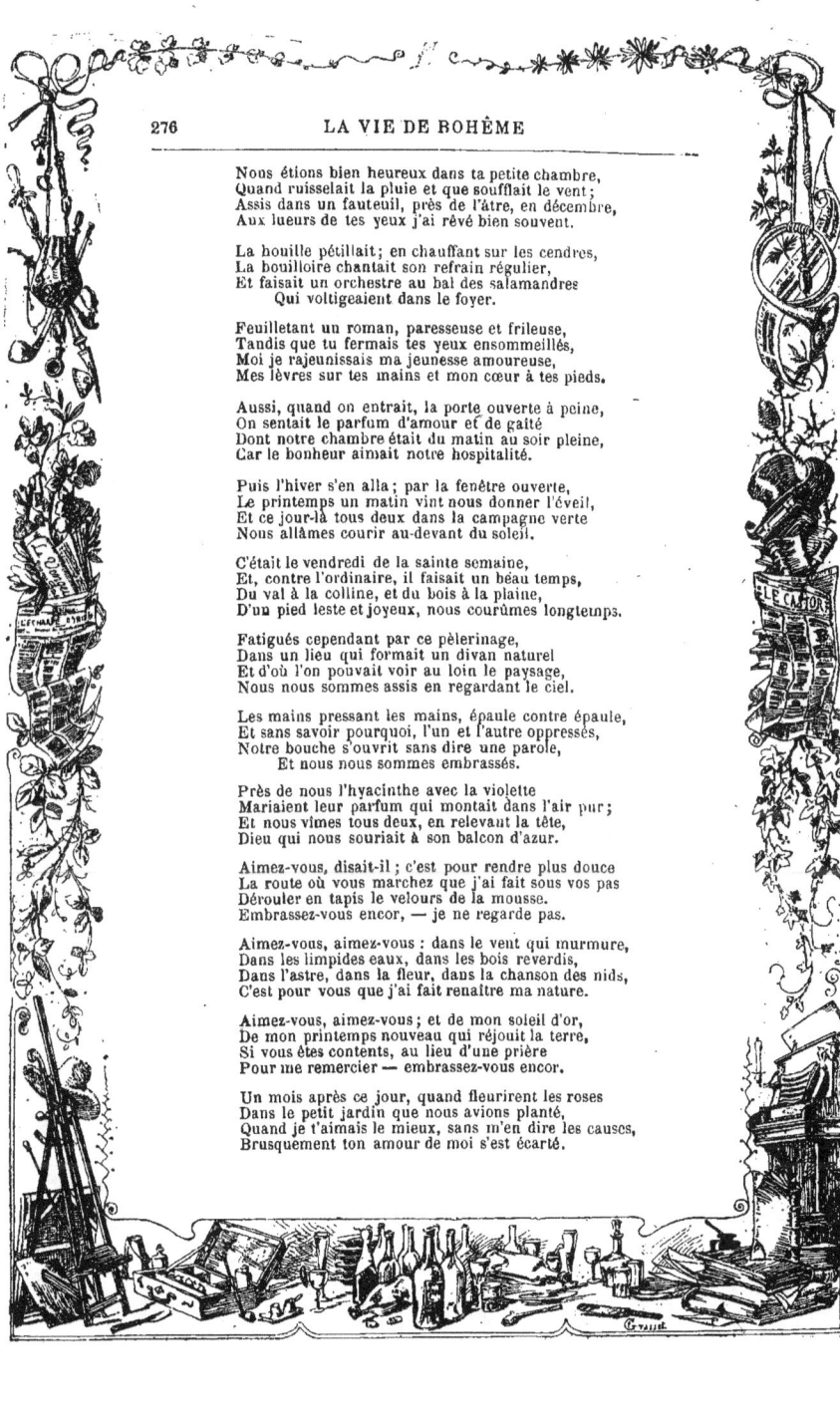

Nous étions bien heureux dans ta petite chambre,
Quand ruisselait la pluie et que soufflait le vent ;
Assis dans un fauteuil, près de l'âtre, en décembre,
Aux lueurs de tes yeux j'ai rêvé bien souvent.

La houille pétillait ; en chauffant sur les cendres,
La bouilloire chantait son refrain régulier,
Et faisait un orchestre au bal des salamandres
   Qui voltigeaient dans le foyer.

Feuilletant un roman, paresseuse et frileuse,
Tandis que tu fermais tes yeux ensommeillés,
Moi je rajeunissais ma jeunesse amoureuse,
Mes lèvres sur tes mains et mon cœur à tes pieds.

Aussi, quand on entrait, la porte ouverte à peine,
On sentait le parfum d'amour et de gaîté
Dont notre chambre était du matin au soir pleine,
Car le bonheur aimait notre hospitalité.

Puis l'hiver s'en alla ; par la fenêtre ouverte,
Le printemps un matin vint nous donner l'éveil,
Et ce jour-là tous deux dans la campagne verte
Nous allâmes courir au-devant du soleil.

C'était le vendredi de la sainte semaine,
Et, contre l'ordinaire, il faisait un beau temps,
Du val à la colline, et du bois à la plaine,
D'un pied leste et joyeux, nous courûmes longtemps.

Fatigués cependant par ce pèlerinage,
Dans un lieu qui formait un divan naturel
Et d'où l'on pouvait voir au loin le paysage,
Nous nous sommes assis en regardant le ciel.

Les mains pressant les mains, épaule contre épaule,
Et sans savoir pourquoi, l'un et l'autre oppressés,
Notre bouche s'ouvrit sans dire une parole,
   Et nous nous sommes embrassés.

Près de nous l'hyacinthe avec la violette
Mariaient leur parfum qui montait dans l'air pur ;
Et nous vîmes tous deux, en relevant la tête,
Dieu qui nous souriait à son balcon d'azur.

Aimez-vous, disait-il ; c'est pour rendre plus douce
La route où vous marchez que j'ai fait sous vos pas
Dérouler en tapis le velours de la mousse.
Embrassez-vous encor, — je ne regarde pas.

Aimez-vous, aimez-vous : dans le vent qui murmure,
Dans les limpides eaux, dans les bois reverdis,
Dans l'astre, dans la fleur, dans la chanson des nids,
C'est pour vous que j'ai fait renaître ma nature.

Aimez-vous, aimez-vous ; et de mon soleil d'or,
De mon printemps nouveau qui réjouit la terre,
Si vous êtes contents, au lieu d'une prière
Pour me remercier — embrassez-vous encor.

Un mois après ce jour, quand fleurirent les roses
Dans le petit jardin que nous avions planté,
Quand je t'aimais le mieux, sans m'en dire les causes,
Brusquement ton amour de moi s'est écarté.

LA VIE DE BOHÊME

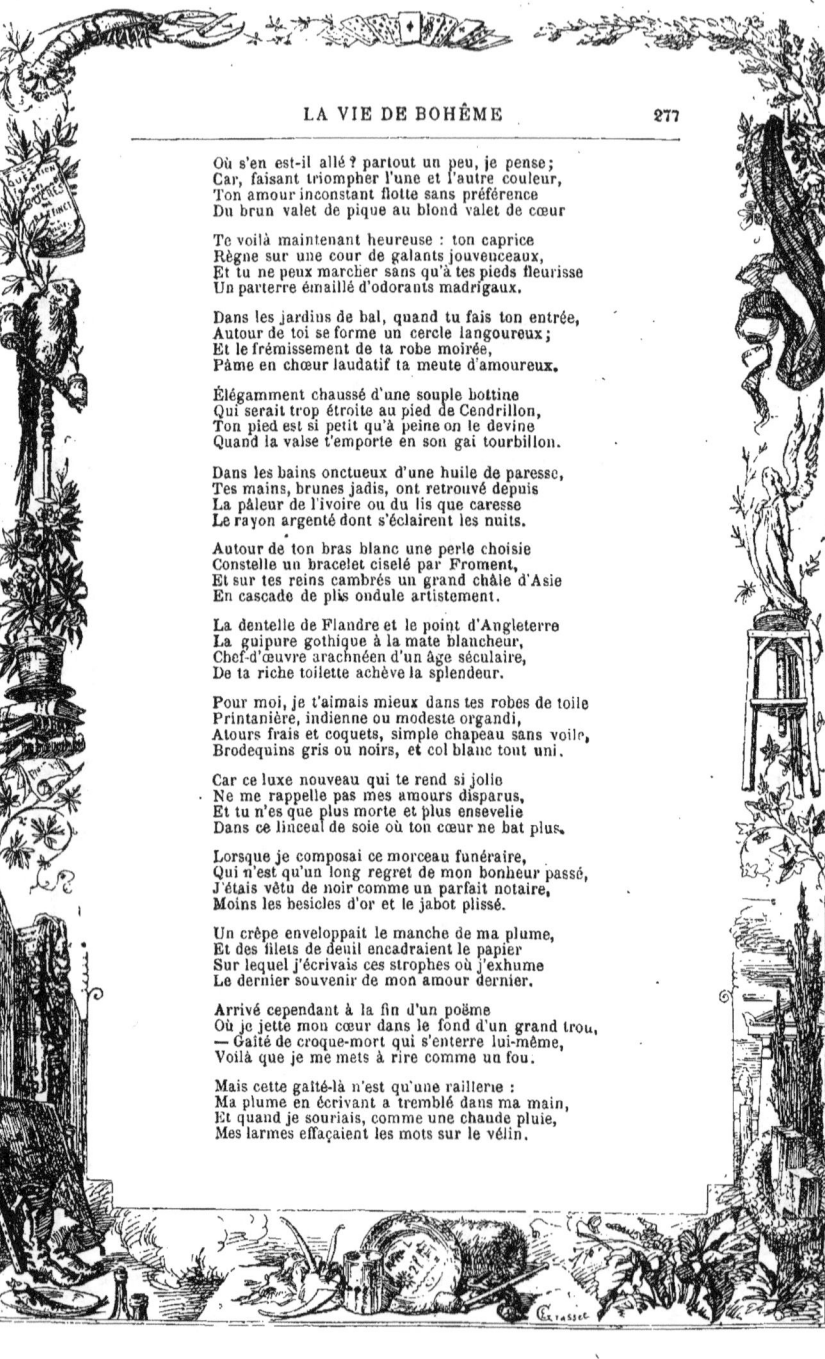

Où s'en est-il allé ? partout un peu, je pense ;
Car, faisant triompher l'une et l'autre couleur,
Ton amour inconstant flotte sans préférence
Du brun valet de pique au blond valet de cœur

Te voilà maintenant heureuse : ton caprice
Règne sur une cour de galants jouvenceaux,
Et tu ne peux marcher sans qu'à tes pieds fleurisse
Un parterre émaillé d'odorants madrigaux.

Dans les jardins de bal, quand tu fais ton entrée,
Autour de toi se forme un cercle langoureux ;
Et le frémissement de ta robe moirée,
Pâme en chœur laudatif ta meute d'amoureux.

Élégamment chaussé d'une souple bottine
Qui serait trop étroite au pied de Cendrillon,
Ton pied est si petit qu'à peine on le devine
Quand la valse t'emporte en son gai tourbillon.

Dans les bains onctueux d'une huile de paresse,
Tes mains, brunes jadis, ont retrouvé depuis
La pâleur de l'ivoire ou du lis que caresse
Le rayon argenté dont s'éclairent les nuits.

Autour de ton bras blanc une perle choisie
Constelle un bracelet ciselé par Froment,
Et sur tes reins cambrés un grand châle d'Asie
En cascade de plis ondule artistement.

La dentelle de Flandre et le point d'Angleterre
La guipure gothique à la mate blancheur,
Chef-d'œuvre arachnéen d'un âge séculaire,
De ta riche toilette achève la splendeur.

Pour moi, je t'aimais mieux dans tes robes de toile
Printanière, indienne ou modeste organdi,
Atours frais et coquets, simple chapeau sans voile,
Brodequins gris ou noirs, et col blanc tout uni.

Car ce luxe nouveau qui te rend si jolie
Ne me rappelle pas mes amours disparus,
Et tu n'es que plus morte et plus ensevelie
Dans ce linceul de soie où ton cœur ne bat plus.

Lorsque je composai ce morceau funéraire,
Qui n'est qu'un long regret de mon bonheur passé,
J'étais vêtu de noir comme un parfait notaire,
Moins les besicles d'or et le jabot plissé.

Un crêpe enveloppait le manche de ma plume,
Et des filets de deuil encadraient le papier
Sur lequel j'écrivais ces strophes où j'exhume
Le dernier souvenir de mon amour dernier.

Arrivé cependant à la fin d'un poëme
Où je jette mon cœur dans le fond d'un grand trou,
— Gaîté de croque-mort qui s'enterre lui-même,
Voilà que je me mets à rire comme un fou.

Mais cette gaîté-là n'est qu'une raillerie :
Ma plume en écrivant a tremblé dans ma main,
Et quand je souriais, comme une chaude pluie,
Mes larmes effaçaient les mots sur le vélin.

II

C'était le 24 décembre, et ce soir-là le quartier Latin avait une physionomie particulière. Dès quatre heures du soir, les bureaux du Mont-de-Piété, les boutiques des fripiers et celles des bouquinistes avaient été encombrées par une foule bruyante qui s'en vint dans la soirée prendre d'assaut les boutiques des charcutiers, des rôtisseurs et des épiciers. Les garçons de comptoir, eussent-ils eu cent bras comme Briarée, n'auraient pu suffire à servir les chalands qui s'arrachaient les provisions. On faisait la queue chez les boulangers comme aux jours de disette. Les marchands de vins écoulaient le produit de trois vendanges et un statisticien habile aurait eu peine à nombrer le chiffre des jambonneaux et des saucissons qui se débitèrent chez le célèbre Borel de la rue Dauphine. Dans cette seule soirée, le père Cretaine, dit *Petit-Pain*, épuisa dix-huit éditions de ses gâteaux au beurre. Pendant toute la nuit, des clameurs bruyantes s'échappaient des maisons garnies dont les fenêtres flamboyaient, et une atmosphère de kermesse emplissait le quartier.

On célébrait l'antique solennité du réveillon.

Ce soir là, sur les dix heures, Marcel et Rodolphe rentraient chez eux assez tristement. En remontant la rue Dauphine, ils aperçurent une grande affluence dans la boutique d'un charcutier marchand de comestibles, et ils s'arrêtèrent un instant aux carreaux, tantalisés par le spectacle des odorantes productions gastronomiques; les deux bohèmes ressemblaient, dans leur contemplation, à ce personnage d'un roman espagnol, qui faisait maigrir les jambons rien qu'en les regardant.

— Ceci s'appelle une dinde truffée, disait Marcel en indiquant une magnifique volaille laissant voir, à travers son épiderme rosé et transparent, les tubercules périgourdins dont elle était farcie. J'ai vu des gens impies manger de cela sans se mettre à genoux devant, ajouta le peintre en jetant sur la dinde des regards capables de la faire rôtir.

— Et que penses-tu de ce modeste gigot de pré-salé ajouta Rodolphe, comme c'est beau de couleur, on le dirait fraîchement décroché de cette boutique de charcutier qu'on voit dans un tableau de Jordaëns. Ce gigot est le mets favori des dieux, et de madame Chandelier, ma marraine.

— Vois un peu ces poissons, reprit Marcel en montrant des truites, ce sont les plus habiles nageurs de la race aquatique. Ces petites bêtes, qui ont l'air de n'avoir aucune prétention, pourraient pourtant s'amasser des rentes en faisant des tours de force; figure-toi que ça remonte le courant d'un torrent à pic aussi facilement que nous accepterions une invitation à souper ou deux. J'ai failli en manger.

— Et là-bas, ces gros fruits dorés à cône, dont le feuillage ressemble à une panoplie de sabres sauvages, on appelle ça des ananas, c'est la pomme de reinette des tropiques.

— Ça m'est égal, répondit Marcel, en fait de fruits je préfère ce morceau de bœuf, ce jambon ou ce simple jambonneau cuirassé d'une gelée transparente comme de l'ambre.

— Tu as raison, reprit Rodolphe; le jambon est l'ami de l'homme, quand il en a. Cependant je ne repousserais pas ce faisan.

— Je le crois bien, c'est le plat des têtes couronnées

Et comme en continuant leur chemin ils rencontrèrent de joyeuses processions qui rentraient pour fêter Momus, Bacchus, Comus et toutes les gourmandes divinités finissant en *us*, ils se demandèrent l'un à l'autre quel était le seigneur Gamache dont on célébrait les noces avec une si grande profusion de victuailles.

Marcel fut le premier qui se rappela la date et la fête du jour.

— C'est aujourd'hui réveillon, dit-il.

— Te souviens-tu de celui que nous avons fait l'an dernier? fit Rodolphe.

— Oui, répondit Marcel, chez Momus. C'est Barbemuche qui l'a payé. Je n'aurais jamais supposé qu'une femme aussi délicate que Phémie pût contenir autant de saucisson.

— Quel malheur que Momus nous ait retiré nos entrées, dit Rodolphe.

— Hélas, dit Marcel, les calendriers se suivent et ne se ressemblent pas.

— Est-ce que tu ne ferais pas bien réveillon? demanda Rodolphe.

— Avec qui et avec quoi? répliqua le peintre.

— Avec moi, donc.

— Et de l'or?

— Attends un peu, dit Rodolphe, je vais entrer dans ce café où je connais des gens qui jouent gros jeu. J'emprunterai quelques sesterces à un favorisé de la chance, et je rapporterai de quoi arroser une sardine ou un pied de cochon.

— Va donc, fit Marcel, j'ai une faim *caniche!* je t'attends là.

Rodolphe monta au café, où il connaissait du monde. Un monsieur, qui venait de gagner trois cents francs en dix tours de bouillotte, se fit un véritable plaisir de prêter au poëte une pièce de quarante sous, qu'il lui offrit enveloppée dans cette mauvaise humeur que donne la fièvre du jeu. Dans un autre instant et ailleurs qu'autour d'un tapis vert, il aurait peut-être prêté quarante francs.

— Eh bien? demanda Marcel en voyant redescendre Rodolphe.

— Voici la recette, dit le poëte en montrant l'argent.

— Une croûte et une goutte, fit Marcel.

Avec cette somme modique, ils trouvèrent cependant le moyen d'avoir du pain, du vin, de la charcuterie, du tabac, de la lumière et du feu.

Ils rentrèrent dans l'hôtel garni où ils habitaient chacun une chambre séparée. Le logement de Marcel, qui lui servait d'atelier, étant le plus grand, fut choisi pour la salle du festin, et les amis y firent en commun les apprêts de leur Balthazar intime.

Mais à cette petite table où ils s'étaient assis, auprès de ce feu où les bûches humides d'un mauvais bois flotté se consumaient sans flamme et sans chaleur, vint s'asseoir et s'attabler, convive mélancolique, le fantôme du passé disparu.

Ils restèrent, pendant une heure au moins, silencieux et pensifs, tous deux sans doute préoccupés de la même idée et s'efforçant de la dissimuler. Ce fut Marcel le premier qui rompit le silence.

— Voyons, dit-il à Rodolphe, ce n'est pas là ce que nous nous étions promis.

— Que veux-tu dire? fit Rodolphe.

— Eh! mon Dieu! répliqua Marcel, vas-tu pas feindre avec moi maintenant! Tu songes à ce qu'il faut oublier, et moi aussi, parbleu... je ne le nie pas.

— Eh bien, alors...

— Eh bien, il faut que ce soit la dernière fois. Au diable les souvenirs qui font trouver le vin mauvais et nous rendent tristes quand tout le monde s'amuse! s'écria Marcel en faisant allusion aux cris joyeux qui s'échappaient des chambres voisines de la leur. Allons, pensons à autre chose, et que ce soit la dernière fois.

— C'est ce que nous disons toujours, et pourtant... fit Rodolphe en retournant à sa rêverie.

— Et pourtant nous y revenons sans cesse, reprit Marcel. Cela tient à ce que, au lieu de chercher franchement l'oubli, nous faisons des choses les plus futiles des prétextes pour rappeler le souvenir; cela tient surtout à ce que nous nous obstinons à vivre dans le même milieu où ont vécu les créatures qui ont fait si longtemps notre tourment. Nous sommes les esclaves d'une habitude, moins que d'une passion. C'est cette captivité qu'il faut rompre, ou nous nous épuiserons dans un esclavage ridicule et honteux. Eh bien, le passé est passé, il faut briser les liens qui nous y rattachent encore; l'heure est venue d'aller en avant sans plus regarder en arrière; nous avons fait notre temps de jeunesse, d'insouciance et de paradoxe. Tout cela est très-beau, on en ferait un joli roman; mais cette comédie des folies amoureuses, ce gaspillage des jours perdus avec la prodigalité des gens qui croient avoir l'éternité à dépenser, tout cela doit avoir un dénoûment. Sous peine de justifier le mépris qu'on ferait de nous, et de nous mépriser nous-mêmes, il ne

LA VIE DE BOHÊME

Que veux-tu, je suis un corrompu. Je n'aime plus que ce qui est bon.

nous est pas possible de continuer à vivre encore longtemps en marge de la société, en marge de la vie presque. Car enfin, est-ce une existence que celle que nous menons? et cette indépendance, cette liberté de mœurs dont nous nous vantons si fort, ne sont-ce pas là des avantages bien médiocres ? La vraie liberté, c'est de pouvoir se passer d'autrui et d'exister par soi-même; en sommes-nous là? Non ! Le premier gredin venu, dont nous ne voudrions pas porter le nom pendant cinq minutes, se venge de nos railleries et devient notre seigneur et maître le jour où nous lui empruntons cent sous, qu'il nous prête après nous avoir fait dépenser pour cent écus de ruses ou d'humilité. Pour mon compte, j'en ai assez. La poésie n'existe pas seulement dans le désordre de l'existence, dans les bonheurs improvisés, dans des amours qui durent l'existence d'une chandelle, dans des rébellions plus ou moins excentriques contre les préjugés qui seront éternellement les souverains du monde : on renverse plus facilement une dynastie qu'un usage, fût-il même ridicule. Il ne suffit point de mettre un paletot d'été dans le mois de décembre pour avoir du talent; on peut être un poëte ou un artiste véritable en se tenant les pieds chauds et en faisant ses trois repas. Quoi qu'on en dise et quoiqu'on en fasse, si l'on veut arriver à quelque chose, il faut toujours prendre la route du lieu commun. Ce discours t'étonne peut-être, ami Rodolphe, tu vas dire que je brise mes idoles, tu vas m'appeler corrompu, et cependant ce que je te dis est l'expression de ma pensée sincère. A mon insu, il s'est opéré en moi une lente et salutaire métamorphose : la raison est entrée dans mon esprit, avec effraction, si tu veux, et malgré moi peut-être ; mais elle est entrée enfin, et m'a prouvé que j'étais dans une mauvaise voie et qu'il y aurait à la fois ridicule et danger à y persévérer. En effet, qu'arrivera-t-il si nous continuons l'un et l'autre ce monotone et inutile vagabondage? Nous arriverons au bord de nos trente ans, inconnus, isolés, dégoûtés de tout et de nous-mêmes, pleins d'envie envers tous ceux que nous verrons arriver à un but, quel qu'il soit, obligés pour vivre de recourir aux moyens honteux du parasitisme, et n'imagine pas que ce soit là un tableau de fantaisie que j'invoque exprès pour t'épouvanter. Je ne vois pas systématiquement l'avenir en noir, mais je ne le vois pas en rose non plus ; je vois juste. Jusqu'à présent, l'existence que nous avons menée nous était imposée ; nous avions l'excuse de la nécessité. Aujourd'hui nous ne serions plus excusables ? et si nous ne rentrons pas dans la vie commune, ce sera volontairement, car les obstacles contre lesquels nous avons eu à lutter n'existent plus.

— Ah çà ! dit Rodolphe, où veux-tu en venir? à quel propos et à quoi bon cette mercuriale?

— Tu me comprends parfaitement, répondit Marcel avec le même accent sérieux ; tout à l'heure, ainsi que moi, je t'ai vu envahi par les souvenirs qui te faisaient regretter le temps

passé : tu pensais à Mimi comme moi je pensais à Musette ; tu aurais voulu, comme moi, avoir ta maîtresse à tes côtés. Eh bien, je dis que nous ne devons plus ni l'un ni l'autre songer à ces créatures ; que nous n'avons pas été créés et mis au monde uniquement pour sacrifier notre existence à ces Manons vulgaires, et que le chevalier Desgrieux qui est si beau, si vrai et si poétique, ne se sauve du ridicule que par sa jeunesse et par les illusions qu'il avait su conserver. A vingt ans, il peut suivre sa maîtresse aux îles sans cesser d'être intéressant; mais à vingt-cinq ans, il aurait mis Manon à la porte, et il aurait eu raison. Nous avons beau dire, nous sommes vieux, vois-tu, mon cher ; nous avons vécu trop et trop vite ; notre cœur est fêlé et ne rend plus que des sons faux ; on n'est pas impunément pendant trois ans amoureux d'une Musette ou d'une Mimi. Pour moi, c'est bien fini ; et, comme je veux forcément divorcer avec son souvenir, je vais actuellement jeter au feu quelques petits objets qu'elle a laissés chez moi dans ses diverses stations, et qui me forcent à songer à elle quand je les retrouve.

Et Marcel, qui s'était levé, alla prendre dans le tiroir d'une commode un petit carton dans lequel se trouvaient les souvenirs de Musette, un bouquet fané, une ceinture, un bout de ruban et quelques lettres.

— Allons, dit-il au poëte, imite-moi, ami Rodolphe.

— Eh bien, soit ! s'écria celui-ci en faisant un effort, tu as raison. Moi aussi, je veux en finir avec cette fille aux mains pâles.

Et s'étant levé brusquement, il alla chercher un petit paquet contenant les souvenirs de Mimi, à peu près de la même nature que ceux dont Marcel faisait silencieusement l'inventaire.

— Ça tombe bien, murmura le peintre. Ces *bibelots* vont nous servir à rallumer le feu qui s'éteint.

— En effet, ajouta Rodolphe, il fait ici une température capable de faire éclore des ours blancs.

— Allons, dit Marcel, brûlons en duo. Tiens, voilà la prose de Musette qui flambe comme un feu de punch ; elle aimait joliment ça, le punch. Allons, ami Rodolphe, attention !

Et, pendant quelques minutes, ils jetèrent alternativement dans le foyer, qui flambait clair et bruyant, le reliquaire de leur tendresse passée.

— Pauvre Musette, disait tout bas Marcel en regardant la dernière chose qui lui restait dans les mains.

C'était un petit bouquet fané, composé de fleurs des champs.

— Pauvre Musette, elle était bien jolie pourtant, et elle m'aimait bien, n'est-ce pas, petit bouquet, son cœur te l'a dit le jour où tes fleurs étaient à sa ceinture ? Pauvre petit bouquet, tu as l'air de me demander grâce ; eh bien, oui, mais à une condition, c'est que tu ne me parleras plus d'elle, jamais ! jamais !

Et profitant d'un moment où il croyait n'être pas aperçu par Rodolphe, il glissa le bouquet dans sa poitrine.

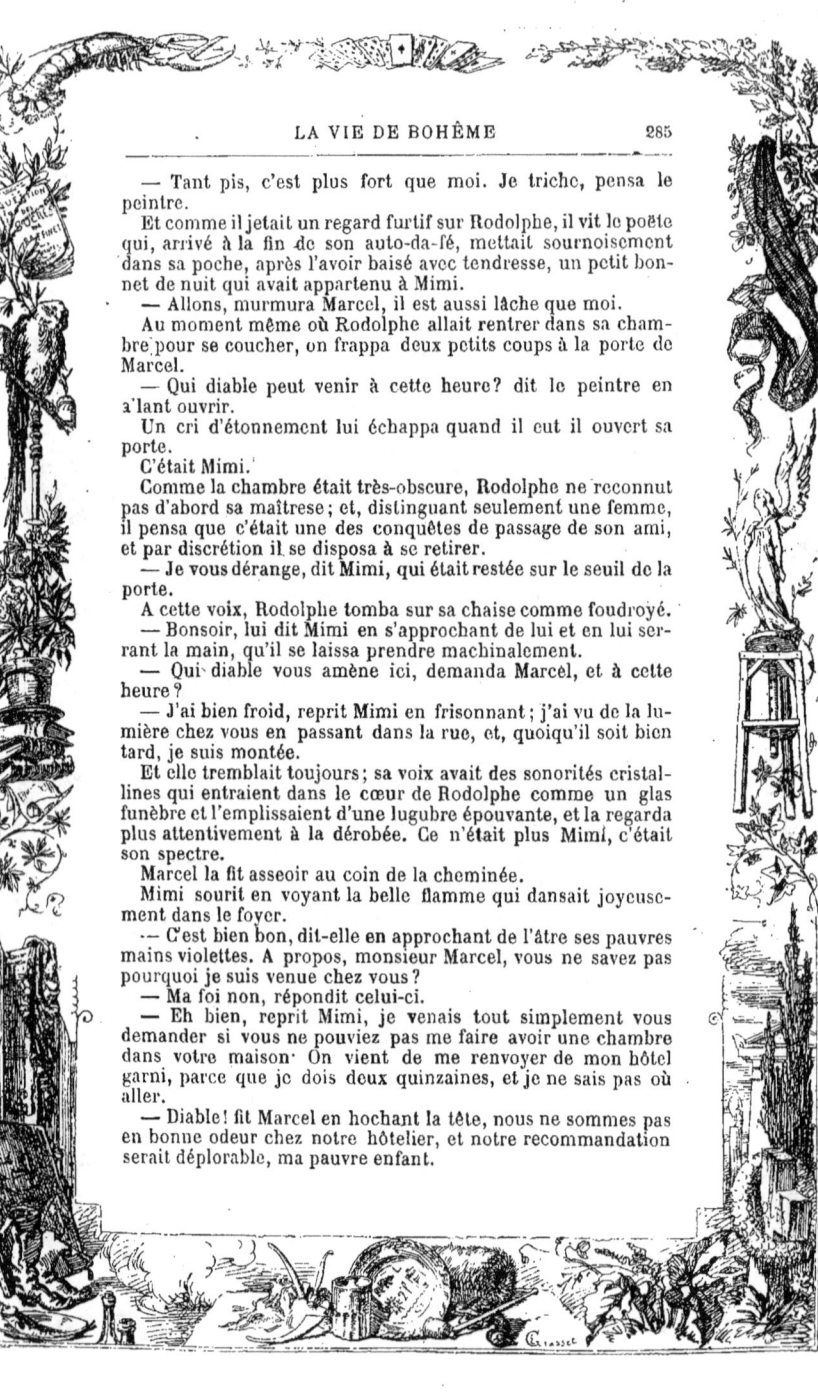

— Tant pis, c'est plus fort que moi. Je triche, pensa le peintre.

Et comme il jetait un regard furtif sur Rodolphe, il vit le poëte qui, arrivé à la fin de son auto-da-fé, mettait sournoisement dans sa poche, après l'avoir baisé avec tendresse, un petit bonnet de nuit qui avait appartenu à Mimi.

— Allons, murmura Marcel, il est aussi lâche que moi.

Au moment même où Rodolphe allait rentrer dans sa chambre pour se coucher, on frappa deux petits coups à la porte de Marcel.

— Qui diable peut venir à cette heure? dit le peintre en allant ouvrir.

Un cri d'étonnement lui échappa quand il eut il ouvert sa porte.

C'était Mimi.

Comme la chambre était très-obscure, Rodolphe ne reconnut pas d'abord sa maîtresse; et, distinguant seulement une femme, il pensa que c'était une des conquêtes de passage de son ami, et par discrétion il se disposa à se retirer.

— Je vous dérange, dit Mimi, qui était restée sur le seuil de la porte.

A cette voix, Rodolphe tomba sur sa chaise comme foudroyé.

— Bonsoir, lui dit Mimi en s'approchant de lui et en lui serrant la main, qu'il se laissa prendre machinalement.

— Qui diable vous amène ici, demanda Marcel, et à cette heure?

— J'ai bien froid, reprit Mimi en frissonnant; j'ai vu de la lumière chez vous en passant dans la rue, et, quoiqu'il soit bien tard, je suis montée.

Et elle tremblait toujours; sa voix avait des sonorités cristallines qui entraient dans le cœur de Rodolphe comme un glas funèbre et l'emplissaient d'une lugubre épouvante, et la regarda plus attentivement à la dérobée. Ce n'était plus Mimi, c'était son spectre.

Marcel la fit asseoir au coin de la cheminée.

Mimi sourit en voyant la belle flamme qui dansait joyeusement dans le foyer.

— C'est bien bon, dit-elle en approchant de l'âtre ses pauvres mains violettes. A propos, monsieur Marcel, vous ne savez pas pourquoi je suis venue chez vous?

— Ma foi non, répondit celui-ci.

— Eh bien, reprit Mimi, je venais tout simplement vous demander si vous ne pouviez pas me faire avoir une chambre dans votre maison. On vient de me renvoyer de mon hôtel garni, parce que je dois deux quinzaines, et je ne sais pas où aller.

— Diable! fit Marcel en hochant la tête, nous ne sommes pas en bonne odeur chez notre hôtelier, et notre recommandation serait déplorable, ma pauvre enfant.

— Comment donc faire alors? dit Mimi, c'est que je ne sais pas où aller.
— Ah ça! demanda Marcel, vous n'êtes donc plus vicomtesse?
— Ah! mon Dieu, non, plus du tout.
— Mais depuis quand?
— Depuis deux mois déjà.
— Vous avez donc fait des misères au jeune vicomte?
— Non, dit-elle en jetant un regard à la dérobée sur Rodolphe, qui s'était mis dans l'angle le plus obscur de la chambre, le vicomte m'a fait une scène à cause des vers qu'on a composés sur moi. Nous nous sommes disputés, et je l'ai envoyé promener; c'est un fier cancre, allez.
— Cependant, dit Marcel, il vous avait joliment bien nippée, à ce que j'ai vu le jour où je vous ai rencontrée.
— Eh bien! fit Mimi, figurez-vous qu'il m'a tout repris quand je suis partie, et j'ai appris qu'il avait mis mes effets en loterie dans une mauvaise table d'hôte, où il m'emmenait dîner. Il est pourtant riche, ce garçon, et avec toute sa fortune, il est avare comme une bûche économique, et bête comme une oie; il ne voulait pas que je busse du vin pur, et me faisait faire maigre les vendredis. Croiriez-vous qu'il voulait que je misse des bas de laine noire, sous le prétexte que c'était moins salissant que les blancs! on n'a pas idée de ça; enfin, il m'a joliment ennuyée, allez. Je puis bien dire que j'ai fait mon purgatoire avec lui.
— Et sait-il quelle est votre position? demanda Marcel.
— Je ne l'ai pas revu ni ne veux pas le voir, répliqua Mimi, il me donne le mal de mer quand je pense à lui! j'aimerais mieux mourir de faim que de lui demander un sou.
— Mais continua Marcel, depuis que vous l'avez quitté, vous n'êtes pas restée seule.
— Ah! s'écria Mimi avec vivacité, je vous assure que si, monsieur Marcel; j'ai travaillé pour vivre; seulement, comme l'état de fleuriste n'allait pas très-bien, j'en ai pris un autre; je pose pour les peintres. Si vous avez de l'ouvrage à me donner... ajouta-t-elle gaiement.
Et, ayant remarqué un mouvement échappé à Rodolphe qu'elle ne quittait pas des yeux tout en parlant à son ami, Mimi reprit:
— Ah! mais, je ne pose que pour la tête et pour les mains. J'ai beaucoup d'ouvrage, et on me doit de l'argent dans deux ou trois endroits; j'en recevrai dans deux jours, c'est d'ici là seulement que je voudrais trouver où loger. Quand j'aurai de l'argent, je retournerai dans mon hôtel. Tiens, dit-elle en regardant la table, où se trouvaient encore les préparatifs du modeste festin auquel les deux amis avaient à peine touché, vous allez souper?
— Non, dit Marcel, nous n'avons pas faim.

— Vous êtes bien heureux, dit naïvement Mimi,

A cette parole, Rodolphe sentit son cœur qui se serrait terriblement ; il fit à Marcel un signe que celui-ci comprit.

— Au fait, dit l'artiste, puisque vous voilà, Mimi, vous partagerez la fortune du pot. Nous nous étions proposé de faire réveillon avec Rodolphe, et puis... ma foi, nous avons pensé à autre chose.

— Alors, j'arrive bien, dit Mimi, en jetant sur la table où était la nourriture un regard presque affamé, Je n'ai pas dîné, mon cher, glissa-t-elle tout bas à l'artiste, de façon à ne pas être entendue de Rodolphe qui mordait son mouchoir pour ne pas éclater en sanglots.

— Approche-toi donc, Rodolphe dit Marcel à son ami, nous allons souper tous les trois.

— Non, dit le poëte en restant dans un coin.

— Est-ce que ça vous fâche, Rodolphe, que je sois venue ici ? lui demanda Mimi avec douceur ; où voulez-vous que j'aille ?

— Non, Mimi, répondit Rodolphe, seulement j'ai du chagrin à vous revoir ainsi.

— C'est ma faute, Rodolphe, je ne me plains pas ; ce qui est passé est passé, n'y songez pas plus que moi, Est-ce que vous ne pourriez plus être mon ami, parce que vous avez été autre chose ? si, tout de même, n'est-ce pas ? Eh bien, alors ne me faites pas mauvaise mine, et venez vous mettre à table avec nous.

Elle se leva pour aller le prendre par la main, mais elle était si faible, qu'elle ne put faire un pas et retomba sur sa chaise.

— La chaleur m'a engourdie, dit-elle, je ne peux pas me tenir.

— Allons, dit Marcel à Rodolphe, viens nous faire compagnie.

Le poëte s'approcha de la table et se mit à manger avec eux. Mimi était très-gaie.

Quand le frugal souper fut terminé, Marcel dit à Mimi ;

— Ma chère enfant, il ne nous est pas possible de vous faire donner une chambre dans la maison.

— Il faut donc que je m'en aille, dit-elle en essayant de se lever.

— Mais non ! mais non ! s'écria Marcel, j'ai un autre moyen d'arranger l'affaire ; vous allez rester dans ma chambre, et moi j'irai loger avec Rodolphe.

— Ça va bien vous gêner, fit Mimi, mais ça ne durera pas longtemps, deux jours.

— Comme ça, ça ne nous gêne pas du tout, répondit Marcel ; ainsi, c'est entendu, vous êtes ici chez vous, et nous, nous allons nous coucher chez Rodolphe. Bonsoir, Mimi, dormez bien.

— Merci, dit-elle en tendant la main à Marcel et à Rodolphe qui s'éloignaient.

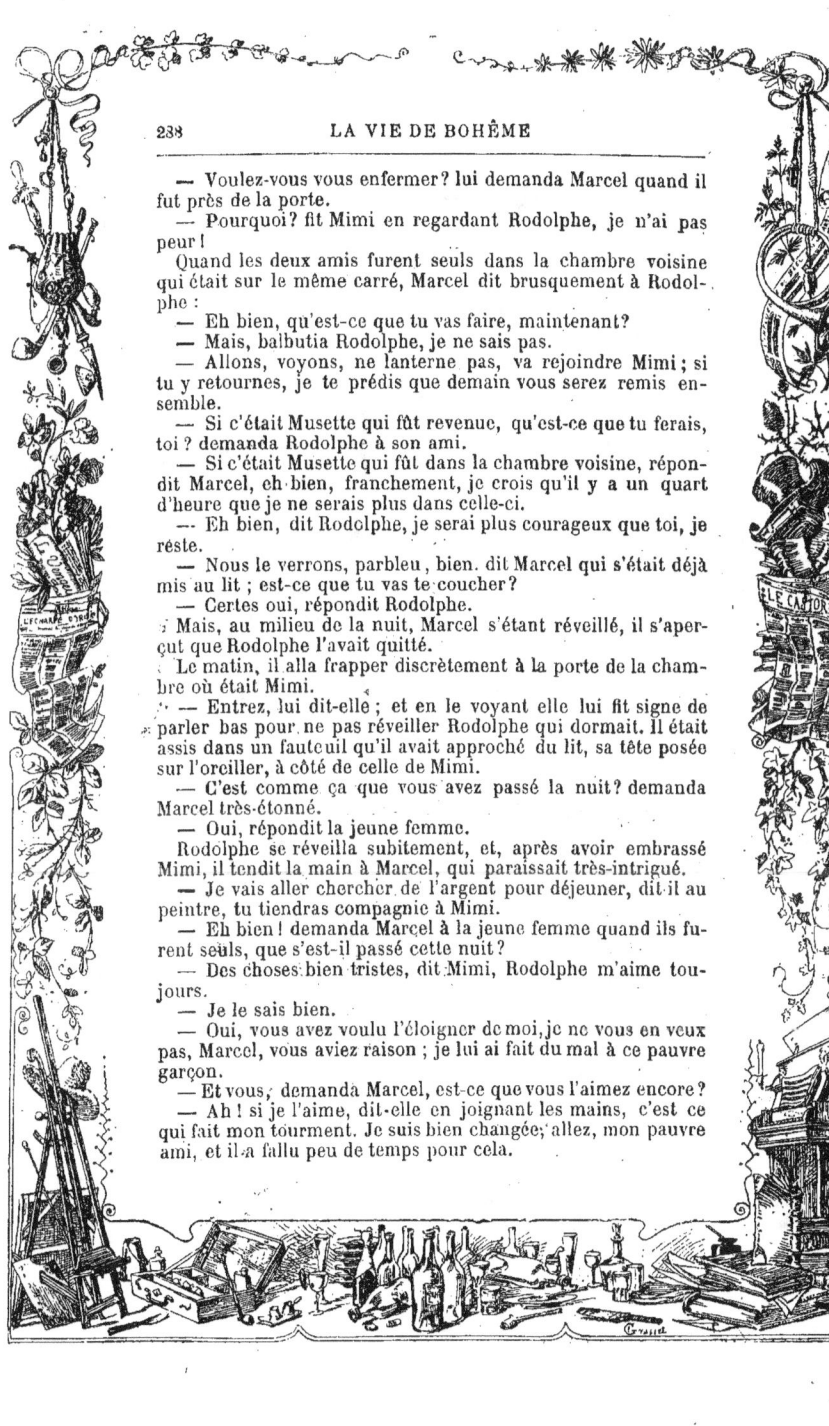

— Voulez-vous vous enfermer? lui demanda Marcel quand il fut près de la porte.

— Pourquoi? fit Mimi en regardant Rodolphe, je n'ai pas peur!

Quand les deux amis furent seuls dans la chambre voisine qui était sur le même carré, Marcel dit brusquement à Rodolphe :

— Eh bien, qu'est-ce que tu vas faire, maintenant?

— Mais, balbutia Rodolphe, je ne sais pas.

— Allons, voyons, ne lanterne pas, va rejoindre Mimi; si tu y retournes, je te prédis que demain vous serez remis ensemble.

— Si c'était Musette qui fût revenue, qu'est-ce que tu ferais, toi? demanda Rodolphe à son ami.

— Si c'était Musette qui fût dans la chambre voisine, répondit Marcel, eh bien, franchement, je crois qu'il y a un quart d'heure que je ne serais plus dans celle-ci.

— Eh bien, dit Rodolphe, je serai plus courageux que toi, je reste.

— Nous le verrons, parbleu, bien. dit Marcel qui s'était déjà mis au lit ; est-ce que tu vas te coucher?

— Certes oui, répondit Rodolphe.

Mais, au milieu de la nuit, Marcel s'étant réveillé, il s'aperçut que Rodolphe l'avait quitté.

Le matin, il alla frapper discrètement à la porte de la chambre où était Mimi.

— Entrez, lui dit-elle ; et en le voyant elle lui fit signe de parler bas pour ne pas réveiller Rodolphe qui dormait. Il était assis dans un fauteuil qu'il avait approché du lit, sa tête posée sur l'oreiller, à côté de celle de Mimi.

— C'est comme ça que vous avez passé la nuit? demanda Marcel très-étonné.

— Oui, répondit la jeune femme.

Rodolphe se réveilla subitement, et, après avoir embrassé Mimi, il tendit la main à Marcel, qui paraissait très-intrigué.

— Je vais aller chercher de l'argent pour déjeuner, dit-il au peintre, tu tiendras compagnie à Mimi.

— Eh bien! demanda Marcel à la jeune femme quand ils furent seuls, que s'est-il passé cette nuit?

— Des choses bien tristes, dit Mimi, Rodolphe m'aime toujours.

— Je le sais bien.

— Oui, vous avez voulu l'éloigner de moi, je ne vous en veux pas, Marcel, vous aviez raison ; je lui ai fait du mal à ce pauvre garçon.

— Et vous, demanda Marcel, est-ce que vous l'aimez encore?

— Ah! si je l'aime, dit-elle en joignant les mains, c'est ce qui fait mon tourment. Je suis bien changée, allez, mon pauvre ami, et il a fallu peu de temps pour cela.

LA VIE DE BOHÈME

Ce jeune homme s'appelait Claude Bertolin.

— Eh bien ! puisqu'il vous aime, que vous l'aimez, et que vous ne pouvez pas vous passer l'un de l'autre, remettez-vous ensemble, et tâchez donc d'y rester une bonne fois.

— C'est impossible, fit Mimi.

— Pourquoi? demanda Marcel. Certainement il serait plus raisonnable que vous vous quittassiez ; mais pour ne plus vous revoir, il faudrait que vous fussiez à mille lieues l'un de l'autre.

— Avant peu, je serai plus loin que ça.

— Hein, que voulez-vous dire ?

— N'en parlez pas à Rodolphe, cela lui ferait trop de chagrin, je vais m'en aller pour toujours.

— Mais où ?

— Tenez, mon pauvre Marcel, dit Mimi en sanglotant, regardez. Et relevant un peu le drap de son lit, elle montra à l'artiste ses épaules, son cou et ses bras.

— Ah ! mon Dieu ! s'écria douloureusement Marcel, pauvre fille!

— N'est-ce pas, mon ami, que je ne me trompe pas et que je vais mourir bientôt?

— Mais, comment êtes-vous devenue ainsi en si peu de temps?

— Ah ! répliqua Mimi, avec la vie que je mène depuis deux mois, ce n'est pas étonnant : toutes les nuits passées à pleurer, les jours à poser dans les ateliers sans feu, la mauvaise nourriture, le chagrin que j'avais ; et puis, vous ne savez pas tout : j'ai voulu m'empoisonner avec de l'eau de Javel ; on m'a sauvée, mais pas pour longtemps, vous voyez. Avec ça que je n'ai jamais été bien portante ; enfin, c'est ma faute : si j'étais restée tranquille avec Rodolphe, je n'en serais pas là. Pauvre ami, voilà encore que je lui retombe sur les bras, mais ce ne sera pas pour longtemps, la dernière robe qu'il me donnera sera toute blanche, mon pauvre Marcel, et on m'enterrera avec. Ah ! si vous saviez comme je souffre de savoir que je vais mourir ! Rodolphe sait que je suis malade ; il est resté plus d'une heure sans parler, hier, quand il a vu mes bras et mes épaules si maigres il ne reconnaissait plus sa Mimi, hélas!... mon miroir même ne me reconnaît plus. Ah! c'est égal, j'ai été jolie, et il m'a bien aimée. Ah ! mon Dieu ! s'écria-t-elle en cachant sa figure dans les mains de Marcel, mon pauvre ami, je vais vous quitter et Rodolphe aussi. Ah ! mon Dieu ! Et les sanglots étranglèrent sa voix.

— Allons, Mimi, dit Marcel, ne vous désolez pas, vous vous guérirez; il faut seulement beaucoup de soin et de tranquillité.

— Ah! non, fit Mimi, c'est bien fini, je le sens. Je n'ai plus de forces; et quand je suis venue ici hier au soir, j'ai mis plus d'une heure à monter l'escalier. Si j'avais trouvé une femme, c'est moi qui serais joliment descendue par la fenêtre. Cependant il était libre, puisque nous n'étions plus ensemble; mais, voyez-vous, Marcel, j'étais bien sûre qu'il m'aimait encore. C'est pour ça, dit elle en fondant en larmes, c'est pour ça que je ne voudrais pas mourir tout de suite : mais c'est fini, tout à fait. Tenez, Marcel, il faut qu'il soit bien bon, ce pauvre ami, pour m'avoir reçue après tout le mal que je lui ai fait. Ah! le bon Dieu n'est pas juste, puisqu'il ne me laisse pas seulement le temps de faire oublier à Rodolphe le chagrin que je lui ai causé. Il ne se doute pas de l'état où je suis. Je n'ai pas voulu qu'il se couchât à côté de moi, voyez-vous, car il me semble que j'ai déjà les vers de la terre après mon corps. Nous avons passé la nuit à pleurer et à parler d'autrefois. Ah! comme c'est triste, mon ami, de voir derrière soi le bonheur auprès duquel on est passé jadis sans le voir! J'ai du feu dans la poitrine; et quand je remue mes membres, il me semble qu'ils vont se briser. Tenez, dit-elle à Marcel, passez-moi donc ma robe. Je vais faire les cartes pour savoir si Rodolphe apportera de l'argent. Je voudrais faire un bon déjeuner avec vous! comme autrefois, ça ne me ferait pas de mal; Dieu ne peut pas me rendre plus malade que je ne le suis. Voyez, dit-elle à Marcel en montrant le jeu de cartes qu'elle venait de couper, voilà du pique. C'est la couleur de la mort. Et voilà du trèfle, ajouta-t-elle plus gaiement. Oui, nous aurons de l'argent.

Marcel ne savait que dire devant le délire lucide de cette créature qui avait, comme elle disait, les vers du tombeau après elle!

Au bout d'une heure Rodolphe rentra. Il était accompagné de Schaunard et de Gustave Colline. Le musicien était en paletot d'été. Il avait vendu ses habits de drap pour prêter de l'argent à Rodolphe, en apprenant que Mimi était malade. Colline, de son côté, avait été vendre des livres. On aurait voulu lui acheter un bras ou une jambe, qu'il y aurait consenti plutôt que de se défaire de ses chers bouquins. Mais Schaunard lui avait fait observer qu'on ne pourrait rien faire de son bras ou de sa jambe.

Mimi s'efforça de reprendre sa gaieté pour accueillir ses anciens amis.

— Je ne suis plus méchante, leur dit-elle, et Rodolphe m'a pardonné. S'il veut me garder avec lui, je mettrai des sabots et une marmotte, ça m'est bien égal. Décidément la soie n'est pas bonne pour ma santé, ajouta-t-elle avec un affreux sourire.

Sur les observations de Marcel, Rodolphe avait envoyé chercher un de ses amis, qui venait d'être reçu médecin. C'était le même qui avait jadis soigné la petite Francine. Quant il arriva, on le laissa seul avec Mimi.

Rodolphe, prévenu d'avance par Marcel, savait déjà le danger que courait sa maîtresse. Lorsque le médecin eut consulté Mimi, il dit à Rodolphe :

— Vous ne pouvez pas la garder. A moins d'un miracle elle

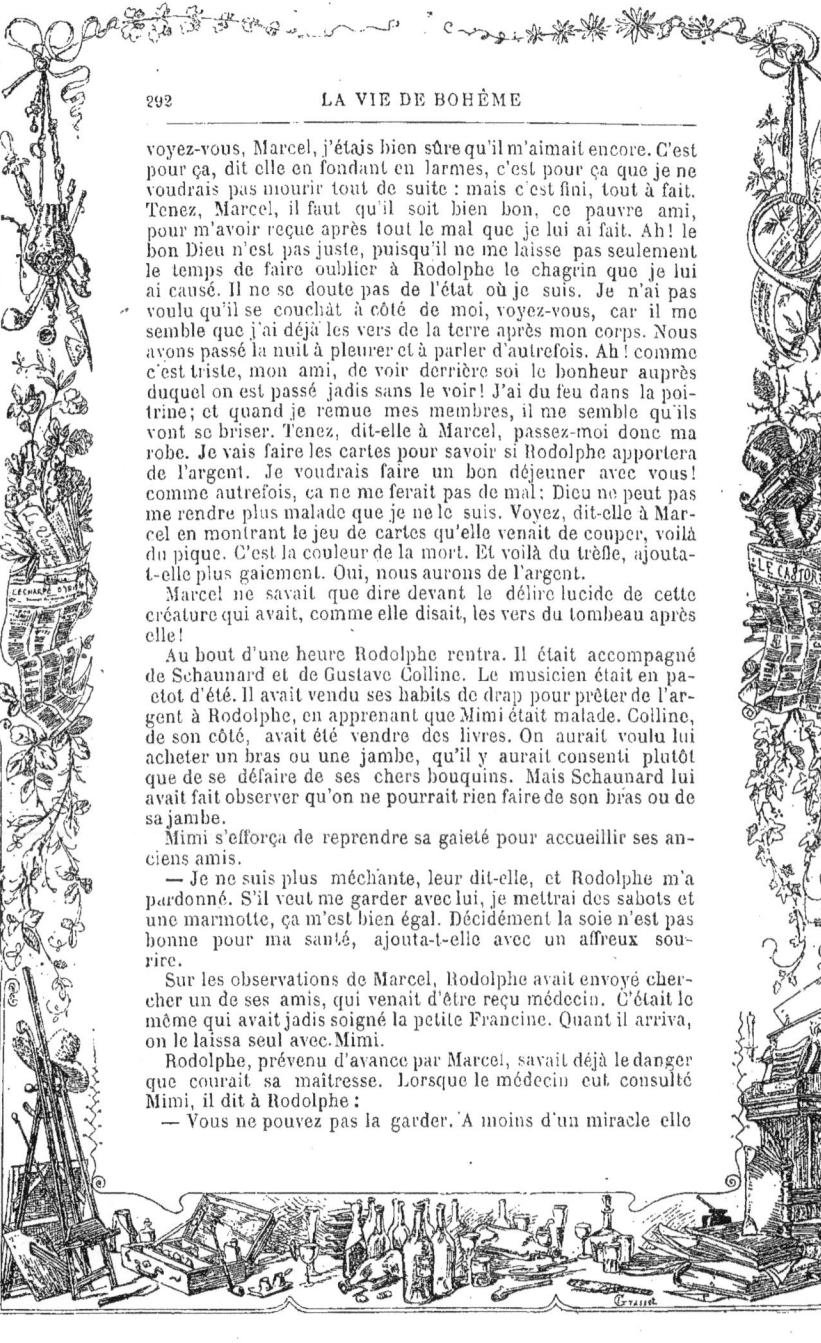

est perdue. Il faut l'envoyer à l'hôpital. Je vais vous donner une lettre pour la Pitié ; j'y connais un interne, on prendra bien soin d'elle. Si elle atteint le printemps, peut-être la tirerons-nous de là ; mais si elle reste ici, dans huit jours elle ne sera plus.

— Je n'oserai jamais lui proposer cela, dit Rodolphe.

— Je le lui ai dit, moi, répondit le médecin, et elle y consent. Demain je vous enverrai le billet d'admission à la Pitié.

— Mon ami, dit Mimi à Rodolphe, le médecin a raison, vous ne pourriez pas me soigner ici. A l'hospice on me guérira peut-être: il faut m'y conduire. Ah! vois-tu, j'ai tant envie de vivre à présent, que je consentirais à finir mes jours une main dans le feu et l'autre dans la tienne. D'ailleurs tu viendras me voir. Il ne faudra pas te faire de chagrin ; je serai bien soignée, ce jeune homme me l'a dit. On donne du poulet, à l'hôpital, et on fait du feu. Pendant que je me soignerai, tu travailleras pour gagner de l'argent, et quand je serai guérie, je reviendrai demeurer avec toi. J'ai beaucoup d'espérance maintenant. Je redeviendrai jolie comme autrefois. J'ai déjà été malade dans le temps, quand je ne te connaissais pas ; on m'a sauvée. Pourtant je n'étais pas heureuse dans ce temps-là, j'aurais bien dû mourir. Maintenant que je t'ai retrouvé et que nous pouvons être heureux, on me sauvera encore, car je me défendrai joliment contre la maladie. Je boirai toutes les mauvaises choses qu'on me donnera, et si la mort me prend, ce sera de force. Donne-moi le miroir; il me semble que j'ai des couleurs. Oui, dit-elle en se regardant dans la glace, voilà déjà mon bon teint qui me revient ; et mes mains, vois, dit-elle, elles sont toujours bien gentilles ; embrasse-les encore une fois, ça ne sera pas la dernière, va, mon pauvre ami, dit-elle en serrant Rodolphe par le cou et en lui noyant le visage dans ses cheveux déroulés.

Avant de partir à l'hôpital, elle voulut que ses amis les bohèmes restassent pour passer la soirée avec elle. Faites-moi rire, dit-elle, la gaieté c'est ma santé. C'est ce bonnet de nuit de vicomte qui m'a rendue malade. Il voulait m'apprendre l'orthographe, figurez-vous ; qu'est-ce que vous voulez que j'en fasse? Et ses amis donc, qu'elle société! une vraie basse-cour, dont le vicomte était le paon. Il marquait son linge lui-même. S'il se marie jamais, je suis sûre que c'est lui qui fera les enfants.

Rien de plus navrant que la gaieté quasi posthume de cette malheureuse fille. Tous les bohèmes faisaient de pénibles efforts pour dissimuler leurs larmes et soutenir la conversation sur le ton de plaisanterie où l'avait montée la pauvre enfant, pour laquelle la destinée filait si vite le lin du dernier vêtement.

Le lendemain au matin, Rodolphe reçut le bulletin de l'hôpital. Mimi ne pouvait pas se tenir sur ses jambes ; il fallut qu'on la descendit de la voiture. Pendant le trajet, elle souffrit horriblement des cahots du fiacre. Au milieu de ces souf-

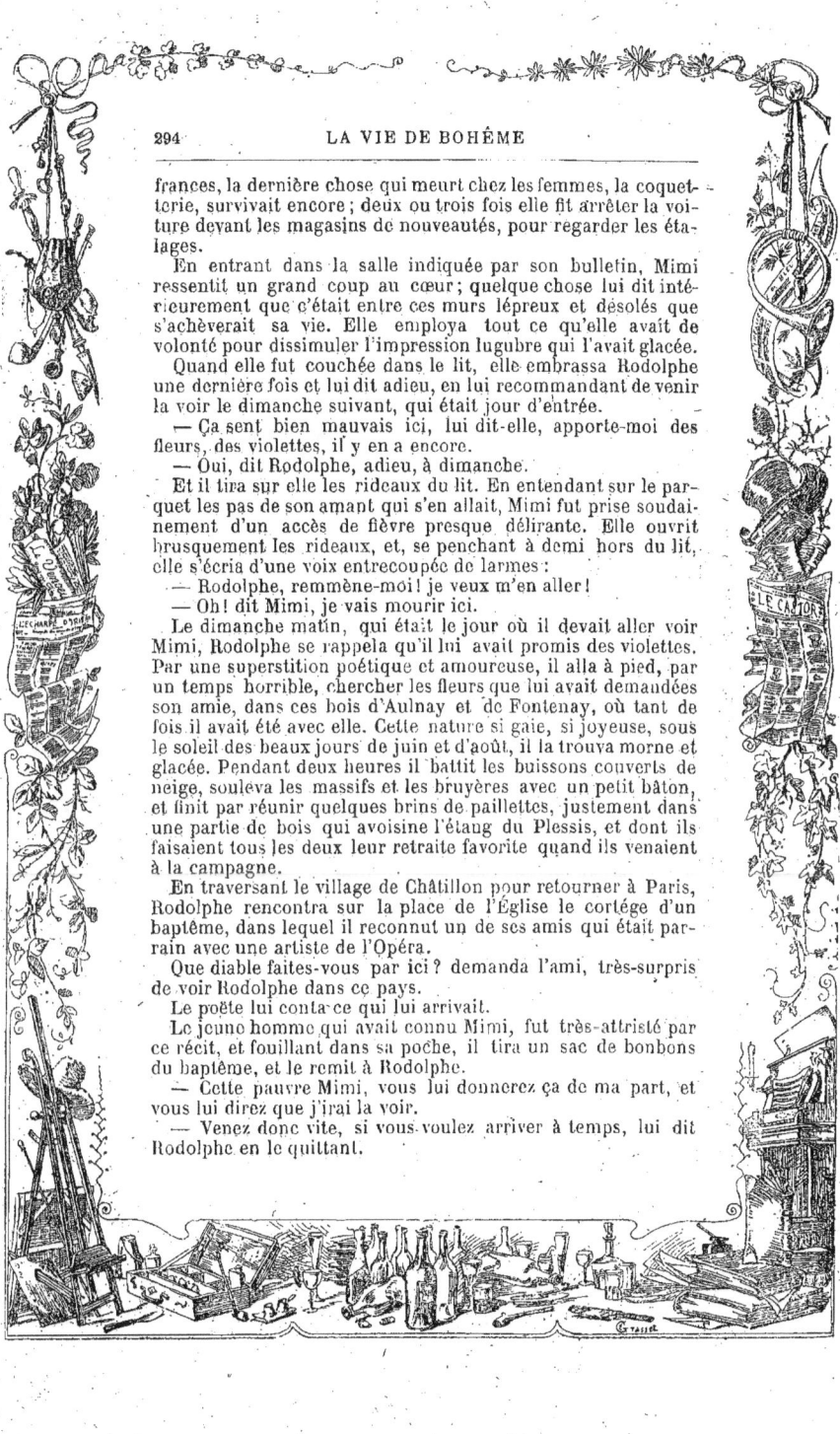

frances, la dernière chose qui meurt chez les femmes, la coquetterie, survivait encore ; deux ou trois fois elle fit arrêter la voiture devant les magasins de nouveautés, pour regarder les étalages.

En entrant dans la salle indiquée par son bulletin, Mimi ressentit un grand coup au cœur ; quelque chose lui dit intérieurement que c'était entre ces murs lépreux et désolés que s'achèverait sa vie. Elle employa tout ce qu'elle avait de volonté pour dissimuler l'impression lugubre qui l'avait glacée.

Quand elle fut couchée dans le lit, elle embrassa Rodolphe une dernière fois et lui dit adieu, en lui recommandant de venir la voir le dimanche suivant, qui était jour d'entrée.

— Ça sent bien mauvais ici, lui dit-elle, apporte-moi des fleurs, des violettes, il y en a encore.

— Oui, dit Rodolphe, adieu, à dimanche.

Et il tira sur elle les rideaux du lit. En entendant sur le parquet les pas de son amant qui s'en allait, Mimi fut prise soudainement d'un accès de fièvre presque délirante. Elle ouvrit brusquement les rideaux, et, se penchant à demi hors du lit, elle s'écria d'une voix entrecoupée de larmes :

— Rodolphe, remmène-moi ! je veux m'en aller !

— Oh ! dit Mimi, je vais mourir ici.

Le dimanche matin, qui était le jour où il devait aller voir Mimi, Rodolphe se rappela qu'il lui avait promis des violettes. Par une superstition poétique et amoureuse, il alla à pied, par un temps horrible, chercher les fleurs que lui avait demandées son amie, dans ces bois d'Aulnay et de Fontenay, où tant de fois il avait été avec elle. Cette nature si gaie, si joyeuse, sous le soleil des beaux jours de juin et d'août, il la trouva morne et glacée. Pendant deux heures il battit les buissons couverts de neige, souleva les massifs et les bruyères avec un petit bâton, et finit par réunir quelques brins de paillettes, justement dans une partie de bois qui avoisine l'étang du Plessis, et dont ils faisaient tous les deux leur retraite favorite quand ils venaient à la campagne.

En traversant le village de Châtillon pour retourner à Paris, Rodolphe rencontra sur la place de l'Église le cortége d'un baptême, dans lequel il reconnut un de ses amis qui était parrain avec une artiste de l'Opéra.

— Que diable faites-vous par ici ? demanda l'ami, très-surpris de voir Rodolphe dans ce pays.

Le poëte lui conta ce qui lui arrivait.

Le jeune homme qui avait connu Mimi, fut très-attristé par ce récit, et fouillant dans sa poche, il tira un sac de bonbons du baptême, et le remit à Rodolphe.

— Cette pauvre Mimi, vous lui donnerez ça de ma part, et vous lui direz que j'irai la voir.

— Venez donc vite, si vous voulez arriver à temps, lui dit Rodolphe en le quittant.

Quand Rodolphe arriva à l'hôpital, Mimi, qui ne pouvait pas bouger, lui sauta au cou d'un regard.

— Ah! voilà mes fleurs, s'écria-t-elle avec le sourire du désir satisfait.

Rodolphe lui conta son pèlerinage dans cette campagne qui avait été le paradis de leurs amours.

— Chères fleurs, dit la pauvre fille en baisant les violettes. Les bonbons la rendirent très-heureuse aussi. On ne m'a donc pas tout à fait oubliée! Vous êtes bons, vous autres jeunes gens. Ah! je les aime bien, tous tes amis, va! dit-elle à Rodolphe.

Cette entrevue fut presque gaie. Schaunard et Colline avaient rejoint Rodolphe. Il fallut que les infirmiers vinssent les faire sortir, car ils avaient dépassé l'heure de la visite.

— Adieu, dit Mimi; à jeudi, sans faute, et venez de bonne heure.

Le lendemain, en rentrant chez lui le soir Rodolphe reçut une lettre d'un élève en médecine, interne à l'hôpital, et à qui il avait recommandé sa malade. La lettre ne contenait que deux mots :

« Mon ami, j'ai une bien mauvaise nouvelle à vous apprendre : le n° 8 est mort. Ce matin en passant dans la salle, j'ai trouvé le lit vide. »

Rodolphe tomba sur une chaise et ne versa pas une larme. Quand Marcel rentra le soir, il trouva son ami dans la même attitude abrutie ; d'un geste, le poëte lui montra la lettre.

— Pauvre fille! dit Marcel.

— C'est étrange, fit Rodolphe, je ne sens rien là. Est-ce que mon amour était mort en apprenant que Mimi devait mourir.

— Qui sait! murmura le peintre.

La mort de Mimi causa un grand deuil dans le cénacle de la bohème.

Huit jours après, Rodolphe rencontra dans la rue l'interne qui lui avait annoncé la mort de sa maîtresse.

— Ah! mon cher Rodolphe, dit celui-ci en courant au-devant du poëte, pardonnez-moi le mal que je vous ai fait avec mon étourderie.

— Que voulez-vous dire? fit Rodolphe étonné.

— Comment, répliqua l'interne, vous ne savez pas, vous ne l'avez pas revue!

— Qui? s'écria Rodolphe.

— Elle, Mimi.

— Quoi! dit le poëte qui devint tout pâle.

— Je m'étais trompé. Quand je vous ai écrit cette affreuse nouvelle, j'avais été victime d'une erreur; et voici comment. J'étais resté absent de l'hôpital pendant deux jours. Quand j'y suis revenu, en suivant la visite, j'ai trouvé le lit de votre femme vide... j'ai demandé à la sœur où était la malade, elle m'a répondu qu'elle était morte dans la nuit. Voici ce qui était arrivé. Pendant mon absence, Mimi avait été changé de salle et de lit. Au n° 8, qu'elle avait quitté, on avait mis une autre femme qui mourut le même jour. C'est ce qui vous explique l'erreur dans laquelle je suis tombé. Le lendemain du jour où je vous ai écrit, j'ai trouvé Mimi dans une salle voisine. Votre absence l'avait mise dans un état horrible; elle m'a donné une lettre pour vous. Je l'ai portée à votre hôtel à l'instant même.

— Ah! mon Dieu! s'écria Rodolphe, depuis que j'ai cru que Mimi était morte, je ne suis pas rentré chez moi. J'ai couché à droite et à gauche chez mes amis. Mimi est vivante! O mon Dieu! que doit-elle penser de mon absence! Pauvre fille! pauvre fille! comment est-elle? quand l'avez-vous vue?

— Avant-hier matin, elle n'allait ni mieux ni plus mal; elle est très-inquiète et vous croit malade.

— Conduisez-moi sur le champ à la Pitié, dit Rodolphe, que je la voie.

— Attendez-moi un instant, dit l'interne quand ils furent à la porte de l'hôpital, je vais demander au directeur une permission pour vous faire entrer.

Rodolphe attendit un quart d'heure sous le vestibule. Quand l'interne revint vers lui, il lui prit la main et ne lui dit que ces mots :

— Mon ami, supposez que la lettre que je vous ai écrite il y a huit jours était vraie.

— Quoi! dit Rodolphe en s'appuyant sur une borne, Mimi...

— Ce matin, à quatre heures.

— Menez-moi à l'amphithéâtre, dit Rodolphe, que je la voie.

- Elle n'y est plus dit l'interne. En montrant au poète un grand fourgon qui se trouvait dans la cour, arrêté devant un pavillon, au-dessus duquel on lisait : *Amphithéâtre*, il ajouta : Elle est là.

C'était en effet, la voiture dans laquelle on transporte dans la fosse commune les cadavres qui n'ont pas été réclamés.

— Adieu, dit Rodolphe à l'interne.

— Voulez-vous que je vous accompagne? proposa celui-ci.

— Non, fit Rodolphe en s'en allant. J'ai besoin d'être seul.

XXIII

LA JEUNESSE N'A QU'UN TEMPS

Un an après la mort de Mimi, Rodolphe et Marcel, qui ne s'étaient pas quittés, inauguraient par une fête leur entrée dans le monde officiel. Marcel, qui avait enfin pénétré au salon, y avait exposé deux tableaux, dont l'un avait été acheté par un

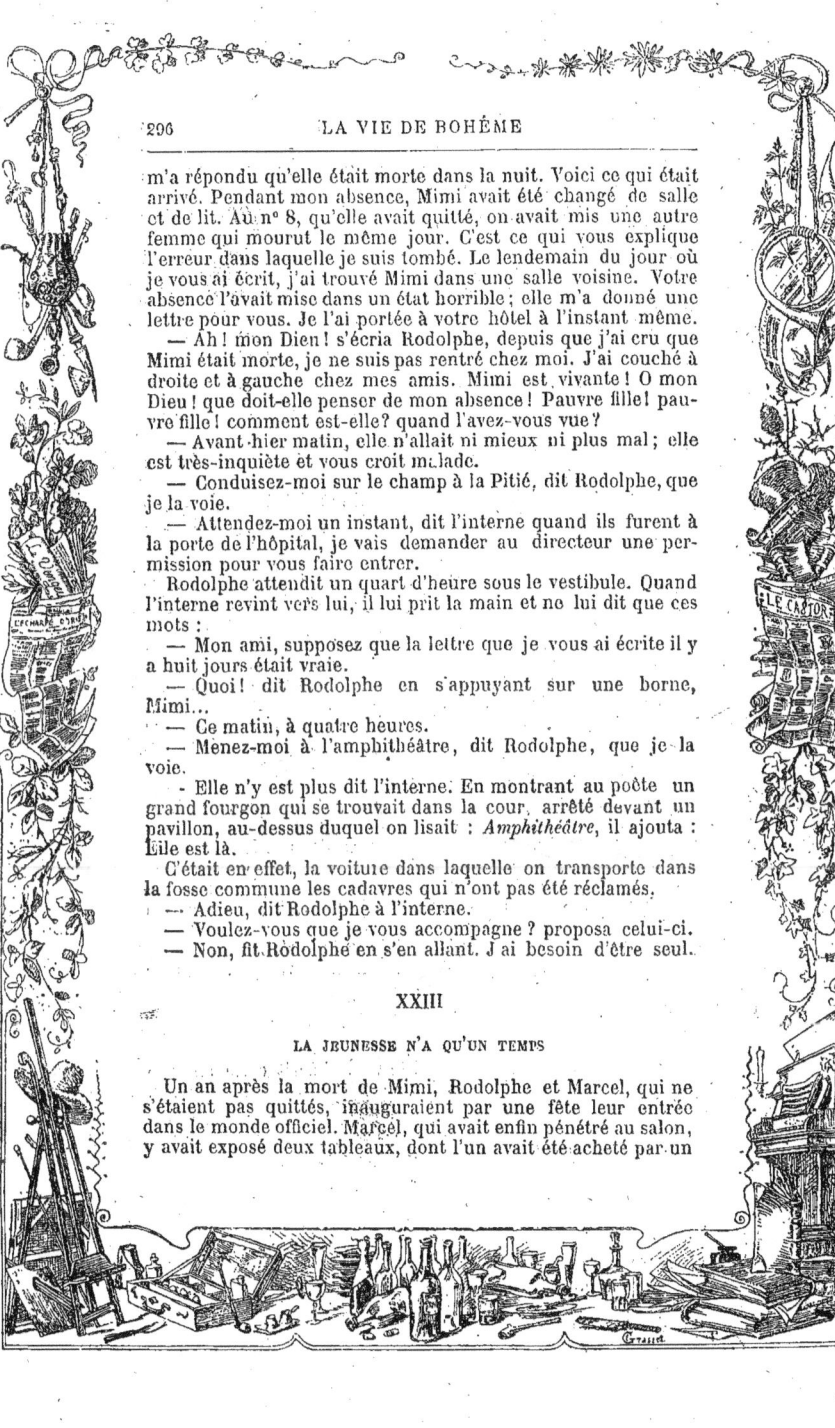

LA VIE DE BOHEME

Car je suis un excommunié entendez-vous bien?

riche Anglais qui jadis avait été l'amant de Musette. Du produit de cette vente et de celui d'une commande du gouvernement, Marcel avait en partie liquidé les dettes de son passé. Il s'était meublé un logement convenable, et avait un atelier sérieux. Presque en même temps, Schaunard et Rodolphe arrivaient devant le public, qui fait la renommée et la fortune, l'un avec un album de mélodies qui fut chanté dans tous les concerts, et qui commença sa réputation; l'autre avec un livre qui occupa la critique pendant un mois. Quant à Barbemuche, il avait depuis longtemps renoncé à la bohème, Gustave Colline avait hérité et fait un mariage avantageux, il donnait des soirées à musique et à gâteaux.

Un soir Rodolphe, assis dans *son* fauteuil, les pieds sur *son* tapis, vit entrer Marcel tout effaré.

— Tu ne sais pas ce qui vient de m'arriver? dit-il.

— Non, répondit le poète. Je sais que j'ai été chez toi, que tu y étais parfaitement, et qu'on n'a pas voulu m'ouvrir.

— Je t'ai entendu, en effet. Devine un peu avec qui j'étais.

— Que sais-je, moi.

— Avec Musette, qui est tombée chez moi, hier soir, en débardeur.

— Musette! tu as retrouvé Musette? fit Rodolphe avec un accent de regret.

— Ne t'inquiète pas, il n'y a pas eu de reprise d'hostilités; Musette est venue chez moi passer sa dernière nuit de bohème.

— Comment?

— Elle se marie.

— Ah bah! s'écria Rodolphe. Contre qui, Seigneur?

— Contre un maître de poste qui était le tuteur de son dernier amant, un drôle de corps, à ce qu'il paraît. Musette lui a dit : « Mon cher monsieur, avant de vous donner définitivement ma main et d'entrer à la mairie, je veux huit jours de liberté. J'ai mes affaires à arranger, et je veux boire mon dernier verre de champagne, danser mon dernier quadrille, et embrasser mon amant Marcel, qui est un monsieur comme tout le monde, à ce qu'il paraît. Et pendant huit jours la chère créature m'a cherché. C'est comme ça qu'elle est tombée chez moi hier soir, juste au moment où je pensais à elle. Ah! mon ami, nous avons passé une triste nuit en somme, ce n'était plus ça du tout, mais du tout. Nous avions l'air d'une mauvaise copie d'un chef-d'œuvre? J'ai même fait à propos de cette dernière séparation une petite complainte que je vais te larmoyer, si tu permets; et Marcel se mit à fredonner les couplets suivants :

> Hier, en voyant une hirondelle
> Qui nous ramenait le printemps,
> Je me suis rappelé la belle
> Qui m'aima quand elle eut le temps,

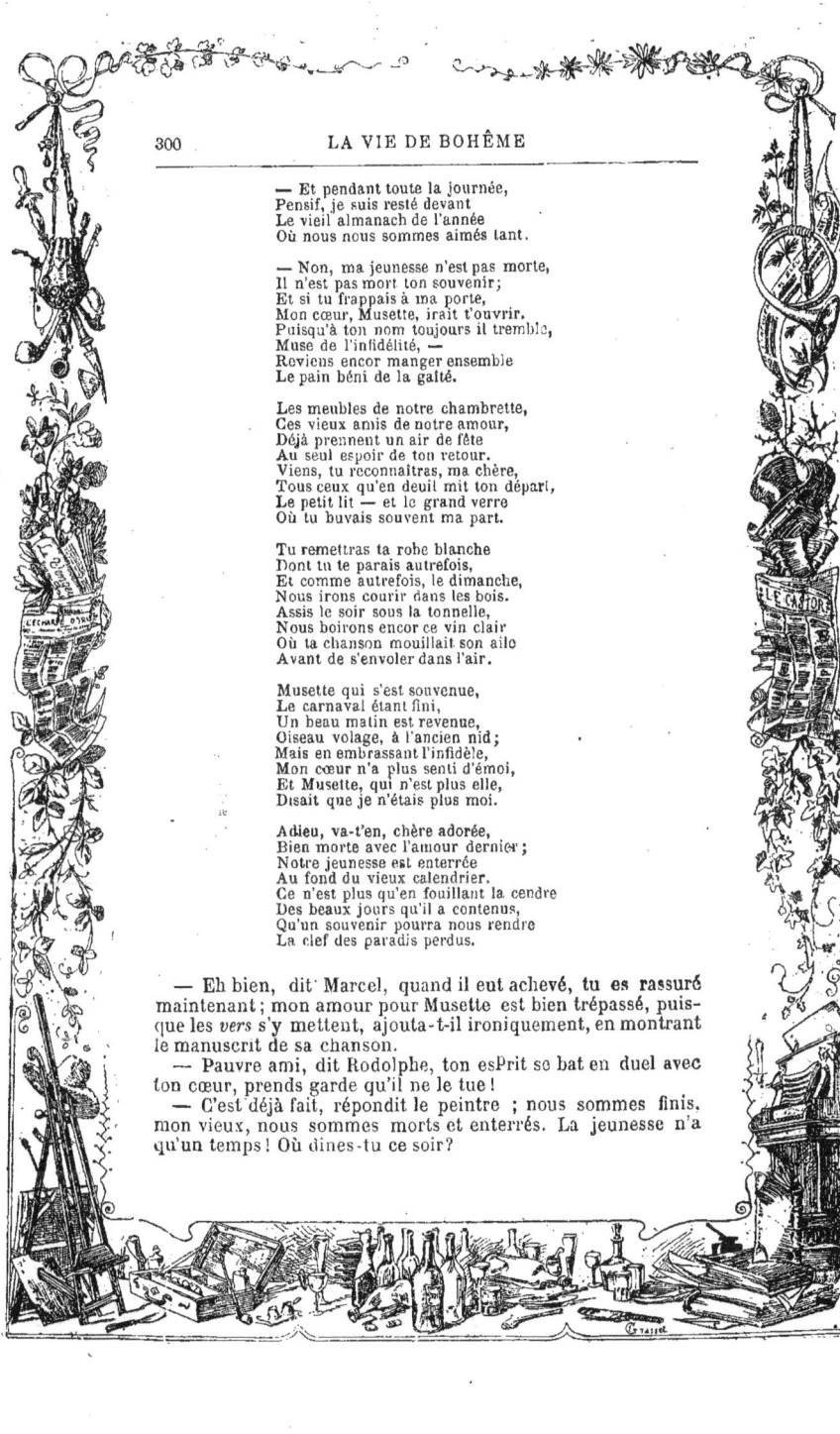

— Et pendant toute la journée,
Pensif, je suis resté devant
Le vieil almanach de l'année
Où nous nous sommes aimés tant.

— Non, ma jeunesse n'est pas morte,
Il n'est pas mort ton souvenir;
Et si tu frappais à ma porte,
Mon cœur, Musette, irait t'ouvrir.
Puisqu'à ton nom toujours il tremble,
Muse de l'infidélité, —
Reviens encor manger ensemble
Le pain béni de la gaîté.

Les meubles de notre chambrette,
Ces vieux amis de notre amour,
Déjà prennent un air de fête
Au seul espoir de ton retour.
Viens, tu reconnaîtras, ma chère,
Tous ceux qu'en deuil mit ton départ,
Le petit lit — et le grand verre
Où tu buvais souvent ma part.

Tu remettras ta robe blanche
Dont tu te parais autrefois,
Et comme autrefois, le dimanche,
Nous irons courir dans les bois.
Assis le soir sous la tonnelle,
Nous boirons encor ce vin clair
Où ta chanson mouillait son aile
Avant de s'envoler dans l'air.

Musette qui s'est souvenue,
Le carnaval étant fini,
Un beau matin est revenue,
Oiseau volage, à l'ancien nid;
Mais en embrassant l'infidèle,
Mon cœur n'a plus senti d'émoi,
Et Musette, qui n'est plus elle,
Disait que je n'étais plus moi.

Adieu, va-t'en, chère adorée,
Bien morte avec l'amour dernier;
Notre jeunesse est enterrée
Au fond du vieux calendrier.
Ce n'est plus qu'en fouillant la cendre
Des beaux jours qu'il a contenus,
Qu'un souvenir pourra nous rendre
La clef des paradis perdus.

— Eh bien, dit Marcel, quand il eut achevé, tu es rassuré maintenant; mon amour pour Musette est bien trépassé, puisque les *vers* s'y mettent, ajouta-t-il ironiquement, en montrant le manuscrit de sa chanson.

— Pauvre ami, dit Rodolphe, ton esprit se bat en duel avec ton cœur, prends garde qu'il ne le tue!

— C'est déjà fait, répondit le peintre; nous sommes finis, mon vieux, nous sommes morts et enterrés. La jeunesse n'a qu'un temps! Où dînes-tu ce soir?

— Si tu veux, dit Rodolphe, nous irons dîner à douze sous dans notre ancien restaurant de la rue du Four, là où il y a des assiettes en faïence de village, et où nous avions si faim quand nous avions fini de manger.

— Ma foi, non, répliqua Marcel. Je veux bien consentir à regarder le passé, mais ce sera à travers d'une bouteille de vrai vin, et assis dans un bon fauteuil. Qu'est-ce que tu veux, je suis un corrompu. Je n'aime plus que ce qui est bon!

FIN

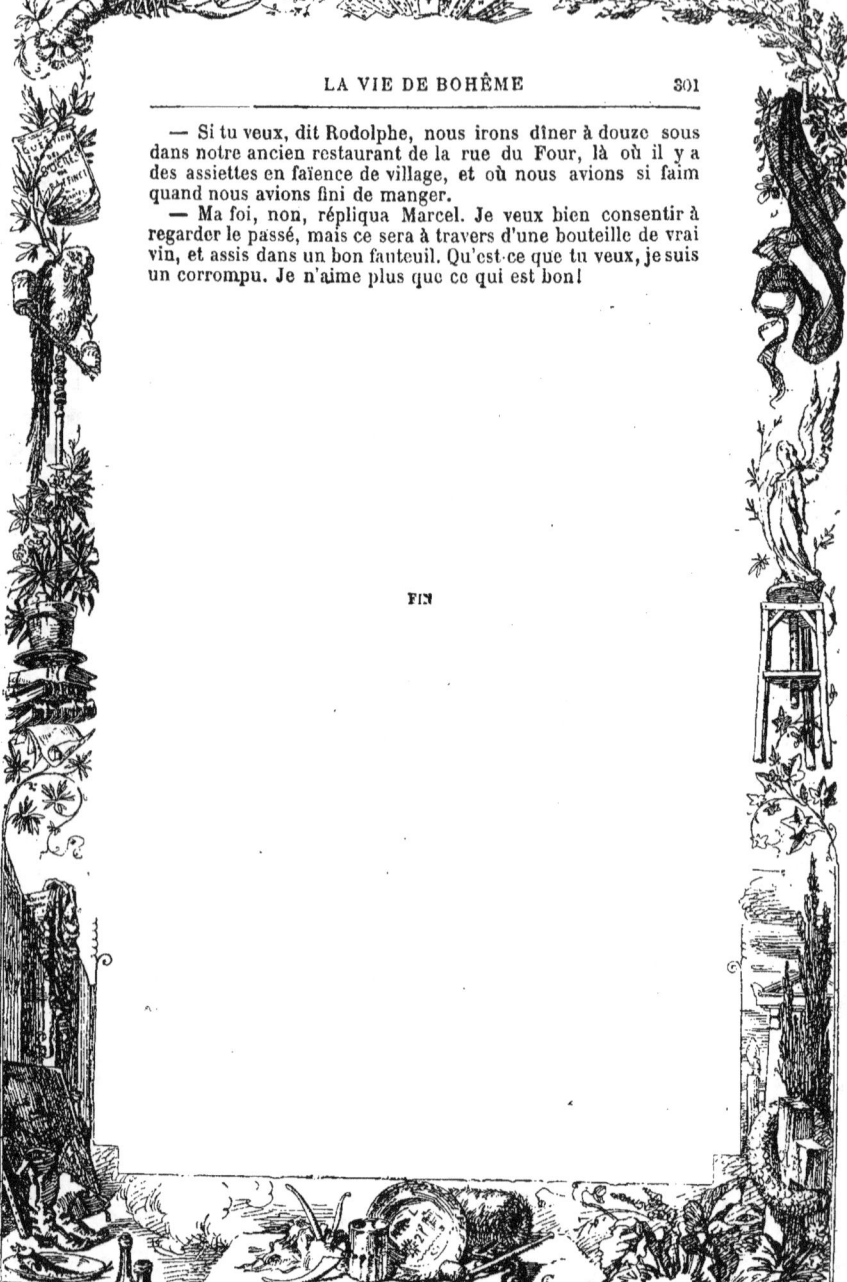

TABLE DES MATIÈRES

Chap.		
Iᵉʳ.	Comment fut institué le cénacle de bohème	1
II.	Un Employé de la Providence	35
III.	Les Amours de carême	40
IV.	Ali-Rodolphe, ou le Turc par nécessité	51
V.	L'Écu de Charlemagne	59
VI.	Mademoiselle Musette	67
VII.	Les Flots du Pactole	72
VIII.	Ce que coûte une pièce de 5 francs	85
IX.	Les Violettes du pôle	93
X.	Le Cap des tempêtes	101
XI.	Un Café de la bohème	110
XII.	Une Réception dans la bohème	118
XIII.	La Crémaillère	139
XIV.	Mademoiselle Mimi	147
XV.	Donec gratus	164
XVI.	Le passage de la mer Rouge	172
XVII.	La Toilette des Grâces	180
XVIII.	Le Manchon de Francine	197
XIX.	Les Fantaisies de Musette	220
XX.	Mimi a des plumes	243
XXI.	Roméo et Juliette	259
XXII.	Épilogue des amours de Rodolphe et de mademoiselle Mimi	268
XXIII.	La Jeunesse n'a qu'un temps	296

FIN DE LA TABLE.

F. AUREAU. — Imprimerie de Lagny

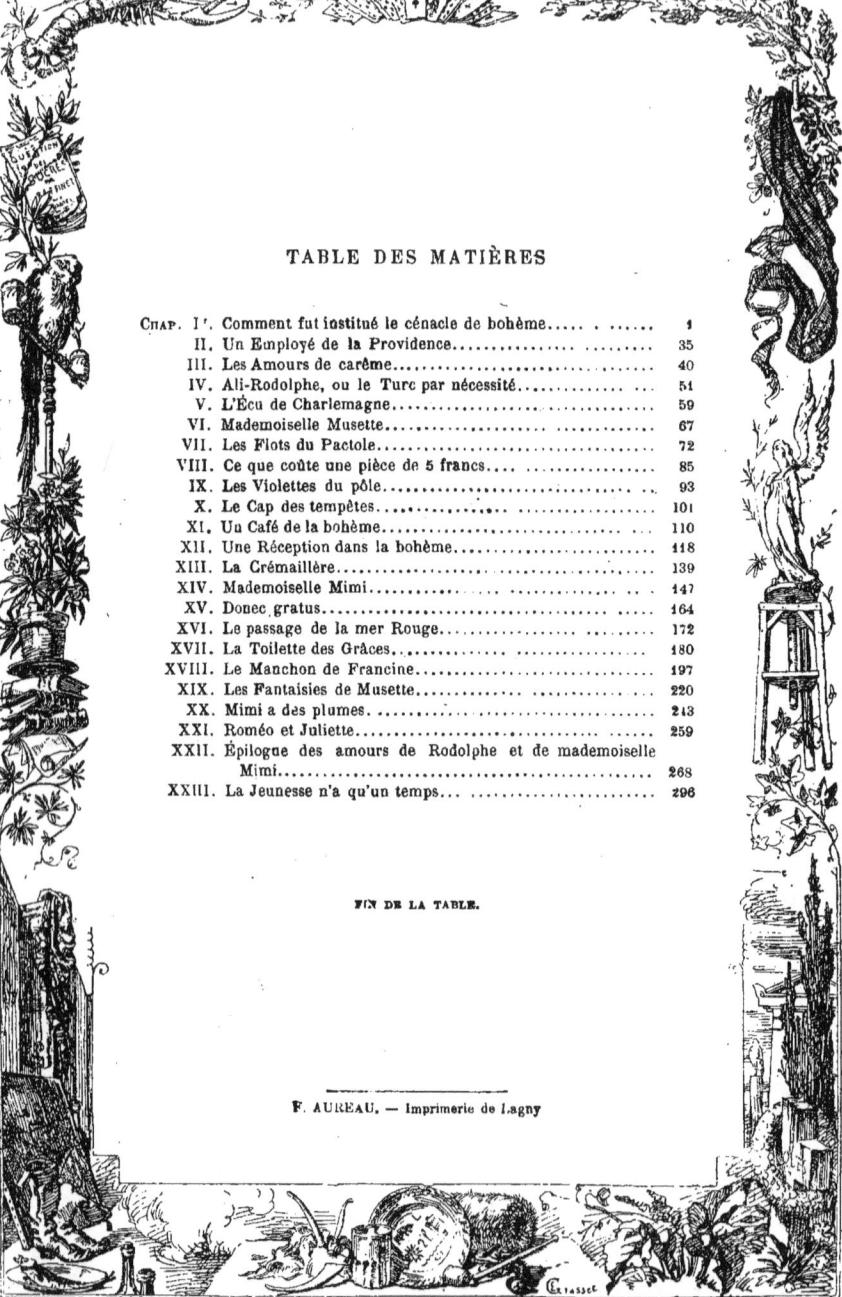

LA VIE DE BOHÊME

Angèle ! chère Angèle ! murmura Claude.

LE
PAYS LATIN

I

Vers les derniers jours du mois d'octobre, à l'époque de la rentrée de vacances, la *Poule-Noire*, lourde diligence qui faisait le service entre Joigny et Paris, déposa rue des Nonaindières un jeune homme qui, après avoir transporté sa malle dans un fiacre, se fit conduire place Saint-Sulpice, où il prit pied à terre dans un hôtel habité presque exclusivement par des professeurs et des ecclésiastiques. Ce jeune homme s'appelait Claude Bertolin et venait à Paris pour y étudier la médecine : il était né à Joigny, en Bourgogne, et avait un peu plus de vingt ans. Fils d'anciens commerçants qui avaient amassé une petite fortune, Claude était resté orphelin à l'époque de l'adolescence, et fut alors recueilli par son oncle, curé dans un petit village qui se mire au bord de l'Yonne et s'appelle Cézy. L'abbé Bertolin, devenu le tuteur de son neveu, se chargea de son éducation, et, pour mettre le jeune homme en état de choisir, quand le temps en serait venu, la profession qui pourrait le mieux convenir à ses goûts, il lui donna une instruction semblable à celle que les jeunes gens reçoivent dans les colléges ; mais le vieux prêtre n'infusa point la science dans l'esprit de son pupille à la manière des professeurs qui la rendent si amère en employant avec tous leurs écoliers, quels que soient d'ailleurs les différences et le degré d'aptitude dans les intelligences, une méthode unique d'enseignement brutal. Ses classes terminées, il arriva donc que l'élève du curé savait ce qu'il avait appris et le savait bien, comme on sait ordinairement les choses dont l'étude a été facile.

Les vœux de la mère de Claude avaient été de voir un jour

son fils embrasser la carrière ecclésiastique ; mais l'abbé Bertolin, qui n'avait pas toujours été sans inquiétudes sur la santé de son neveu, pensa que les austérités, les abstinences et toutes les fatigantes pratiques du noviciat seraient peut-être dangereuses pour Claude. Aussi employa-t-il toute son influence à détourner son élève de cette idée, à laquelle, tout jeune, celui-ci s'était particulièrement attaché, guidé peut-être par le désir qu'avait exprimé sa mère, et peut-être aussi par les instincts natifs qui attiraient Claude vers une vie de recueillement et de tranquillité.

L'abbé Bertolin avait pour ami le docteur Michelon, médecin à Joigny, qui n'est séparé du village de Cézy que par la rivière de l'Yonne, fort étroite dans cet endroit et guéable pendant les beaux temps. Grâce à ce voisinage, le curé et le docteur se fréquentaient assidûment, et une fois par semaine ils dînaient l'un chez l'autre, Un soir, l'abbé consultant le médecin sur la profession qu'il devait donner à son neveu, le docteur Michelon lui indiqua la médecine et acheva la consultation par la confidence d'un projet qu'il avait conçu. Ce projet était simplement un mariage entre Claude et la fille du docteur, mademoiselle Angélique, une modeste et jolie personne qui avait été élevée dans un des meilleurs pensionnats de Sens, jouait du piano et dessinait à la sépia d'après les cahiers d'Hubert.

— Mais, dit l'abbé sans trop s'émouvoir de la belle position, avez-vous donc remarqué, docteur, quelque chose qui pût vous faire supposer une inclination entre ces deux jeunes gens ? Mon neveu ou votre fille vous auraient-ils parlé dans ce sens ?

— Aucunement, reprit le docteur. Claude, vous le savez, ne parle guère, et ma fille n'est point bavarde, mais j'ai des yeux, et j'ai vu.

— Quoi donc ? dit l'abbé avec une nuance d'inquiétude.

— Rien qui soit de nature à vous effrayer, reprit M. Michelon en frappant familièrement sur les genoux du curé, rien qui ne soit bien simple et bien innocent. J'ai vu que nos deux enfants se regardaient beaucoup, d'où je conclus qu'un beau jour ils finiront par s'apercevoir. Et où serait le mal, curé ? Connaîtriez-vous quelque obstacle à ce que votre neveu devînt mon gendre ?

— Aucun ; mais je dois vous rappeler que Claude n'est pas riche. Les frais de ses études et le temps qu'il passera à Paris emporteront la plus grosse part de ce que lui ont laissé ses parents, et ce qui en restera... ne fera pas grand'chose, car je ne suis pas riche non plus, et après ma mort...

— Sans reproche, curé, dit le médecin, faisant en sourdine une allusion aux charités particulières du prêtre, vous pourriez être plus à votre aise. Ainsi voilà six ans que vous méditez l'achat d'une étole neuve pour les fêtes carillonnées ; cependant je parie qu'à la Noël prochaine vous direz encore la grand'messe avec la vieille.

— Que voulez-vous, docteur? répliqua l'abbé, la fabrique n'est pas riche non plus, et quand viendront les neiges de Noël, le bon pasteur, mon maître, aimera mieux, j'en suis sûr, un chaud vêtement de futaine sur le dos d'un pauvre qu'une étole de soie et d'or sur les épaule de son serviteur.

— Après tout, reprit Michelon en revenant à son idée, pensez-vous donc que je donne un million de dot à ma fille? Point, s'il vous plaît; elle n'aura guère plus que votre neveu : un clos de vingt futailles et quelques milliers d'écus, voilà tout ce que je mettrai en bas du contrat de mariage d'Angélique. Claude a la petite maison de ses parents, à Saint-Aubin, et quelques sous dans le fond de votre tiroir; quand il sera reçu médecin, je lui céderai ma clientèle, si Dieu me la conserve. Eh bien! avec tout cela, ces enfants auront de quoi vivre auprès de nous. Et si l'épidémie de santé qui règne dans ce pays-ci fait les trois quarts du temps une sinécure de l'état de médecin, Claude aura toujours la ressource de se faire vigneron, l'état naturel des Bourguignons, un joli état quand on a le soleil pour soi, et qu'on sait acheter les tonneaux à bon compte. Pas vrai, l'abbé? Eh bien! que dites-vous de ma proposition?

— Je parlerai à Claude, répondit le curé en mettant un doigt sur sa bouche pour indiquer au docteur qu'il fallait causer d'autre chose, car Angélique venait d'entrer dans la chambre, apportant le damier que son père lui avait demandé pour faire une partie avec l'abbé, qui le gagnait obstinément. La jeune fille avait un air tout mélancolique, et se retira tout silencieusement dans sa chambre, après avoir allumé la lampe. En poussant les premiers pions, l'abbé dit au docteur:

— Qu'a donc votre fille, ce soir? Elle paraît triste.
— Elle est fâchée. Je vous prends deux pions, l'abbé.
— Je me fais prendre exprès.
— Fâchée... et contre qui?
— Contre vous, répliqua le docteur en préparant sournoisement un coup dangereux pour son adversaire.
— Contre moi, et pourquoi donc? demanda le curé Bertolin, qui opposa un défensive savante à l'attaque plus brave que réfléchie du docteur.
— Pourquoi? dit celui-ci, parce que vous n'avez pas amené votre neveu dîner avec nous ce soir. Permettez-moi de vous souffler un pion, l'abbé.
— C'est juste; mais, continua le curé, ce n'est pas moi qui ai empêché Claude de venir; c'est lui qui a voulu rester au presbytère. A votre tour de prendre, docteur.
— C'est grave, dit M. Michelon en se posant dans une attitude méditative. Si je prends à gauche, murmura-t-il tout bas, comme s'il se fût parlé à lui-même, il me rafle cinq pions...
— Et si vous me prenez à droite, répond l'abbé d'un air triomphant, je vais à dame et je suis maître de la grande ligne.

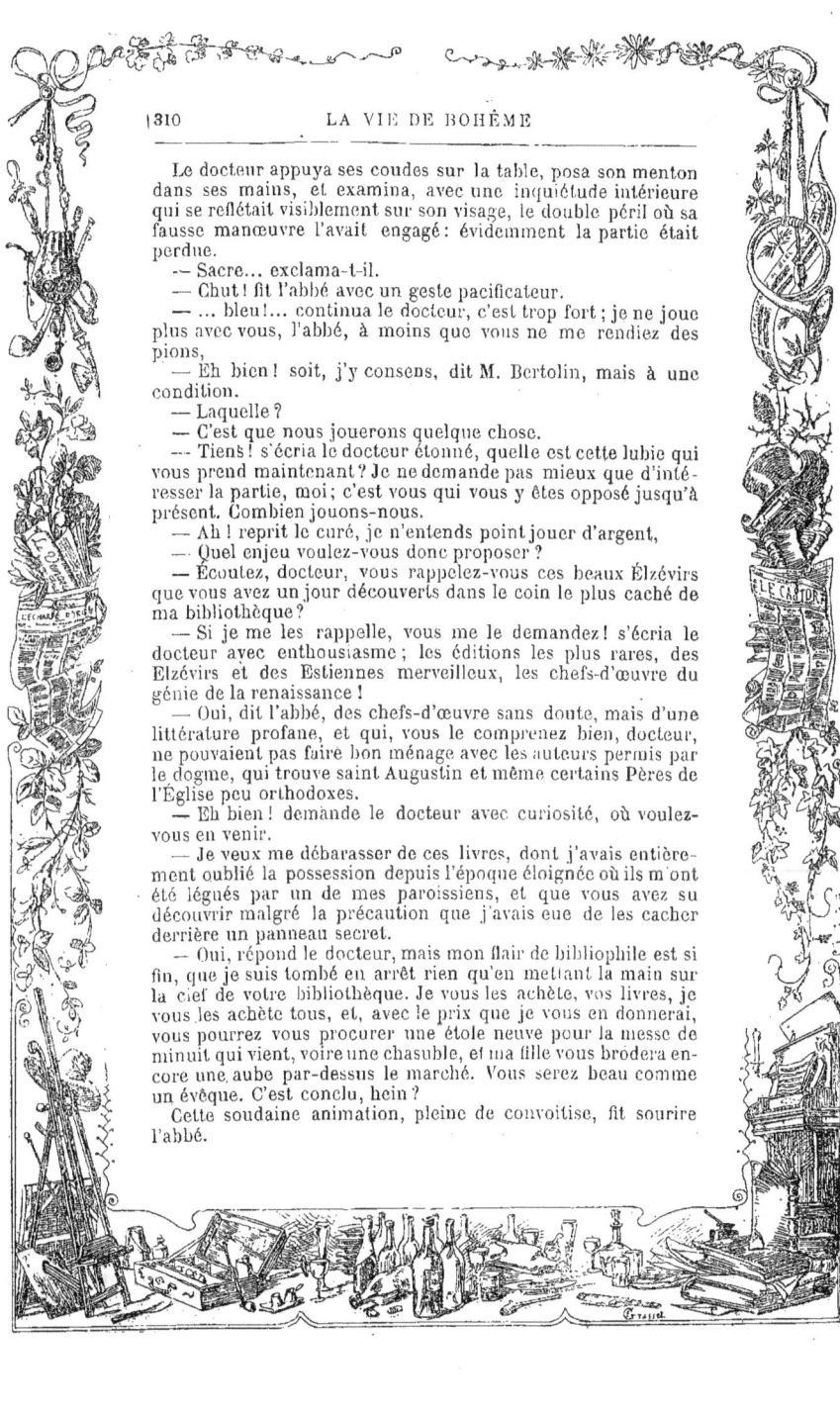

Le docteur appuya ses coudes sur la table, posa son menton dans ses mains, et examina, avec une inquiétude intérieure qui se reflétait visiblement sur son visage, le double péril où sa fausse manœuvre l'avait engagé : évidemment la partie était perdue.

— Sacre... exclama-t-il.

— Chut! fit l'abbé avec un geste pacificateur.

— ... bleu!... continua le docteur, c'est trop fort ; je ne joue plus avec vous, l'abbé, à moins que vous ne me rendiez des pions,

— Eh bien! soit, j'y consens, dit M. Bertolin, mais à une condition.

— Laquelle?

— C'est que nous jouerons quelque chose.

— Tiens! s'écria le docteur étonné, quelle est cette lubie qui vous prend maintenant? Je ne demande pas mieux que d'intéresser la partie, moi ; c'est vous qui vous y êtes opposé jusqu'à présent. Combien jouons-nous.

— Ah! reprit le curé, je n'entends point jouer d'argent,

— Quel enjeu voulez-vous donc proposer?

— Écoutez, docteur, vous rappelez-vous ces beaux Elzévirs que vous avez un jour découverts dans le coin le plus caché de ma bibliothèque?

— Si je me les rappelle, vous me le demandez! s'écria le docteur avec enthousiasme ; les éditions les plus rares, des Elzévirs et des Estiennes merveilleux, les chefs-d'œuvre du génie de la renaissance !

— Oui, dit l'abbé, des chefs-d'œuvre sans doute, mais d'une littérature profane, et qui, vous le comprenez bien, docteur, ne pouvaient pas faire bon ménage avec les auteurs permis par le dogme, qui trouve saint Augustin et même certains Pères de l'Église peu orthodoxes.

— Eh bien! demande le docteur avec curiosité, où voulez-vous en venir.

— Je veux me débarrasser de ces livres, dont j'avais entièrement oublié la possession depuis l'époque éloignée où ils m'ont été légués par un de mes paroissiens, et que vous avez su découvrir malgré la précaution que j'avais eue de les cacher derrière un panneau secret.

— Oui, répond le docteur, mais mon flair de bibliophile est si fin, que je suis tombé en arrêt rien qu'en mettant la main sur la clef de votre bibliothèque. Je vous les achète, vos livres, je vous les achète tous, et, avec le prix que je vous en donnerai, vous pourrez vous procurer une étole neuve pour la messe de minuit qui vient, voire une chasuble, et ma fille vous brodera encore une aube par-dessus le marché. Vous serez beau comme un évêque. C'est conclu, hein?

Cette soudaine animation, pleine de convoitise, fit sourire l'abbé.

— Mais, dit-il, je ne vous ai pas parlé d'une vente.
— Ah! fit le docteur tout décontenancé. Eh bien! alors à quoi bon me mettre ainsi inutilement l'eau à la bouche, si vous ne voulez pas vous dessaisir de ces trésors, dont vous ne pouvez pas profiter, vous en convenez vous-même ? Je ne vous en parlais plus, moi ; cependant vous aviez bien deviné que je mourais d'envie de les avoir. Ah! il y a surtout un Rabelais... un collègue à vous, curé... avec des marges... pour l'avoir en ce monde, je donnerais ma part de paradis dans l'autre !
— Ah! ah ! s'écria l'abbé, je vous y prends ; vous y croyez donc ?

Cette boutade, décochée au matérialisme affecté par le docteur, ne l'arrêta pas.

— Voyons, l'abbé, reprit-il, arrangeons cette affaire-là. Les rats finiront par les manger, ces livres: vendez-les-moi. Tenez, je donnerai une cloche à votre paroisse. La méchante crécelle fêlée qui se balance dans votre clocher se fait entendre à peine et vos paroissiens s'emparent de ce prétexte pour manquer la messe. Une belle cloche, l'abbé, dont votre neveu sera parrain avec ma fille, et qui fera autant de bruit qu'un carillon de métropole, din, din, ding ! Le curé de Saint-Aubin, qui est si fier de sa *Jacqueline*, en séchera de jalousie dans sa stalle.

— Merci, merci, dit le prêtre en riant toujours, je n'ai point besoin de cloche.

— Si fait, reprit le docteur, je vous dis que la vôtre fait pitié ; c'est un méchant grelot.

— Le conseil municipal m'a promis une cloche neuve pour la prochaine grande fête, répondit l'abbé ; ainsi vous voyez...

— Mais alors, reprit le docteur avec tant de vivacité que ses lunettes dansaient sur son nez, puisque vous ne voulez ni les vendre ni les changer, ces livres, expliquez-moi comment vous entendez vous en débarrasser, car je ne comprends pas... à moins que... Dites donc, l'abbé, est-ce que vous voudriez m'en faire cadeau ? s'écria le docteur, comme un homme qui, après avoir cherché, croit avoir trouvé le mot d'une énigme.

— Non pas précisément. Je... vous les joue, dit le curé en accentuant ses paroles, je vous les joue : comprenez-vous maintenant?

— Ah bah ! vous me les jouez... sacre...

— Chut ! fit de nouveau l'abbé.

— Sacr... isti... Eh bien! mais, j'y songe, contre quoi me les jouez-vous, au fait? Avez-vous donc découvert ici quelque chose qui vous fasse envie ?

— Écoutez, dit le curé, voici comment j'entends régler la partie ; elle aura d'ailleurs ceci d'avantageux pour vous, que, de quelle façon que tourne la chance, vous gagnerez néanmoins.

— Comment, l'abbé, même si je perds, je gagnerai? Vous êtes aussi difficile à comprendre qu'un miracle : soyez plus clair.

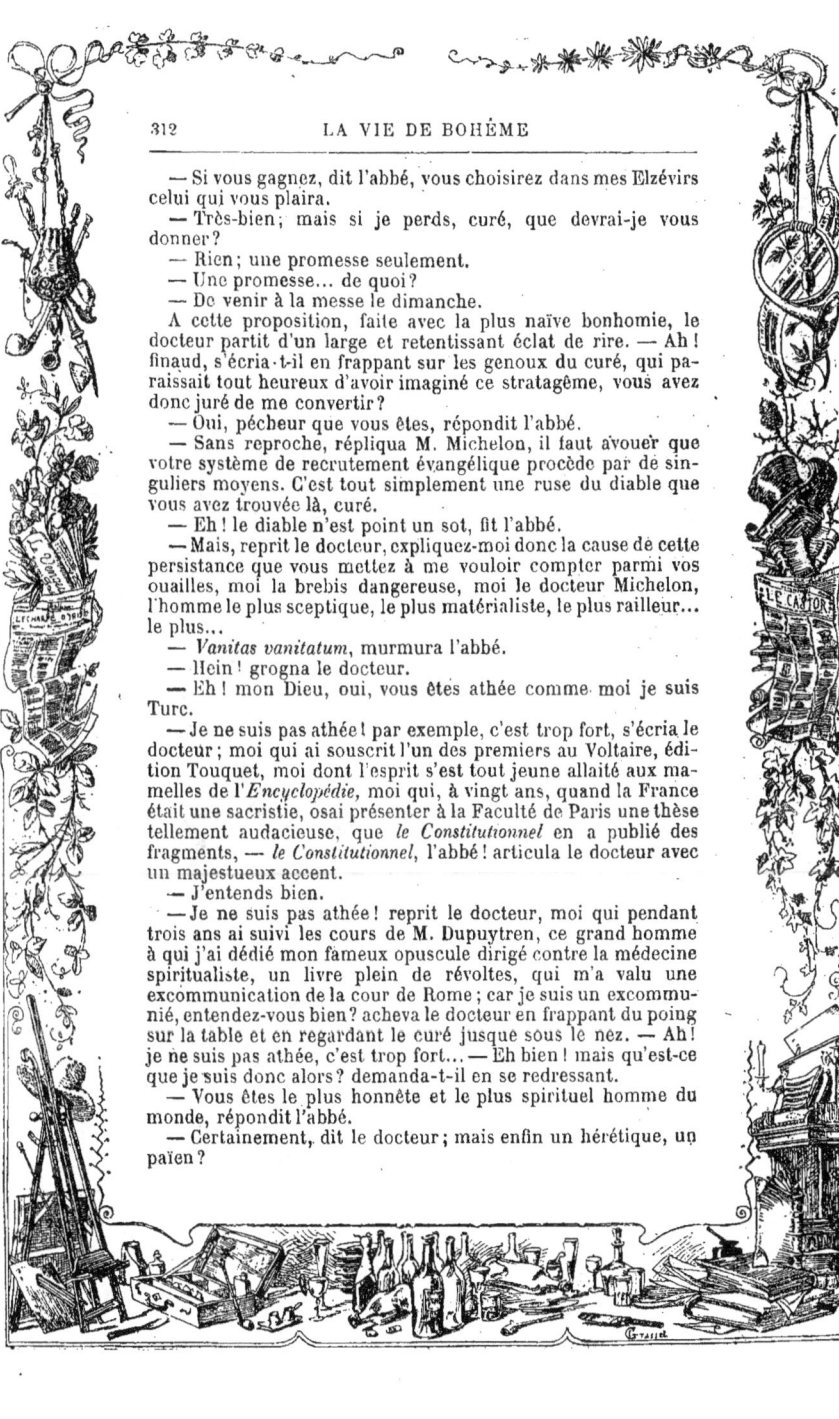

— Si vous gagnez, dit l'abbé, vous choisirez dans mes Elzévirs celui qui vous plaira.

— Très-bien; mais si je perds, curé, que devrai-je vous donner?

— Rien; une promesse seulement.

— Une promesse... de quoi?

— De venir à la messe le dimanche.

A cette proposition, faite avec la plus naïve bonhomie, le docteur partit d'un large et retentissant éclat de rire. — Ah! finaud, s'écria-t-il en frappant sur les genoux du curé, qui paraissait tout heureux d'avoir imaginé ce stratagème, vous avez donc juré de me convertir?

— Oui, pécheur que vous êtes, répondit l'abbé.

— Sans reproche, répliqua M. Michelon, il faut avouer que votre système de recrutement évangélique procède par de singuliers moyens. C'est tout simplement une ruse du diable que vous avez trouvée là, curé.

— Eh! le diable n'est point un sot, fit l'abbé.

— Mais, reprit le docteur, expliquez-moi donc la cause de cette persistance que vous mettez à me vouloir compter parmi vos ouailles, moi la brebis dangereuse, moi le docteur Michelon, l'homme le plus sceptique, le plus matérialiste, le plus railleur... le plus...

— *Vanitas vanitatum*, murmura l'abbé.

— Hein! grogna le docteur.

— Eh! mon Dieu, oui, vous êtes athée comme moi je suis Turc.

— Je ne suis pas athée! par exemple, c'est trop fort, s'écria le docteur; moi qui ai souscrit l'un des premiers au Voltaire, édition Touquet, moi dont l'esprit s'est tout jeune allaité aux mamelles de l'*Encyclopédie*, moi qui, à vingt ans, quand la France était une sacristie, osai présenter à la Faculté de Paris une thèse tellement audacieuse, que *le Constitutionnel* en a publié des fragments, — *le Constitutionnel*, l'abbé! articula le docteur avec un majestueux accent.

— J'entends bien.

— Je ne suis pas athée! reprit le docteur, moi qui pendant trois ans ai suivi les cours de M. Dupuytren, ce grand homme à qui j'ai dédié mon fameux opuscule dirigé contre la médecine spiritualiste, un livre plein de révoltes, qui m'a valu une excommunication de la cour de Rome; car je suis un excommunié, entendez-vous bien? acheva le docteur en frappant du poing sur la table et en regardant le curé jusque sous le nez. — Ah! je ne suis pas athée, c'est trop fort... — Eh bien! mais qu'est-ce que je suis donc alors? demanda-t-il en se redressant.

— Vous êtes le plus honnête et le plus spirituel homme du monde, répondit l'abbé.

— Certainement, dit le docteur; mais enfin un hérétique, un païen?

LA VIE DE BOHÊME

De dix pas en dix pas il se heurtait à une vivante conjugaison du verbe aimer.

— Eh! reprit l'abbé, croyez-vous donc que je ne vous aie point jugé depuis le temps que je vous connais, et pensez-vous que je prenne au sérieux ce matérialisme brutal, qui est chez vous moins une conviction qu'un instrument de métier qui trouve sa place dans votre trousse, entre vos bistouris et vos scalpels! Non, docteur, au fond de l'âme vous n'êtes point ce que vous dites : pratiquer la vertu et la respecter, l'avoir en soi et la désirer chez les autres, ce n'est point là le fait d'un homme qui croirait réellement que tout est dit quand la mort est venue, et que rien ne reste de nous après nous.

— Ta, ta, ta, sifflota le docteur entre ses dents. Je sais ce que je sais. Depuis trente ans, j'ai les mêmes principes; on ne se trompe pas pendant trente ans!

— On se trompe quelquefois toute la vie, répondit l'abbé.

— Tenez, dit M. Michelon, parlons d'autre chose, et revenons à notre partie.

— Soit.

— Il est bien entendu que vous me demanderez un autre enjeu...

— Ah! pour cela, non... non, docteur. Si vous perdez, vous viendrez à la messe le dimanche, et il en sera ainsi pour chaque partie que je gagnerai.

— Alors n'en parlons plus, fit le docteur légèrement.

— N'en parlons plus, dit le curé.

— Vous garderez donc ces livres... *dangereux?*... reprit le docteur après un moment de silence.

— Non, répondit l'abbé, et, puisque vous n'y tenez pas... je vais les brûler tous en rentrant.

— Les brûler! s'écria M. Michelon en faisant un bond, détruire de semblables chefs-d'œuvre! mais c'est un sacrilége, vous ne le commettrez pas; grâce au moins pour le Rabelais!

— Demain, je vous en apporterai les cendres, dit tranquillement l'abbé en regardant son ami.

— Mais songez donc, reprit tout à coup le docteur après un nouveau silence, songez donc que ma présence à l'église serait une apostasie.

— Ce mot d'apostasie, dit le prêtre, me rappelle que, parmi les livres en question, se trouve précisément le livre d'heures sur lequel le roi Henri IV suivit la messe le jour de son abjuration, qui était aussi une apostasie, celle de l'erreur.

— Mais, continua le docteur... si je consentais à ce que vous me demandez, ce ne serait jamais que comme contraint et forcé, malgré moi, et alors votre but ne serait pas atteint, car ce ne serait point une conversion; et puis, ajouta M. Michelon en manière d'argument irrésistible, ne craignez-vous pas que la présence d'un excommunié dans une église ne soit un sacrilége?

— Je prends sur moi de vous en absoudre, répondit l'abbé.

— Enfin, s'écria le docteur à bout de raisons, qu'est-ce que vous gagnerez à une semblable partie, vous, l'abbé?... Ah!

mais j'y songe, dit-il en se grattant l'oreille; en effet, ma présence à la messe passera pour une conversion aux yeux du monde, et, comme on connaît notre intimité, c'est vous qui serez jugé l'auteur de ce retour au bercail... Je comprends votre but... c'est une affaire d'amour-propre... comme nous autres médecins, quand nous nous obstinons après une cure, moins pour le malade que pour la gloire qui nous en revient... *Vanitas vanitatum!*... Ah ! l'abbé, je ne suis pas fâché de vous retourner votre citation.

— Je vous permets de tout supposer, répliqua le curé ; il y a en effet dans ma persistance un motif intéressé en apparence, et, s'il vous plaît de le connaître, le voici dans toute sa naïve simplicité : les gens de ce pays-ci sont un peu comme les moutons de Panurge.

— Ah ! vous connaissez Panurge? dit le docteur en riant.

— De réputation proverbiale... Je disais donc que nos paysans font un peu ce qu'ils voient faire, et que la présence au banc d'œuvre de ma paroisse d'un homme estimé, honoré et aimé comme vous l'êtes, serait d'un bon exemple pour eux.

— Voyons, l'abbé, combien me rendrez-vous de points... si j'accepte la partie dans les termes posés par vous ? demanda le docteur, attiré, malgré lui, vers les splendides bouquins.

— Un pion !

— Ah ! un peu de conscience... égalisons les forces, maintenant que la partie est sérieuse... Je veux deux pions, sinon... nous en resterons là définitivement.

— Eh bien ! soit, deux pions, répondit le curé.

— Commençons-nous ce soir ?

— A vos ordres.

— Allons donc alors... dit le docteur. Et on ne soufflera pas ? ajouta-t-il en sauvegardant d'avance son étourderie accoutumée.

— Soit, répondit l'abbé. A vous à jouer.

La partie dura un quart d'heure, silencieuse et muette. Le docteur fit des prodiges de valeur, mais enfin il dut se rendre, immobilisé dans son jeu par deux dames maîtresses, qui ne lui permettaient pas même de faire partie nulle.

— J'ai perdu... dit-il.

— Les dettes de jeu se payent dans les vingt-quatre heures; je crois ; c'est demain dimanche, docteur.

— A quelle heure la messe?

— A onze heures.

— J'y serai ; mais vous savez que je vous demanderai une revanche.

— Tout ce que vous voudrez, docteur, dit le prêtre en prenant son chapeau pour sortir. A demain matin pour la messe, ajouta-t-il en donnant une poignée de main à M. Michelon.

— A demain soir pour la partie, répondit celui-ci.

Le lendemain, exact à tenir sa parole, le docteur entrait dans la paroisse de Cézy, accompagnait sa fille, qu'on avait dans le

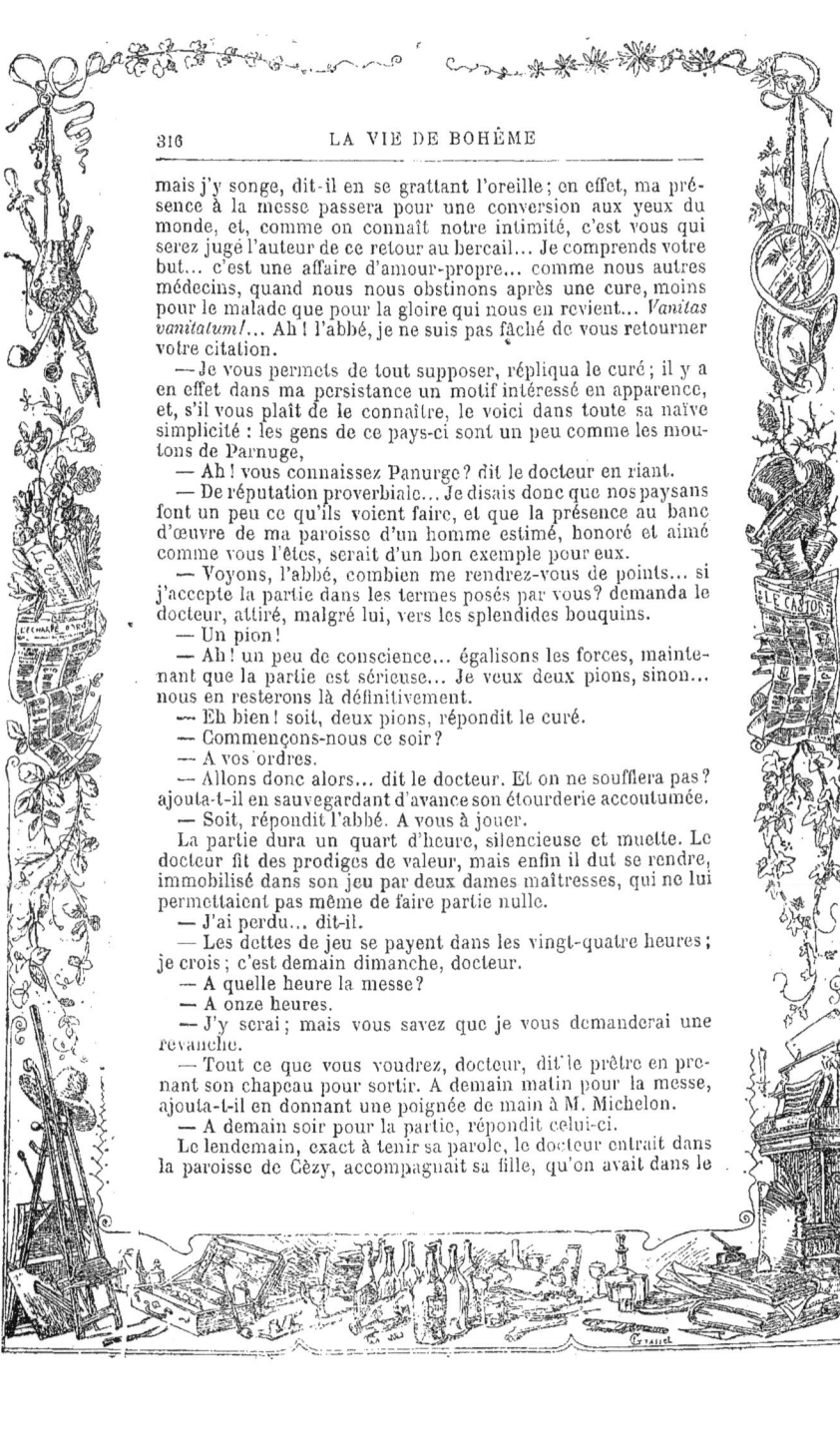

pays l'habitude d'y voir venir seule; l'installation de M. Michelon dans le banc d'œuvre, où le maire et le notaire se serrèrent un peu pour lui faire place, causa même un certain étonnement.

Cependant les parties de dames continuaient chaque soir, et le docteur n'était pas plus heureux. Aussi un beau soir il dit à l'abbé :

— Tenez, curé, restons-en là; je ne peux pas vous gagner. Ainsi c'est inutile de jouer.

— Ah! mais, dit le curé, vous n'oublierez pas que vous avez perdu... vos dimanches jusqu'à Pâques prochain? (On était alors à la Notre-Dame de septembre).

— Oh! répondit le docteur, soyez tranquille, je payerai, j'irai à la messe, et tenez, l'abbé, je n'y serai pas engagé, que je crois véritablement que j'irais tout de même ; ah! l'habitude!

Par une dernière révolte de l'orgueil humain, le docteur ne voulait pas avouer que ce qu'il avait d'abord considéré comme l'acquittement d'une dette lui avait peu à peu semblé un devoir, en même temps qu'un bon exemple à donner.

— Eh bien! dit le curé de Cèzy en se frottant les mains, vous voilà arrivé où je voulais. Vous ferez votre salut malgré vous.

— Oui, répondit le docteur un peu dépité, grâce à ma mauvaise chance, vous avez gagné un paroissien, et, par-dessus le marché, vous garderez encore pour vous tous ces livres qui vous ont servi d'appât pour me séduire et m'entraîner à ma perte, ajouta-t-il en riant. Voilà-t-il pas déjà le journal libéral de Joigny qui m'appelle jésuite!

— Vous y tenez donc toujours à mes bouquins? demanda le prêtre.

— Comment! si j'y tiens! Méfiez-vous, curé, un de ces jours je vous les volerai.

— Eh bien! vous n'en aurez pas la peine, docteur; demain ils ne seront plus dans ma bibliothèque.

— Ah bah! s'écria le docteur; où seront-ils donc?

— Dans la vôtre, répondit M. Bertolin.

II

Peu de temps après, en allant visiter les vignes du docteur, le curé lui annonça pour son compte et pour celui de son neveu, qu'il acceptait la proposition dont il a été question.

— Je ne sais, dit le prêtre, si vous avez influencé Claude; mais quand je lui ai demandé quelle carrière il comptait choisir, il m'a répondu sur-le-champ la médecine.

— Parbleu! j'en étais bien sûr, et quand à la proposition d'être mon gendre, de quel air l'accepte-t-il, notre futur Esculape?

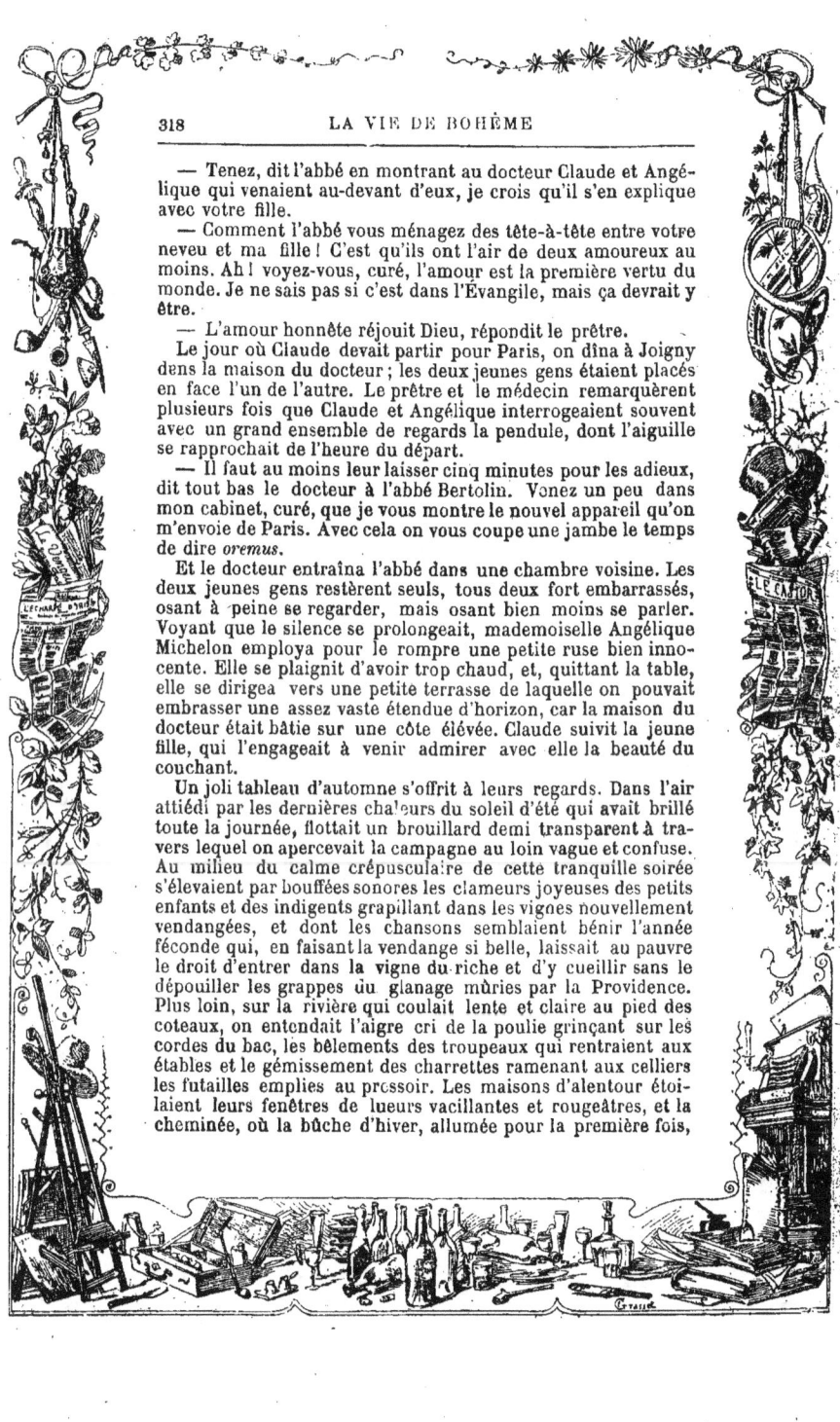

— Tenez, dit l'abbé en montrant au docteur Claude et Angélique qui venaient au-devant d'eux, je crois qu'il s'en explique avec votre fille.

— Comment l'abbé vous ménagez des tête-à-tête entre votre neveu et ma fille ! C'est qu'ils ont l'air de deux amoureux au moins. Ah ! voyez-vous, curé, l'amour est la première vertu du monde. Je ne sais pas si c'est dans l'Évangile, mais ça devrait y être.

— L'amour honnête réjouit Dieu, répondit le prêtre.

Le jour où Claude devait partir pour Paris, on dîna à Joigny dans la maison du docteur ; les deux jeunes gens étaient placés en face l'un de l'autre. Le prêtre et le médecin remarquèrent plusieurs fois que Claude et Angélique interrogeaient souvent avec un grand ensemble de regards la pendule, dont l'aiguille se rapprochait de l'heure du départ.

— Il faut au moins leur laisser cinq minutes pour les adieux, dit tout bas le docteur à l'abbé Bertolin. Venez un peu dans mon cabinet, curé, que je vous montre le nouvel appareil qu'on m'envoie de Paris. Avec cela on vous coupe une jambe le temps de dire *oremus*.

Et le docteur entraîna l'abbé dans une chambre voisine. Les deux jeunes gens restèrent seuls, tous deux fort embarrassés, osant à peine se regarder, mais osant bien moins se parler. Voyant que le silence se prolongeait, mademoiselle Angélique Michelon employa pour le rompre une petite ruse bien innocente. Elle se plaignit d'avoir trop chaud, et, quittant la table, elle se dirigea vers une petite terrasse de laquelle on pouvait embrasser une assez vaste étendue d'horizon, car la maison du docteur était bâtie sur une côte élévée. Claude suivit la jeune fille, qui l'engageait à venir admirer avec elle la beauté du couchant.

Un joli tableau d'automne s'offrit à leurs regards. Dans l'air attiédi par les dernières chaleurs du soleil d'été qui avait brillé toute la journée, flottait un brouillard demi transparent à travers lequel on apercevait la campagne au loin vague et confuse. Au milieu du calme crépusculaire de cette tranquille soirée s'élevaient par bouffées sonores les clameurs joyeuses des petits enfants et des indigents grapillant dans les vignes nouvellement vendangées, et dont les chansons semblaient bénir l'année féconde qui, en faisant la vendange si belle, laissait au pauvre le droit d'entrer dans la vigne du riche et d'y cueillir sans le dépouiller les grappes du glanage mûries par la Providence. Plus loin, sur la rivière qui coulait lente et claire au pied des coteaux, on entendait l'aigre cri de la poulie grinçant sur les cordes du bac, les bêlements des troupeaux qui rentraient aux étables et le gémissement des charrettes ramenant aux celliers les futailles emplies au pressoir. Les maisons d'alentour étoilaient leurs fenêtres de lueurs vacillantes et rougeâtres, et la cheminée, où la bûche d'hiver, allumée pour la première fois, réjouissait le grillon, noir ermite de l'âtre qui mêlait sa chanson aux complaintes de la veillée, couronnait le toit de petites fumées dont les folles spirales montaient vers le ciel que les étoiles trouaient de points lumineux. Toutes ces choses si simples de la poésie rurale, Angélique et Claude les avaient vues cent fois, et jamais elles n'avaient éveillé en eux qu'une curiosité distraite; ces bruits quotidiens, ils avaient cent fois entendus et ne leur avaient prêté qu'une attention indifférente; mais en ce moment, et sans qu'ils sussent pourquoi l'un et l'autre, ils éprouvaient une impression singulière et toute nouvelle dont leurs regards, qui se cherchaient et s'évitaient tout à la fois, semblaient furtivement se demander l'explication. C'est que la douce tristesse de ce paisible spectacle entrait en communion sympathique avec la tristesse douce dont s'imprégnait leur rêverie commune ; c'est que pour la première fois peut-être elle venait révéler aux deux jeunes gens la mystérieuse fraternité qui existe entre les choses et les êtres, et les unit plus particulièrement en de certaines occasions. En d'autres temps, cette heure, qui sonnait au clocher noyé dans les brumes n'eût été pour eux qu'un signal quotidien de retraite et de repos : alors on se quittait tranquillement en se souhaitant la bonne nuit et en échangeant l'espérance du prochain revoir ; le galop des chevaux qui passaient sous les fenêtres en secouant leurs colliers de grelots eût indiqué l'arrivée ou le départ de la diligence, et on n'y eût point pris garde ; mais cette fois, en ce moment même, l'heure qui sonnait indiquait l'approche de l'instant où l'on allait se quitter pour se dire adieu ! ce vœu mélancolique adressé au hasard et que l'on fait presque toujours les yeux à demi mouillés. Et le marteau qui frappait sur le timbre de l'horloge frappait aussi par contre-coup sur le cœur des deux jeunes gens, qui tressaillaient intérieurement en écoutant le piaffement des chevaux qu'on allait atteler, et dont les colliers de clochettes semblaient sonner le tocsin du départ.

Appuyé sur le balcon de la terrasse, Claude, silencieux auprès d'Angélique muette, contemplait avec émotion cette campagne endormie qu'il allait bientôt quitter. Au milieu du silence, une voix enrouée s'éleva, chantant dans la rue un refrain de complainte.

— Monsieur Claude, dit Angélique en posant sa main toute tremblante sur l'épaule du jeune homme, voici Jean Filaud qui vient prendre vos bagages pour les porter à la voiture. Avant de fermer votre malle, je voudrais vous prier de vous charger d'une petite commission pour Paris. Venez, dit-elle en entrant dans sa chambre, où Claude la suivit.

Angélique tira d'un carton à dessin deux aquarelles, et les donna à Claude, qui les approcha de la lampe pour mieux les examiner. L'une représentait la campagne environnante telle que Claude venait de la voir ; l'autre était, avec une minutieuse

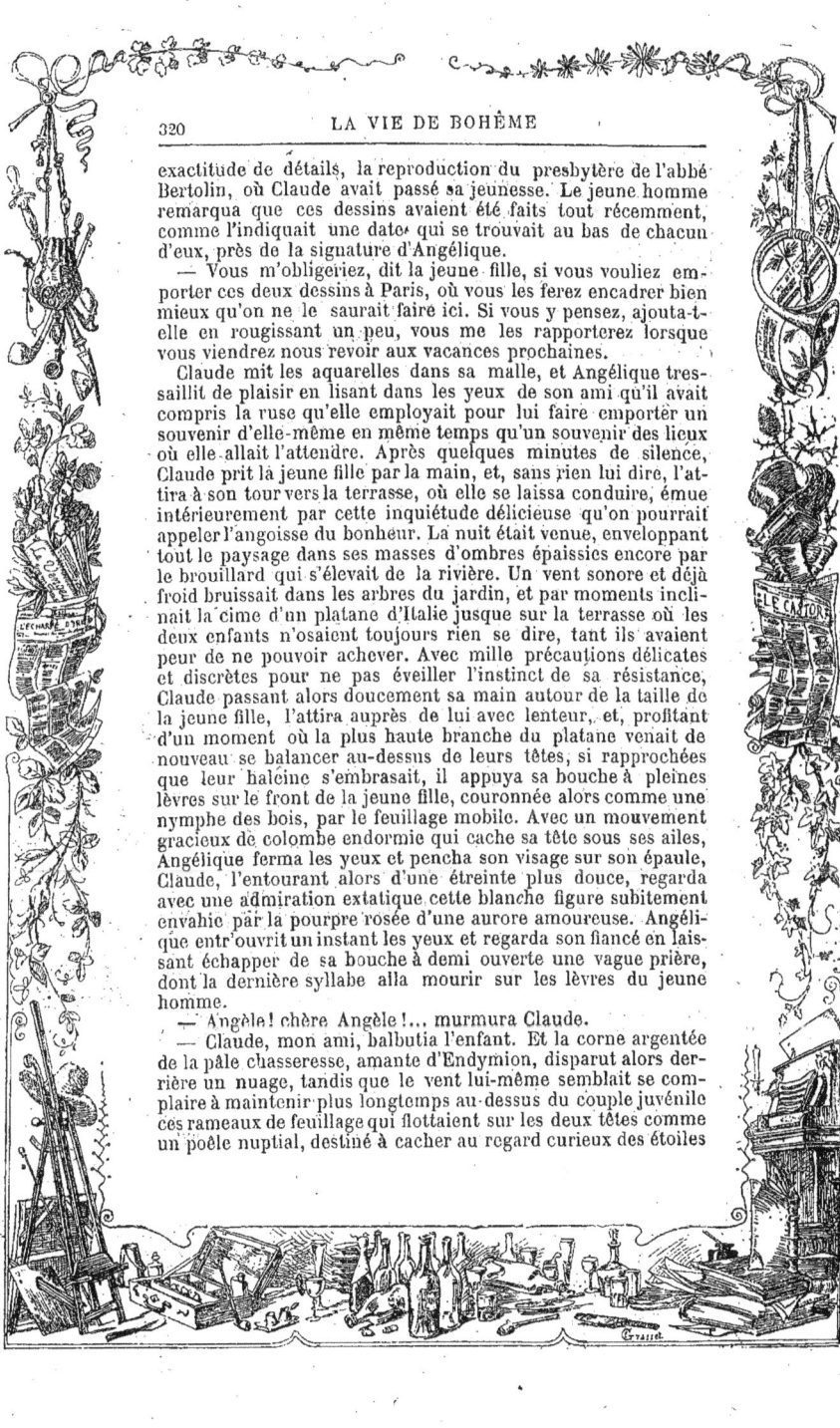

exactitude de détails, la reproduction du presbytère de l'abbé Bertolin, où Claude avait passé sa jeunesse. Le jeune homme remarqua que ces dessins avaient été faits tout récemment, comme l'indiquait une date qui se trouvait au bas de chacun d'eux, près de la signature d'Angélique.

— Vous m'obligeriez, dit la jeune fille, si vous vouliez emporter ces deux dessins à Paris, où vous les ferez encadrer bien mieux qu'on ne le saurait faire ici. Si vous y pensez, ajouta-t-elle en rougissant un peu, vous me les rapporterez lorsque vous viendrez nous revoir aux vacances prochaines.

Claude mit les aquarelles dans sa malle, et Angélique tressaillit de plaisir en lisant dans les yeux de son ami qu'il avait compris la ruse qu'elle employait pour lui faire emporter un souvenir d'elle-même en même temps qu'un souvenir des lieux où elle allait l'attendre. Après quelques minutes de silence, Claude prit la jeune fille par la main, et, sans rien lui dire, l'attira à son tour vers la terrasse, où elle se laissa conduire, émue intérieurement par cette inquiétude délicieuse qu'on pourrait appeler l'angoisse du bonheur. La nuit était venue, enveloppant tout le paysage dans ses masses d'ombres épaissies encore par le brouillard qui s'élevait de la rivière. Un vent sonore et déjà froid bruissait dans les arbres du jardin, et par moments inclinait la cime d'un platane d'Italie jusque sur la terrasse où les deux enfants n'osaient toujours rien se dire, tant ils avaient peur de ne pouvoir achever. Avec mille précautions délicates et discrètes pour ne pas éveiller l'instinct de sa résistance, Claude passant alors doucement sa main autour de la taille de la jeune fille, l'attira auprès de lui avec lenteur, et, profitant d'un moment où la plus haute branche du platane venait de nouveau se balancer au-dessus de leurs têtes, si rapprochées que leur haleine s'embrasait, il appuya sa bouche à pleines lèvres sur le front de la jeune fille, couronnée alors comme une nymphe des bois, par le feuillage mobile. Avec un mouvement gracieux de colombe endormie qui cache sa tête sous ses ailes, Angélique ferma les yeux et pencha son visage sur son épaule, Claude, l'entourant alors d'une étreinte plus douce, regarda avec une admiration extatique cette blanche figure subitement envahie par la pourpre rosée d'une aurore amoureuse. Angélique entr'ouvrit un instant les yeux et regarda son fiancé en laissant échapper de sa bouche à demi ouverte une vague prière, dont la dernière syllabe alla mourir sur les lèvres du jeune homme.

— Angèle! chère Angèle!... murmura Claude.

— Claude, mon ami, balbutia l'enfant. Et la corne argentée de la pâle chasseresse, amante d'Endymion, disparut alors derrière un nuage, tandis que le vent lui-même semblait se complaire à maintenir plus longtemps au-dessus du couple juvénile ces rameaux de feuillage qui flottaient sur les deux têtes comme un poêle nuptial, destiné à cacher au regard curieux des étoiles

LA VIE DE BOHÈME

Il ne comprit rien à la leçon du professeur

les pudiques mystères du premier aveu et du premier baiser.

Un bruit se fit entendre dans la chambre voisine, Angélique se dégagea vivement des bras de Claude, qui repoussa la branche protectrice, dont une feuille lui resta même dans la main. On entendit la voix du docteur et celle de l'abbé.

— Adieu, adieu, dit Claude en mettant sa main dans celle d'Angélique.

— Adieu, adieu, répondit-elle, et, avec un geste adorable de tendresse ingénue, elle arracha à la main de Claude la feuille encore verte du platane, la porta à ses lèvres en regardant le jeune homme et la glissa rapidement dans son sein. En ce moment, l'abbé Bertolin et le docteur Michelon entrèrent dans la chambre, suivi du commissionnaire qui venait prendre la malle de Claude.

— Allons, mon garçon, dit le docteur, en route! La *Poule Noire* n'attend personne, pas même les amoureux. J'entends la trompette du conducteur qui nous appelle ; nous n'avons que bien juste le temps.

Et comme il jetait un regard sur sa fille, M. Michelon s'aperçut qu'Angélique était toute pensive et semblait hésiter à lui faire une demande. Il s'approcha d'elle en souriant et lui dit à l'oreille :

— Gageons un baiser, petite, que je devine ce que tu n'oses pas me dire ?

— Moi, fit la jeune fille embarrassée et baissant les yeux. Je ne comprends pas, mon père.

— Ne mentez pas devant M. le curé, mignonne, dit le docteur en montrant l'abbé Bertolin. Vous avez envie de nous accompagner jusqu'à la *Poule Noire*. Allons, fillette, prends ton châle, mets ton chapeau et viens avec nous, cela te fera toujours un quart d'heure de plus à passer avec le neveu de l'abbé.

Un quart d'heure après, la *Poule Noire*, lourd véhicule qui semble être une protestation contre l'abolition de la torture, faisait étinceler sous ses roues l'horrible pavage en silex de la *grande rue* de Joigny. Le lendemain, Claude arrivait à Paris, et, comme nous l'avons dit, descendait à l'hôtel Saint-Sulpice, tenu par des personnes d'une piété recommandable, et qui avaient été indiquées à l'abbé Bertolin par un de ses collègues, vicaire dans une paroisse de Paris.

III

En province et traditionnellement, Paris est considéré comme la cité minotaure à qui la France envoie chaque année un tribut de victimes, ainsi qu'autrefois Athènes au monstre

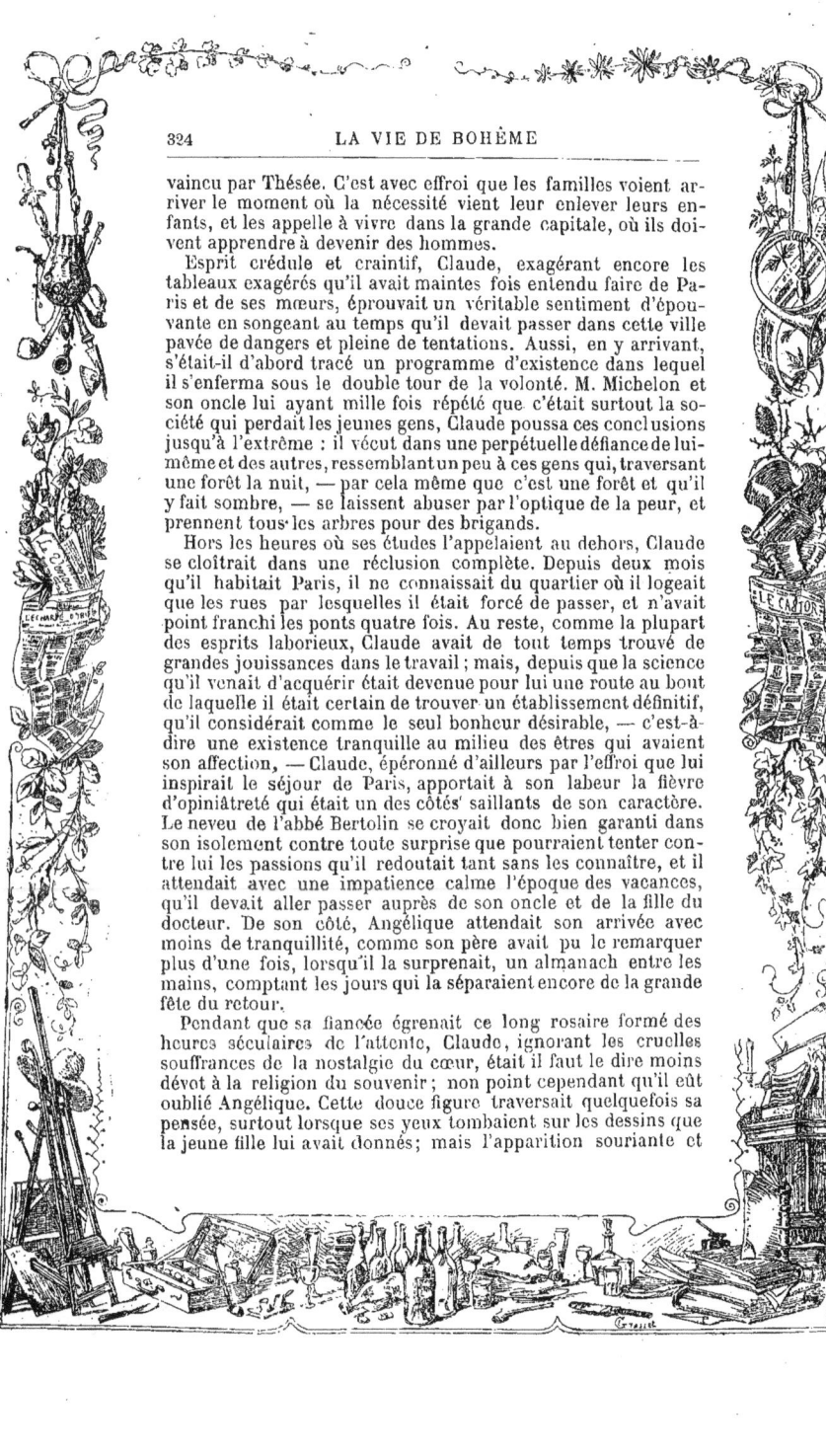

vaincu par Thésée. C'est avec effroi que les familles voient arriver le moment où la nécessité vient leur enlever leurs enfants, et les appelle à vivre dans la grande capitale, où ils doivent apprendre à devenir des hommes.

Esprit crédule et craintif, Claude, exagérant encore les tableaux exagérés qu'il avait maintes fois entendu faire de Paris et de ses mœurs, éprouvait un véritable sentiment d'épouvante en songeant au temps qu'il devait passer dans cette ville pavée de dangers et pleine de tentations. Aussi, en y arrivant, s'était-il d'abord tracé un programme d'existence dans lequel il s'enferma sous le double tour de la volonté. M. Michelon et son oncle lui ayant mille fois répété que c'était surtout la société qui perdait les jeunes gens, Claude poussa ces conclusions jusqu'à l'extrême : il vécut dans une perpétuelle défiance de lui-même et des autres, ressemblant un peu à ces gens qui, traversant une forêt la nuit, — par cela même que c'est une forêt et qu'il y fait sombre, — se laissent abuser par l'optique de la peur, et prennent tous les arbres pour des brigands.

Hors les heures où ses études l'appelaient au dehors, Claude se cloîtrait dans une réclusion complète. Depuis deux mois qu'il habitait Paris, il ne connaissait du quartier où il logeait que les rues par lesquelles il était forcé de passer, et n'avait point franchi les ponts quatre fois. Au reste, comme la plupart des esprits laborieux, Claude avait de tout temps trouvé de grandes jouissances dans le travail ; mais, depuis que la science qu'il venait d'acquérir était devenue pour lui une route au bout de laquelle il était certain de trouver un établissement définitif, qu'il considérait comme le seul bonheur désirable, — c'est-à-dire une existence tranquille au milieu des êtres qui avaient son affection, — Claude, éperonné d'ailleurs par l'effroi que lui inspirait le séjour de Paris, apportait à son labeur la fièvre d'opiniâtreté qui était un des côtés saillants de son caractère. Le neveu de l'abbé Bertolin se croyait donc bien garanti dans son isolement contre toute surprise que pourraient tenter contre lui les passions qu'il redoutait tant sans les connaître, et il attendait avec une impatience calme l'époque des vacances, qu'il devait aller passer auprès de son oncle et de la fille du docteur. De son côté, Angélique attendait son arrivée avec moins de tranquillité, comme son père avait pu le remarquer plus d'une fois, lorsqu'il la surprenait, un almanach entre les mains, comptant les jours qui la séparaient encore de la grande fête du retour.

Pendant que sa fiancée égrenait ce long rosaire formé des heures séculaires de l'attente, Claude, ignorant les cruelles souffrances de la nostalgie du cœur, était il faut le dire moins dévot à la religion du souvenir ; non point cependant qu'il eût oublié Angélique. Cette douce figure traversait quelquefois sa pensée, surtout lorsque ses yeux tombaient sur les dessins que la jeune fille lui avait donnés; mais l'apparition souriante et légère ne causait au jeune homme qu'une sensation pacifique qui eût certainement été taxée de froideur par le jury des anciennes cours d'amour, et d'indifférence par les casuistes de la passion moderne. Ce souvenir n'était jamais pour Claude plus qu'un hôte passager dont l'arrivée ou le départ n'éveillait aucun trouble dans son âme, n'augmentait point la vivacité de son pouls, et interrompait à peine de quelques secondes la solution du théorème commencé.

L'austérité de son existence quasi monacale, l'aridité des sciences mathématiques qui ne laissent aucune porte ouverte à la rêverie, et à l'étude desquelles Claude se livrait exclusivement depuis son arrivée à Paris, n'étaient peut-être point étrangères à ce refroidissement subit d'un sentiment qui avait débuté avec tout l'emportement précurseur de cette première passion, invariable prologue de la vie de jeunesse. Cependant l'impression qu'il avait éprouvée le soir de son départ de Joigny en se trouvant seul avec Angélique n'avait été véritablement chez Claude qu'un fugitif éveil. Son cœur, enveloppé un instant par une irrésistible poésie, s'était ému plus que de coutume dans cette soirée des adieux, où la brise qui avait mêlé ses cheveux à la chevelure de la jeune fille était peut-être la même qui jadis avait murmuré dans les orangers l'épithalame des noces mystérieuses au couple amoureux du balcon de Vérone. Cette émotion avait été vive, spontanée, sincère au moment où il l'éprouvait; mais Claude l'avait presque oubliée après huit jours de résidence à Paris.

Une ou deux fois par mois, Claude écrivait à son oncle pour le tenir au courant de ses progrès, et chacune de ces lettres était communiquée au docteur, ainsi qu'à sa fille. Un jour qu'ils se trouvaient l'un et l'autre au presbytère, l'abbé reçut de son neveu la nouvelle qu'il allait passer dans deux jours son examen de bachelier, à la suite duquel il se proposait, s'il était reçu, de prendre immédiatement sa première inscription. Le matin du jour où Claude devait passer son examen et à l'heure même peut-être où il se présentait à la Sorbonne, l'abbé Bertolin, montant à l'autel pour dire une messe en faveur de son neveu, aperçut dans le coin le plus obscur de l'église Angélique Michelon. La fille du docteur était venue de son côté prier pour l'étudiant qui allait conquérir son premier diplôme.

Claude fut reçu, il eut même un brillant succès dont la nouvelle arriva au presbytère, apportée par Angélique Michelon, qui était allée attendre le courrier bien avant l'heure où il arrivait d'ordinaire. Une lettre de félicitations fut adressée au jeune homme à l'occasion de son triomphe, et à ce propos Angélique rusa comme une fille d'Ève pour qu'on la chargeât de porter elle-même la lettre à la poste. Son père comprit parfaitement qu'il y avait dans cette insistance quelque puéril et innocent secret d'amoureux, et feignant de se laisser prendre au petit manège de la jeune fille, il lui donna la lettre adressée à

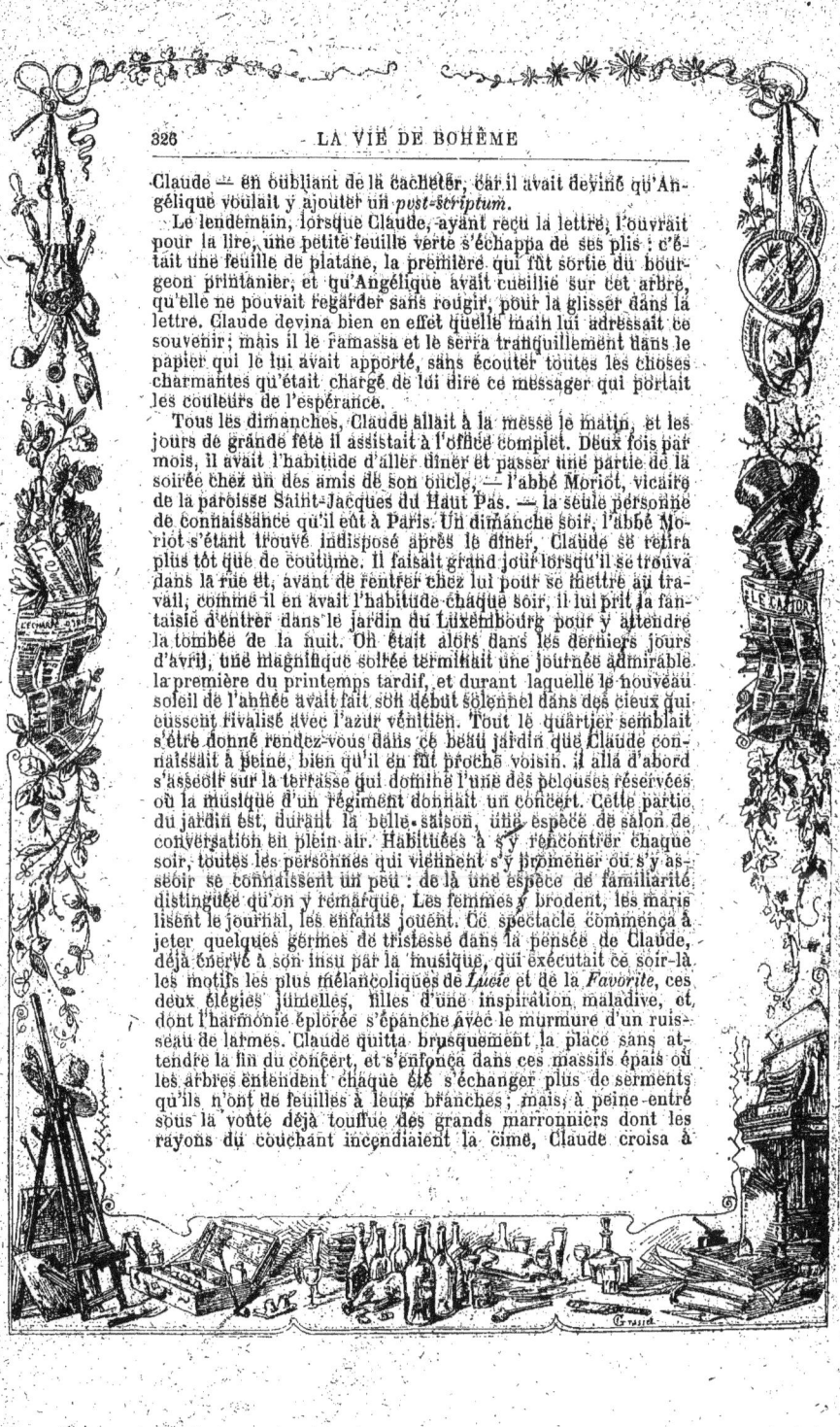

Claude — en oubliant de la cacheter, car il avait deviné qu'Angélique voulait y ajouter un *post-scriptum*.

Le lendemain, lorsque Claude, ayant reçu la lettre, l'ouvrait pour la lire, une petite feuille verte s'échappa de ses plis : c'était une feuille de platane, la première qui fût sortie du bourgeon printanier, et qu'Angélique avait cueillie sur cet arbre, qu'elle ne pouvait regarder sans rougir, pour la glisser dans la lettre. Claude devina bien en effet quelle main lui adressait ce souvenir ; mais il le ramassa et le serra tranquillement dans le papier qui le lui avait apporté, sans écouter toutes les choses charmantes qu'était chargé de lui dire ce messager qui portait les couleurs de l'espérance.

Tous les dimanches, Claude allait à la messe le matin, et les jours de grande fête il assistait à l'office complet. Deux fois par mois, il avait l'habitude d'aller dîner et passer une partie de la soirée chez un des amis de son oncle, — l'abbé Moriot, vicaire de la paroisse Saint-Jacques du Haut Pas. — la seule personne de connaissance qu'il eût à Paris. Un dimanche soir, l'abbé Moriot s'étant trouvé indisposé après le dîner, Claude se retira plus tôt que de coutume. Il faisait grand jour lorsqu'il se trouva dans la rue et, avant de rentrer chez lui pour se mettre au travail, comme il en avait l'habitude chaque soir, il lui prit la fantaisie d'entrer dans le jardin du Luxembourg pour y attendre la tombée de la nuit. On était alors dans les derniers jours d'avril, une magnifique soirée terminait une journée admirable, la première du printemps tardif, et durant laquelle le nouveau soleil de l'année avait fait son début solennel dans des cieux qui eussent rivalisé avec l'azur vénitien. Tout le quartier semblait s'être donné rendez-vous dans ce beau jardin que Claude connaissait à peine, bien qu'il en fût proche voisin. Il alla d'abord s'asseoir sur la terrasse qui domine l'une des pelouses réservées où la musique d'un régiment donnait un concert. Cette partie du jardin est, durant la belle-saison, une espèce de salon de conversation en plein air. Habituées à s'y rencontrer chaque soir, toutes les personnes qui viennent s'y promener ou s'y asseoir se connaissent un peu : de là une espèce de familiarité distinguée qu'on y remarque. Les femmes y brodent, les maris lisent le journal, les enfants jouent. Ce spectacle commença à jeter quelques germes de tristesse dans la pensée de Claude, déjà énervé à son insu par la musique, qui exécutait ce soir-là les motifs les plus mélancoliques de *Lucie* et de la *Favorite*, ces deux élégies jumelles, filles d'une inspiration maladive, et dont l'harmonie éplorée s'épanche avec le murmure d'un ruisseau de larmes. Claude quitta brusquement la place sans attendre la fin du concert, et s'enfonça dans ces massifs épais où les arbres entendent chaque été s'échanger plus de serments qu'ils n'ont de feuilles à leurs branches ; mais, à peine entré sous la voûte déjà touffue des grands marronniers dont les rayons du couchant incendiaient la cime, Claude croisa à chaque instant un couple enlacé qui se détournait à son approche pour aller renouer un peu plus loin, par le trait d'union d'un baiser, le tendre duo que sa présence avait interrompu. Et de quelque côté qu'il se dirigeât dans cet endroit appelé si justement l'allée des Soupirs, de dix pas en dix pas il se heurtait à une vivante conjugaison du verbe aimer. Ces apparitions multipliées rejetèrent Claude dans le courant des idées qu'il voulait éviter. Malgré lui, il se sentait devenir pénétrable à des influences contre lesquelles il luttait, et qu'il était parvenu à repousser jusqu'alors en élevant entre elles et lui la barrière du travail. En ce moment, et pareil à un homme qui, au milieu de l'ombre, sent se mouvoir autour de lui un danger qui le menace, Claude, inquiet comme par intuition, devinait qu'il allait prochainement avoir à subir l'assaut d'une de ces passions qui lui causaient tant d'effroi. Pour lui, cette langueur inaccoutumée qui l'avait engourdi quand il avait écouté la musique, ce soupir de regret qui lui était échappé en se trouvant tout seul, sans avoir à qui parler, au milieu de ces groupes de jeunes gens et de jeunes filles qui riaient et causaient sous le regard de leurs familles, cet éclair d'envie qui avait traversé son esprit, et, pour un moment, lui avait fait trouver si triste la solitude dans laquelle il vivait, quand il avait rencontré ces couples mystérieux marchant la main dans la main ; cette espèce d'insistance taquine et jalouse qu'il avait mise à les poursuivre tout en devinant bien que sa poursuite les troublait : toutes ces pensées, tous ces désirs, quoique vaguement formulés, toutes ces aspirations confuses encore, il les considéra comme autant de symptômes précurseurs formant l'avant-garde d'un péril, et il ne put s'empêcher de tressaillir, car il sentait en même temps que toutes les pièces de son armure de placidité se détachaient de lui une à une, et qu'il allait se trouver désarmé au moment du combat.

Claude quitta enfin d'un pas rapide ces allées solitaires où il avait rencontré le vertige, et où les blanches statues elles-mêmes, nymphes et déesses du paradis païen, semblaient ouvrir leur bouche de marbre en étendant les bras comme pour arrêter au passage et presser un instant contre leur sein pâmé les sylphes amoureux qui voltigeaient par essaims dans cette atmosphère embrasée de tous les irritants parfums d'Aphrodite. En sortant de l'allée des Soupirs, silencieuse et discrète, il déboucha tout à coup dans la grande allée de l'Observatoire, voie bruyante et tumultueuse, traversée alors par des groupes joyeux descendus en foule des collines savantes du quartier Saint-Jacques. Comme ces oiseaux ambassadeurs du printemps qui apparaissent au premier soleil, cette population, dont le départ à l'époque des vacances suffit pour faire le silence et le désert dans les rues qu'elle habite, revenait après un long hivernage dans les estaminets enfumés pour reprendre possession de ce jardin du Luxembourg, ombrageux Élysée où elle promène son *far niente*, ses amours et sa gaieté. Où allaient-ils ainsi d'un pas hâtif, fredonnant en chœur quelque refrain qui est leur Marseillaise du plaisir? où allaient-ils ainsi par groupes et par couples : jeunes gens et jeunes femmes dont quelques-unes étaient réellement jeunes, et dont le plus grand nombre, hélas! était déjà presque aussi loin de leur jeunesse que la jeunesse elle-même est éloignée du berceau? Où allaient-ils, ceux-là dans cette toilette dont le négligé est proche parent de l'élégance; ceux-ci demi-plèbe, demi-gentilhomme, étalant un jabot de fine batiste sur un gilet cramoisi; les autres portant sur le dos les prospectus des modes les plus extravagantes? et les femmes donc : — celles-ci coiffées en Marie la Folle d'un de ces bonnets légers qui s'envolent par dessus les moulins, vêtues d'une méchante robe d'indienne trop courte, à corsage trop long, taillée en dix minutes et bâtie en trois quarts d'heure, à grands points, par une main impatiente qui a oublié le maniement de l'aiguille en apprenant à rouler des cigarettes; — celles-là toutes pimpantes, sous un beau chapeau pavoisé de rubans frais, en jupe de soie de couleur gaie et garnie de volants, le volant, ce dernier mot de l'ambition des grisettes — et la flottante écharpe ou le châle en dentelle transparente laissant deviner la souplesse d'une taille étranglée dans l'étau du corset, qui fait saillir la richesse du buste, ou la mantille collée au corps pour faire une réclame aux rondeurs des hanches. Où allaient-ils ainsi bras dessus, bras dessous, les pieds ailés d'impatience? Ils allaient de compagnie ouvrir la galante campagne du bal en plein air, sous les bosquets de la Grande-Chaumière et dans les charmilles de la Grande-Chartreuse, où les appelaient déjà les fioritures de la petite flûte, ce rossignol de l'orchestre; ils allaient donner le branle à ce gigantesque quadrille qui commence aux premières feuilles vertes et fait encore crier sous ses pas les dernières feuilles jaunies. Assis sur les bancs espacés le long des contre-allées, les gens paisibles venus là pour respirer la fraîcheur du soir, regardaient avec curiosité défiler cette troupe joyeuse et pressée dont le passage semait l'envie au cœur des vieillards anacréontiques qui reluquaient, d'un œil où semblait se rallumer une juvénile étincelle, ces créatures folâtres pendues aux bras de fiers lurons aux moustaches tordues en hameçon à prendre les cœurs.

Peu à peu, la nuit était descendue. Les promeneurs devinrent plus rares, les bruits s'éloignèrent, et Claude, assis sur le banc où il avait vu pendant une heure passer devant lui cette procession de pèlerins allant au plaisir, ne songeait plus à rentrer chez lui. Le bruit des tambours battant la retraite et les cris des gardiens annonçant la fermeture du jardin le réveillèrent comme en sursaut de la rêverie où il était tombé. Il se leva de son banc et s'éloigna précipitamment. Au bout de cinq minutes, il était arrivé à son hôtel.

LA VIE DE BOHÊME

Elle me laisse dans l'abandon et le désespoir moi qui suis ici par elle et pour elle!

IV

Aussitôt rentré, Claude alluma sa lampe, se mit à une table, ouvrit un livre et essaya de reprendre l'étude au chapitre interrompu ; mais son esprit n'était déjà plus à l'étude. Entre ses yeux et le volume ouvert devant lui, passaient et repassaient incessamment des visions qui lui retraçaient les scènes dont il avait été témoin dans sa promenade au jardin du Luxembourg. Alors il se mit à lire tout haut, croyant ainsi obliger sa pensée distraite à suivre la lecture ; mais un murmure confus, formé de chants, d'éclats de rire et de cris joyeux, se leva à côté de sa voix, et finit par l'étouffer dans un crescendo, comme un accompagnement d'orchestre qui couvre un solo de chant. Claude ne s'entendait plus lire. Alors il se crut indisposé, ferma son livre et mit au lit, appelant le sommeil à son secours pour faire cesser l'hallucination à laquelle il était en proie ; mais il ne vint pas, ce bon sommeil aux songes tranquilles, ce doux et salutaire repos qui délasse l'esprit des fatigues de l'étude, comme un bain délasse des fatigues du corps, et qu'il était habitué chaque soir à retrouver derrière ses rideaux après une longue et fructueuse veillée où il avait brûlé ses yeux aux clartés de la lampe. Ce fut l'insomnie qu'il trouva assise à son chevet pour tenir ses yeux ouverts aux visions qu'il ne voulait pas voir, et ouvrir malgré lui ses oreilles qui ne voulaient pas entendre à cet incessant murmure qui chantait l'hymne de la jeunesse et de l'amour, et auquel il lui semblait que son cœur répondait par des battements précipités. Ce fut seulement bien avant dans la nuit qu'il commença à s'endormir, ou plutôt à tomber dans un assoupissement fiévreux, troublé par de brusques réveils, où il se surprenait les mains tendues dans le vide, comme s'il eût voulu saisir au passage la forme réelle du fantôme qui lui était apparu dans son rêve interrompu subitement.

Le lendemain, il se réveilla beaucoup plus tard que de coutume et dans un véritable état de malaise. Néanmoins il se rendit à l'Ecole de médecine, où il suivait un cours ; mais quoiqu'il y prêtât toute son attention, il ne comprit rien à la leçon du professeur. Le cours terminé, il rentra chez lui mécontent de lui-même. En se retrouvant dans sa chambre, il s'aperçut pour la première fois combien elle était triste et maussade. En effet, c'était un lieu obscur et étroit, participant de la cellule claustrale et du cabanon du prisonnier ; par une fenêtre grillée, ouvrant sur une cour en forme de puits, pénétraient un jour avare et un air raréfié ; le soleil n'y descendait jamais. Claude, inquiété par cette remarque qu'il venait de faire, se demanda pourquoi il trouvait inhabitable tout à coup un logement où il s'était plu pendant six mois, précisément parce qu'il se trou-

vait dans des conditions qui, en l'isolant de la vie extérieure, lui lui permettaient de se renfermer plus complétement, loin de toute disiraction, dans un demi-jour et un silence favorables à l'étude. D'où lui venait, en effet, ce besoin subit d'air, d'espace, de lumière et de bruit, besoin devenu si impérieux en ce moment même, qu'il lui fut impossible de résister à la puissante attraction qui l'arrachait pour ainsi dire violemment à cette chambre obscure pour l'attirer au dehors, où brillait le soleil d'une belle journée?

Comme il passait devant le bureau de l'hôtel, la maîtresse de la maison l'arrêta pour lui remettre une lettre qui venait d'arriver de Bourgogne. Elle était de son oncle, et contenait dans un mandat sur la poste la somme qui lui était adressée mensuellement pour son existence et pour les frais de ses études. A cette lettre était joint un *post scriptum* dans lequel M. Michelon priait Claude de lui faire parvenir deux volumes de médecine. Au bas de l'écriture de son père, mademoiselle Angélique demandait également à son fiancé de lui procurer quelques romances dont elle donnait la liste. En décachetant cette lettre, il sembla à Claude qu'il s'échappait de ses plis comme une bouffée de l'air du pays venue à propos pour rafraîchir et calmer les brûlantes ardeurs de cette fièvre inconnue qui depuis la veille le rendait si peu semblable à lui-même. En voyant ces trois noms réunis sur cette même feuille de papier, il se représenta les trois êtres dont il était l'unique espérance, et qui, séparés de lui par la distance et le temps, s'en rapprochaient chaque jour par la pensée; il les vit tous les trois formant une trinité de vœux pour son bonheur, et se demandant l'un à l'autre en regardant la place qu'il avait laissée vide: Celui-là qui est parti, nous ramènera-t-il au retour les vertus et l'amour de celui qui nous a quittés? Un peu enclin à la superstition, Claude vit une coïncidence providentielle dans l'arrivée de cette lettre reçue justement au début d'une crise qui était un commencement d'insurrection du cœur contre le joug de la raison. La lettre venue de Bourgogne produisit sur lui l'effet que produit l'apparition soudaine des couleurs de son drapeau sur le soldat qui songe à déserter : elle fortifia de nouveau en lui l'instinct du devoir un instant ébranlé par un premier choc. Toute sa sérénité ordinaire lui était revenue ; il était replacé au centre des idées bonnes conseillères, et rentrait d'un pas ferme dans la route tracée, comme un voyageur dévoyé qui vient de retrouver son pôle.

Cependant Claude s'abusait dans ce moment même, où il prenait pour une victoire définitive ce calme apparent qu'il venait de reconquérir et qui n'était qu'une trêve. Car cette première escarmouche ne décidait rien dans le grand duel qui allait bientôt s'engager entre sa jeunesse et sa raison, entre le devoir et la passion. Un mot et une chose que Claude comprenait mal, ou plutôt qu'il ne comprenait pas, car, semblable aux gens qui supposent que tout roman est ou doit être un mauvais livre, Claude définissait le sens du mot passion en en faisant presque le synonyme de vice. Mais cette erreur, qui pouvait jusqu'à un certain point se prolonger tant qu'il vivrait comme il l'avait fait jusqu'ici, pour ainsi dire en marge de la vie, devait avoir un terme.

V

A quelques jours de là, Claude pour accélérer les progrès de ses études, alla suivre tous les matins la visite du docteur L..., médecin à l'hôpital de la Charité. Un jour le docteur, suivi de tous ses élèves, parmi lesquels se trouvait Claude, s'arrêta devant le lit d'un jeune homme en convalescence d'une fièvre cérébrale dont il avait failli mourir. Le docteur allait lui adresser les questions ordinaires sur son état, lorsque le malade lui demanda d'une voix très-faible encore s'il voulait lui accorder la permission de sortir pendant deux heures.

— Est-ce que vous êtes fou? répondit le médecin.

— Pardon, monsieur, répliqua le jeune homme, j'ai absolument besoin de sortir aujourd'hui.

— Ma sœur, dit en s'éloignant le médecin à la novice qui suivait la visite, si le n° 10 n'est pas plus sage, vous lui supprimerez sa portion de poulet.

— Allons, mon ami, ajouta la sœur de charité, avec une ineffable câlinerie de regard, soyez raisonnable.

— Il faut absolument que je sorte, ma sœur.

— Mais vous ne pourriez pas faire deux pas! dit la novice avec un geste qui l'invitait au repos.

— Alors, reprit le jeune homme en s'animant, puisqu'on ne veut pas me laisser sortir deux heures, je m'en irai tout à fait. Je vais faire signer mon *exeat*.

Puis, décrochant la pancarte qui était au-dessus de sa tête, il la jeta sur le pied de son lit, en disant : On ne peut pas me retenir de force. — Et avant que Claude eût pu l'en empêcher, il était déjà hors du lit et essayait de passer un vêtement; mais ses forces l'abandonnèrent, son visage pâlit soudainement, la tête lui tourna, il perdit l'équilibre et se laissa tomber sur une chaise.

— Vous voyez bien, dit Claude, que vous êtes encore trop faible et que le docteur avait raison. Allons, recouchez-vous bien vite.

— Ah! mon Dieu! mon Dieu! murmura le jeune homme en cachant sa tête dans ses mains.

Et, avec la docilité d'un enfant, il se laissa remettre dans son lit, aidé par Claude et un infirmier. Claude se disposait à aller

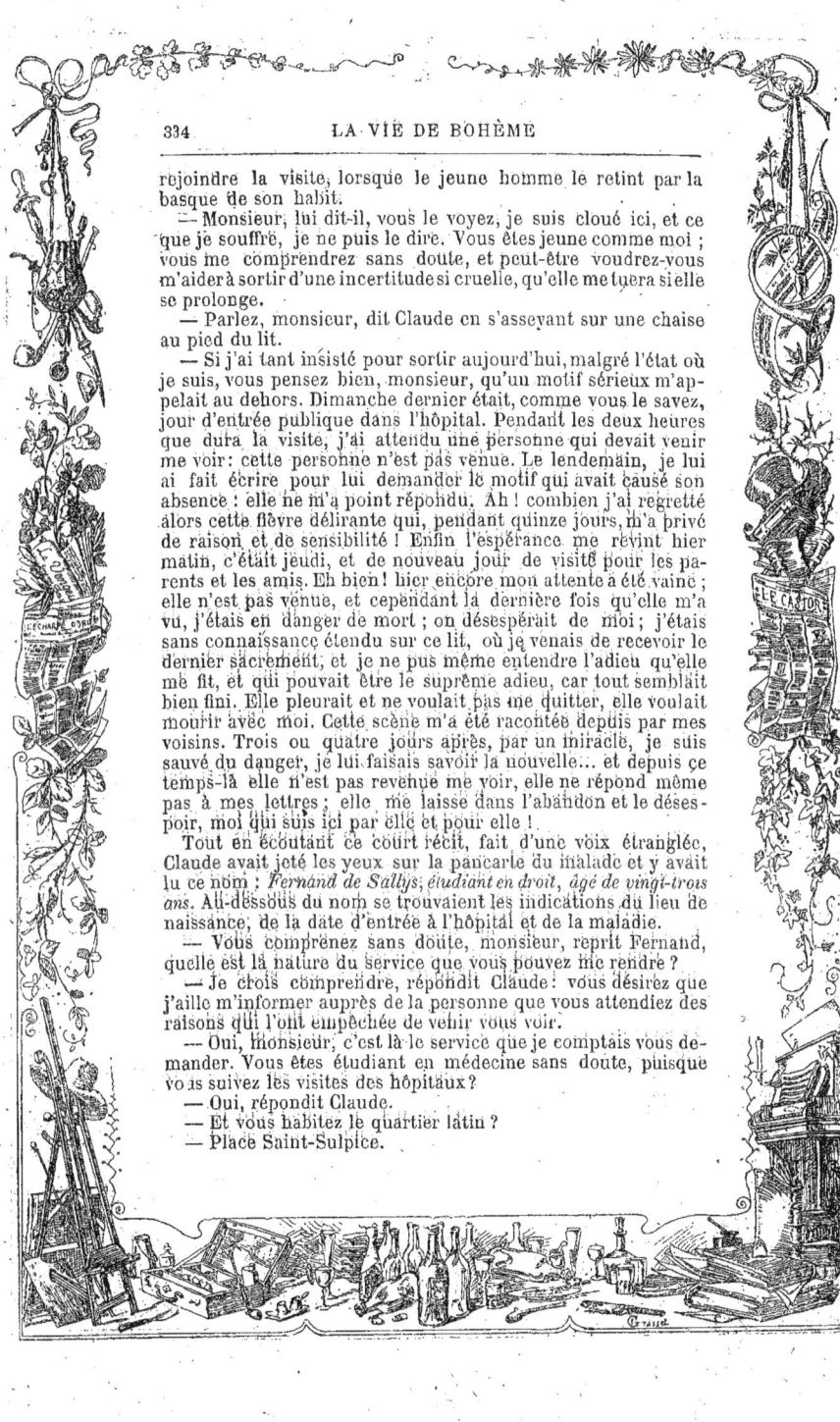

rejoindre la visite, lorsque le jeune homme le retint par la basque de son habit.

— Monsieur, lui dit-il, vous le voyez, je suis cloué ici, et ce que je souffre, je ne puis le dire. Vous êtes jeune comme moi ; vous me comprendrez sans doute, et peut-être voudrez-vous m'aider à sortir d'une incertitude si cruelle, qu'elle me tuera si elle se prolonge.

— Parlez, monsieur, dit Claude en s'asseyant sur une chaise au pied du lit.

— Si j'ai tant insisté pour sortir aujourd'hui, malgré l'état où je suis, vous pensez bien, monsieur, qu'un motif sérieux m'appelait au dehors. Dimanche dernier était, comme vous le savez, jour d'entrée publique dans l'hôpital. Pendant les deux heures que dura la visite, j'ai attendu une personne qui devait venir me voir : cette personne n'est pas venue. Le lendemain, je lui ai fait écrire pour lui demander le motif qui avait causé son absence : elle ne m'a point répondu. Ah ! combien j'ai regretté alors cette fièvre délirante qui, pendant quinze jours, m'a privé de raison et de sensibilité ! Enfin l'espérance me revint hier matin, c'était jeudi, et de nouveau jour de visite pour les parents et les amis. Eh bien ! hier encore mon attente a été vaine ; elle n'est pas venue, et cependant la dernière fois qu'elle m'a vu, j'étais en danger de mort ; on désespérait de moi ; j'étais sans connaissance étendu sur ce lit, où je venais de recevoir le dernier sacrement, et je ne pus même entendre l'adieu qu'elle me fit, et qui pouvait être le suprême adieu, car tout semblait bien fini. Elle pleurait et ne voulait pas me quitter, elle voulait mourir avec moi. Cette scène m'a été racontée depuis par mes voisins. Trois ou quatre jours après, par un miracle, je suis sauvé du danger, je lui faisais savoir la nouvelle... et depuis ce temps-là elle n'est pas revenue me voir, elle ne répond même pas à mes lettres ; elle me laisse dans l'abandon et le désespoir, moi qui suis ici par elle et pour elle !

Tout en écoutant ce court récit, fait d'une voix étranglée, Claude avait jeté les yeux sur la pancarte du malade et y avait lu ce nom : *Fernand de Sallys, étudiant en droit, âgé de vingt-trois ans.* Au-dessous du nom se trouvaient les indications du lieu de naissance, de la date d'entrée à l'hôpital et de la maladie.

— Vous comprenez sans doute, monsieur, reprit Fernand, quelle est la nature du service que vous pouvez me rendre ?

— Je crois comprendre, répondit Claude : vous désirez que j'aille m'informer auprès de la personne que vous attendiez des raisons qui l'ont empêchée de venir vous voir.

— Oui, monsieur, c'est là le service que je comptais vous demander. Vous êtes étudiant en médecine sans doute, puisque vous suivez les visites des hôpitaux ?

— Oui, répondit Claude.

— Et vous habitez le quartier latin ?

— Place Saint-Sulpice.

— Alors, continua Fernand, si vous habitez le quartier, vous connaissez probablement la personne dont je suis inquiet; elle s'appelle... Mariette, dit-il après un moment d'hésitation, et, en prononçant ce nom, une rougeur plus vive vint colorer son visage.

— Je ne connais pas la personne dont vous parlez, répondit Claude.

— Cependant, vous avez dû la voir, soit dans les bals, soit dans les cafés du quartier.

— Je vis très-sédentaire et ne fréquente point les lieux dont vous parlez.

A cette réponse, le malade jeta sur Claude un regard curieux.

— Vous êtes étudiant et vous ne connaissez pas Mariette! Pas même de nom? ajouta Fernand avec étonnement.

Claude fit un geste négatif.

— C'est étrange: eh bien! ce que vous venez de me dire m'encourage encore à me confier à vous; mais, demanda Fernand avec inquiétude en croyant deviner une hésitation dans l'attitude réfléchie que Claude avait prise, est-ce que vous ne consentez plus à faire ce que je vous demande?

— Je ferai ce que vous voulez, dit Claude, qui hésitait en effet, mais qui n'osa plus refuser ce qu'il avait promis. Cependant, ajouta-t-il, si je ne trouve pas cette personne, si elle n'était plus où vous l'avez laissée? Et cela est facile à croire, puisque les lettres que vous lui avez adressées sont restées sans réponse. Sans doute elle ne les aura pas reçues.

— Où serait-elle donc alors? dit Fernand avec une exclamation jalouse: où est-elle? c'est ce que vous m'avez promis de me dire. Si elle n'est plus chez moi, vous vous informerez... On vous l'indiquera, elle bien connue, et quand vous l'aurez rencontrée, vous lui direz que vous m'avez vu, que je voudrais la voir, quand bien même elle devrait me dire qu'elle m'a quitté; mais je voudrais en être sûr et l'entendre d'elle-même, parce je trouverais des mots qui la ramèneraient à moi... Je lui promettrai tout ce qu'elle voudra... Ne lui faites pas de reproche... Vous la verrez... traitez-la doucement. Elle aura pensé que j'étais mort peut-être en me voyant si mal l'autre fois. — C'est cela! — Et elle n'aura pas voulu rester dans une chambre où nous avions vécu ensemble. — Elle aura été ailleurs. — On vous le dira bien, allez! — Elle est si connue... Ce n'est pas une méchante fille, elle m'a aimé beaucoup plusieurs fois. Elle pleurait de toute son âme quand elle est venue ici. C'est le numéro 12 qui me l'a dit.

— Mais si elle n'est plus seule, demanda Claude, comment ferai-je pour lui parler?

— Plus seule... plus seule! murmura Fernand, dont la figure se contracta péniblement. Ah! j'entends ce que vous voulez dire; si elle a cru que j'étais mort!... c'était moi qui la faisais vivre... Il aura bien fallu qu'elle en trouve un autre. Je la reprendrai à celui qui me l'aura prise, car cette fois-que je ne pourrai pas lui en vouloir, et puis, que voulez-vous? je ne puis me passer d'elle, et j'aime tout en elle, jusqu'au mal qu'elle me fait.

La voix de Fernand, épuisé par la fatigue et l'émotion, était devenue si faible, que Claude l'entendait à peine. — Ne parlez plus, lui dit-il, et reposez-vous. Je ferai ce que vous voulez.

— Tout de suite? demanda Fernand.

— Aujourd'hui; vous allez me donner l'adresse de mademoiselle Mariette.

— Ce n'est pas bien loin, dit Fernand; elle demeure à côté, rue Jacob, hôtel de...

— C'est bien, j'irai tantôt, et demain je vous dirai ce que j'aurai appris.

— Demain, c'est bien long, dit le malade; si vous aviez une réponse, ne pourriez-vous pas me l'apporter aujourd'hui même?

— C'est que j'ai à travailler, objecta Claude.

— Vous travaillez donc, vous? murmura Fernand; moi aussi, je travaillais autrefois. — Enfin, — à demain donc.

VI.

Claude sortit de la Charité tout pensif, regrettant d'avoir accepté une mission qui l'embarrassait et lui répugnait presque. Cependant, comme il avait promis, il se dit qu'il tiendrait sa promesse. Le soir, avant son dîner, il se rendit en effet rue Jacob, à l'adresse que lui avait donnée Fernand, et demanda mademoiselle Mariette.

— C'est moi, monsieur, répondit une jeune femme mise avec élégance, et qui dans ce moment déposait sa clef chez le concierge de l'hôtel.

— Mademoiselle, dit Claude en la saluant, je désirerais vous parler.

— A moi, monsieur? fit Mariette en l'examinant.

— De la part de M. Fernand.

— Fernand! s'écria Mariette en pâlissant. — Elle reprit sa clef, se retourna vers Claude et l'invita à la suivre.

Arrivés au deuxième étage, ils entrèrent dans une petite chambre en désordre. Mariette offrit une chaise à Claude, qui se tint debout contre un meuble. La jeune femme resta debout comme lui.

— Mademoiselle, dit Claude, ma visite sera courte; je vois que vous vous disposiez à sortir, et je ne veux pas vous gêner. Je n'ai, du reste, que peu de mots à vous dire. Je viens de la part de M. Fernand...

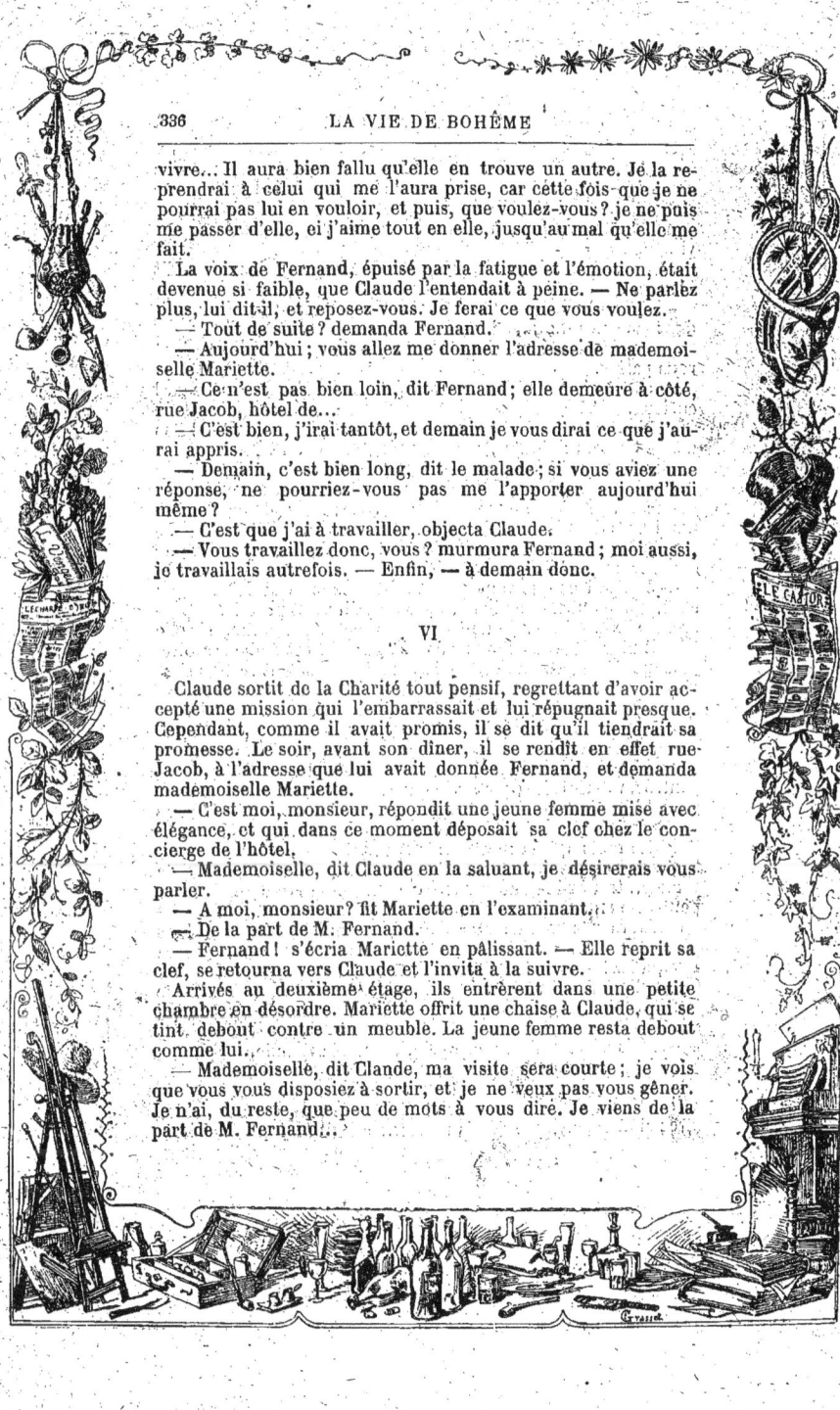

Me voici, dit-elle.

— Pardon, monsieur, interrompit Mariette, qui, depuis son entrée dans la chambre, avait observé Claude avec une attention particulière ; il me semble que j'ai déjà eu l'honneur de vous voir ; le son de votre voix ne m'est pas inconnu non plus. Ah ! bien sûr, nous nous sommes déjà rencontrés.
— Je ne sais, dit Claude avec un certain embarras. Pour moi, mademoiselle, je ne me rappelle pas en quelle occasion.
— C'est singulier, insista la jeune femme ; mais plus je vous regarde, plus je crois reconnaître... Alors c'est une ressemblance extraordinaire. Ah ! mais... c'est-à-dire, ajouta-t-elle en frappant dans ses mains, c'est-à-dire que, s'*il* avait un frère, je croirais que c'est vous. Pardon, monsieur, vous êtes de Paris ?
— Non, mademoiselle, répondit brièvement Claude.
— Je suis indiscrète, excusez-moi, dit la jeune fille ; mais c'est que cette ressemblance étrange me rappelle quelqu'un avec qui j'ai été élevée, un petit camarade d'enfance, et ça me fait penser à mon pays et à un autre temps qui est bien loin.

Mariette, dont la voix s'était un peu altérée, s'assit sur la chaise qui était en face d'elle et reprit en détournant les yeux :
— Vous disiez, monsieur...
— Fernand, très-inquiet de ne pas vous voir, m'envoie auprès de vous...
— Vous êtes de ses amis ?
— Je l'ai vu ce matin pour la première fois, continua Claude, à l'hôpital de la Charité, où il a failli mourir, comme vous le savez.

Tout à coup le regard de Mariette, qui errait machinalement, tomba sur un portefeuille garde-notes dont Claude se servait pour aller au cours, et qu'il avait, en entrant dans la chambre, déposé sur un guéridon. Sur la couverture de ce portefeuille, Mariette avait lu le nom de Claude Bertolin.
— Ah ! s'écria-t-elle en se levant avec vivacité, c'est monsieur Claude ; j'étais bien sûre que je ne me trompais pas, dit-elle en s'approchant du jeune homme, à qui elle tendit la main. Et vous, ne me reconnaissez-vous pas ?... Regardez-moi donc bien... Ah ! j'y pense, ajouta Mariette en retirant tristement sa main, qu'elle avait inutilement tendue au jeune homme, vous ne voulez pas me reconnaître, peut-être ?

J'ai beau chercher, dit Claude, qui en lui-même tâchait de réveiller ses souvenirs, je ne me rappelle point où et quand je vous ai vue, et je n'ai connu personne qui portât votre nom.
— C'est que mon nom n'est pas mon nom, répondit Mariette. Vous m'avez vue en Bourgogne, dans notre pays que j'ai quitté il y a cinq ans, lorsque ma mère est morte. Quand nous étions petits, nous faisions de bonnes parties tous les deux dans les prés du père Filaud. Nous avons fait notre première communion ensemble à l'église de Cèzy, et c'est vous qui m'avez fait apprendre mon catéchisme, monsieur Claude ; car dans ce temps-là, dit la jeune jeune fille avec un demi-accent de re-

proche, c'était moi qui manquais de mémoire... je ne m'appelle pas Mariette, je m'appelle Marianne, et je suis la fille du père Duclos le passeur, qui vous a retiré de l'eau un jour que vous étiez tombé dans le gué du Moulin Rouge, en jouant au bateau avec un sabot. Vous rappelez-vous maintenant?

— Quoi! dit Claude, c'est vous qui êtes Marianne Duclos?... Excusez-moi, mademoiselle, si j'ai été aussi longtemps à vous reconnaître; mais le nom nouveau, le lieu où je vous retrouve, le changement qui s'est opéré en vous, et surtout les circonstances qui m'amènent aujourd'hui, tout cela avait si peu de rapport avec Marianne, que je n'aurais jamais supposé que vous puissiez être la même personne que j'ai connue autrefois.

— Vous saviez cependant que j'étais à Paris, dit Mariette, car le jour où j'ai quitté Cèzy, j'ai été au presbytère pour faire mes adieux à M. le curé, qui avait toujours été si bon pour moi.

— Je me le rappelle en effet, dit Claude.

— Et depuis, reprit Mariette, vous n'avez plus entendu parler de moi. On doit pourtant bien dire du mal de Marianne là-bas?

— Je ne sais, dit Claude.

— Oh! tout ce qu'on dit de moi, je mérite qu'on le dise, ajouta Mariette, et de ceux qui m'ont connue autrefois, vous n'êtes pas le seul qui ne me reconnaîtrait pas... ou qui ne voudrait pas me reconnaître aujourd'hui. Allons, dit-elle en faisant un geste brusque, on n'est pas toujours ce qu'on aurait voulu être; je suis ce que je suis, ou plutôt ce qu'on m'a faite; mais, vous, monsieur Claude, vous avez donc quitté votre oncle?

— Je suis venu à Paris pour y étudier la médecine, répondit le jeune homme.

— Vous êtes étudiant? Comment se fait-il donc que je ne vous aie jamais rencontré? demanda Mariette. Est-ce que vous habitez de l'autre côté de l'eau?

— Je demeure dans ce quartier, répondit Claude; mais je sors peu de chez moi.

— Vous vivez tout seul? demanda Mariette.

— Certainement tout seul. — Mais, reprit Claude, qui voulait enfin aborder le motif qui faisait l'objet de sa visite, vous alliez sortir quand je suis arrivé, je ne voudrais pas vous retenir plus longtemps... Marianne... pardon, mademoiselle Mariette.

— Pourquoi vous reprendre? fit la jeune fille. Non, je ne suis pas pressée, ajouta-t-elle; d'ailleurs je ne pourrais pas sortir en ce moment, car il va pleuvoir; il pleut déjà, voyez, dit-elle en indiquant les fenêtres, dont les vitres étaient fouettées par les gouttes rapides et bruyantes d'une pluie d'été; nous avons bien le temps le temps de causer, — à moins, dit-elle, que vous ne soyez pressé, vous?

— Non pas moi, mais celui qui m'envoie.

— C'est vrai, je ne pensais déjà plus que vous étiez venu chez

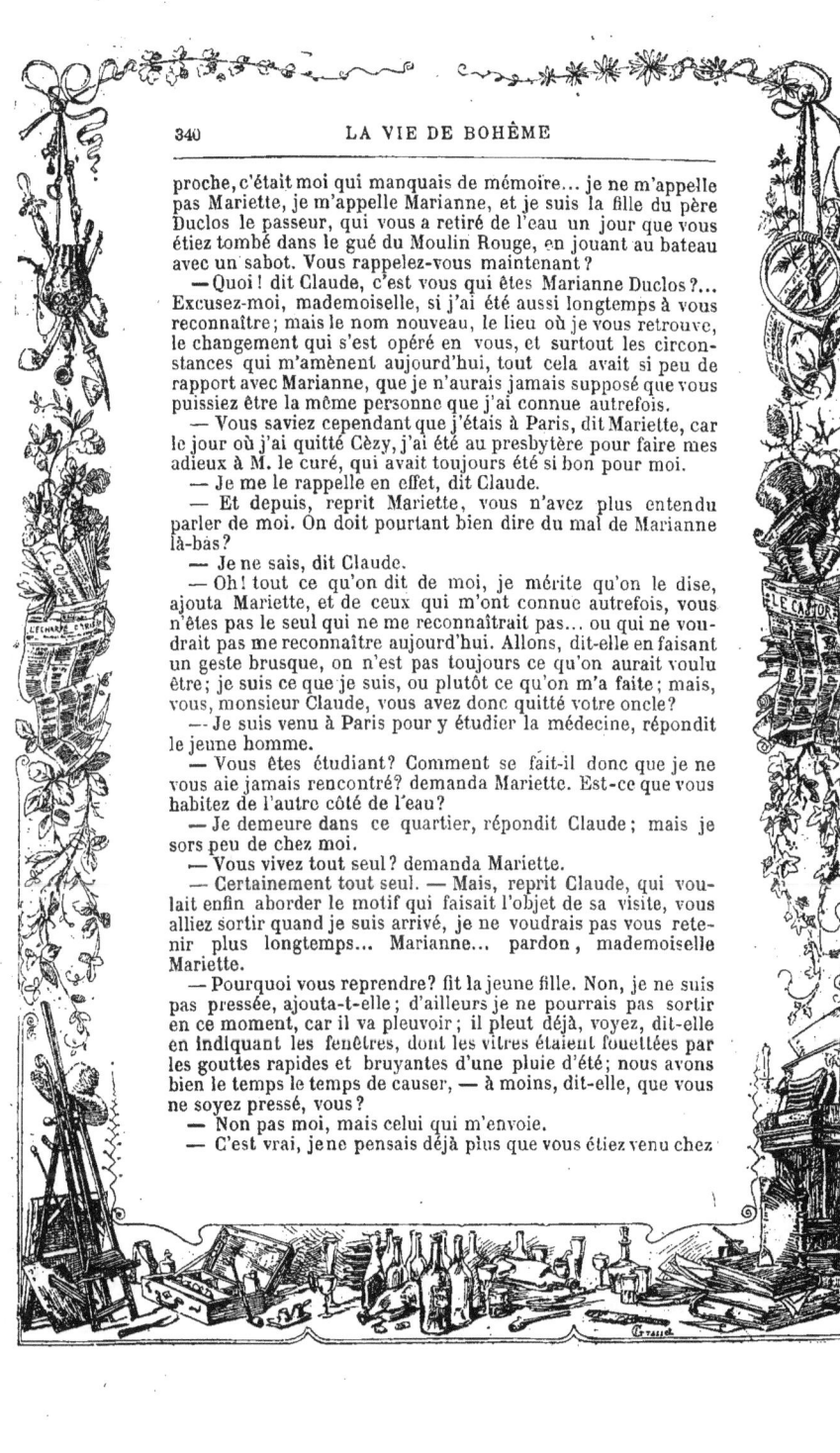

moi pour un autre; mais au fait, expliquez-moi donc, monsieur Claude... Vous m'appelez mademoiselle, cela m'oblige à vous dire monsieur, interrompit Mariette en façon de parenthèse malicieuse... expliquez-moi donc comment vous avez connu Fernand; il ne m'a jamais parlé de vous.

— J'ai vu M. Fernand aujourd'hui pour la première fois, répondit Claude, et il répéta à Mariette tout ce qui s'était passé la matinée à l'hôpital entre lui et Fernand, et comment celui-ci l'avait envoyé auprès d'elle pour savoir ce qu'elle était devenue. Mariette écouta sans tressaillir ce récit, dans lequel le neveu du curé Bertholin avait mis toute l'émotion que lui inspirait la sympathie qu'il éprouvait pour celui qui l'avait chargé de cette mission. Lorsque Claude eut achevé, il n'aperçut aucune trace de sensibilité sur le visage de la jeune fille.

— Cette fille n'a pas de cœur, pensa-t-il en lui-même, et il jeta sur Mariette un regard si dédaigneux, que celle-ci devina probablement sa pensée, car elle lui dit :

— Je sais ce que vous pensez de moi, monsieur Claude.

— Que devrai-je dire à M. Fernand quand je le verrai de main? demanda Claude froidement.

— Je ne puis répondre maintenant, dit Mariette. Vous aviez raison tout à l'heure, je me suis attardée trop longtemps. Il faut que je sorte, j'ai affaire. La pluie a cessé ; je m'en vais.

Et ayant pris son châle et son chapeau, elle fut prête en un moment.

— Avant de partir, donnez-moi au moins une bonne parole.

— Je réfléchirai, dit Mariette en mettant ses gants.

— Mais songez que je dois voir Fernand demain matin, insista Claude, Pensez à son inquiétude, à ce qu'il souffre.

— Eh bien, nous pourrons nous revoir d'ici-là.

— Nous revoir ! dit Claude étonné. A quoi bon? Et puis, quand nous reverrons-nous? Tout mon temps est pris.

— Ce soir.

— Mais où? Je ne puis recevoir personne chez moi, fit Claude avec vivacité, une femme surtout.

— Ah! mon Dieu, répliqua Mariette, qui vous demande à aller chez vous? que dirait votre maîtresse? Je ne pense pas plus à cela qu'à vous proposer de venir chez moi, où il serait inconvenant que je vous reçusse, le soir surtout.

— Eh bien, alors ? demanda Claude.

— Hé ! ne peut-on se voir ailleurs? Paris est grand. Je serai à huit heures au Luxembourg, allée de la grille d'Enfer; je vous attendrai. Vous m'aiderez à décider comment je dois agir avec Fernand. Viendrez-vous? demanda Mariette en regardant fixement le jeune homme.

— Oui, répondit-il, j'irai.

— Eh bien! partons maintenant, ajouta Mariette en ouvrant la porte.

Quand ils furent dans la rue, Claude allait se séparer de Mariette, mais celle-ci le retint.

— Ayez donc la bonté de m'offrir votre bras jusqu'à la voiture, lui dit-elle, c'est à deux pas.

Claude parut hésiter un instant, cherchant sans doute une manière convenable de formuler un refus ; mais n'ayant point trouvé, il tendit gauchement son bras sans mot dire.

— Je suis indiscrète, dit Mariette, ce n'est pas votre chemin peut-être?

— Non, ce n'est pas mon chemin.

— Et puis, ajouta Mariette, qui semblait prendre plaisir à taquiner Claude, vous avez peur de rencontrer votre maîtresse. Est-ce qu'elle est jalouse?

— Je suis libre de faire ce que je veux, dit Claude entre ses dents. Tenez, reprit-il, voici une voiture vide qui passe justement. Nous n'avons pas besoin d'aller plus loin. — Et, faisant signe au cocher, Claude s'arrêta brusquement sur la place et quitta le bras de Mariette, à qui le cocher vint ouvrir la portière.

— A ce soir ! dit-elle en faisant un geste amical auquel Claude répondit par un simple salut.

VII

En donnant rendez-vous à Claude dans les allées du Luxembourg, ce n'était pas au mandataire officieux de Fernand de Sallys, c'était au neveu du curé Bertholin que Marianne Duclos, la fille du passeur de Cèzy, s'était surtout proposée d'ouvrir son âme. Elle voulait raconter à Claude toute une période de sa vie dont elle n'avait encore osé dire à personne ni les joies ni les souffrances. Quant à Claude, après avoir d'abord accepté le rendez-vous sans trop d'hésitation, il en était venu plus tard à se repentir de n'avoir pas refusé la mission qui jusque-là n'avait abouti à rien, puisque Mariette s'était renfermée dans des réponses évasives. Il s'était reproché d'avoir laissé prendre à l'entretien qu'il venait d'avoir avec la jeune fille une tournure qui avait presque constamment éloigné sa visite de son but véritable pour en faire une causerie où il n'avait guère été question que de Mariette et de lui. Une voix intérieure semblait lui répéter : Prends garde ! — Mais à ce conseil du pressentiment, une autre voix répondait en même temps : Prends garde?... à quoi? où est le danger? qu'y a-t-il à craindre? D'ailleurs, n'avait-il pas promis à Fernand de lui rapporter des nouvelles de Mariette, et pouvait-il se dispenser de tenir sa promesse? Pourquoi ne pas achever ce qu'il avait commencé? — J'irai au Luxembourg, décida Claude; je verrai Mariette; elle m'expli-

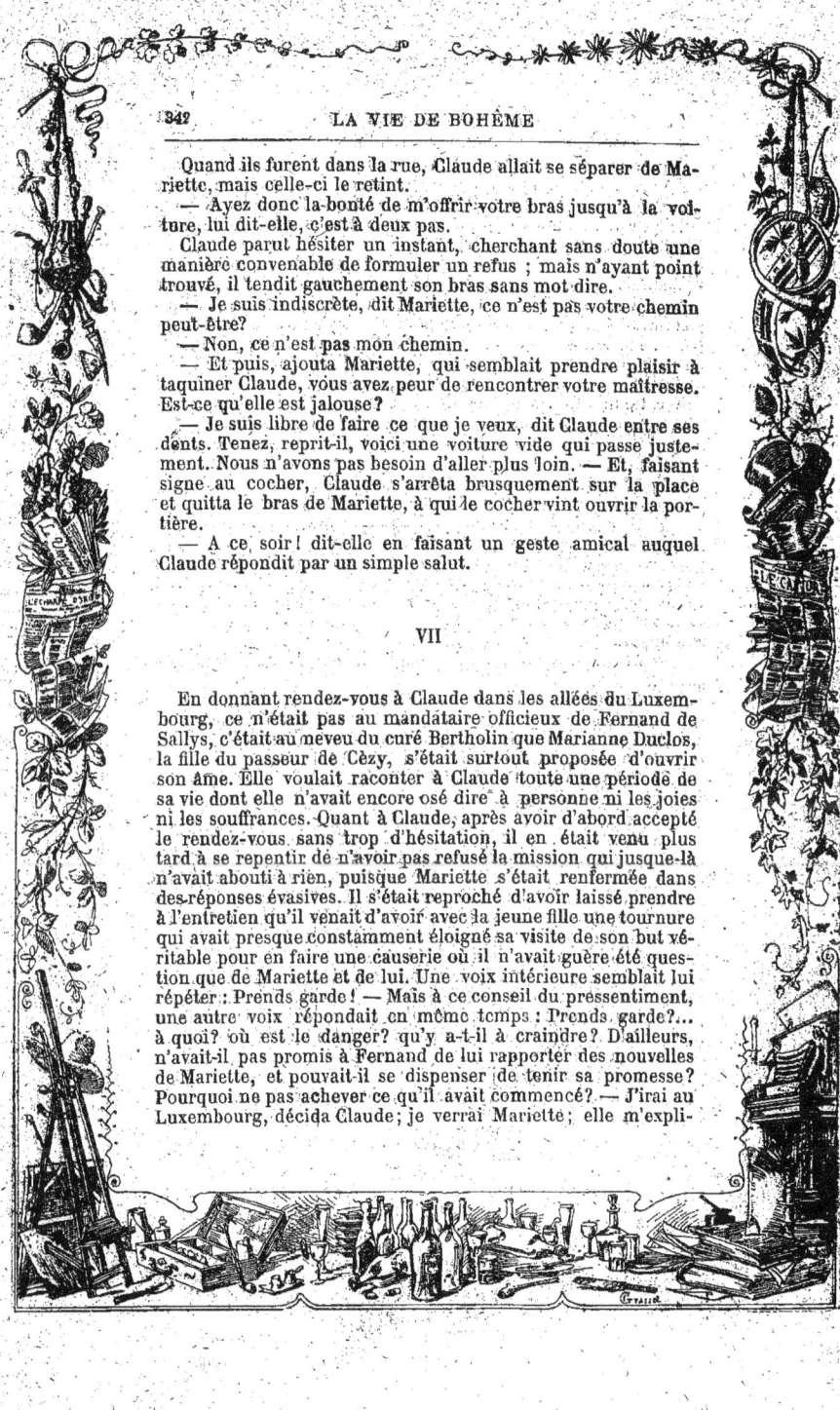

quera ce que je dois répondre de sa part à Fernand, et tout sera dit.

A huit heures juste, il se trouvait à l'endroit que lui avait indiqué la jeune fille. Elle y arriva en même temps que lui ; seulement Claude ne la reconnut pas d'abord, car elle avait remplacé l'élégante toilette du matin par une mise très-simple. Un voile épais qui tombait de son chapeau de paille sans fleurs ni rubans cachait son visage, une robe de toile grise, un mantelet pareil, des manchettes unies relevées en forme de cornet évidaient encore la finesse du poignet, et mettaient en valeur la blancheur et la délicatesse d'une main patricienne.

Au moment où Claude allait passer auprès d'elle, Mariette, voyant qu'il ne s'arrêtait pas, l'aborda en soulevant son voile à demi.

— Me voici, dit-elle.
— Ah! pardon, fit Claude un peu étonné ; je ne vous aurais pas reconnue.

Il y eut un instant de silence. Mariette attendait sans doute que le jeune homme lui offrît son bras ; mais il ne paraissait point y songer. Il se bornait à marcher auprès d'elle, en réglant son pas sur le sien. Un caillou que Mariette heurta du bout de son pied la fit trébucher légèrement, et elle profita de ce mouvement pour appuyer sa main sur le bras de Claude, qui se trouva ainsi dans la nécessité de le lui offrir ; mais ce fut avec une mauvaise grâce si apparente, que Mariette ne put s'empêcher de s'en apercevoir.

— N'ayez pas peur qu'on vous voie avec moi, monsieur Claude, lui dit-elle d'une voix pleine d'humilité chagrine ; je me suis arrangée exprès pour ne pas être reconnue. Et puis, si vous le voulez, nous pouvons descendre seuls dans le potager ; nous y serons presque seuls.

Ils descendirent le petit escalier qui mène aux terrains potagers et prirent une des allées les plus solitaires de cette rustique et tranquille partie du jardin. La soirée, d'une sérénité parfaite rappelait celle où Claude était venu pour la première fois au Luxembourg. Les feuillages, lavés par la pluie de la journée, dégageaient dans l'air rafraîchi une pénétrante et verte odeur de végétation qui enivrait le poumon. Les deux premiers tours de promenade furent silencieux. Claude attendait que Mariette ouvrît la conversation, et Mariette cheminait au bras de Claude en chassant du bout de son ombrelle toutes les feuilles tombées qui se trouvaient sur son chemin. Son pas était celui d'une personne qui marche au hasard, en causant tout bas avec sa pensée ; sa tête se penchait dans une mesure réglée qui semblait obéir au mouvement de valse d'un vieil air qu'un orgue de Barbarie nasillait dans une rue voisine.

— Eh bien! mademoiselle, demanda Claude tout à coup, avez-vous réfléchi?

Cette brusque interrogation tombée à l'improviste au milieu

de sa rêverie fit faire un mouvement à la jeune fille. — Hein! dit-elle ; quoi?

Claude répéta sa question. — Réfléchi? répondit Mariette; ah! oui, je comprends. — Et sa figure prit une expression sérieuse.

— Eh bien? dit Claude.

— Eh bien! répondit Mariette, mon parti est pris. Vous ferez entendre à Fernand qu'il doit renoncer à moi, et que notre liaison, qui pour son malheur n'a que trop duré, est rompue.

— Mais, demanda Claude, quel motif devrai-je lui donner?

— Il doit presque être préparé à une rupture, répliqua Mariette, après l'abandon où je l'ai laissé pendant ces derniers temps, car, d'après ce que vous m'avez dit vous-même, lorsqu'il vous a envoyé chez moi, il n'était pas sûr que vous m'y trouveriez... seule.

— C'est vrai, dit Claude; mais ce n'était qu'une crainte incertaine, et si un soupçon suffisait pour lui faire souffrir ce qu'il souffre, que sera-ce donc quand il saura que sa supposition s'est réalisée? Je vous le répète, mademoiselle, cette nouvelle peut lui porter un coup terrible. N'y regardez-vous pas à deux fois avant de prendre un parti dont le résultat peut amener la perte de sa raison?

— Monsieur Claude, reprit vivement Mariette en arrêtant le jeune homme, Fernand, à ce que je devine, vous a longuement parlé de notre liaison.

— Il m'a tout dit, et ce que j'ai appris m'a suffi pour le prendre en pitié...

— Et moi en mépris sans doute, interrompit Mariette. Ah! je le vois bien, ce que votre bouche tait, vos yeux le disent.

— Écoutez, Mariette, reprit Claude, je n'ai pas l'expérience du sentiment qui vous lie à Fernand. Pour moi, l'amour n'est encore qu'un mot, et un mot qui m'effraye, je l'avoue. Je n'ai pas le droit de faire des remontrances aux autres, et je ne vous en ferai pas. Fernand m'a parlé longuement de vous; c'est vrai, et j'ai vu qu'il avait beaucoup souffert à cause de vous. Je ne vous connaissais pas alors, et je puis vous le dire : en apprenant qu'il existait une femme qui laissait dans un hospice, et près de mourir, l'homme qu'elle disait aimer, qui l'abandonnait en proie à son agonie, et qui ne s'informait point même si elle n'avait pas à prendre le deuil de cet homme, j'ai dit que cette femme était une horrible créature. C'était la première fois que je me trouvais en face de l'ingratitude, et ce vice odieux m'a épouvanté. Les tourments de toute nature que Fernand a endurés pour vous, son avenir compromis, sa vie dont vous aviez fait un enfer, et toutes les faiblesses sur lesquelles il s'est volontairement aveuglé, — comme lui sans doute j'aurais tout pardonné; mais il des choses devant lesquelles l'indulgence serait condamnable : c'est l'ingratitude, c'est l'absence de pitié chez une femme, dont les fautes sont excusables souvent parce

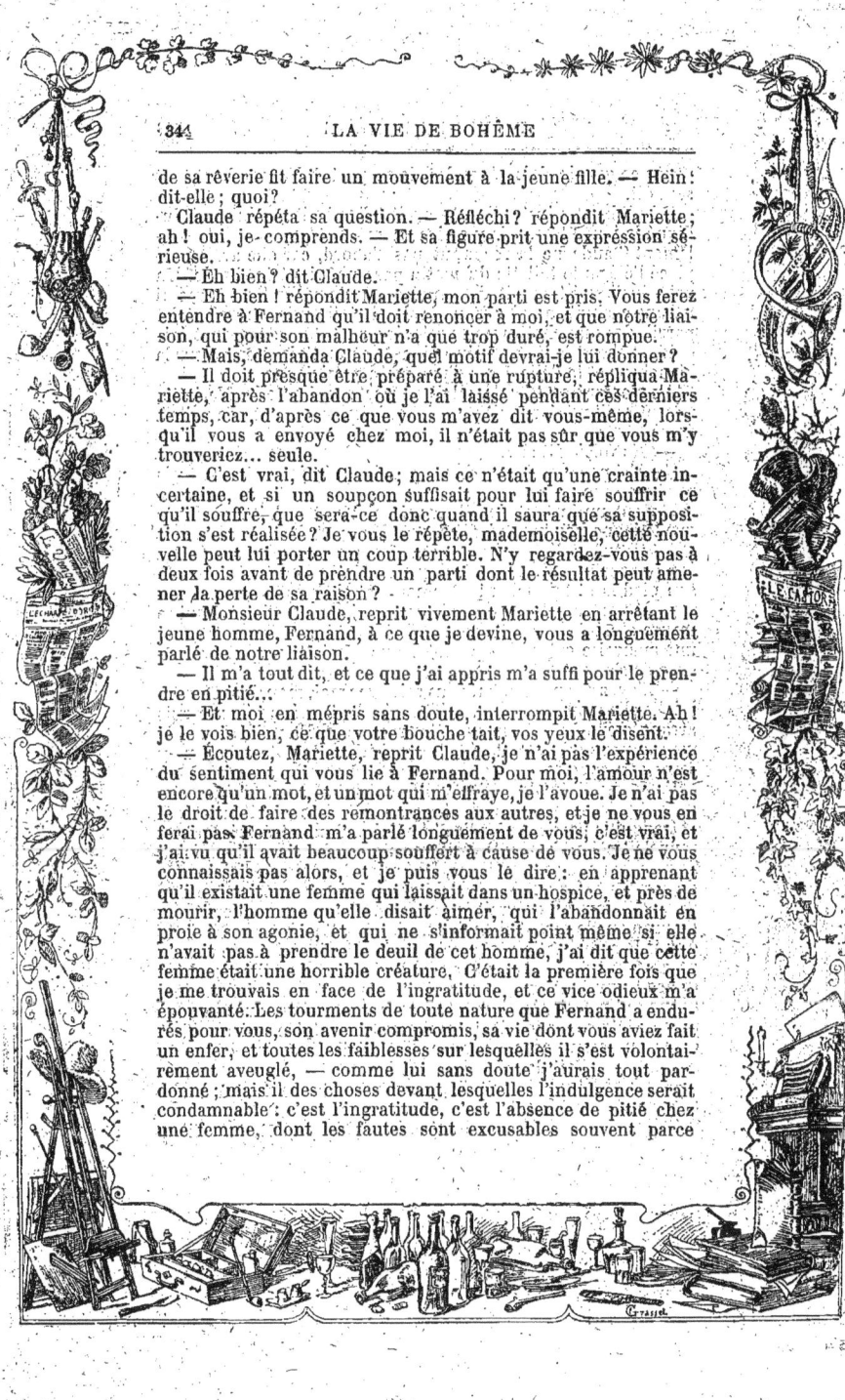

LA VIE DE BOHÈME

Eh bien ! s'il vous chasse, vous viendrez chez moi.

qu'elles naissent de la pitié même. C'est cet oubli qui n'attend pas la mort, — ce sont ces larmes hypocrites, c'est cette douleur feinte plus monstrueuse que l'insensibilité, c'est plus que du mauvais cœur, c'est le manque de cœur, c'est la renonciation cynique à toute indulgence et le cynique appel au mépris.

— Et Fernand! s'écria Mariette, et Fernand! a-t-il aussi partagé votre indignation? a-t-il aussi pour moi ce mépris qui fait votre parole si dure?

— Plût au ciel! répondit Claude. Si Fernand vous méprisait, il serait sauvé de vous ; car s'il est vrai que l'amour soit une grande passion, il ne doit pas résister au mépris.

— Eh bien! alors, monsieur Claude, interrompit Mariette avec vivacité, puisque vous vous intéressez à Fernand, il faut m'aider à achever ce que j'ai commencé le jour où j'ai cessé d'aller le voir à l'hôpital. Il faut faire passer dans l'esprit de Fernand toute l'indignation qui est dans le vôtre. Il faut, sans pitié pour ce qu'il souffrira, l'amener à avoir pour moi ce mépris indifférent, calme, dédaigneux, qui peut faire oublier que celle à qui on parle est une femme, après tout, dont l'enfance a été compagne de la vôtre et qui fut l'amie de vos premiers jeux. Il faut que Fernand me haïsse autant qu'il m'a aimée, que mon nom lui emplisse le cœur de répugnance, qu'il rougisse de moi, qu'il ait honte de m'avoir connue, comme vous-même avez honte en ce moment d'avoir à votre bras cette créature qui s'appelle Mariette, et que son ancien nom de Marianne n'a pas pu préserver de ce mépris impitoyable dont l'accable le seul être au monde de qui, à défaut d'estime, elle voudrait obtenir au moins la pitié.

— Mademoiselle, murmura Claude, pardon, j'ai été brutal avec vous.

— Monsieur Claude, reprit Mariette, je ne vous fais pas de reproches. Quand je me serai expliquée, ce que vous appelez en ce moment ingratitude et manque de cœur, peut-être lui donnerez-vous un autre nom ; mais si je m'explique, ce sera seulement à la condition que tout ce que je vous dirai sera tenu secret, et que, pour Fernand, je n'aurai point cessé d'être ni ingrate, ni hypocrite, ni impitoyable, car je me le suis promis à moi-même : il faut que Fernand soit sauvé de moi, et que son amour succombe au mépris que je lui inspirerai.

Ces dernières paroles avaient été prononcées avec l'accent volontaire qui dénonce une résolution longtemps combattue, mais décisive une fois qu'elle a été prise. Claude regarda Mariette attentivement ; son teint était animé, sa poitrine oppressée, et tout son corps paraissait agité par une contraction nerveuse.

— Vous souffrez? demanda Claude en la forçant à s'arrêter un instant.

— Non, répondit-elle, cela est passé : tout à l'heure, quand vous m'avez parlé avec tant de sévérité, cela m'a fait mal : mais je ne vous en veux pas, toutes les apparences étaient et sont encore contre moi.

— Vous avez parlé d'une explication ? reprit Claude.

— D'abord, répliqua Mariette, avant d'arriver à ce qui concerne ma liaison avec Fernand et aux raisons qui me poussent à la rompre aujourd'hui, me permettrez-vous de vous parler un peu de moi? Voulez-vous savoir comme Marianne est devenue Mariette ?

Sans attendre la réponse du jeune homme, elle commença son histoire depuis l'époque où elle avait quitté la province pour venir à Paris. Dans ce récit, Mariette fut un biographe impartial. Elle dit tout naïvement, sans réticences mensongères, sans artifices de langage pour atténuer les choses qui lui étaient défavorables, et sans cynisme cependant, avec une humilité contrite, qui laissait deviner un regret sincère, une désolation navrée, au fur et à mesure que cette confession faite à un autre lui retraçait en même temps à elle-même la déchéance où elle se voyait tombée.

VIII

A l'époque de son veuvage, et pour faire une bouche de moins dans la maison, où le pain quotidien n'emplissait pas toujours la huche, le père Duclos, le *passeur*, dont le métier avait été ruiné en partie par l'établissement d'un pont qui lui enlevait ses pratiques, avait envoyé Mariette chez un de ses parents éloignés, qui tenait à la Rapée un établissement de marchand de vin-aubergiste où descendaient les vignerons et les mariniers de l'Yonne. Mariette entra chez son cousin comme servante. Elle avait alors un peu plus de quinze ans : c'était une robuste beauté campagnarde, dont les grosses joues bouffies par une pléthore de santé avaient les roses couleurs du vin nouveau, et dont les mains étaient rouges à effrayer un bœuf. Son cousin — les Bourguignons sont un peu les normands du centre — aurait, pour l'avarice, damé le pion à un natif de Caudebec. Peu soucieux des liens de famille, il traitait la jeune fille sans ménagement, plus durement même que si elle eût été une étrangère, car il savait qu'elle était obligée de supporter sa brutalité. C'était son pain que Mariette était venue chercher dans cette maison, et, pour le gagner, il fallait bien qu'elle se résignât à subir l'existence telle qu'elle lui était offerte. Elle vivait là depuis six mois, faisant chaque jour un travail de mécanique, sans que jamais une bonne parole tombât des lèvres de son parent pour la récompenser de ce rude labeur.

Au retour de la belle saison, la clientèle grossière qui fréquentait l'auberge s'augmenta, une ou deux fois par semaine, de quelques sociétés de jeunes gens qui venaient faire des parties de canot sur la Seine. Le plus souvent, ces compagnies de marins d'eau douce se composaient d'étudiants. Dans le trajet, ils s'arrêtaient à *la Bonne Cave*, — c'était l'enseigne de l'auberge, — où une chambre leur était réservée. Pour la jeune fille, c'était presque une distraction de se trouver parmi les étudiants, qui ne la rudoyaient point comme le faisaient les gens du port; aussi, le mercredi et le dimanche attendait-elle avec une certaine impatience l'arrivée de l'équipage de *la Glaneuse*.

Un jour, pendant qu'elle servait le dîner des canotiers, elle ne répondit pas assez vite à l'appel d'un ouvrier qui se trouvait dans la salle commune, et lorsqu'elle arriva près de lui, cet homme l'injuria avec tant d'emportement, qu'elle ne put réprimer une réplique qui redoubla la colère de celui-ci. Le maître de l'auberge arriva dans ce moment et vit son habitué qui se disposait à s'en aller, disant qu'il allait se faire servir ailleurs, puisqu'on répondait à ses réclamations par des sottises. Marianne voulut s'excuser; mais son cousin furieux ne lui en donna pas le temps, et, avant qu'elle eût ouvert la bouche, elle fut étourdie par un soufflet qui lui mit tout le visage en sang. En la voyant revenir en cet état, les étudiants lui demandèrent ce qui était arrivé, Marianne, en pleurant, leur raconta la scène qui venait de se passer, et en quelques mots les instruisit de la façon dont elle était traitée par son parent.

— Pourquoi diable restez-vous chez cette brute? demanda l'un des jeunes gens. La jeune fille raconta les motifs qui la forçaient quand même à demeurer dans la maison.

— Dis donc, murmura l'un des canotiers à l'oreille de son camarade, en lui désignant Marianne, c'est une belle fille que cette villageoise.

— Oui, répondit l'autre, avec six mois de paresse pour lui blanchir les mains, un brin de pâleur parisienne mêlée à son teint de campagnard, et une robe de soie sur le dos au lieu d'un sac, ça en ferait *une de plus!*

— Ma foi, telle qu'elle est, elle me plairait déjà beaucoup, continua l'étudiant en remarquant l'attitude dolente de Marianne.

— Mademoiselle Marianne, reprit le jeune homme, cela vous ferait-il bien plaisir que j'aille casser un bras au lourdaud qui vous a fait battre?

— Oh! non, monsieur Édouard, je vous en prie, s'il arrivait une querelle à cause de moi, mon cousin me chasserait.

— Eh bien! s'il vous chasse, vous viendrez chez moi.

— Chez vous! fit Marianne en ouvrant de grands yeux.

— Eh parbleu! oui, répliqua le jeune homme; je ne vous battrai pas, moi.

— Mais qu'est-ce que je ferais chez vous? demanda Marianne avec un accent naïf qui fit pousser de grands éclats de rire aux jeunes gens.

— Parbleu! répliqua l'étudiant, qui riait comme tout le

monde, vous mettrez des boutons à mes chemises, qui n'en ont jamais, et des cordons à mes faux-cols qui en manquent toujours.

En ce moment une voix brutale et quasi-menaçante appela Marianne dans la salle voisine.

— Oh! mon Dieu, s'écria-t-elle en faisant un geste d'effroi, c'est ce méchant homme.

— Ne lui répondez pas, j'y vais aller pour vous, dit Édouard; et il s'élança hors du cabinet accompagné d'un de ses amis qui l'avait suivi, devinant sans doute ce qui allait se passer. Les deux gens étaient sortis depuis deux minutes à peine, lorsqu'un grand tumulte, mêlé d'injures et de cris, se fit entendre dans la grande salle, où Marianne se précipita; mais elle poussa un cri terrible et tomba évanouie en apercevant Édouard qui chancelait entre les bras de son ami et dont la figure était couverte du sang qui ruisselait d'une blessure profonde, ouverte au front par un tesson de bouteille. A quelques pas de lui gisait l'ouvrier du port à qui Édouard avait cherché querelle. Il avait été atteint en pleine figure par un coup de poing qui lui avait brisé la mâchoire. Les étudiants transportèrent leur ami chez un pharmacien du voisinage, et, après la pose d'un premier appareil, ils envoyèrent chercher une voiture pour le ramener à Paris.

Lorsque Marianne revint à elle, tout le monde était déjà parti, et ce qu'elle avait prévu arriva. Son cousin, ayant été instruit qu'elle avait été la cause de la querelle entre l'étudiant et l'ouvrier, la maltraita plus dûrement qu'il n'avait fait jusqu'alors et l'avertit qu'il allait la renvoyer à son père, auquel il ferait part de la belle conduite qu'elle menait avec les étudiants, — car, ajouta-t-il, ce n'est sans doute pas pour rien que ce jeune homme a risqué de se faire casser la tête; et comme, en servant les jeunes gens, Marianne se trouvait quelquefois seule avec eux, son cousin tira de ce fait des conclusions qu'il exprima dans le langage le plus cynique. Marianne protesta de son innocence et supplia son parent de ne pas la renvoyer à son père; mais le maître de la *Bonne Cave* fut impitoyable et quitta la jeune fille en lui répétant que dans trois jours elle retournerait dans son pays, où le bruit de sa mauvaise conduite serait arrivé avant elle.

Marianne pleura toute la nuit; cependant peu à peu son chagrin personnel finit par disparaître devant l'inquiétude qui s'éveilla en elle au souvenir de l'étudiant blessé. Toute la nuit, elle eut devant les yeux la figure d'Édouard couverte de sang, et son cœur battait avec violence, et ses larmes coulaient plus abondantes. Le lendemain matin, en faisant son service dans la grande salle où les ouvriers du port étaient rassemblés pour déjeuner, elle fut accueillie par eux avec mille sarcasmes grossiers. Ils s'entretenaient de la scène de la veille, et, à quelques paroles échangées entre eux, la jeune fille ne tarda pas à comprendre

qu'ils méditaient une terrible revanche le jour où les étudiants reviendraient chercher leur canot, qu'ils n'avaient pu emmener la veille. Marianne, qui avait plus d'une fois assisté à ces collisions très-fréquentes sur le port, savait combien elles étaient dangereuses, et fut épouvantée du terrible guet-apens dans lequel devait tomber l'équipage de *la Glaneuse*. Elle eut sur-le-champ l'idée de faire prévenir les étudiants du danger qui les menaçait ; mais comment ? par qui ? et où les trouver d'ailleurs ? Elle ne connaissait pas leur adresse et ne savait que le nom de l'un d'eux, celui d'Édouard, vers qui sa pensée, aimantée par une pitié presque tendre déjà, se tournait obstinément. Une circonstance fortuite vint la tirer de son embarras. Comme elle passait, dans la journée, devant la boutique du pharmacien où Édouard avait été transporté après la bataille, l'élève en pharmacie l'appela pour lui remettre un portefeuille qu'il avait trouvé dans sa boutique après le départ des jeunes gens. — Comme ces messieurs viennent souvent à *la Bonne Cave*, dit-il, vous rendrez le portefeuille à M. Édouard G..., à qui il appartient.

— Ah ! fit Marianne avec un ton de vivacité qui surprit le pharmacien, c'est le portefeuille de M. Édouard ?

— C'est le nom que portent un diplôme de bachelier et des cartes de visite qui s'y trouvent.

— Est-ce que l'adresse de M. Édouard s'y trouve aussi ? demanda Marianne en ouvrant une poche du portefeuille.

— Je crois que oui, répondit le pharmacien ; il doit demeurer dans le quartier des Écoles.

— Rue des Grès, hôtel de..., s'écria Marianne, qui avait regardé une carte de visite.

— Mais au fait, demanda le pharmacien, en regardant la jeune fille fixement, qu'est-ce que cela vous fait ?

— Ah ! répondit-elle en feignant beaucoup de simplicité, c'est que mon cousin disait hier au soir qu'il voudrait bien savoir l'adresse de ces messieurs. Il a peur qu'ils ne reviennent plus à *la Bonne Cave* à cause de la querelle d'hier ; il voudrait aller leur faire des excuses et s'informer de l'état du blessé. Dame, ajouta Marianne, mon cousin a raison ; ces jeunes gens font beaucoup de dépense à la maison, et leur pratique vaut bien qu'on prenne la peine de se déranger. Ce portefeuille lui fournira l'occasion de faire une visite au blessé. Ça n'est pas bien dangereux, n'est-ce pas, ce coup qu'il a reçu ? demanda-t-elle en s'efforçant de donner à cette interrogation le ton d'une indifférente curiosité.

— Peuh ! fit le pharmacien, si votre cousin veut arriver à temps, je lui conseille de se dépêcher : le tétanos pourrait bien lui enlever sa pratique.

— Je vais lui dire d'y aller tout de suite, alors, reprit Marianne en s'appuyant au comptoir pour ne pas tomber. Est-ce bien loin d'ici, la rue des Grès ?

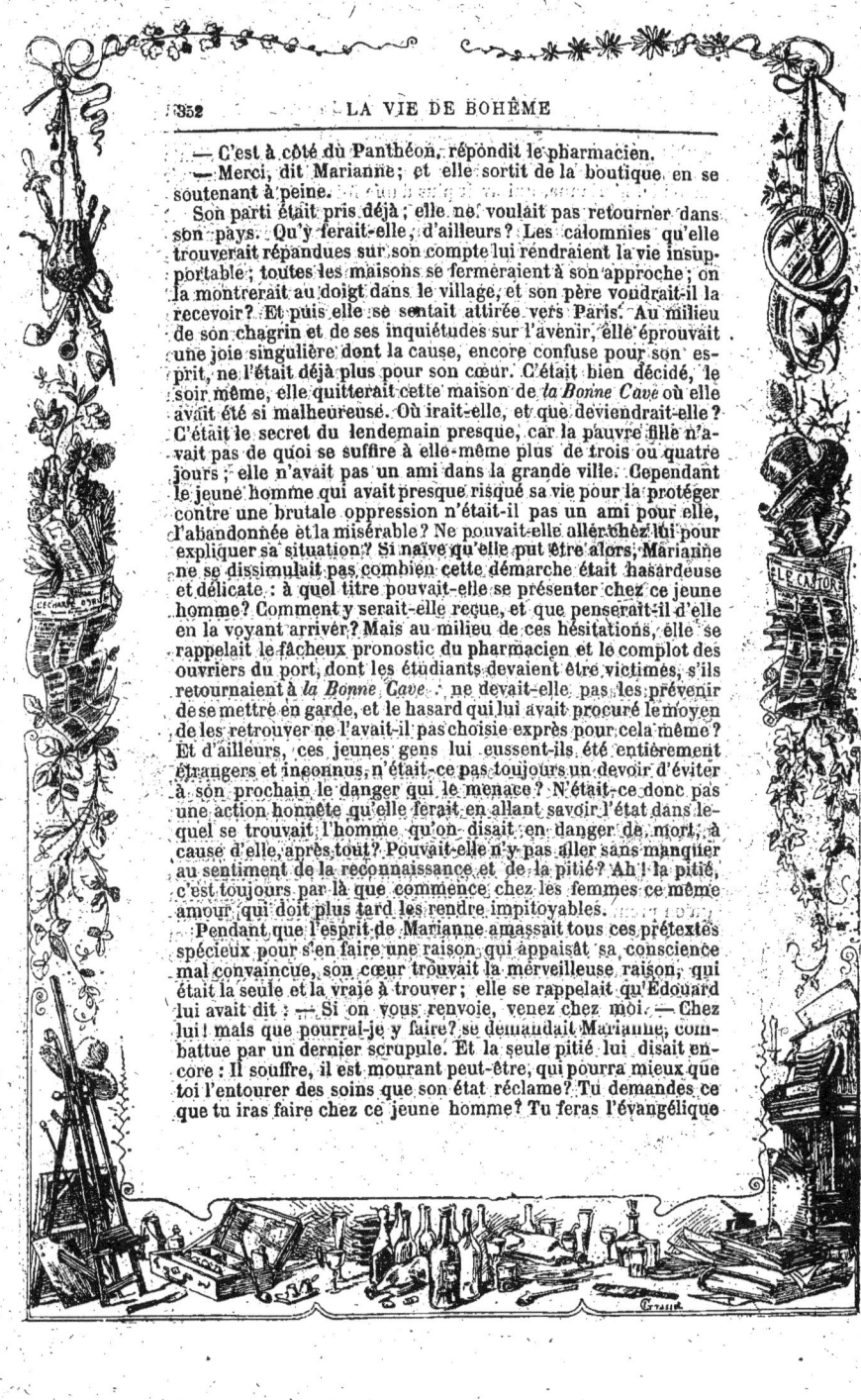

— C'est à côté du Panthéon, répondit le pharmacien.

— Merci, dit Marianne; et elle sortit de la boutique en se soutenant à peine.

Son parti était pris déjà; elle ne voulait pas retourner dans son pays. Qu'y ferait-elle d'ailleurs? Les calomnies qu'elle trouverait répandues sur son compte lui rendraient la vie insupportable; toutes les maisons se fermeraient à son approche; on la montrerait au doigt dans le village, et son père voudrait-il la recevoir? Et puis elle se sentait attirée vers Paris. Au milieu de son chagrin et de ses inquiétudes sur l'avenir, elle éprouvait une joie singulière dont la cause, encore confuse pour son esprit, ne l'était déjà plus pour son cœur. C'était bien décidé, le soir même, elle quitterait cette maison de *la Bonne Cave* où elle avait été si malheureuse. Où irait-elle, et que deviendrait-elle? C'était le secret du lendemain presque, car la pauvre fille n'avait pas de quoi se suffire à elle-même plus de trois ou quatre jours; elle n'avait pas un ami dans la grande ville. Cependant le jeune homme qui avait presque risqué sa vie pour la protéger contre une brutale oppression n'était-il pas un ami pour elle, d'abandonnée et la misérable? Ne pouvait-elle aller chez lui pour expliquer sa situation? Si naïve qu'elle pût être alors, Marianne ne se dissimulait pas combien cette démarche était hasardeuse et délicate : à quel titre pouvait-elle se présenter chez ce jeune homme? Comment y serait-elle reçue, et que penserait-il d'elle en la voyant arriver? Mais au milieu de ces hésitations, elle se rappelait le fâcheux pronostic du pharmacien et le complot des ouvriers du port, dont les étudiants devaient être victimes, s'ils retournaient à *la Bonne Cave* : ne devait-elle pas les prévenir de se mettre en garde, et le hasard qui lui avait procuré le moyen de les retrouver ne l'avait-il pas choisie exprès pour cela même? Et d'ailleurs, ces jeunes gens lui eussent-ils été entièrement étrangers et inconnus, n'était-ce pas toujours un devoir d'éviter à son prochain le danger qui le menace? N'était-ce donc pas une action honnête qu'elle ferait en allant savoir l'état dans lequel se trouvait l'homme qu'on disait en danger de mort, à cause d'elle, après tout? Pouvait-elle n'y pas aller sans manquer au sentiment de la reconnaissance et de la pitié? Ah! la pitié, c'est toujours par là que commence chez les femmes ce même amour qui doit plus tard les rendre impitoyables.

Pendant que l'esprit de Marianne amassait tous ces prétextes spécieux pour s'en faire une raison qui apaisât sa conscience mal convaincue, son cœur trouvait la merveilleuse raison, qui était la seule et la vraie à trouver; elle se rappelait qu'Édouard lui avait dit : — Si on vous renvoie, venez chez moi. — Chez lui! mais que pourrai-je y faire? se demandait Marianne, combattue par un dernier scrupule. Et la seule pitié lui disait encore : Il souffre, il est mourant peut-être, qui pourra mieux que toi l'entourer des soins que son état réclame? Tu demandes ce que tu iras faire chez ce jeune homme? Tu feras l'évangélique

LA VIE DE BOHÊME

Ah! mon Dieu, je suis venue trop tard! s'écria Marianne. Il est mort.

métier des pieuses créatures qui veillent aux chevets des hôpitaux, tu remplaceras sa sœur ou sa mère absente, et dans son délire peut-être il prendra ta main pour celle d'une femme aimée. — A cette dernière pensée, Marianne sentait son cœur traversé subitement par une douleur inconnue. Dans le portefeuille qu'on lui avait remis pour qu'elle le rendît à Édouard, elle avait en effet trouvé des lettres de femme adressées à l'étudiant. Ces fragments de correspondance, qui contenaient le récit d'une passion récemment brisée, étaient écrits dans un style qui attestait une fréquentation assidue des écrivains qui ont depuis trente ans imprimé un si grand mouvement à la poésie et à la philosophie modernes. En lisant ces lettres, il avait semblé à Marianne qu'elle lisait dans une langue étrangère, et cependant, sans comprendre les mots, elle devinait par intuition le sens des pensées qu'ils exprimaient. Elle souffrait toutes les souffrances de cette femme qui avait été la maîtresse d'Édouard, et s'associait instinctivement aux déchirements d'un cœur que la raison forçait d'abjurer son idolatrie; puis, un instant après et par réflexion soudaine, l'égoïsme naturel reprenait le dessus, et la jeune fille remerciait le hasard qui, en livrant ces lettres à son indiscrétion, lui donnait la preuve que l'étudiant ne tenait plus à la femme qui les avait écrites; elle pensait à tout ce qu'elle aurait eu à souffrir, si cette correspondance, au lieu de renfermer l'acte mortuaire d'un amour oublié par l'étudiant, en avait contenu pour ainsi dire l'acte de naissance, et elle frémissait de tout son être. Après une longue lutte, Marianne se décida à aller chez Édouard, et comme pour s'enlever tout motif à de nouvelles hésitations, ce fut un prétexte futile qu'elle choisit comme raison capitale. « Il faut bien que j'y aille de toute manière se dit-elle ; et son portefeuille que j'ai promis de lui rendre ! »

Le soir même à minuit, quand tout le monde dormait, Marianne quitta silencieusement la maison de *la Bonne-Cave*, emportant ses hardes dans un petit paquet. Ignorante des chemins, elle s'égara dix fois dans la route, et n'arriva à l'hôtel de la rue des Grès qu'à une heure très-avancée de la nuit. Il fallut même toute son insistance pour qu'on la laissât pénétrer chez Édouard ; il était veillé par un ami, l'un de ceux qui l'avaient récemment accompagné à *la Bonne-Cave*. En entrant dans la chambre, la première parole de Marianne fut pour demander des nouvelles de l'étudiant ; mais son ami fut tellement surpris par l'arrivée de la jeune servante à cette heure indue, qu'au lieu de répondre aux questions qu'elle lui adressait, il accumulait les siennes pour avoir l'explication de sa présence. Marianne lui raconta brièvement tout ce qui s'était passé à *la Bonne-Cave* depuis le départ des étudiants ; elle le prévint du complot tramé contre eux, et, quand elle eut tout dit, elle renouvela ses questions au sujet du blessé avec un accent si ému, un regard si

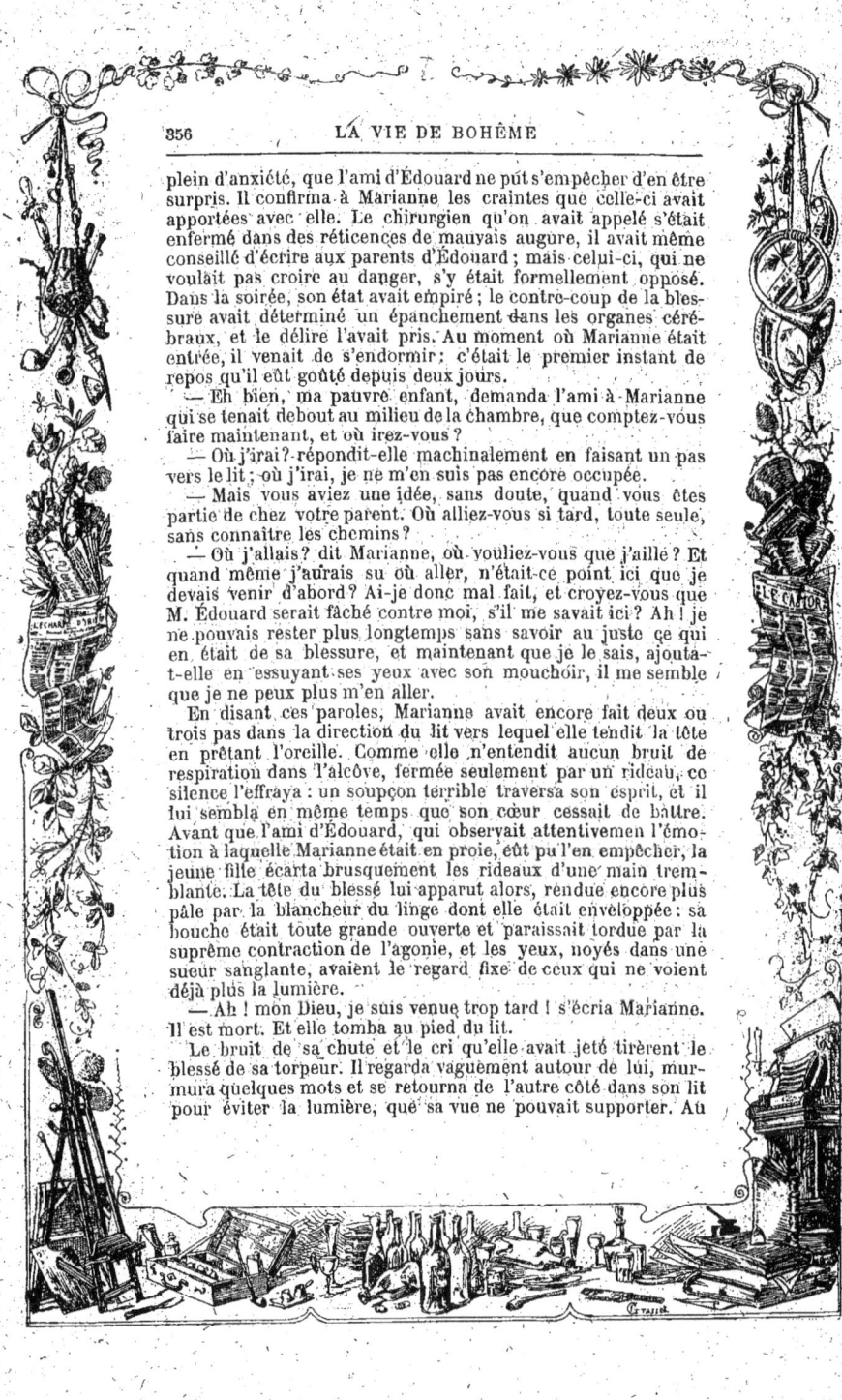

plein d'anxiété, que l'ami d'Édouard ne pût s'empêcher d'en être surpris. Il confirma à Marianne les craintes que celle-ci avait apportées avec elle. Le chirurgien qu'on avait appelé s'était enfermé dans des réticences de mauvais augure, il avait même conseillé d'écrire aux parents d'Édouard; mais celui-ci, qui ne voulait pas croire au danger, s'y était formellement opposé. Dans la soirée, son état avait empiré; le contre-coup de la blessure avait déterminé un épanchement dans les organes cérébraux, et le délire l'avait pris. Au moment où Marianne était entrée, il venait de s'endormir : c'était le premier instant de repos qu'il eût goûté depuis deux jours.

— Eh bien, ma pauvre enfant, demanda l'ami à Marianne qui se tenait debout au milieu de la chambre, que comptez-vous faire maintenant, et où irez-vous?

— Où j'irai? répondit-elle machinalement en faisant un pas vers le lit; où j'irai, je ne m'en suis pas encore occupée.

— Mais vous aviez une idée, sans doute, quand vous êtes partie de chez votre parent. Où alliez-vous si tard, toute seule, sans connaître les chemins?

— Où j'allais? dit Marianne, où vouliez-vous que j'aille? Et quand même j'aurais su où aller, n'était-ce point ici que je devais venir d'abord? Ai-je donc mal fait, et croyez-vous que M. Édouard serait fâché contre moi, s'il me savait ici? Ah! je ne pouvais rester plus longtemps sans savoir au juste ce qui en était de sa blessure, et maintenant que je le sais, ajouta-t-elle en essuyant ses yeux avec son mouchoir, il me semble que je ne peux plus m'en aller.

En disant ces paroles, Marianne avait encore fait deux ou trois pas dans la direction du lit vers lequel elle tendit la tête en prêtant l'oreille. Comme elle n'entendit aucun bruit de respiration dans l'alcôve, fermée seulement par un rideau, ce silence l'effraya : un soupçon terrible traversa son esprit, et il lui sembla en même temps que son cœur cessait de battre. Avant que l'ami d'Édouard, qui observait attentivement l'émotion à laquelle Marianne était en proie, eût pu l'en empêcher, la jeune fille écarta brusquement les rideaux d'une main tremblante. La tête du blessé lui apparut alors, rendue encore plus pâle par la blancheur du linge dont elle était enveloppée : sa bouche était toute grande ouverte et paraissait tordue par la suprême contraction de l'agonie, et les yeux, noyés dans une sueur sanglante, avaient le regard fixe de ceux qui ne voient déjà plus la lumière.

— Ah! mon Dieu, je suis venue trop tard! s'écria Marianne. Il est mort. Et elle tomba au pied du lit.

Le bruit de sa chute et le cri qu'elle avait jeté tirèrent le blessé de sa torpeur. Il regarda vaguement autour de lui, murmura quelques mots et se retourna de l'autre côté dans son lit pour éviter la lumière, que sa vue ne pouvait supporter. Au mouvement qu'il venait de faire, l'erreur de Marianne se dissipa, et la joie intérieure qui succéda sans transition à son épouvante se manifesta dans le rayonnement de son regard. La langue de feu de la passion était descendue sur son front, et donnait à son visage un caractère nouveau qui, pour un moment, la transfigura presque. Après avoir fermé avec précaution les rideaux du lit, elle se rassit dans le fauteuil qui était au chevet et resta quelques minutes silencieuse, écoutant renaître son cœur, immobilisé un instant par une douleur qu'elle n'avait pas encore ressentie, même devant le lit où sa mère était morte. Quand elle fut un peu remise de son trouble, la pauvre fille n'osait plus lever les yeux sur l'ami d'Édouard ; elle comprenait qu'il avait dû deviner la nature réelle du sentiment qui venait seulement de se révéler à elle-même. En effet, le jeune homme, qui n'avait point cessé d'observer Marianne, connaissait déjà son secret, quand celle-ci l'ignorait peut-être encore.

— Ne vous désolez pas ainsi, mon enfant, lui dit-il, tout n'est pas désespéré ; Édouard a beaucoup de chances pour lui, la force et la jeunesse pourront le sauver, et, si vous m'en croyez, vous irez prendre un peu de repos ; vous habiterez ma chambre pour aujourd'hui, demain on vous en préparera une autre dans l'hôtel. Moi je veillerai encore Édouard cette nuit. Demain on doit nous envoyer une garde.

— Une garde, s'écria Marianne, une étrangère, quand moi je suis là !

— Vous avez raison, dit l'étudiant ; mais ce soir il faut aller vous reposer.

— Non, répondit Marianne, je ne suis point fatiguée, et je n'ai pas sommeil. Ma place est ici, près de ce lit, et je ne la quitterai pas.

Arrivée à cet endroit de son récit, la voix de Marianne s'affaiblit tout à coup, et elle détourna la tête du côté opposé à celui où se trouvait Claude, qui l'avait jusque-là écoutée sans l'interrompre.

— Eh bien ! lui dit-il, ne continuez-vous pas ?

— Pardonnez-moi, monsieur Claude, répondit-elle ; mais cela est plus fort que moi, voyez-vous ; et si peu digne d'estime que je vous paraisse, je ne puis cependant me rappeler avec tranquillité les événements qui devaient avoir pour résultat de m'amener à être ce que je suis devenue.

Ce fut seulement au bout de quinze jours, reprit Marianne après un nouveau moment de silence, que le docteur déclara Édouard hors de danger. Durant ces quinze jours, le délire ne l'avait pas abandonné ; il ne reconnaissait point ses amis, et j'étais la seule personne dont il voulût accepter les soins ; mais cette préférence, qui aurait dû faire ma joie, faisait au contraire mon supplice de toutes les heures, car, en réalité, ce n'était point moi, Marianne, la pauvre fille, qui étais l'objet de cette préférence : Édouard ne m'avait pas reconnue mieux que les autres ; dans son délire, il me prenait pour cette maîtresse qui l'avait quitté quelques mois auprayant. Cette femme, qui appartenait à la société distinguée de Paris, avait jusque-là été la seule passion sérieuse d'Édouard, mais, après deux années d'une liaison qui, dans les derniers temps, avait été accidentée de crises quotidiennes, Édouard, fatigué d'un bonheur monotone, s'était montré tout à coup si dur, si indifférent, si oublieux vis-à-vis de celle qui lui avait tout sacrifié, que sa maîtresse, malgré le violent chagrin qu'elle ressentit, avait rompu avec lui définitivement. Aux yeux de ses amis, Édouard avait paru d'abord accepter assez froidement cette séparation, qui, disait-il, lui rendait sa liberté ; mais, au fond, il n'avait point cessé de penser à celle qu'il aimait peut-être davantage depuis qu'elle était, et par sa faute, à tout jamais perdue pour lui. Pour essayer de se distraire, il avait repris ses habitudes de désordre et de dissipation. Abandonnant ses études, qu'il était près de terminer, il était rentré dans la vie d'oisiveté et de débauche d'où une passion honorable l'avait déjà tiré une fois. Il compromettait volontairement son avenir et mettait son amour-propre en des triomphes faciles, obtenus sur des créatures que la nécessité ou l'habitude livre à qui veut les prendre. Tous ces détails me furent révélés par Édouard lui-même. Le soir, il fallait que je fusse auprès de son lit pour qu'il s'endormît ; il prenait mes mains dans les siennes, il les couvrait de baisers, il m'appelait par le nom de *l'autre* et me demandait pardon de tout le mal qu'il *lui* avait fait ; il me remerciait d'être revenue l'arracher à une existence où tout ce qui était bon et honnête en lui s'en allait chaque jour lambeau par lambeau. Un soir, il m'obligea même à passer à mon doigt une bague qu'il avait jadis donnée à sa maîtresse, et que celle-ci lui avait rendue lors de leur rupture. — Reprends-là, me dit-il, au nom de tout ce qu'elle rappelle, au nom de notre bonheur passé, reprends-là, et que tout soit oublié !

Ah ! tout ce que j'ai souffert durant ces quinze jours, je ne saurais l'exprimer. Les fragiles espérances que j'avais apportées en venant dans cette maison avaient été détruites par Édouard lui-même, qui m'avait ouvert son cœur rempli par une autre. Et pourtant, malgré les tortures cruelles que subissait chaque jour mon pauvre amour, qui avait en naissant reçu le baptême des larmes, j'aimais chaque jour davantage celui qui me faisait la confidente de son amour pour une autre. Malgré tout ce qu'il y avait d'insensé et de douloureux dans cette passion, je ne pouvais l'éloigner de moi ; mon cœur chérissait la folie qui faisait son tourment, j'avais pour elle cette idolâtrie étrange que les mères ont quelquefois pour ces pauvres enfants mal venus qui ne doivent pas voir la fin de leur enfance. La jalousie que m'inspirait la passion d'Édouard pour son ancienne maî-

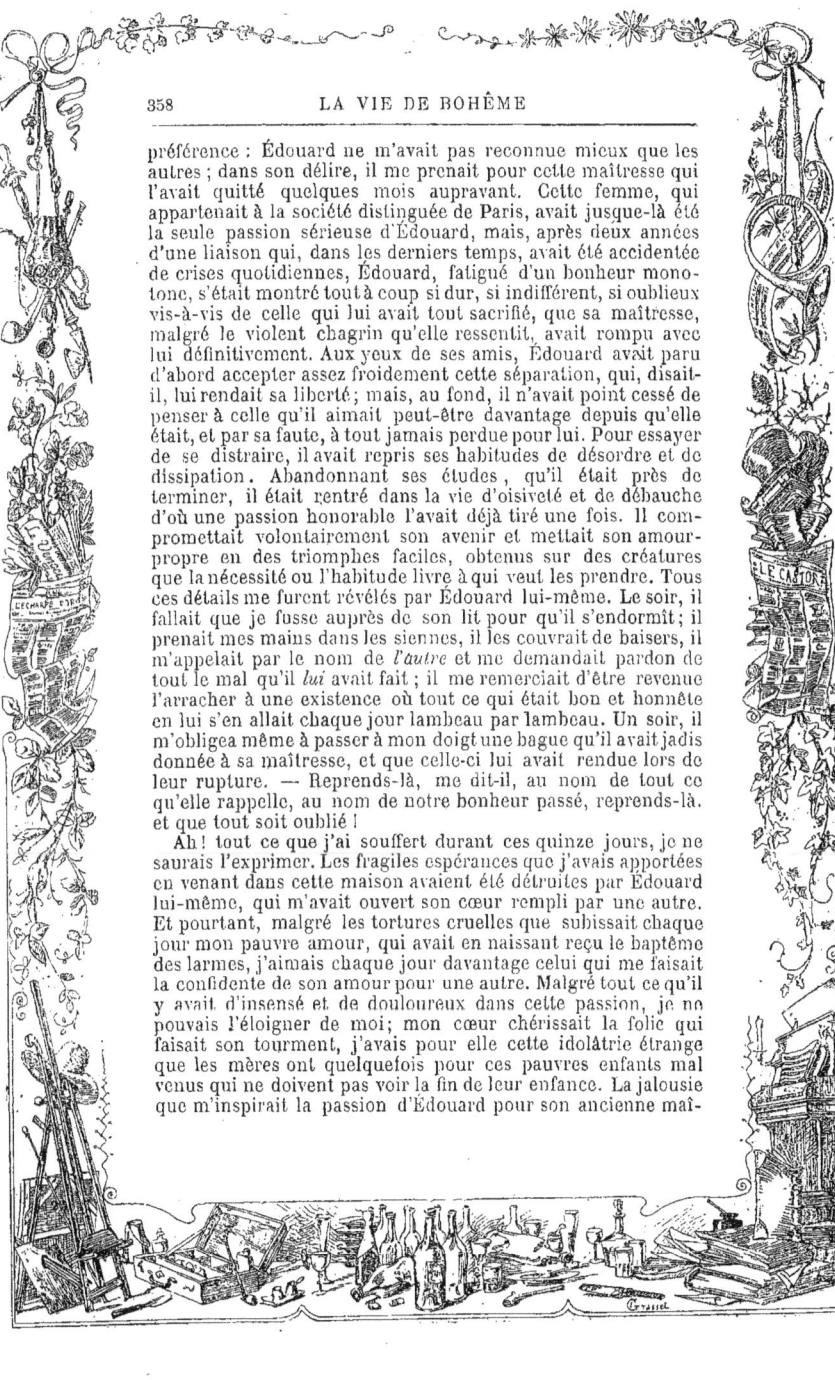

tresse avait fait naître en moi une haine violente pour cette rivale inconnue. A son nom seul, les mauvaises pensées traversaient mon esprit, et j'aurais voulu le perdre pour me venger du mal qu'elle me causait, si innocemment pourtant !

Un matin, pendant qu'Édouard dormait, et comme j'étais seule occupée à quelques soins de ménage dans une pièce qui précédait la chambre à coucher, j'entendis frapper deux petits coups à la porte. J'allai ouvrir, et je vis entrer une femme vêtue avec une élégance recherchée. Un voile noir et très-épais, qui tombait sur son visage, m'empêcha de distinguer ses traits ; mais, en la voyant entrer, la précaution qui la fit jeter un rapide regard dans l'escalier pour voir sans doute si elle n'avait pas été suivie, éveilla subitement en moi un soupçon jaloux qui ne devait pas tarder à se réaliser.

— M. Édouard est seul ? demanda-t-elle sans paraître aucunement étonnée de ma présence, car elle me prenait sans doute, à cause de mon costume, pour une fille de service de la maison.

— Oui, madame, lui répondis-je.
— Peut-on le voir ? me dit-elle.
— Non, madame, M. Edouard est malade.
— Je le sais.
— Il est très-malade, répliquai-je, et ne reçoit personne ; le médecin l'a défendu positivement.
— Il va donc plus mal ? me dit-elle d'une voix que j'entendis trembler.

Je fis un signe de tête affirmatif.

—Je ne le dérangerai pas, je ne lui parlerai point, continua la dame, en faisant un pas dans la direction de la chambre à coucher, Permettez-moi d'entrer ; je voudrais seulement le voir un instant.

Ce fut alors que mon premier soupçon fut une certitude ; j'étais en face de ma rivale.

— C'est impossible, madame, répondis-je avec vivacité en me plaçant devant la porte de la chambre comme pour lui barrer le passage ; Édouard est trop souffrant pour recevoir des visites de qui que ce soit.

Le ton familier avec lequel j'avais prononcé le nom d'Édouard, l'accentuation particulière que j'avais donnée aux mots *qui que ce soit* parurent étonner l'étrangère. Elle fit un pas en arrière, et resta un moment sans rien dire. Bien que je ne pusse le voir, je sentais que son regard était fixé sur moi et qu'elle se demandait à elle-même qui je pouvais être. Quant à moi, j'attendais qu'elle me fournît une occasion de le lui faire deviner.

— Vous pouvez sans danger me laisser entrer, reprit-elle, il ne vous grondera pas ; je lui dirai que j'ai forcé la porte. Je suis une de ses parentes, ajouta-t-elle avec cet accent de sincérité cherchée qui indique le mensonge.

— C'est impossible, madame, lui répondis-je en la regardant en face; Édouard n'a aucun parent à Paris.

C'était la seconde fois que je disais, avec intention, *Édouard* tout court. Cette récidive et le ton d'assurance avec lequel je la démentais causèrent à la dame voilée un nouveau tressaillement de surprise qu'elle ne put me dissimuler.

— Comment savez-vous cela, mademoiselle? me demanda-t-elle brusquement.

— Mais, lui répondis-je avec un ton de simplicité qui redoubla sa surprise, je sais toutes les affaires d'Édouard.

— Au moins, me dit-elle, puisque vous ne voulez pas que je voie M. Édouard, pourrai-je savoir la vérité sur son état? Est-il vrai, comme on le dit, que cette blessure soit très-dangereuse?

— Dangereuse à en mourir, madame. — Et comme cette pensée du danger que courait Édouard me faisait toujours pleurer, je portai machinalement la main à mes yeux.

Tout à coup la femme voilée s'empara de ma main, qu'elle prit dans l'une des siennes, et d'une voix impérieuse elle me demanda qui m'avait donné la bague qu'elle venait de voir briller à mon doigt, et qui était précisément l'anneau qu'Édouard m'avait forcée à prendre. Cette fois il ne me restait plus aucun doute. L'étrangère ne dissimulait pas son émotion. Je sentais sa main trembler dans la mienne, j'entendais les battements de son cœur et je devinais toute son angoisse dans l'accent avec lequel, en désignant l'anneau, elle me répéta une seconde fois : — Qui vous a donné cela? — Enfin j'avais donc entre les mains ma vengeance; celle par qui je souffrais tant, je pouvais faire mordre son cœur par la vipère jalouse qui déchirait le mien.

— C'est Édouard qui me l'a donnée, répondis-je en essayant de retirer ma main d'entre les siennes.

— Édouard! murmura-t-elle, mais c'est impossible!

— Pourquoi donc?

— Mais qui êtes-vous, mademoiselle? dit-elle alors en lâchant mes mains.

Dans l'espace d'une seconde, je compris que le mensonge que j'allais faire rendrait impossible toute réconciliation entre Édouard et celle que j'allais blesser au plus vif du cœur et de l'amour-propre. J'hésitai un moment, puis je répondit lentement, la tête baissée et d'une voix tremblante :

— Je suis sa maîtresse.

— Tenez, monsieur Claude, dit Mariette, je ne veux pas me faire meilleure que je ne suis, ou que je n'étais alors, ajouta-t-elle, mais je n'eus pas achevé cet aveu, que je m'en étais déjà repentie. Mon cœur, aigri par la jalousie, avait obéi au premier mouvement de la haine, mauvaise conseillère; mais il me parut qu'en ce moment même je ressentais le contre-coup du mal que j'avais causé à cette pauvre femme, et la pitié me prit pour elle, lorsque, songeant à ce qu'elle me faisait souffrir, je devinai ce

LA VIE DE BOHÈME

Tout à coup la femme voilée s'empara de ma main.

qu'elle souffrait à son tour, elle encore blessée plus cruellement que moi, puisqu'elle voyait devant ses yeux la créature chétive et misérable pour qui elle était oubliée, C'était la première mauvaise action que je commettais depuis que j'étais au monde et quelque chose vint me dire que cela me porterait malheur. La femme voilée se retira lentement en me disant qu'il n'était pas utile de dire à Édouard qu'elle était venue.

— Mais comment le pourrais-je, madame? lui répondis-je, je ne sais pas qui vous êtes, et puis, M. Édouard n'a pas même sa raison.

— Ni maintenant, ni plus tard, reprit-elle. Il est inutile qu'il sache que je suis venue. Ainsi, je vous en prie, ne lui en parlez pas,

— Je vous obéirai, madame, lui dis-je en la saluant avec respect.

— C'est dans votre intérêt peut-être que je vous fais cette recommandation, ajouta-t-elle en se retirant.

Au bout de quinze jours, comme je vous l'ai dit déjà, le délire cessa, et le médecin put répondre d'Édouard. En recouvrant sa raison, il parut très-étonné de me voir auprès de son lit faisant fonction de garde-malade, et bien plus étonné encore quand il apprit que j'étais là depuis le lendemain de son accident.

— Mais, s'écria-t-il en m'examinant plus attentivement, cette pauvre fille est méconnaissable! Elle s'est tuée à passer ainsi les nuits. Pourquoi n'a-t-on pas fait venir une garde? dit-il à son ami l'étudiant qui se trouvait là.

— Marianne n'a pas voulu, répondit celui-ci.

— Comment! dit Édouard en me regardant.

— Quelle raison aurais-je eue pour rester ici? lui répondis-je en baissant les yeux. N'était-ce pas à cause de moi que vous aviez reçu ce vilain coup qui a failli vous faire mourir? En vous soignant, ai-je fait autre chose que mon devoir? et, ajoutai-je, n'ai-je pas été encore bien heureuse d'en avoir l'occasion, puisque je ne savais où aller en sortant de la *Bonne-Cave*? — Et je lui racontai alors que c'était à cause de lui que mon cousin, m'avait chassée.

— Vous avez bien fait de venir ici, me répondit Édouard ; je vous l'avais dit, je crois me le rappeler d'ailleurs; mais, quand je vous ai dit cela, je n'entendais pas faire de vous ma... servante... au contraire, reprit-il en riant.

J'étais alors si troublée que je ne compris pas l'équivoque.

— Vous êtes bonne, Marianne, reprit-il en me regardant avec beaucoup d'amitié, et vous êtes belle, ajouta-t-il ; je ne m'en étais pas encore si bien aperçu que maintenant. Pauvre enfant ! vos fraîches couleurs du pays se sont fondues à mener cette vie de fatigue.

— N'y étais-je point accoutumée à la fatigue? répondis-je pour

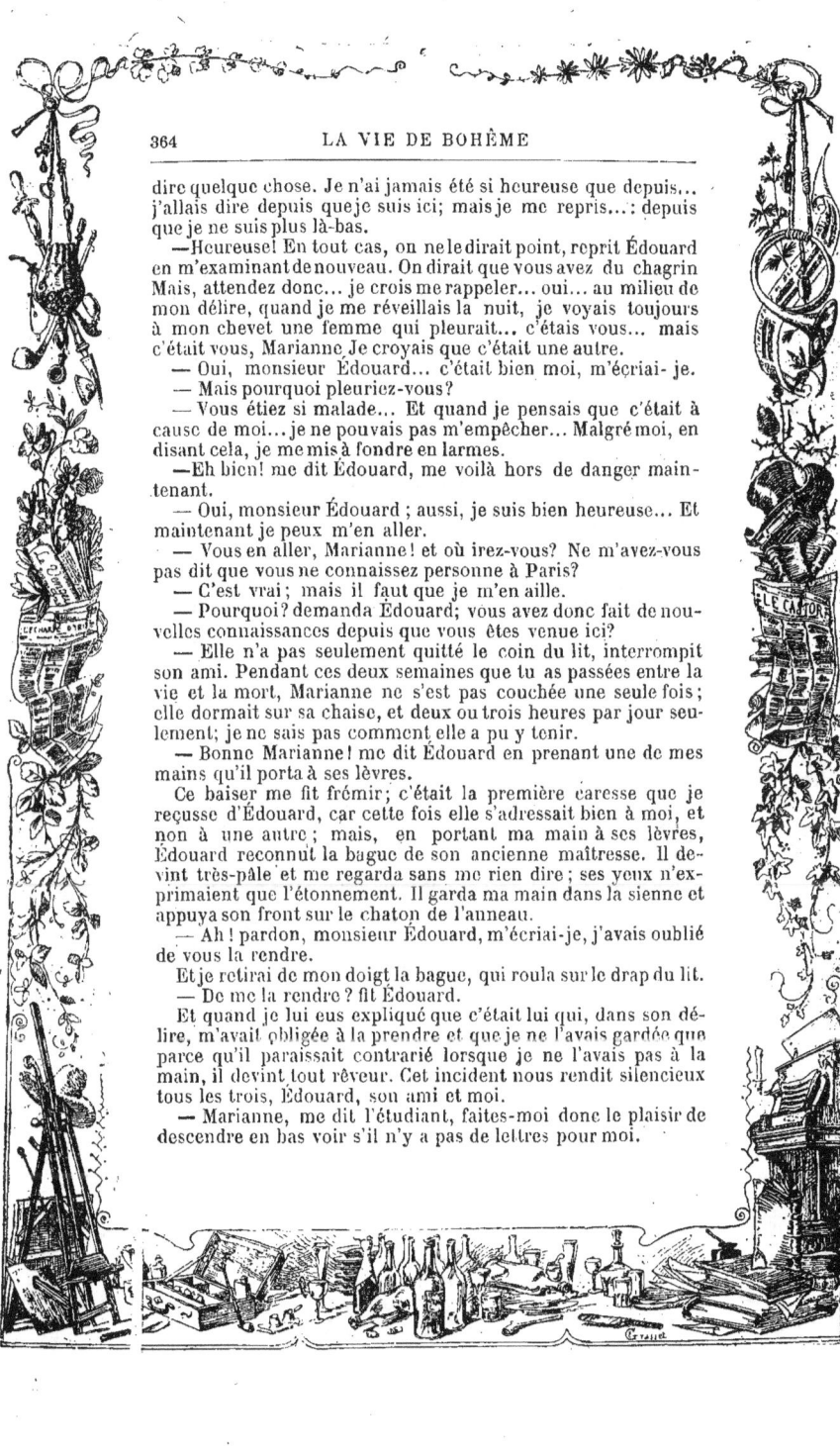

dire quelque chose. Je n'ai jamais été si heureuse que depuis… j'allais dire depuis que je suis ici; mais je me repris…: depuis que je ne suis plus là-bas.

—Heureuse! En tout cas, on ne le dirait point, reprit Édouard en m'examinant de nouveau. On dirait que vous avez du chagrin. Mais, attendez donc… je crois me rappeler… oui… au milieu de mon délire, quand je me réveillais la nuit, je voyais toujours à mon chevet une femme qui pleurait… c'étais vous… mais c'était vous, Marianne. Je croyais que c'était une autre.

— Oui, monsieur Édouard… c'était bien moi, m'écriai-je.

— Mais pourquoi pleuriez-vous?

— Vous étiez si malade… Et quand je pensais que c'était à cause de moi… je ne pouvais pas m'empêcher… Malgré moi, en disant cela, je me mis à fondre en larmes.

—Eh bien! me dit Édouard, me voilà hors de danger maintenant.

— Oui, monsieur Édouard ; aussi, je suis bien heureuse… Et maintenant je peux m'en aller.

— Vous en aller, Marianne! et où irez-vous? Ne m'avez-vous pas dit que vous ne connaissez personne à Paris?

— C'est vrai ; mais il faut que je m'en aille.

— Pourquoi? demanda Édouard; vous avez donc fait de nouvelles connaissances depuis que vous êtes venue ici?

— Elle n'a pas seulement quitté le coin du lit, interrompit son ami. Pendant ces deux semaines que tu as passées entre la vie et la mort, Marianne ne s'est pas couchée une seule fois ; elle dormait sur sa chaise, et deux ou trois heures par jour seulement; je ne sais pas comment elle a pu y tenir.

— Bonne Marianne! me dit Édouard en prenant une de mes mains qu'il porta à ses lèvres.

Ce baiser me fit frémir; c'était la première caresse que je reçusse d'Édouard, car cette fois elle s'adressait bien à moi, et non à une autre ; mais, en portant ma main à ses lèvres, Édouard reconnut la bague de son ancienne maîtresse. Il devint très-pâle et me regarda sans me rien dire ; ses yeux n'exprimaient que l'étonnement. Il garda ma main dans la sienne et appuya son front sur le chaton de l'anneau.

— Ah! pardon, monsieur Édouard, m'écriai-je, j'avais oublié de vous la rendre.

Et je retirai de mon doigt la bague, qui roula sur le drap du lit.

— De me la rendre? fit Édouard.

Et quand je lui eus expliqué que c'était lui qui, dans son délire, m'avait obligée à la prendre et que je ne l'avais gardée que parce qu'il paraissait contrarié lorsque je ne l'avais pas à la main, il devint tout rêveur. Cet incident nous rendit silencieux tous les trois, Édouard, son ami et moi.

— Marianne, me dit l'étudiant, faites-moi donc le plaisir de descendre en bas voir s'il n'y a pas de lettres pour moi.

Je compris qu'il désirait rester seul avec son ami et que sa commission n'était qu'un prétexte. Aussi je restai absente plus de temps qu'il n'était nécessaire. Comme je remontais, n'ayant pas trouvé de lettres, en entrant dans la première pièce, j'entendis prononcer mon nom. Je suis superstitieuse et je crois aux pressentiments. Quelque chose me dit que mon sort se décidait. Je retins mon haleine et j'écoutai à la porte de la chambre où Édouard et son ami causaient à voix basse, mais assez distinctement cependant pour que je pusse les entendre. Édouard lisait tout haut une liste contenant les noms de ses amis qui étaient venus savoir de ses nouvelles pendant sa maladie.

— Il n'est pas venu d'autres personnes? demanda-t-il à son ami.

— Je ne pense pas, dit l'étudiant.

— Et elle? demanda tout à coup Édouard.

— Qui?... ah! répondit l'ami, Hélène?... Comment serait-elle venue et pourquoi?

— Mais tu ne sais donc pas que je lui ai écrit? répliqua Édouard avec vivacité.

— Est-ce que le délire te reprend? répondit l'étudiant. Quand donc lui aurais-tu écrit? Tu as été fou pendant quinze jours; il y avait des instants où tu croyais être le pape.

— Je lui ai écrit le jour même où j'ai été blessé. Le docteur m'avait tellement effrayé, que j'ai cru n'avoir plus deux heures à vivre. Je lui ai écrit que j'étais en danger de mort, que je voulais la voir une dernière fois, qu'à tout prix il fallait qu'elle vînt.

— Tu crois avoir écrit? Tu te trompes.

— J'en suis bien sûr, continua Édouard, je me souviens, peut-être!... j'ai même fait porter ma lettre en me cachant de toi.

— Alors c'est différent, répondit l'étudiant.

— Elle n'est pas venue! murmura Édouard; elle a su que j'étais mourant, et elle n'est pas venue! Et quant bien même je ne lui aurais pas écrit, elle a dû être instruite du danger où j'étais. Son médecin est le mien, c'est elle qui me l'a procuré. Sans cœur ni pitié! Qu'est-ce que je lui demandais pourtant?... De venir seulement... c'était tout... et elle n'est pas venue!... Elle a su que l'homme qui avait été son amant pendant deux ans avait à moitié le drap des morts sur la figure, et elle n'est pas venue!... elle a continué à aller tranquillement au bal, dans le monde, à l'Opéra... et elle n'est pas venue!

— Elle n'aura pas pu, qui sait? répondit l'ami d'Édouard.

— Elle pouvait bien jadis. Les torts que j'ai pu avoir envers elle autrefois ne justifient pas son abandon d'aujourd'hui; et, d'ailleurs, si elle craignait de se compromettre par une visite, ne pouvait-elle pas écrire? Non, te dis-je, elle est sans excuse; son silence et son abandon me font douter même de son amour passé. — Sans cœur, sans cœur, comme toutes ses pareilles! Et, pendant ce temps-là, qui prenait soin de moi, qui veillait

à mon chevet, cœur fidèle et dévoué? Une étrangère, une pauvre fille, qui m'aimait, dis-tu. Ah! je comprends ses larmes maintenant, je comprends tout ce qu'elle a dû souffrir pendant ces quinze jours; et pourtant, elle qui savait que j'en aimais une autre, elle à qui je le disais chaque jour, elle est restée, elle ne m'a pas quitté; ah! le voilà, le véritable héroïsme de l'amour! Il n'est pas chez Hélène, la femme au sentiment timoré, à la passion civilisé, et passée à tous les patchoulis des beaux usages. Ah! pauvre femme qui se croit grandiose parce qu'elle a eu une fois dans sa vie le courage de rompre une liaison, qui était, je le vois maintenant, moins une passion sincère qu'une affaire d'habitude, — comme sa loge à l'Opéra, le soir, ou son bain parfumé, le matin! — Non, l'abandon d'Hélène n'est pas de l'héroïsme; — ce n'est pas la foi dans la parole jurée qui l'a empêchée de venir quand j'étais en danger de mort. C'est l'orgueil, c'est un misérable esprit de vengeance et de rancune qui l'ont retenue. — Le véritable héroïsme de l'amour, il est chez Marianne, — chez cette fille vulgaire, — au patois grossier, aux mains rouges, — et au dévouement de chien.

— Écoute, reprit son ami, Marianne t'aime, c'est vrai. Pendant que tu étais en danger, elle a été admirable de soins et de dévouement pour toi, admirable dans sa résignation à supporter le rôle cruel que lui faisait jouer ton délire; mais tu es injuste envers Hélène. C'est une brave et noble créature, qui t'a donné pendant deux années des preuves de l'amour le plus complet, Elle s'est faite l'esclave de tous tes caprices; elle a supporté tous tes dédains avec une patience angélique, et, si tu peux aujourd'hui l'accuser d'insensibilité, ne t'en prends qu'à toi-même. Si elle n'a plus de cœur, c'est que tu le lui as brisé jadis par toutes tes duretés; toute ton amertume n'est que du dépit de voir qu'Hélène t'a oublié. Eh bien! si cela est, elle a bien fait; oui, elle a bien fait de tenir sa parole, car, si elle était revenue, vous auriez sans doute renoué ensemble, et, une fois l'égoïsme de ton amour-propre satisfait, tu l'aurais encore délaissée pour retourner aux misérables créatures que tu lui donnais pour rivales. Des créatures stupides que nous corrompons et qui nous corrompent, que nous abrutissons et qui nous abrutissent, qui n'ont rien là-dessous, ajouta l'étudiant en se frappant la poitrine, et quelquefois même rien dessus, et à qui nous donnons cependant le meilleur de notre cœur et le plus beau temps de notre jeunesse.

— À quel propos ce sermon? dit Édouard. Toi qui prêches, il me semble que jusqu'ici tes amours ne sont pas très-aristocratiques, et je ne sache pas qu'on trouve beaucoup de duchesses sur tes listes.

— Moi, reprit l'étudiant, c'est différent, j'ai pris dans le tas ce que j'ai trouvé; mais toi qui avais une maîtresse élégante, spirituelle, dévouée, pour qui l'as-tu quittée? Pour des drôlesses!...

— Elles m'ont aimé.

— Oui, Clara, par exemple, était folle de toi parce que tu portais des gilets rouges avec des boutons grands comme des assiettes. — Madeleine t'a adoré huit jours, parce que tu t'étais fait mettre à la porte d'un bal public en dansant avec elle, et que cela flattait son amour-propre. Et Clorinde était fière de t'appartenir parce que ton biceps herculéen amenait 350 à l'échelle du dynamomètre. Car voilà qu'elles sont nos Elvires, à nous autres don Juans des écoles!

— Et Marianne, pourquoi m'a-t-elle aimé, celle-là? demanda Édouard.

— C'est bien simple à deviner, — dit l'étudiant. Elle était très-malheureuse dans cette maison — où tu l'as connue; — tout le monde la brutalisait, — on ne lui parlait pour ainsi dire qu'avec des coups, — personne ne l'avait jamais remarquée; — tu as été le premier qui l'ait traitée avec douceur; — c'est toi qui lui as fait le premier compliment qu'elle ait jamais entendu; — tu avais des mains blanches, une cravate bien mise : — il n'en fallait pas davantage pour qu'elle te distinguât parmi tous ceux qui l'entouraient. — Tu ne t'es pas contenté de cela, — tu t'es fait donner un coup de bouteille pour ses beaux yeux; cette fille avait un cœur, — elle s'en est servie, — et t'a aimé. — En te soignant elle a appris ton amour pour une autre, et elle t'a adoré, cela est très-simple et très-naturel; — et comme c'est la première fois que son cœur voit le feu, — peut-être qu'en sortant d'ici elle va se jeter dans la rivière; — et si elle n'y va pas, comme je le lui en donnerai certainement le conseil, — un jour ce seront peut-être les autres qui s'y jetteront à cause d'elle.

— Comment? fit Édouard étonné.

— Dame! — c'est tout simple, reprit son ami, — que veux-tu que Marianne devienne en sortant d'ici? — Son horoscope est facile à faire : — malgré ses mains rouges et son patois grossier, sous ces apparences vulgaires, — c'est une vraie femme, dont les juvéniles beautés sont mûres à point pour la moisson du désir; — penses-tu que ce diamant brut ne rencontrera pas son lapidaire? — Mets-lui seulement cinquante francs de fanfreluches sur le corps, — lave-lui pendant trois mois les mains dans de l'essence de paresse, — et elle mettra le feu aux quatre coins du quartier. — Si elle le voulait, — moi, je me chargerais bien de la pavoiser et de la mettre à la voile; — et si elle s'en va d'ici, — je ne la laisserai certainement pas partir sans lui dire tout ce que je pense à son égard.

— Mais elle ne s'en ira pas, dit Édouard : — après tout ce qu'elle a fait pour moi, il y aurait de ma part — plus que de l'ingratitude — à ne pas songer à lui être utile.

— Très-joli! — Allons donc, pas d'hypocrisie, — fit l'étudiant, — qui se mit à rire ; — tu veux te faire payer les intérêts de ton coup de bouteille, — tu vas en faire ta maîtresse.

— Eh! pourquoi non, — répliqua Édouard, — puisqu'elle m'aime? — Tu en ferais bien la tienne.

— Moi, fit l'étudiant, — je suis sûr que j'aimerais Marianne.

— Et moi, fit Édouard, — pourquoi ne l'aimerais-je pas?

— Parce que tu en aimes une autre, — qui ne t'aime plus : — c'est toujours comme ça !

— Eh bien, répondit Édouard, — si cela est vrai, — Marianne, — me guérira peut-être d'Hélène ; — c'est une expérience que je veux faire.

— Et si elle ne réussit pas? — dit l'ami.

— Eh bien, après tout, — que veux-tu que j'y fasse? — moi ou un autre !

— C'est vrai, répliqua l'étudiant. — Pauvre Marianne, — pourquoi — sommes-nous allés à la *Bonne-Cave?*

Ce fut sur ces dernières paroles que je rentrai dans la chambre, reprit Mariette. La conversation que je venais d'entendre avait jeté le trouble dans mes idées. Je ne savais pas quel parti j'allais prendre. Grâce aux dernières paroles d'Édouard, j'étais rassurée sur un point : je savais qu'il ne songeait pas à me renvoyer, et que je pourrais rester auprès de lui. Oui ; mais à quel titre? Chose étrange! après tout ce que j'avais fait déjà, j'en étais encore à chercher des scrupules; et cependant, pourquoi étais-je venue chez Édouard? Pourquoi y étais-je restée, même en sachant qu'il aimait une autre femme? Et, plus tard, pourquoi lui avais-je caché la visite de celle-ci? N'avait-ce pas été dans l'intention de faire supposer à Édouard qu'il était oublié par celle qu'il aimait, et de l'amener à l'oublier lui-même? N'était-ce point pour prendre sa place que j'avais éloigné la maîtresse d'Édouard par un mensonge? Et maintenant que ma ruse avait réussi qu'avais-je à hésiter? Cette hésitation était une dernière révolte des instincts honnêtes qui existaient encore en moi : elle fut de courte durée. Je ne vis qu'une chose, c'est que je resterais près d'Édouard, que je pourrais l'aimer, le lui dire, qu'un jour peut-être il m'aimerait lui même, et j'attendis qu'il s'expliquât. Cette explication eut lieu le soir même, et d'Édouard la provoqua avec une délicatesse qui me le rendit plus cher. Il feignit toute sorte de réserves pour m'annoncer quelles étaient ses intentions, et et me traita comme si je n'eusse pas été une pauvre petite paysanne. Nous passâmes la soirée ensemble à faire des projets pour l'avenir.

Quand il fut un peu tard, comme il n'avait plus besoin d'être veillé, je le quittai pour me retirer dans une chambre voisine en dehors de son logement.

Au bout de huit jours, il était en état de sortir. Nous prîmes une voiture, et nous fîmes ensemble la première promenade de convalescence. Édouard, qui recevait de sa famille une assez

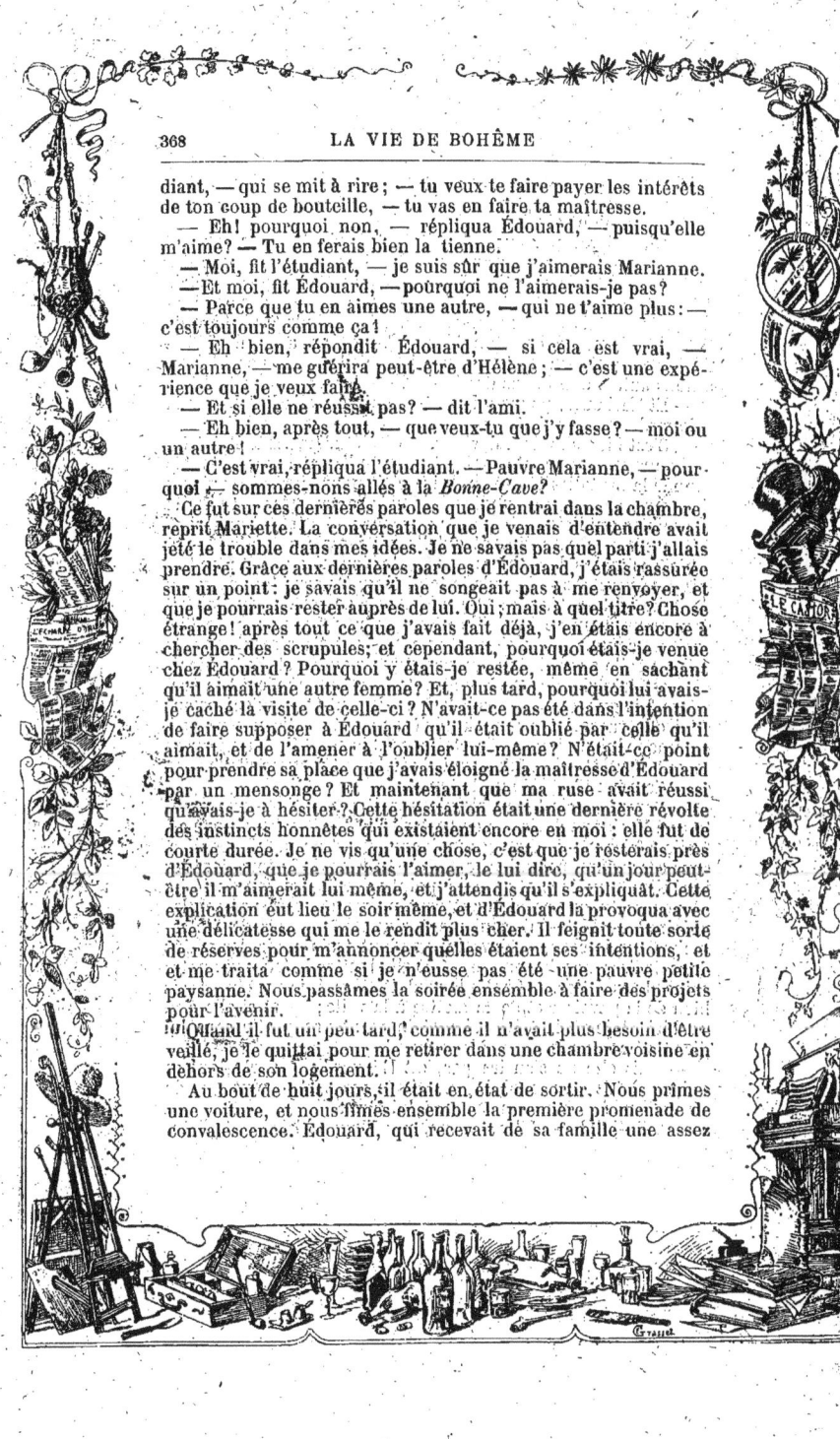

LA VIE DE BOHÊME

Oui, Clara, par exemple, était folle de toi, parce que tu portais des gilets rouges.

forte pension mensuelle, avait dépensé beaucoup d'argent pour me faire habiller, car il avait désiré que je fusse très-bien mise. J'aurais voulu que ma toilette fût plus simple, car je me trouvais tout embarrassée dans ces beaux atours ; mais il me répondit que rien n'était trop beau pour moi. Quand je quittai pour la première fois ma robe d'indienne faite à la mode de mon village et mon petit bonnet de campagne, je me pris à pleurer amèrement. Les pauvres vêtements que je venais de dépouiller, c'étaient ceux sous lesquels j'avais vécu honnête et chaste ; ce bonnet que j'allais remplacer par un chapeau élégant, c'était ma mère qui l'avait fait jadis de ses mains ; et je pensai que si elle vivait encore et qu'elle me rencontrât ainsi parée, elle ne me reconnaîtrait pas ou ne voudrait point me reconnaître. Ma pauvre mère ! elle est morte à temps, m'écriai-je ; et, à travers les larmes qui coulaient de mes yeux, il me sembla que je voyais la place de Cèzy, où les bonnes femmes qui filaient sur le seuil de leur porte me regardaient passer en souriant, et se disaient entre elles : Quelle brave fille que cette Marianne ! depuis que sa mère est défunte, c'est elle qui fait marcher la maison de son père, et tout va au doigt et à l'œil. — Je revoyais aussi la petite église où nous avons fait ensemble notre première communion, vous savez, monsieur Claude. Ah ! tenez, dans ce moment-là, j'ai eu une bonne idée : je voulais retourner à Cèzy. Malgré tout et n'importe comment, j'aurais quitté Édouard, je lui aurais tout confessé, et, en apprenant que son ancienne maîtresse était revenue à lui, il m'aurait bien laissée partir. Mon plan était fait. En arrivant au pays, j'aurait été tout droit trouver votre oncle, l'abbé Bertolin, qui est si bon. Je lui aurais raconté fidèlement mon histoire, et comme jusque-là j'étais restée honnête et que je n'avais pas à rougir de mon amour, votre oncle m'aurait crue ; il aurait eu pitié de moi et m'eût reconduite à mon père et celui-ci m'aurait pardonné en me voyant ramenée dans sa maison par M. le curé, qui est pour lui comme la main de Dieu. Tous les méchants bruits que mon cousin aurait pu faire répandre sur mon compte eussent été démentis, et j'aurais pu reprendre, au milieu de gens qui m'eussent aimée et respectée, ma vie modeste et tranquille, pour la mener jusqu'où Dieu aurait voulu et par le chemin qu'il aurait tracé. Tel était le projet que je formais confusément, lorsqu'on vint m'apporter ma toilette neuve pour l'essayer : quelque chose me disait que ces beaux habits seraient cause de ma perdition, et que serais vouée à la honte et aux malheurs éternels dès que je les aurais mis seulement un instant. Cette pensée salutaire, que le ciel m'envoyait à la veille de ma perte et qui devait être la dernière sans doute, j'allais la suivre sur-le-champ ; mais, au moment même où je remettais mon ancienne robe du village, Édouard entra dans ma chambre pour voir si j'étais habillée. Hélas !

toutes mes bonnes pensées s'envolèrent en le voyant.

— Dépêche-toi, me dit-il, la voiture attend ; fais-toi bien belle.

Je n'étais plus la même déjà ; les beaux habits qui m'avaient tant effrayée un instant auparavant m'attiraient à eux par mille séductions irrésistibles. L'instinct de coquetterie s'éveillait en moi brusquement et tout d'un coup. Je mis à ma toilette un soin munutieux. J'entendais dans la chambre voisine Édouard qui s'impatientait de ma lenteur ; cette impatience me charmait, et j'allais encore plus doucement. Je faisais jouer avec une joie d'enfant les plis de ma robe de soie à reflets changeants. Chaque nouvel objet de toilette qui complétait ma métamorphose me jetait dans le ravissement. Quand j'eus terminé et que j'allai me regarder dans le miroir, la glace me renvoya un madrigal qui me fit rougir de satisfaction. J'étais bien belle, et depuis que j'étais au monde, c'était la première fois que j'avais conscience de ma beauté. Édouard resta un moment tout étourdi de ma transformation. J'étais méconnaissable en effet.

— Allons, partons, me dit-il après m'avoir embrassée.

Je n'avais plus que mes gants à mettre. En voyant la difficulté que j'éprouvais à les faire glisser sur mes mains, Édouard ne put s'empêcher de faire la moue, et, comme un gant se déchira dans un effort que je fis, il laissa échapper un geste d'impatience.

— Descendons, me dit-il, nous en prendrons d'autres en chemin.

En effet, il fit arrêter la voiture devant un magasin.

— Reste, me dit-il en me prenant des mains le gant déchiré ; je vais en choisir une autre paire avec une pointure au-dessus de celle-ci.

Cette puérile préoccupation chez Édouard me fit de la peine, mais j'en eus bientôt l'explication en regardant mes mains rouges et grossières. Édouard me rapporta d'autres gants, qu'il m'aida à mettre lui-même.

— Et maintenant, me dit-il lorsque je fus gantée, vous avez tout à fait l'air d'une dame. — Mes pauvres mains, pensai-je avec tristesse, il faut que l'on vous cache comme si vous aviez fait une mauvaise action, parce que vous portez les marques du travail !

Pendant la route, Édouard fut charmant avec moi, et sa gaieté m'avait presque gagnée ; mais, en arrivant à l'endroit où nous devions descendre, un petit incident vint me rappeler à des pensées qui m'attristaient, et jeta un peu de froideur dans cette première partie de plaisir que nous faisions ensemble. Comme nous traversions un village célèbre par ses champs de roses, une jeune fille s'avança vers moi pour m'offrir un bouquet. Elle était vêtue à peu près comme je l'étais moi-même le matin. En la regardant, j'avais les yeux en larmes, et je ne pus les retenir lorsque je vis la jeune fille rejoindre sa famille groupée sur le seuil de la maison. Édouard devina sans doute quelle était ma pensée, et voulut essayer de me distraire.

— Avez-vous remarqué, me dit-il, le coup d'œil envieux que cette petite paysanne a jeté sur vous ? — Non, je n'y ai point pris garde, lui répondis-je. — Je l'ai bien vu, moi, dit Édouard, et je réponds bien que la petite n'est pas loin de songer à faire comme sa sœur. Et là-dessus il me raconta que la sœur de la petite paysanne qui m'avait offert des roses s'était laissé séduire par des jeunes gens qui venaient autrefois dans ce village le dimanche, et qu'elle était devenue en peu de temps, grâce à sa beauté, une des femmes les plus courues de Paris. Le ton léger avec lequel Édouard m'avait raconté cette aventure augmenta encore ma tristesse, et, voyant que je ne répondais pas à ses paroles, il devint à son tour rêveur et préoccupé. Comme nous marchions depuis quelque temps dans les bois et qu'il faisait une chaleur accablante, ayant aperçu à peu de distance une espèce de pavillon où plusieurs personnes semblaient se rafraîchir, je priai Édouard de m'y conduire. A mon grand étonnement, il ne se rendit pas tout de suite à ma demande et en parut même contrarié ; mais, comme j'insistais, il se décida à me conduire à cette petite buvette en plein air. En nous voyant arriver, la vieille femme qui était assise sous une tonnelle salua Édouard comme si elle le connaissait, et parut me regarder curieusement. Presque en même temps un petit garçon vint se jeter dans les jambes d'Édouard et ne voulut pas le quitter qu'il ne l'eût embrassé ; puis il accourut vers moi. Comme je l'avais pris dans mes bras pour l'embrasser aussi, il me regarda avec de grands yeux, et dit à sa mère : — Tiens, ce n'est plus *la madame* des autres fois ! — Édouard fit un geste de dépit et baissa les yeux quand je le regardai. — Achetez donc un gâteau à cet enfant, lui dis-je ; et j'ajoutai tout bas, en essayant de rire : Il m'embrassera peut-être comme la dame des autres fois. J'avais le cœur bien gros, car ces petits incidents m'avaient révélé quel était le motif de la préoccupation d'Édouard depuis que nous étions dans cette campagne, toute pleine pour lui de souvenirs qui lui rappelaient celle avec qui il y venait sans doute jadis. Ainsi, il m'avait menti le matin quand il m'avait dit qu'il m'aimait et qu'il ne pensait plus à l'autre ; ainsi, cette promenade pour laquelle il avait choisi un lieu familier à son amour passé, c'était le commencement de l'expérience dont il avait parlé à son ami. Dès le premier jour qu'il sortait avec moi, il avait voulu voir si l'amour naissant pourrait triompher de l'ancien amour, et j'assistais à cette lutte qui agitait son âme, et j'étais pour ainsi dire le témoin de ma défaite, car ma jalousie me disait que, dans ce moment même, ce n'était point moi qui étais au bras d'Édouard, mais bien l'autre.

— Quand nous eûmes rejoint, sans avoir échangé une seule parole, notre voiture que nous avions laissée à la porte du bois, Édouard me demanda si je voulais dîner à Paris ou rester à la campagne.

— Comme il vous plaira, et où il vous plaira, lui répondis-je.

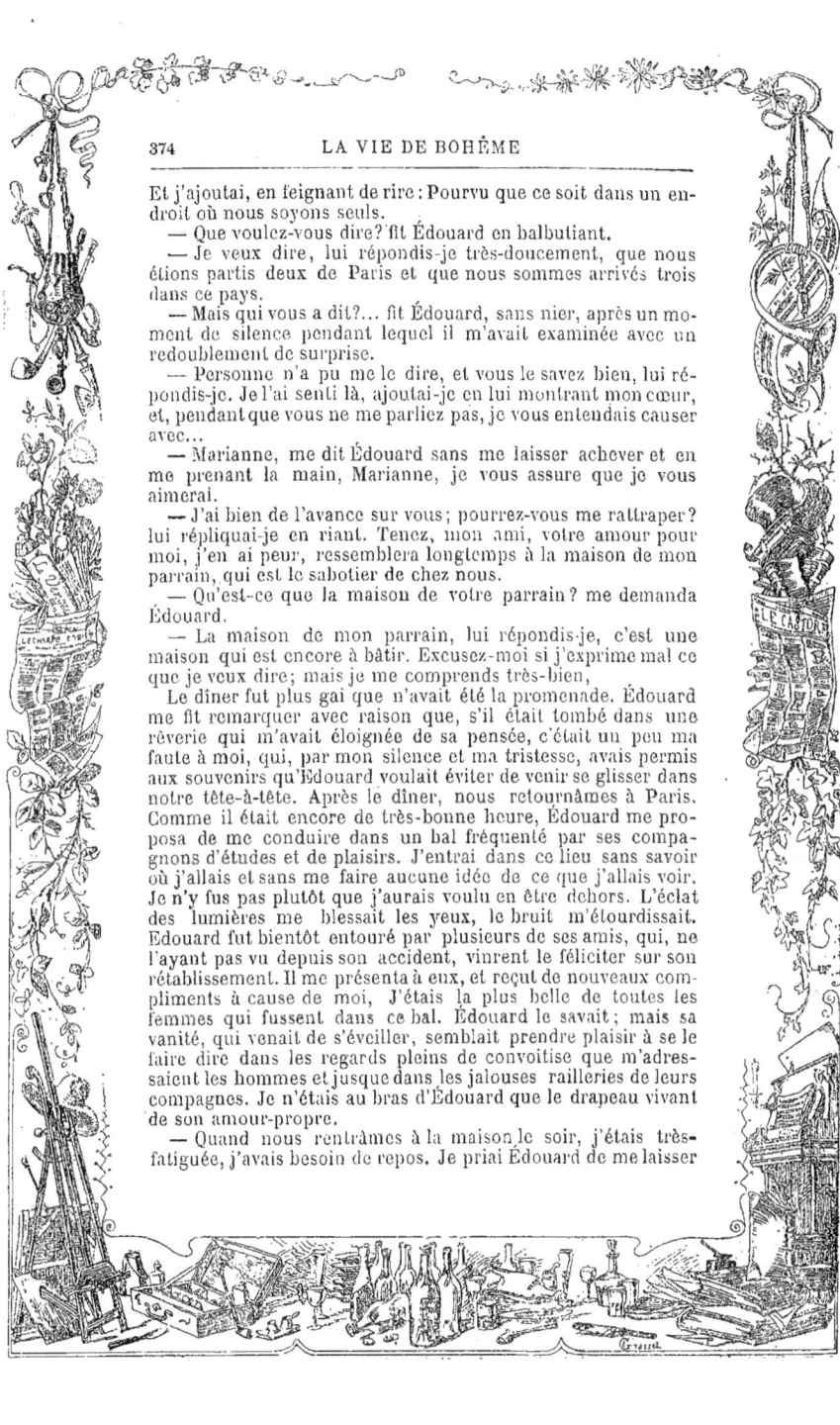

Et j'ajoutai, en feignant de rire : Pourvu que ce soit dans un endroit où nous soyons seuls.

— Que voulez-vous dire? fit Édouard en balbutiant.

— Je veux dire, lui répondis-je très-doucement, que nous étions partis deux de Paris et que nous sommes arrivés trois dans ce pays.

— Mais qui vous a dit?... fit Édouard, sans nier, après un moment de silence pendant lequel il m'avait examinée avec un redoublement de surprise.

— Personne n'a pu me le dire, et vous le savez bien, lui répondis-je. Je l'ai senti là, ajoutai-je en lui montrant mon cœur, et, pendant que vous ne me parliez pas, je vous entendais causer avec...

— Marianne, me dit Édouard sans me laisser achever et en me prenant la main, Marianne, je vous assure que je vous aimerai.

— J'ai bien de l'avance sur vous; pourrez-vous me rattraper? lui répliquai-je en riant. Tenez, mon ami, votre amour pour moi, j'en ai peur, ressemblera longtemps à la maison de mon parrain, qui est le sabotier de chez nous.

— Qu'est-ce que la maison de votre parrain? me demanda Édouard.

— La maison de mon parrain, lui répondis-je, c'est une maison qui est encore à bâtir. Excusez-moi si j'exprime mal ce que je veux dire; mais je me comprends très-bien,

Le dîner fut plus gai que n'avait été la promenade. Édouard me fit remarquer avec raison que, s'il était tombé dans une rêverie qui m'avait éloignée de sa pensée, c'était un peu ma faute à moi, qui, par mon silence et ma tristesse, avais permis aux souvenirs qu'Édouard voulait éviter de venir se glisser dans notre tête-à-tête. Après le dîner, nous retournâmes à Paris. Comme il était encore de très-bonne heure, Édouard me proposa de me conduire dans un bal fréquenté par ses compagnons d'études et de plaisirs. J'entrai dans ce lieu sans savoir où j'allais et sans me faire aucune idée de ce que j'allais voir. Je n'y fus pas plutôt que j'aurais voulu en être dehors. L'éclat des lumières me blessait les yeux, le bruit m'étourdissait. Édouard fut bientôt entouré par plusieurs de ses amis, qui, ne l'ayant pas vu depuis son accident, vinrent le féliciter sur son rétablissement. Il me présenta à eux, et reçut de nouveaux compliments à cause de moi. J'étais la plus belle de toutes les femmes qui fussent dans ce bal. Édouard le savait; mais sa vanité, qui venait de s'éveiller, semblait prendre plaisir à se le faire dire dans les regards pleins de convoitise que m'adressaient les hommes et jusque dans les jalouses railleries de leurs compagnes. Je n'étais au bras d'Édouard que le drapeau vivant de son amour-propre.

— Quand nous rentrâmes à la maison le soir, j'étais très-fatiguée, j'avais besoin de repos. Je priai Édouard de me laisser seule. Il parut touché de mon chagrin, et pendant une heure, me parla avec une tendresse et un respect infinis. Il sut trouver les mots qui savent convaincre l'âme qui ne demande pas mieux que d'être convaincue, et, pauvre ignorante que j'étais alors, je pris pour le langage de l'amour ce qui n'était que l'éloquence du désir.

— Au milieu de la nuit Édouard était encore chez moi !
— Il faut partir, lui dis-je en déroulant mes cheveux pour les mettre en papillotes, — ce qui était ma seule habitude de coquetterie.

— Comme tes cheveux sont beaux ! me dit Édouard en prenant une boucle qu'il porta à ses lèvres.

— Moins beaux que ceux d'une autre personne, murmurai-je machinalement.

— Plus beaux et plus fins, reprit Édouard ; vois plutôt. — Et, tirant de sa poche son portefeuille, — il en sortit un petit médaillon qui renfermait des cheveux de femme et me le donna à regarder. — Je lui rendis le médaillon sans rien dire, mais il sentit ma main trembler en lui remettant cet objet. — Tout à coup un parfum subtil et qui m'était inconnu se répandit dans l'air, et comme je levais les yeux, cherchant avec surprise d'où pouvait venir cette odeur pénétrante, j'aperçus Édouard qui tenait à la main la boucle de cheveux qu'il venait de me montrer enfermée dans le médaillon-cassolette. — Édouard alla ouvrir une fenêtre qui donnait sur la rue, et jeta au vent le souvenir dont la vue m'avait fait tressaillir malgré moi.

— Es-tu contente ? me dit-il. — Je lui répondis en lui tendant la main ; et comme une heure avancée sonnait à une horloge voisine, je lui renouvelai la prière que je lui avais déjà faite de se retirer.

— Oui, me répondit-il, — encore un moment : — quand tu auras achevé de mettre tes papillotes.

— Mais, lui répondis-je, — je n'en mettrai pas ce soir, — j'ai oublié de faire prendre du papier.

— En voici, — dit Édouard. — Et, ouvrant son portefeuille qui était resté sur la table, — il me tendit un petit paquet contenant trois ou quatre lettres écrites sur papier très-fin. — Je regardai l'une de ces lettres, et je reconnus que c'étaient les mêmes que j'avais trouvées dans le portefeuille que le pharmacien de la Rapée m'avait chargée de remettre à Édouard.

— Eh bien, me dit-il, — en voyant que je restais immobile les lettres à la main, — et hésitant à m'en servir, — vous n'achevez pas de vous coiffer ?

— C'est bien cela que vous avez voulu me donner ? lui demandai-je en lui mettant les lettres sous les yeux.

— Sans doute, — me répondit-il. — Je veux vous prouver, Marianne, que je ne tiens plus à rien de ce qui pourrait me rappeler ce que vous voulez que j'oublie.

— Je vous remercie de ce que vous venez de faire, Edouard.

lui répondis-je ; — j'ignore si l'abandon que vous me faites des choses qui vous rappellent une personne chérie est un sacrifice ; — mais cet abandon me prouve au moins que vous désirez me convaincre et apaiser les susceptibilités d'un sentiment de jalousie que vous devez comprendre. — Je me contenterai de cet abandon ; car bien que je ne sois qu'une pauvre ignorante de tout ce qui n'est pas mon amour pour vous, — il existe cependant certaines délicatesses que je comprends instinctivement, — et dans ce moment où je vous aime, et où vous dites que vous m'aimez, — je n'offenserai point notre amour présent en faisant de ces lettres un usage qui offenserait votre amour passé. — Et après avoir approché les lettres de la flamme d'une bougie, — je les rejetai dans le fond de la cheminée, où elles ne tardèrent pas à être entièrement consumées.

— Et maintenant, lui dis-je en entendant sonner trois heures du matin, — ce n'est plus moi qui vous dis de vous en aller, c'est l'horloge.

— Non, reprit Édouard. — J'avais promis de sortir quand vous auriez mis vos papillotes ; — vous n'avez pas voulu en mettre, — ce n'est point ma faute.

Et il s'empara de mes mains, qu'il couvrit de baisers comme un fou.

— Attendez — un peu, — lui dis-je en riant, — je vais mettre mes gants, — vous n'aimez pas à voir des mains rouges.

— Méchante ! — reprit Édouard, — rien ne vous échappe donc ?

— Ah ! lui dis-je, vous m'avez déjà fait bien souffrir !

— Je le sais, — me répondit-il. — Eh bien, alors, — que ce soit aujourd'hui la fin de tes souffrances, — et le commencement de ton bonheur ! Et retirant de son doigt cette bague qui avait jadis appartenu à sa maîtresse, il la glissa dans le mien en me disant :

— Cette fois, Marianne, c'est bien à toi que je la donne !

IX

— Pendant trois mois, Édouard parut être tout à moi, comme j'étais de mon côté toute à lui, mettant toutes mes pensées à prévenir ses désirs et tous mes efforts, à deviner ce qu'il désirait que je fisse. Édouard avait changé mon nom de Marianne contre celui de Mariette, qu'il trouvait plus distingué, et j'avais compris, par ce seul fait, combien il était impatient de voir la métamorphose de la personne compléter celle commencée par le nom. En toutes choses, dans mes habitudes comme dans mon langage, je m'appliquai donc à faire disparaître tout ce qui pouvait indiquer la vulgarité de mon origine ; j'avais remarqué souvent un embarras qu'Édouard dissimulait mal lorsque je me trouvais au milieu de ses amis, et j'avais deviné que cette inquiétude

LA VIE DE BOHÊME

Marianne, je vous assure que je vous aimerai.

était causée par certaines tournures rustiques qui m'échappaient dans la conversation, et qui parfois faisaient sourire ceux qui m'écoutaient. Je connaissais déjà assez Édouard pour savoir qu'une grande partie de l'amour qu'il disait avoir pour moi n'était que de l'amour-propre, et je voulus éviter au sien jusqu'aux plus puérils motifs qui auraient été de nature à le blesser. A beaucoup d'esprit naturel je joignais beaucoup d'intelligence, une volonté opiniâtre, et cette patience obstinée qui arrive à de si grands résultats chez une femme, quand elle a l'amour pour mobile. J'entrepris donc d'apprendre à parler et à écrire avec correction. J'achetai une grammaire et je l'étudiai pendant les heures de la journée où Édouard me laissait seule pour aller à ses études, car je l'avais décidé à se remettre à ses travaux qu'il avait si longtemps négligés. Quelquefois, la nuit, pendant qu'il dormait, je copiais des chapitres entiers dans les livres que renfermait sa bibliothèque : mes progrès devinrent très-rapides, et je pus m'en convaincre moi-même, lorsque je comparais au livre où je les empruntais des passages écrits de mémoire, et dans lesquels je remarquais que les fautes devenaient de jour en jour plus rares. Tout le temps que j'avais de libre, je l'employais ainsi à faire ce que j'appelais *mes classes*, et jamais pensionnaire qui voit approcher le jour des prix ne ressentit plus de joie que je n'en éprouvai quand je fus en état de réaliser un grand projet que je m'étais mis dans l'idée et qui devait être la récompense de toutes les peines que j'avais eues dans mes études. J'avais choisi le jour de la fête d'Édouard pour réaliser ce beau projet : c'était un compliment écrit de ma plus belle main, et dans lequel je voulais lui dire tout l'amour que j'avais pour lui, — sans faire une seule faute d'orthographe. — je mis bien huit jours à composer mon petit discours, et cependant on ne s'en serait pas douté, car ce n'était pas bien long, et c'était bien simple :

« Mon cher ami bien-aimé,

« C'est aujourd'hui le jour de ta fête, — et depuis que je te
« connais c'est tous les jours la mienne. — Ce que je te dis là,
« c'est bien la vérité, car il me semble maintenant que je n'ai pas
« d'autre raison d'exister que pour t'aimer, et te le prouver de
« toutes les façons que je pourrai. C'est pour cela que j'ai guetté
« dans l'almanach le jour qui portait le nom de ton saint, pour
« avoir l'occasion de t'offrir mon bouquet, qui ne me coûte pas
« cher, puisque c'est avec ton argent que je l'ai acheté. — A
« ce bouquet, j'ai voulu joindre un petit talent qui m'a donné
« bien du mal à acquérir ; — mais j'aurais voulu en avoir encore
« davantage, afin de donner plus de prix à une chose qui pou-
« vait te faire plaisir. Grâce au petit talent dont je te parle,
« quand tu iras passer les vacances dans ta famille, je pourrai
« encore causer avec toi par le moyen des lettres ; — et, comme
« tu peux déjà t'en apercevoir par celle-ci, en lisant les miennes,

« tu n'auras pas à craindre d'y trouver de certaines choses que
« les femmes les plus ignorantes disent si bien, — et qu'elles
« écrivent quelquefois si mal ; — ce qui fait rire les hommes, car
« ils ont l'habitude de ne pas faire plus d'attention à une jolie
« pensée quand elle est mal exprimée, qu'à une jolie femme
« quand elle n'est pas bien mise. — Pour commencer, je n'ai mis
« dans ma lettre que des mots simples, — parce que j'aurais eu
« peur de me tromper, n'étant pas encore très-savante. J'ai évité
« les temps difficiles des verbes avec autant de soin que le verre
« de mon parrain qui est sabotier chez nous évite les carafes. Et
« cependant, s'il m'était échappé des fautes, par chacune que tu
« trouveras, tu me condamneras à copier le verbe *je t'aime* de
« *tout mon cœur*, — et je ne trouverai jamais ma punition assez
« longue. — Mon cher ami bien-aimé, — je te souhaite une
« bonne fête, et beaucoup d'autres par la suite. — Si j'ai fait une
« faute en me donnant à toi, — le bon Dieu ne m'en a pas gardé
« rancune, il faut bien croire, puisqu'il me rend si heureuse que
« je ne pense pas qu'il y ait sur la terre une femme qui le soit
« plus que moi.

« Ta petite Sévigné,

« MARIETTE. »

Le jour anniversaire de la fête d'Édouard, j'allai choisir un joli bouquet au Marché aux Fleurs, près duquel nous demeurions. Quand je rentrai à notre hôtel garni, Édouard était sorti pour aller au cours : cette absence arrivait à propos pour me servir dans une petite ruse que je méditais. Afin de mieux jouir de la surprise que ma lettre devait causer à Édouard, j'appelai le garçon de l'hôtel, et je lui fis sa leçon.

François, lui dis-je en lui montrant le bouquet que j'avais déposé sur une table, voici des fleurs et une lettre pour M. Édouard. Il ne va pas tarder à rentrer, sans doute, car c'est son heure. Quand il reviendra, vous lui direz qu'une dame, que vous ne connaissez pas, vous a remis pour lui ce bouquet et cette lettre. Et s'il me demandait, vous lui répondrez que je suis sortie.

— Oui, mademoiselle, me répondit François, j'ai bien compris ; mais, tenez, je crois que voilà précisément M. Édouard qui monte l'escalier.

— Vous avez raison, dis-je, c'est son pas, — et je passai précipitamment dans une autre chambre, contiguë à celle d'Édouard et occupée par son ami, que je savais ne pas devoir rentrer en ce moment. Dans la mince cloison mitoyenne à ces deux logements, séparés seulement par une porte condamnée, il existait des lézardes à travers lesquelles on pouvait voir assez facilement ce qui se passait d'une chambre dans l'autre. A ces observatoires, qu'on eût dit préparés à point pour l'inquisition du regard, se joignait une acoustique si favorable à l'indiscrétion de l'oreille, que les locataires co-mitoyens pouvaient presque s'entendre penser. J'étais donc sûre de ne pas perdre une seule nuance de la surprise que ma lettre causerait à Édouard, qui, se croyant seul, s'abandonnerait plus librement à son impression. Ah! j'ignorais alors la fable antique de Psyché.

Lorsque Édouard rentra, il n'était pas seul; l'étudiant dans la chambre duquel j'étais cachée alors l'accompagnait. Le garçon de l'hôtel fit ma commission comme je le lui avait recommandé.

— Une femme! dit Édouard avec surprise. Vous dites que c'est une femme qui a apporté ce bouquet et cette lettre? Cette personne est-elle déjà venue me demander?

— Je ne la connais pas, répondit le domestique.

— Mais à quel propos ces fleurs? Qu'est-ce que cela signifie? fit Édouard en prenant la lettre.

— Parbleu! s'écria son ami, c'est aujourd'hui ta fête. Je me rappelle que les autres années, dans ce temps-ci... Hélène!

— Ah! mon Dieu! fit Édouard avec un cri qui m'entra dans le cœur, serait-ce elle?

Et je le vis décacheter ma lettre; mais aux premiers mots qu'il lut le désappointement se peignit sur son visage : je ne crois pas qu'il la lut même tout entière; il la jeta du reste sur la table, auprès du bouquet, et dit à son ami : — Cette lettre m'a donné un coup!

— Eh bien, demanda l'étudiant, ce n'est donc pas?...

— Mais non, interrompit brusquement Édouard, ce n'est pas celle que tu croyais; tiens, lis. — Et il tendit le papier à son ami, qui se mit à lire mon compliment tout haut.

— Quelle adorable créature que cette Marianne! dit-il à Édouard; quand je la regarde quelquefois, il me semble que j'ai devant les yeux la résurrection de cette naïve fillette que Greuze fait pleurer sur une cruche cassée; — et avec cela spirituelle, vive et gaie comme l'ivresse des vins de son pays! Tiens, tu n'es pas digne d'avoir une aussi charmante maîtresse. Pauvre fille! elle ne sait qu'imaginer pour te faire plaisir. Dire qu'elle a appris la grammaire!...

— Elle a espéré que je lui achèterais un châle, répondit Édouard froidement.

— Ah! c'est trop fort, — s'écria son ami. Comment, Dieu fait exprès pour toi le miracle de créer une Ève qui n'aime pas les pommes, et tu accueilles aussi tranquillement ce cadeau! C'est décourageant pour la Providence. Je donnerais mon diplôme pour qu'on t'enlevât Mariette.

— Qu'on s'en avise! répondit Édouad avec vivacité.

— Eh bien! tu l'aimes donc?

— Elle m'est nécessaire.

— Ah! si j'avais su, dit l'étudiant, si j'avais su qu'un méchant coup de bouteille pût me procurer mes entrées dans le cœur de cette fille, je l'aurais bien reçu à ta place.

— Est-ce que tu serais amoureux de Marianne, par hasard? demanda Édouard.

— Ma foi ! répondit l'autre en riant, — si tu voulais me céder ta contre-marque?

Il fallut toute la force de ma volonté pour que je n'éclatasse point en sanglots ; mais on aurait pu m'entendre, et je ne voulais point qu'Édouard se doutât que j'avais assisté à une scène où il avait donné un si cruel démenti aux chères espérances que je caressais avec tant de sécurité, et détruit dans une seule minute, mon bonheur de trois mois. Cette obéissance quasi magnétique qui me faisait accomplir ses moindres désirs avant même qu'il les eût exprimés ; cet amour que j'avais pour lui, qui se trahissait dans les plus petites choses, qui se révélait dans tous les moindres détails de la vie intime, qui l'enveloppait, pour ainsi dire, d'un réseau de tendresse, rien ne le touchait. En voyant mon bouquet, il s'était demandé qui pouvait lui souhaiter sa fête : il n'avait pas pensé à moi. En ouvrant ma lettre, il avait songé à l'*autre*. Mais alors que faisais-je près de lui, et pour lui qu'étais-je? Quel étrange sentiment le faisait persister à garder près de lui une malheureuse jeune fille dont la présence devait lui être un supplice, puisqu'elle l'obligeait à jouer perpétuellement avec elle la comédie d'un amour qui était à une autre? Tout à coup je me rappelai, au milieu de toutes ces réflexions, qu'un éclair jaloux avait paru dans les yeux d'Édouard, quand son ami l'étudiant lui avait dit qu'il n'était point digne de m'avoir, et qu'il souhaitait qu'on m'enlevât à lui. Il ne m'aimait pas, et il était jaloux de moi, et il tremblait à la seule idée de me perdre ! Je lui étais nécessaire, avait-il dit. Nécessaire à quoi, mon Dieu? me demandai-je, l'esprit perdu devant cette énigme, qui me fut cruellement expliquée plus tard.

En sortant de la chambre où je m'étais cachée pour entendre cet entretien, qui ne me laissait pas même la consolation d'un doute, je ne voulus point me trouver sur-le-champ en face d'Édouard : pour me remettre un peu de mon agitation et réfléchir à la conduite que j'allais tenir avec lui, je sortis et je marchai dans la rue au hasard. Au bout d'une heure, je revins à la maison. Édouard m'accueillit avec des démonstrations de tendresse insensées. Toutes ces caresses de langage, tout cet amour du bout des lèvres souleva en moi un levain de mépris naissant, que j'eus le courage de dissimuler. Un fiel navrant déposait sa vase au fond de mon cœur, et s'y mêlait aux larmes que je m'efforçais d'y retenir. Et cependant cette parodie de l'amour était si bien jouée, le mensonge avait tellement le visage de la vérité, tous ces élans, toutes ces caresses, toutes ces paroles avaient une telle apparence de spontanéité, qu'il y avait des instants où je doutais de moi-même, de ce que j'avais vu et entendu le matin, et que je me demandais si je n'avais pas été le jouet d'un mauvais rêve ! Quelques amis étant venus voir Édouard, il les retint à dîner pour arroser le bouquet de sa fête. J'avais besoin de m'étourdir ; je bus de tous les vins, et,

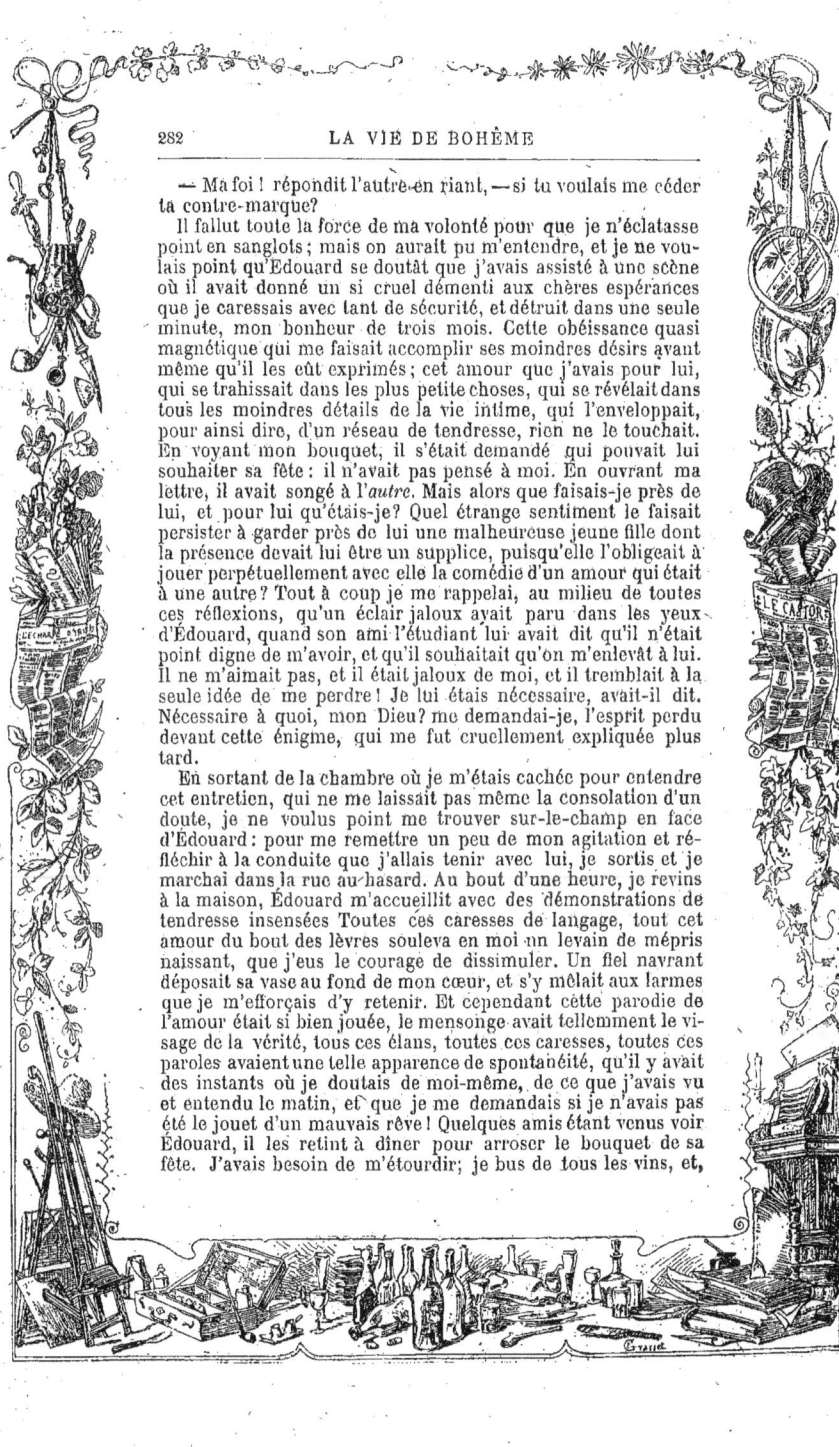

durant tout le dîner, je fus d'un entrain qui jeta dans une grande surprise les amis d'Édouard, qui se trouvaient pour la première fois avec moi dans une occasion de familiarité et d'intimité. On m'accabla d'éloges. J'avais la chanson aux lèvres et le sourire à la bouche; mais, comme dans cette sérénade de *Don Juan*, où le chant gémit comme une plainte et dont l'accompagnement est si vif et si joyeux, à la bruyante fanfare de ma gaieté apparente, qui redoublait celle des convives, se mêlait, en sourdine, le gémissement de ma douleur cachée.

On parla, après le dîner, d'aller achever la soirée au bal, et, à la grande surprise d'Édouard, qui savait combien j'aimais peu ces lieux de tumulte, j'acceptai avec empressement cette proposition. Pendant toute la soirée, je ne manquai pas un seul quadrille ni une seule valse. J'étais possédée par un étrange esprit d'agitation : il me semblait que je vivais dans un tourbillon ; je répondais à tout et tous. Édouard était stupéfait. — Je ne te reconnais plus, me dit-il avec une certaine inquiétude ; tu n'es plus Marianne.

— Marianne? lui répondis-je : je suis Mariette Et comme il cherchait à me retenir, je lui échappai pour retourner prendre ma place dans un quadrille. On ne parlait plus que de moi parmi les danseurs, et à chaque pas que faisait Édouard, qui me suivait des yeux, il se heurtait à une admiration nouvelle dont j'étais l'objet. — Quelle charmante fille ! Mais regardez-la donc danser : ne dirait-on pas d'un oiseau?

— Oui, répondait Édouard, elle essaye ses ailes.

Le surlendemain était un jeudi, jour de bal. Après le dîner, j'allai me mettre à ma toilette. Édouard en parut surpris. — Tu sors donc? me demanda-t-il.

— Mais, lui répondis-je d'un ton très-naturel, tu as donc oublié que c'est aujourd'hui jeudi?

— Eh bien? dit Edouard.

— Eh bien, répliquai-je sur le même ton, est-ce que nous n'allons pas au bal?

— C'est toi, Mariette, qui me demandes à aller au bal? reprit-il en me regardant d'un air singulier.

— Je sais que tu aimes ce plaisir, lui répondis-je; jusqu'à présent je ne me sentais aucun goût pour ces réunions, et, comme tu avais deviné ma répugnance, je te privais souvent, pour rester avec moi, d'une distraction à laquelle tu étais habitué. J'ai compris qu'il y avait de ma part de l'égoïsme à t'enlever un plaisir qui n'en était pas un pour moi, et maintenant je suis toute disposée à t'accompagner au bal toutes les fois que tu voudras y aller.

— Marianne, me dit Édouard d'un ton presque chagrin, tu manques de franchise avec moi. Ce n'est pas pour mon plaisir que tu demandes à aller au bal, c'est pour le tien. Depuis la soirée de l'autre jour, tu y as pris goût, non pour le bal lui-

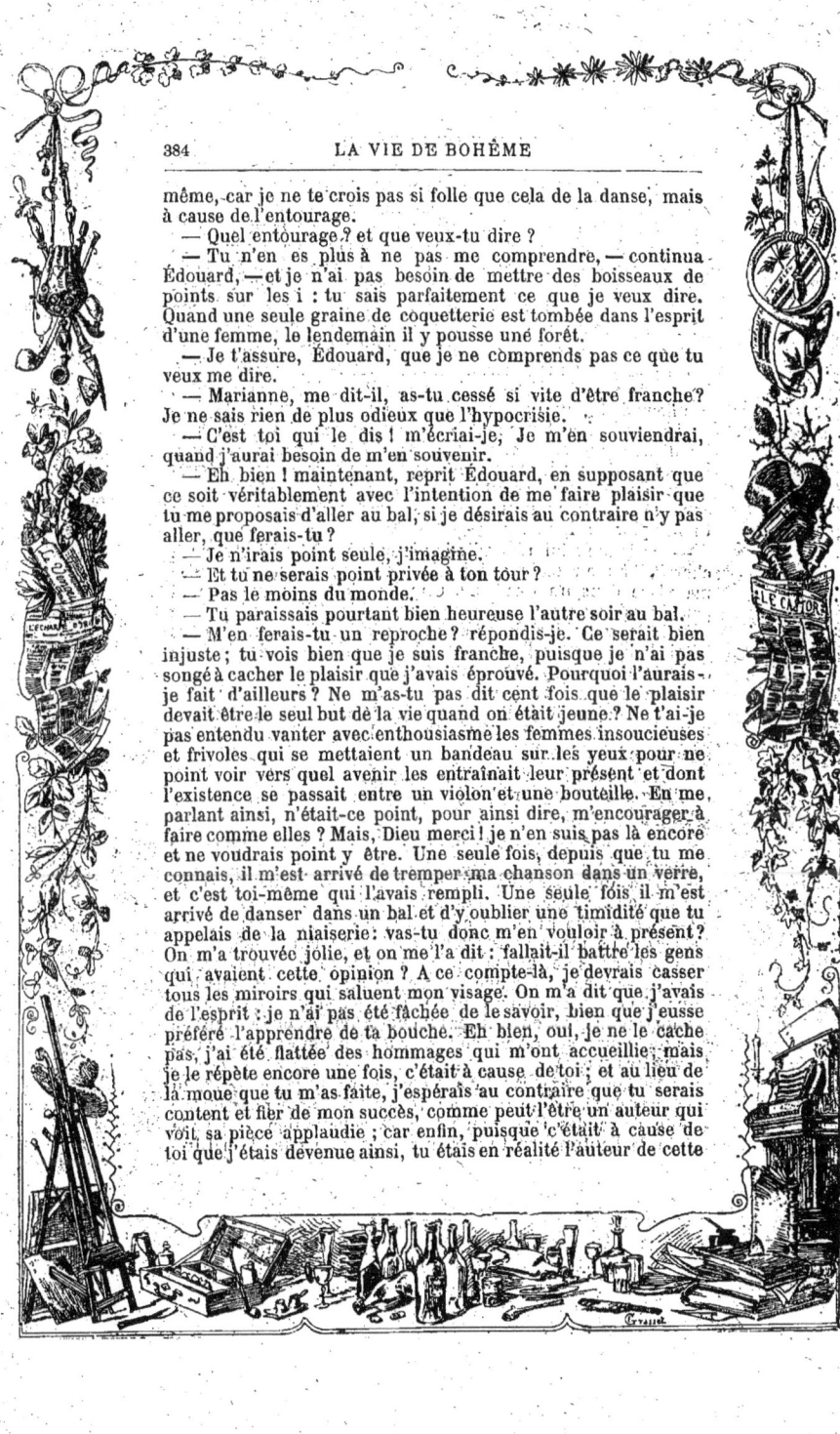

même, car je ne te crois pas si folle que cela de la danse, mais à cause de l'entourage.

— Quel entourage ? et que veux-tu dire ?

— Tu n'en es plus à ne pas me comprendre, — continua Édouard, — et je n'ai pas besoin de mettre des boisseaux de points sur les i : tu sais parfaitement ce que je veux dire. Quand une seule graine de coquetterie est tombée dans l'esprit d'une femme, le lendemain il y pousse une forêt.

— Je t'assure, Édouard, que je ne comprends pas ce que tu veux me dire.

— Marianne, me dit-il, as-tu cessé si vite d'être franche? Je ne sais rien de plus odieux que l'hypocrisie.

— C'est toi qui le dis ! m'écriai-je, Je m'en souviendrai, quand j'aurai besoin de m'en souvenir.

— Eh bien ! maintenant, reprit Édouard, en supposant que ce soit véritablement avec l'intention de me faire plaisir que tu me proposais d'aller au bal, si je désirais au contraire n'y pas aller, que ferais-tu ?

— Je n'irais point seule, j'imagine.

— Et tu ne serais point privée à ton tour ?

— Pas le moins du monde.

— Tu paraissais pourtant bien heureuse l'autre soir au bal.

— M'en ferais-tu un reproche ? répondis-je. Ce serait bien injuste ; tu vois bien que je suis franche, puisque je n'ai pas songé à cacher le plaisir que j'avais éprouvé. Pourquoi l'aurais-je fait d'ailleurs ? Ne m'as-tu pas dit cent fois que le plaisir devait être le seul but de la vie quand on était jeune ? Ne t'ai-je pas entendu vanter avec enthousiasme les femmes insoucieuses et frivoles qui se mettaient un bandeau sur les yeux pour ne point voir vers quel avenir les entraînait leur présent et dont l'existence se passait entre un violon et une bouteille. En me parlant ainsi, n'était-ce point, pour ainsi dire, m'encourager à faire comme elles ? Mais, Dieu merci ! je n'en suis pas là encore et ne voudrais point y être. Une seule fois, depuis que tu me connais, il m'est arrivé de tremper ma chanson dans un verre, et c'est toi-même qui l'avais rempli. Une seule fois il m'est arrivé de danser dans un bal et d'y oublier une timidité que tu appelais de la niaiserie : vas-tu donc m'en vouloir à présent ? On m'a trouvée jolie, et on me l'a dit : fallait-il battre les gens qui avaient cette opinion ? A ce compte-là, je devrais casser tous les miroirs qui saluent mon visage. On m'a dit que j'avais de l'esprit : je n'ai pas été fâchée de le savoir, bien que j'eusse préféré l'apprendre de ta bouche. Eh bien, oui, je ne le cache pas, j'ai été flattée des hommages qui m'ont accueillie ; mais je le répète encore une fois, c'était à cause de toi ; et au lieu de la moue que tu m'as faite, j'espérais au contraire que tu serais content et fier de mon succès, comme peut l'être un auteur qui voit sa pièce applaudie ; car enfin, puisque c'était à cause de toi que j'étais devenue ainsi, tu étais en réalité l'auteur de cette

LA VIE DE BOHÊME

Il faut partir, lui dis je en déroulant mes cheveux pour les mettre en papillotes.

transformation qui paraît te chagriner à présent. Voyons, qu'est-ce que tu veux ? dis-le-moi, que je sache à quoi m'en tenir, car en vérité je ne sais plus deviner ce qui te plaît ou te déplaît. Est-ce que tu as déjà assez de Mariette, et désires-tu retrouver Marianne ? Parle au moins ; demain je reprends ma robe de village et mon bonnet de marchande de gâteaux de Nanterre. Autrefois tu te plaignais de ce que ta maîtresse avait l'air d'une servante, — tu craignais de m'entendre parler devant tes amis, à cause de mon jargon campagnard, — tu avais l'air de trouver qu'une femme n'était pas assez savante en amour quand elle ne pouvait écrire le sien qu'avec son baiser sur les lèvres de son amant. — J'ai appris à l'écrire avec une plume : — ma tendresse a de l'orthographe ! J'ai mis des gants à mon langage comme tu m'en faisais mettre jadis à mes mains, — lorsqu'elles étaient grossières. — Depuis qu'elles ont cessé de gagner le pain qui me nourrit, elles ont la blancheur de l'hermine : — mes pieds chaussent des bottines faites chez les cordonniers des Cendrillons parisiennes ; — mon corsage s'est habitué au supplice du corset, et ma taille est devenue si mince, que si je perdais ma ceinture, je pourrais, je crois, en me serrant un peu, la remplacer par mon bracelet ! — Me trouves-tu donc trop changée ainsi ? — Trouves-tu que je sache trop de choses ? — Je n'en sais pas tant que je ne puisse facilement oublier. Est-ce au contraire que tu me trouves encore trop ignorante ? Dis-moi alors ce que tu veux que j'apprenne, — donne-moi au moins un programme ; — quelle que soit la femme que tu veuilles faire de Mariette, elle aura toujours pour toi le cœur de Marianne.

— Mariette ou Marianne, s'écria Édouard quand j'eus achevé, pardonne-moi. Je suis fou ; je ne sais ni ce que je fais, ni ce que je dis. Mon ami a raison : je ne suis pas digne de posséder une créature comme toi.

Et il m'embrassa avec des tranports dont je ne pus cette fois suspecter la sincérité. Dans ce moment-là du moins, j'en étais sûre, son cœur et sa pensée étaient à moi, rien qu'à moi. Il ne me trompait point et ne cherchait pas à se tromper lui-même. J'étais parvenue, pour une heure seulement, à lui faire oublier l'absente. Cela me consola un peu du chagrin que j'avais éprouvé l'avant-veille. J'en voulus moins à Édouard. Je sentais qu'il faisait des efforts pour m'aimer, et le souvenir qui l'attachait encore à son ancienne maîtresse blessait plus mon amour-propre que mon amour même.

— Allons, me dit Édouard en prenant son chapeau, partons-nous ?

— Partir ! mais où allons-nous ? répondis-je.

— Au bal, fit Édouard, Ne veux-tu pas y venir, maintenant ?

— Mais puisque cela te contrariait tout à l'heure ?

— Tout à l'heure j'étais un fou, me répondit Édouard.

— Et moi, répliquai-je, tout à l'heure j'étais une folle.

Édouard me regarda d'un air étonné. — Que veux-tu dire ?

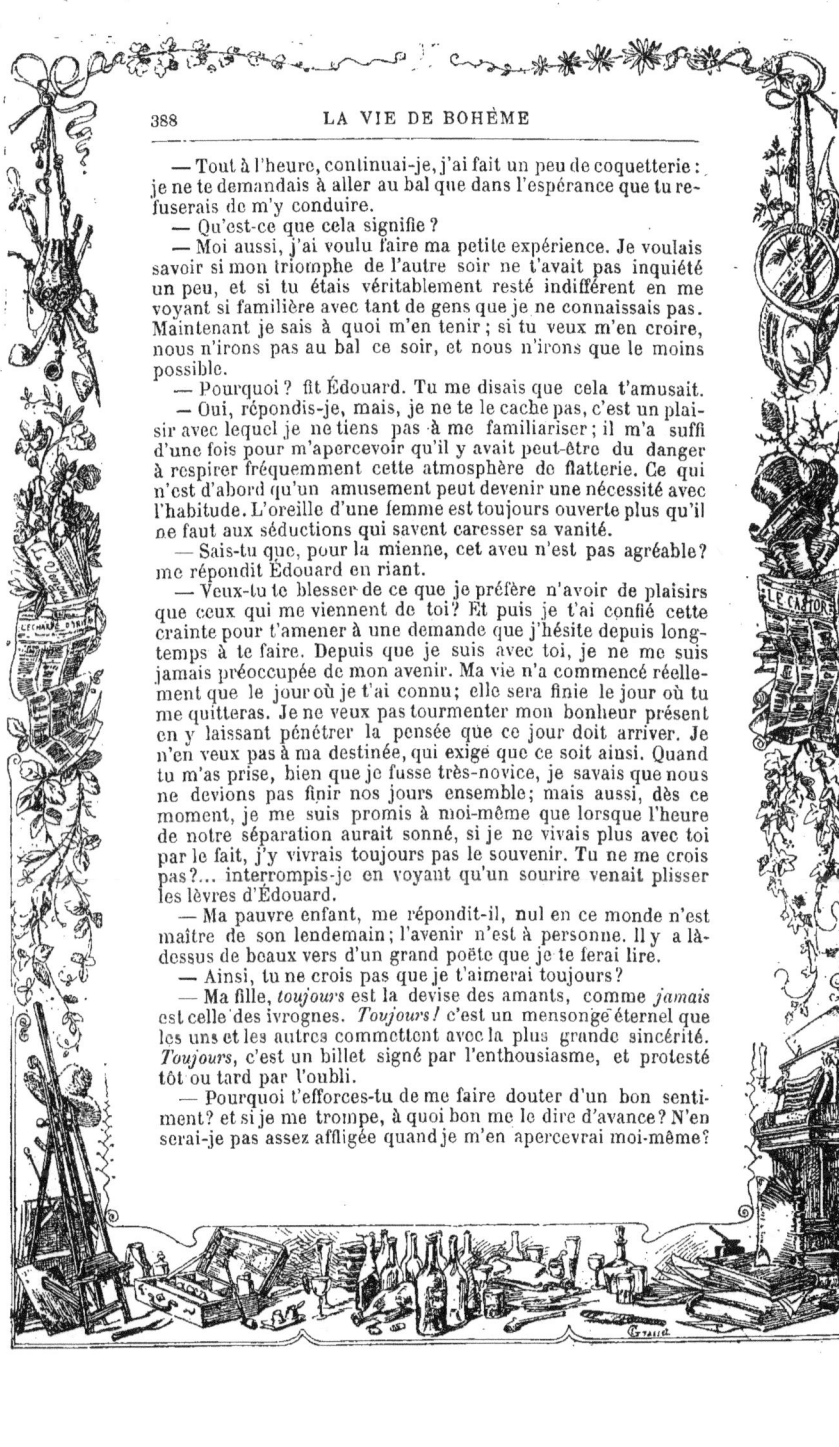

— Tout à l'heure, continuai-je, j'ai fait un peu de coquetterie : je ne te demandais à aller au bal que dans l'espérance que tu refuserais de m'y conduire.

— Qu'est-ce que cela signifie ?

— Moi aussi, j'ai voulu faire ma petite expérience. Je voulais savoir si mon triomphe de l'autre soir ne t'avait pas inquiété un peu, et si tu étais véritablement resté indifférent en me voyant si familière avec tant de gens que je ne connaissais pas. Maintenant je sais à quoi m'en tenir ; si tu veux m'en croire, nous n'irons pas au bal ce soir, et nous n'irons que le moins possible.

— Pourquoi ? fit Édouard. Tu me disais que cela t'amusait.

— Oui, répondis-je, mais, je ne te le cache pas, c'est un plaisir avec lequel je ne tiens pas à me familiariser ; il m'a suffi d'une fois pour m'apercevoir qu'il y avait peut-être du danger à respirer fréquemment cette atmosphère de flatterie. Ce qui n'est d'abord qu'un amusement peut devenir une nécessité avec l'habitude. L'oreille d'une femme est toujours ouverte plus qu'il ne faut aux séductions qui savent caresser sa vanité.

— Sais-tu que, pour la mienne, cet aveu n'est pas agréable ? me répondit Édouard en riant.

— Veux-tu te blesser de ce que je préfère n'avoir de plaisirs que ceux qui me viennent de toi ? Et puis je t'ai confié cette crainte pour t'amener à une demande que j'hésite depuis longtemps à te faire. Depuis que je suis avec toi, je ne me suis jamais préoccupée de mon avenir. Ma vie n'a commencé réellement que le jour où je t'ai connu ; elle sera finie le jour où tu me quitteras. Je ne veux pas tourmenter mon bonheur présent en y laissant pénétrer la pensée que ce jour doit arriver. Je n'en veux pas à ma destinée, qui exige que ce soit ainsi. Quand tu m'as prise, bien que je fusse très-novice, je savais que nous ne devions pas finir nos jours ensemble ; mais aussi, dès ce moment, je me suis promis à moi-même que lorsque l'heure de notre séparation aurait sonné, si je ne vivais plus avec toi par le fait, j'y vivrais toujours pas le souvenir. Tu ne me crois pas ?... interrompis-je en voyant qu'un sourire venait plisser les lèvres d'Édouard.

— Ma pauvre enfant, me répondit-il, nul en ce monde n'est maître de son lendemain ; l'avenir n'est à personne. Il y a làdessus de beaux vers d'un grand poëte que je te ferai lire.

— Ainsi, tu ne crois pas que je t'aimerai toujours ?

— Ma fille, *toujours* est la devise des amants, comme *jamais* est celle des ivrognes. *Toujours !* c'est un mensonge éternel que les uns et les autres commettent avec la plus grande sincérité. *Toujours*, c'est un billet signé par l'enthousiasme, et protesté tôt ou tard par l'oubli.

— Pourquoi t'efforces-tu de me faire douter d'un bon sentiment ? et si je me trompe, à quoi bon me le dire d'avance ? N'en serai-je pas assez affligée quand je m'en apercevrai moi-même ?

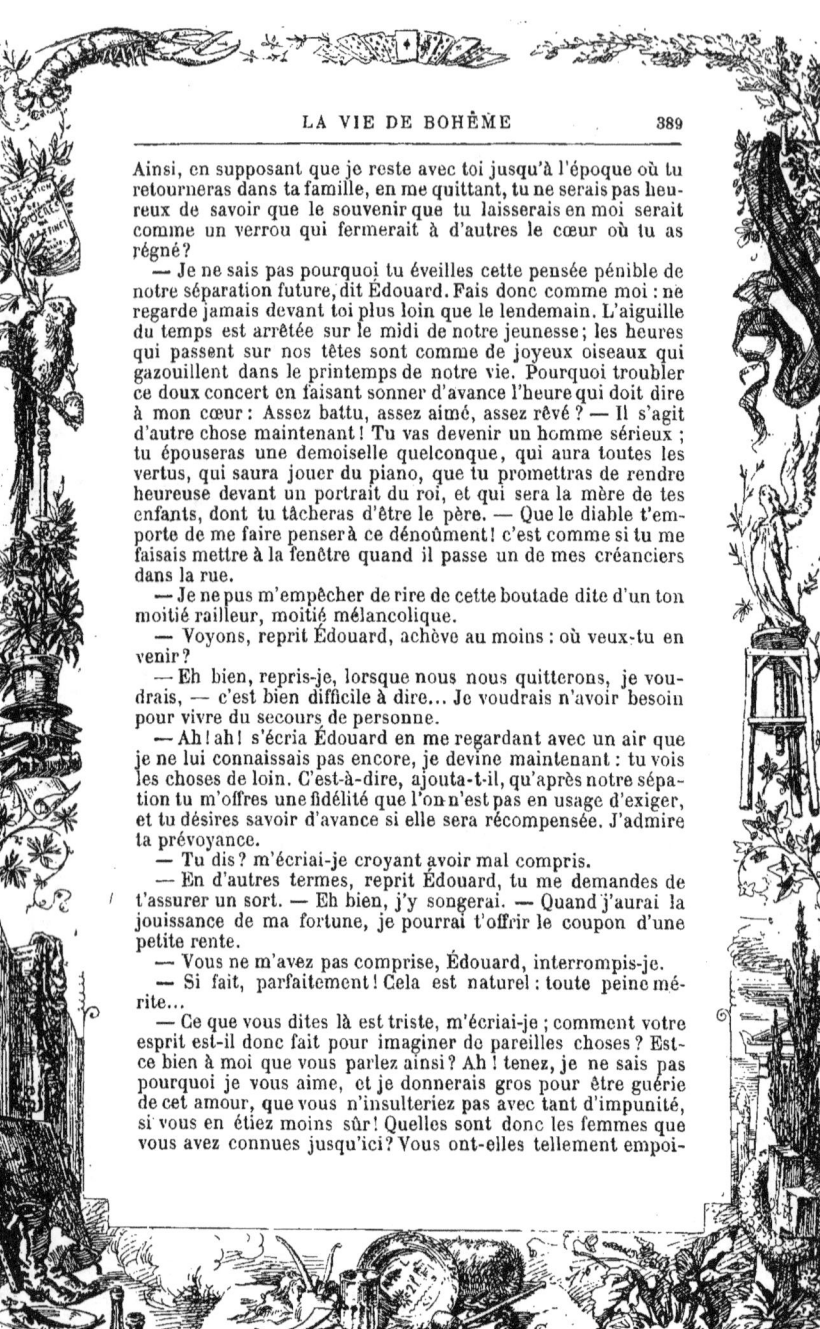

Ainsi, en supposant que je reste avec toi jusqu'à l'époque où tu retourneras dans ta famille, en me quittant, tu ne serais pas heureux de savoir que le souvenir que tu laisserais en moi serait comme un verrou qui fermerait à d'autres le cœur où tu as régné?

— Je ne sais pas pourquoi tu éveilles cette pensée pénible de notre séparation future, dit Édouard. Fais donc comme moi : ne regarde jamais devant toi plus loin que le lendemain. L'aiguille du temps est arrêtée sur le midi de notre jeunesse; les heures qui passent sur nos têtes sont comme de joyeux oiseaux qui gazouillent dans le printemps de notre vie. Pourquoi troubler ce doux concert en faisant sonner d'avance l'heure qui doit dire à mon cœur : Assez battu, assez aimé, assez rêvé? — Il s'agit d'autre chose maintenant! Tu vas devenir un homme sérieux ; tu épouseras une demoiselle quelconque, qui aura toutes les vertus, qui saura jouer du piano, que tu promettras de rendre heureuse devant un portrait du roi, et qui sera la mère de tes enfants, dont tu tâcheras d'être le père. — Que le diable t'emporte de me faire penser à ce dénoûment! c'est comme si tu me faisais mettre à la fenêtre quand il passe un de mes créanciers dans la rue.

— Je ne pus m'empêcher de rire de cette boutade dite d'un ton moitié railleur, moitié mélancolique.

— Voyons, reprit Édouard, achève au moins : où veux-tu en venir?

— Eh bien, repris-je, lorsque nous nous quitterons, je voudrais, — c'est bien difficile à dire... Je voudrais n'avoir besoin pour vivre du secours de personne.

— Ah! ah! s'écria Édouard en me regardant avec un air que je ne lui connaissais pas encore, je devine maintenant : tu vois les choses de loin. C'est-à-dire, ajouta-t-il, qu'après notre séparation tu m'offres une fidélité que l'on n'est pas en usage d'exiger, et tu désires savoir d'avance si elle sera récompensée. J'admire ta prévoyance.

— Tu dis? m'écriai-je croyant avoir mal compris.

— En d'autres termes, reprit Édouard, tu me demandes de t'assurer un sort. — Eh bien, j'y songerai. — Quand j'aurai la jouissance de ma fortune, je pourrai t'offrir le coupon d'une petite rente.

— Vous ne m'avez pas comprise, Édouard, interrompis-je.

— Si fait, parfaitement! Cela est naturel : toute peine mérite...

— Ce que vous dites là est triste, m'écriai-je ; comment votre esprit est-il donc fait pour imaginer de pareilles choses? Est-ce bien à moi que vous parlez ainsi? Ah! tenez, je ne sais pas pourquoi je vous aime, et je donnerais gros pour être guérie de cet amour, que vous n'insulteriez pas avec tant d'impunité, si vous en étiez moins sûr! Quelles sont donc les femmes que vous avez connues jusqu'ici? Vous ont-elles tellement empoi-

sonné le cœur, qu'étant si jeune encore, il n'y reste plus même, à défaut d'amour, au moins le respect et la compassion pour celles qui vous aiment ? — Toutes les maîtresses que vous avez eues, vous les avez donc achetées, puisqu'il vous paraît si étrange d'en rencontrer une qui se donne ?

— Les mots sont les mots, que diable ! interrompit Edouard ; et puisque vous fréquentez le dictionnaire, vous devriez connaître la valeur de ceux que vous employez. — J'ai répondu à ce que vous m'avez dit ; tout autre à ma place aurait compris comme moi. Ce qui m'a fait vous montrer un peu de froideur, Marianne, — ce n'est point la demande que vous m'avez faite ; c'est qu'il vous a paru nécessaire de prendre l'avance pour la faire, et que, de votre part, cela m'a semblé une précaution mal placée, un manque de confiance qui m'a offensé sur le moment. — Pardonnez-moi mon emportement. — Ne parlons plus de cette affaire-là, — soyez sans inquiétude sur l'avenir, et — viens m'embrasser.

— Je vais vous embrasser parce que je vous aime, Edouard, lui répondis-je ; mais encore une fois, vous vous êtes trompé ; car l'amour qui aime bien a de meilleurs instincts. Avant que je me fusse expliquée, vous avez détourné le sens de ma pensée. Il y a autant de différence entre ce que je voulais vous demander et ce que vous m'avez proposé, qu'il y a de différence entre mon amour et le vôtre. Depuis que je suis avec vous, vous m'avez fait vivre, et bien vivre. A mon grand regret, j'ai su que vous aviez fait des dettes, mais je ne vous demandais pas ces prodigalités. Malgré moi, vous m'avez vêtue comme une grande dame, et, à mon corps défendant, vous m'avez donné des habitudes de coquetterie qu'il m'en coûterait peut-être d'abandonner maintenant ; mais ces belles toilettes, qui étaient moins mes vêtements que ceux de votre propre vanité, convenez-en, je ne vous les demandais pas. De servante que j'étais avant de vous connaître, je suis devenue servie. Vous avez cru me faire monter, peut-être ? Eh bien, moi, je pense au contraire que je suis descendue. J'ai lu le dictionnaire, comme vous le disiez tout à l'heure, — et je sais comment s'appellent les femmes qui portent des robes de soie, ont les mains blanches et font de bons dîners, sans avoir besoin de travailler ; — ce nom-là, je ne veux pas qu'on me le donne, entendez-vous ? J'ai pu accepter le bien-être dont vous m'aviez entourée, parce que je vous aimais. Je sais aussi, bien que vous paraissiez en douter, que tout ce que j'ai d'amour en moi, je l'aurai dépensé avec vous, et, quand vous me quitterez, je ne veux pas que vous me laissiez en héritage au désœuvrement et au libertinage des jeunes gens de ce quartier. Je veux pouvoir vivre seule, et de moi seule. J'ai de l'intelligence, de la volonté, du goût ; j'apprendrai facilement et promptement un état. Cette inaction dans laquelle se passent mes journées me rend quelquefois honteuse de moi-même. Les heures me paraissent longues, quand vous n'êtes pas là. Ne vaudrait-il pas mieux, pendant que vous étudiez de votre côté, que je travaillasse aussi du mien ? et ne pensez-vous pas que nous aurions plus de plaisir à nous retrouver ensemble le soir, après une journée bien employée ? En me permettant d'apprendre un état dont je pourrais vivre quand vous ne seriez plus là, vous m'auriez rendu un service, et à l'amour que j'ai pour vous se joindrait encore ma reconnaissance. Et puis j'ai mon père, qui est vieux et pauvre. Si modique que fût le gain de mon travail, je pourrais encore en distraire une partie pour le secourir, car il n'hésiterait pas à accepter un argent qu'il saurait venir d'une source honnête. Telle est la demande que je voulais vous faire, telle est la précaution que je voulais prendre pour m'assurer un avenir indépendant, lorsque nous devrons nous quitter. Si vous m'aviez laissée parler, vous m'eussiez épargné le chagrin de savoir que vous me confondez avec les femmes dont l'amour commence par une caresse et finit par des chiffres.

— Tu m'as déjà parlé de cela en effet, et tu sais ce que je t'ai répondu, dit Édouard. Le sentiment qui te guide est très-honorable et part d'une bonne nature, mais, cette fois encore, comme les autres, je te répondrai la même chose. Je n'ai jamais compris une maîtresse qui, à un moment donné, cesse d'être une femme pour devenir une aiguille ou une paire de ciseaux. Chacun a ses goûts et son caractère. — Mes amis agissent comme il leur plaît ; — j'en sais bien c'est le rêve d'avoir une femme qui travaille : pendant qu'elle s'occupe, disent-ils, elle ne pense pas à mal. — Moi, je ne suis pas fait ainsi ; — mon amour ressemble à ce roi hautain qui ne voulait jamais attendre : — je veux que les lèvres de ma maîtresse soient toujours à la portée de mon baiser, et qu'elle et moi, nous vivions attachés l'un à l'autre par le trait d'union d'un perpétuel désir. — S'il me plaît de fermer mes livres et d'aller courir avec elle dans les bois, — je ne veux point qu'elle soit obligée d'aller en demander la permission à personne ; — s'il me plaît de faire nuit blanche autour d'une table joyeuse, entouré de mes amis, — je souffrirais de voir ma maîtresse regarder avec inquiétude pâlir les flambeaux, et me planter là au milieu d'un souper, en me donnant pour raison qu'elle doit être de bonne heure à son travail ; — ce mot-là m'est insupportable. — Mon amour-propre aurait d'ailleurs de la répugnance à savoir que ma maîtresse est en état de gagner elle-même de quoi s'acheter ses robes, — en en faisant pour les autres ; — j'aimerais mieux lui voir déchirer tous les jours la robe nouvelle que je lui aurais donnée moi-même. — Quand je lis la Fontaine, je prends parti pour la cigale, et je donne tort à la fourmi. Maintenant que je t'ai dit mon opinion là-dessus, Mariette, tu feras néanmoins ce que tu voudras.

— Vous savez bien, Édouard, — lui répondis je, que je ne

veux jamais que ce que vous voulez, et qu'en toutes choses votre volonté est la mienne. Je ne travaillerai pas.

— Alors, me dit-il, ne parlons plus de cela. — Si tu es inquiète à cause de ton avenir, rassure-toi: Quand nous devrons nous quitter, je te fournirai les moyens d'assurer ton existence — tu te feras alors lingère si tu veux, et quand je serai notaire, — c'est toi qui me fourniras mes manchettes et mes jabots. — Mais je n'en suis pas encore là, car toutes les fois que j'essaye de passer un examen je suis repoussé par une majorité de *négresses*; — je n'ai jamais pu obtenir qu'une seule boule blanche, — et encore le professeur qui me l'a donnée s'était trompé : — il croyait être à la chambre, et voter pour le ministère. — Ah! vois-tu, ma chère, les *Pandectes* et *Justinien* sont chose bien maussade, et, pour être amusants, il faudrait que les codes fussent refaits par M. Alexandre Dumas.

X

Peu de temps après cette explication, qui n'avait amené aucun changement, Édouard reçut de sa famille une somme assez importante, destinée à l'acquittement de dettes contractées avant qu'il me connût. La plus faible partie de ces fonds seulement fut employée à l'usage auquel ils étaient destinés. De modiques à-compte donnèrent de la sécurité aux créanciers, qui, sachant Édouard de bonne famille, n'hésitèrent pas à lui ouvrir de nouveaux crédits. Un grand changement s'introduisit alors dans notre existence. Édouard quitta l'hôtel garni qu'il avait habité jusqu'alors, et prit un logement qu'il fit meubler presque avec somptuosité. — L'amour, me disait-il, est comme les bonnes pièces de théâtre, qui gagnent toujours à être jouées dans de beaux décors. Ne te trouves-tu pas mieux ici, au milieu de ces élégances et de ce confortable, que dans l'horrible niche à poëte crotté que nous venons de quitter?

— Peu m'importe où je sois, lui répondis-je, pourvu que tu y sois avec moi.

— Ah! me dit-il en riant, — tu es de l'école *une chaumière et ton cœur*. — J'aurai bien de la peine à t'aristocratiser. — Cependant, ajouta-t-il en me regardant, tu portes le velours et la soie comme si tu avais été au baptême dans des langes brodés par Palmyre.

Pendant deux mois, notre existence ne fut guère qu'une fête perpétuelle. Deux ou trois fois par semaine nous allions au spectacle, pour lequel je ne tardai pas à prendre un grand goût ; nous suivions surtout assidûment les premières représentations. Je ne tardai pas à être remarquée de ce public particulier qui assiste aux solennités dramatiques, et sans doute confondue avec une certaine classe de femmes qui ont pour habitude d'y avoir leur loge ou leur stalle. Ma beauté, mise en relief par

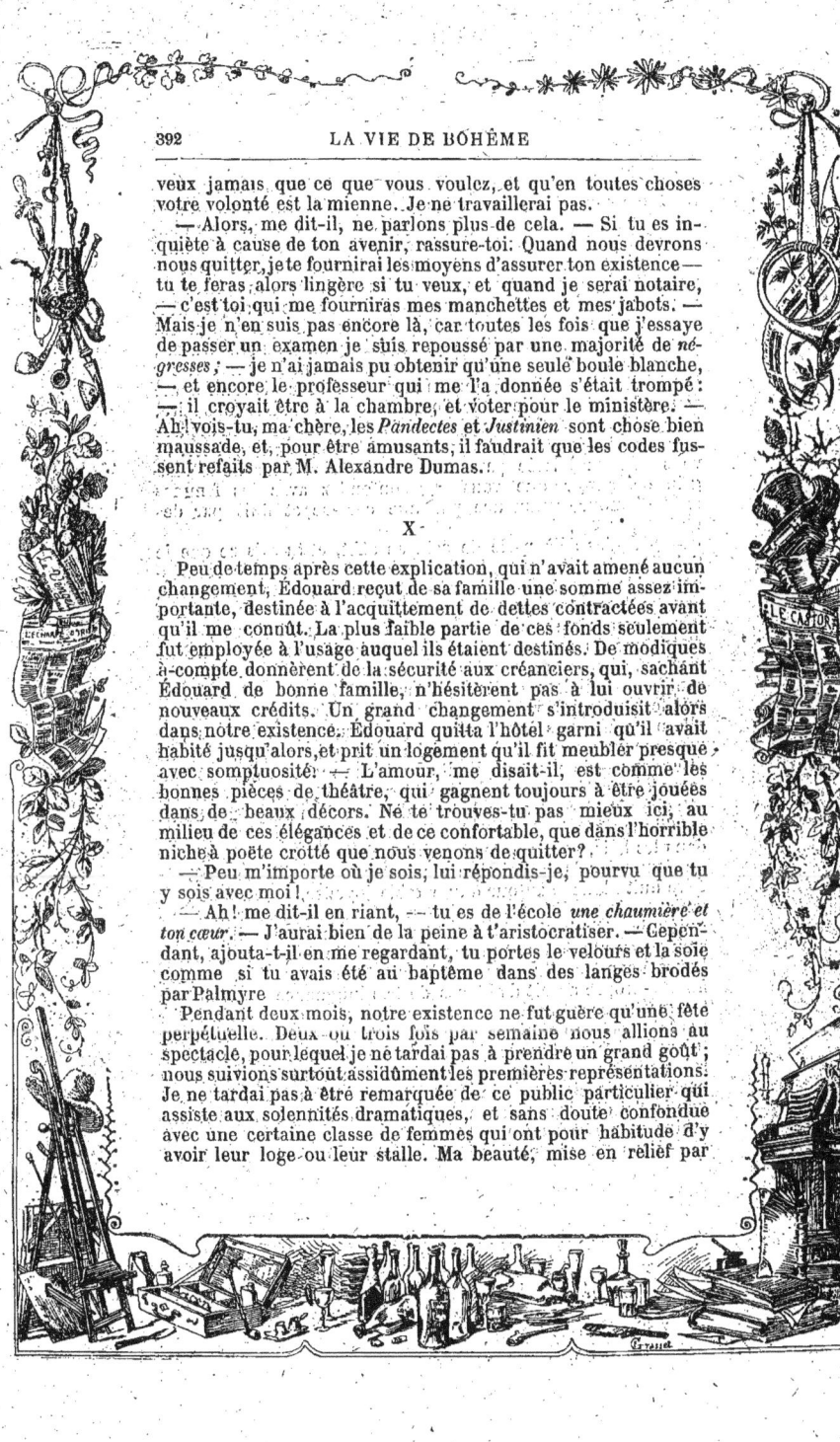

LA VIE DE BOHÈME

J'appelai le garçon de l'hôtel et je lui fis sa leçon.

d'élégantes toilettes, devenait le pôle où se tournaient toutes les lorgnettes dès que j'entrais dans la salle, et, avec cette ouïe subtile de la coquetterie, qui ferait entendre à une femme sourde les compliments dont elle serait l'objet, je devinais les remarques flatteuses et la curiosité que ma présence excitait.

Un jour, Édouard me conduisit à l'Opéra : on donnait une représentation extraordinaire à laquelle concouraient les artistes du Théâtre-Italien, qui devaient exécuter un acte du *Pirate*. Quand un célèbre ténor chanta la fameuse cavatine qui est devenue classique, je me tournai machinalement vers Édouard, guidée peut-être par ce sentiment qui nous fait désirer de voir partager par un autre l'émotion que nous fait éprouver la vue ou l'audition d'une belle chose. Édouard ne regardait pas la scène : ses yeux étaient fixés sur la loge voisine de la nôtre. Au mouvement que j'avais fait, il s'était aperçu que je l'observais, et, s'étant détourné de mon côté, il essaya de me distraire en me demandant mon opinion sur la musique italienne. Je remarquai alors un peu d'altération dans sa voix, d'embarras dans son attitude, et il me sembla que ses regards se portaient de nouveau dans la direction de la loge d'à côté, occupée sans doute par des personnes qui se tenaient dans le fond, car je ne pouvais les apercevoir de ma place. Avant qu'Édouard eût pu me retenir et deviner ce que j'allais faire, je me penchai vivement en dehors de notre loge, et je regardai dans l'autre : elle était vide ; mais, au même instant, j'entendis le bruit de la porte que refermaient derrière elles les personnes qui venaient de sortir.

— Que fais-tu donc, Mariette? me dit Édouard en me tirant par le bras.

— Je voulais savoir, lui répondis-je, qui tu regardais avec tant d'obstination tout à l'heure.

— C'est une cantatrice très-connue qui était dans cette loge, me répondit Édouard, et j'étais curieux d'observer l'effet que lui causerait cet air chanté par cet acteur. — Et il m'expliqua, à voix basse, la petite chronique qui circulait alors dans le public à propos de ces deux artistes. Cette explication me sembla jusqu'à un certain point plausible ; néanmoins je fis remarquer à Édouard qu'il avait paru bien ému en écoutant la cavatine.

— Il y a trois airs qui me produisent cet effet-là, me répondit-il, ce sont : *la Dernière pensée* de Weber, *les Adieux* de Schubert et l'*adagio* de l'air que tu viens d'entendre. Quand Rubini chantait cette musique aux Italiens, les cariatides de l'avant-scène avaient des larmes aux yeux.

— Puisque c'est une cantatrice célèbre qui est près de nous, lui dis-je, lorsqu'elle rentrera dans la loge, tu me la feras voir ; je voudrais bien la connaître.

— Ah ! répondit Édouard, elle n'était venue que pour l'opéra italien : elle ne reviendra sans doute pas.

— Probablement que si, lui dis-je, car elle a laissé son mouchoir sur le bord de la loge.

— Vraiment? fit Édouard.
— Regarde.
— C'est vrai. — Tiens-tu beaucoup à voir le ballet? me demanda-t-il.
— Non! lui répondis-je.
— Eh bien, allons-nous-en.
— Comme tu voudras.

Nous venions de quitter la loge et nous avions à peine fait quelques pas dans les corridors lorsque Édouard s'arrêta brusquement et me quitta le bras.

— Étourdi que je suis, me dit-il, j'ai oublié ma lorgnette. Attends-moi une seconde, je vais la prendre.

Pendant que je l'attendais, j'entendis un monsieur dire à un de ses amis, en lui désignant une femme qui se trouvait à quelques pas : — Tiens, voici mademoiselle J... G...

C'était le nom de la cantatrice dont Édouard m'avait parlé. Je la suivis des yeux pour voir si elle retournerait dans la loge qui était auprès de la nôtre, mais elle passa devant et se fit ouvrir une loge en face.

Quand Édouard m'eut rejointe, je lui dis que je venais de voir mademoiselle J... G... — Comment se fait-il, lui demandai-je, qu'elle ne soit point rentrée dans la loge où elle était tout à l'heure?

— Ah! me répondit Édouard, elle est sans doute dans celle de sa sœur la danseuse.

Nous allâmes souper. — J'étais entrée à peine depuis quelques instants dans un cabinet du café Anglais, lorsque je sentis une odeur douce et fine, n'ayant d'analogie avec aucun parfum connu, se répandre autour de moi et me pénétrer jusqu'au cerveau. J'en fis la remarque à Édouard, qui me répondit qu'il ne sentait rien.

— Il me semble, lui dis-je, que j'ai déjà respiré cette odeur, mais je ne me rappelle pas en quelle occasion. — D'où peut-elle venir? Il est impossible qu'elle t'échappe.

— Je t'assure que je ne sens rien : ce seront sans doute les personnes qui nous ont précédés dans ce cabinet qui y auront laissé cette odorante trace de leur passage, qui n'est point perceptible pour moi.

Quand nous fûmes rentrés à la maison, je fis remarquer à Édouard que l'odeur nous avait suivis.

— Tu es folle, me répondit-il presque avec impatience; et quand même cela serait, que veux-tu que j'y fasse? Il y a des parfums assez violents pour s'imprégner après les étoffes, celui-là est peut-être du nombre ; s'il n'est pas désagréable, qu'est-ce que cela te fait?

Cette nuit-là, Édouard resta seul dans son cabinet : il voulait travailler, me donna-t-il pour prétexte.

Depuis quelque temps, Édouard me faisait croire qu'il préparait un examen, et, deux ou trois heures par jour, il me lais-

sait seule à la maison. Je remplissais ces heures de loisir par la lecture, qui, d'une distraction qu'elle était d'abord, finit par devenir une passion. Au bout d'un certain temps, Édouard fut tout étonné de voir que je connaissais en grande partie, et par leurs œuvres principales, les grands écrivains et les poëtes modernes. En voyant l'enthousiasme avec lequel je m'exprimais à propos de quelques-uns, il me railla un jour doucement et me dit.

— Prends garde, ma chère, tu vas devenir un bas-bleu.

Néanmoins je m'aperçus bien que, dans le fond, sa vanité était chatouillée lorsqu'il me voyait quelquefois au milieu de ses amis, qu'il réunissait une fois par semaine, en état sinon de discuter, au moins d'apprécier les romans ou les drames nouveaux. Un jour, Édouard m'annonça qu'il allait faire venir un piano.

— Qu'en ferons nous? lui dis-je. Nous ne pourrons nous en servir ni l'un ni l'autre.

— Serais-tu fâchée si je te faisais apprendre la musique? me demanda-t-il.

— Non pas, lui répondis-je; mais c'est bien difficile et bien long.

— Parbleu! je ne compte pas que tu deviendras de la force de Listz ou de Thalberg, mais je ne serais pas fâché que tu pusses tapoter passablement un air de romance ou une valse.

Le lendemain même, j'eus un piano et une maîtresse. Pendant les huit premiers jours, je me martyrisai les doigts à faire des gammes. J'étais occupée de mon piano comme un enfant d'un jouet nouveau; mais le bruit que je faisais agaçait horriblement Édouard.

— Si tu savais comme tu m'ennuies, ma chère, me disait-il en riant.

— Et moi donc, lui répondais-je, crois-tu que cela m'amuse de faire *ta ra ta ta* toute la journée? Si je pouvais seulement jouer *Au clair de la lune*, ça me donnerait du courage.

— Eh bien! me dit Edouard, je recommanderai à ta maîtresse qu'en dehors des études élémentaires elle t'apprenne à jouer très-vite deux ou trois airs pour t'amuser; cela fait que tu pourras donner aux voisins l'idée que tu es musicienne.

En effet, ma maîtresse de piano, à force de patience, me mit en état d'exécuter, tant bien que mal, trois airs différents. Bien que j'eusse entendu seulement une fois le motif qu'elle m'avait appris en dernier lieu, il me sembla le reconnaître. — De qui est cette musique? demandai-je.

— Elle est de Bellini, me dit ma maîtresse de piano, dans l'opéra du *Pirate*.

— Ah! Et les deux autres morceaux?

— C'est la *Dernière pensée* de Weber et l'air des *Adieux* de de Schubert.

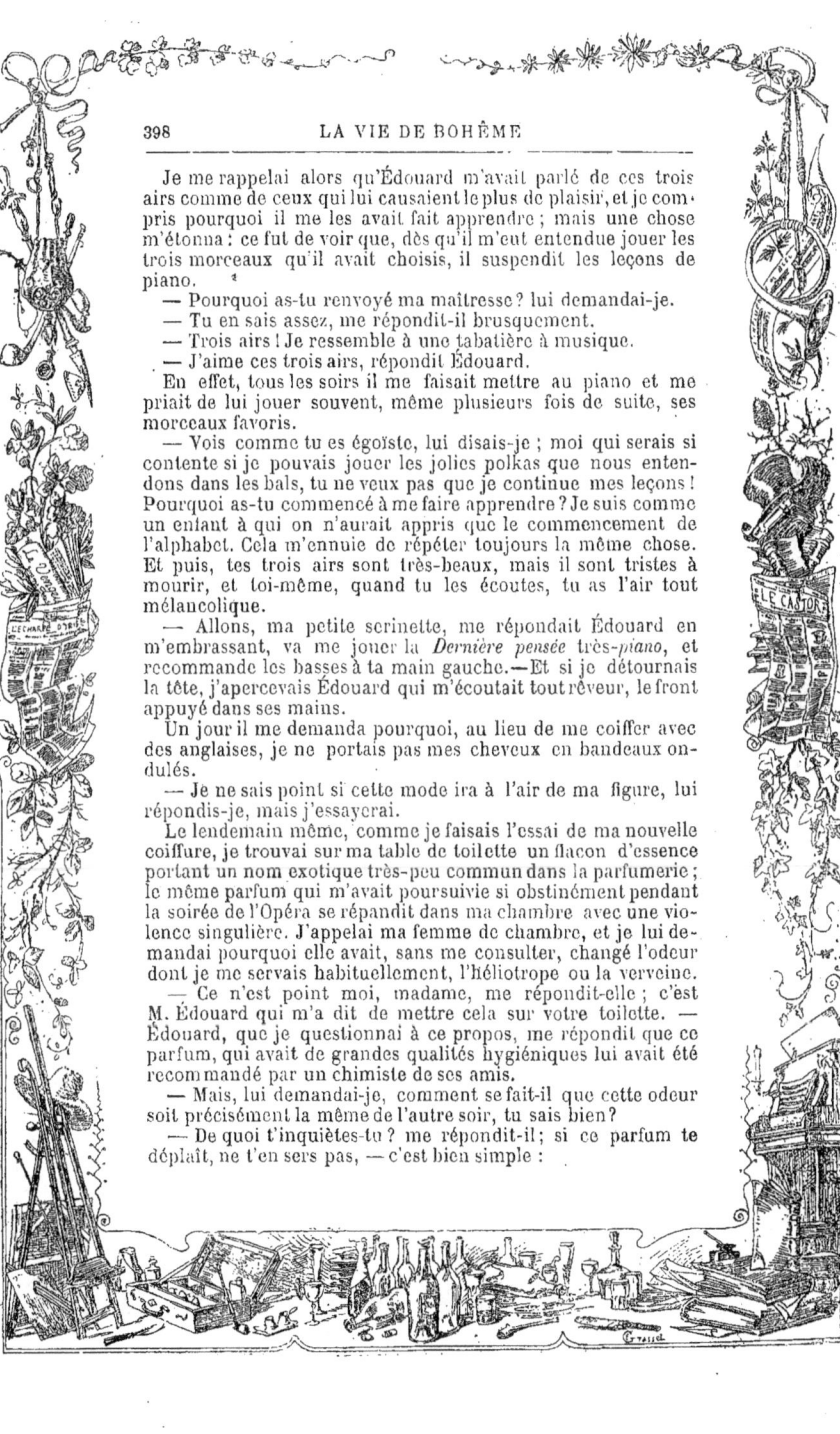

Je me rappelai alors qu'Édouard m'avait parlé de ces trois airs comme de ceux qui lui causaient le plus de plaisir, et je compris pourquoi il me les avait fait apprendre ; mais une chose m'étonna : ce fut de voir que, dès qu'il m'eut entendue jouer les trois morceaux qu'il avait choisis, il suspendit les leçons de piano.

— Pourquoi as-tu renvoyé ma maîtresse ? lui demandai-je.
— Tu en sais assez, me répondit-il brusquement.
— Trois airs ! Je ressemble à une tabatière à musique.
— J'aime ces trois airs, répondit Édouard.

En effet, tous les soirs il me faisait mettre au piano et me priait de lui jouer souvent, même plusieurs fois de suite, ses morceaux favoris.

— Vois comme tu es égoïste, lui disais-je ; moi qui serais si contente si je pouvais jouer les jolies polkas que nous entendons dans les bals, tu ne veux pas que je continue mes leçons ! Pourquoi as-tu commencé à me faire apprendre ? Je suis comme un enfant à qui on n'aurait appris que le commencement de l'alphabet. Cela m'ennuie de répéter toujours la même chose. Et puis, tes trois airs sont très-beaux, mais ils sont tristes à mourir, et toi-même, quand tu les écoutes, tu as l'air tout mélancolique.

— Allons, ma petite serinette, me répondait Édouard en m'embrassant, va me jouer la *Dernière pensée* très-*piano*, et recommande les basses à ta main gauche. — Et si je détournais la tête, j'apercevais Édouard qui m'écoutait tout rêveur, le front appuyé dans ses mains.

Un jour il me demanda pourquoi, au lieu de me coiffer avec des anglaises, je ne portais pas mes cheveux en bandeaux ondulés.

— Je ne sais point si cette mode ira à l'air de ma figure, lui répondis-je, mais j'essayerai.

Le lendemain même, comme je faisais l'essai de ma nouvelle coiffure, je trouvai sur ma table de toilette un flacon d'essence portant un nom exotique très-peu commun dans la parfumerie ; le même parfum qui m'avait poursuivie si obstinément pendant la soirée de l'Opéra se répandit dans ma chambre avec une violence singulière. J'appelai ma femme de chambre, et je lui demandai pourquoi elle avait, sans me consulter, changé l'odeur dont je me servais habituellement, l'héliotrope ou la verveine.

— Ce n'est point moi, madame, me répondit-elle ; c'est M. Édouard qui m'a dit de mettre cela sur votre toilette. — Édouard, que je questionnai à ce propos, me répondit que ce parfum, qui avait de grandes qualités hygiéniques lui avait été recommandé par un chimiste de ses amis.

— Mais, lui demandai-je, comment se fait-il que cette odeur soit précisément la même de l'autre soir, tu sais bien ?

— De quoi t'inquiètes-tu ? me répondit-il ; si ce parfum te déplaît, ne t'en sers pas, — c'est bien simple :

— Ce n'est point qu'il me déplaise, mon ami, — mais... je ne sais !
— Quoi ? fit Édouard.
— Rien, lui répondis-je, — voyant qu'il allait entrer en colère. Le soir, il me pria de me mettre au piano.
— Ah ! c'est bien ennuyeux ! m'écria-je. Et comme je jouais très-négligemment, il m'arriva de fausser quelques mesures de l'accompagnement,
— Fais donc attention à ta main gauche, s'écria-t-il, tu joues faux. Aussi pourquoi ne regardes-tu pas le clavier ?
— Je n'ai pas besoin de regarder ; je suis tellement fatiguée de cette musique, que je l'exécute comme une mécanique. Je suis sûre de jouer juste en fermant les yeux.
— Je gage, s'écria Édouard en se levant avec précipitation, que tu n'es pas capable de jouer sans lumière.
— Nous allons bien le voir, m'écriai-je à mon tour, et, ayant soufflé les bougies, j'exécutai très-correctement la mélodie des *Adieux*, j'avais à peine achevé lorsque Édouard, qui s'était approché de moi sans que je l'entendisse, m'attira brusquement vers lui, et je le sentis qui couvrait mon front et mes cheveux déroulés de baisers fous.
— Mais qu'as-tu donc ? lui dis-je en riant ; je ne t'ai jamais vu ainsi.
— Je ne sais, me dit-il ; c'est cette musique, cette soirée de printemps, ces odeurs de lilas qui entrent par les fenêtres, ce parfum qui émane de ta chevelure. Le cœur a quelquefois de ces ivresses spontanées.
— Je vais rallumer les bougies, dis-je.
— Non ! non ! s'écria Édouard, c'est inutile, restons ainsi ; il me semble que l'obscurité augmente encore le charme de ce moment délicieux. — Et il s'étendit à mes pieds, tenant mes mains sur ses lèvres et ne disant pas un mot.

Le bonheur que me causa cette soudaine explosion de tendresse fut bientôt troublé par de vagues appréhensions. Des soupçons navrants murmuraient dans mon esprit, mais je m'efforçais de les repousser avant qu'il se fussent formulés clairement. Il me semblait que toutes les arrière-pensées, tous les sentiments de doute seraient, si je les admettais en ce moment, une offense faite à l'amour qu'Édouard avait pour moi. Qu'y avait-il d'étonnant à ce que cet amour se manifestât avec plus de vivacité en de certains instants que dans d'autres ? N'étais-je pas ainsi moi-même à l'égard d'Édouard ? N'y avait-il point des jours où il me semblait plus cher, où son absence me faisait plus triste, où son retour me trouvait plus joyeuse ? Comme l'esprit et l'imagination, le cœur n'avait-il donc pas ses heures de verve, d'emportement, d'enthousiasme, s'expliquant par les choses en apparence les plus futiles : un chant d'oiseau, une musique lointaine, un mot dit d'une certaine façon, et transformé par l'accent en une caresse de langage ? Pour être durables et supportables d'ailleurs, toutes les passions extrêmes ne doivent-elles pas avoir leurs époques de trêve ? Si la concentration perpétuelle de l'esprit dans une seule pensée amène la folie, la concentration du cœur dans un sentiment unique n'aurait-elle pas aussi ses dangers ? N'était-il donc point naturel, alors, que l'amour eût ses variations, son atmosphère particulière pour ainsi dire, ses temps de calme qu'il serait injuste de prendre pour du refroidissement ou de l'indifférence, puisqu'ils ne sont en réalité qu'un repos, un recueillement nécessaire, durant lequel le cœur prend de nouvelles forces et se prépare à ces débordements impétueux qui semblent un délire ? — C'était par toutes ces réflexions que j'essayais intérieurement de justifier les transports dont Édouard venait d'être saisi auprès de moi ; et comme on est toujours habile à gagner son procès quand on se fait l'avocat de sa propre cause, je trouvai encore mille raisons qui me venaient expliquer le motif de cet accès de passion soudaine. Ne réalisais-je pas mieux chaque jour le programme des qualités et même des défauts qu'Édouard semblait exiger dans une femme aimée, pour qu'elle lui parût parfaite ? Ses idées, quelquefois singulières, et qui d'abord étaient les plus antipathiques avec mes goûts, j'avais fini par les admettre et même par les partager. Quand il lui arrivait de me consulter sur quelque chose, je saisissais du premier coup le sens de sa question, et jamais ma réponse n'apportait un envers à son avis. Corrompu, sinon de cœur au moins d'esprit, par une longue fréquentation de quelques jeunes gens qui passaient leur temps à mettre des étiquettes ridicules aux sentiments et aux choses les plus honorables, Édouard était devenu, moins par conviction que par le désir d'étaler une vaine audace, un de ces joueurs de paradoxe, un de ces sophistes dont l'immoralité de convention se fait une tribune des tables d'estaminet où ils accroupissent leur existence oisive, ouvrant l'oreille à tout mauvais propos et la fermant au proverbe qui dit : « Ne rien faire est mal faire. » Ces conversations d'après boire qui, dans les premiers temps, me rendaient rougissante et confuse, avaient maintenant pour moi une sorte d'attrait : j'y prenais part avec une vivacité qui m'attirait les applaudissements des compagnons d'Édouard. J'avais appris peu à peu à parler leur libre langage, où le cynisme de l'expression égalait celui de la pensée. De la petite Marianne, la naïve servante de *la Bonne-Cave*, il ne restait plus en moi qu'un souvenir chaque jour oublié davantage, parce que je voulais le faire oublier à Édouard. L'élan qui venait de le courber à mes genoux, c'était peut-être, en même temps qu'un cri d'amour, le cri de sa reconnaissance tardive, quand il s'était aperçu que, fidèle à ma promesse, en devenant la femme qu'il avait désiré que je fusse, de tout mon être, ancien je n'avais conservé que mon cœur.

— Au bout d'une heure de silence, Édouard se leva subitement,

LA VIE DE BOHÊME

Je sais comment s'appellent les femmes qui portent des robes de soie, ont les mains blanches et font de bons dîners, sans avoir besoin de travailler.

et alla s'asseoir à quelque distance de moi. Je rallumai les bougies, et je me retirai dans ma chambre, inquiétée intérieurement par la placidité soudaine qui, sans transition, remplaçait son enthousiasme. Le baiser qu'il m'avait rendu ne ressemblait pas à ceux qu'il m'avait donnés quand nous étions à la fenêtre. C'était le même homme qui venait de m'embrasser, et il me semblait que ce n'était pas avec les mêmes lèvres.

— Peu de jours après cette soirée, Edouard m'annonça qu'il venait de louer à Bellevue une habitation de campagne, et que nous irions y passer un mois ou deux de la belle saison, dans laquelle on venait d'entrer. Le lendemain même, nous étions installés dans un des petits cottages qui bordent cette magnifique avenue de Meudon, dont le panorama lutte d'immensité avec celui de la terrasse de Saint-Germain. Dans la journée, Edouard me quittait pour aller suivre les cours, car le chemin de fer le mettait à une demi-heure de l'Ecole. Le soir, après le dîner, nous allions faire ensemble une promenade dans le parc ou dans le bois de Meudon, tout peuplé de charmantes oasis, qui appellent la solitude à deux, et conviennent aux dialogues à bouche close. Quelquefois, au retour de ces promenades, je régalais Edouard de son petit concert, dont le programme était resté invariable. — Et la même scène qui m'avait surprise un soir se renouvela encore deux ou trois fois.

— Quelle singulière manie as-tu donc? lui disais-je ; ne saurais-tu m'embrasser sans me décoiffer ainsi?

— Es-tu donc fâchée que je trouve tes cheveux beaux et que mes lèvres le leur disent? me répondait Edouard.

Un matin, j'eus occasion de faire des reproches à ma bonne, à cause de sa négligence.

— Je ne sais comment cela se fait, lui dis-je, mais chaque fois que la blanchisseuse rapporte mon linge, il y manque quelque chose ; — cette fois encore on m'a égaré un mouchoir auquel je tenais beaucoup.

— Peut-être ne le lui avait-on pas donné à blanchir cette fois, répondit ma bonne.

— Il me manque cependant, et je serais désolée qu'on ne le retrouvât point, — car c'est un objet de prix.

— Je vais chercher partout, dit la bonne.

Cinq minutes après elle rentra dans ma chambre.

— Eh bien! avez-vous trouvé? lui demandai-je.

— Oui, madame. — J'ai eu une bonne idée : — comme j'avais cherché partout chez madame sans rien trouver, — j'ai cherché dans la chambre de M. Edouard. — C'était une bonne idée : j'ai trouvé le mouchoir, — il était dans l'armoire à glace, — dans un coin, comme si on l'avait caché, — mais l'odeur me l'a fait découvrir.

— Quelle odeur?

— Madame sait bien ; — cette odeur si forte, qu'elle emploie depuis quelque temps?

— Donnez, lui dis-je.

Au premier coup d'œil, je m'aperçus que ce n'était pas le mouchoir que je pensais perdu. Il était beaucoup plus riche que celui que j'avais, — et de ses plis s'émanait ce parfum étranger dont Edouard avait désiré que je fisse usage pour mes cheveux. — Je renvoyai ma bonne. — Quand je fus seule, j'examinai plus attentivement cette trouvaille, qui allait sans doute me mettre sur la trace d'une intrigue ; — un chiffre était brodé dans le coin, un *J.* et un *G.* — Au même instant où je faisais cette découverte, j'entendis les pas d'Edouard dans la chambre voisine. — Il était à peine entré dans la mienne que je m'étais dressée devant lui.

— Qu'est-ce que cela ? lui dis-je en lui mettant le mouchoir sous le nez.

— Ça ? me répondit Edouard tranquillement, c'est un chiffon qui sent ma foi très-bon.

— Vous sentez donc les odeurs aujourd'hui ? lui dis-je, irritée de son sang-froid.

— Ah çà ! mon enfant, — continua Edouard sur le même ton, — est-ce une scène que tu veux me faire ? — alors préviens, — frappe les trois coups ; — et d'abord, ajouta-t-il en se laissant tomber dans un fauteuil, laisse-moi m'asseoir dans ma stalle ; — maintenant j'y suis, tu peux commencer. — *Le Mouchoir qui sent bon*, — comédie en un acte, — et en prose, n'est-ce pas ? — tâche que ce soit en prose.

— Edouard, lui dis-je, c'est cruel à vous d'ajouter une telle ironie à une trahison : — c'est assez du poignard, — ne l'empoisonnez pas.

— Ah ! ah ! s'écria-t-il, ce n'est point une comédie : poignard et poison, — voilà qui promet un drame. — Continue. — La colère te va comme le jaune aux brunes,

— Comment se fait-il que j'aie trouvé ce mouchoir dans un de vos meubles ?

— La sagesse des nations dit : — Cherchez, et vous trouverez. — Tu as cherché, et tu as trouvé ; et voilà ce qui prouve une fois de plus la vérité du proverbe.

J'observais la figure d'Edouard : — il était un peu pâle, — mais impassible.

— Me direz-vous au moins pourquoi il s'y trouvait caché ? saurai-je à qui appartient cette relique d'un amour...

— Ah ! ah ! tu brûles, s'écria Edouard ; — relique est le mot vrai, — et relique d'amour est bien trouvé ; — d'amour, en effet. Que tu es belle, Mariette, — que tu es belle ainsi ! — Tu as du phosphore dans les yeux ; on dirait que tu poses pour Némésis : il ne te manque qu'un fouet à la main.

— Ainsi, vous convenez que ce mouchoir appartient à une femme ?

— Aurais-je dit une femme ? exclama Edouard. — Une femme, Seigneur ! — Non, ce n'est point une femme, c'est une déesse! — Pourquoi voudrais-tu qu'il n'y eût que toi de déesse! au monde? — C'est de l'égoïsme!

— Edouard, m'écriai-je, — ce que vous faites en ce moment est honteux. Ce ton de plaisanterie, quand vous savez tout ce que je souffre, est indigne.

— Qui touche au feu se brûle, me répondit-il; — c'est encore imprimé. Pourquoi es-tu entrée dans le cabinet de Barbe-Bleu? Si je te coupais la tête un peu, pour t'apprendre? — Ah! Mariette, ajouta-t-il d'une voix plus douce, en me forçant à m'asseoir sur ses genoux, que j'aime cette larme qui vient éteindre l'éclair de ton regard de Méduse! — Allons, ôte-moi bien vite ce vilain masque qui gâte ton doux visage fait pour les émotions pacifiques de l'amour et du plaisir. — Assez de mélodrame comme cela; — passons à la comédie, et tâchons de rire un peu: — nous n'avons qu'un temps à vivre, — Tu disais donc que ce mouchoir chiffonné te chiffonne? — Tiens, voilà, déjà un mot très-gai, — demande plutôt à M. Scribe. — Allons, ris un peu, Mariette.

Et il faisait de si drôles de mines en me parlant ainsi que, malgré le peu de désir que j'en eusse, — je ne pus m'empêcher de sourire.

— Ah! ah! le voilà donc revenu, notre bon rire? s'écria Edouard — en frappant dans ses mains. — Vois-tu, ma chère, la bouche d'une femme est faite pour trois choses: pour sourire, pour embrasser, et pour dire : Je t'aime. — Ah! j'oubliais — et pour manger des gâteaux, ajouta-t-il en tirant de sa poche quelques friandises qu'il avait rapportées de Paris.

— Mais, en attendant, repris-je alors, je n'en suis pas plus avancée sur l'origine de ce mouchoir. — D'où vient-il? — Pourquoi a-t-il cette odeur que tu me fais mettre dans mes cheveux, que tu aimes tant à embrasser justement depuis que je me sers de ce parfum? — Avoue qu'il y a dans tout ceci quelque chose de singulier, et qu'il faudrait que je t'aimasse bien peu pour ne pas m'en émouvoir. — Et cette marque *J. G.* — De quel nom ces lettres sont-elles les initiales, — ah! mon ami, tu as beau faire, vois-tu, — je devine, — malgré moi, je devine.

— Eh bien! sorcière, voyons un peu — ce que tu devines.

— Eh bien, lui dis-je, — tu as pris ce mouchoir à l'Opéra.

— Exact.

— Dans la loge qui était près de la nôtre.

— Scrupuleusement véridique.

— Et où se trouvait sans doute une personne?

— Où se trouvait certainement une femme.

— Qui s'appelle?

— Qui s'appelle, interrompit Edouard, en partant d'un grand éclat de rire, — qui s'appelle *Semiramide*, — *Norma*, — *Elvire* au théâtre; — et dans la vie privée, Julia G... Je lui ai volé son mouchoir, — c'est authentique, — par enthousiasme pour son beau talent, — comme tu le disais tout à l'heure, — ce mouchoir est une relique de l'amour — de l'art, — voilà l'histoire, — et maintenant tu peux me faire traduire aux assises.

— Si ce que tu me dis est vrai, — pourquoi alors t'es-tu caché de moi? — lui demandai-je.

— Parce que je craignais que cette fantaisie artistique que je me suis passée ne fît faire de fâcheux commentaires à ta jalousie féminine. — Maintenant j'espère bien que tu vas me rendre le précieux tissu qui a touché les lèvres de la *diva*.

— Mais, continuai-je en regardant toujours le mouchoir et en observant Edouard, — suis-je bien obligée de te croire? — il n'y a pas que cette cantatrice qui porte ces initiales, — tu as reçu autrefois des lettres que j'ai vues, — les lettres de l'autre personne, — son nom aussi s'écrivait ainsi, — ajoutai-je en lui montrant le chiffre brodé.

— Et tu en conclus que ceci lui appartient? — A ce compte-là, me répondit-il en riant plus fort — et en me mettant sous les yeux sa pipe qu'il alla prendre sur la cheminée, — cette pipe, — qui est également marquée *J*, *G*. — serait donc aussi à la personne dont tu veux parler. — Ma pauvre Mariette, je vois avec chagrin que tu es sur le chemin de la Salpêtrière.

N'étant pas habituée à mentir, et n'y étant jamais obligée, j'ignorais toutes les ruses subtiles de la dissimulation, tous les faux-fuyants de langage qu'un esprit adroit peut employer pour faire échapper la vérité. Durant toute cette discussion, mes yeux n'avaient point quitté Edouard. — Jamais juge d'instruction ou chien d'arrêt n'avait porté plus loin l'obstination et la fixité du regard. — Sa tranquillité ne s'était point démentie une seconde, et les inflexions de sa voix étaient constamment restées dans le ton de la plus parfaite sincérité. — Cependant, malgré le désir que j'avais de me laisser convaincre, ses explications n'avaient point apaisé mes soupçons; — mon amour inquiet n'était pas rassuré, mon cœur tourmenté par la jalousie disait à mon esprit : — Cherche encore. Mais les doutes et les demi-convictions ne me suffisaient pas, je voulais avoir une certitude qui ne permît plus aucune hésitation à mon incrédulité, — une preuve, pierre de touche pour ainsi dire, qui vînt m'aider à découvrir laquelle avait raison d'être parmi toutes les suppositions contradictoires qui peuplaient ma pensée confuse.

Un matin, avant son départ pour Paris, Edouard m'annonça qu'il devait y dîner avec un de ses amis, et que je ne fusse point étonnée s'il rentrait plus tard que de coutume. Au moment où il me quitta, je ne sais à quel propos je me mis à la fenêtre, et j'aperçus Edouard qui, au lieu de se diriger du côté conduisant au débarcadère, remontait au contraire l'allée dans le sens opposé. Tout à l'heure il s'était plaint d'être en retard; pourquoi prenait-il ce singulier chemin? Et, comme je le suivais des yeux, je le vis ralentir le pas et se promener devant une maison de campagne située à une cinquantaine de pas de la nôtre, et dont ses regards semblaient épier les fenêtres. Deux ou trois fois je l'aperçus qui s'approchait de la petite porte d'un jardin attenant à cette habitation. Au bout de cinq minutes à peu près, il se décida à reprendre sa route; mais, deux ou trois fois encore, je le vis se retourner et regarder dans la direction du lieu qu'il venait de quitter; puis il disparut au tournant d'un sentier par lequel il pouvait, bien que ce fût plus long, regagner le chemin de fer.

Quand je quittai la fenêtre et que je rentrai dans ma chambre, j'aperçus ma figure dans la glace : j'étais toute pâle et mes traits étaient bouleversés. Un bourdonnement confus troublait mon cerveau comme aux approches d'une fièvre ardente. Ma femme de chambre parut effrayée de me voir ainsi, et me demanda ce que j'avais. — Rien, lui répondis-je, une migraine. Je vais aller faire un tour dans le parc; cela passera.

En me dirigeant vers la maison devant laquelle j'avais vu Edouard s'arrêter, je fis la réflexion que, lorsqu'il nous arrivait de sortir ensemble, il me faisait toujours passer du côté opposé à celui où se trouvait cette habitation. Comme je n'en étais plus qu'à quelques pas, les sons d'un piano arrivèrent jusqu'à moi, et je ne tardai point à reconnaître le prélude de l'un des airs qu'Edouard me faisait jouer si souvent : c'était l'adagio de la cavatine du *Pirate*. Lorsque je fus sous les fenêtres de la maison, le piano commença une autre ritournelle, et une voix de femme chanta ce couplet sur la mélodie des *Adieux* de Schubert :

> Voici l'instant suprême,
> L'instant de nos adieux.
> O toi ! seul bien que j'aime,
> Sans moi retourne aux cieux.
> La mort est une amie
> Qui rend la liberté.
> Adieu donc pour la vie
> Et dans l'éternité !

Edouard, à qui j'avais plusieurs fois demandé la chanson sur laquelle était faite cette musique, m'avait répondu qu'il n'existait pas de paroles sur cette mélodie. Le chant et l'accompagnement de piano s'éteignirent brusquement dans une rumeur causée par des éclats de rire enfantins; puis le silence se fit dans la chambre, et je n'entendis plus rien. Cette certitude que je demandais la veille, j'allais donc pouvoir l'acquérir enfin. Déjà j'appelais à moi toutes les forces de ma volonté pour prendre un parti; d'avance je réunissais tout mon courage pour supporter le coup terrible que j'allais me porter moi-même. Tout à coup, à travers la porte du jardin, dont la partie supérieure était à claire-voie, j'entendis retentir les voix des enfants dont l'arrivée avait, une minute auparavant, interrompu la femme qui chantait; c'était leur mère sans doute. Je m'approchai de la porte; c'était là, près de cette grille, que j'avais vu Edouard essayant de regarder dans l'intérieur. J'avais bien deviné; c'étaient la mère et les enfants, car j'entendis l'un de ceux-ci qui disait

« maman ». La mère répondit quelques paroles; mais je ne me souvins pas d'avoir jamais entendu cette voix. Après tout, que m'importait cela? Connue ou non, cette voix était celle d'une femme, et c'était devant sa maison, sous ses croisées que j'avais vu Edouard s'arrêter. N'en était-ce point assez pour m'alarmer justement? Et cette musique, que j'avais entendue, ne me disait-elle pas tout? Qu'elle était cette femme? Enfin j'allais le savoir; je n'avais qu'à me dresser un peu sur la pointe du pied pour atteindre la partie grillée de la porte qui laissait le jardin pénétrable aux regards. En me rapprochant de cette porte, j'étais comme un condamné qui se bouche l'oreille pour ne pas entendre lire sa sentence; je voulais et je ne voulais plus. Cette preuve tant souhaitée que je savais n'être plus séparée de moi que par un seul regard, cette preuve qui venait à moi, en songeant à tout ce qu'elle allait détruire, je me mis à trembler. Un instant j'eus l'idée de fuir : je voulais retourner à la maison oublier ce que j'avais vu et me renfermer dans mon ignorance primitive; mais je n'eus pas le temps de retourner en arrière : la porte s'ouvrit brusquement. Je m'écartai de quelques pas, et du jardin je vis sortir, donnant la main à ses deux enfants, une femme que j'eus bientôt reconnue : c'était madame J. G..., l'ancienne maîtresse d'Edouard.

Sans se douter de la terrible revanche qu'elle prenait en ce moment même par le seul fait de sa présence, elle passa devant moi et ne me reconnut pas. Une année presque entière s'était écoulée depuis le jour où je croyais l'avoir, par mon mensonge, à tout jamais séparée d'Edouard, et d'ailleurs, en supposant qu'elle eût gardé de moi un souvenir, elle ne pouvait point retrouver la femme qu'elle avait vue jadis dans la femme qui se trouvait près d'elle en ce moment. En la voyant si tranquille, je ne pus m'empêcher de songer en moi-même qu'il fallait sans doute qu'elle eût bien complétement oublié Edouard, et qu'elle ne l'aimât plus, puisque rien ne lui avait dit en me voyant que j'étais sa rivale. Bien que je ne l'eusse regardée qu'avec beaucoup de réserve, pour ne point attirer son attention, je m'aperçus que sa coiffure était la même que celle dont Edouard avait, quelque temps auparavant, désiré que j'adoptasse la mode. Si puérile que semblât cette remarque dans la circonstance présente, elle n'était pas moins pour moi comme la dernière lettre d'un mot qui venait achever le sens d'une énigme déjà à moitié devinée. Avant de savoir que la femme qui allait sortir de cette maison était la même qu'Edouard avait jadis aimée, mes pressentiments ressemblaient aux pièces dispersées d'un de ces jeux de patience dont le sujet n'est saisissable que dans la réunion complète des fragments qui le composent. Tant qu'il en manque un seul, l'ensemble du tableau reste encore vague, et permet des interprétations diverses. Avant la découverte que je venais de faire, il en était de même de mes pressentiments, qui ne pouvaient rien préciser; mais dès cet instant je sus à quoi m'en tenir.

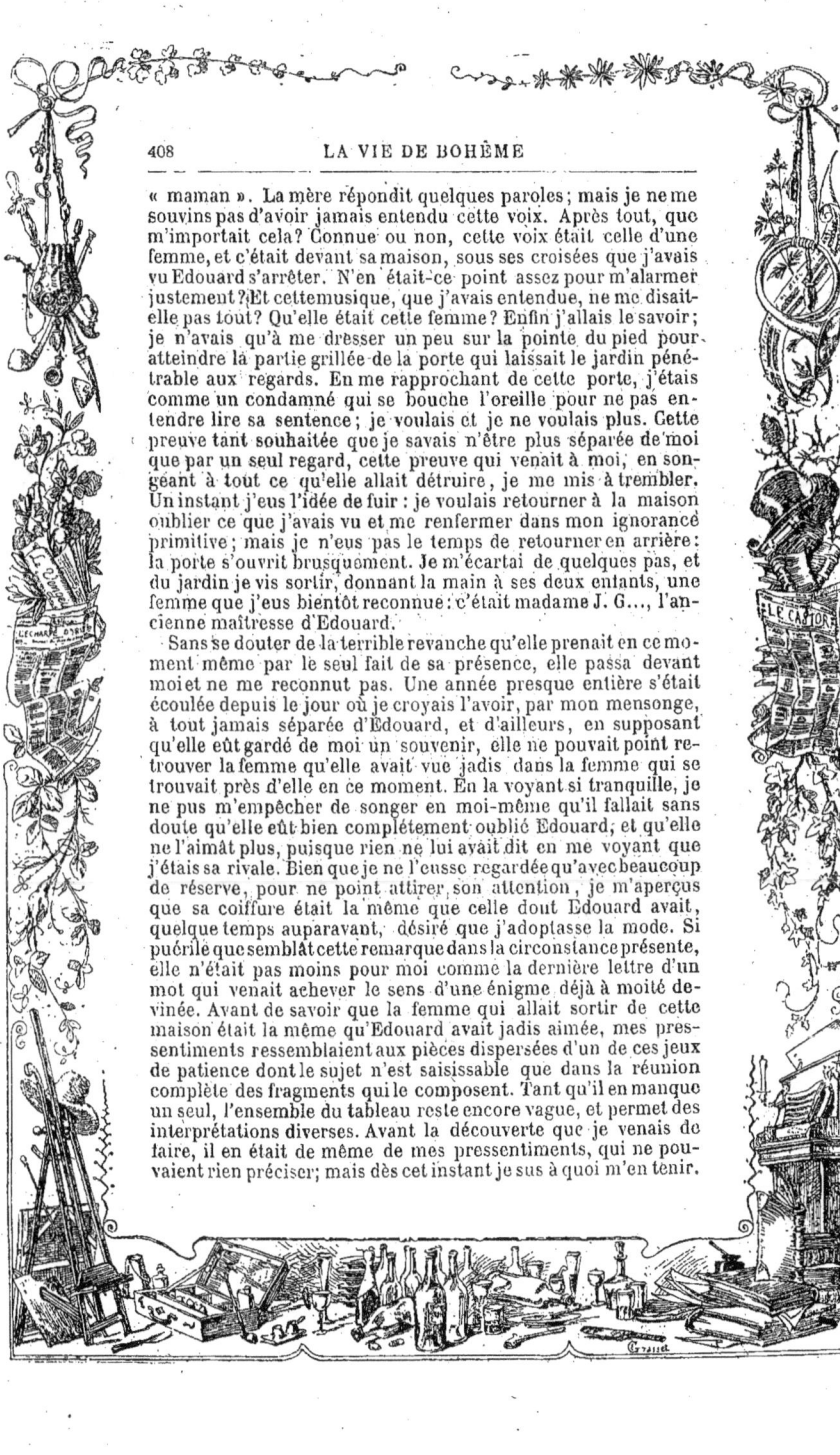

LA VIE DE BOHÊME

Pendant deux mois, notre existence ne fut guère qu'une fête perpétuelle.

Je n'avais plus même une seule raison pour douter de la vérité; tout ce qui était mystérieux était devenu clair et irrécusable, même pour l'incrédulité la plus obstinée. Ah ! combien je regrettais alors mes doutes et mes incertitudes ! Mais il n'était plus temps ; j'avais voulu savoir, je savais.

J'avais pour ainsi dire sous les yeux le plan détaillé de la comédie qu'Édouard m'avait fait jouer depuis que nous nous connaissions. Je me rappelai alors que dans cette nuit même où, pour me convaincre qu'il ne songeait plus à son ancienne maîtresse, il avait jeté par la fenêtre une boucle des cheveux de madame J. G., j'avais senti pour la première fois ce parfum qui m'avait de nouveau poursuivie le soir de l'Opéra où Édouard, pour avoir un souvenir de son ancienne maîtresse, lui avait dérobé son mouchoir.

C'était bien la présence de Mme G... qui avait causé l'émotion que j'avais remarquée chez Édouard dans cette même soirée de l'Opéra, pendant qu'on chantait sur la scène cette cavatine du *Pirate* qu'il m'avait fait apprendre à lui jouer sur le piano, ainsi que les deux autres airs, qui formaient sans doute le répertoire favori de son ancienne maîtresse. En m'écoutant, il se rappelait ainsi les heureuses soirées passées jadis auprès d'elle dans un demi-jour paisible et discret, alors qu'il se tenait, comme il le faisait avec moi, derrière sa chaise, le cœur extasié et la figure noyée dans les ondes de ses cheveux bruns, imprégnés des enivrants parfums de la flore tropicale chers à cette dame, qui était créole, et dont il m'avait ordonné l'usage pour ajouter une illusion de plus au simulacre de cet amour adultère. Je m'expliquai ainsi pourquoi il préférait l'obscurité quand je lui faisais de la musique, et pourquoi il n'avait point voulu que j'apprisse les paroles des airs qu'il me faisait jouer : c'est qu'il craignait que ma figure et ma voix ne vinssent donner un démenti aux chimères qu'il évoquait, et que ma réalité, surgissant brusquement au milieu de son rêve, ne fît évanouir le fantôme chéri Ainsi, lorsque j'avais cru qu'Édouard renonçait à ses projets d'expérience, que je ne comprenais point du reste, je m'étais trompée. Quand je m'étais crue aimée de lui, je m'étais trompée encore. Pendant un an, il m'avait menti du cœur et menti des lèvres, et pendant un an j'avais pu me laisser prendre à cette imposture quotidienne ! Lorsque, par tous les moyens possibles, je m'efforçais de hâter cette métamorphose, qui devait si rapidement me rendre méconnaissable à moi-même; quand, chaque jour, je tâchais de détruire une de mes plus rustiques ignorances, un de mes bons instincts natifs ; quand j'apprenais chaque jour à déchiffrer un mot de plus dans le dictionnaire des séductions civilisées ; lorsque, pour flatter les goûts d'un amant, ou pour satisfaire sa vanité, je *m'habituais* à des habitudes qui répugnaient à ma nature instinctive, — je me grimais moi-même, et sans m'en douter, pour lui mieux rappeler la femme qu'il n'avait jamais cessé d'aimer. Je n'étais qu'un automate vivant, ayant le don de parole et d'intelligence qu'on faisait mouvoir au gré de son caprice, qu'on faisait poser comme les peintres font de leurs modèles, sous de certains costumes, dans de certaines attitudes et dans la lumière de cetains *jours*, et moi-même j'avais favorisé cette honteuse parodie. Quand Edouard me parlait de sa tendresse, ce n'était point à moi qu'il parlait, et quand ma tendresse répondait à la sienne ce n'était point moi qu'il entendait. Mon amour n'était pas mon amour, ce n'était que l'écho de l'amour qu'une autre femme avait jadis eu pour lui.

Quand je rentrai à la maison, j'étais comme folle; je brûlais de me trouver en face d'Edouard. Je supposais qu'il était près de moi, alors j'éclatais en reproches amers et je me répondais à moi-même, comme si c'eût été lui qui eût parlé. Mais que pourrait-il me dire pour se justifier? Tenterait-il même une justification? et ne se bornerait-il point à me répondre : « C'est vrai! »

Au milieu de mes pénibles anxiétés, une circonstance très simple d'ailleurs, une lettre de Paris à l'adresse d'Edouard, et dont le timbre portait le quantième du mois, vint me rappeler que ce jour était l'anniversaire de celui où j'avais quitté mes habits de village pour prendre ceux que j'avais gardés depuis Il y avait donc juste une année que j'avais commencé à cesser d'être Marianne pour commencer à devenir Mariette. Le rapprochement de ces deux dates, dans la situation où je me trouvais, m'inspira la singulière idée de reprendre pour cet anniversaire les habits que je portais autrefois, et que j'avais conservés par je ne sais quelle superstition : je voulais savoir quel sentiment jaillirait de la première surprise d'Edouard, quel accueil il ferait au costume de la petite paysanne, et comment répondrait son cœur interrogé à l'improviste. En me voyant ainsi sous ces vêtements grossiers, qui faisaient disparaître l'élégance de ma taille, peut-être comprendrait-il d'où j'étais partie et où j'étais arrivée pour lui plaire, tout ce qu'il m'avait fallu de persévérance et de soins; peut-être aurait-il une honte intérieure du rôle qu'il me faisait jouer depuis un an; peut-être un cri d'amour sincère lui échapperait-il ! Et puis, dans la lâcheté de ma tendresse, je commençais déjà à faire des concessions : je trouvais sinon des excuses à sa conduite envers moi, au moins des prétextes par lesquels je tâchais de le justifier. Les romans que j'avais appris à lire m'avaient montré des hommes qui avaient aimé deux femmes et dont le double amour était sincère. Ne voyant plus une exception monstreuse dans Edouard, je me disais que je pourrais peut-être m'habituer à cette bigamie de son cœur; qu'il n'aimait l'autre que comme un souvenir et qu'il m'aimait, moi, comme une réalité; qu'au fond c'était encore ma part qui était la meilleure; et, je ne m'apercevais pas que ce moyen conciliateur, dont ma faiblesse s'était emparée, était absolument le même raisonnement que je m'étais tenu à

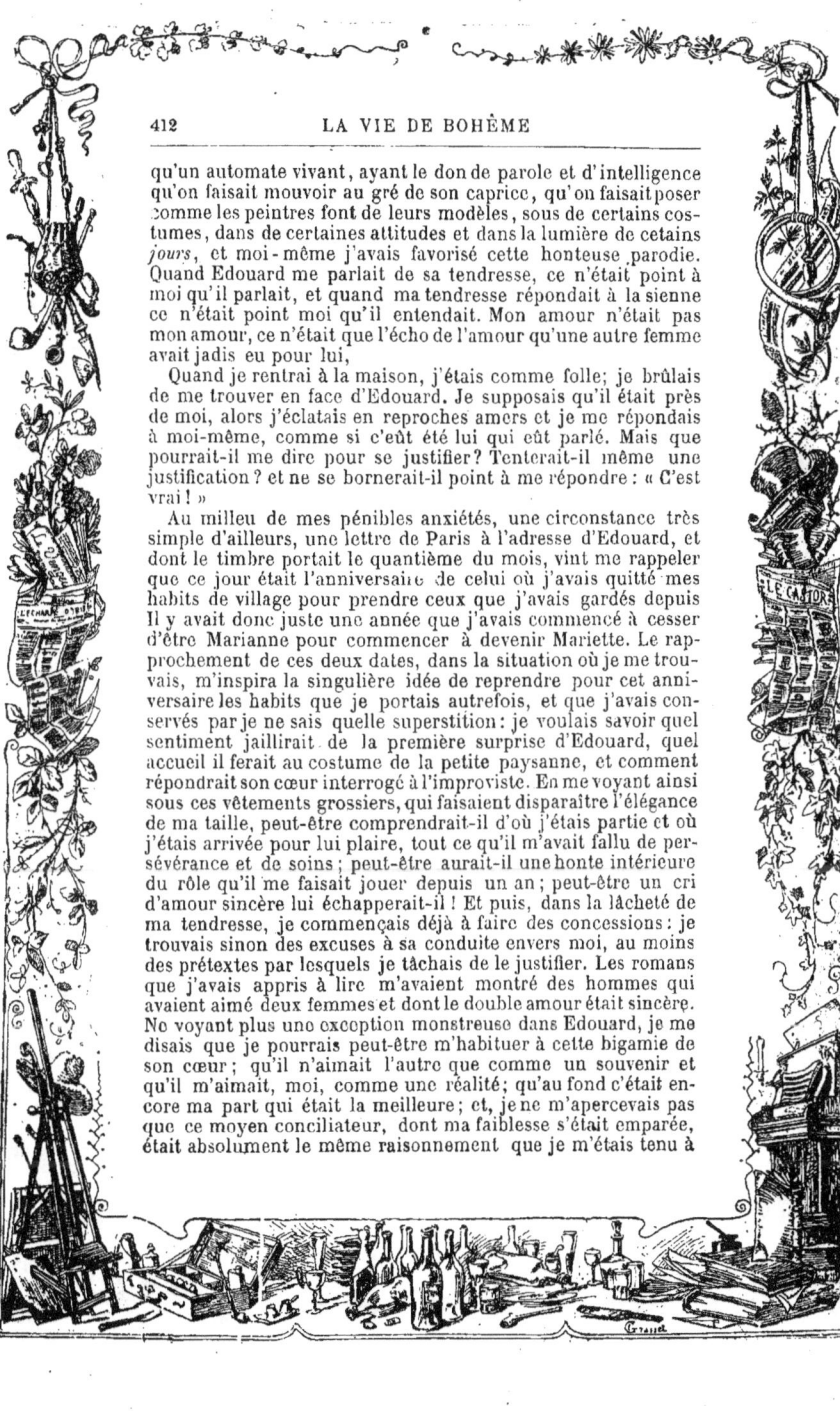

moi-même le jour où, lui ayant souhaité sa fête, il avait fait si peu d'attention à mon bouquet, préoccupé qu'il était par l'idée que c'était son ancienne maîtresse qui le lui avait envoyé. Je me rappelai que c'était aussi ce jour-là que j'avais entendu Edouard déclarer que je lui étais nécessaire, et je ne pouvais m'empêcher d'avouer qu'il en était de même pour moi, et que, par un sentiment différent du sien, je ne pouvais pas plus me passer de lui, quoi que je fusse à ses yeux, que lui ne pouvait se passer de moi. Je songeai aussi que ma métamorphose passagère de Mariette en Marianne fournirait peut-être une entrée tranquille dans l'explication que je désirais avoir avec Edouard, quand il serait de retour. Enfin je trouvai mon projet excellent, et je me hâtai de le mettre à exécution. J'étais habillée à peu près depuis une heure, quand j'entendis Edouard sonner à la porte de la maison. Malgré moi et malgré mes pacifiques résolutions, mon cœur bondit dans ma poitrine avec le farouche instinct de haine qui indique à un ennemi l'approche de son ennemi; mais cette agitation tumultueuse s'apaisa soudainement et, quand Edouard monta l'escalier, mon visage avait déjà repris le sourire de bon accueil avec lequel j'avais l'habitude de saluer son retour.

J'allai au-devant de lui pour le débarrasser de son chapeau, et je fus un peu étonnée en voyant qu'il n'avait pas remarqué mon changement de costume.

— Votre servante, monsieur Edouard, lui dis-je en m'inclinant devant lui et en lui faisant une révérence à la mode de mon pays; et j'ajoutai avec l'accent de ma campagne : Voici une lettre pour vous.

— Tiens, c'est toi, Mariette? me répondit-il d'un air soucieux en décachetant la lettre que j'avais reçue pendant son absence.

— Appelle-moi Marianne, lui dis-je, pour aujourd'hui cela me fera plaisir.

— Quelle est cette fantaisie? continua Édouard en froissant la lettre qu'il venait de lire; et, s'étant alors aperçu de mon costume, il ajouta: Que signifie cette mascarade? Sommes-nous en carnaval? Tu ne regardes donc pas l'almanach?

— C'est toi, au contraire, qui ne le regardes pas, lui répondis-je; sans quoi, tu saurais quel jour nous sommes : c'est une fête pour nous; c'est le 15 juin. Il y a un an aujourd'hui que tu m'as appelée Mariette pour la première fois, et que tu m'as fait quitter ce costume pour me faire mettre ma première robe de soie, comprends-tu maintenant, et te rappelles-tu?

— Tu n'avais pas besoin de te mettre en Javotte pour m'apprendre quel jour du calendrier nous sommes. Je le savais bien.

— Tu le savais, vraiment? m'écriai-je, tu avais pensé à cet anniversaire?

— Ah! me répondit-il brusquement, je ne suis pas en train

de faire du sentiment. Je l'ai su par une assignation au tribunal de commerce, que j'ai trouvée à mon logement de Paris ; je l'ai su par cette lettre, qui me menace de nouvelles poursuites.

— Mais pourquoi ?

— Je te conseille de le demander, s'écria Édouard avec emportement. Ne portes-tu point des robes dont le prix égale ma pension d'un mois, et le bijou qui entoure ton bras n'est-il pas à lui seul plus riche que le modeste écrin de mes sœurs, qui sont pourtant d'honnêtes filles !

— Eh bien ! et moi que suis-je donc ? m'écriai-je, indignée par cet odieux reproche, mêlé à cette injure indirecte.

— Parbleu ! répondit Edouard, tu es ma maîtresse peut-être !

— *Peut-être* est le mot, car je n'en suis pas sûre.

— Est-ce que tu es folle aujourd'hui ?

— Non pas, au contraire, j'ai toute ma raison, et je n'ai plus que ma raison, car mon cœur est mort, vous venez de lui porter le dernier coup. Je ne suis plus Marianne, je ne suis plus que Mariette, et prenez garde à vous.

— Que veut dire ce ton de menace ? explique-toi enfin ! s'écria Edouard. Je ne te comprends pas.

— Je vais me faire comprendre, et ce ne sera pas long, m'écriai-je. Oui, je suis votre maîtresse, et j'en ai honte, non point parce que j'ai un amant, mais parce que mon amant est un menteur, un hypocrite, un lâche !

— Mariette ! dit Edouard en faisant un pas.

— Un lâche ! je le répète et je le prouve. Ce que vous venez de me dire tout à l'heure est une lâcheté. Vous n'avez point le courage de supporter la mauvaise humeur où vous jette le mauvais état de vos affaires, et vous vous débarrassez sur moi de cette mauvaise humeur en me donnant à comprendre que je suis la cause des embarras que j'avais prévus, et qu'à toute force je voulais éviter. Malgré moi, vous avez fait des dettes, et vous venez me les reprocher ; malgré moi, vous m'avez fait une vie de prodigalités, et vous venez me la reprocher ! Ne demandant de vous que vous même, j'ai voulu être laborieuse, vous ne l'avez point voulu ; vous m'avez empêchée d'être une ouvrière, parce que cela vous eût fait rougir, parce que mon labeur eût fait la honte de votre oisiveté, et aujourd'hui vous venez me reprocher d'avoir été à votre charge, et vous me faites rougir en me jetant comme un outrage le titre de votre maîtresse ! Dites donc que ce n'est pas une lâcheté ! dites-le donc ! Et vous le direz, ajoutai-je sans lui donner le temps de m'interrompre, vous le direz pourtant, parce que vous ne pouvez pas rester un seul instant sans mentir.

— Mariette ! Mariette ! s'écria Edouard, effrayé de ma vivacité ; écoute-moi. Quand on accuse les gens, on leur permet de se défendre au moins. Laisse-moi parler. Tu as raison, j'ai eu tort tout à l'heure en te parlant ainsi. Ces menaces de poursuites m'ont inquiété ; j'ai peur qu'on écrive à ma famille, que mon père ne se fâche, qu'il ne me rappelle près de lui. Il faudrait te quitter alors : c'est tout cela qui m'a inquiété. Tu as raison, je manque de courage pour les petits embarras de la vie. Pauvre fille ! tu l'avais bien prévu : si je t'avais écoutée, je n'en serais point là ; mais, après tout je ne regrette rien, tu as été belle. Eh bien ! voyons, en supposant même qu'il y ait eu de ma part un peu d'égoïsme à te vouloir parée, à te voir admirée, c'est vrai, mon orgueil y trouvait son compte ; mais cet égoïsme-là, n'est-ce pas naturel au fond ? n'y avait-il point de l'amour dans ce sentiment de vanité ? et suis-je impardonnable pour t'avoir aimée ?

— Oui, vous êtes impardonnable, parce que vous mentez encore en ce moment même, parce que tout ce que vous dites là est faux !

— Comment ! tu doutes que je t'aie aimée, que je t'aime ?
— Non, je ne doute plus, car je suis sûre du contraire.
— Mais que se passe-t-il donc ? s'écria Edouard. Il est impossible qu'un mot de dépit échappé dans un moment d'ennui ait suffi pour te changer ainsi. Que se passe-t-il, encore une fois ? que t'ai-je fait ? Explique-toi plus clairement. Quelle est cette énigme !

— Une énigme ! répliquai-je. Oui, c'est une énigme, et j'en ai deviné le mot aujourd'hui.

— Eh bien ! ce mot, quel est-il ? Dis-le-moi.
— Je ne vous le dirai pas, Edouard ; je vous le chanterai.
— Mariette, ne plaisantons pas.
— Ah ! je ne plaisante pas, continuai-je en allant m'asseoir au piano. Je vous le chanterai sur un air que vous aimez à entendre. Vous plaît-il que j'éteigne ces lumières ? lui demandai-je avec ironie, et je frappai les premiers accords de la mélodie des *Adieux*.

— Pourquoi ? que veux-tu dire ? balbutia Edouard. Ferme ce piano ; cesse cette comédie.

— Chacun son tour, lui dis-je en continuant mon prélude. Il me plaît à moi de jouer la comédie, et vous allez voir que j'ai perfectionné mon rôle.

— Assez, Mariette ! assez ! s'écria Edouard.
— Vous m'entendrez, lui dis-je et pour la dernière fois car,

Voici l'instant suprême,
L'instant de nos adieux...

Mariette ! s'écria Édouard en s'approchant de moi ; Mariette, qui t'a appris cette chanson ?

— Que vous importe ? Allons donc, soyez mieux en scène, et n'oubliez pas votre réplique.

Et je recommençai à chanter le couplet de la romance de Schubert :

Voici l'instant suprême,
L'instant de nos adieux...

— Mariette, murmura Edouard en cherchant à s'emparer de mes mains, comment sais-tu?... Parle-moi donc... Tu me fais mourir.

Et moi, lui dis-je, je n'existais que par mon amour, et mon amour est mort.

La mort est une amie
Qui rend la liberté...

— Mariette!... Marianne!
— Marianne n'est plus.

Adieu donc pour la vie...

continuai-je à chanter en me levant et en me dressant devant Edouard, qui se traînait à mes pieds.

— Mariette!... Mariette! s'écria-t-il, et je l'entendis pleurer.

Adieu donc pour la vie...
Et dans l'éternité.

— Madame G... vous chantera le reste, ajoutai-je en allant m'asseoir dans un coin de la chambre.

Edouard vint m'y rejoindre, et me dit, en prenant dans ses mains, que je sentis trembler mes deux mains que je lui abandonnai :

— Voyons, Marianne, écoute-moi; laisse-moi te parler, laisse-moi t'expliquer... Ah! vois-tu, il y a d'étranges choses dans l'amour! Je vais tout te dire. Tu me comprendras, tu as de l'esprit; mais crois bien ce que je vais te dire.

— Si vous voulez que je vous croie, Edouard, dites-moi le contraire de ce que vous pensez.

— Si tu savais ce que je souffre! me dit-il en posant ma main sur son cœur.

— C'est votre égoïsme qui souffre, lui répondis-je, et non votre cœur. Vous avez deviné quelle était ma résolution; mais ce n'est point moi que vous regretterez quand je serai partie, car moi je n'ai jamais été rien pour vous. Ce qui vous épouvante et vous fait souffrir, c'est de perdre une seconde fois, en me perdant, votre ancienne maîtresse, c'est de voir s'enfuir l'ombre qui vous rappelait une réalité, et dans le moment où vous vous traînez à mes pieds, c'est à ses pieds que vous êtes, et c'est elle que supplie votre désespoir.

— Est-ce vrai ce que tu me dis là? reprit Edouard en m'entourant de ses bras et en essayant de m'embrasser; est-ce bien vrai? Tu vas me quitter, tu peux avoir aussi tranquillement la pensée de m'abandonner comme cela tout d'un coup?!

— Moi, je n'ai jamais menti : je vous ai dit que je ne vous aimais plus; c'est la vérité. Marianne qui vous a tant aimé est morte, et c'est à peine si Mariette a encore une larme pour la pleurer. La fille qui n'avait que du cœur vous aurait tout pardonné; la femme que vous voyez devant vous, et qui n'a plus

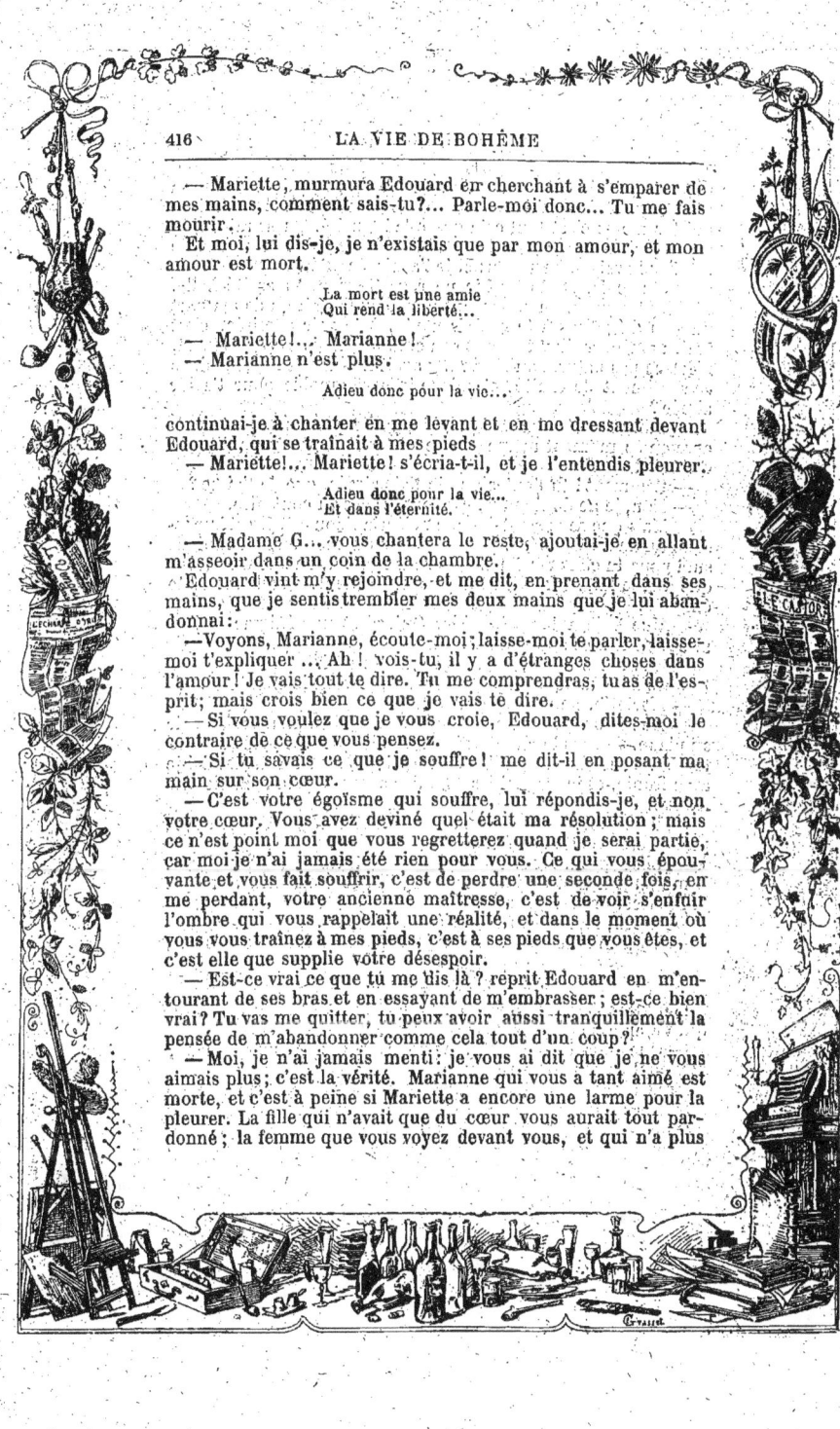

LA VIE DE BOHÈME

Et si je détournais la tête, j'apercevais Édouard qui m'écoutait tout rêveur, le front appuyé dans ses mains.

que sa raison, est impitoyable, parce qu'elle sait que votre douleur est une hypocrisie. Vous pouvez vous rouler à mes pieds, vous pouvez m'embrasser et me dire tout ce que vous voudrez ; je ne vous crois pas et ne vous entends pas. Ah ! vous êtes un singulier Pygmalion, tenez ! Vous aviez une femme qui vous aimait de toute son âme, dont le dévouement aveugle aurait suivi vos caprices jusqu'où vous auriez voulu les conduire : de cette créature vivante, vous avez fait un objet d'art ; vous avez réglé les mouvements de son cœur comme on règle une horloge ; vous lui avez dit : A telle heure tu seras gaie, à telle heure tu seras triste ; vous avez noté sa voix sur le rhythme d'une autre voix ; vous avez forcé son visage à prendre un sourire qui n'était pas le sien ; vous lui avez brisé le cœur, vous l'avez pétrifiée dans les propres larmes de sa douleur. Aujourd'hui, cet être vivant est une créature de marbre, insensible, sourde et froide comme une statue ; elle n'a plus d'humain que le mouvement ; elle n'est plus elle-même, elle n'est que son apparence ; toutes vos supplications sont inutiles : autant vaudrait essayer d'attendrir la Psyché qui est dans ce jardin.

— Eh bien ! Mariette, reprit Edouard en se calmant un peu, tu ne peux pas me pardonner maintenant ?

— Ni maintenant, ni jamais.

— Pourquoi préjuger de l'avenir ? Tu as beau dire, c'est moins ton amour qui souffre que ton amour-propre, atteint cruellement par ce que tu as appris. Tu es femme après tout ou plutôt avant tout ; c'est ton orgueil blessé qui se plaint dans ces emportements Ah ! je connais ces douleurs cruelles, et je les ai éprouvées, moi qui te parle ; mais tôt ou tard on souffre soi-même de ne plus sentir dans son âme qu'un vide sonore où se lamente le regret du bonheur passé. Lorsqu'on fait de son cœur une prison dans laquelle on renferme la rancune et la haine, le cachot lui-même s'émeut et s'attriste des cris sinistres et des malédictions que poussent ces prisonniers ; et quand on souffre de sa propre haine, on n'est pas loin de regretter le temps où l'on ne souffrait que de son amour. Peu à peu, moitié appelés, moitié venus d'eux-mêmes, les souvenirs de l'amour qu'on a chassé apparaissent lentement dans la rêverie, malgré tout ce qu'on a dit, malgré tous les serments de l'orgueil en révolte, on fait un pas en avant pour mieux voir les fantômes jadis adorés ; on les repousse de l'esprit, on les attire du cœur ; ils vous disent oubli, et vous leur répondez pardon.

— Ce mot-là ne sortira jamais de ma bouche, répondis-je froidement.

— Si tu savais, reprit Edouard combien je t'aime ! Il me semble qu'un bandeau tombe de mes yeux. Oui, j'ai été lâche et ingrat, vaniteux et sot ; mais comme l'avenir expierait le passé... si tu connaissais tous mes projets !... D'abord je renoncerais à la vie que nous avons menée jusqu'ici. Puisque

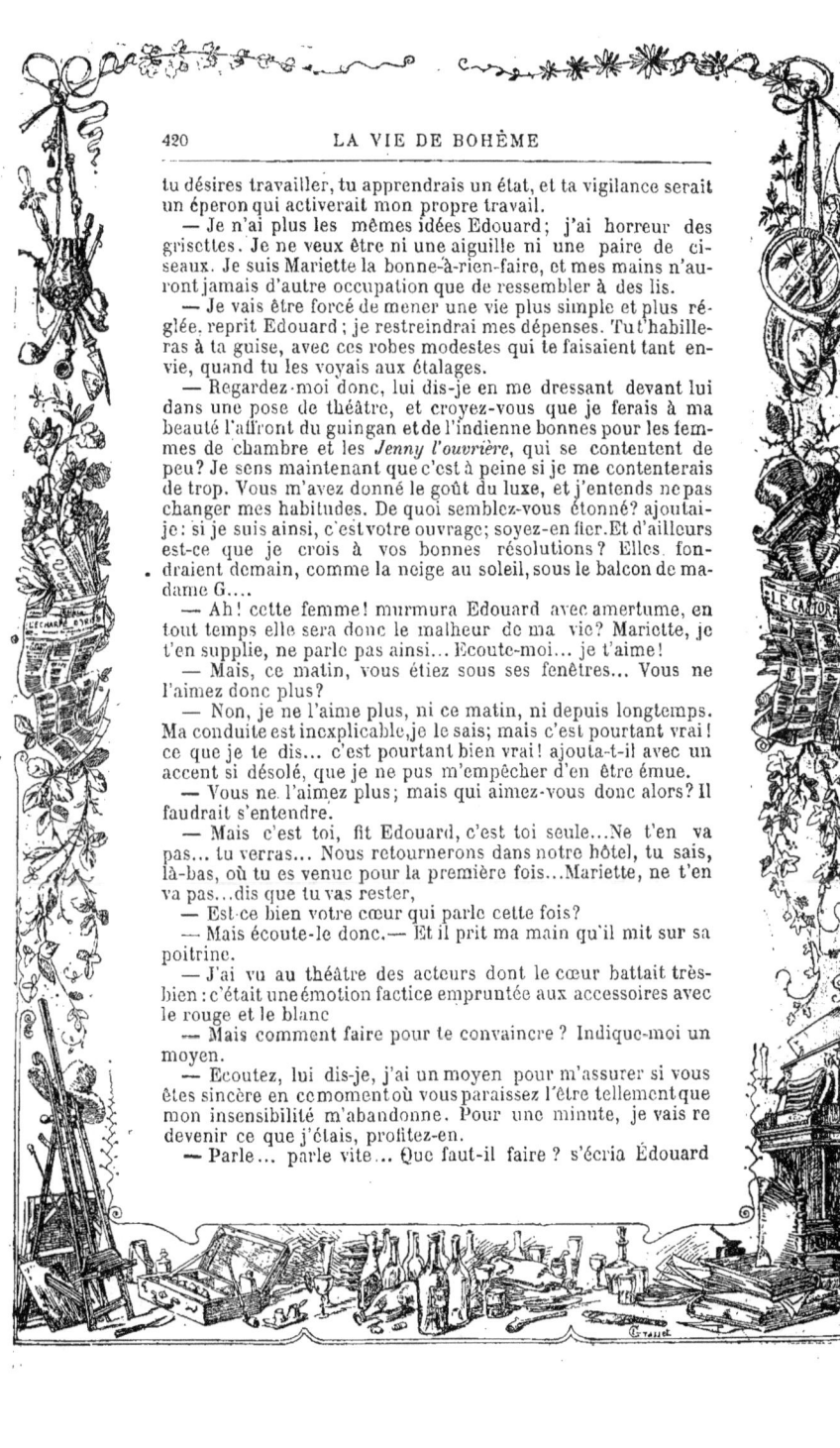

tu désires travailler, tu apprendrais un état, et ta vigilance serait un éperon qui activerait mon propre travail.

— Je n'ai plus les mêmes idées Edouard; j'ai horreur des grisettes. Je ne veux être ni une aiguille ni une paire de ciseaux. Je suis Mariette la bonne-à-rien-faire, et mes mains n'auront jamais d'autre occupation que de ressembler à des lis.

— Je vais être forcé de mener une vie plus simple et plus réglée, reprit Edouard; je restreindrai mes dépenses. Tu t'habilleras à ta guise, avec ces robes modestes qui te faisaient tant envie, quand tu les voyais aux étalages.

— Regardez-moi donc, lui dis-je en me dressant devant lui dans une pose de théâtre, et croyez-vous que je ferais à ma beauté l'affront du guingan et de l'indienne bonnes pour les femmes de chambre et les *Jenny l'ouvrière*, qui se contentent de peu? Je sens maintenant que c'est à peine si je me contenterais de trop. Vous m'avez donné le goût du luxe, et j'entends ne pas changer mes habitudes. De quoi semblez-vous étonné? ajoutai-je: si je suis ainsi, c'est votre ouvrage; soyez-en fier. Et d'ailleurs est-ce que je crois à vos bonnes résolutions? Elles fondraient demain, comme la neige au soleil, sous le balcon de madame G....

— Ah! cette femme! murmura Edouard avec amertume, en tout temps elle sera donc le malheur de ma vie? Mariette, je t'en supplie, ne parle pas ainsi... Ecoute-moi... je t'aime!

— Mais, ce matin, vous étiez sous ses fenêtres... Vous ne l'aimez donc plus?

— Non, je ne l'aime plus, ni ce matin, ni depuis longtemps. Ma conduite est inexplicable, je le sais; mais c'est pourtant vrai! ce que je te dis... c'est pourtant bien vrai! ajouta-t-il avec un accent si désolé, que je ne pus m'empêcher d'en être émue.

— Vous ne l'aimez plus; mais qui aimez-vous donc alors? Il faudrait s'entendre.

— Mais c'est toi, fit Edouard, c'est toi seule... Ne t'en va pas... tu verras... Nous retournerons dans notre hôtel, tu sais, là-bas, où tu es venue pour la première fois... Mariette, ne t'en va pas... dis que tu vas rester.

— Est-ce bien votre cœur qui parle cette fois?

— Mais écoute-le donc. — Et il prit ma main qu'il mit sur sa poitrine.

— J'ai vu au théâtre des acteurs dont le cœur battait très-bien : c'était une émotion factice empruntée aux accessoires avec le rouge et le blanc

— Mais comment faire pour te convaincre? Indique-moi un moyen.

— Ecoutez, lui dis-je, j'ai un moyen pour m'assurer si vous êtes sincère en ce moment où vous paraissez l'être tellement que mon insensibilité m'abandonne. Pour une minute, je vais redevenir ce que j'étais, profitez-en.

— Parle... parle vite... Que faut-il faire? s'écria Édouard

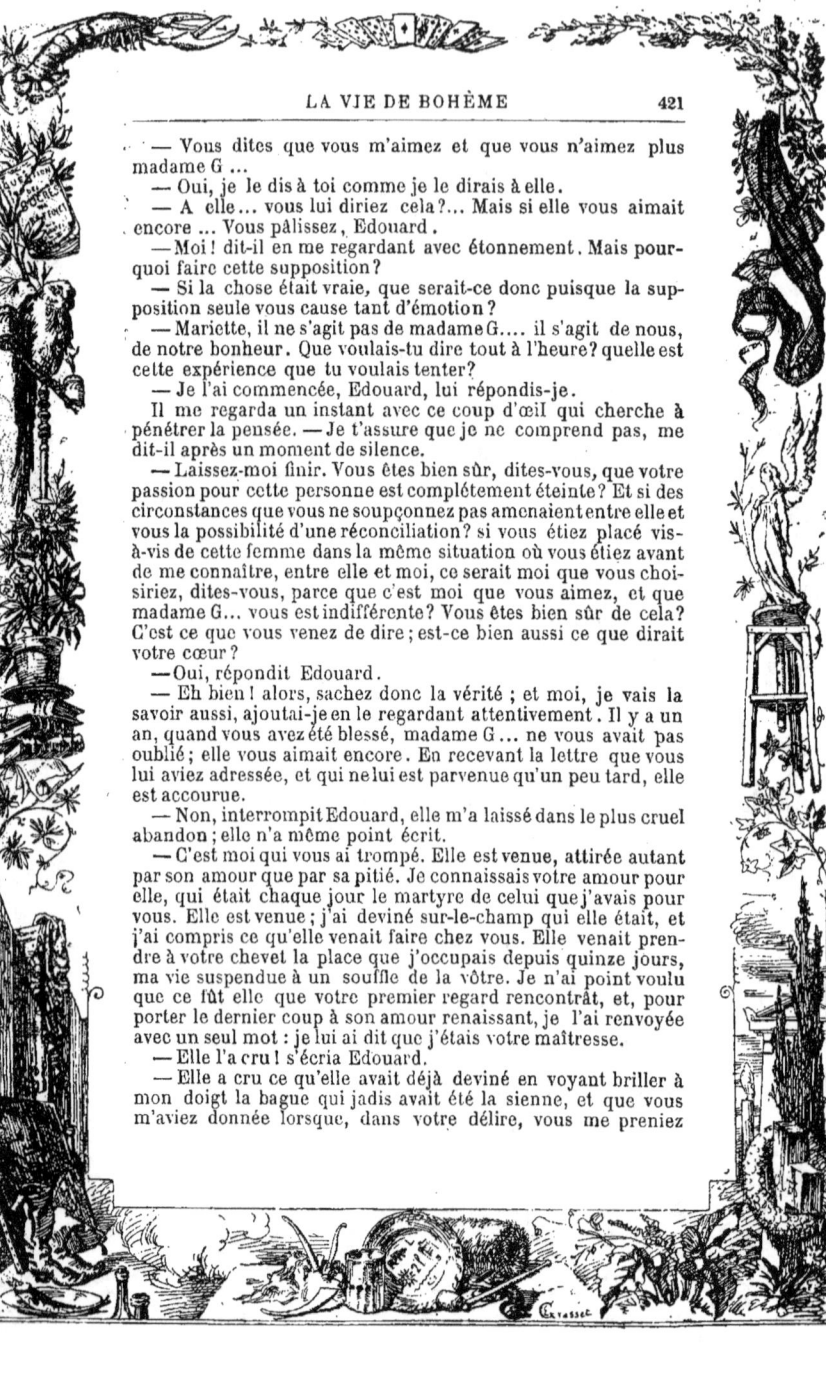

— Vous dites que vous m'aimez et que vous n'aimez plus madame G...

— Oui, je le dis à toi comme je le dirais à elle.

— A elle... vous lui diriez cela?... Mais si elle vous aimait encore... Vous pâlissez, Edouard.

— Moi! dit-il en me regardant avec étonnement. Mais pourquoi faire cette supposition?

— Si la chose était vraie, que serait-ce donc puisque la supposition seule vous cause tant d'émotion?

— Mariette, il ne s'agit pas de madame G.... il s'agit de nous, de notre bonheur. Que voulais-tu dire tout à l'heure? quelle est cette expérience que tu voulais tenter?

— Je l'ai commencée, Edouard, lui répondis-je.

Il me regarda un instant avec ce coup d'œil qui cherche à pénétrer la pensée. — Je t'assure que je ne comprend pas, me dit-il après un moment de silence.

— Laissez-moi finir. Vous êtes bien sûr, dites-vous, que votre passion pour cette personne est complétement éteinte? Et si des circonstances que vous ne soupçonnez pas amenaient entre elle et vous la possibilité d'une réconciliation? si vous étiez placé vis-à-vis de cette femme dans la même situation où vous étiez avant de me connaître, entre elle et moi, ce serait moi que vous choisiriez, dites-vous, parce que c'est moi que vous aimez, et que madame G... vous est indifférente? Vous êtes bien sûr de cela? C'est ce que vous venez de dire; est-ce bien aussi ce que dirait votre cœur?

— Oui, répondit Edouard.

— Eh bien! alors, sachez donc la vérité; et moi, je vais la savoir aussi, ajoutai-je en le regardant attentivement. Il y a un an, quand vous avez été blessé, madame G... ne vous avait pas oublié; elle vous aimait encore. En recevant la lettre que vous lui aviez adressée, et qui ne lui est parvenue qu'un peu tard, elle est accourue.

— Non, interrompit Edouard, elle m'a laissé dans le plus cruel abandon; elle n'a même point écrit.

— C'est moi qui vous ai trompé. Elle est venue, attirée autant par son amour que par sa pitié. Je connaissais votre amour pour elle, qui était chaque jour le martyre de celui que j'avais pour vous. Elle est venue; j'ai deviné sur-le-champ qui elle était, et j'ai compris ce qu'elle venait faire chez vous. Elle venait prendre à votre chevet la place que j'occupais depuis quinze jours, ma vie suspendue à un souffle de la vôtre. Je n'ai point voulu que ce fût elle que votre premier regard rencontrât, et, pour porter le dernier coup à son amour renaissant, je l'ai renvoyée avec un seul mot : je lui ai dit que j'étais votre maîtresse.

— Elle l'a cru! s'écria Edouard.

— Elle a cru ce qu'elle avait déjà deviné en voyant briller à mon doigt la bague qui jadis avait été la sienne, et que vous m'aviez donnée lorsque, dans votre délire, vous me preniez pour elle. Quand vous êtes revenu à la raison, votre premier cri a été pour elle; mais déjà elle était perdue pour vous: je vous avais à tout jamais séparés l'un de l'autre, car elle n'a pu vous pardonner de l'avoir appelée à votre chevet pour qu'elle s'y rencontrât avec une rivale aussi indigne d'elle, et vous ne pouviez lui pardonner l'abandon où vous supposiez qu'elle vous avait laissé quand vous étiez en danger de mort.

— Malheureuse! s'écria Edouard, l'œil plein d'éclairs.

— Ah! m'écriai-je à mon tour, aussi terrible et aussi menaçante que lui, vous voyez bien que vous mentiez tout à l'heure; vous voyez bien que c'est elle que vous aimez encore, que vous aimerez toujours!

— Oui, c'est elle, ce n'a jamais été qu'elle, et toujours ce sera elle!

— Non, Edouard, celle que vous aimez maintenant, c'est moi; c'est moi que vous aimerez demain. Cette fureur même, qui en effrayerait une autre que moi, c'est la plus franche déclaration d'amour que vous m'ayez faite. Vous m'aimez, parce que vous êtes ainsi fait, que vous voulez avoir ce qui ne veut pas de vous, que vous courez après ce qui vous fuit. Les amours faits de haine sont les plus tenaces, et c'est un de ceux-là que vous avez pour moi.

— Je ne t'ai jamais aimée, jamais, entends-tu bien? Tu avais raison tout à l'heure. Non, tu n'étais pas ma maîtresse; tu n'as été que la servante de ma fantaisie, que le jouet de mon caprice. Paroles ou baisers, ma bouche t'a toujours menti. Sache-le donc de moi-même, et que ce soit ton châtiment!

— Au temps où je vous aimais, une seule de ces paroles m'eût tuée, lui dis-je; mais maintenant que voulez-vous que cela me fasse? Je ne sens plus rien, ajoutai-je en frappant sur mon cœur. Là est mon amour que vous avez tué, et, pas plus que vos supplications, vos injures ne sauraient émouvoir le mort ou le tombeau.

— Va-t'en, me dit Edouard d'une voix étouffée, va-t'en.

— Oui, je m'en vais, lui répondit-je; je m'en vais sous les pauvres habits dont j'étais vêtue quand ma destinée a voulu que je vinsse placer entre vous et la mort qui vous menaçait ma pitié, qui devait être de l'amour; mais je n'aurai point fait un pas hors de cette maison, que votre pensée s'élancera sur ma trace. Où est-elle? que fait-elle? vous écrierez-vous en mordant vos poings avec rage, et ces deux jalouses interrogations deviendront le supplice de votre insomnie. C'est à compter de cette heure seulement que votre amour pour moi commence, et toutes les souffrances que le mien a endurées, vous allez les connaître à votre tour. Pour vous désormais je suis morte et perdue. Morte et perdue, en effet, à la tendresse sincère et aux charmantes délicatesses de l'amour dévoué; mais aussi née, de cette heure où je vous quitte, à l'existence vagabonde qui m'effrayait tant jadis, et que tous mes désirs éveillés par vous convoitent aujourd'hui, résolue à tout, prête à tout, armée par vos déplorables maximes contre toutes les tentations de ce qui est honnête et bon, déchue et avilie, mais fière de l'opprobre qui sera devenu mon seul patrimoine, et chaque jour étalant en spectacle à votre désolation l'insolente ironie de mes prospérités et l'inconstance de mes amours, dont votre jalousie saura le compte mieux que moi. Ah ! Edouard, Edouard ! comme je serai cruellement vengée de tout le mal que vous m'avez fait par le mal que vous vous ferez vous-même, et comme vous allez souffrir, resté seul au milieu de vos regrets inutiles !

— Va-t'en ! va-t'en ! s'écria Edouard, qui se leva en faisant un geste de menace.

— Adieu donc, lui répliquai-je en le regardant en face; dans huit jours, vous serez à mes pieds.

XI

En racontant à Claude les douloureux accidents de sa liaison avec Edouard, Marianne Duclos avait en quelque sorte révélé au neveu du curé Bertolin le secret de toute sa vie. Les aveux qu'elle venait de faire montraient assez ce qui se cachait de larmes et d'angoisses secrètes sous l'insensibilité apparente de la jeune fille. Connaissant les causes de la transformation qui s'était opérée chez Marianne, Claude pouvait encore la juger sévèrement, la condamner peut-être, mais non la mépriser. C'est contre ce mépris d'une âme honnête que Marianne avait voulu se défendre par une confession sincère et courageuse. Arrivée cependant aux derniers, aux plus tristes souvenirs de sa vie, elle sentit la force lui manquer. Elle aurait voulu jeter un voile sur les années de vertige qui avaient suivi sa rupture avec Edouard ; mais elle comprit qu'elle devait à Claude une franchise entière, et, après un assez long silence, elle reprit d'une voix ferme le récit interrompu.

Une heure après avoir quitté Bellevue, Mariette descendait à Paris, chez une jeune femme de sa connaissance. Elle quitta ses habits de paysanne pour prendre des vêtements de ville, et pria son amie de l'accompagner au bal : elle avait besoin de bruit et de distraction. A peine entrée dans le bal, sa présence et la nouvelle de sa rupture, qui s'était déjà répandue, attirèrent autour d'elle un grand nombre de jeunes gens. Parmi eux, elle retrouva l'étudiant ami d'Edouard, et leur voisin à l'époque où ils avaient habité le quartier latin.

— Eh bien ! c'est donc vrai la nouvelle ? lui dit-il en abordant la jeune fille.

— C'est fini, lui répondit Mariette. Et elle lui raconta tout ce qui s'était passé entre Edouard et elle.

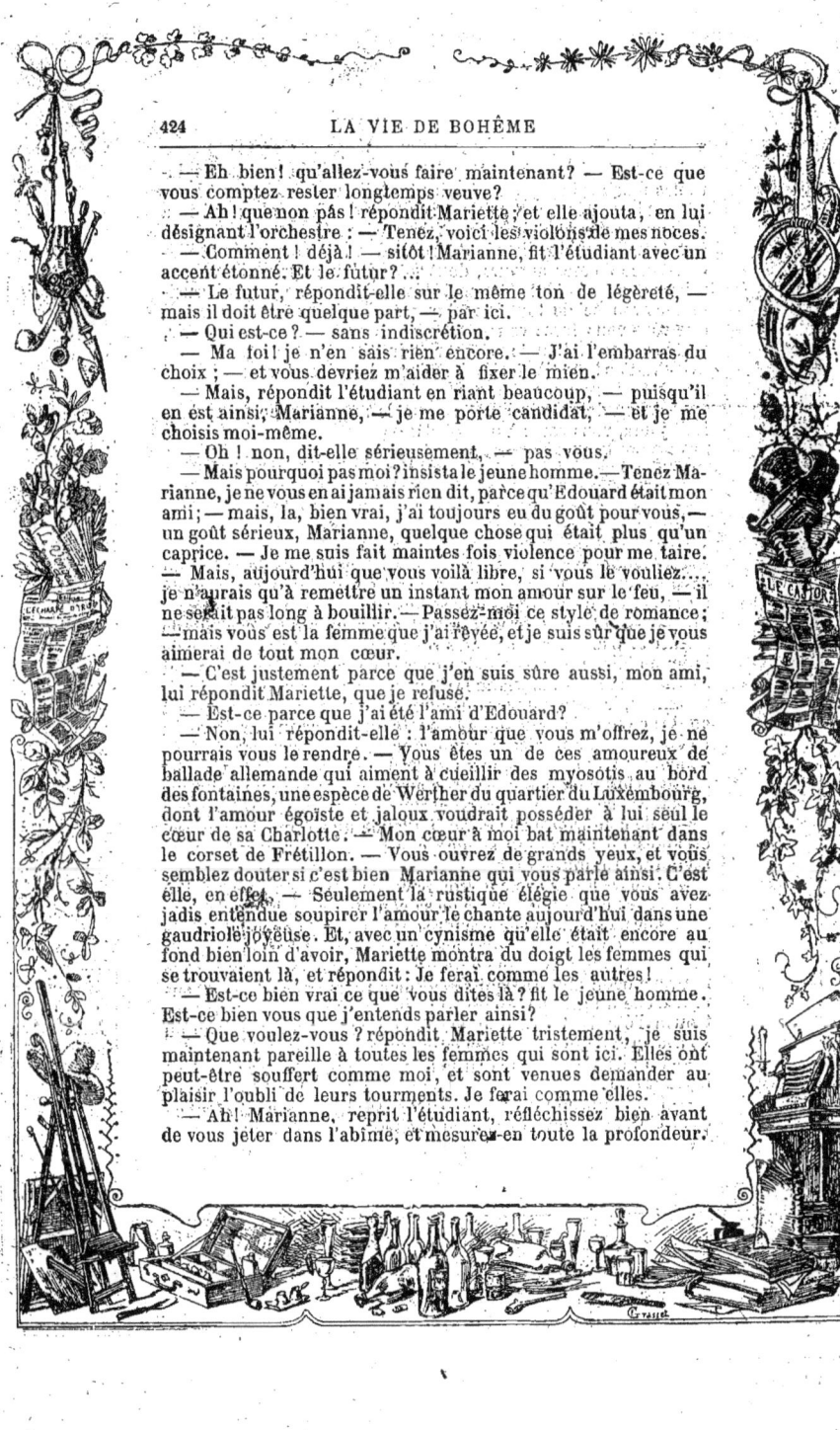

— Eh bien! qu'allez-vous faire maintenant? — Est-ce que vous comptez rester longtemps veuve?

— Ah! que non pas! répondit Mariette; et elle ajouta, en lui désignant l'orchestre : — Tenez, voici les violons de mes noces.

— Comment! déjà! — sitôt! Marianne, fit l'étudiant avec un accent étonné. Et le futur?...

— Le futur, répondit-elle sur le même ton de légèreté, — mais il doit être quelque part, — par ici.

— Qui est-ce? — sans indiscrétion.

— Ma foi! je n'en sais rien encore. — J'ai l'embarras du choix ; — et vous devriez m'aider à fixer le mien.

— Mais, répondit l'étudiant en riant beaucoup, — puisqu'il en est ainsi, Marianne, — je me porte candidat, — et je me choisis moi-même.

— Oh! non, dit-elle sérieusement, — pas vous.

— Mais pourquoi pas moi? insista le jeune homme.—Tenez Marianne, je ne vous en ai jamais rien dit, parce qu'Edouard était mon ami; — mais, la, bien vrai, j'ai toujours eu du goût pour vous,— un goût sérieux, Marianne, quelque chose qui était plus qu'un caprice. — Je me suis fait maintes fois violence pour me taire. — Mais, aujourd'hui que vous voilà libre, si vous le vouliez.... je n'aurais qu'à remettre un instant mon amour sur le feu, — il ne serait pas long à bouillir. — Passez-moi ce style de romance ; — mais vous est la femme que j'ai rêvée, et je suis sûr que je vous aimerai de tout mon cœur.

— C'est justement parce que j'en suis sûre aussi, mon ami, lui répondit Mariette, que je refuse.

— Est-ce parce que j'ai été l'ami d'Edouard?

— Non, lui répondit-elle : l'amour que vous m'offrez, je ne pourrais vous le rendre. — Vous êtes un de ces amoureux de ballade allemande qui aiment à cueillir des myosotis au bord des fontaines, une espèce de Werther du quartier du Luxembourg, dont l'amour égoïste et jaloux voudrait posséder à lui seul le cœur de sa Charlotte. — Mon cœur à moi bat maintenant dans le corset de Frétillon. — Vous ouvrez de grands yeux, et vous semblez douter si c'est bien Marianne qui vous parle ainsi. C'est elle, en effet. — Seulement la rustique élégie que vous avez jadis entendue soupirer l'amour le chante aujourd'hui dans une gaudriole joyeuse. Et, avec un cynisme qu'elle était encore au fond bien loin d'avoir, Mariette montra du doigt les femmes qui se trouvaient là, et répondit : Je ferai comme les autres!

— Est-ce bien vrai ce que vous dites là? fit le jeune homme. Est-ce bien vous que j'entends parler ainsi?

— Que voulez-vous? répondit Mariette tristement, je suis maintenant pareille à toutes les femmes qui sont ici. Elles ont peut-être souffert comme moi, et sont venues demander au plaisir l'oubli de leurs tourments. Je ferai comme elles.

— Ah! Marianne, reprit l'étudiant, réfléchissez bien avant de vous jeter dans l'abîme, et mesurez-en toute la profondeur.

LA VIE DE BOHÊME

Et je ne tardai pas à reconnaître le prélude de l'un des airs qu'Édouard me faisait jouer si souvent.

Avez-vous pu réellement songer au suicide volontaire de tous les instincts honnêtes qui existent en vous? Je ne puis le croire Ecoutez-moi donc. Vous vous calomniez en vous disant pareille aux créatures qui nous entourent. Ne vous fiez pas non plus à leur insouciance apparente : cette animation, ces rires que vous prenez pour de la gaieté, tout cela est faux. Parce que vous les voyez bondir sous les lustres comme les phalènes qui voltigent autour des lampes nocturnes, vous pensez qu'elles s'amusent : elles travaillent, les malheureuses! car pour elles le plaisir est devenu une nécessité d'existence. Parmi ces femmes, il en est qui ont déjà vu tomber dix fois les feuilles des arbres sous lesquels elle se promènent, et il n'en est pas une seule qui ose sans frémir songer au lendemain. Depuis longtemps il n'y a plus en elles aucun sentiment qui soit resté vulnérable à une émotion sincère : elles ne se donnent même plus, — elles se laissent prendre. La nécessité, qui est l'entremetteuse de la débauche, a jeté les unes dans cette voie, où elles mourront, ne laissant d'elles, après elles, que leur nom inscrit sur un registre infâme ; la coquetterie y attira les autres. Quand à ces jeunes gens, vous ne les connaissez pas encore assez. Moi, qui ai vécu parmi eux, j'ai pu apprécier la précoce caducité de leur jeunesse ; et c'est un spectacle navrant, je vous jure, que de les voir et de les entendre employer le peu d'esprit qu'ils ont à calomnier le peu de cœur qui leur reste ; car la corruption est tellement active parmi eux, que les plus jeunes ont à peine touché le pavé de ce quartier, qu'ils rivalisent avec les vétérans de débauche. Chez les hommes comme chez les femmes, le cynisme est devenu le principal moyen de séduction, et l'adolescent dont le visage est encore mouillé par les pleurs de l'adieu maternel parle d'amour dans un langage qui souvent même fait monter le rouge au front pour qui la honte n'a plus de rougeur. Et c'est à eux que vous songez à abandonner votre jeunesse! Oh! Marianne! Marianne!...

— Ma vengeance n'existera, répondit Marianne, que le jour où Edouard me verra devenue aussi banale que cette femme qui danse là-bas, et autour de qui s'amasse un cercle d'admirateurs. Avant un mois, je veux que ma renommée efface la sienne, et que mon portrait s'étale aux vitres des marchands d'estampes. Pourquoi me plaindre? Après tout, cette destinée n'a rien qui m'effraye. J'ai dans mon jeu les meilleurs atouts qu'une femme puisse désirer pour réussir : la jeunesse, l'esprit et la beauté. Je suis mûre pour le plaisir, et d'ailleurs la philosophie épicurienne qui prend pour devise : « Courte et bonne! » a bien son charme, et dès aujourd'hui je l'adopte.

— Marianne, lui dit l'étudiant en lui serrant la main, vous aimez encore Edouard. Avant de mettre à exécution un projet de vengeance dont vous seriez la seule victime, attendez.

Mariette ne lui répondit pas et le laissa s'éloigner ; mais ces paroles la firent réfléchir. A la fin du bal, elle se retira seule avec son amie, qui lui avait offert l'hospitalité pour quelques jours. La nuit qu'elle passa fut horrible. Une secrète pensée lui faisait néanmoins supporter sa douleur avec une joie égoïste, car au milieu de son insomnie elle croyait voir Edouard en proie aux angoisses qu'elle lui avait prédites. Elle s'endormit enfin avec l'espérance que, le lendemain, elle aurait de ses nouvelles, ou que peut-être elle le verrait lui-même ; mais, le lendemain, cette espérance fut déçue, et pendant quatre ou cinq jours, elle ne le rencontra point, bien qu'elle fréquentât les lieux où il avait l'habitude d'aller. Elle le guetta aux heures des cours à la porte de l'École, et ne le vit ni entrer ni sortir. Un des amis d'Edouard lui apprit enfin que depuis plusieurs jours, celui-ci n'était pas même venu à son logement de Paris.

Le silence d'Edouard donnait un démenti aux prédictions de Mariette : il ne songeait plus à elle il l'avait oubliée ! Un grand combat s'engagea alors entre l'orgueil de la jeune fille humiliée par la déception qu'elle subissait et l'amour qui lui restait encore pour Edouard. Un instant elle fut sur le point de retourner auprès de lui, mais elle fut arrêtée par cette idée qu'elle ne le trouverait peut-être pas seul. Elle pensa qu'après sa rupture avec Edouard, celui-ci avait sans doute revu son ancienne maîtresse, et que l'explication qu'il lui aurait donnée avait pu décider madame G... à renouer avec lui. A la supposition que son départ venait d'ouvrir la porte d'Edouard à sa rivale, Mariette sentit se réveiller toute ses colères, et sa douleur, envenimée par la jalousie, rêva des plans d'une vengeance odieuse. Elle forma le dessein d'acquérir la preuve de ses soupçons, se promettant, s'il se réalisaient, d'écrire au mari de la maîtresse d'Edouard pour lui apprendre tout ; mais, le soir même du jour où elle avait médité cette vengeance, elle rencontra Edouard au bal. A l'instant où elle y entrait, elle l'aperçut au milieu de trois ou quatre jeunes gens qui parlaient très-haut et avec une grande animation. L'amie de Mariette, qui avait précédé celle-ci au bal, vint à sa rencontre et lui expliqua ce qui se passait. Un jeune homme qui faisait la cour à Mariette depuis le retour de celle-ci au quartier latin avait, devant Edouard qu'il ne connaissait pas, donné à entendre qu'il était le seul favorisé parmi tous ses rivaux, et l'ancien amant de Mariette lui avait répondu par un démenti. La querelle en était là, lorsque celle qui en faisait l'objet pénétra dans le groupe. — Qu'y a-t-il? demanda-t-elle, Et Mariette, en s'efforçant de contenir l'émotion que lui causait la présence d'Edouard, essaya de deviner l'effet que sa vue produisait sur lui.

— Ah ! te voilà, dit le jeune homme ; tu arrives à propos, Mariette. Voici monsieur qui te calomnie, continua-t-il en désignant l'étudiant que l'arrivée de Mariette rendait tout interdit, et qui le fut encore bien davantage quand il vit la jeune fille s'approcher de lui et s'emparer de son bras avec une

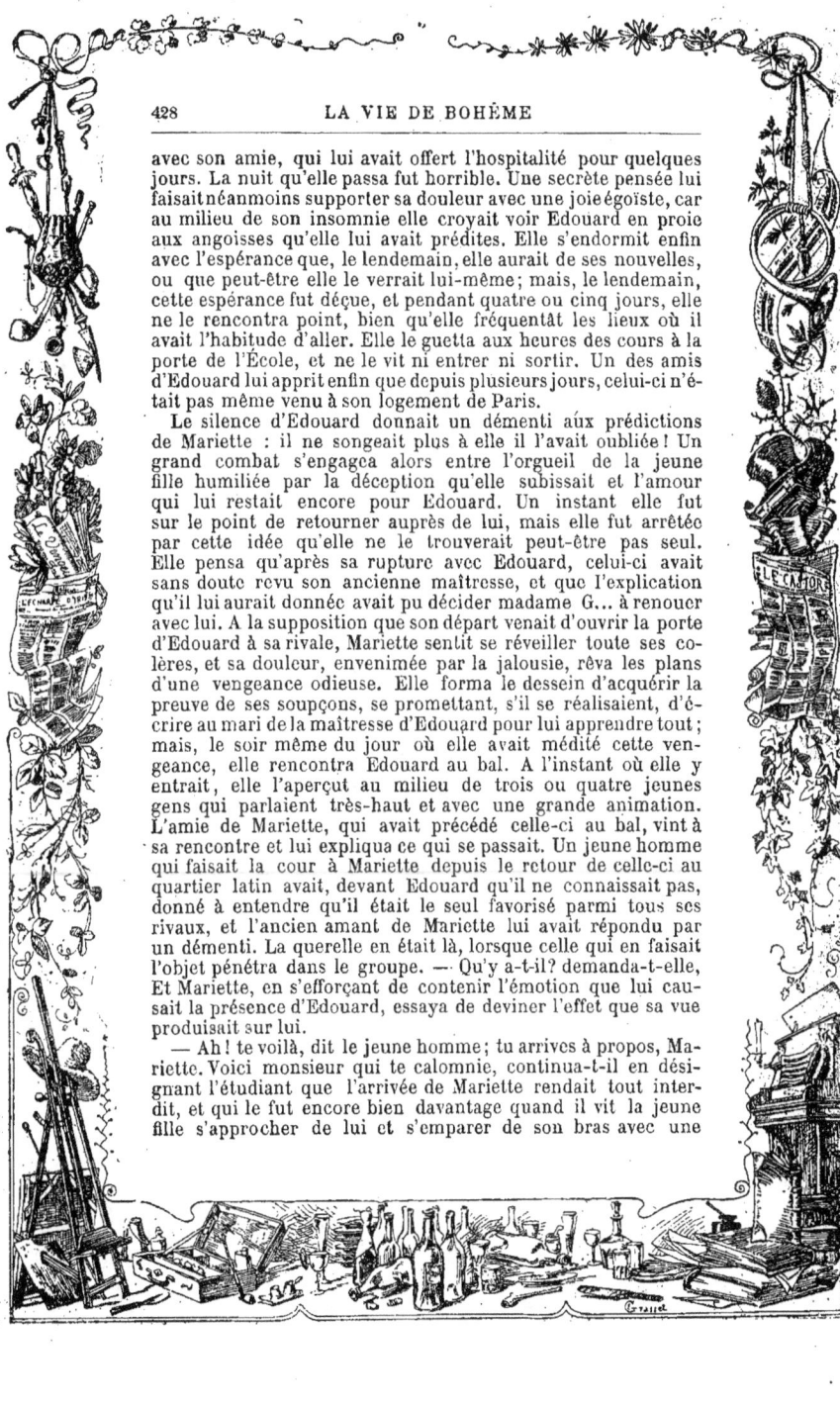

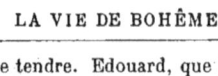

inquiétude presque tendre. Edouard, que l'action de Mariette avait paru surprendre, reprit en la regardant fixement : — Il prétend que tu es sa maîtresse.

Quand il prononça ces paroles, son air, son accent, son regard plein d'anxiété impatiente qui semblait demander un démenti à Mariette, révélèrent à celle-ci tout ce qui se passait dans le cœur d'Edouard, dont l'amour s'accusait par le douloureux dépit que lui avait causé le mensonge d'un fat. Tout ce que j'ai souffert, pensa-t-elle, il l'a souffert aussi ; dix fois sans doute depuis notre séparation, il a eu l'idée de revenir à moi ; aux mêmes instants où j'avais espéré son retour il a espéré me revoir. Toutes ces réflexions furent, pour Mariette, l'affaire d'une seconde ; mais ce peu de temps avait suffi pour achever une métamorphose dans ses sentiments. La démarche que venait de faire Edouard lui indiquait assez que les soupçons qu'elle avait formés quelques jours auparavant n'étaient pas fondés, Edouard n'avait pas revu son ancienne maîtresse. Cette découverte fit sortir la jalousie du cœur de Mariette, et l'orgueil y rentra aussitôt. Ce qu'elle avait prédit à Edouard le jour où elle l'avait quitté se réalisait. En effet, il était en ce moment même presque à ses pieds. Un démenti ajouté par elle à celui qu'il venait de donner lui même, et il y était tout à fait.

Mariette hésita une seconde. — Si je dis non, pensa la jeune fille, il est évident que je vais retourner avec Edouard. Cette simple syllabe, elle la sentit un moment sur sa bouche ; elle entr'ouvrait ses lèvres, elle allait lui échapper ; mais la raison prévoyante lui fit comprendre qu'une réconciliation avec Edouard ne pouvait être que passagère, qu'avant peu ils auraient l'un et l'autre à subir la douleur d'une nouvelle rupture, et qu'il valait mieux en finir résolûment. Et d'ailleurs, si elle affirmait le démenti qu'Edouard venait de donner, n'était-ce point lui dire clairement que, n'étant pas à un autre, elle n'avait point cessé d'être à lui ? Et cet aveu ne produirait-il pas sur Edouard la même impression qu'elle venait d'éprouver elle-même en découvrant qu'il était resté fidèle à son souvenir ? Une dernière fois cependant sa pensée descendit au fond de son cœur pour lui demander la réponse qu'elle devait faire ; mais ce fut son amour-propre, enivré de son triomphe, qui la lui dicta. Et comme Edouard lui demandait encore, en désignant le jeune homme dont elle avait pris le bras :

— Est-ce vrai, oui ou non ? es-tu sa maîtresse ?

— Oui, répondit Mariette tranquillement, en serrant le bras de son cavalier. Une pâleur mortelle se répandit sur le visage d'Edouard.

— C'est vrai ? demanda-t-il tout bas à l'oreille de Mariette.

— Ne suis-je donc pas libre ? répondit-elle tout haut.

— Le jeune homme dont Mariette avait pris le bras vit sans doute une déclaration d'amour dans cette réponse, qui justifiait le mensonge échappé à un moment de fatuité, et, se retournant vers Edouard : — Je pense, monsieur, lui dit-il, que vous allez rétracter ce que vous avez dit.

— Je vous ai donné un démenti, répondit Edouard ; je ne reprends jamais ce que j'ai donné.

Mariette entendit le cœur de son cavalier bondir sous cette nouvelle insulte. Il arracha son gant de sa main et le jeta aux pieds d'Edouard en lui disant : Il y a un soufflet dedans. Des amis s'interposèrent alors entre les deux jeunes gens. On emmena Edouard d'un côté tandis que son adversaire disparaissait avec Mariette. Celle-ci comprit bien vite qu'une rencontre était devenue inévitable entre les deux jeunes gens, et ce duel, qui était la seule chose à laquelle elle n'eût point songé d'abord, la remplit d'épouvante et la rendit odieuse à elle-même. Le jeune homme qu'elle avait suivi voulut l'emmener souper chez lui avec quelques amis. Après l'aveu qu'elle venait de faire, Mariette ne pouvait refuser de l'accompagner. Il fut très-gai et très-aimable durant tout ce souper, et comme un de ses amis lui avait dit tout bas :

— Ecoute, Léonce, sans vouloir t'intimider, je t'engage à faire un tour chez Grisier ou chez Lepage avant de te présenter sur le terrain, si tu dois te battre avec Edouard ; on le dit très-adroit...

— C'est égal, répliqua l'étudiant en portant à ses lèvres la main de Mariette ; quand le moment sera venu, mon cœur ne battra pas plus fort que maintenant.

Entre les deux adversaires, Edouard avait d'abord été le seul pour qui Mariette eût tremblé ; mais ce qu'elle venait d'entendre dire à propos de son habileté la rassura un peu, et ses craintes se tournèrent alors du côté de l'étudiant, chez qui elle était venue dans la seule pensée de le décider à retirer sa provocation. Ce jeune homme était brave, et elle devina qu'il lui serait impossible de le faire renoncer à un combat dont le résultat pouvait être dangereux pour lui. Ce fut alors qu'elle songea à voir Edouard le soir même ; elle voulait lui avouer le mensonge qu'elle avait fait, et le motif qui l'avait poussée à le faire, à la condition qu'il ne se battrait pas. Aussi, dès que les jeunes gens qui avaient assisté au souper l'eurent laissée seule avec Léonce, Mariette prit son châle et son chapeau, et dit à l'étudiant, qui la regardait faire tout étonné :

— Il est tard, je m'en vais ; vous allez me reconduire.

— Comment ! fit Léonce avec une véritable stupeur, vous partez ?

— Sans doute. Après ce qui s'est passé au bal, je ne pouvais pas refuser de vous accompagner, devant tous vos amis surtout ; mais vous savez bien que ce que j'ai dit ce soir n'est pas et ne peut être....

— Pourquoi l'avez-vous dit, alors ? interrompit Léonce.

— Je voulais seulement vous tirer de la situation pénible où vous vous étiez mis si légèrement. J'espérais que ma réponse,

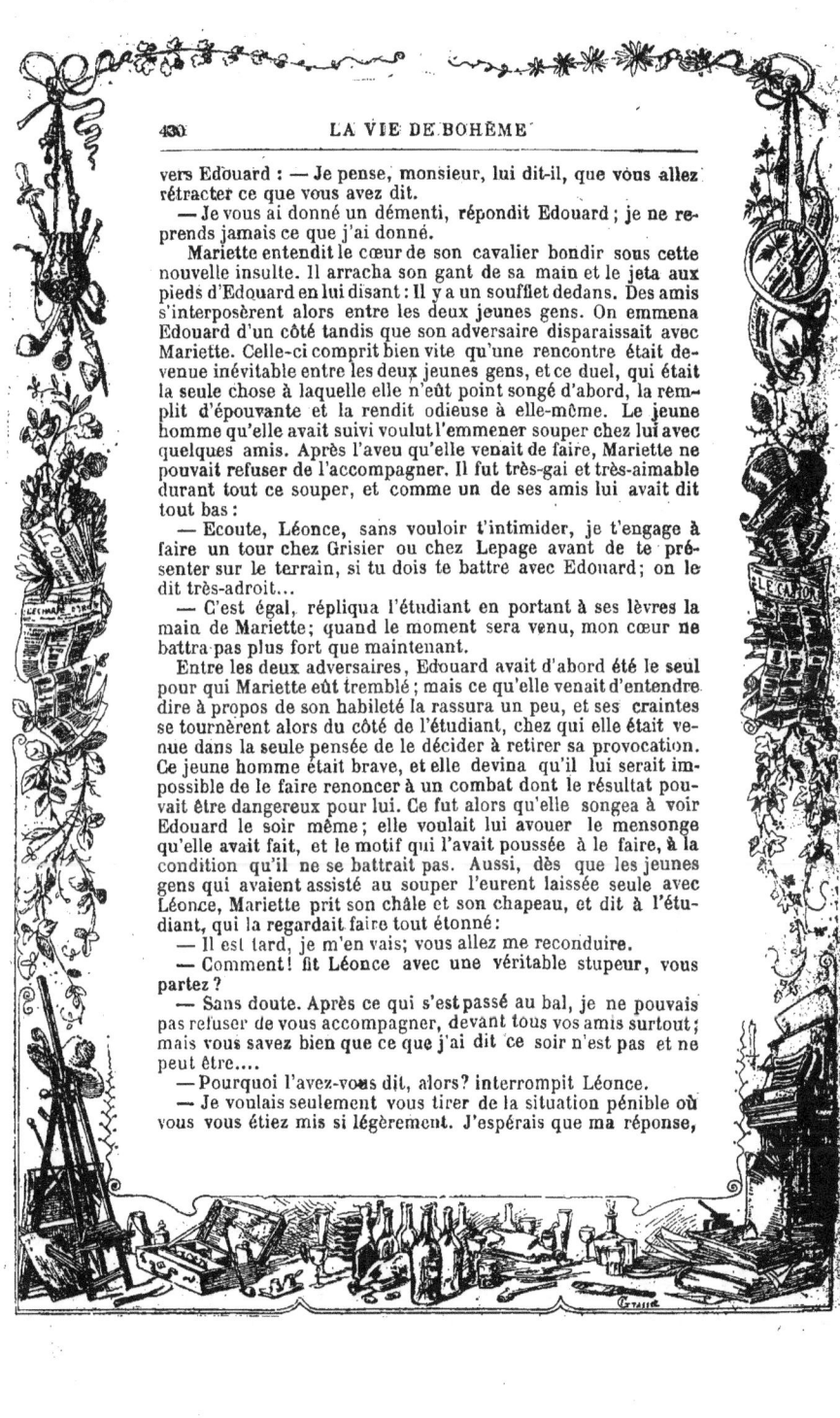

qui a dû vous surprendre, je le confesse, amènerait une solution pacifique ; le contraire est advenu, je ne saurais vous dire combien j'en suis désolée. Mais rassurez-vous, ajouta Mariette étourdiment, ce duel n'aura pas lieu.

— Que je sois tranquille, Mariette ! s'écria le jeune homme en se redressant ; quel sens donnez-vous à ces paroles ? Entendez-vous dire par là que j'ai peur depuis qu'on m'a présenté mon adversaire comme redoutable, ou lui faites-vous l'injure de supposer qu'il ne relèvera point le gant que je lui ai jeté ? Quel rôle jouez-vous donc dans tout ceci ? Encore une fois, pourquoi désavouez-vous maintenant ce que vous avez dit tantôt ? Dans un moment d'étourderie vaniteuse, s'il m'est échappé devant Edouard un propos qui n'avait aucune intention offensante pour lui, car j'ignorais ses relations avec vous. N'étiez-vous pas un peu la complice de ma légèreté ? le *oui* que vous ne m'aviez pas encore dit entièrement, ne m'aviez-vous pas permis de l'espérer ? et le sourire avec lequel vous aviez accueilli l'aveu de mes sentiments n'était-il point, pour ainsi dire, comme la première lettre de votre consentement ? Cependant, bien qu'un démenti soit chose grave, comme je méritais celui que l'on m'avait donné, me sachant dans mon tort, il m'eût été possible encore de le confesser loyalement, et l'affaire alors aurait pu s'arranger ; mais après m'avoir publiquement donné raison de votre propre mouvement, après que vos paroles, en m'empêchant de revenir sur les miennes, ont amené la provocation que j'ai dû adresser à ce jeune homme, par quel moyen espérez-vous empêcher la rencontre qui doit avoir lieu demain !

— Quoi ! déjà ? s'écria Mariette ; c'est pour demain ?

— Sans doute, répondit Léonce ; j'ai prié mes témoins de presser l'affaire, et je crois que ceux de M. Edouard seront du même avis.

— Demain ? répéta Mariette, et vous êtes si tranquille pendant qu'on débat à combien de distance vous serez placé de la mort ?

— Je ne fais point de vantardise, reprit Léonce. Dans les circonstances où je me trouve, les hommes les plus courageux ne peuvent s'empêcher de ressentir l'émotion qu'on éprouve aux approches de l'inconnu. Toutes les chances sont contre moi, je le sais, et cependant mon duel n'est inscrit dans ma mémoire qu'à l'article *affaires* et non point à celui d'*événements* ; l'événement, Mariette, c'était vous. N'attribuez donc pas ma sécurité à un héroïsme que je n'ai pas ; je suis très-superstitieux. Par suite d'une longue expérience que j'ai acquise à propos des petites choses comme des grandes, j'accorde une pleine confiance aux pressentiments, et, à l'heure où nous sommes, je n'en ai aucun qui soit de nature à m'effrayer ; voilà tout le secret de ma tranquillité.

Comme Mariette partageait la même crédulité au sujet des pressentiments, la déclaration de l'étudiant fit renaître son épouvante, et de nouveau elle se reprit à trembler pour Edouard, — C'est lui qui sera tué, pensa-t-elle.

— Et puis, continua le jeune homme en prenant les mains de la jeune fille dans les siennes, moi qui ne suis coupable d'aucune action méchante et qui jusqu'ici n'ai point été gâté par le bonheur, quand vous m'avez laissé croire un moment que je l'amenais chez moi avec vous, je ne pouvais sepposer que le hasard eût préparé tout exprès cette sanglante ironie de m'arracher sitôt de vos bras pour me placer en face d'un danger mortel.

— Mais, répondit Mariette avec vivacité, ne sera-ce point plutôt l'autre personne qui va courir ce danger? Quelle que soit son adresse, les armes ne seront point égales entre elle et vous. Cette prescience de l'avenir que vous dites posséder à un aussi haut degré, et qui vous donne tant de sécurité en ce moment même, est pour vous comme un talisman, et j'en appelle à votre loyauté, est-ce un combat véritablement loyal que celui où l'un des deux adversaires arrive en face de l'autre cuirassé par la certitude de sa victoire?

— Oh! oh! interrompit le jeune homme en riant doucement, Ceci n'a pas été prévu par les tribunaux d'honneur. Vous êtes un casuiste trop subtil, Mariette; mais je devine où vous tendez avec toutes ces finesses.

— Que devinez-vous? Est-ce encore un pressentiment? lui demanda Mariette en riant aussi.

— C'en est un, et vous allez savoir jusqu'à quel point il dit vrai, reprit-il en la regardant de manière à lui faire presque baisser les yeux. Toute votre singulière conduite avec moi commence à m'être expliquée. Je comprends maintenant votre tristesse pendant le souper et votre brusque idée de départ dans un moment où la femme qui se trouve chez l'homme qu'elle a avoué pour son amant ne songe point ordinairement à s'éloigner. — Et en effet, comme s'il avait pu lire couramment dans sa pensée et dans son cœur, il fit à Mariette le tableau exact de tous les sentiments divers qui l'avaient agitée pendant la scène du bal, et depuis qu'elle était chez lui. — Vous avez voulu, lui dit-il, vous servir de moi dans une comédie ; mais vous n'avez point été maîtresse des événements, et vous avez peur à présent du tragique dénoûment qui menace de rougir votre pastiche du *Dépit amoureux.* — Est-ce vrai, cela? continua-t-il avec animation et sans colère pourtant. Oui, n'est-ce pas? car votre sein s'agite, et vous tremblez à l'idée de ce qui peut arriver demain, et, depuis que vous êtes entrée ici, vous n'avez point songé à autre chose qu'à trouver le moyen d'empêcher un duel que vous croyez dangereux pour celui que vous aimez; mais, je vous le répète, vous nous avez placés vous-même dans une situation où il est impossible à lui comme à moi de reculer. Cependant, Mariette, vous qui tout à l'heure me conseilliez la tranquillité, soyez plus tranquille vous-même. Ne vous alarmez pas outre

LA VIE DE BOHÊME

Sans se douter de la terrible revanche qu'elle prenait en ce moment même.

mesure à cause de ma sécurité, n'y voyez pas un pronostic fâcheux pour le sort réservé à mon adversaire, et rappelez-vous que, si les chances doivent être inégales, ce ne sera pas à mon avantage. Et puis tous les duels ne font pas porter le deuil : M. Edouard n'est pas un spadassin, et devant un homme qui n'est qu'un adversaire et pas un ennemi, il n'aura peut être pas l'adresse qu'il faut avoir devant un plastron d'escrime ou devant la plaque d'un tir. Quant à moi, je suis complétement inoffensif. Rassurez-vous donc, vous reverrez Edouard, et, si vous l'aimez...

Toutes ces paroles n'avaient aucunement rassuré Mariette ; son inquiétude était toujours partagée entre les deux adversaires, mais inégalement peut-être, car à son insu c'était maintenant pour l'étudiant qu'elle tremblait le plus ; elle éprouvait un commencement de sympathie pour ce jeune homme en le voyant traiter avec tant de douceur une femme qui avait fait de lui le jouet de sa coquetterie, et s'efforcer de la consoler, au lieu de l'accabler des reproches qu'elle méritait. Après l'avoir d'abord inquiétée et embarrassée, il la charmait presque par sa conduite retenue, par les délicatesses de son langage. — Singulière influence que le romanesque exerce sur le caprice féminin ! Elle commençait à s'en vouloir de n'avoir pas apprécié plus tôt sa sensibilité et toutes les qualités séductrices qu'elle venait de découvrir en lui. Après lui avoir pardonné le mensonge dont les suites la jetaient dans la perplexité, elle lui en voulut presque à lui-même en le voyant renoncer si vite à l'espoir d'en faire une vérité. Mariette savait bien que la passion de Léonce pour elle n'avait point de profondes racines, que la déception qu'elle lui faisait subir était plutôt une contrariété qu'un chagrin bien vif, et cependant sa vanité s'irritait un peu de la prompte obéissance avec laquelle il lui tenait sa porte ouverte ; elle aurait souhaité le voir moins calme ; elle aurait voulu, dans cet instant où elle se tenait près de la porte, qu'il se fît un droit de sa présence chez lui, et qu'il lui eût fourni un prétexte à revenir sur ses idées de départ, ou du moins à paraître les oublier.

— Eh bien, Mariette, demanda l'étudiant après un moment de silence, vous ne m'avez pas répondu, vous n'avez point dit *non* à ce que je vous ai dit tout à l'heure.

— A quoi ?

— Allons, continua Léonce, voilà qui prouve alors la vérité de ce que je vous disais : vous êtes ici, mais votre pensée est ailleurs. Allez donc, Mariette ; je ne vous retiens plus.

— Vous ne m'accompagnez pas ? lui dit-elle d'un ton un peu dépité.

— Que je vous accompagne où vous voulez aller ? s'écria-t-il avec un commencement de colère dont Mariette lui sut gré ; c'est trop de raillerie à la fin ! Prenez garde que je ne me repente, Marianne ! Vous êtes venue ici librement, et comme toute

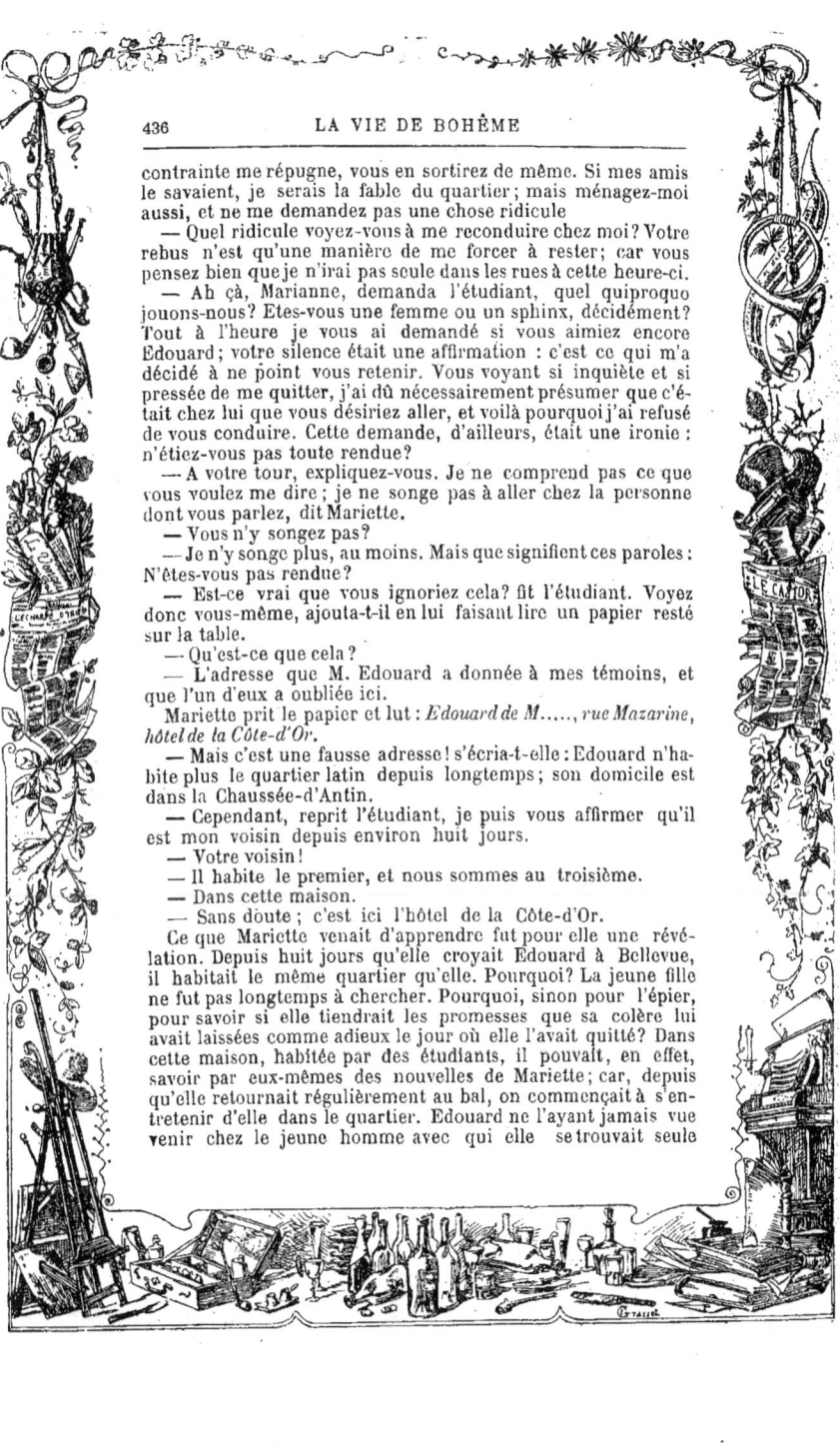

contrainte me répugne, vous en sortirez de même. Si mes amis le savaient, je serais la fable du quartier ; mais ménagez-moi aussi, et ne me demandez pas une chose ridicule
— Quel ridicule voyez-vous à me reconduire chez moi ? Votre rebus n'est qu'une manière de me forcer à rester ; car vous pensez bien que je n'irai pas seule dans les rues à cette heure-ci.
— Ah çà, Marianne, demanda l'étudiant, quel quiproquo jouons-nous ? Etes-vous une femme ou un sphinx, décidément ? Tout à l'heure je vous ai demandé si vous aimiez encore Edouard ; votre silence était une affirmation : c'est ce qui m'a décidé à ne point vous retenir. Vous voyant si inquiète et si pressée de me quitter, j'ai dû nécessairement présumer que c'était chez lui que vous désiriez aller, et voilà pourquoi j'ai refusé de vous conduire. Cette demande, d'ailleurs, était une ironie : n'étiez-vous pas toute rendue ?
— A votre tour, expliquez-vous. Je ne comprend pas ce que vous voulez me dire ; je ne songe pas à aller chez la personne dont vous parlez, dit Mariette.
— Vous n'y songez pas ?
— Je n'y songe plus, au moins. Mais que signifient ces paroles : N'êtes-vous pas rendue ?
— Est-ce vrai que vous ignoriez cela ? fit l'étudiant. Voyez donc vous-même, ajouta-t-il en lui faisant lire un papier resté sur la table.
— Qu'est-ce que cela ?
— L'adresse que M. Edouard a donnée à mes témoins, et que l'un d'eux a oubliée ici.
Mariette prit le papier et lut : *Edouard de M....., rue Mazarine, hôtel de la Côte-d'Or.*
— Mais c'est une fausse adresse ! s'écria-t-elle : Edouard n'habite plus le quartier latin depuis longtemps ; son domicile est dans la Chaussée-d'Antin.
— Cependant, reprit l'étudiant, je puis vous affirmer qu'il est mon voisin depuis environ huit jours.
— Votre voisin !
— Il habite le premier, et nous sommes au troisième.
— Dans cette maison.
— Sans doute ; c'est ici l'hôtel de la Côte-d'Or.
Ce que Mariette venait d'apprendre fut pour elle une révélation. Depuis huit jours qu'elle croyait Edouard à Bellevue, il habitait le même quartier qu'elle. Pourquoi ? La jeune fille ne fut pas longtemps à chercher. Pourquoi, sinon pour l'épier, pour savoir si elle tiendrait les promesses que sa colère lui avait laissées comme adieux le jour où elle l'avait quitté ? Dans cette maison, habitée par des étudiants, il pouvait, en effet, savoir par eux-mêmes des nouvelles de Mariette ; car, depuis qu'elle retournait régulièrement au bal, on commençait à s'entretenir d'elle dans le quartier. Edouard ne l'ayant jamais vue venir chez le jeune homme avec qui elle se trouvait seule

pour la première fois en ce moment, Mariette comprit le démenti qu'il avait donné à celui qui s'était vanté de lui avoir succédé, et si Edouard n'avait pas retiré son démenti, c'est qu'il avait, sans doute, deviné le motif qui avait poussé sa maîtresse à un aveu blessant pour lui. Après la provocation et après avoir vu Mariette partir au bras de son rival, l'amour-propre d'Edouard avait pu douter encore ; mais il avait dû apprendre que Mariette avait suivi Léonce dans cette maison où, sans doute, il avait épié le départ de la jeune fille. A cette heure avancée où l'on était, il attendait certainement encore ; mais, cette fois, il attendait sur les charbons de la jalousie, car enfin il était bien près de l'évidence. Telles furent les pensées qui se présentèrent à l'esprit de Mariette en apprenant qu'Edouard habitait la maison où elle se trouvait. — Si Edouard me voit sortir maintenant, pensa-t-elle, il devinera tout, et demain orgueilleux d'avoir si bien deviné, il montera sans doute ici pour dire à Léonce : « Mariette n'est pas chez vous, vous voyez bien qu'elle n'était pas votre maîtresse. » Et la jeune fille se promit qu'Edouard boirait jusqu'au bout le calice amer de la jalousie. Comme elle restait toute pensive, appuyée contre une fenêtre, Léonce s'approcha d'elle.

— Eh bien, lui demanda-t-il, à quoi pensez-vous encore.

— Je pense, répondit Mariette, que voici le jour qui approche et que ce soir peut-être... Et elle se laissa tomber sur une chaise auprès d'une table, sur laquelle elle s'appuya dans une attitude méditative.

Son parti était bien pris : elle ne voulait plus s'en aller ; mais elle ne savait pas comment le dire.

— Vous l'aimez donc bien ? fit le jeune homme, qui venait de s'asseoir auprès d'elle.

— Qui?

— Celui qui est en bas, ajouta l'étudiant en indiquant du doigt l'étage inférieur.

— Eh ! si je l'aimais, serais-je donc ici? dit Mariette à voix basse.

— Puisque vous voulez partir.

— Suis-je partie ? continua Mariette en retirant son chapeau qu'elle déposa sur la table. On étouffe ici, dit-elle un moment après en prenant ce prétexte pour retirer son châle.

Léonce se leva et ouvrit la croisée. Au même instant, Mariette entendit le bruit d'une autre croisée qui s'ouvrait à l'un des étages inférieurs de la maison. Elle présuma que c'était Edouard qui ne s'était point endormi et qui se mettait aux aguets pour découvrir un indice de sa présence chez l'étudiant son rival. Mariette s'approcha de la fenêtre ouverte, où Léonce la suivit. Il lui suffit d'un coup d'œil pour se convaincre qu'elle avait deviné juste. La fenêtre qui venait de s'ouvrir était, en effet, celle de la chambre d'Edouard, et, à la clarté du bec de gaz qui

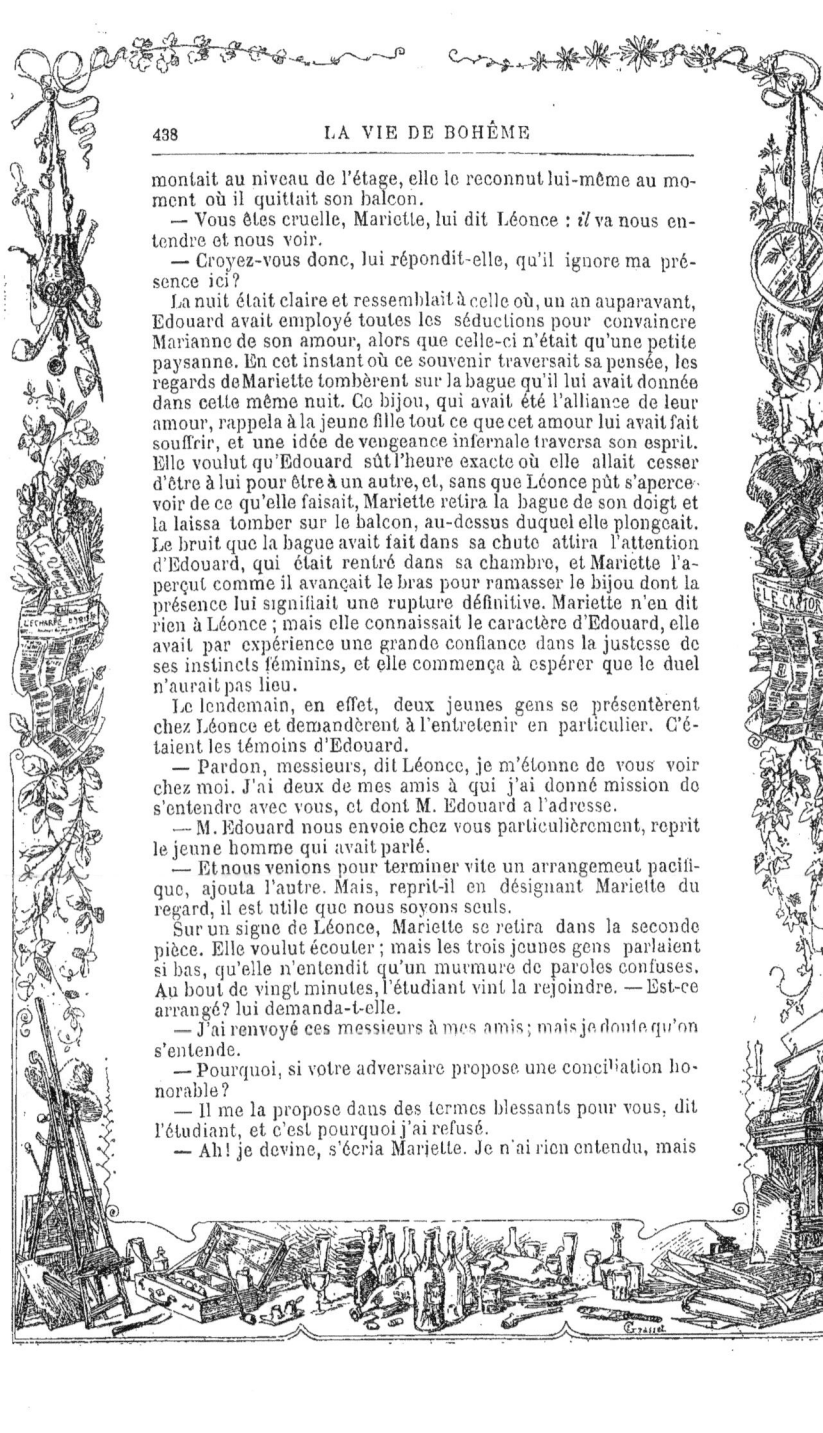

montait au niveau de l'étage, elle le reconnut lui-même au moment où il quittait son balcon.

— Vous êtes cruelle, Mariette, lui dit Léonce : *il* va nous entendre et nous voir.

— Croyez-vous donc, lui répondit-elle, qu'il ignore ma présence ici ?

La nuit était claire et ressemblait à celle où, un an auparavant, Édouard avait employé toutes les séductions pour convaincre Marianne de son amour, alors que celle-ci n'était qu'une petite paysanne. En cet instant où ce souvenir traversait sa pensée, les regards de Mariette tombèrent sur la bague qu'il lui avait donnée dans cette même nuit. Ce bijou, qui avait été l'alliance de leur amour, rappela à la jeune fille tout ce que cet amour lui avait fait souffrir, et une idée de vengeance infernale traversa son esprit. Elle voulut qu'Édouard sût l'heure exacte où elle allait cesser d'être à lui pour être à un autre, et, sans que Léonce pût s'apercevoir de ce qu'elle faisait, Mariette retira la bague de son doigt et la laissa tomber sur le balcon, au-dessus duquel elle plongeait. Le bruit que la bague avait fait dans sa chute attira l'attention d'Édouard, qui était rentré dans sa chambre, et Mariette l'aperçut comme il avançait le bras pour ramasser le bijou dont la présence lui signifiait une rupture définitive. Mariette n'en dit rien à Léonce ; mais elle connaissait le caractère d'Édouard, elle avait par expérience une grande confiance dans la justesse de ses instincts féminins, et elle commença à espérer que le duel n'aurait pas lieu.

Le lendemain, en effet, deux jeunes gens se présentèrent chez Léonce et demandèrent à l'entretenir en particulier. C'étaient les témoins d'Édouard.

— Pardon, messieurs, dit Léonce, je m'étonne de vous voir chez moi. J'ai deux de mes amis à qui j'ai donné mission de s'entendre avec vous, et dont M. Édouard a l'adresse.

— M. Édouard nous envoie chez vous particulièrement, reprit le jeune homme qui avait parlé.

— Et nous venions pour terminer vite un arrangement pacifique, ajouta l'autre. Mais, reprit-il en désignant Mariette du regard, il est utile que nous soyons seuls.

Sur un signe de Léonce, Mariette se retira dans la seconde pièce. Elle voulut écouter ; mais les trois jeunes gens parlaient si bas, qu'elle n'entendit qu'un murmure de paroles confuses. Au bout de vingt minutes, l'étudiant vint la rejoindre. — Est-ce arrangé ? lui demanda-t-elle.

— J'ai renvoyé ces messieurs à mes amis ; mais je doute qu'on s'entende.

— Pourquoi, si votre adversaire propose une conciliation honorable ?

— Il me la propose dans des termes blessants pour vous, dit l'étudiant, et c'est pourquoi j'ai refusé.

— Ah ! je devine, s'écria Mariette. Je n'ai rien entendu, mais je suis sûre que je devine les propositions d'Edouard. Voulez-vous que je vous les dise?

— Ces propositions, les voici, répondit Léonce: ayant acquis la preuve d'un fait qu'il croyait faux, il retire son démenti devant nos témoins.

— Et il demande que vous retiriez votre gant?

— Nécessairement.

— Eh bien! c'est très-acceptable, ce me semble, et au besoin cette démarche de sa part peut passer pour une reculade.

— Je n'y comprends rien; mais ce qui est moins acceptable, c'est le motif qu'il donne pour justifier cet arrangement; et comme ce motif est injurieux pour vous, je lui fais signifier que je considère l'affaire comme étant restée dans les premiers termes.

— Ecoutez-moi, je connais celui qui vous a provoqué. Mainnant qu'il me sait bien perdue pour lui, il aura dit, sans doute, que deux galants hommes ne devaient point se couper la gorge pour une personne comme moi.

— Vous avez donc écouté aux portes?

— Non; mais moi aussi j'ai des pressentiments, et si vous le voulez, je vous dirai l'heure où Edouard a pris cette résolution.

— Comment?

Mariette lui raconta l'épisode de la bague, et elle ajouta: Tant qu'Edouard a pu croire que je l'aimais encore et que je jouais avec lui une scène du *Dépit amoureux*, il aurait voulu se battre; mais maintenant qu'il me sait votre maîtresse, il craindrait, en se battant avec vous à cause de moi, que j'attribuasse son duel à la jalousie. Il ne veut pas, dans sa pensée, me donner la satisfaction de supposer que son amour a survécu à la perte du mien. J'avais prévu tout cela cette nuit, et j'étais sûre, en lui renvoyant ma bague, qu'il me renverrait votre gant. Vous n'avez qu'une chose à faire, c'est d'accepter ce qu'il propose. Pour mon compte, je n'y mets pas tant d'amour-propre. — Il peut dire du mal de moi tant qu'il voudra, — tous les homme en disent de la femme qui les quitte. — Ne vous embrassez pas. — mais que cela finisse. — Il y a un an je suis devenue amoureuse de lui, parce qu'il avait reçu un coup de bouteille pour moi; si *tu* lui donnais par hasard un coup d'épée, — je serais capable de l'aimer encore. — Pour l'amour de Dieu. — préserve-moi de ce malheur-là.

— Vrai, tu ne veux plus l'aimer?

— *Non bis in idem* — lui répondis-je en riant.

— Bah! — tu sais le latin?

— Et les beaux-arts, mon cher.

— Mais tu es un trésor.

— Dont tu seras le seul caissier

— Vrai — tu m'aimes un peu?

— Qu'est-ce que font donc vos pressentiments, — s'ils ne vous le disent pas?

— Tiens, Mariette, — j'aurais peur de ce duel maintenant.

Le soir même, l'affaire était arrangée ; le lendemain, Edouard avait quitté la maison ; huit jours après, il avait quitté Paris. — Depuis ce temps, reprit Mariette, je ne l'ai jamais revu et sans doute il sera resté dans son pays.

Pendant deux années, je menai une existence pour ainsi dire quotidiennement improvisée, sans attachement sérieux, existence de hasard et de caprice, égrenant les plus beaux jours de ma jeunesse au milieu de plaisirs dont l'habitude me fit bientôt une fatigue, n'osant plus regarder derrière moi et osant moins regarder en avant, ayant parfois de soudains et d'amers dégoûts pour cette vie déplorable et ne me sentant pas le courage de faire une tentative pour en sortir, le cœur prompt aux bonnes résolutions et l'esprit trop faible pour les mettre à exécution ; indolente, paresseuse, et disant toujours demain quand il aurait fallu agir le jour même et sur l'heure.

Ce fut alors que je rencontrai Ferdinand de Sallys. Quand je le connus, c'était presque un enfant ; il sortait de chez ses parents, et je fus la première femme qu'il aima. Après Edouard, il fut aussi le seul pour qui mon cœur retrouva quelquefois le juvénile enthousiasme des premières tendresses. La bonne nature de Fernand avait presque réagi sur moi, et, tout joyeux et tout fier, le pauvre enfant s'écriait déjà : — Tu vois bien, Mariette, tu vois bien que je suis parvenu à te sauver de toi-même, à t'arracher à cette vie de désordre ! — Mais ce ne fut là que le rêve d'un instant. Pour me faire persévérer dans la bonne voie où j'étais rentrée il eût fallu que l'amour de Fernand eût dès le principe exercé sur moi la domination qu'il me laissa prendre sur lui : sa tendresse soumise, au contraire, n'avait d'autre volonté que la mienne : il sentait bien que peu à peu les mauvais penchants rentraient dans mon cœur par les brèches de l'oisiveté et de la coquetterie, mais il n'osait point me faire de remontrances, et son chagrin silencieux voyait mon amour s'éloigner de lui sans rien tenter pour le retenir ; aussi ne tarda-t-il point à souffrir avec moi tout ce que j'avais jadis souffert avec Edouard. Je me reconnaissais dans sa douleur muette ou doucement plaintive, qui n'excitait plus chez moi qu'une pitié impatiente, et l'égoïsme brutal avec lequel je traitais Fernand me fit plus d'une fois justifier celui avec lequel Edouard m'avait traitée jadis. Dix fois j'ai voulu rompre avec Fernand, qui, pour moi, compromettait sérieusement son avenir ; mais cela n'a pas été possible, il est toujours revenu à moi. Si une seule fois il avait paru accepter tranquillement ces projets de rupture, peut-être eût-ce été moi qui serais retournée à lui ; mais son amour naïf ne comprenait pas toutes ces ruses de la passion expérimentée ; il ne pouvait point se passer de moi, il le disait franchement et il le prouvait de même, en fermant les yeux sur ma conduite. Cette patiente indulgence, cette tendresse obstinée et si peu méritée ne contribuèrent pas peu à me rendre impitoyable avec

LA VIE DE BOHÊME

Adieu donc pour la vie et dans l'éternité.

lui. Je m'indignai de la persévérance de Fernand. Prompte à oublier toutes les lâchetés de mon premier amour, j'accablai de mon mépris toutes les faiblesses du sien.

Cependant, quand il revenait à moi, quand il me criait : Ne t'en va pas, je t'aime quand même, — je finissais par lui céder, et une banale promesse tombait de mes lèvres ; mais l'indifférente aumône d'amour que m'arrachait sa douleur ressemblait aux charités forcées que l'on accorde plutôt à l'obsession d'un pauvre qu'à sa misère. Il y a un mois, il a passé vingt nuits de suite pour achever je ne sais quel travail en dehors de ses études, et dont le produit devait être employé à m'acheter une nouvelle toilette d'été. Le jour où j'ai mis cette toilette pour la première fois, nous devions aller ensemble à la campagne : c'était pour me procurer ce plaisir et pour le partager avec moi qu'il avait travaillé aussi longtemps. Eh bien ! ce jour-là même, pour satisfaire je ne sais quel caprice de vanité, j'ai manqué le rendez-vous que j'avais donné à Fernand, et c'est avec un autre que j'ai été à la campagne, c'est avec un autre qu'il m'a rencontrée le soir au bal, où son instinct de jalousie l'amenait toujours dans les moments où il devait acquérir la preuve que je le trompais. Et cependant le même soir il se roulait encore à mes genoux et me suppliait de ne pas le quitter. Ce fut le lendemain même que se déclara la maladie qui l'a conduit où vous l'avez rencontré, monsieur Claude. Les fatigues du travail nocturne, le mauvais régime qu'il s'imposait pour satisfaire de son mieux les insatiables fantaisies de ma coquetterie avaient déterminé cette fièvre dangereuse dont il a failli périr. Comme il est depuis longtemps brouillé avec sa famille à cause des dettes qu'il a contractées pour moi, il n'avait point même de quoi se faire soigner chez lui, et il s'est fait transporter à l'hôpital. Vous savez le reste, monsieur Claude.

Le long récit de l'histoire de Marianne avait plus d'une fois ému Claude très-vivement, comme la jeune fille avait pu s'en apercevoir.

— Eh bien ! Marianne, demanda-t-il, que prétendez-vous faire maintenant ? Quelle sera votre conduite avec Fernand ?

— Ne vous l'ai-je pas déjà dit assez clairement, et ne m'avez-vous pas deviné ? répondit-elle ; je veux que notre liaison finisse. Je souffre peut-être plus que lui de ces perpétuels orages, et, puisque l'occasion s'en trouve, je veux empoisonner par le dégoût l'amour que Fernand a pour moi, et il faut que vous m'aidiez dans cette œuvre, qui est presque une bonne action. Vous le verrez demain, dites-vous ?

— Demain matin, répondit Claude, et je dois lui rendre compte de la mission dont il m'a chargé.

— Eh bien ! répondit Mariette ; il faut lui répondre que vous ne m'avez pas trouvée à l'hôtel.

— Fernand se doutait déjà que je ne vous y trouverait pas, aussi m'avait-il chargé de m'enquérir de vous dans le quartier.

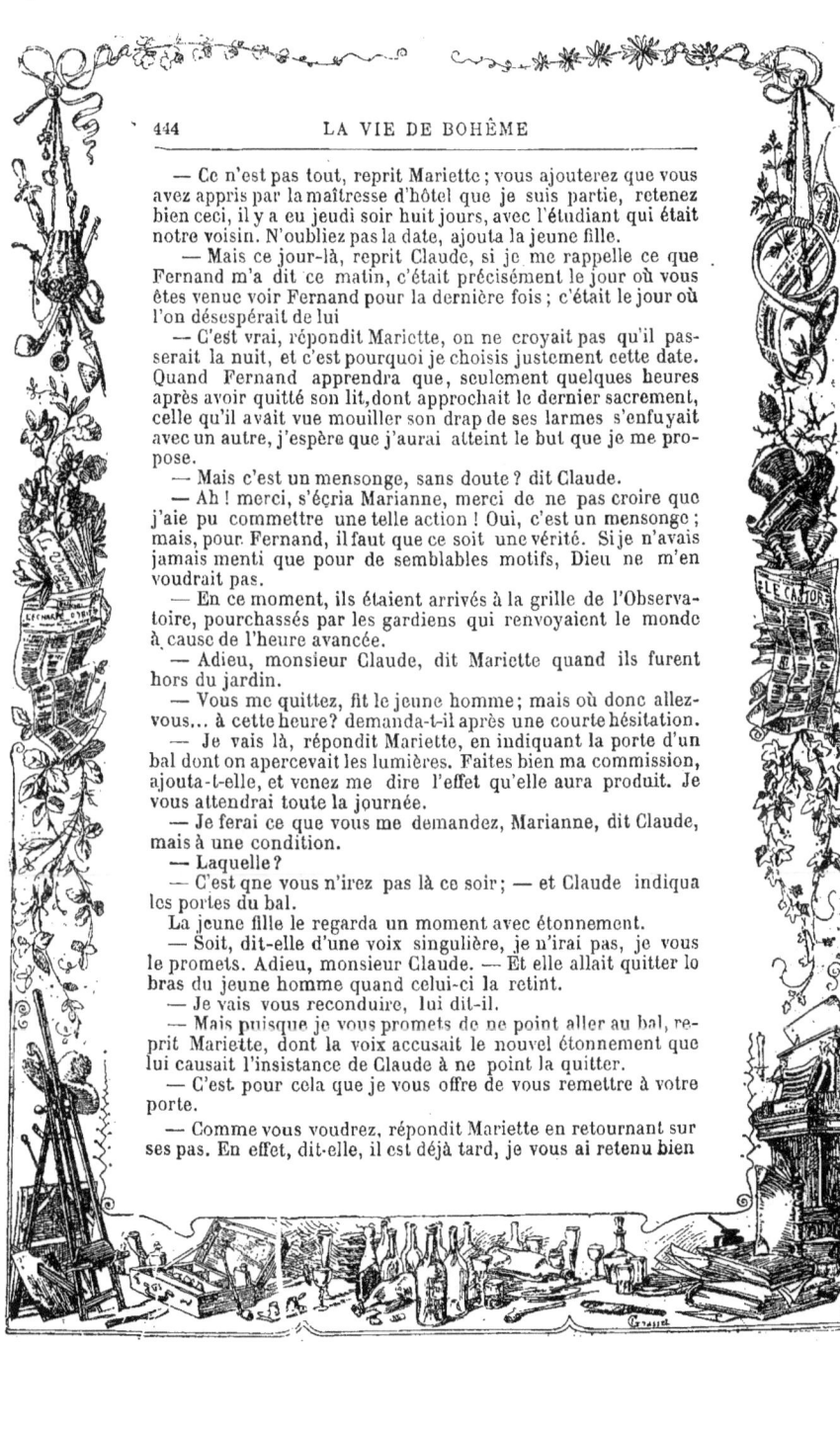

— Ce n'est pas tout, reprit Mariette ; vous ajouterez que vous avez appris par la maîtresse d'hôtel que je suis partie, retenez bien ceci, il y a eu jeudi soir huit jours, avec l'étudiant qui était notre voisin. N'oubliez pas la date, ajouta la jeune fille.

— Mais ce jour-là, reprit Claude, si je me rappelle ce que Fernand m'a dit ce matin, c'était précisément le jour où vous êtes venue voir Fernand pour la dernière fois ; c'était le jour où l'on désespérait de lui

— C'est vrai, répondit Mariette, on ne croyait pas qu'il passerait la nuit, et c'est pourquoi je choisis justement cette date. Quand Fernand apprendra que, seulement quelques heures après avoir quitté son lit, dont approchait le dernier sacrement, celle qu'il avait vue mouiller son drap de ses larmes s'enfuyait avec un autre, j'espère que j'aurai atteint le but que je me propose.

— Mais c'est un mensonge, sans doute ? dit Claude.

— Ah ! merci, s'écria Marianne, merci de ne pas croire que j'aie pu commettre une telle action ! Oui, c'est un mensonge ; mais, pour Fernand, il faut que ce soit une vérité. Si je n'avais jamais menti que pour de semblables motifs, Dieu ne m'en voudrait pas.

— En ce moment, ils étaient arrivés à la grille de l'Observatoire, pourchassés par les gardiens qui renvoyaient le monde à cause de l'heure avancée.

— Adieu, monsieur Claude, dit Mariette quand ils furent hors du jardin.

— Vous me quittez, fit le jeune homme ; mais où donc allez-vous... à cette heure? demanda-t-il après une courte hésitation.

— Je vais là, répondit Mariette, en indiquant la porte d'un bal dont on apercevait les lumières. Faites bien ma commission, ajouta-t-elle, et venez me dire l'effet qu'elle aura produit. Je vous attendrai toute la journée.

— Je ferai ce que vous me demandez, Marianne, dit Claude, mais à une condition.

— Laquelle ?

— C'est que vous n'irez pas là ce soir ; — et Claude indiqua les portes du bal.

La jeune fille le regarda un moment avec étonnement.

— Soit, dit-elle d'une voix singulière, je n'irai pas, je vous le promets. Adieu, monsieur Claude. — Et elle allait quitter le bras du jeune homme quand celui-ci la retint.

— Je vais vous reconduire, lui dit-il.

— Mais puisque je vous promets de ne point aller au bal, reprit Mariette, dont la voix accusait le nouvel étonnement que lui causait l'insistance de Claude à ne point la quitter.

— C'est pour cela que je vous offre de vous remettre à votre porte.

— Comme vous voudrez, répondit Mariette en retournant sur ses pas. En effet, dit-elle, il est déjà tard, je vous ai retenu bien longtemps à vous conter mon histoire qui ne vous intéresse pas. Vous allez être grondé.

— Grondé par qui? fit Claude.

— Par celle qui vous attend, sans doute, dit Mariette.

— Je suis fâché avec elle.

— Tiens, vous me disiez ce matin que vous n'aviez pas de maîtresse.

— Puisque je n'en ai plus, c'est comme si je n'en avais pas, répondit Claude en se demandant intérieurement pourquoi il venait de faire ce mensonge.

— Mais pourquoi vous êtes-vous fâchés? demanda Mariette.

— Pourquoi? fit Claude embarrassé, je ne m'en souviens plus.

— Ah bien! alors, ce n'était pas grave; vous vous raccommoderez.

— Je ne crois pas, répondit Claude machinalement.

— Oh! que si. C'est si gentil le raccommodement, quand c'est l'amour qui fournit le fil et les aiguilles.

Au bout de vingt minutes, on arriva à la porte de Mariette.

— A demain, dit-elle à Claude. Voulez-vous me donner la main?

— A demain, répondit le jeune homme, dont la main tremblait un peu dans celle de la jeune fille.

Quand Mariette fut rentrée, Claude reprit tout rêveur le chemin de sa maison.

XII

Cette nuit-là, Claude ne dormit pas; des sensations inconnues des réflexions toutes nouvelles troublaient son insomnie, causée comme il ne pouvait pas se le dissimuler, par le récit que lui avait fait Marianne. Il était comme ces bonnes gens qui vont au spectacle pour la première fois de leur vie, et qui, se trouvant mis en face d'une action dramatique où se meuvent des passions étrangères à leur existence paisible, emportent du théâtre une impression qui se prolonge aussi longtemps que le souvenir. Claude n'avait jamais lu de romans, pas même *Paul et Virginie*, ce livre charmant dont les pages arrosées de tant de larmes donnent aux cœurs adolescents le *la* de la rêverie et du chaste désir. L'histoire de Marianne avait donc produit sur lui ce qu'il eût éprouvé sans doute en lisant un roman d'amour, et cette impression avait été d'autant plus vive, qu'il ne pouvait y échapper, comme font certains lecteurs qui tentent de résister à l'émotion que leur cause un livre attachant, en s'écriant:» Ah! bah! cela n'est pas arrivé.» Autre chose est d'ailleurs la lecture à tête reposée et le récit, surtout quand le personnage qui le fait en est lui-même le héros, et que sa voix, son geste, son regard, les battements de son cœur animent les sentiments qu'il exprime, et les rendent presque palpables pour celui qui écoute. Cette initiation indirecte à un sentiment dont le nom seul l'épouvantait eut d'abord pour résultat de maintenir Claude dans son système de prudence, qu'il trouvait moins que jamais exagéré. En effet, comme tous les esprits où veille une logique permanente, après ce qu'il venait d'entendre, Claude ne pouvait manquer de faire ce raisonnement : que si, en arrivant à Paris, il s'était mis à vivre comme la plupart des jeunes gens, il serait peut-être à cette heure dans la même situation où se trouvait Fernand de Sallys. Néanmoins, il n'envisageait déjà plus avec autant d'inquiétude la mission dont ce jeune homme l'avait chargé ; il ne regrettait pas de se trouver mêlé à une de ces intrigues de jeunesse dont les suites confirmaient tout ce qu'il avait pu en soupçonner ; ce spectacle déplorable devenait pour lui un utile exemple dont le souvenir lui crierait : « Prends garde ! » si jamais, plus tard, il se trouvait lui-même près de céder à la tentation. Au milieu de toutes ces pensées éveillées dans son esprit par l'histoire de Marianne, il en était une pourtant qui revenait par intervalles, et dont le retour intermittent semblait une interrogation faite par lui-même à lui-même. — Il était donc bien puissant, ce charme de l'amour, puisque tous ceux qui le subissaient renonçaient aux joies sûres et tranquilles des autres sentiments, et leur préféraient une passion qui est une source de tourments certains ? Quelle étrange félicité pouvait ainsi les faire s'obstiner dans leur martyre ? et qu'y avait-il donc enfin au fond de ce mot, qui est à la fois le miel le plus doux et le fiel le plus amer que puisse effleurer une lèvre humaine ?

Réveillé par cette interrogation, le souvenir d'Angélique vint alors traverser la pensée de Claude, et le jeune homme le retint plus longtemps qu'il n'avait coutume de le faire ; il se reprocha même de ne songer que si rarement à celle qui songeait à lui toujours, et dont, malgré la distance, il lui semblait entendre battre le cœur fidèle. Une espèce d'attendrissement pénétra dans son propre cœur. Il se demanda si sa tranquillité, dans les rares moments où il pensait à sa fiancée n'était point de l'indifférence et cette indifférence n'était pas une infidélité. Pour la première fois peut-être depuis son séjour à Paris, Claude songea à l'époque des vacances et s'attrista subitement d'avoir encore plus de deux mois à attendre ; il fut pris d'une attaque de nostalgie soudaine ; il aurait souhaité pouvoir partir à l'instant et arriver le lendemain même, à cette heure matinale où la campagne encore endormie commence à se réveiller aux appels des *Angelus* qui se répandent dans le ciel, traversé par l'alouette sonore qui monte au soleil comme une fusée partie d'un sillon. Ses regards venaient de s'arrêter sur les aquarelles qu'Angélique lui avait données le jour du départ, et qui représentaient, on se le rapelle, les sites du pays

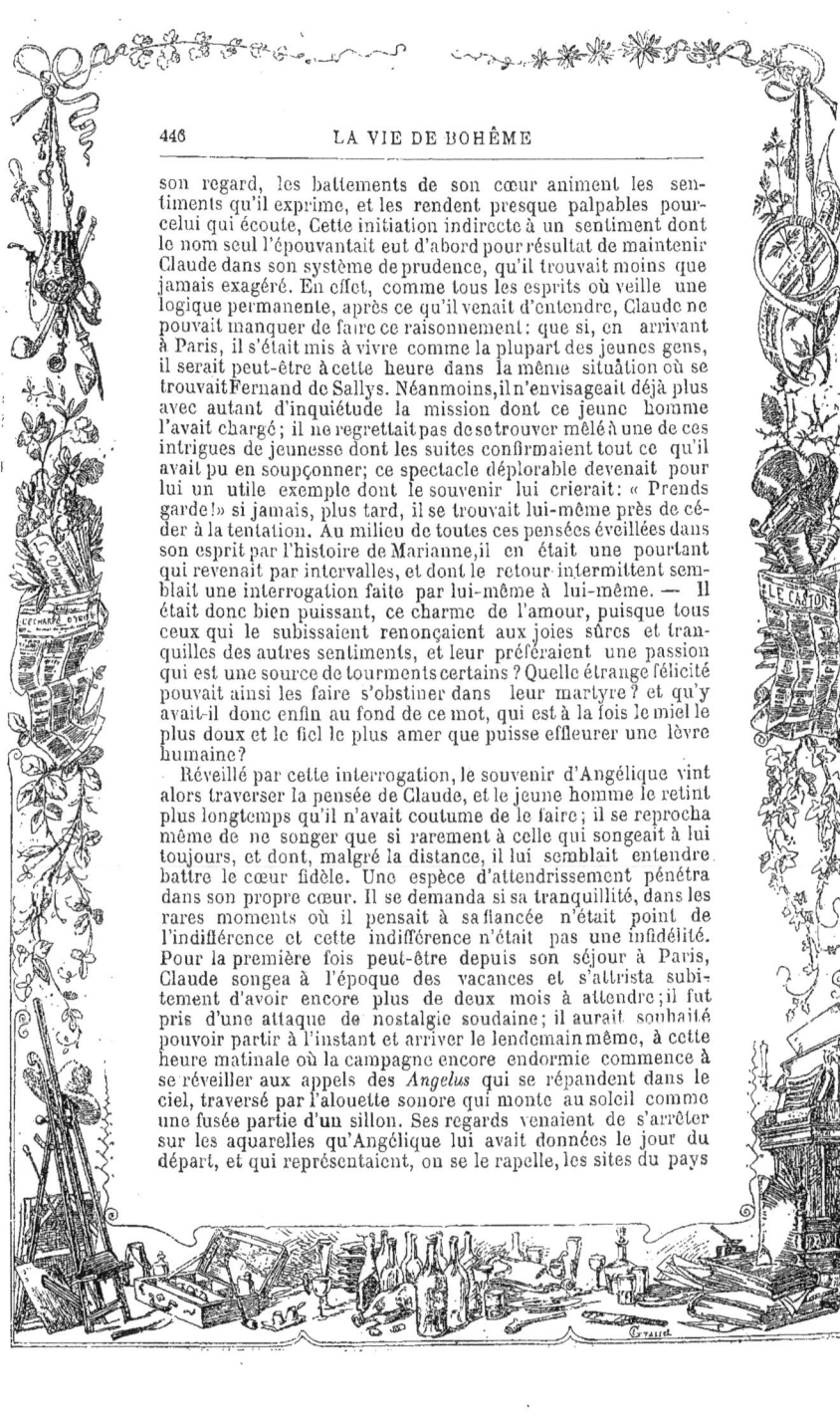

où il avait vécu. Claude se croyait transporté au milieu de la campagne natale. Les yeux fixés sur les dessins d'Angélique, il lui semblait s'y voir lui même, marchant la main dans la main de la jeune fille. Avec elle, il gravissait la rude montée du coteau au bord duquel se penchait la maison du docteur Michelon; il revoyait l'humble presbytère où il avait grandi auprès de son oncle; il s'enivrait à respirer la saine odeur du tan que l'on prépare sur les bords de la petite rivière. A travers les arbres de l'île *aux Trembles*, il voyait fumer les grands brasiers allumés par les charbonniers de l'Yonne; il entendait les cris des mariniers conduisant les lourds bachots chargés de futailles et remorqués par l'antique coche d'Auxerre qui nageait lentement dans les eaux basses, remorqué lui-même par de vigoureux chevaux, dont Claude croyait entendre retentir le trot sur les cailloux du chemin de halage. Là était le Clos où il avait joué avec les enfants du village; ici la Garenne et plus loin le bois aux mûriers, où fredonne une source cachée; là-bas, derrière les saules et les noyers, il entendait le tic-tac du Moulin-Rouge; il reconnaissait la place où il avait failli se noyer en jouant au bateau, et, à ses pieds, il voyait bouillonner l'écluse d'où le bonhomme Duclos l'avait retiré. Mais, chose étrange! dans cette promenade imaginaire qu'il faisait depuis un moment en évoquant l'image de sa fiancée, Claude s'aperçut que ce n'était point Angélique, mais au contraire Marianne qu'il tenait par la main; et il lui parut voir et entendre la jeune fille qui lui disait, en lui montrant le ru du Moulin-Rouge : C'est ici que mon père vous a sauvé quand vous étiez petit. Au même instant, il sembla à Claude que le dessin sur lequel ses yeux étaient restés attachés subissait une métamorphose; en effet, le paysage bourguignon avait disparu avec la rapidité d'un changement à vue, pour faire place à un lieu dans lequel Claude reconnut bien vite les sombres et discrètes allées du Luxembourg, où il s'était promené toute la soirée avec Marianne. Cette apparition inattendue de la figure de la jeune fille, qui venait se placer entre lui et le souvenir de sa fiancée, inquiéta Claude. A deux ou trois reprises, il rechercha par quelles causes, indépendantes de sa volonté, sa pensée se trouvait détournée d'Angélique et ramenée vers Marianne, Qu'y avait-il donc de commun entre lui et cette fille, pour que son image s'introduisît avec tant d'importunité dans sa rêverie, quand c'était l'image d'une autre qu'il tentait d'évoquer? Claude, se rappelant alors les petits incidents qui avaient terminé son entrevue avec la maîtresse de Fernand, se demanda pourquoi il avait menti, en lui faisant croire qu'il était fâché avec une maîtresse qu'il n'avait pas; mais, n'osant peut-être point insister pour trouver l'intention véritable qui l'avait poussé à faire ce mensonge, il se persuada l'avoir commis uniquement pour ne point paraître ridicule aux yeux de Marianne, en lui faisant l'aveu d'une vie sage et régulière qui eût peut-être été l'objet de ses plaisenteries. Alors à quoi bon dire qu'il était fâché avec cette maîtresse imaginaire, et pourquoi surtout avait-il ajouté qu'il ne se remettrait point avec elle? En quoi tous ces détails, même s'ils eussent été vrais, concernaient-ils Marianne? Vers quel but tendait toute cette diplomatie? Quel sentiment le poussait, lorsque, après avoir empêché la jeune fille d'entrer au bal, il avait insisté pour la reconduire chez elle? Pourquoi, après l'avoir quittée à sa porte, l'avait-il encore guettée quelques minutes dans la rue, et pourquoi avait-il été inquiet à l'idée de la voir ressortir? Ne sachant que répondre à tout cela, et voyant les premières lueurs du jour qui commençaient à blanchir à travers ses jalousies, Claude finit par se dire qu'il était bien temps de dormir, et il s'endormit en effet.

Le lendemain matin, le domestique de l'hôtel entra dans la chambre de Claude pour l'éveiller; mais le jeune homme, tiré brusquement d'un sommeil qui durait depuis une heure à peine, s'y replongea, après avoir répondu machinalement qu'il allait se lever. Cependant la maîtresse de l'hôtel, inquiète de ne l'avoir pas vu descendre, monta chez lui pour s'informer s'il n'était point malade. Claude, honteux de sa paresse, s'habilla rapidement, et se mit en route pour l'hôpital, où c'était jour de clinique. Dans le trajet, il aperçut l'heure à une horloge publique. Il était près de midi. La visite devait être terminée depuis longtemps. Claude était contrarié d'avoir manqué la visite et la leçon : c'était la première fois qu'il lui arrivait d'être en retard. Un instant il fut sur le point de revenir sur ses pas; mais il pensa à Fernand, qui devait attendre avec tant d'impatience le résultat de sa démarche, et il continua plus lentement sa route en méditant les termes dans lesquels il reporterait au malade le pénible et difficile message dont l'avait chargé Marianne.

Lorsque Claude arriva dans la salle, il s'aperçut que les rideaux du lit de Fernand étaient hermétiquement fermés; mais, quand il eut remarqué que la *pancarte* ne se trouvait plus dans le cadre placé à la tête du lit, il ne put s'empêcher de frémir. Claude était au courant des habitudes de l'hospice, et savait que l'absence de cette pancarte pouvait, dans la situation où il avait quitté la veille le malade, être considéré comme un indice sinistre. La sœur de garde, qui voyait Claude tourner avec inquiétude autour du lit, lui demanda qui il cherchait.

— J'étais venu pour parler au numéro 10, répondit Claude; et il ajouta plus lentement, en désignant le cadre où n'était plus la pancarte : Est-ce que...

— Non, répondit la sœur, mais il a fait une rechute dangereuse.

— Qu'est-il donc arrivé? demanda Claude.

— Ce matin, reprit la sœur, pendant tout le temps que la visite a duré, il a paru très-agité; et quand le docteur L... est repassé devant lui, son agitation est presque devenue du délire. Il a appelé le docteur, et lui a demandé la permission de

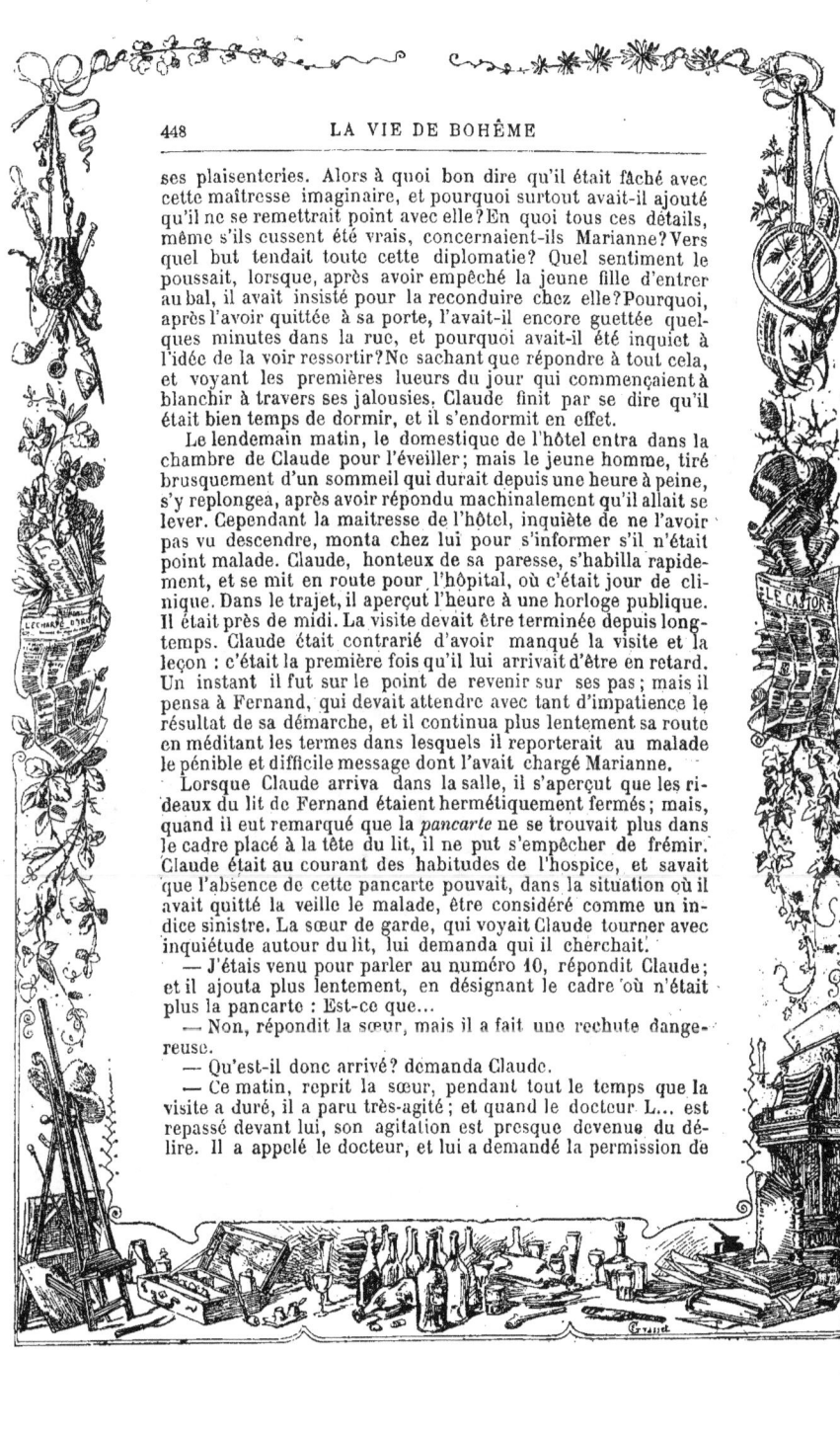

LA VIE DE BOHÊME

Est-ce que vous comptez rester longtemps veuve?

sortir pendant deux heures. Comme depuis huit jours il fait tous les matins la même demande, on n'y a point pris garde; mais, dans l'instant où le médecin s'arrêtait à la table pour signer les cahiers de service, le numéro 10, qui avait trompé la vigilance des infirmiers, est arrivé près du docteur, tenant sa pancarte à la main, et lui a déclaré que, s'il ne voulait pas lui accorder la permission de sortir, il allait adresser au préfet de police une plainte en séquestration. Le médecin lui a répondu qu'il allait le faire mettre à la diète. Alors le malade s'est répandu en injures contre lui, et a poussé des cris tels qu'on l'a entendu dans toute la maison. Les élèves et les infirmiers ont voulu s'emparer de lui; mais la fièvre chaude lui avait donné une force telle, qu'il a fallu plus d'un quart d'heure pour en avoir raison. Il faisait arme de tout ce qui lui tombait sous sa main. Le docteur L... a ordonné qu'on lui mît la camisole de force, et il a fait envoyer la pancarte à la direction, pour qu'on prévienne sa famille ou ses amis, car son état n'est pas sans danger, et il paraît bien délaissé. Mais vous le connaissez peut être, vous? demanda la religieuse à Claude.

— Non, ma sœur, répondit Claude. Il m'avait chargé d'une commission, et je venais lui rendre la réponse; seulement, je devais venir ce matin avant la visite et je crains que l'impatience que mon retard a dû lui causer ne soit pas étrangère à l'accès qui lui a pris.

— Il paraît assoupi, reprit la sœur en écartant les rideaux. Dès que sa crise a été calmée, il est tombé dans une prostration silencieuse. Il a beaucoup pleuré. Il a bien besoin de repos, et, à moins que la nouvelle que vous lui apportez ne soit de nature à le tranquilliser, il vaudrait mieux ne pas l'éveiller.

— Non, ma sœur, répliqua Claude, c'est une mauvaise nouvelle, et il sera toujours temps de la lui apprendre.

Mais, comme il allait s'éloigner, il entendit les rideaux du lit glisser sur leur tringle, et il aperçut Fernand qui faisait de pénibles efforts pour se dresser sur son séant.

— C'est donc vous, à la fin! lui dit le malade d'une voix brisée; et montrant du regard l'appareil qui tenait ses bras captifs, il ajouta: Voyez comme on me traite.

— Si vous vous tenez bien sage jusqu'à la fin du jour, j'obtiendrai du médecin qu'on vous ôte cela, dit la novice en laissant échapper un geste de pitié; — et elle se retira pour le laisser causer avec Claude.

— Eh bien? — dit brusquement Fernand en indiquant à Claude la chaise qui était près de son lit; et son regard un peu égaré accusait mille angoisses intérieures.

Claude l'observa un moment sans répondre. — Je n'oserai jamais faire ce que m'a dit Marianne: une telle révélation dans un semblable moment... ce serait lui porter un coup mortel, et, mensonge pour mensonge, mieux vaudra celui qui pourra momentanément apaiser son désespoir... Eh bien? reprit-il très-vivement, sans oser regarder le malade en face, je vous apporte une bonne nouvelle. Quand je dis bonne, ce n'est point ce mot-là que j'aurais dû employer; mais enfin ce que j'ai à vous apprendre calmera vos inquiétudes. J'ai vu mademoiselle Mariette. Vous l'accusiez à tort : elle ne vous a point oublié, et si elle n'est point venue vous voir, si elle n'a pas répondu à vos lettres, c'est qu'elle n'a réellement pas pu.

— Pas pu ! répéta machinalement Fernand ; et quel prétexte vous a-t-elle donné ?

— Ce n'est pas un prétexte, ajouta Claude très-vite, c'est une raison. Mariette a été malade, gravement malade ; je l'ai trouvée au lit. Le chagrin qu'elle a éprouvé en vous voyant la dernière fois qu'elle est venue ici a causé cette maladie, dont elle relève à peine.

— Assez... assez... interrompit Fernand. Je vois bien, en effet, que vous avez vu Mariette, ajouta-t-il avec un sourire amer, et il a suffi d'une fois pour qu'elle exerçât sur vous cette influence à laquelle il est difficile de se soustraire.

— Que voulez-vous dire ? demanda Claude étonné.

— Vous me trompez, répondit le malade ; c'est par charité peut-être et parce que vous craignez d'augmenter mon chagrin mais vous me trompez. Peut-être aussi est-ce uniquement pour obéir à Marianne, qui vous a chargé de justifier près de moi son oubli odieux ; mais vous me trompez, j'en suis sûr.

Claude fut un instant étourdi par ce démenti donné avec tant de sûreté. Ne pouvant prévoir comment il devinait qu'il ne disait pas la vérité, il pensa que c'était peut-être à cause d'un vague pressentiment que Fernand refusait de le croire.

— Dans quel intérêt vous tromperais-je ? reprit-il enfin. Je regrette bien de m'être mêlé de vos affaires, puisque vous n'avez pas même confiance en moi ajouta Claude avec vivacité, espérant sans doute que son dépit simulé donnerait à ses paroles un air de conviction. Je vous répète que Mariette est depuis huit jours hors d'état de venir vous voir.

Le ton de franchise avec lequel Claude lui avait parlé parut en effet ébranler Fernand.

— Où avez-vous vu Mariette ? demanda-t-il.

— A l'hôtel où vous m'avez adressé, répondit Claude.

— Et, elle était malade à ne pouvoir sortir ?

— Sans doute.

— Il est possible qu'elle vous l'ait fait croire, reprit Fernand après une pause.

— Mais, dit Claude, Mariette n'était point prévenue de ma visite. Si elle avait voulu me tromper... comment l'aurais-je trouvée au lit ?... Vous voyez bien que ce que je vous dis est vrai : qui peut vous en faire douter ?

— A quelle heure l'avez-vous quittée ? demanda Fernand ; était-ce le soir ou dans le jour ?

— Le soir, dit Claude obstiné à persévérer dans son mensonge;

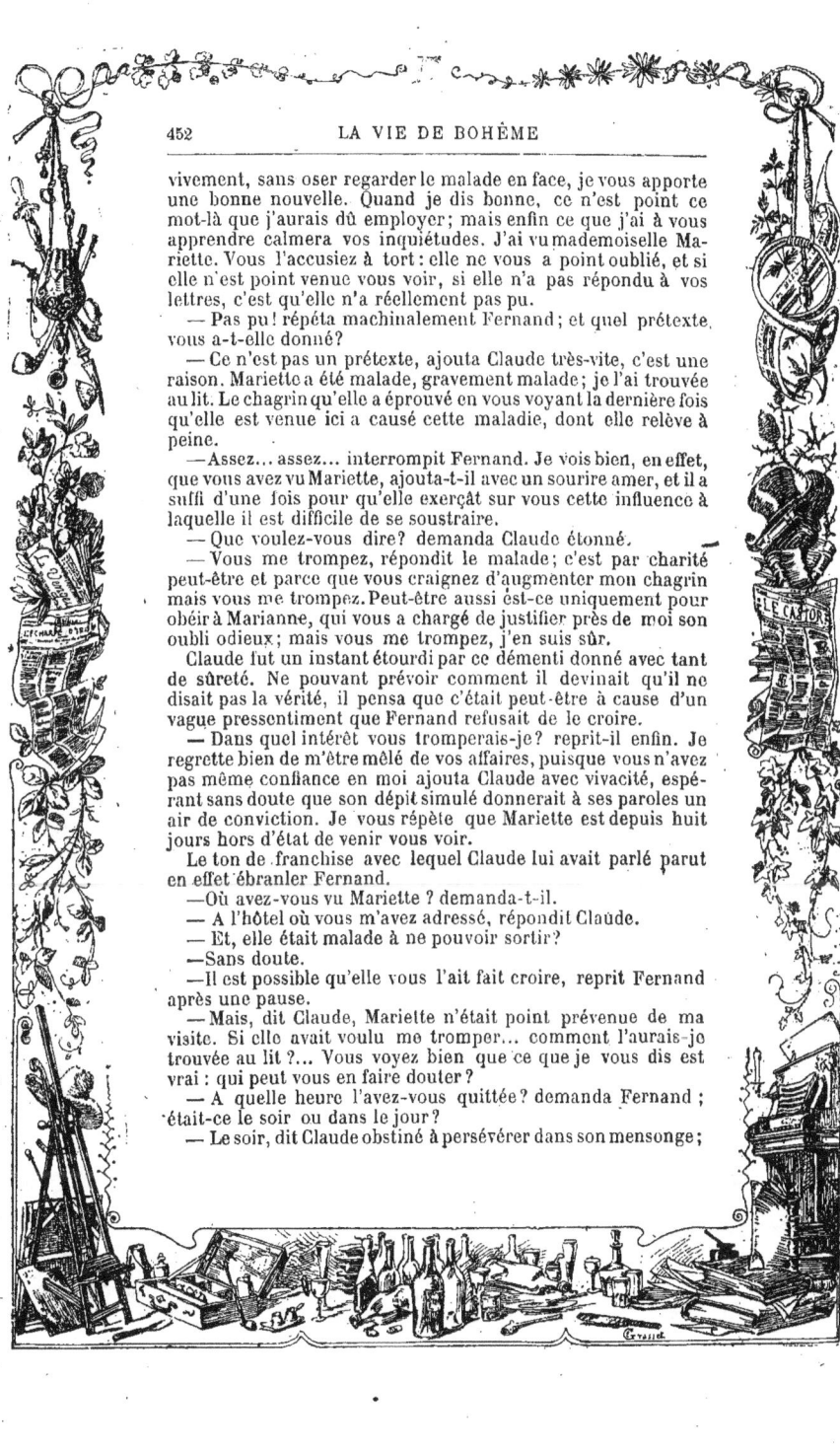

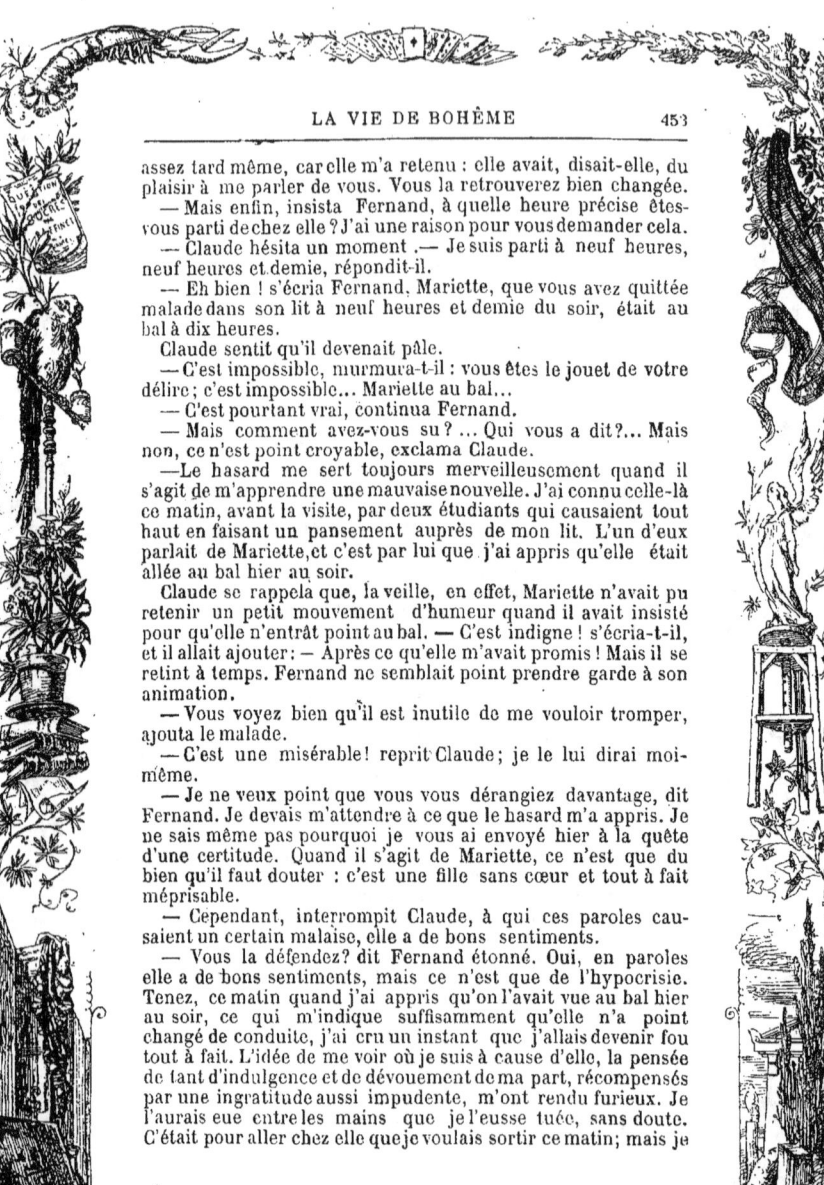

assez tard même, car elle m'a retenu : elle avait, disait-elle, du plaisir à me parler de vous. Vous la retrouverez bien changée.

— Mais enfin, insista Fernand, à quelle heure précise êtes-vous parti de chez elle ? J'ai une raison pour vous demander cela.

— Claude hésita un moment .— Je suis parti à neuf heures, neuf heures et demie, répondit-il.

— Eh bien ! s'écria Fernand, Mariette, que vous avez quittée malade dans son lit à neuf heures et demie du soir, était au bal à dix heures.

Claude sentit qu'il devenait pâle.

— C'est impossible, murmura-t-il : vous êtes le jouet de votre délire ; c'est impossible... Mariette au bal...

— C'est pourtant vrai, continua Fernand.

— Mais comment avez-vous su ?... Qui vous a dit ?... Mais non, ce n'est point croyable, exclama Claude.

— Le hasard me sert toujours merveilleusement quand il s'agit de m'apprendre une mauvaise nouvelle. J'ai connu celle-là ce matin, avant la visite, par deux étudiants qui causaient tout haut en faisant un pansement auprès de mon lit. L'un d'eux parlait de Mariette, et c'est par lui que j'ai appris qu'elle était allée au bal hier au soir.

Claude se rappela que, la veille, en effet, Mariette n'avait pu retenir un petit mouvement d'humeur quand il avait insisté pour qu'elle n'entrât point au bal. — C'est indigne ! s'écria-t-il, et il allait ajouter : — Après ce qu'elle m'avait promis ! Mais il se retint à temps. Fernand ne semblait point prendre garde à son animation.

— Vous voyez bien qu'il est inutile de me vouloir tromper, ajouta le malade.

— C'est une misérable! reprit Claude ; je le lui dirai moi-même.

— Je ne veux point que vous vous dérangiez davantage, dit Fernand. Je devais m'attendre à ce que le hasard m'a appris. Je ne sais même pas pourquoi je vous ai envoyé hier à la quête d'une certitude. Quand il s'agit de Mariette, ce n'est que du bien qu'il faut douter : c'est une fille sans cœur et tout à fait méprisable.

— Cependant, interrompit Claude, à qui ces paroles causaient un certain malaise, elle a de bons sentiments.

— Vous la défendez ? dit Fernand étonné. Oui, en paroles elle a de bons sentiments, mais ce n'est que de l'hypocrisie. Tenez, ce matin quand j'ai appris qu'on l'avait vue au bal hier au soir, ce qui m'indique suffisamment qu'elle n'a point changé de conduite, j'ai cru un instant que j'allais devenir fou tout à fait. L'idée de me voir où je suis à cause d'elle, la pensée de tant d'indulgence et de dévouement de ma part, récompensés par une ingratitude aussi impudente, m'ont rendu furieux. Je l'aurais eue entre les mains que je l'eusse tuée, sans doute. C'était pour aller chez elle que je voulais sortir ce matin; mais je

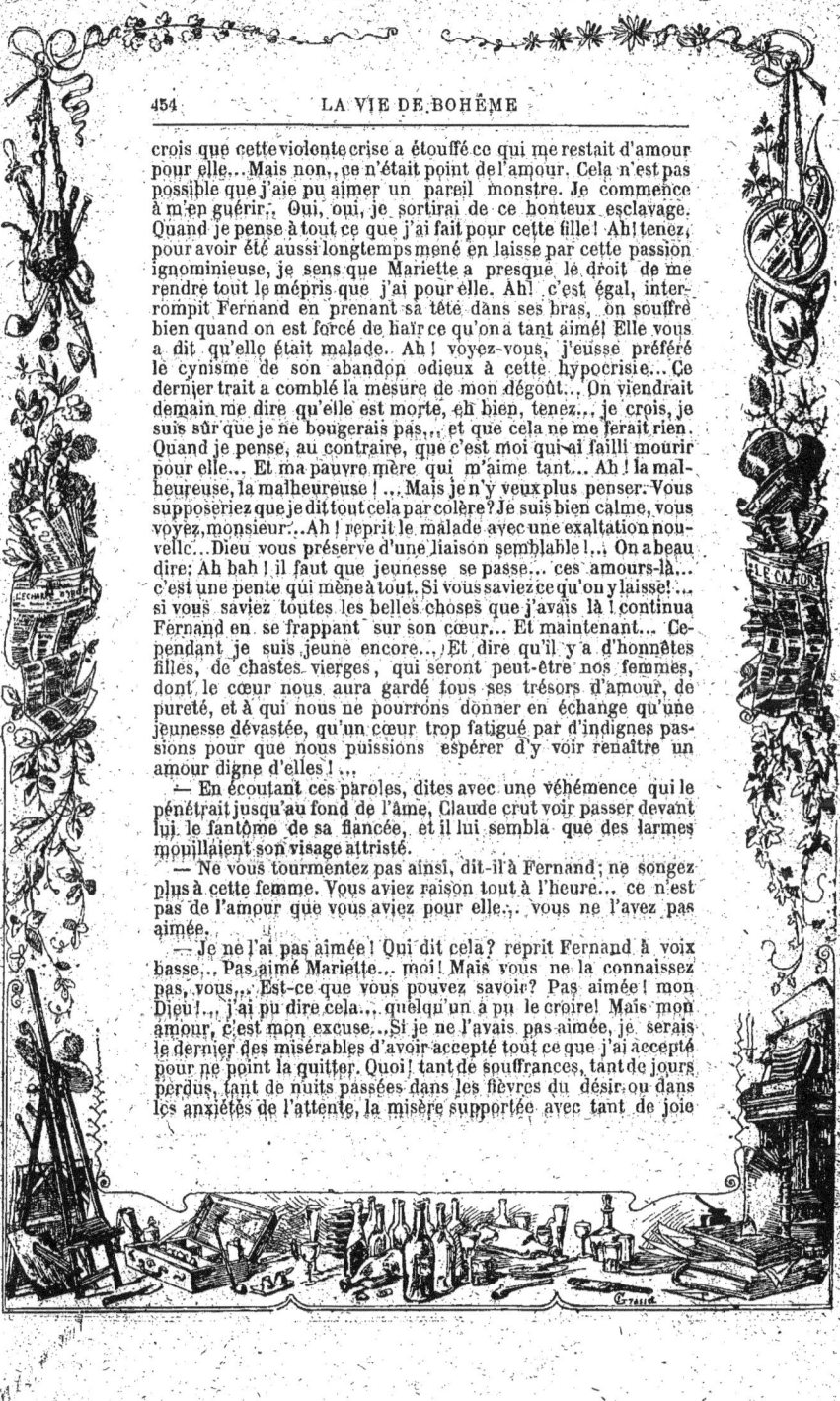

crois que cette violente crise a étouffé ce qui me restait d'amour pour elle... Mais non, ce n'était point de l'amour. Cela n'est pas possible que j'aie pu aimer un pareil monstre. Je commence à m'en guérir. Oui, oui, je sortirai de ce honteux esclavage. Quand je pense à tout ce que j'ai fait pour cette fille ! Ah ! tenez, pour avoir été aussi longtemps mené en laisse par cette passion ignominieuse, je sens que Mariette a presque le droit de me rendre tout le mépris que j'ai pour elle. Ah ! c'est égal, interrompit Fernand en prenant sa tête dans ses bras, on souffre bien quand on est forcé de haïr ce qu'on a tant aimé ! Elle vous a dit qu'elle était malade. Ah ! voyez-vous, j'eusse préféré le cynisme de son abandon odieux à cette hypocrisie... Ce dernier trait a comblé la mesure de mon dégoût... On viendrait demain me dire qu'elle est morte, eh bien, tenez..., je crois, je suis sûr que je ne bougerais pas,.. et que cela ne me ferait rien. Quand je pense, au contraire, que c'est moi qui ai failli mourir pour elle... Et ma pauvre mère qui m'aime tant... Ah ! la malheureuse, la malheureuse !... Mais je n'y veux plus penser. Vous supposeriez que je dit tout cela par colère ? Je suis bien calme, vous voyez, monsieur... Ah ! reprit le malade avec une exaltation nouvelle... Dieu vous préserve d'une liaison semblable !... On a beau dire; Ah bah ! il faut que jeunesse se passe... ces amours-là, c'est une pente qui mène à tout. Si vous saviez ce qu'on y laisse !... si vous saviez toutes les belles choses que j'avais là ! continua Fernand en se frappant sur son cœur... Et maintenant... Cependant je suis jeune encore... Et dire qu'il y a d'honnêtes filles, de chastes vierges, qui seront peut-être nos femmes, dont le cœur nous aura gardé tous ses trésors d'amour, de pureté, et à qui nous ne pourrons donner en échange qu'une jeunesse dévastée, qu'un cœur trop fatigué par d'indignes passions pour que nous puissions espérer d'y voir renaître un amour digne d'elles !...

— En écoutant ces paroles, dites avec une véhémence qui le pénétrait jusqu'au fond de l'âme, Claude crut voir passer devant lui le fantôme de sa fiancée, et il lui sembla que des larmes mouillaient son visage attristé.

— Ne vous tourmentez pas ainsi, dit-il à Fernand ; ne songez plus à cette femme. Vous aviez raison tout à l'heure... ce n'est pas de l'amour que vous aviez pour elle... vous ne l'avez pas aimée.

— Je ne l'ai pas aimée ! Qui dit cela ? reprit Fernand à voix basse... Pas aimé Mariette... moi ! Mais vous ne la connaissez pas, vous,... Est-ce que vous pouvez savoir ? Pas aimée ! mon Dieu !... j'ai pu dire cela... quelqu'un a pu le croire ! Mais mon amour, c'est mon excuse... Si je ne l'avais pas aimée, je serais le dernier des misérables d'avoir accepté tout ce que j'ai accepté pour ne point la quitter. Quoi ! tant de souffrances, tant de jours perdus, tant de nuits passées dans les fièvres du désir ou dans les anxiétés de l'attente, la misère supportée avec tant de joie pour mettre un ruban frais à son chapeau, tous ses caprices barbares subis avec la docilité d'un enfant craintif, tant de larmes versées! Ma mère si charitable, qui se cache des pauvres parce qu'elle m'envoie l'argent destiné aux aumônes, et cet argent dévoré par la coquetterie de cette fille! Ma sœur qui aime tant les fleurs, et qui s'en prive pour me donner ses économies, afin que Mariette ait un bouquet à la main chaque fois qu'elle entre au bal!... Mariette qui m'a fait menteur et vil... elle pour qui je suis devenu mauvais fils et mauvais frère, je ne l'aurais pas aimée! Ne me dites pas cela... Raillez mon amour, méprisez-le, mais au moins ne le niez pas... ne le niez pas.

Claude, resté debout près du lit, regardait silencieusement Fernand, et le spectacle de ce malheureux jeune homme emprisonné dans le vêtement des fous l'émouvait d'une pitié véritable, qui lui mettait presque les larmes aux yeux.

— Mais, reprit tout à coup le malade, je ne sais pas pourquoi je m'emporte ainsi! La maladie me trouble et me rend peut-être injuste. Vous aviez raison tout à l'heure, monsieur: dans quel intérêt voudriez-vous me tromper?... Mais vous savez, quand on est jaloux, la plus petite chose devient un prétexte à se tourmenter: c'est comme les objets les plus inoffensifs, qui prennent dans la nuit des formes effrayantes.... on ne réfléchit pas, et on en a peur. Je pense maintenant à une chose bien simple: ces jeunes gens que j'ai entendus ce matin, ce n'était peut-être point de Mariette qu'ils parlaient. Il peut bien y avoir dans le quartier, une autre femme qui porte ce nom.

Claude commençait à se sentir un poids de moins sur le cœur.

— Dire que je n'ai pas songé à cela plus tôt! reprit Fernand presque joyeux. Cela se comprend.... Dans mon inquiétude, au moment où je pensais à elle, j'entends dire à mon côté: Mariette était au bal. Est-ce qu'on réfléchit dans ces moments-là? Mon esprit a été frappé de ces paroles. Je ne m'imagine jamais qu'il puisse y avoir au monde une autre Mariette que celle que j'aime. Mon Dieu! comme on est habile à se chagriner soi-même! Ah! ce n'est point la première fois que cela m'arrive.

— Mais vous avez raison, lui dit vivement Claude, presque aussi joyeux que Fernand, et aussi prompt que lui à accepter une idée qui lui laissait intérieurement la possibilité de justifier Marianne; vous avez raison: c'était, sans doute, d'une autre Marianne que ces jeunes gens parlaient entre eux.

— Vous voyez bien que j'ai raison, reprit Fernand. Mais vous, qui avez tout votre sang-froid, comment n'avez-vous pas fait cette remarque depuis longtemps? Comment avez-vous pu croire que la même femme que vous aviez quittée malade au point de ne pouvoir m'écrire quelques lignes avait pu se trouver dans un bal une demi-heure après votre départ? Raisonnablement, cela n'est pas possible... n'est-ce pas?

Ces dernières paroles rendirent Claude soucieux. Fernand

resta un moment silencieux et immobile, dans l'attitude d'un homme qui cherche à rassembler ses souvenirs.

— Non, non, reprit-il douloureusement en se débattant dans ses liens; non... c'était bien elle... et pas une autre... c'était bien elle!

Claude leva les yeux.

— C'était bien elle, continua Fernand d'une voix entrecoupée... le doute n'est plus possible... Je me souviens. L'étudiant qui parlait de la Mariette qui était au bal disait à son ami: Voilà longtemps que je la connais. C'est encore une belle fille; mais elle était mieux au temps d'Edouard, son premier amant, celui qui l'a lancée...

— Alors, répéta Claude, tristement envahi par une certitude qui lui était pénible, vous avez raison, c'était bien elle!

— Vous voyez donc bien! vous voyez donc bien! reprit Fernand... Après cela, continua-t-il sur un autre ton, c'est une fille si singulière! Quand elle a un caprice, rien ne peut l'arrêter. Aussi elle est folle de la danse. Le jour où on l'enterrera, si elle rencontre des violons en route, elle est capable de ressusciter, ajouta le malade en essayant de rire. Elle ne regarde pas à commettre une imprudence. Je me rappelle qu'une nuit d'hiver, elle est restée plus d'une heure aux fenêtres, les pieds nus et à peine vêtue, pour regarder un incendie. Malgré sa maladie, elle est bien capable d'avoir été au bal, très-innocemment, pour se distraire seulement. Cela ne m'étonnerait pas... d'autant plus que le jeune homme qui parlait d'elle disait encore à son ami : Je ne sais pas ce qu'elle a notre Mariette, mais elle paraît toute triste à présent. C'était, sans doute, à cause de moi. C'est cela, ajouta Fernand; elle s'ennuie de ne point me voir... Mais non, si elle va au bal, elle pourrait bien venir ici.

Claude demeura tout étourdi par cette versatilité de sentiments. Il ignorait combien les plus solides résolutions sont fragiles, et combien sont peu durables les révoltes de l'amour-propre, quand il se trouve aux prises avec une passion aveugle. Quand à lui, sans pouvoir se rendre compte du singulier sentiment qui le troublait en ce moment même, depuis qu'il avait appris que Marianne avait menti à la promesse qu'elle lui avait faite la veille, il était agité par une impatience douloureuse, et il brûlait d'être auprès d'elle pour l'accabler de reproches amers. Il ne comprenait pas comment Fernand avait pu entreprendre de la justifier; il s'était associé au mépris que l'amant de Mariette avait dit avoir pour elle, et il eût souhaité le voir persévérer dans ce mépris; mais son brusque et lâche retour en faveur de Marianne pétrifiait Claude et l'indignait presque.

— Comment! dit-il tout à coup, vous excusez Mariette à présent, après ce que vous avez dit d'elle! Vous cherchez à justifier sa présence dans un lieu de plaisir et de perdition au moment où vous êtes ici, dans ce lit de la charité publique! Mais vous ne comprenez donc pas que cette fille ne vous aime pas,

LA VIE DE BOHEME

Est-ce vrai, oui ou non? es-tu sa maîtresse?

qu'elle ne vous aimera jamais, que votre souvenir l'importune comme un remords, que vous êtes, sans le savoir, la victime sur qui elle se venge de tout ce qu'elle a elle-même souffert jadis!

— Comment savez-vous cela? pourquoi me dites-vous ces choses-là? balbutia Fernand en regardant Claude avec inquiétude. Tout à l'heure vous m'assuriez que Mariette vous avait parlé de moi en de bons termes... Elle ne m'aime pas, elle ne m'aimera jamais, dites-vous maintenant; et, il y a un instant, vous disiez, au contraire, que c'était le chagrin de me voir où je suis qui l'avait rendue malade; vous me disiez encore qu'elle avait témoigné du repentir du mal qu'elle m'avait fait; vous vous fâchiez contre moi parce que je refusais de vous croire ; vous preniez sa défense, et maintenant c'est vous qui l'accusez !

— Eh bien, oui! répliqua Claude, qui paraissait surmonter une hésitation intérieure ; vous aviez raison tout à l'heure : je vous trompais par ménagement pour votre état. J'avais tort: c'était vous rendre un mauvais service que de vouloir rattacher votre amour à une espérance qui prolongerait une crise dont le dénoûment est devenu inévitable. D'ailleurs, vous auriez toujours appris ce que je voulais vous taire; mieux vaut donc que vous le sachiez tout de suite. Recueillez vos forces, ayez du courage pour recevoir ce dernier coup, et puisse-t-il vous faire à jamais oublier celle qui vous le porte! puissiez-vous guérir d'une passion qui est plus qu'une folie, qui est une faute grave! vous l'avez avoué vous-même.

Claude ne donna pas à Fernand le temps de l'interrompre; il passa outre sur une nouvelle hésitation qui semblait vouloir l'arrêter lui même, et se penchant à l'oreille du malade, il lui dit brièvement :— Je vous ai menti: la maladie de Marianne est fausse, et faux aussi son repentir. Tout ce que vous aviez prévu avant de m'envoyer vers elle s'est réalisé, et voici la vérité telle que je l'ai apprise de la bouche de la maîtresse d'hôtel où vous m'aviez adressé. Si Mariette n'est point revenue vous voir et si elle n'a point répondu à vos lettres, quelque suppliantes qu'elles fussent c'est que, le jour même où elle vous avait quitté si près de la mort, Mariette devenait la maîtresse d'un jeune homme que vous connaissez peut-être, puisqu'il habitait l'hôtel même où vous logiez. Mariette a quitté cet hôtel avec lui. Voilà ce que j'ai appris lorsque je me suis présenté hier dans la journée, et ce que Mariette elle-même m'a avoué avec le plus profond cynisme quand je l'ai rencontrée le soir au bal, où elle était, en effet, hier, car je suis sûr qu'elle y était, moi. C'était pour y entendre d'elle même la confirmation de l'abandon complet où elle vous laissait que je suis allé la joindre dans ce bal, où je n'avais jamais mis les pieds continua Claude, Je ne la connaissais pas; mais vous disiez la vérité: la première personne à qui je l'ai demandée me l'a indiquée sur-le-champ.

— Claude avait à peine achevé cette révélation, qu'il s'en repen

tit soudain en voyant le visage bouleversé de Fernand ; mais, il ne tarda pas à se féliciter intérieurement de ce qu'il venait de faire et il commença à espérer que ce mensonge amènerait le résultat que Mariette en avait attendu. En effet, après quelques minutes de silence, Fernand sortit de l'accablement où l'avait plongé cette nouvelle, dont chaque parole, en tombant sur son cœur, lui avait causé la souffrance cuisante que peut causer une goutte d'acide en tombant sur une plaie vive. Il avait ressenti, en écoutant le récit de Claude, une douleur intraduisible ; mais son désespoir, contenu par une certaine pudeur, n'avait point voulu s'exhaler devant un témoin. C'est, d'ailleurs, le propre de certains caractères et de certains tempéraments, qui d'ordinaire s'émeuvent outre mesure quand ils se heurtent à des incidents vulgaires ou à de puériles contrariétés, supporter le premier choc d'une grande douleur avec un stoïcisme factice qui a quelquefois les apparences du courage véritable. Ce phénomène, qui venait précisément de se produire chez Fernand, contribua à maintenir Claude dans sa dernière supposition, et il fut complétement la dupe de la tranquillité indifférente avec laquelle le malade lui répondit :

— Je regrette bien que vous ne m'ayez pas dit la vérité plus tôt ; je ne saurais vous exprimer la brusque métamorphose que vos paroles viennent d'opérer en moi ; c'est comme si un bandeau m'était tombé des yeux. Ah ! vous aviez raison de me prévenir : le coup a été dur. Ce que vous m'avez appris là pourrait se comparer à ces remèdes terribles que les médecins tiennent en réserve pour les cas suprêmes : ils tuent sur l'heure, ou ils guérissent à jamais. Je ne suis pas mort, dit Fernand en essayant de sourire, donc je suis guéri. N'en doutez pas, au moins ; c'est bien fini, je vous jure. Depuis dix-huit mois, voici la première heure de repos que je goûte... Ainsi donc, reprit le malade avec la même tranquillité trompeuse, le jour même où j'ai failli mourir, Mariette était à un autre ; les baisers d'un autre ont séché sur son visage les larmes qu'elle avait répandues en voyant s'éloigner le prêtre qui m'avait administré. Cinq minutes après avoir crié ici même, avec toute sorte de convulsions : Fernand ! mon Fernand ! comme madame Stoltz dans *la Favorite*, elle allait dire un autre nom au milieu des éclats de rire, — Philippe ou Paul, non, c'est Charles qu'il s'appelle, mon voisin, — comme cela, sans transition. Je ne connais rien de plus fort dans les romans ou dans les drames ; c'est quelque chose en dehors de ce qui est humain ; c'est l'insensibilité et la cruauté devenues phénomènes. Ah ! je vous le disais bien qu'elle était très-forte, cette fille-là ; et, après tout, je ne suis pas fâché de l'avoir connue, car je crois bien que je pourrais faire le tour du monde sans rencontrer sa pareille. Quelle bonne affaire d'en être quitte, et à si bon marché ! Mais c'est pourtant vrai que j'ai été amoureux d'elle, ajouta Fernand après un court silence, amoureux à lier, et la preuve, c'est que je le suis encore, dit-il en montrant la camisole de force. Ah ! je voudrais bien retrouver un

petit morceau de mon amour : ce doit être une étrange curiosité, quelque chose à mettre sur une étagère, entre des coquillages et des idoles chinoises.

Ce flot d'ironie qui venait de s'échapper des lèvres de Fernand sembla l'avoir épuisé. Il laissa tomber sa tête sur l'oreiller, ferma les yeux et garda le silence,

— Adieu, lui dit Claude au bout d'un instant.

— Vous partez ! reprit le malade en rouvrant les yeux. Où allez-vous.

— Mais, répliqua Claude en rougissant un peu, je suis resté longtemps près de vous. J'ai affaire. Ainsi, ajouta-t-il en regardant Fernand avec attention, vous me promettez de ne plus penser à...

— Ce serait promettre plus que je ne pourrais tenir, lui dit le jeune homme sans le laisser achever; mais je puis vous assurer qu'entre cette fille et moi, tout est dit.

— Bien sûr?

— Bien sûr. Je regrette de ne pouvoir vous donner la main, ajouta Fernand en indiquant du regard le fourreau de grosse toile qui tenait ses bras captifs.

— Vous me la donnerez demain, répondit Claude j'en parlerai au docteur, et si vous êtes calme, avant peu vous sortirez d'ici.

Et après avoir échangé encore quelques paroles amicales avec lui, Claude le quitta et le recommanda aux soins de la novice, qui l'avait accompagné jusqu'à la porte de la salle.

XIII

Quand il se trouva dans la rue, après avoir quitté Fernand de Sallys, Claude prit sans hésiter le chemin qui conduisait chez Mariette. Pourquoi y vas-tu? lui disait en route un pressentiment inquiet; et Claude répondait intérieurement : Pourquoi n'irais-je pas? N'ai-je point promis à Mariette d'aller lui rendre compte de la mission que j'ai acceptée? Et puisque tout semble terminé comme elle l'avait espéré, ne vaut-il pas mieux qu'elle le sache, pour en faire le point de départ de sa conduite future?

Il avait tellement pressé sa marche, qu'en moins de deux minutes il arrivait devant la maison de Mariette, qui demeurait, du reste, à peu de distance de la Charité. — Mademoiselle Mariette est-elle chez elle? demanda-t-il au concierge.

— Elle est sortie, répondit celui-ci.

Cette réponse causa à Claude un vif désappointement. — Après tout, se dit-il en lui-même, il n'est pas absolument nécessaire que je la voie; je lui écrirai pour lui apprendre le résultat de mon entrevue avec Fernand. — Néanmoins, il s'éloignait avec un regret qu'il s'efforçait de se dissimuler, lorsque la femme du concierge courut après lui :

— Excusez-nous, monsieur, lui dit-elle : mon mari s'est trompé, mademoiselle Mariette est chez elle.

Cette réponse causa au jeune homme un sentiment de plaisir aussi vif que l'avait été son mouvement de dépit en apprenant l'absence de Mariette. Il monta rapidement l'escalier, la clef était sur la porte; mais, par discrétion, il s'annonça par deux coups légers.

— Entrez, répondit-on de l'intérieur.

Lorsque Claude entra dans la chambre, Mariette était assise auprès d'un guéridon; un énorme bouquet était posé devant elle et elle s'occupait à couper avec des ciseaux la tige de chaque fleur, qu'elle plaçait ensuite dans un vase rempli d'eau. — Asseyez-vous dit-elle à Claude sans se déranger et sans presque lever les yeux sur lui.

Ce serait peut-être ici le moment de tracer le portrait de la bizarre et charmante fille que Claude venait de surprendre dans une si gracieuse attitude. J'en suis bien fâché pour les amoureux des types grêles qui n'aiment que les roseaux vivants et se plaisent à comparer leurs maîtresses aux plantes blanches et longues, comme si leur amour n'était que de la botanique : — Mariette n'était point maigre ni pâle ; c'était véritablement une bien belle fille et une vraie femme. Un statuaire eût admiré les proportions de son ensemble et la magnificence de son buste, solidement assis sur des hanches faisant une saillie décente. Ses mains n'étaient point d'albâtre ; elles étaient de chair fraîche et vivante, d'une blancheur possible, rompue par un réseau de petites veines où l'on sentait courir un sang vif et fluide Je n'affirmerais point qu'elle eût couru sur les blés sans en courber la cime, comme la Camille du poëte; mais à coup sûr l'empreinte de ses pieds n'eût point effrayé Robinson dans son île. Sa démarche n'était point de celles qui révèlent au flancur que la femme qui passe devant lui en faisant bruire les plis de sa robe de soie est venue au monde dans un lange de toile bise. Quand le hasard l'amenait dans les beaux quartiers, on regardait passer Mariette, et si on la suivait ce n'était que du regard : on ne la poursuivait pas. Rue de la Harpe ou rue Dauphine, sur son terrain même, le *sans-gêne* proverbial des étudiants se tempérait de formes polies quand ils l'abordaient, et elle était peut-être, dans ce quartier, la seule femme qui leur rappelât de temps en temps que leur chapeau n'était pas cloué sur leur tête. Au bal, où sa présence faisait faire *recette*, comme on dit en terme de coulisses, sa manière de danser ne participait point du tour de force; elle dansait pour son plaisir et non point pour celui d'un cercle de badauds blasés, comme en rassemblent autour d'elles telles et telles célébrités ridicules dont la chorégraphie semble un programme

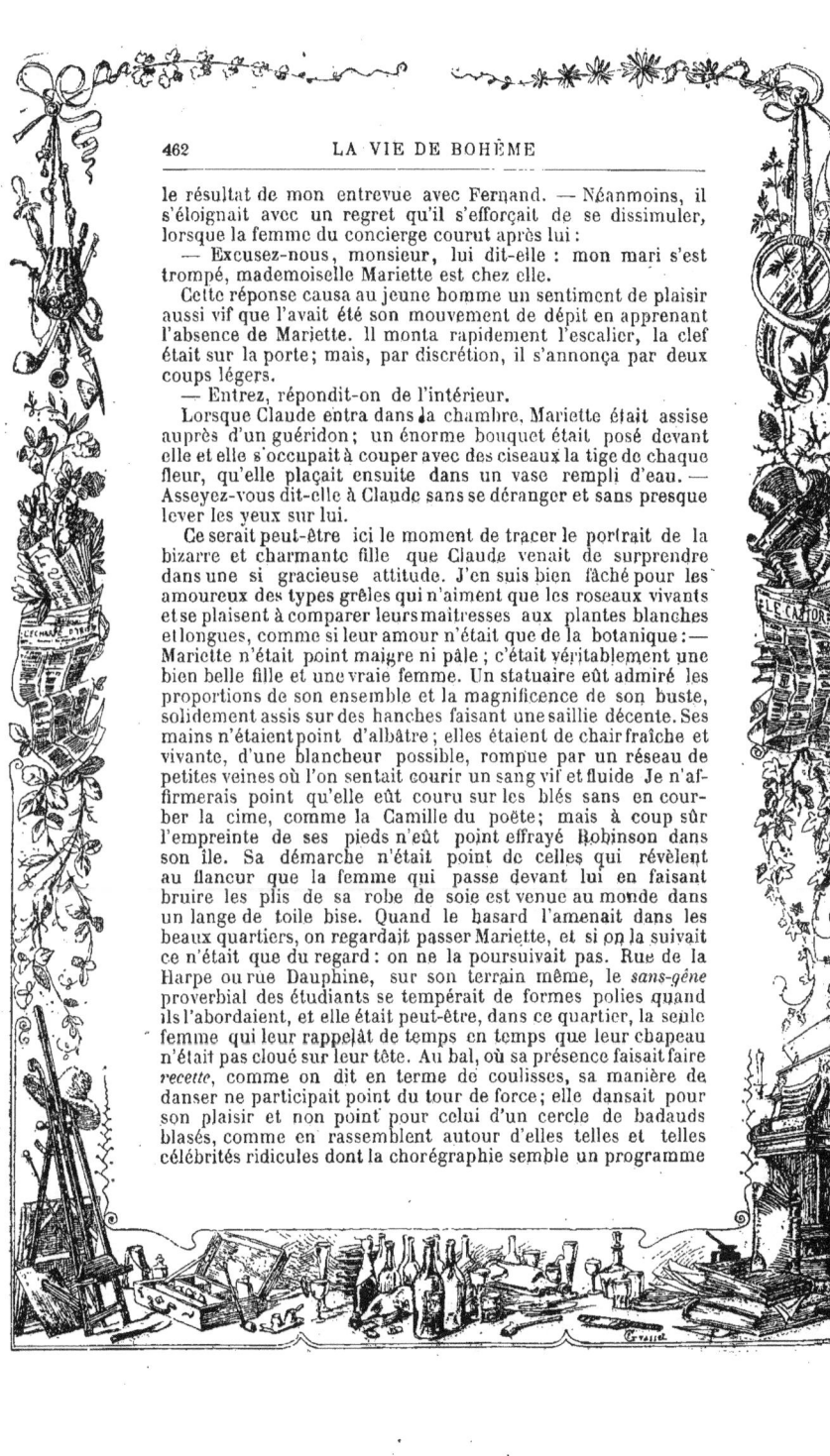

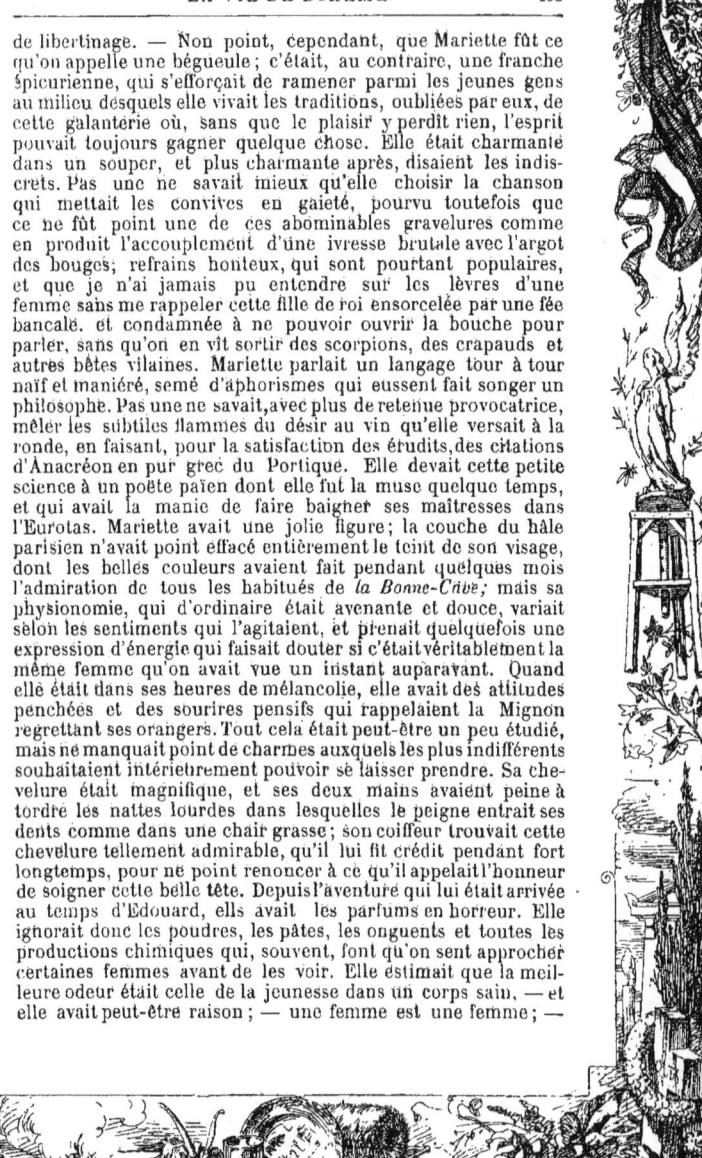

de libertinage. — Non point, cependant, que Mariette fût ce qu'on appelle une bégueule; c'était, au contraire, une franche épicurienne, qui s'efforçait de ramener parmi les jeunes gens au milieu desquels elle vivait les traditions, oubliées par eux, de cette galanterie où, sans que le plaisir y perdît rien, l'esprit pouvait toujours gagner quelque chose. Elle était charmante dans un souper, et plus charmante après, disaient les indiscrets. Pas une ne savait mieux qu'elle choisir la chanson qui mettait les convives en gaieté, pourvu toutefois que ce ne fût point une de ces abominables gravelures comme en produit l'accouplement d'une ivresse brutale avec l'argot des bouges; refrains honteux, qui sont pourtant populaires, et que je n'ai jamais pu entendre sur les lèvres d'une femme sans me rappeler cette fille de roi ensorcelée par une fée bancale, et condamnée à ne pouvoir ouvrir la bouche pour parler, sans qu'on en vît sortir des scorpions, des crapauds et autres bêtes vilaines. Mariette parlait un langage tour à tour naïf et maniéré, semé d'aphorismes qui eussent fait songer un philosophe. Pas une ne savait, avec plus de retenue provocatrice, mêler les subtiles flammes du désir au vin qu'elle versait à la ronde, en faisant, pour la satisfaction des érudits, des citations d'Anacréon en pur grec du Portique. Elle devait cette petite science à un poëte païen dont elle fut la muse quelque temps, et qui avait la manie de faire baigner ses maîtresses dans l'Eurotas. Mariette avait une jolie figure; la couche du hâle parisien n'avait point effacé entièrement le teint de son visage, dont les belles couleurs avaient fait pendant quelques mois l'admiration de tous les habitués de *la Bonne-Cave;* mais sa physionomie, qui d'ordinaire était avenante et douce, variait selon les sentiments qui l'agitaient, et prenait quelquefois une expression d'énergie qui faisait douter si c'était véritablement la même femme qu'on avait vue un instant auparavant. Quand elle était dans ses heures de mélancolie, elle avait des attitudes penchées et des sourires pensifs qui rappelaient la Mignon regrettant ses orangers. Tout cela était peut-être un peu étudié, mais ne manquait point de charmes auxquels les plus indifférents souhaitaient intérieurement pouvoir se laisser prendre. Sa chevelure était magnifique, et ses deux mains avaient peine à tordre les nattes lourdes dans lesquelles le peigne entrait ses dents comme dans une chair grasse; son coiffeur trouvait cette chevelure tellement admirable, qu'il lui fit crédit pendant fort longtemps, pour ne point renoncer à ce qu'il appelait l'honneur de soigner cette belle tête. Depuis l'aventure qui lui était arrivée au temps d'Edouard, elle avait les parfums en horreur. Elle ignorait donc les poudres, les pâtes, les onguents et toutes les productions chimiques qui, souvent, font qu'on sent approcher certaines femmes avant de les voir. Elle estimait que la meilleure odeur était celle de la jeunesse dans un corps sain, — et elle avait peut-être raison; — une femme est une femme; —

les roses ne mettent point d'eau de Cologne. Le matin où Claude vint la trouver, elle était vêtue d'un joli négligé printanier; ses cheveux étaient si bien lissés sur son front, qu'on eût dit une plaque d'acier sur laquelle courait un rayon lumineux; des manches flottantes de son peignoir sortaient ses beaux bras, dont la blancheur mate était mise en valeur par de petits bracelets formés d'un ruban de velours noir serré au poignet. Elle paraissait en belle humeur, et pas le moins du monde préoccupée de la réponse que Claude venait lui apporter. Attendant peut-être qu'il parlât le premier, elle continuait l'arrangement de ses fleurs sans prendre garde au jeune homme, qui se tenait debout, les mains sur le dossier de la chaise, dans une attitude très-embarrassée.

— Voulez-vous que je vous embaume? dit tout à coup Mariette, et relevant les yeux sur Claude, elle lui offrit un œillet. Approchez-vous, dit-elle, je vais le mettre à votre boutonnière.

Claude hésita un instant; mais il songea qu'un refus serait une grossièreté et il se laissa faire. — Je vous fais chevalier de l'ordre du Printemps, ajouta la jeune fille en riant. Et se penchant pour mettre la fleur à sa boutonnière: — Eh bien! dit-elle en restant un moment dans cette position qui mettait son visage à une distance si rapprochée de celui du jeune homme, quand on fait un chevalier, l'usage est de donner l'accolade; est-ce que vous ignorez les usages?

Claude avait hésité à prendre la fleur, mais l'offre non équivoque de ce baiser si gentiment quémandé le fit plus qu'hésiter, elle le remplit de confusion. Il devint subitement plus rouge que la fleur dont Mariette semblait lui demander le payement en une monnaie dont un jeune homme n'est point ordinairement avare, quand c'est la joue d'une jolie fille qui fait la quête. Cette familiarité paraissait étrange à Claude, et surtout dans les circonstances où il se présentait. Il ne devina point que ce n'était de la part de Mariette qu'un pur enfantillage, et qu'elle n'avait d'autre arrière-pensée que de le taquiner un peu. Il se décida à faire semblant de n'avoir pas compris et détourna brusquement la tête en se félicitant de son action, qu'il considérait comme héroïque; car en lui-même il ne se dissimulait pas qu'il avait dû lutter contre le furieux aimant qui semblait malgré lui attirer ses lèvres sur ce charmant visage, et encore n'était-il pas bien sûr que le baiser n'y fût pas allé tout seul. En tout cas, Mariette ne le tint pas pour reçu, et, relevant la tête avec un air étonné et dépité, elle se regarda en jouant une maligne inquiétude, dans la petite glace d'une boîte à ouvrage ouverte devant elle.

— Eh bien! ma pauvre fille, murmura-t-elle avec un demi-sourire, et comme si elle se parlait à elle-même, il paraît que tu es devenue laide à faire peur, ou bien c'est qu'il y a des gens qui ne s'y connaissent pas. — C'est pour vous que je dis cela, ajouta-t-elle en regardant fixement Claude; mais je comprends

LA VIE DE BOHÊME

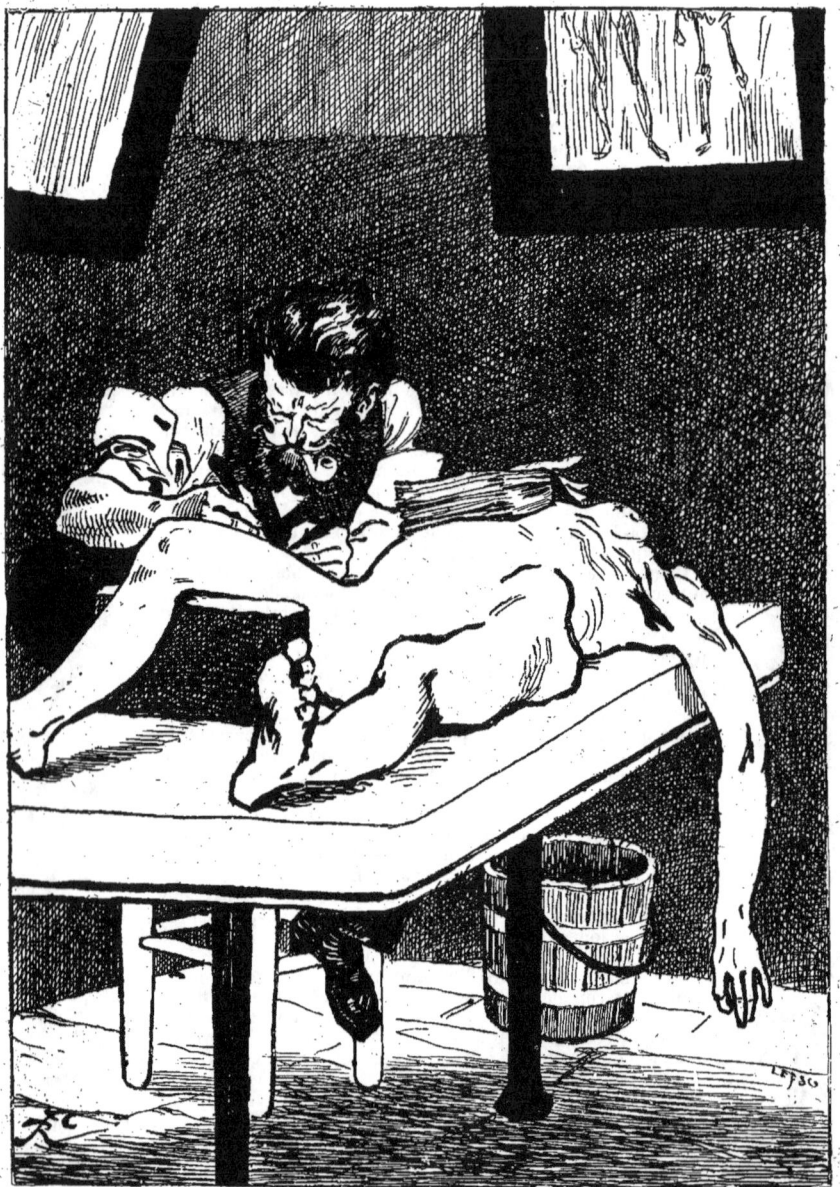

Un réchaud de charbon dans un grenier ou les dalles de l'Ecole pratique.

vous vous êtes sans doute réconcilié avec votre maîtresse? — Et Mariette se remit à ses fleurs.

— Certainement, répliqua Claude d'un ton bourru; n'est-ce pas vous qui me l'avez conseillé?

— Sans doute, et c'est plaisir de vous donner des conseils, puisque vous les suivez si vite et si bien! Et quand l'avez-vous revue? Est-ce hier soir?...

— Oui, c'est hier en effet, répondit Claude avec l'accent impatienté d'un homme qui aurait souhaité parler d'autre chose; mais Mariette, qui devinait son impatience, semblait prendre plaisir à la prolonger.

— A propos, reprit-elle, qu'est-ce que vous aviez donc hier? J'ai cru un moment que vous alliez me demander la permission de m'enfermer à clef chez moi!

— En tout cas, dit Claude brusquement, vous ne me l'eussiez pas donnée.

— C'est probable.

— Et vous aviez vos raisons pour cela, continua le jeune homme en s'animant peu à peu.

Mariette appuya sa tête sur son coude et regarda l'étudiant en face.

— Qu'est-ce que vous me chantez là? dit-elle.

— Je dis, reprit Claude, que vous aviez vos raisons pour ne pas rester enfermée.

— Ne suis-je donc pas libre de sortir de chez moi quand il me plaît, et d'aller où il me plaît?

— Au bal, par exemple?

— Au bal ou ailleurs, répliqua Mariette tranquillement.

— Vous avouez donc que vous y êtes allée, s'écria Claude avec une vivacité qui parut surprendre Mariette.

— C'est vrai, dit-elle, j'ai été au bal hier; mais comment l'avez-vous su? Vous avez donc une police à vos ordres?

— Je l'ai su, dit Claude, et, puisque vous l'avouez, on ne m'avait pas trompé.

— Eh bien! fit Mariette, qu'est-ce que cela vous fait au surplus?

Claude avait espéré un moment que Mariette le démentirait ou qu'elle tenterait de se justifier; mais son sang-froid l'irrita.

— Cela ne me fait rien, dit-il. Et que voulez-vous que cela me fasse? Vos actions ne me regardent pas.

— Il paraît que si, puisque vous y prenez garde.

— Je n'y prends point garde.

— Vous me faites presque des reproches.

— Je ne vous fais pas de reproches. Seulement, puisque vous n'aviez pas l'intention de tenir votre promesse, il était plus simple de ne point promettre.

— Que voulez-vous! reprit Mariette. On s'engage quelquefois étourdiment, et puis cela paraissait vous faire plaisir, que je n'allasse point dans cet endroit.

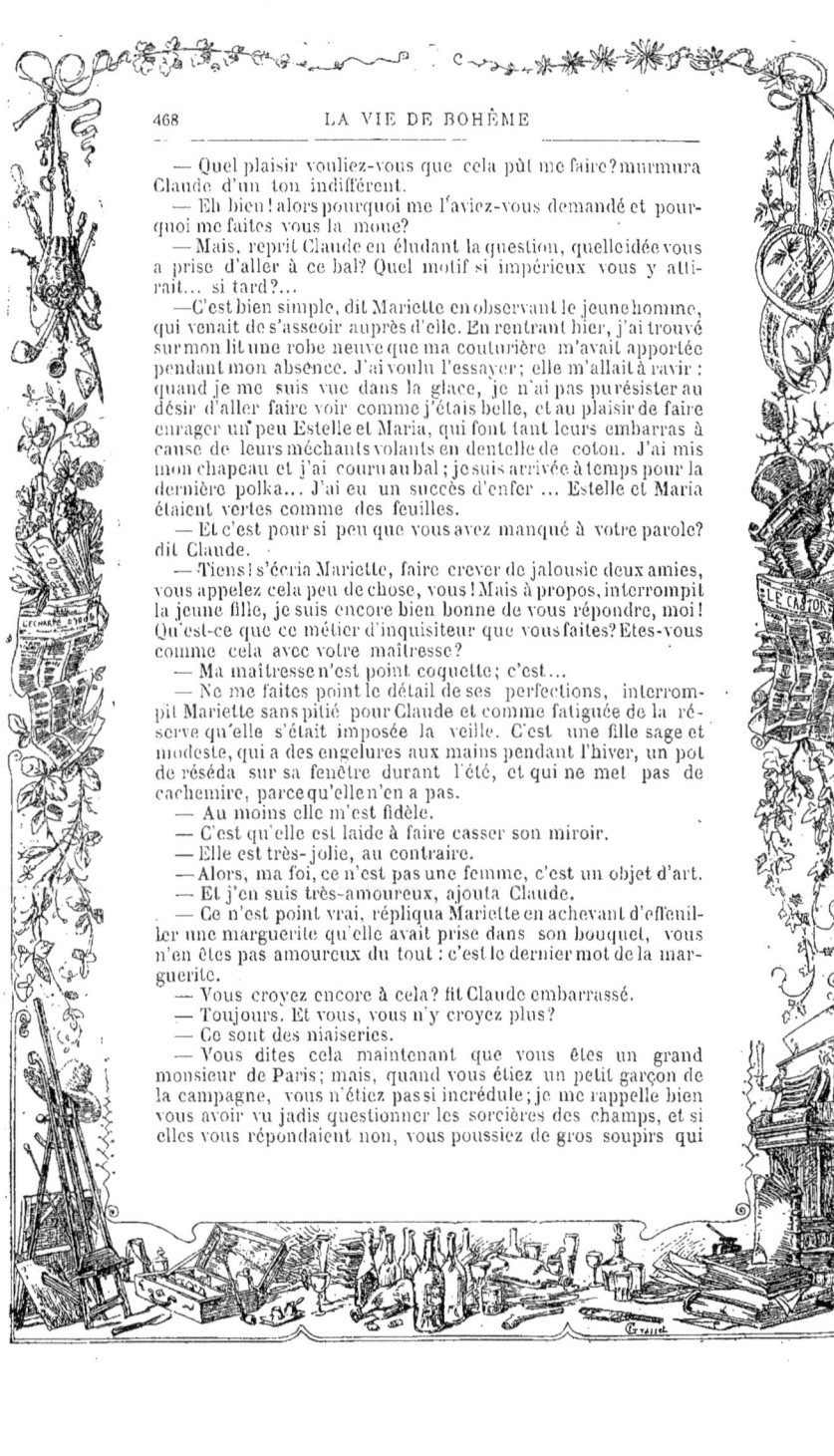

— Quel plaisir vouliez-vous que cela pût me faire? murmura Claude d'un ton indifférent.

— Eh bien! alors pourquoi me l'aviez-vous demandé et pourquoi me faites vous la moue?

— Mais, reprit Claude en éludant la question, quelle idée vous a prise d'aller à ce bal? Quel motif si impérieux vous y attirait... si tard?...

— C'est bien simple, dit Mariette en observant le jeune homme, qui venait de s'asseoir auprès d'elle. En rentrant hier, j'ai trouvé sur mon lit une robe neuve que ma couturière m'avait apportée pendant mon absence. J'ai voulu l'essayer; elle m'allait à ravir : quand je me suis vue dans la glace, je n'ai pas pu résister au désir d'aller faire voir comme j'étais belle, et au plaisir de faire enrager un peu Estelle et Maria, qui font tant leurs embarras à cause de leurs méchants volants en dentelle de coton. J'ai mis mon chapeau et j'ai couru au bal; je suis arrivée à temps pour la dernière polka... J'ai eu un succès d'enfer... Estelle et Maria étaient vertes comme des feuilles.

— Et c'est pour si peu que vous avez manqué à votre parole? dit Claude.

— Tiens! s'écria Mariette, faire crever de jalousie deux amies, vous appelez cela peu de chose, vous! Mais à propos, interrompit la jeune fille, je suis encore bien bonne de vous répondre, moi! Qu'est-ce que ce métier d'inquisiteur que vous faites? Êtes-vous comme cela avec votre maîtresse?

— Ma maîtresse n'est point coquette; c'est...

— Ne me faites point le détail de ses perfections, interrompit Mariette sans pitié pour Claude et comme fatiguée de la réserve qu'elle s'était imposée la veille. C'est une fille sage et modeste, qui a des engelures aux mains pendant l'hiver, un pot de réséda sur sa fenêtre durant l'été, et qui ne met pas de cachemire, parce qu'elle n'en a pas.

— Au moins elle m'est fidèle.

— C'est qu'elle est laide à faire casser son miroir.

— Elle est très-jolie, au contraire.

— Alors, ma foi, ce n'est pas une femme, c'est un objet d'art.

— Et j'en suis très-amoureux, ajouta Claude.

— Ce n'est point vrai, répliqua Mariette en achevant d'effeuiller une marguerite qu'elle avait prise dans son bouquet, vous n'en êtes pas amoureux du tout : c'est le dernier mot de la marguerite.

— Vous croyez encore à cela? fit Claude embarrassé.

— Toujours. Et vous, vous n'y croyez plus?

— Ce sont des niaiseries.

— Vous dites cela maintenant que vous êtes un grand monsieur de Paris; mais, quand vous étiez un petit garçon de la campagne, vous n'étiez pas si incrédule; je me rappelle bien vous avoir vu jadis questionner les sorcières des champs, et si elles vous répondaient non, vous poussiez de gros soupirs qui faisaient bien rire quelqu'un dont j'ai précisément le portrait ici.

— Où cela? fit Claude naïvement.

— Là, dans mon miroir, ajouta Mariette en se retournant vers la glace de sa cheminée.

— C'est bien loin de nous, ce temps-là! — dit au bout d'un instant Claude, dont l'attitude devenait de plus en plus embarrassée. Il y eut quelques minutes de silence entre les deux jeunes gens. Mariette s'était remise à ses fleurs, et ne levait pas les yeux. Claude regardait vaguement autour de lui.

— C'est là cette belle robe qui vous a fait oublier votre parole hier au soir? dit-il tout à coup en désignant une robe jetée négligemment sur un fauteuil.

— Oui, dit Mariette. Est-elle à votre goût?

— Je ne m'y connais pas. — Mais, reprit Claude après un nouveau silence, comment se fait-il que vous puissiez chercher du plaisir quand vous savez qu'il y a un être dans la peine à cause de vous?

Mariette tressaillit et releva la tête. — C'est vrai, dit-elle lentement, et vos paroles me font songer que vous êtes venu ici pour me parler d'une autre personne. Je ne sais pas comment cela se fait, je n'y pensais plus, et vous non plus, au reste, ajouta la jeune fille.

— C'est vrai, dit Claude; nous avons parlé d'autre chose.

— Nous avons parlé de nous, répliqua Mariette, et rien que de nous! Eh bien! comment avez-vous trouvé Fernand? ajouta-t-elle avec un air d'intérêt véritable.

— Mal, dit Claude, et la nouvelle de votre présence à ce bal hier au soir avait contribué à rendre son état plus inquiétant.

— Pourquoi le lui avez-vous dit alors?, s'écria Mariette.

— C'est lui, au contraire, qui me l'a appris, répondit Claude.

Et il raconta à la jeune fille tout ce qui s'était passé le matin entre lui et le malade. Quand il eut achevé, il aperçut quelques larmes couler sur les joues de Mariette.

— Mais quelle étrange fille êtes-vous donc? s'écria Claude. Quoi! vous pleurez, et vous m'avez chargé de porter à ce jeune homme une nouvelle qui pouvait le faire mourir de douleur! vous pleurez, et vous n'avez jamais eu la moindre pitié pour lui! vous pleurez, et vous ne pouvez pas lui faire le sacrifice d'une satisfaction de vanité ou d'un quart d'heure de plaisir! Où les larmes que je vous vois répandre prennent-elles donc leur source? Serait-ce dans le regret que vous éprouvez en apprenant que la nouvelle de votre trahison a produit sur Fernand l'effet que vous vouliez produire? Votre mensonge a réussi, Mariette: à cette heure, Fernand a pour vous tout le mépris que vous souhaitiez lui voir, et si vous l'aviez entendu l'exprimer comme je l'ai entendu moi-même, vous en seriez certainement convaincue. Est-ce pour cela que vous pleurez?

— Vous ne me comprenez pas, dit Mariette, et vous ne con-

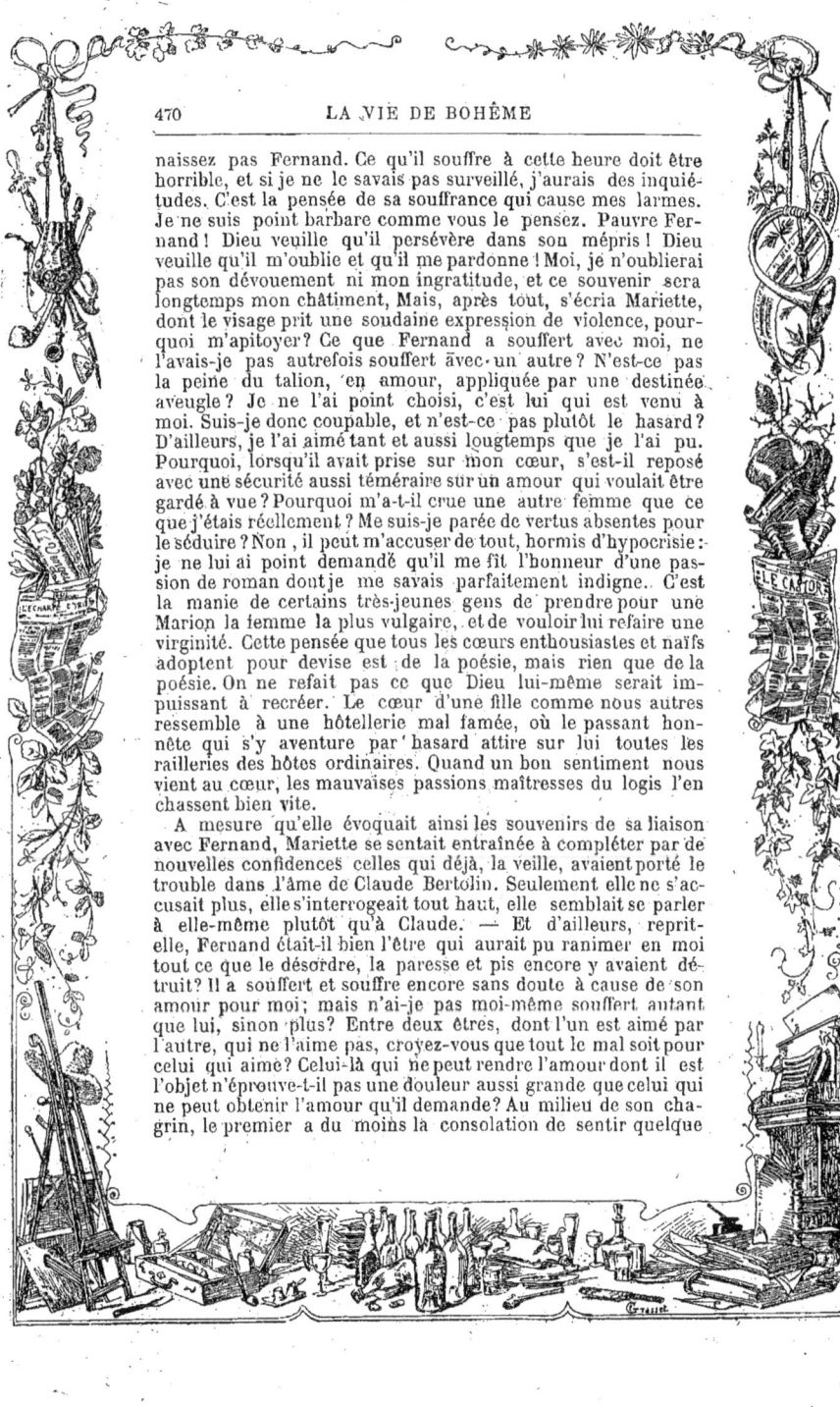

naissez pas Fernand. Ce qu'il souffre à cette heure doit être horrible, et si je ne le savais pas surveillé, j'aurais des inquiétudes. C'est la pensée de sa souffrance qui cause mes larmes. Je ne suis point barbare comme vous le pensez. Pauvre Fernand ! Dieu veuille qu'il persévère dans son mépris ! Dieu veuille qu'il m'oublie et qu'il me pardonne ! Moi, je n'oublierai pas son dévouement ni mon ingratitude, et ce souvenir sera longtemps mon châtiment, Mais, après tout, s'écria Mariette, dont le visage prit une soudaine expression de violence, pourquoi m'apitoyer ? Ce que Fernand a souffert avec moi, ne l'avais-je pas autrefois souffert avec un autre ? N'est-ce pas la peine du talion, en amour, appliquée par une destinée aveugle ? Je ne l'ai point choisi, c'est lui qui est venu à moi. Suis-je donc coupable, et n'est-ce pas plutôt le hasard ? D'ailleurs, je l'ai aimé tant et aussi longtemps que je l'ai pu. Pourquoi, lorsqu'il avait prise sur mon cœur, s'est-il reposé avec une sécurité aussi téméraire sur un amour qui voulait être gardé à vue ? Pourquoi m'a-t-il crue une autre femme que ce que j'étais réellement ? Me suis-je parée de vertus absentes pour le séduire ? Non , il peut m'accuser de tout, hormis d'hypocrisie : je ne lui ai point demandé qu'il me fît l'honneur d'une passion de roman dont je me savais parfaitement indigne. C'est la manie de certains très-jeunes gens de prendre pour une Marion la femme la plus vulgaire, et de vouloir lui refaire une virginité. Cette pensée que tous les cœurs enthousiastes et naïfs adoptent pour devise est de la poésie, mais rien que de la poésie. On ne refait pas ce que Dieu lui-même serait impuissant à recréer. Le cœur d'une fille comme nous autres ressemble à une hôtellerie mal famée, où le passant honnête qui s'y aventure par hasard attire sur lui toutes les railleries des hôtes ordinaires. Quand un bon sentiment nous vient au cœur, les mauvaises passions maîtresses du logis l'en chassent bien vite.

A mesure qu'elle évoquait ainsi les souvenirs de sa liaison avec Fernand, Mariette se sentait entraînée à compléter par de nouvelles confidences celles qui déjà, la veille, avaient porté le trouble dans l'âme de Claude Bertolin. Seulement elle ne s'accusait plus, elle s'interrogeait tout haut, elle semblait se parler à elle-même plutôt qu'à Claude. — Et d'ailleurs, reprit-elle, Fernand était-il bien l'être qui aurait pu ranimer en moi tout ce que le désordre, la paresse et pis encore y avaient détruit ? Il a souffert et souffre encore sans doute à cause de son amour pour moi ; mais n'ai-je pas moi-même souffert autant que lui, sinon plus ? Entre deux êtres, dont l'un est aimé par l'autre, qui ne l'aime pas, croyez-vous que tout le mal soit pour celui qui aime ? Celui-là qui ne peut rendre l'amour dont il est l'objet n'éprouve-t-il pas une douleur aussi grande que celui qui ne peut obtenir l'amour qu'il demande ? Au milieu de son chagrin, le premier a du moins la consolation de sentir quelque chose de vivant s'agiter dans son cœur; mais celui qui met la main sur son cœur et qui le sent froid comme la pierre d'un tombeau, le pensez-vous exempt d'angoisses, et n'est-ce point un pénible état que de se survivre à soi-même? Ah! que de fois me suis-je sentie dévorée d'envie en voyant souffrir et gémir ce pâle jeune homme, et que n'aurais-je pas donné pour partager la moitié de ses douleurs! Moi aussi j'ai eu mon martyre, et la vie que j'ai menée avec Fernand était le plus souvent intolérable! Tous les jours, avec ou sans motif, j'avais à subir une scène de jalousie, et, quelle jalousie encore! La pire espèce : une tempête de soupirs sur un ruisseau de larmes, un reproche monotone et placide; jamais l'attaque vive qui permet la riposte. Il n'y avait rien à dire, il fallait se taire. Ah! combien m'a-t-il impatientée, ce Bartholo élégiaque dont le pas était toujours sur mes talons, et qui savait me trouver, les yeux bandés, en quelque endroit que je fusse! On eût dit véritablement que le hasard s'était mis comme un alguazil au service de sa jalousie; c'est au point qu'il m'est arrivé dix fois pour une de le tromper, uniquement pour voir s'il ne me serait pas possible de faire perdre la piste à cette défiance magique, qui avait le flair du plus fin limier. C'était, entre ses soupçons et mes ruses pour les déjouer, une lutte où Fernand a toujours été le vainqueur. Et cependant rien n'a pu lasser cet amour où l'imbécilité se mêlait à l'héroïsme. Un beau jour, il voulut prendre une grande résolution, et tenta, pour savoir si je l'aimais ou non, l'expérience suivante : à cette époque, il était venu loger chez moi ; il m'écrivit une lettre dans laquelle il m'annonçait très-durement qu'il fallait en finir et qu'il allait me quitter; puis il alla se cacher sur une terrasse qui était de plain-pied avec ma chambre, attendant mon retour pour épier l'impression que me causerait sa lettre. Je rentrai très-tard, bien après minuit, et je fus d'abord assez surprise de ne point trouver Fernand. Son billet me tomba sous les yeux : j'en pris lecture, et le jetai froidement dans les cendres. Fernand, qui me guettait sans que je le susse si près de moi, dut voir avec quelle indifférence j'accueillais sa rupture; mais ce ne fut pas tout. Me croyant libre, je me disposai à retourner d'où je venais; rien n'était plus net et plus précis, ce me semble. Cependant, comme j'ouvrais la porte pour m'en aller, Fernand sortit de sa cachette, se roula à mes pieds, et me demanda pardon de ce qu'il avait fait. Et dix aventures du même genre! Quand on aime une femme indigne de soi, et qu'on se sent trop faible pour la quitter, on a le courage de sa faiblesse : on se fait aveugle et sourd; c'est ce que Fernand aurait dû faire : il se fût épargné bien du chagrin, et à moi bien de l'ennui, sans compter le remords qu'on éprouve toujours en voyant qu'on fait le malheur de quelqu'un. C'est fini, dites-vous : c'est mon vœu le plus cher. J'embrasserai Fernand de bien bon cœur le jour où je le retrouverai n'ayant pour moi qu'une indifférence sincère, qui

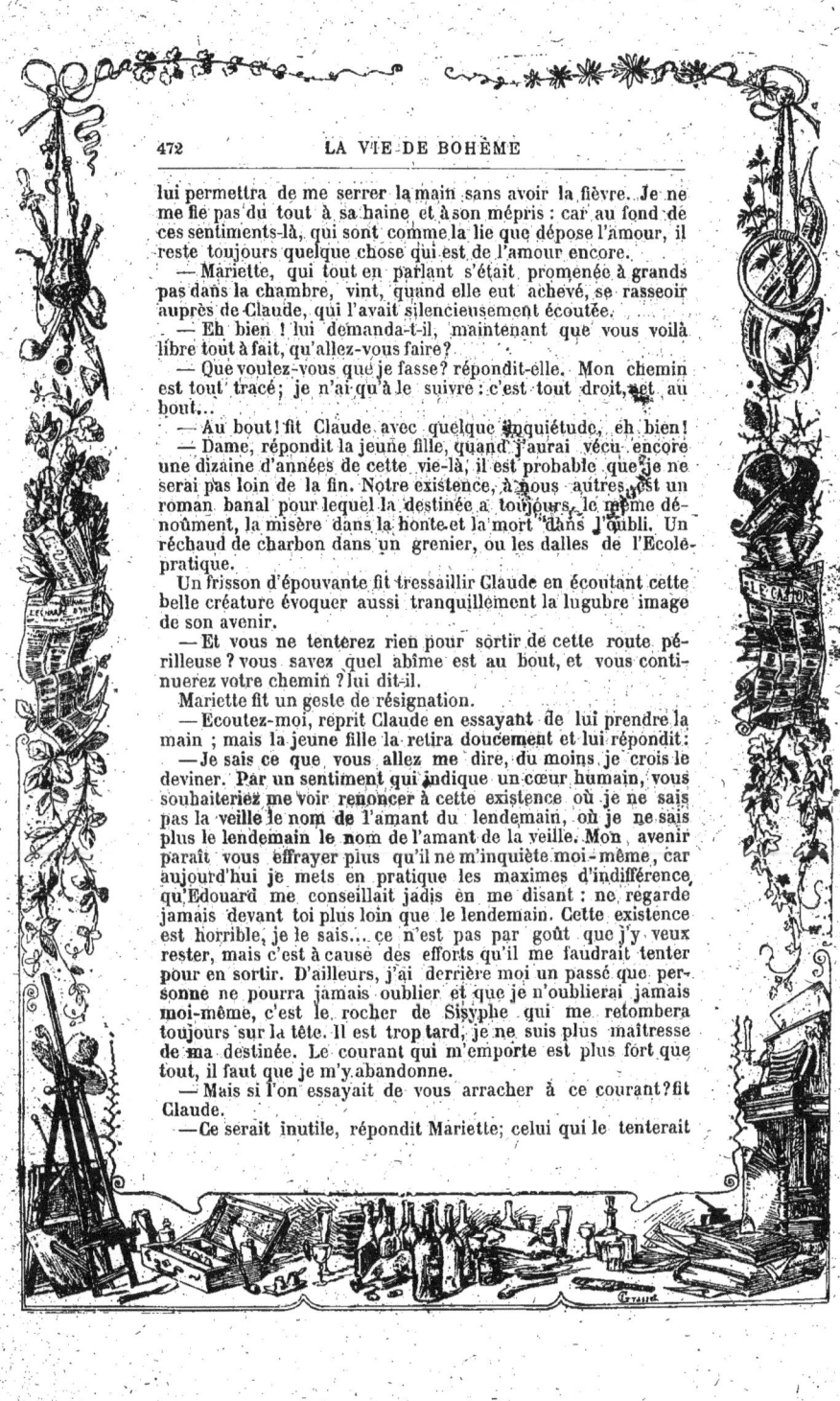

lui permettra de me serrer la main sans avoir la fièvre. Je ne me fie pas du tout à sa haine et à son mépris : car au fond de ces sentiments-là, qui sont comme la lie que dépose l'amour, il reste toujours quelque chose qui est de l'amour encore.

— Mariette, qui tout en parlant s'était promenée à grands pas dans la chambre, vint, quand elle eut achevé, se rasseoir auprès de Claude, qui l'avait silencieusement écoutée.

— Eh bien ! lui demanda-t-il, maintenant que vous voilà libre tout à fait, qu'allez-vous faire ?

— Que voulez-vous que je fasse ? répondit-elle. Mon chemin est tout tracé ; je n'ai qu'à le suivre : c'est tout droit, et au bout...

— Au bout ! fit Claude avec quelque inquiétude, eh bien !

— Dame, répondit la jeune fille, quand j'aurai vécu encore une dizaine d'années de cette vie-là, il est probable que je ne serai pas loin de la fin. Notre existence, à nous autres, est un roman banal pour lequel la destinée a toujours le même dénoûment, la misère dans la honte et la mort dans l'oubli. Un réchaud de charbon dans un grenier, ou les dalles de l'École-pratique.

Un frisson d'épouvante fit tressaillir Claude en écoutant cette belle créature évoquer aussi tranquillement la lugubre image de son avenir.

— Et vous ne tenterez rien pour sortir de cette route périlleuse ? vous savez quel abîme est au bout, et vous continuerez votre chemin ? lui dit-il.

Mariette fit un geste de résignation.

— Ecoutez-moi, reprit Claude en essayant de lui prendre la main ; mais la jeune fille la retira doucement et lui répondit :

— Je sais ce que vous allez me dire, du moins je crois le deviner. Par un sentiment qui indique un cœur humain, vous souhaiteriez me voir renoncer à cette existence où je ne sais pas la veille le nom de l'amant du lendemain, où je ne sais plus le lendemain le nom de l'amant de la veille. Mon avenir paraît vous effrayer plus qu'il ne m'inquiète moi-même, car aujourd'hui je mets en pratique les maximes d'indifférence qu'Edouard me conseillait jadis en me disant : ne regarde jamais devant toi plus loin que le lendemain. Cette existence est horrible, je le sais... ce n'est pas par goût que j'y veux rester, mais c'est à cause des efforts qu'il me faudrait tenter pour en sortir. D'ailleurs, j'ai derrière moi un passé que personne ne pourra jamais oublier et que je n'oublierai jamais moi-même, c'est le rocher de Sisyphe qui me retombera toujours sur la tête. Il est trop tard, je ne suis plus maîtresse de ma destinée. Le courant qui m'emporte est plus fort que tout, il faut que je m'y abandonne.

— Mais si l'on essayait de vous arracher à ce courant ? fit Claude.

— Ce serait inutile, répondit Mariette ; celui qui le tenterait

Claude s'approcha et lut sur le marbre l'inscription suivante.

courrait le risque de se perdre lui-même et ne me sauverait pas. Voyez Fernand!...

— Fernand était votre amant.

— Eh bien! reprit Mariette, quel autre qu'un amant tenterait ce que vous dites?

— Ce pourrait être un homme qui vous aimerait assez pour n'avoir point d'amour pour vous.

— Quel nom donnez-vous à ce sentiment-là? dit Mariette en regardant Claude avec curiosité.

— Vous l'appellerez comme il vous plaira, répondit le jeune homme. Pensez-vous qu'il existe?

— C'est selon; mais en tous cas je ne m'y fierais point.

— Pourquoi:

— J'ai assez d'expérience acquise, répondit Mariette, pour apprécier ce que valent ces sortes de sentiments neutres. Les sympathies vagues finissent ordinairement par se préciser dans une passion absolue. D'ailleurs la vanité d'une femme, et d'une femme comme moi surtout, aurait de la peine à se persuader que le dévouement qu'elle exciterait pourrait rester longtemps désintéressé, et il est probable que tôt ou tard l'homme qui aurait entrepris cette tâche dont vous parlez me poserait des conditions ou du moins me les laisserait deviner.

— Quelles conditions? fit Claude préoccupé.

— Ah! répondit Mariette, vous m'avez bien comprise: je veux dire que dans un temps donné cet homme-là voudrait être mon amant.

— Mais, continua Claude, si c'était un homme si peu semblable aux autres qu'il lui fût impossible d'aimer une femme qui vous eût ressemblé?

— Encore une fois, quel sentiment le guiderait alors? fit la jeune fille en rougissant légèrement. Si, à défaut d'un amour sérieux que je n'accepterai plus de personne, l'homme dont vous parlez était même exempt de désir, il froisserait peut-être ma vanité; mais, en s'intéressant à moi par pitié seulement il froisserait à coup sûr ma fierté. Ce ne serait ni un ami ni un amant; ce serait quelque chose comme un philanthrope, et je le refuserais. Si vous connaissez cet homme-là, vous pouvez le lui dire, acheva Mariette en relevant la tête devant Claude.

— Vous venez de lui parler vous-même, répondit celui-ci, et ayant remarqué un sourire sur les lèvres de Mariette, Claude ajouta: — Vous l'aviez deviné sans doute. Eh bien! oui, cet homme-là, c'est moi. Vous connaissant comme je vous connais, par vous-même, et sachant que vous êtes désormais incapable d'amour comme je le comprends, vous auriez pu vous fier à moi sans craindre que je vous imposasse des conditions, du moins de celles dont vous parliez tout à l'heure.

— D'ailleurs, vous avez une maîtresse, répliqua Mariette avec le même sourire.

— Quand à votre fierté, à qui toute pitié répugne, reprit le jeune

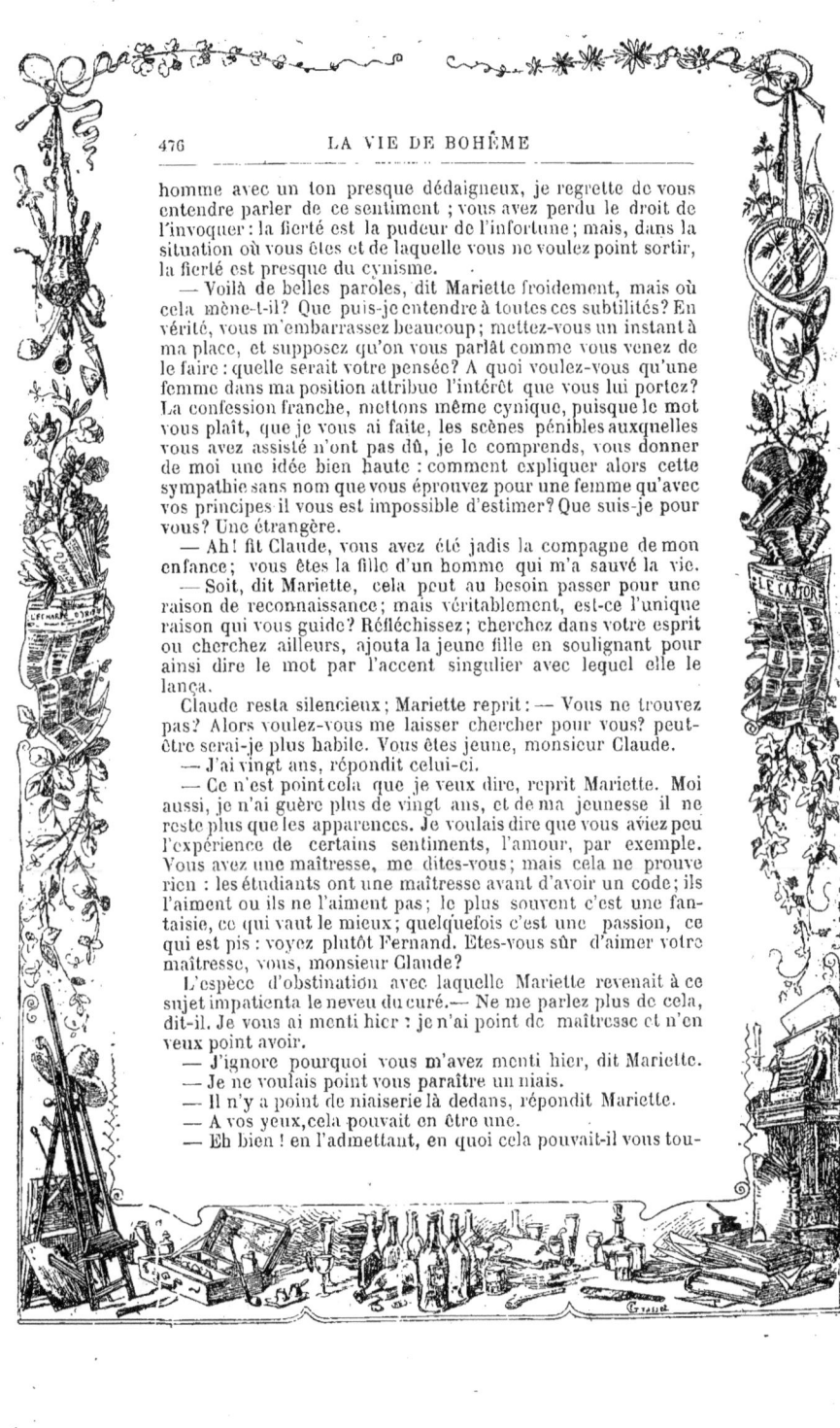

homme avec un ton presque dédaigneux, je regrette de vous entendre parler de ce sentiment ; vous avez perdu le droit de l'invoquer : la fierté est la pudeur de l'infortune ; mais, dans la situation où vous êtes et de laquelle vous ne voulez point sortir, la fierté est presque du cynisme.

— Voilà de belles paroles, dit Mariette froidement, mais où cela mène-t-il? Que puis-je entendre à toutes ces subtilités? En vérité, vous m'embarrassez beaucoup ; mettez-vous un instant à ma place, et supposez qu'on vous parlât comme vous venez de le faire : quelle serait votre pensée? A quoi voulez-vous qu'une femme dans ma position attribue l'intérêt que vous lui portez? La confession franche, mettons même cynique, puisque le mot vous plaît, que je vous ai faite, les scènes pénibles auxquelles vous avez assisté n'ont pas dû, je le comprends, vous donner de moi une idée bien haute : comment expliquer alors cette sympathie sans nom que vous éprouvez pour une femme qu'avec vos principes il vous est impossible d'estimer? Que suis-je pour vous? Une étrangère.

— Ah! fit Claude, vous avez été jadis la compagne de mon enfance ; vous êtes la fille d'un homme qui m'a sauvé la vie.

— Soit, dit Mariette, cela peut au besoin passer pour une raison de reconnaissance ; mais véritablement, est-ce l'unique raison qui vous guide? Réfléchissez ; cherchez dans votre esprit ou cherchez ailleurs, ajouta la jeune fille en soulignant pour ainsi dire le mot par l'accent singulier avec lequel elle le lança.

Claude resta silencieux ; Mariette reprit : — Vous ne trouvez pas? Alors voulez-vous me laisser chercher pour vous? peut-être serai-je plus habile. Vous êtes jeune, monsieur Claude.

— J'ai vingt ans, répondit celui-ci.

— Ce n'est point cela que je veux dire, reprit Mariette. Moi aussi, je n'ai guère plus de vingt ans, et de ma jeunesse il ne reste plus que les apparences. Je voulais dire que vous aviez peu l'expérience de certains sentiments, l'amour, par exemple. Vous avez une maîtresse, me dites-vous ; mais cela ne prouve rien : les étudiants ont une maîtresse avant d'avoir un code ; ils l'aiment ou ils ne l'aiment pas ; le plus souvent c'est une fantaisie, ce qui vaut le mieux ; quelquefois c'est une passion, ce qui est pis : voyez plutôt Fernand. Etes-vous sûr d'aimer votre maîtresse, vous, monsieur Claude?

L'espèce d'obstination avec laquelle Mariette revenait à ce sujet impatienta le neveu du curé. — Ne me parlez plus de cela, dit-il. Je vous ai menti hier : je n'ai point de maîtresse et n'en veux point avoir.

— J'ignore pourquoi vous m'avez menti hier, dit Mariette.

— Je ne voulais point vous paraître un niais.

— Il n'y a point de niaiserie là dedans, répondit Mariette.

— A vos yeux, cela pouvait en être une.

— Eh bien! en l'admettant, en quoi cela pouvait-il vous toucher? que vous importait mon opinion? Valait-elle qu'on lui fît l'honneur d'un mensonge... assez compliqué... ajouta la jeune fille, puisque tout à l'heure vous m'avez dit que vous étiez réconcilié avec cette maîtresse de votre imagination, puisque vous aviez même entrepris la statistique de ses vertus? Qu'est-ce que toutes ces diplomaties... de mensonges et de démentis? Qui m'assure que ce n'est pas maintenant que vous mentez en désavouant cette maîtresse.

— Ah! je vous jure!... s'écria Claude.

— Pourquoi la solennité de ce serment? continua Mariette impitoyable.

— C'est pour vous convaincre.

— Et que voulez-vous faire de ma conviction?

A cette réponse posée devant lui comme un point d'interrogation, Claude ne put s'empêcher de rougir. Il sentit cette rougeur qui lui couvrait le visage, et son embarras ne fit que redoubler. Il chercha une réponse dans son esprit, mais il n'y trouva que le trouble où l'avaient jeté les paroles de Mariette. Celle-ci le tenait sous son regard et riait toujours de ce même sourire un peu railleur. Claude, ne sachant que dire, employa la ressource des gens timides, il fut impertinent et crut se tirer d'affaire en répondant aigrement : — Il n'y a qu'une fille comme vous qui puisse trouver du ridicule à ce qu'un jeune homme se tienne à l'écart des mauvaises liaisons.

— Qui vous parle de cela? répondit Mariette sans paraître offensée. Vous me trouvez étrange, mais vous êtes assez singulier vous-même : vous vous efforcez de me convaincre d'une chose, parce que vous supposez qu'elle ne m'est pas indifférente, en quoi votre supposition a bien tort, par parenthèse; je vous demande la raison de votre insistance; vous ne voulez pas la donner, parce que vous craignez d'en dire trop long. Vous êtes libre; cela ne m'empêcherait pas de deviner, si je voulais deviner. Mais, ajouta-t-elle en prenant la main de Claude, un conseil pour l'avenir : quand vous ne voudrez pas qu'on voie votre jeu, cachez donc mieux vos cartes.

— Je ne comprends pas, fit Claude, réellement déconcerté par ces façons de langage.

— Voulez-vous un dictionnaire? dit Mariette.

— Je vous assure que je ne sais pas,... balbutia Claude de plus en plus embarrassé; je ne sais pas ce que vous voulez dire.

— Quelle innocence! s'écria Mariette en frappant dans ses mains; dirait-on pas Chérubin? Gageons que vous cachez quelque part les rubans de la comtesse! Décidément, reprit-elle, vous ne voulez point parler; une fois, deux fois, non? Eh bien! soit; d'ailleurs vos paroles ne m'apprendraient rien que je ne sache déjà.

— Que savez-vous? fit Claude vraiment inquiet.

— Au fait, reprit Mariette à voix basse, vous n'en savez

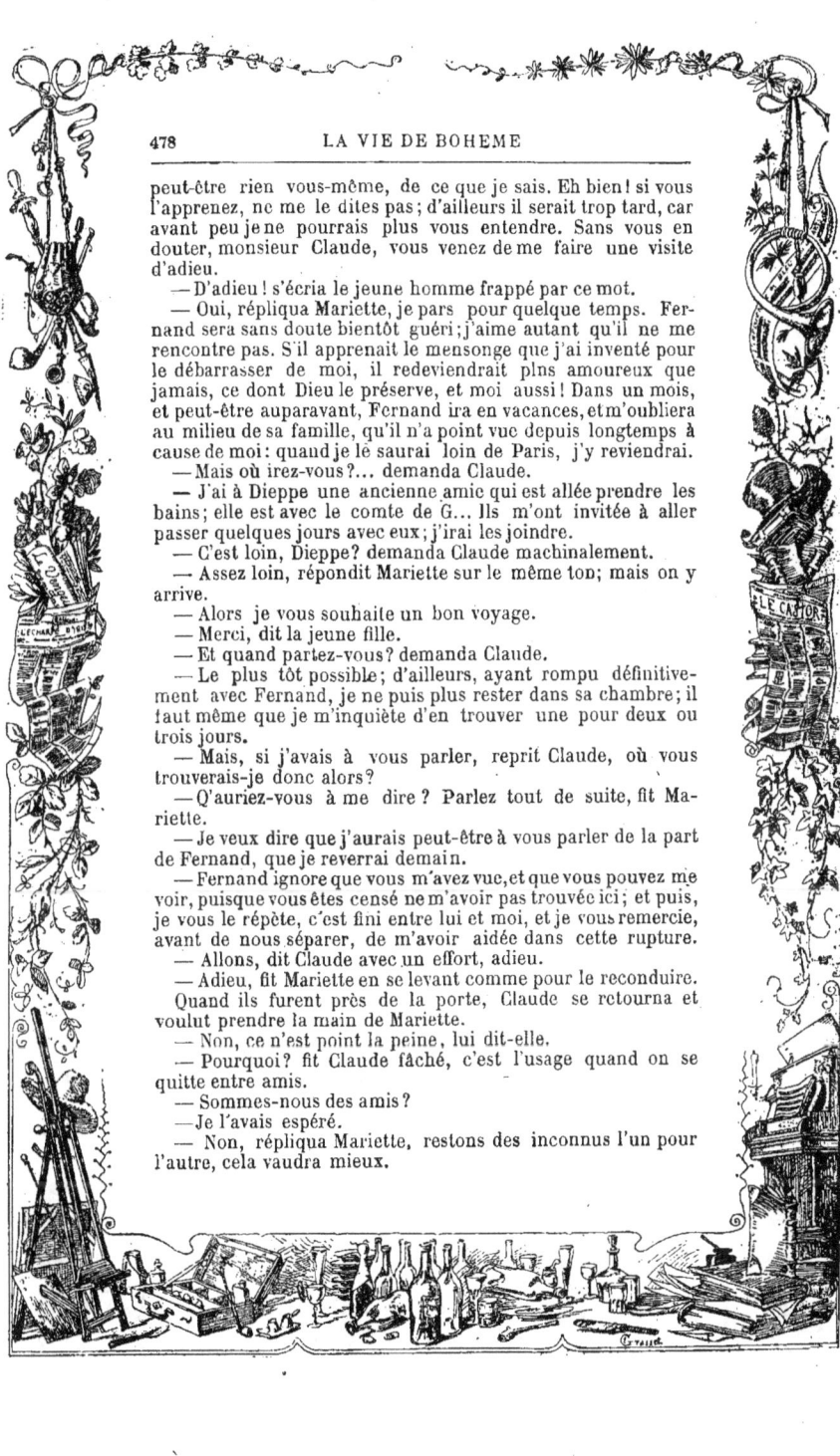

peut-être rien vous-même, de ce que je sais. Eh bien! si vous l'apprenez, ne me le dites pas; d'ailleurs il serait trop tard, car avant peu je ne pourrais plus vous entendre. Sans vous en douter, monsieur Claude, vous venez de me faire une visite d'adieu.

— D'adieu! s'écria le jeune homme frappé par ce mot.

— Oui, répliqua Mariette, je pars pour quelque temps. Fernand sera sans doute bientôt guéri; j'aime autant qu'il ne me rencontre pas. S'il apprenait le mensonge que j'ai inventé pour le débarrasser de moi, il redeviendrait plus amoureux que jamais, ce dont Dieu le préserve, et moi aussi! Dans un mois, et peut-être auparavant, Fernand ira en vacances, et m'oubliera au milieu de sa famille, qu'il n'a point vue depuis longtemps à cause de moi: quand je le saurai loin de Paris, j'y reviendrai.

— Mais où irez-vous?... demanda Claude.

— J'ai à Dieppe une ancienne amie qui est allée prendre les bains; elle est avec le comte de G... Ils m'ont invitée à aller passer quelques jours avec eux; j'irai les joindre.

— C'est loin, Dieppe? demanda Claude machinalement.

— Assez loin, répondit Mariette sur le même ton; mais on y arrive.

— Alors je vous souhaite un bon voyage.

— Merci, dit la jeune fille.

— Et quand partez-vous? demanda Claude.

— Le plus tôt possible; d'ailleurs, ayant rompu définitivement avec Fernand, je ne puis plus rester dans sa chambre; il faut même que je m'inquiète d'en trouver une pour deux ou trois jours.

— Mais, si j'avais à vous parler, reprit Claude, où vous trouverais-je donc alors?

— Q'auriez-vous à me dire? Parlez tout de suite, fit Mariette.

— Je veux dire que j'aurais peut-être à vous parler de la part de Fernand, que je reverrai demain.

— Fernand ignore que vous m'avez vue, et que vous pouvez me voir, puisque vous êtes censé ne m'avoir pas trouvée ici; et puis, je vous le répète, c'est fini entre lui et moi, et je vous remercie, avant de nous séparer, de m'avoir aidée dans cette rupture.

— Allons, dit Claude avec un effort, adieu.

— Adieu, fit Mariette en se levant comme pour le reconduire.

Quand ils furent près de la porte, Claude se retourna et voulut prendre la main de Mariette.

— Non, ce n'est point la peine, lui dit-elle.

— Pourquoi? fit Claude fâché, c'est l'usage quand on se quitte entre amis.

— Sommes-nous des amis?

— Je l'avais espéré.

— Non, répliqua Mariette, restons des inconnus l'un pour l'autre, cela vaudra mieux.

— Et vous ne voulez pas me donner la main? insista Claude.
— Je me souviens d'hier, vous serrez trop fort.

Avant qu'elle eût pu s'en défendre, Claude s'était emparé de sa main; il allait la porter à ses lèvres, lorsque Mariette la retira brusquement et lui dit avec sa petite moue railleuse:

— Non, vous avez refusé mieux ce matin; je n'aime pas les caprices, et je prends ma revanche.

Claude la salua et sortit rapidement.

XIV

En quittant Mariette, Claude ne voulut point rentrer chez lui; il craignait de rapporter dans son intérieur, encore si calme avant sa rencontre avec cette jeune fille, le trouble qu'elle avait fait naître en lui depuis deux jours, et particulièrement dans cette dernière entrevue. Il marcha au hasard, sans direction arrêtée, et s'aperçut seulement qu'il avait quitté le pavé des rues lorsqu'il entendit crier sous ses pas le sable des allées du Luxembourg. Il était trois heures de l'après-midi, et ce jour-là véritablement on eût dit qu'à la suite d'un brusque cataclysme Paris avait été transporté sous le méridien de Calcutta: le jardin était presque désert et silencieux; mais, en prêtant l'oreille, on aurait pu entendre le lion du Zodiaque rugir et bondir dans les plaines incendiées du ciel. Sur les murs et les toits du palais ruisselait une lumière incandescente dont l'éclat repoussait le regard, et les eaux du bassin semblaient un lac d'argent figé, où la blanche escadre des cygnes traçait à peine un léger sillage. Aucun souffle d'air ne traversait cette atmosphère embrasée à suffoquer une salamandre, et les feuillages immobiles rappelaient à l'imagination la forêt pétrifiée de la Belle au Bois dormant. Claude alla s'asseoir sous les marronniers d'où tombait une fraîcheur bienfaisante, et, avec l'inquiétude d'un homme qui, ayant le pressentiment d'une mauvaise nouvelle, n'ose pas ouvrir les lettres qu'on lui adresse, il hésita longtemps à regarder au fond de lui-même pour savoir ce qui s'y passait.

Un fait bizarre, peu croyable en apparence, et cependant accrédité dans l'esprit de bien des gens, c'est qu'il existe certaines épidémies qui se gagnent pour ainsi dire par la peur qu'on en a, ou par les soins que l'on prend pour les éviter. Il en est peut-être de même à l'égard de certaines passions auxquelles on succombe à son insu dans l'instant où l'on s'en croyait le plus éloigné. C'était à peu près ce qui était arrivé à Claude Selon les caractères et les circonstances, les passions éclatent avec la rapidité du coup de foudre apoplectique, ou se révèlen avec une lenteur contenue qui déjoue la prudence de ceux qui veulent les repousser.

Ainsi pendant cinq à six mois, et tant qu'il n'avait été menacé par aucun danger, puisqu'il vivait en dehors de toute relation, Claude avait fait bonne garde autour de lui-même; mais sa vigilance, lassée par ce perpétuel état de qui-vive, s'était laissé mettre en défaut au moment même où elle aurait dû être plus active. La première fois qu'un hasard, qu'il n'avait pu prévoir, lui avait fait retrouver Mariette, il s'était présenté chez elle avec les préventions que Fernand lui avait inspirées; mais, au lieu d'une créature tout à fait vile, il avait vu une femme dont les manières et le langage modifièrent singulièrement l'idée qu'il s'était faite d'elle. A cela était venu se joindre ensuite l'intérêt qu'avait excité en lui l'histoire de la jeune fille. Nous avons fait connaître l'impression qu'elle lui avait causée : si, comme Mariette le lui avait dit, Claude avait eu plus d'expérience de certains sentiments, en découvrant la place que le souvenir et l'image de la jeune fille occupaient déjà dans sa pensée, il aurait compris sur-le-champ qu'il était temps de se défier de lui-même et d'elle-même; mais il en était déjà arrivé à raisonner avec ses scrupules. Comme nous l'avons vu faire, il imaginait que son intervention entre Mariette et Fernand était une occasion dont il devait tirer un utile profit d'enseignement, et si une voix lui demandait tout bas : N'est-ce point plutôt une occasion dont tu veux profiter pour revoir Mariette? il feignait de ne point entendre. Quant à ces agitations intérieures, qu'il ne pouvait nier, il les attribuait au contact des événements intimes auxquels il se trouvait mêlé, et se persuadait qu'il les verrait disparaître dès l'instant où sa mission serait achevée. Le sophisme lui était devenu subitement familier, et il s'en servait en toute circonstance pour se démontrer qu'il ne courait aucun danger, et qu'en agissant comme il le faisait, il ne s'éloignait point de la ligne de conduite qu'il s'était primitivement tracée. Les places les mieux défendues offrent toujours un point où la résistance a été négligée. Il n'est point de si solide muraille qui n'ait sa pierre tombée, et l'étroite fissure où l'hirondelle fait son nid peut, le jour du siège, devenir assez large pour laisser passer une armée entière. La forteresse de placidité derrière laquelle Claude se croyait si bien en sûreté n'en était plus même à sa première pierre tombée. Pendant qu'il essayait de se donner le change à lui-même, la brèche avait été ouverte, et la passion victorieuse avait pénétré dans la place rebelle.

Ce fut là ce que Claude découvrit dans son tête-à-tête avec lui-même, sous ces marronniers du Luxembourg où son cœur avait déjà une fois senti un vague éveil, où l'autre soir il s'était promené avec Mariette. Son orgueil se révolta d'abord à l'idée qu'il était amoureux de cette fille. Il essaya de douter encore. Il tenta de donner un autre nom au sentiment dont il subissait

Et ce qui se cache d'immoralité réelle au fond de cette morale de convention.

déjà l'oppression tyrannique; mais l'évidence lui répondait. Que faisait-il en effet, à cette heure, sur cette promenade déserte, le front brûlant, le cœur en émoi, n'ayant qu'une pensée ? Pourquoi n'était-il point chez lui, penché sur son travail, l'esprit libre, le front calme et le cœur tranquille ? Alors Claude adopta tout à coup un nouveau système : il voulut parlementer avec sa passion naissante, il s'efforça de la réduire aux proportions banales d'un caprice ; il en était déjà arrivé à établir des nuances et à les comprendre. Il se complut dans cette assurance fanfaronne et accepta du premier coup cette brutale pensée. Quatre ou cinq heures après .voir refusé niaisement d'embrasser une femme sur le front, il sautait du haut en bas de l'échelle des concessions. Etrange faiblesse! amour-propre étrange ! il ne voulait point avouer un sentiment, et se réfugiait dans un désir. Mais un incident imprévu vint subitement troubler l'assurance fanfaronne au milieu de laquelle il se complaisait depuis un moment; son regard, qui errait vaguement, fut attiré par un nom qu'il venait d'apercevoir au milieu de diverses inscriptions faites au crayon, ou avec la pointe d'un couteau, sur le piédestal de la statue de Velléda, auprès de laquelle il était assis. Claude s'approcha et lut sur le marbre l'inscription suivante, inspirée sans doute par la rancune ou le dépit d'un galant évincé :

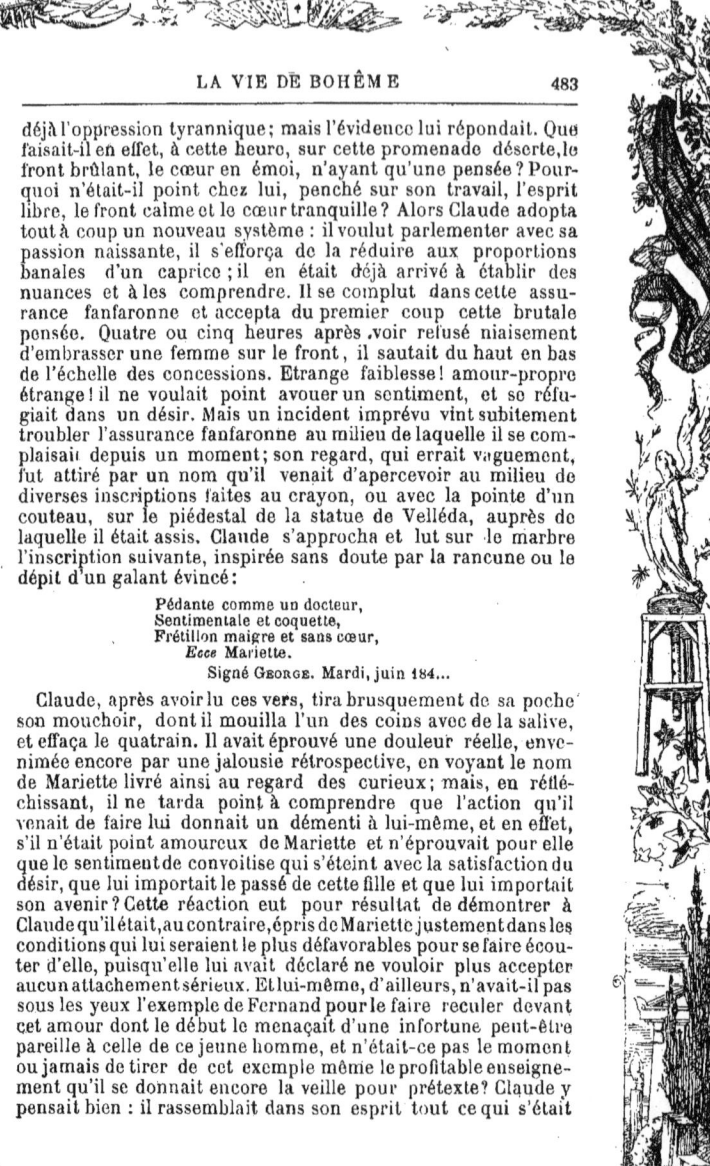

> Pédante comme un docteur,
> Sentimentale et coquette,
> Frétillon maigre et sans cœur,
> *Ecce* Mariette.
>
> Signé George. Mardi, juin 184...

Claude, après avoir lu ces vers, tira brusquement de sa poche son mouchoir, dont il mouilla l'un des coins avec de la salive, et effaça le quatrain. Il avait éprouvé une douleur réelle, envenimée encore par une jalousie rétrospective, en voyant le nom de Mariette livré ainsi au regard des curieux; mais, en réfléchissant, il ne tarda point à comprendre que l'action qu'il venait de faire lui donnait un démenti à lui-même, et en effet, s'il n'était point amoureux de Mariette et n'éprouvait pour elle que le sentiment de convoitise qui s'éteint avec la satisfaction du désir, que lui importait le passé de cette fille et que lui importait son avenir ? Cette réaction eut pour résultat de démontrer à Claude qu'il était, au contraire, épris de Mariette justement dans les conditions qui lui seraient le plus défavorables pour se faire écouter d'elle, puisqu'elle lui avait déclaré ne vouloir plus accepter aucun attachement sérieux. Et lui-même, d'ailleurs, n'avait-il pas sous les yeux l'exemple de Fernand pour le faire reculer devant cet amour dont le début le menaçait d'une infortune peut-être pareille à celle de ce jeune homme, et n'était-ce pas le moment ou jamais de tirer de cet exemple même le profitable enseignement qu'il se donnait encore la veille pour prétexte? Claude y pensait bien : il rassemblait dans son esprit tout ce qui s'était

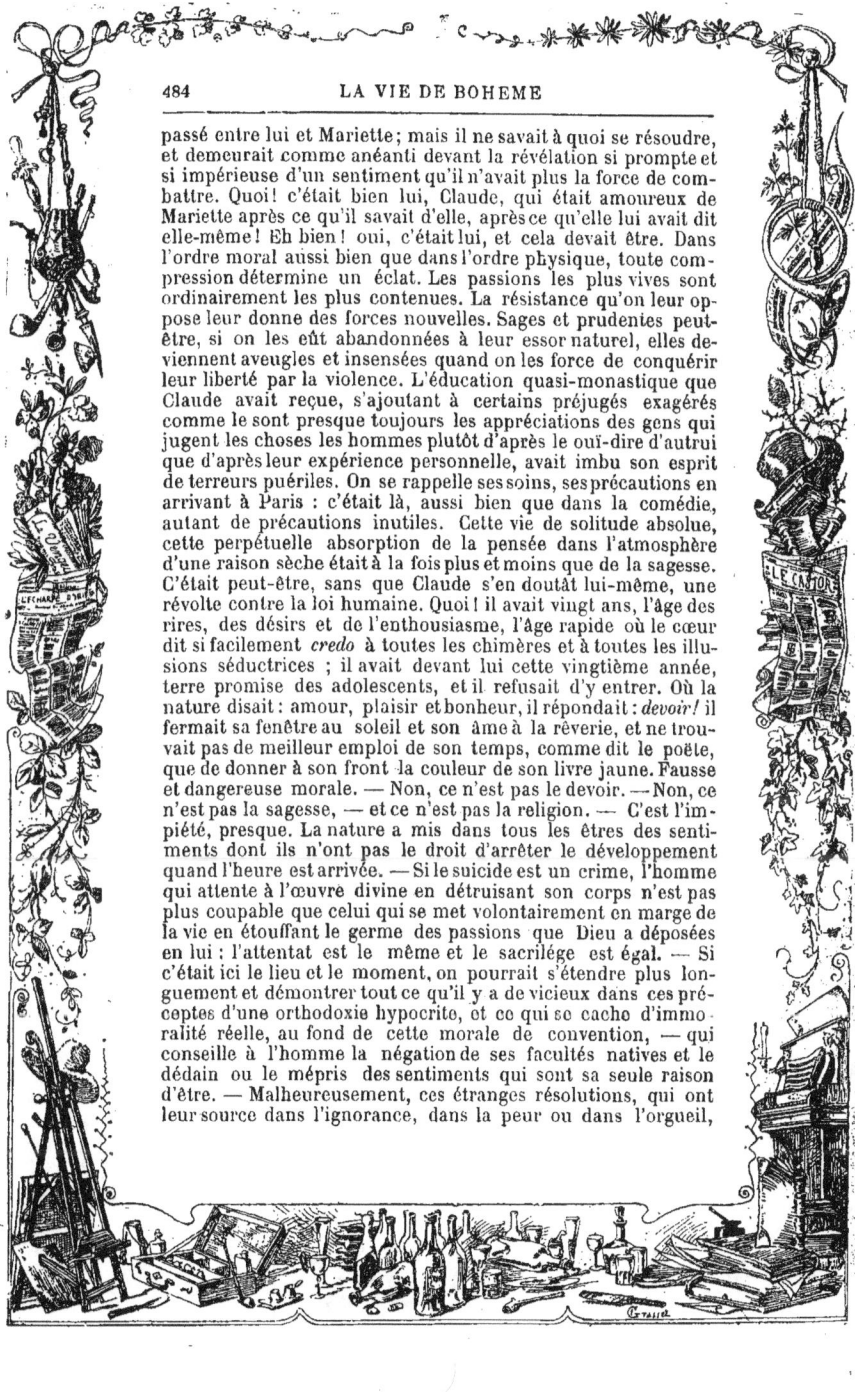

passé entre lui et Mariette ; mais il ne savait à quoi se résoudre, et demeurait comme anéanti devant la révélation si prompte et si impérieuse d'un sentiment qu'il n'avait plus la force de combattre. Quoi! c'était bien lui, Claude, qui était amoureux de Mariette après ce qu'il savait d'elle, après ce qu'elle lui avait dit elle-même! Eh bien! oui, c'était lui, et cela devait être. Dans l'ordre moral aussi bien que dans l'ordre physique, toute compression détermine un éclat. Les passions les plus vives sont ordinairement les plus contenues. La résistance qu'on leur oppose leur donne des forces nouvelles. Sages et prudentes peut-être, si on les eût abandonnées à leur essor naturel, elles deviennent aveugles et insensées quand on les force de conquérir leur liberté par la violence. L'éducation quasi-monastique que Claude avait reçue, s'ajoutant à certains préjugés exagérés comme le sont presque toujours les appréciations des gens qui jugent les choses les hommes plutôt d'après le ouï-dire d'autrui que d'après leur expérience personnelle, avait imbu son esprit de terreurs puériles. On se rappelle ses soins, ses précautions en arrivant à Paris : c'était là, aussi bien que dans la comédie, autant de précautions inutiles. Cette vie de solitude absolue, cette perpétuelle absorption de la pensée dans l'atmosphère d'une raison sèche était à la fois plus et moins que de la sagesse. C'était peut-être, sans que Claude s'en doutât lui-même, une révolte contre la loi humaine. Quoi! il avait vingt ans, l'âge des rires, des désirs et de l'enthousiasme, l'âge rapide où le cœur dit si facilement *credo* à toutes les chimères et à toutes les illusions séductrices ; il avait devant lui cette vingtième année, terre promise des adolescents, et il refusait d'y entrer. Où la nature disait : amour, plaisir et bonheur, il répondait : *devoir!* il fermait sa fenêtre au soleil et son âme à la rêverie, et ne trouvait pas de meilleur emploi de son temps, comme dit le poëte, que de donner à son front la couleur de son livre jaune. Fausse et dangereuse morale. — Non, ce n'est pas le devoir. — Non, ce n'est pas la sagesse, — et ce n'est pas la religion. — C'est l'impiété, presque. La nature a mis dans tous les êtres des sentiments dont ils n'ont pas le droit d'arrêter le développement quand l'heure est arrivée. — Si le suicide est un crime, l'homme qui attente à l'œuvre divine en détruisant son corps n'est pas plus coupable que celui qui se met volontairement en marge de la vie en étouffant le germe des passions que Dieu a déposées en lui : l'attentat est le même et le sacrilège est égal. — Si c'était ici le lieu et le moment, on pourrait s'étendre plus longuement et démontrer tout ce qu'il y a de vicieux dans ces préceptes d'une orthodoxie hypocrite, et ce qui se cache d'immoralité réelle, au fond de cette morale de convention, — qui conseille à l'homme la négation de ses facultés natives et le dédain ou le mépris des sentiments qui sont sa seule raison d'être. — Malheureusement, ces étranges résolutions, qui ont leur source dans l'ignorance, dans la peur ou dans l'orgueil, cette espèce de refus d'impôt du cœur à des passions qui sont les ressorts de l'humanité, ne sont pas de longue durée. La nature méconnue prend sa revanche tôt ou tard, et en arrivant sous certaines latitudes de la jeunesse,— les tempéraments les plus inertes en apparence finissent par s'amollir sous la flamme de l'immortel rayon ; — de même que la cire qui fond sur les vaisseaux qand ils approchent certaines régions de l'équateur. En adoptant ce singulier système de résistance, Claude ignorait une chose : c'est que le meilleur et le plus puissant préservatif contre la passion, c'est la passion même. En s'enfermant dans son isolement, s'il avait laissé plus souvent pénétrer entre lui et l'étude le souvenir de sa fiancée, au lieu de le consigner à sa porte comme il l'avait presque fait, nul doute que cet amour l'eût défendu contre tout autre ; mais, on se le rappelle, il s'était au contraire efforcé de l'oublier : il avait regretté de s'être abandonné un moment au charme enivrant de l'heure des adieux, aux chastes caresses qui avaient été comme le sceau du premier aveu, et, quand il y songeait, il se demandait s'il n'avait pas été un peu loin avec la fille du docteur, et s'estimait presque un séducteur, parce qu'il avait serré un peu tendrement la main de sa fiancée avant de lui avoir passé au doigt l'anneau qui devait la faire sa femme. Avec de pareilles idées, il était bien évident que Claude devait tomber amoureux de la première coquine avec laquelle il passerait seulement une heure. Ce n'était que l'affaire du temps et de l'occasion, et, pour Claude l'occasion était venue.

Cependant la chaleur de cette journée torride était tombée peu à peu, et quelques promeneurs commençaient à se montrer dans le jardin ; l'horloge du palais, qui sonna tout à coup, fit lever la tête à Claude et le tira pour un moment de sa rêverie. Il s'aperçut que l'heure à laquelle on dînait ordinairement à son hôtel était passée depuis longtemps. Toute une demi-journée s'était presque écoulée depuis qu'il était plongé dans ses perplexités, faisant tous ses efforts pour détacher de son esprit la pensée qui s'en était emparée, et sans cesse y étant ramené. Comme il venait de se lever de sa chaise, tourmenté subitement par un besoin de mouvement, deux jeunes gens passèrent devant lui en se tenant par le bras, et l'un deux fit un geste comme pour saluer Claude. C'était l'interne du médecin dont Claude suivait la clinique à la Charité. Claude lui avait machinalement rendu son salut, et avait déjà été dépassé par lui, lorsque l'interne revint brusquement sur ses pas comme un homme qui se ravise, et s'approcha de Claude :

— Pardon, lui demanda-t-il, n'êtes-vous point venu à la Charité aujourd'hui ?

— Oui, répondit Claude ; seulement, j'avais affaire et je n'ai pu venir qu'un peu tard, aussi ai-je manqué la clinique. Est-ce que vous avez eu besoin de moi ?

— Non, répondit l'interne ; mais il est arrivé tantôt un événe-

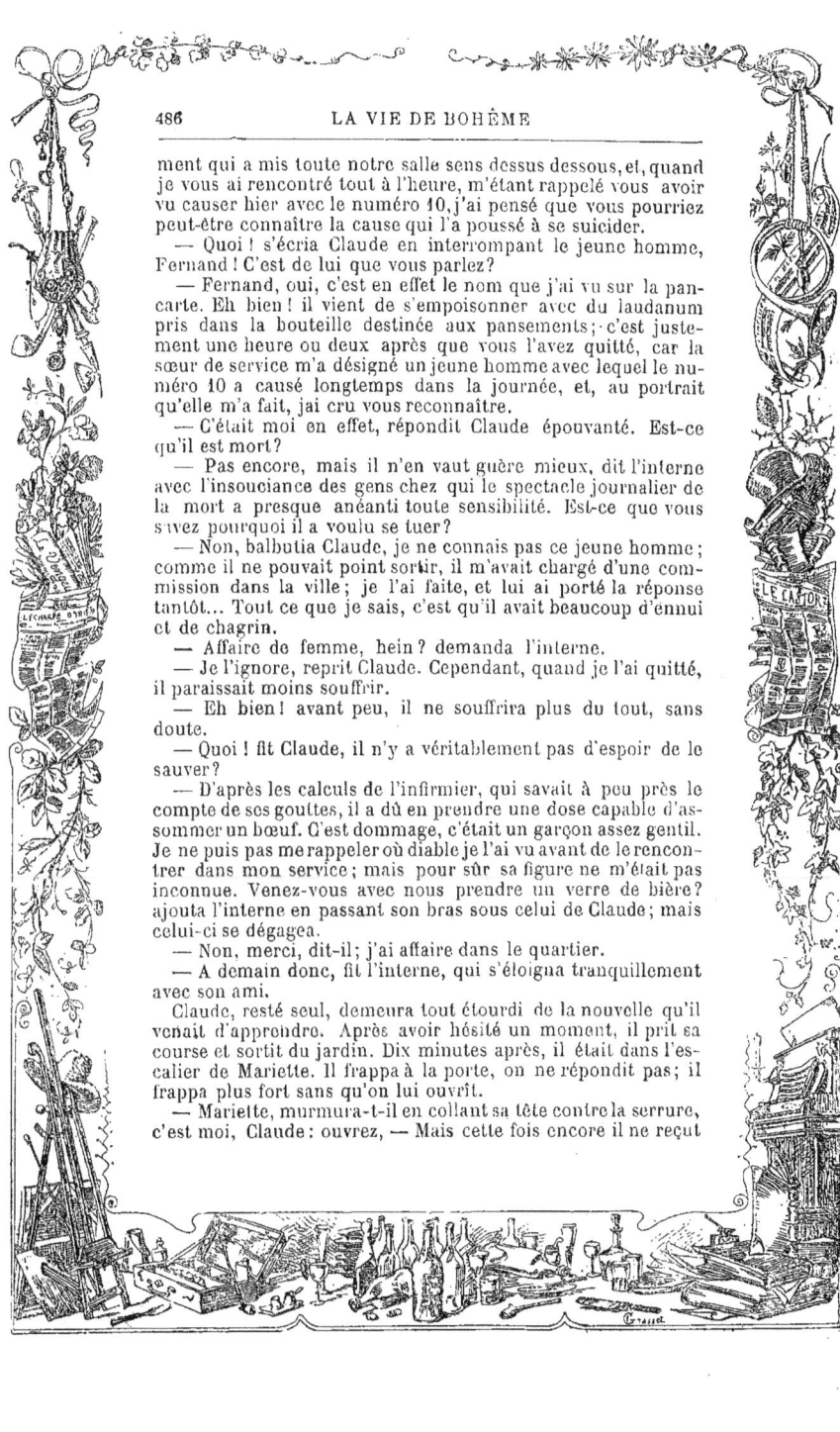

ment qui a mis toute notre salle sens dessus dessous, et, quand je vous ai rencontré tout à l'heure, m'étant rappelé vous avoir vu causer hier avec le numéro 10, j'ai pensé que vous pourriez peut-être connaître la cause qui l'a poussé à se suicider.

— Quoi ! s'écria Claude en interrompant le jeune homme, Fernand ! C'est de lui que vous parlez?

— Fernand, oui, c'est en effet le nom que j'ai vu sur la pancarte. Eh bien ! il vient de s'empoisonner avec du laudanum pris dans la bouteille destinée aux pansements; c'est justement une heure ou deux après que vous l'avez quitté, car la sœur de service m'a désigné un jeune homme avec lequel le numéro 10 a causé longtemps dans la journée, et, au portrait qu'elle m'a fait, jai cru vous reconnaître.

— C'était moi en effet, répondit Claude épouvanté. Est-ce qu'il est mort?

— Pas encore, mais il n'en vaut guère mieux, dit l'interne avec l'insouciance des gens chez qui le spectacle journalier de la mort a presque anéanti toute sensibilité. Est-ce que vous savez pourquoi il a voulu se tuer?

— Non, balbutia Claude, je ne connais pas ce jeune homme; comme il ne pouvait point sortir, il m'avait chargé d'une commission dans la ville; je l'ai faite, et lui ai porté la réponse tantôt... Tout ce que je sais, c'est qu'il avait beaucoup d'ennui et de chagrin.

— Affaire de femme, hein? demanda l'interne.

— Je l'ignore, reprit Claude. Cependant, quand je l'ai quitté, il paraissait moins souffrir.

— Eh bien ! avant peu, il ne souffrira plus du tout, sans doute.

— Quoi ! fit Claude, il n'y a véritablement pas d'espoir de le sauver?

— D'après les calculs de l'infirmier, qui savait à peu près le compte de ses gouttes, il a dû en prendre une dose capable d'assommer un bœuf. C'est dommage, c'était un garçon assez gentil. Je ne puis pas me rappeler où diable je l'ai vu avant de le rencontrer dans mon service; mais pour sûr sa figure ne m'était pas inconnue. Venez-vous avec nous prendre un verre de bière? ajouta l'interne en passant son bras sous celui de Claude; mais celui-ci se dégagea.

— Non, merci, dit-il; j'ai affaire dans le quartier.

— A demain donc, fit l'interne, qui s'éloigna tranquillement avec son ami.

Claude, resté seul, demeura tout étourdi de la nouvelle qu'il venait d'apprendre. Après avoir hésité un moment, il prit sa course et sortit du jardin. Dix minutes après, il était dans l'escalier de Mariette. Il frappa à la porte, on ne répondit pas; il frappa plus fort sans qu'on lui ouvrît.

— Mariette, murmura-t-il en collant sa tête contre la serrure, c'est moi, Claude: ouvrez, — Mais cette fois encore il ne reçut pas de réponse. Comme il appelait de nouveau, une voisine ouvrit la porte et parut sur le carré.

— Qui demandez-vous? dit-elle à Claude.
— Mademoiselle Mariette.
— Je crois qu'elle ne loge plus ici; je l'ai vue descendre dans la journée avec un commissionnaire qui portait des malles. Le portier vous dira peut-être sa nouvelle adresse.

Claude remercia la voisine et descendit à la loge du portier.

Mademoiselle Mariette n'a point dit où elle allait, lui fut-il répondu; mais la femme du concierge ajouta :

— Le commissionnaire qui est en face, près du marchand de vin, le sait peut-être; c'est lui qui a fait son déménagement.

Claude descendit dans la rue, aperçut l'homme qu'on lui avait indiqué, et qui fit d'abord la sourde oreille aux renseignements qu'on lui demandait; mais une pièce de monnaie qu'il sentit couler dans sa main le fit parler. Mariette logeait actuellement rue de Vaugirard. Claude y courut. Mariette était chez elle. Cette fois Claude ne prit point la peine de frapper, il trouva la clef sur la porte et il entra. Mariette était seule, occupée à se tirer la bonne aventure avec un jeu de cartes étalé devant elle. Dérangée par le bruit que Claude avait fait en entrant, elle se leva brusquement et regarda le jeune homme avec surprise.

— C'est vous? lui dit-elle durement.
— C'est moi, fit Claude en s'asseyant sans qu'on l'en eût prié.
— Vous êtes sans gêne, fit Mariette; où avez-vous vu qu'on entrait chez une femme sans frapper? Les cartes ont bien raison, elles m'annonçaient tout à l'heure la visite d'un homme de campagne. Il faut en effet être bien paysan pour avoir si peu d'usage. Qui vous a dit que vous me trouveriez ici? demanda-t-elle sur un autre ton.
— Qu'importe? fit Claude, je l'ai su.
— Et pourquoi donc me poursuivez-vous?... qui vous l'a permis?..... êtes-vous sûr de ne pas me gêner?
— Gêner! Comment? fit Claude.
— Enfin, dit Mariette, que savez-vous?... que me voulez-vous? ajouta-t-elle en frappant du pied. Est-ce que vous avez oublié quelque chose chez moi tantôt?... votre montre, votre canne?... Je n'ai rien trouvé, je vous en préviens.
— Marianne, fit Claude, j'ai à vous parler, asseyez-vous.
— Je ne m'assieds pas; je suis lasse d'être assise... On meurt de chaleur ici, reprit la jeune fille en allant lever sa jalousie.
— J'ai à vous parler, dit Claude gravement.
— Eh bien! vous avez une bouche, et j'ai des oreilles... je vous écoute. Soyez bref, j'ai à sortir.
— Et vous allez?...
— Je vais au bal.
— Marianne, reprit Claude, c'est impossible, vous n'irez pas au bal ce soir.

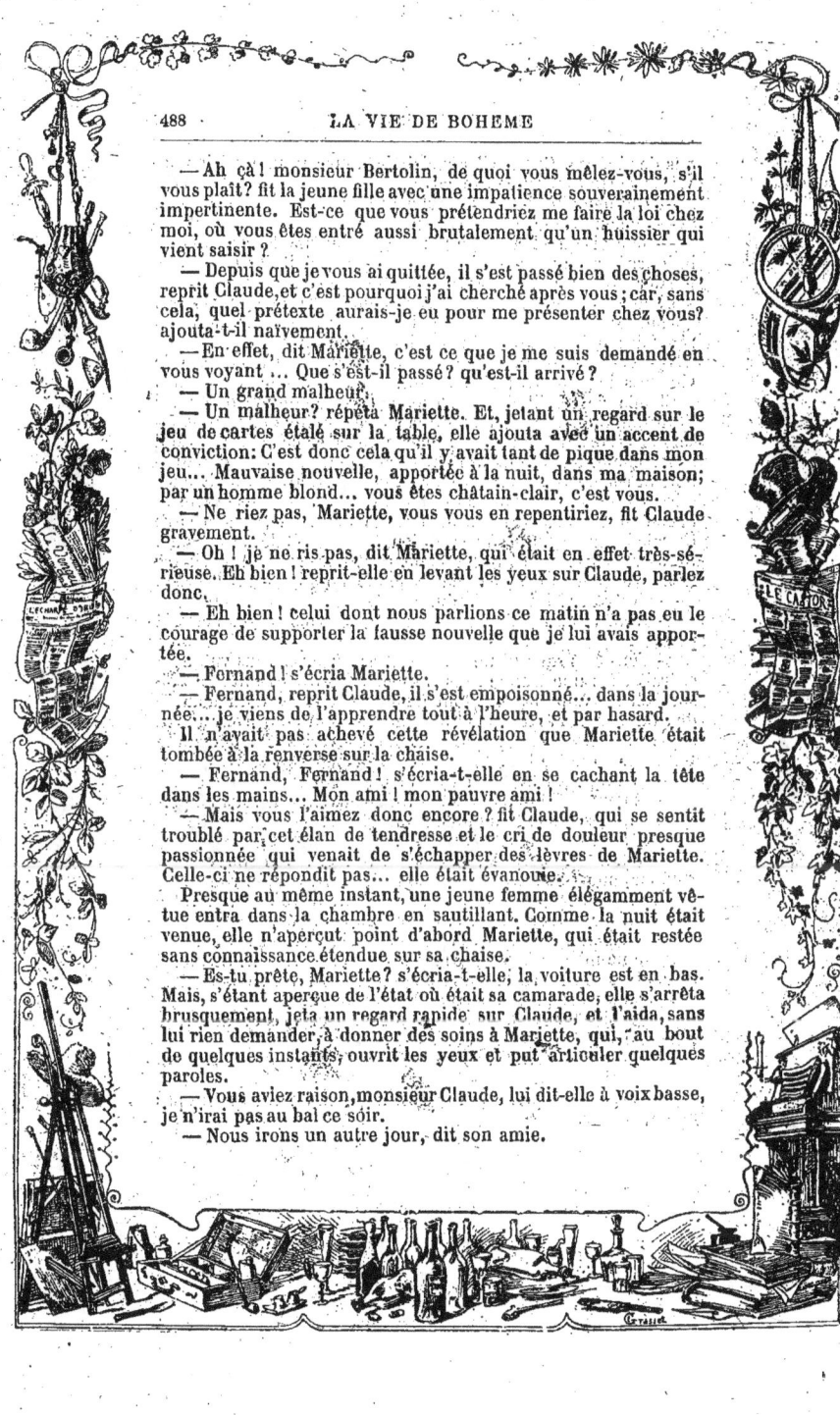

— Ah çà! monsieur Bertolin, de quoi vous mêlez-vous, s'il vous plaît? fit la jeune fille avec une impatience souverainement impertinente. Est-ce que vous prétendriez me faire la loi chez moi, où vous êtes entré aussi brutalement qu'un huissier qui vient saisir?

— Depuis que je vous ai quittée, il s'est passé bien des choses, reprit Claude, et c'est pourquoi j'ai cherché après vous; car, sans cela, quel prétexte aurais-je eu pour me présenter chez vous? ajouta-t-il naïvement.

— En effet, dit Mariette, c'est ce que je me suis demandé en vous voyant... Que s'est-il passé? qu'est-il arrivé?

— Un grand malheur.

— Un malheur? répéta Mariette. Et, jetant un regard sur le jeu de cartes étalé sur la table, elle ajouta avec un accent de conviction: C'est donc cela qu'il y avait tant de pique dans mon jeu... Mauvaise nouvelle, apportée à la nuit, dans ma maison; par un homme blond... vous êtes châtain-clair, c'est vous.

— Ne riez pas, Mariette, vous vous en repentiriez, fit Claude gravement.

— Oh! je ne ris pas, dit Mariette, qui était en effet très-sérieuse. Eh bien! reprit-elle en levant les yeux sur Claude, parlez donc.

— Eh bien! celui dont nous parlions ce matin n'a pas eu le courage de supporter la fausse nouvelle que je lui avais apportée.

— Fernand! s'écria Mariette.

— Fernand, reprit Claude, il s'est empoisonné... dans la journée... je viens de l'apprendre tout à l'heure, et par hasard.

Il n'avait pas achevé cette révélation que Mariette était tombée à la renverse sur la chaise.

— Fernand, Fernand! s'écria-t-elle en se cachant la tête dans les mains... Mon ami! mon pauvre ami!

— Mais vous l'aimez donc encore? fit Claude, qui se sentit troublé par cet élan de tendresse et le cri de douleur presque passionnée qui venait de s'échapper des lèvres de Mariette. Celle-ci ne répondit pas... elle était évanouie.

Presque au même instant, une jeune femme élégamment vêtue entra dans la chambre en sautillant. Comme la nuit était venue, elle n'aperçut point d'abord Mariette, qui était restée sans connaissance étendue sur sa chaise.

— Es-tu prête, Mariette? s'écria-t-elle; la voiture est en bas. Mais, s'étant aperçue de l'état où était sa camarade, elle s'arrêta brusquement, jeta un regard rapide sur Claude, et l'aida, sans lui rien demander, à donner des soins à Mariette, qui, au bout de quelques instants, ouvrit les yeux et put articuler quelques paroles.

— Vous aviez raison, monsieur Claude, lui dit-elle à voix basse, je n'irai pas au bal ce soir.

— Nous irons un autre jour, dit son amie.

LA VIE DE BOHÊME

Quoi ! c'est vous, mon gendre

— Jamais, murmura Mariette en regardant Claude avec des yeux noyés de larmes.

Claude la quitta au bout de quelques instants, en lui promettant de revenir le lendemain.

XV

Un soir du mois de septembre, environ trois mois après la scène que nous venons de raconter, Claude Bertolin, surpris par un orage violent qui venait d'éclater, s'était réfugié dans un café du quartier latin, où il demeurait toujours. Près de la table où il était assis, deux jeunes gens causaient, et quelques mots de leur conversation éveillèrent la curiosité de Claude, qui écouta leur entretien tout en feignant de lire un journal.

— Oui, mon cher Edouard, disait l'un d'eux, j'étais sûr que cela te paraîtrait incroyable, et cependant c'est comme cela.

— Et depuis quand ? demanda l'autre jeune homme sur le ton de la plus profonde surprise.

— Depuis environ trois mois. Au reste, la dernière fois que je l'ai vue, elle semblait déjà méditer quelque grave résolution. Il courait alors une assez méchante histoire sur son compte : on prétendait qu'un jeune homme, nommé Fernand, avait failli s'empoisonner dans l'hôpital où il était, en apprenant que Mariette s'était sauvée avec un de ses voisins, deux heures après l'avoir vu au moment de rendre le dernier soupir.

— Ah! fit Edouard, sans cœur! c'est bien la même femme que j'ai connue jadis!

— C'est égal, répliqua l'autre jeune homme, c'était une réjouissante créature. Quand elle était en face d'une bouteille vide ou pleine elle faisait des professions de foi à donner la chair de poule à Satan lui-même. Au reste, elle ne nous aimait guère, nous autres étudiants, et elle ne se gênait pas pour nous le dire.

En ce moment, un jeune homme tout ruisselant de pluie, entra dans le café, s'approcha vivement des deux personnes, dont Claude écoutait la conversation, en manifestant une grande surprise.

— Comment, Edouard! c'est toi? s'écria-t-il en serrant la main de l'un des jeunes gens, est-ce que tu reviens à Paris ? nous restes-tu longtemps ?

— Je repars dans deux jours, répondit Edouard ; je suis venu accompagner mon futur beau-père et ma prétendue.

— Tu te maries?

— Hélas! et quand je dis hélas, j'ai tort : une jeune fille charmante, dont je suis parfaitement amoureux. Je l'épouse dans un mois, dans deux je serai notaire, et on m'appellera *mon cher maître*. Depuis trois jours que je suis ici, je paye mes

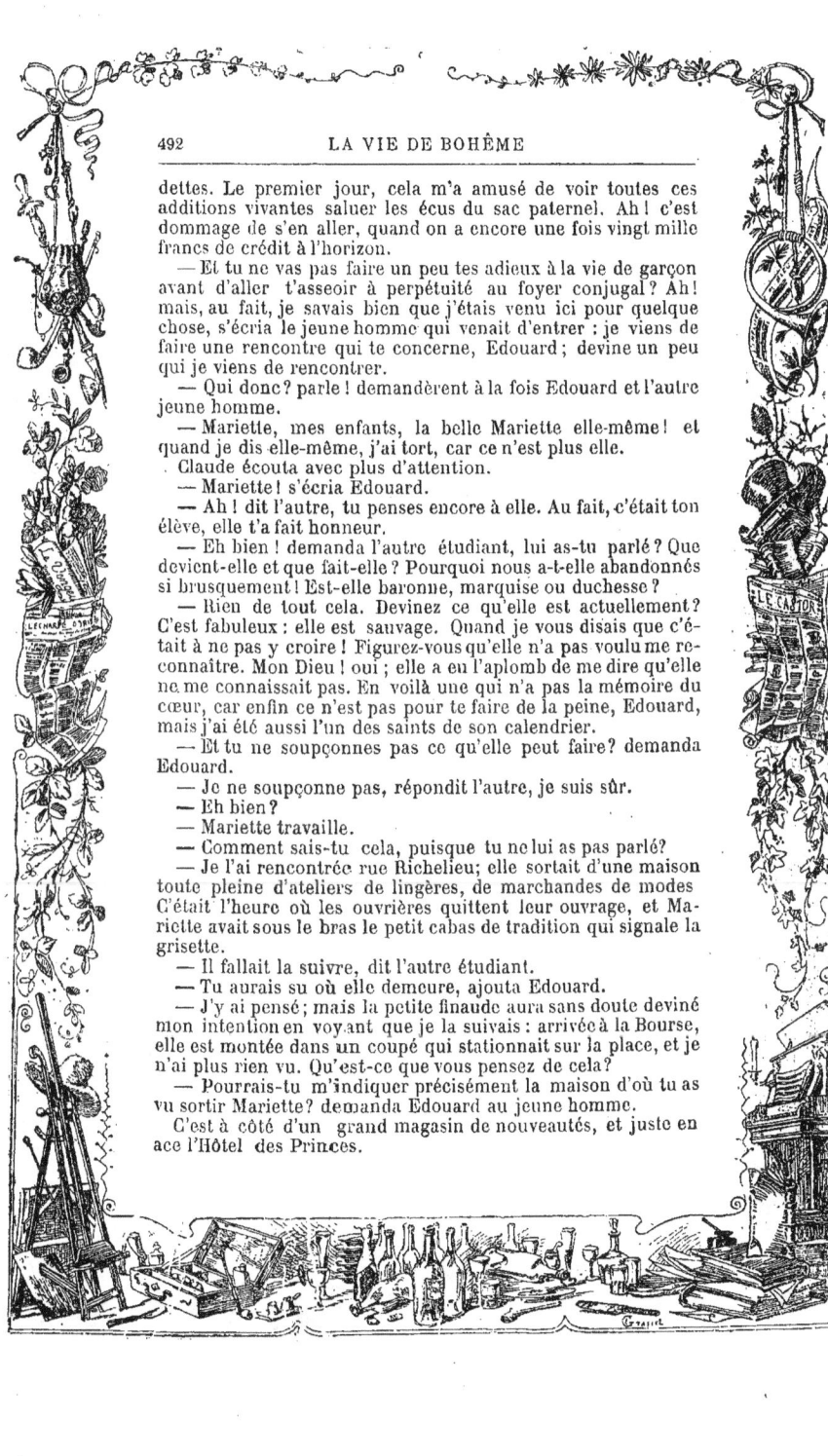

dettes. Le premier jour, cela m'a amusé de voir toutes ces additions vivantes saluer les écus du sac paternel. Ah! c'est dommage de s'en aller, quand on a encore une fois vingt mille francs de crédit à l'horizon.

— Et tu ne vas pas faire un peu tes adieux à la vie de garçon avant d'aller t'asseoir à perpétuité au foyer conjugal? Ah! mais, au fait, je savais bien que j'étais venu ici pour quelque chose, s'écria le jeune homme qui venait d'entrer : je viens de faire une rencontre qui te concerne, Edouard ; devine un peu qui je viens de rencontrer.

— Qui donc? parle! demandèrent à la fois Edouard et l'autre jeune homme.

— Mariette, mes enfants, la belle Mariette elle-même! et quand je dis elle-même, j'ai tort, car ce n'est plus elle.

Claude écouta avec plus d'attention.

— Mariette! s'écria Edouard.

— Ah! dit l'autre, tu penses encore à elle. Au fait, c'était ton élève, elle t'a fait honneur.

— Eh bien! demanda l'autre étudiant, lui as-tu parlé? Que devient-elle et que fait-elle? Pourquoi nous a-t-elle abandonnés si brusquement! Est-elle baronne, marquise ou duchesse?

— Rien de tout cela. Devinez ce qu'elle est actuellement? C'est fabuleux : elle est sauvage. Quand je vous disais que c'était à ne pas y croire! Figurez-vous qu'elle n'a pas voulu me reconnaître. Mon Dieu! oui; elle a eu l'aplomb de me dire qu'elle ne me connaissait pas. En voilà une qui n'a pas la mémoire du cœur, car enfin ce n'est pas pour te faire de la peine, Edouard, mais j'ai été aussi l'un des saints de son calendrier.

— Et tu ne soupçonnes pas ce qu'elle peut faire? demanda Edouard.

— Je ne soupçonne pas, répondit l'autre, je suis sûr.

— Eh bien?

— Mariette travaille.

— Comment sais-tu cela, puisque tu ne lui as pas parlé?

— Je l'ai rencontrée rue Richelieu; elle sortait d'une maison toute pleine d'ateliers de lingères, de marchandes de modes C'était l'heure où les ouvrières quittent leur ouvrage, et Mariette avait sous le bras le petit cabas de tradition qui signale la grisette.

— Il fallait la suivre, dit l'autre étudiant.

— Tu aurais su où elle demeure, ajouta Edouard.

— J'y ai pensé; mais la petite finaude aura sans doute deviné mon intention en voyant que je la suivais : arrivée à la Bourse, elle est montée dans un coupé qui stationnait sur la place, et je n'ai plus rien vu. Qu'est-ce que vous pensez de cela?

— Pourrais-tu m'indiquer précisément la maison d'où tu as vu sortir Mariette? demanda Edouard au jeune homme.

C'est à côté d'un grand magasin de nouveautés, et juste en ace l'Hôtel des Princes.

— C'est bien, dit Edouard. Messieurs, ajouta-t-il, vous me demandiez tout à l'heure si je ne comptais point faire mes adieux à la vie de jeune homme; je n'y songeais pas, mais ce que je viens d'apprendre m'en donne presque le désir. J'ai passé jadis, vous le savez, pour un *irrésistible;* mais depuis si longtemps que je n'ai pratiqué, je me serai rouillé sans doute. Je veux savoir où j'en suis, et c'est Mariette elle-même que je choisis pour faire cette épreuve. Cette conversion mystérieuse me pique au jeu; ce sera ma séduction de retraite.

— Mais, dit l'un des jeunes gens, en supposant que tu réussisses, qu'est-ce qui pourra nous le prouver?

— Comment ty prendras-tu? ajouta l'autre.

— Que vous importe? répliqua Edouard. Si demain soir vous me voyez arriver au bal avec Mariette à mon bras, me croirez-vous?

— Oui, mais prends garde à toi, dit en riant l'un des jeunes gens. Mariette est fille à te faire glisser sur le bord de ton contrat de mariage.

— Oh! n'ayez point peur, répondit Edouard, c'est une expérience que je veux faire.

— C'est que tu n'as pas été heureux jadis dans les expériences que tu voulais faire avec elle.

— C'est moins pour moi que pour vous que je travaille, Messieurs, dit Edouard. Je m'engage à ramener toute une soirée Mariette au milieu de vous; quand elle s'y trouvera, ce sera à vous de la retenir.

— Au succès de ton entreprise! répondirent les jeunes gens en choquant leurs verres.

— Claude appela le garçon, paya ce qu'il devait et sortit brusquement du café. Dix minutes après, il était rentré chez lui. Depuis trois mois, l'étudiant n'habitait plus le triste hôtel de la place Saint-Sulpice; il logeait dans une des rues tranquilles du quartier Vaugirard, où il avait trouvé à louer en garni une petite chambre dont les fenêtres s'ouvraient sur le magnifique horizon des campagnes voisines. Comme il mettait la clef dans sa serrure, une jeune femme parut sur le seuil d'une chambre voisine de la sienne. C'était Mariette.

— C'est vous, mon ami. Entrez donc chez moi; j'ai de bonnes nouvelles à vous donner.

— Moi aussi, Mariette, répondit Claude, j'ai à vous parler. — Et il entra dans la chambre de la jeune fille.

— Comme vous rentrez tard ce soir! lui dit-elle; il est presque dix heures.

— J'ai été retenu par le mauvais temps, répondit Claude d'un air embarrassé; mais vous, Mariette, que vous est-il donc arrivé? Vous paraissez toute joyeuse ce soir. Est-ce que vous avez fait une bonne rencontre? ajouta-t-il en observant la jeune fille.

— Que voulez-vous dire? fit Mariette. Je n'ai fait aucune

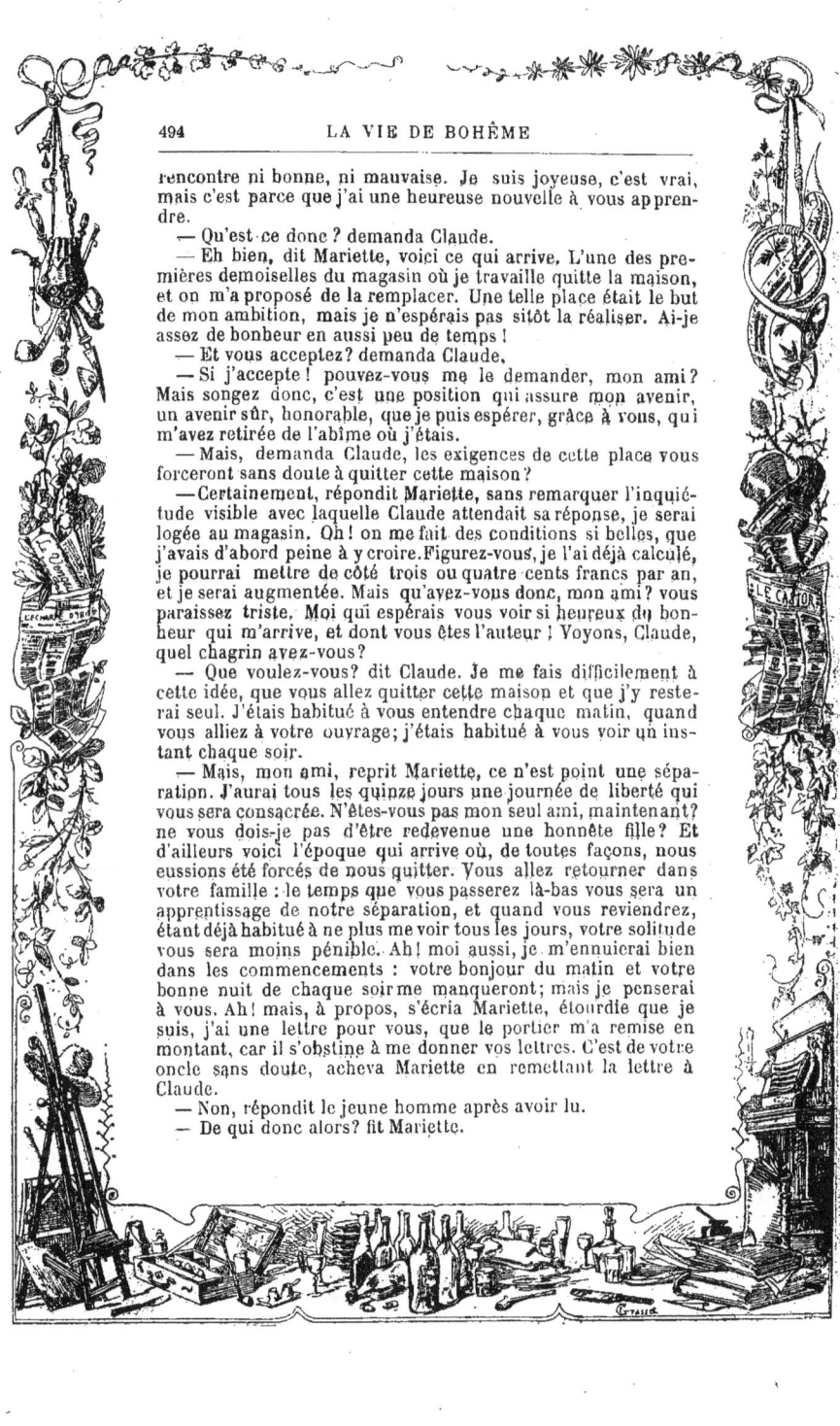

rencontre ni bonne, ni mauvaise. Je suis joyeuse, c'est vrai, mais c'est parce que j'ai une heureuse nouvelle à vous apprendre.

— Qu'est-ce donc? demanda Claude.

— Eh bien, dit Mariette, voici ce qui arrive. L'une des premières demoiselles du magasin où je travaille quitte la maison, et on m'a proposé de la remplacer. Une telle place était le but de mon ambition, mais je n'espérais pas sitôt la réaliser. Ai-je assez de bonheur en aussi peu de temps !

— Et vous acceptez? demanda Claude.

— Si j'accepte ! pouvez-vous me le demander, mon ami ? Mais songez donc, c'est une position qui assure mon avenir, un avenir sûr, honorable, que je puis espérer, grâce à vous, qui m'avez retirée de l'abîme où j'étais.

— Mais, demanda Claude, les exigences de cette place vous forceront sans doute à quitter cette maison?

— Certainement, répondit Mariette, sans remarquer l'inquiétude visible avec laquelle Claude attendait sa réponse, je serai logée au magasin. Oh! on me fait des conditions si belles, que j'avais d'abord peine à y croire. Figurez-vous, je l'ai déjà calculé, je pourrai mettre de côté trois ou quatre cents francs par an, et je serai augmentée. Mais qu'avez-vous donc, mon ami? vous paraissez triste. Moi qui espérais vous voir si heureux du bonheur qui m'arrive, et dont vous êtes l'auteur ! Voyons, Claude, quel chagrin avez-vous?

— Que voulez-vous? dit Claude. Je me fais difficilement à cette idée, que vous allez quitter cette maison et que j'y resterai seul. J'étais habitué à vous entendre chaque matin, quand vous alliez à votre ouvrage; j'étais habitué à vous voir un instant chaque soir.

— Mais, mon ami, reprit Mariette, ce n'est point une séparation. J'aurai tous les quinze jours une journée de liberté qui vous sera consacrée. N'êtes-vous pas mon seul ami, maintenant? ne vous dois-je pas d'être redevenue une honnête fille? Et d'ailleurs voici l'époque qui arrive où, de toutes façons, nous eussions été forcés de nous quitter. Vous allez retourner dans votre famille : le temps que vous passerez là-bas vous sera un apprentissage de notre séparation, et quand vous reviendrez, étant déjà habitué à ne plus me voir tous les jours, votre solitude vous sera moins pénible. Ah! moi aussi, je m'ennuierai bien dans les commencements : votre bonjour du matin et votre bonne nuit de chaque soir me manqueront; mais je penserai à vous. Ah! mais, à propos, s'écria Mariette, étourdie que je suis, j'ai une lettre pour vous, que le portier m'a remise en montant, car il s'obstine à me donner vos lettres. C'est de votre oncle sans doute, acheva Mariette en remettant la lettre à Claude.

— Non, répondit le jeune homme après avoir lu.

— De qui donc alors? fit Mariette.

— Lisez, lui dit Claude en lui mettant la lettre ouverte dans les mains.

— Pourquoi? — fit Mariette étonnée. Elle prit néanmoins lecture de la lettre sur une nouvelle invitation de Claude. — Ah! dit-elle en riant, après avoir achevé, je ne m'étonne plus maintenant que vous soyez si sage, mon ami; vous aimez là-bas, et là-bas on vous aime. Pauvre Angélique! elle va être bien heureuse quand elle vous verra arriver! Je me rappelle l'avoir vue à l'époque où son père soignait ma pauvre mère défunte : c'était une ravissante petite fille, ce doit être une belle personne. Mais savez-vous, dit-elle, que c'est fort mal à vous d'obliger votre fiancée à se rappeler à votre souvenir? Cette lettre m'a émue moi-même. Je croyais que vous écriviez tous les quinze jours à votre oncle et au docteur.

— Depuis trois mois, répondit Claude, j'ai écrit très-rarement.

— Il faut répondre à cette lettre, dit Mariette d'une voix un peu troublée; le père d'Angélique vous le demande presque dans les quelques lignes qui accompagnent les tendres reproches de sa fille, inquiétée par votre silence. Vous avez été bien discret avec moi, Claude, ajouta Mariette, j'ignorais cette passion. Il faut répondre à Angélique.

— Non, dit Claude.

— Non? pourquoi?

— Parce que je ne sais pas mentir, dit le jeune homme.

— Pourquoi mentir? demanda Mariette.

— Je n'aime pas Angélique, dit le jeune homme en prenant dans ses mains la main de Mariette.

— Mais vous l'avez aimée?

— Je n'en sais rien véritablement; en tout cas, je ne l'aime plus.

Il y eut un moment de silence entre les deux jeunes gens : Mariette n'osait les yeux, et Claude avait baissé les siens. Pendant ces cinq minutes de silence, ils s'étaient dit tout ce qu'ils avaient à se dire.

— Claude, mon ami, il est tard, dit la jeune fille en retirant sa main, que le jeune homme avait gardée dans la sienne : rentrez chez vous; nous nous reverrons demain.

— Mariette, dit celui-ci, avant de vous quitter, j'ai quelque chose à vous dire, et c'est précisément à cause de cela que tout à l'heure je vous ai demandé si vous n'aviez rencontré personne.

— Que voulez-vous dire? dit Mariette en rougissant un peu.

— Vous m'avez répondu non, et cependant je savais le contraire.

— Comment avez-vous su? dit la jeune fille avec curiosité.

Claude lui raconta ce qu'il avait entendu au café. Au nom d'Edouard, il avait remarqué que Mariette avait tressailli.

— Je vous remercie de m'avoir prévenue, dit Mariette, j'agirai en conséquence. Demain et après, je n'irai pas à mon travail.

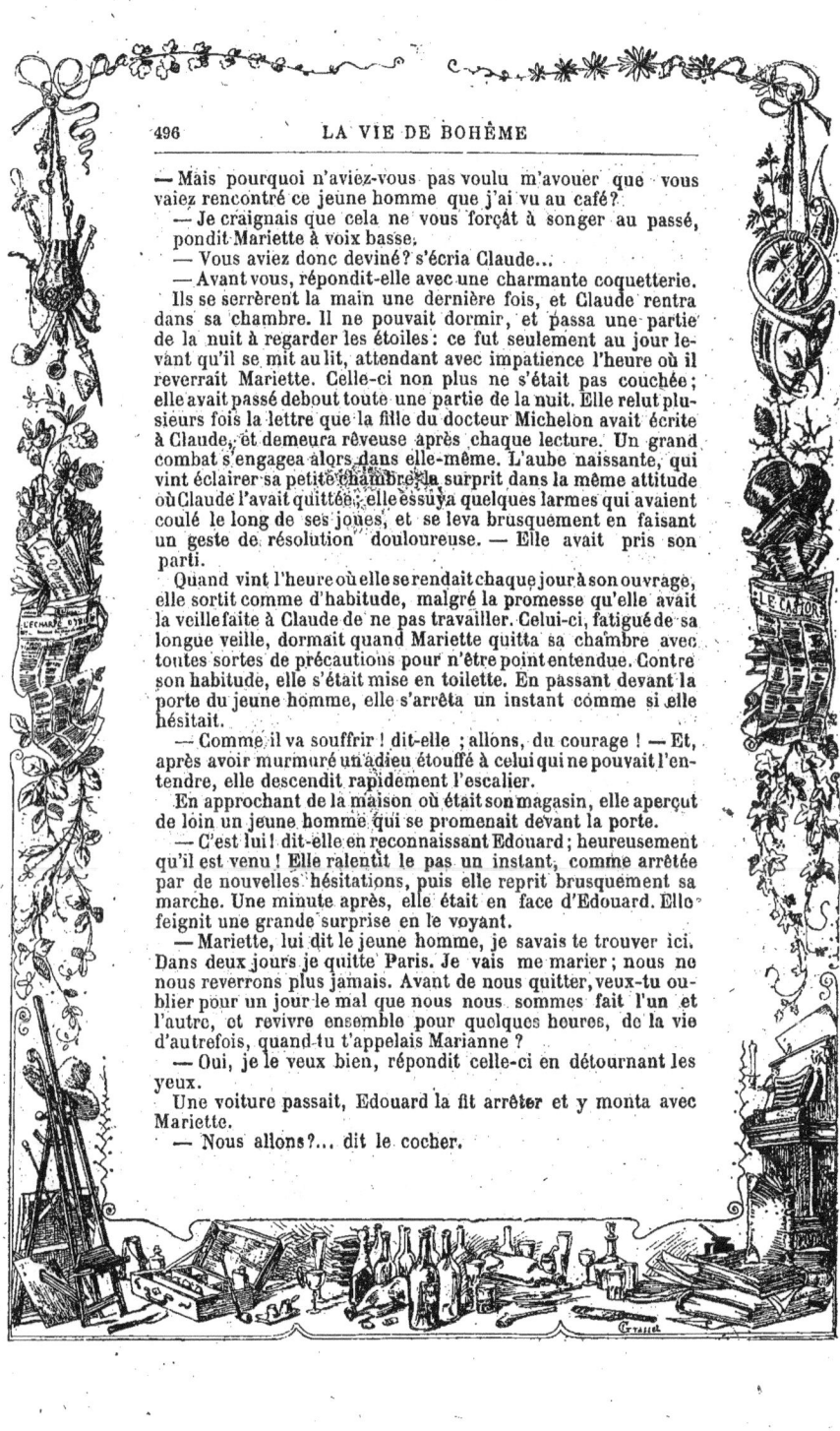

— Mais pourquoi n'aviez-vous pas voulu m'avouer que vous vaiez rencontré ce jeune homme que j'ai vu au café?

— Je craignais que cela ne vous forçât à songer au passé, pondit Mariette à voix basse.

— Vous aviez donc deviné? s'écria Claude...

— Avant vous, répondit-elle avec une charmante coquetterie.

Ils se serrèrent la main une dernière fois, et Claude rentra dans sa chambre. Il ne pouvait dormir, et passa une partie de la nuit à regarder les étoiles : ce fut seulement au jour levant qu'il se mit au lit, attendant avec impatience l'heure où il reverrait Mariette. Celle-ci non plus ne s'était pas couchée ; elle avait passé debout toute une partie de la nuit. Elle relut plusieurs fois la lettre que la fille du docteur Michelon avait écrite à Claude, et demeura rêveuse après chaque lecture. Un grand combat s'engagea alors dans elle-même. L'aube naissante, qui vint éclairer sa petite chambre, la surprit dans la même attitude où Claude l'avait quittée ; elle essuya quelques larmes qui avaient coulé le long de ses joues, et se leva brusquement en faisant un geste de résolution douloureuse. — Elle avait pris son parti.

Quand vint l'heure où elle se rendait chaque jour à son ouvrage, elle sortit comme d'habitude, malgré la promesse qu'elle avait la veille faite à Claude de ne pas travailler. Celui-ci, fatigué de sa longue veille, dormait quand Mariette quitta sa chambre avec toutes sortes de précautions pour n'être point entendue. Contre son habitude, elle s'était mise en toilette. En passant devant la porte du jeune homme, elle s'arrêta un instant comme si elle hésitait.

— Comme il va souffrir ! dit-elle ; allons, du courage ! — Et, après avoir murmuré un adieu étouffé à celui qui ne pouvait l'entendre, elle descendit rapidement l'escalier.

En approchant de la maison où était son magasin, elle aperçut de loin un jeune homme qui se promenait devant la porte.

— C'est lui ! dit-elle en reconnaissant Edouard ; heureusement qu'il est venu ! Elle ralentit le pas un instant, comme arrêtée par de nouvelles hésitations, puis elle reprit brusquement sa marche. Une minute après, elle était en face d'Edouard. Elle feignit une grande surprise en le voyant.

— Mariette, lui dit le jeune homme, je savais te trouver ici. Dans deux jours je quitte Paris. Je vais me marier ; nous ne nous reverrons plus jamais. Avant de nous quitter, veux-tu oublier pour un jour le mal que nous nous sommes fait l'un et l'autre, et revivre ensemble pour quelques heures, de la vie d'autrefois, quand tu t'appelais Marianne ?

— Oui, je le veux bien, répondit celle-ci en détournant les yeux.

Une voiture passait, Edouard la fit arrêter et y monta avec Mariette.

— Nous allons?... dit le cocher.

LA VIE DE BOHÊME

Mais je préfère la corde — c'est plus national.

— Je vous prends pour la journée, répondit Édouard ; nous allons à Fontenay-aux-Roses.

Deux heures après, Claude Bertolin venait demander Mariette à son magasin.

— Nous ne l'avons pas vue aujourd'hui, répondit la maîtresse, très-étonnée de voir un jeune homme.

Toute la journée, Claude fut comme un fou. A huit heures du soir, il se rappela le pari qu'il avait la veille entendu faire par Edouard, et il se rendit au bal, dans un jardin fréquenté par les étudiants, et où il n'était jamais allé. Il n'avait point fait dix pas dans ce jardin qu'il aperçut Mariette ; elle dansait vis-à-vis d'Edouard. Claude voulut s'approcher ; mais une muraille humaine s'était formée autour du quadrille où dansait la jeune fille. De tous côtés, Claude entendait les étudiants qui se disaient les uns aux autres : — Tu ne sais pas, Mariette est revenue !

A la fin de la danse, un grand tumulte s'éleva dans le bal et Claude fut forcé de se retirer dans les contre-allées. Tout à coup il vit passer devant lui, au millieu de cris et d'éclats de rire, un groupe de jeune gens, parmi lesquels se trouvaient ceux qu'il avait vus la veille au café ; ils portaient Mariette en triomphe ; les bouquets pleuvaient sur elle de toutes parts. Au moment où elle passait devant Claude, elle l'aperçut collé contre un arbre, et partit d'un grand éclat de rire : l'éclat de cette joie insolente, qui ne respectait pas sa douleur, porta une blessure profonde au cœur du jeune homme. Il jeta un dernier regard sur Mariette, que tout le bal poursuivait de ses acclamations, et disparut en murmurant : — perdue encore une fois !

Après avoir erré comme un fou, Claude rentra chez lui ; il avait hâte de se retrouver en face de Mariette ; mais, en prenant sa clef chez le concierge, il ne put s'empêcher de pâlir en remarquant que la clef de Mariette était encore accrochée au clou qui lui était destiné, ce qui lui indiquait qu'elle n'était point rentrée. Il monta dans sa chambre, s'assit sur le pied de son lit, immobilisé dans une douleur affreuse. A minuit et demi il entendit des pas sur son carré. — C'est elle, s'écria-t-il en allant ouvrir ; mais il se trouva en face d'un garçon de café qui tenait une lettre à la main.

— Monsieur Bertolin ?

— C'est moi, dit Claude.

— Pour vous, dit le garçon en tendant la lettre, il n'y a pas de réponse ; — et il disparut.

Claude ouvrit rapidement le billet ; il était à peine cacheté, écrit au crayon, et ne contenait que ces mots :

« Oubliez-moi : j'ai revu Edouard, il reste à Paris. Adieu. »
MARIETTE.

Claude passa la nuit à faire ses malles. Le lendemain de grand matin il arrivait à la *Poule-Noire*. Le buraliste lui annonça qu'il n'y aurait point de place avant deux jours.

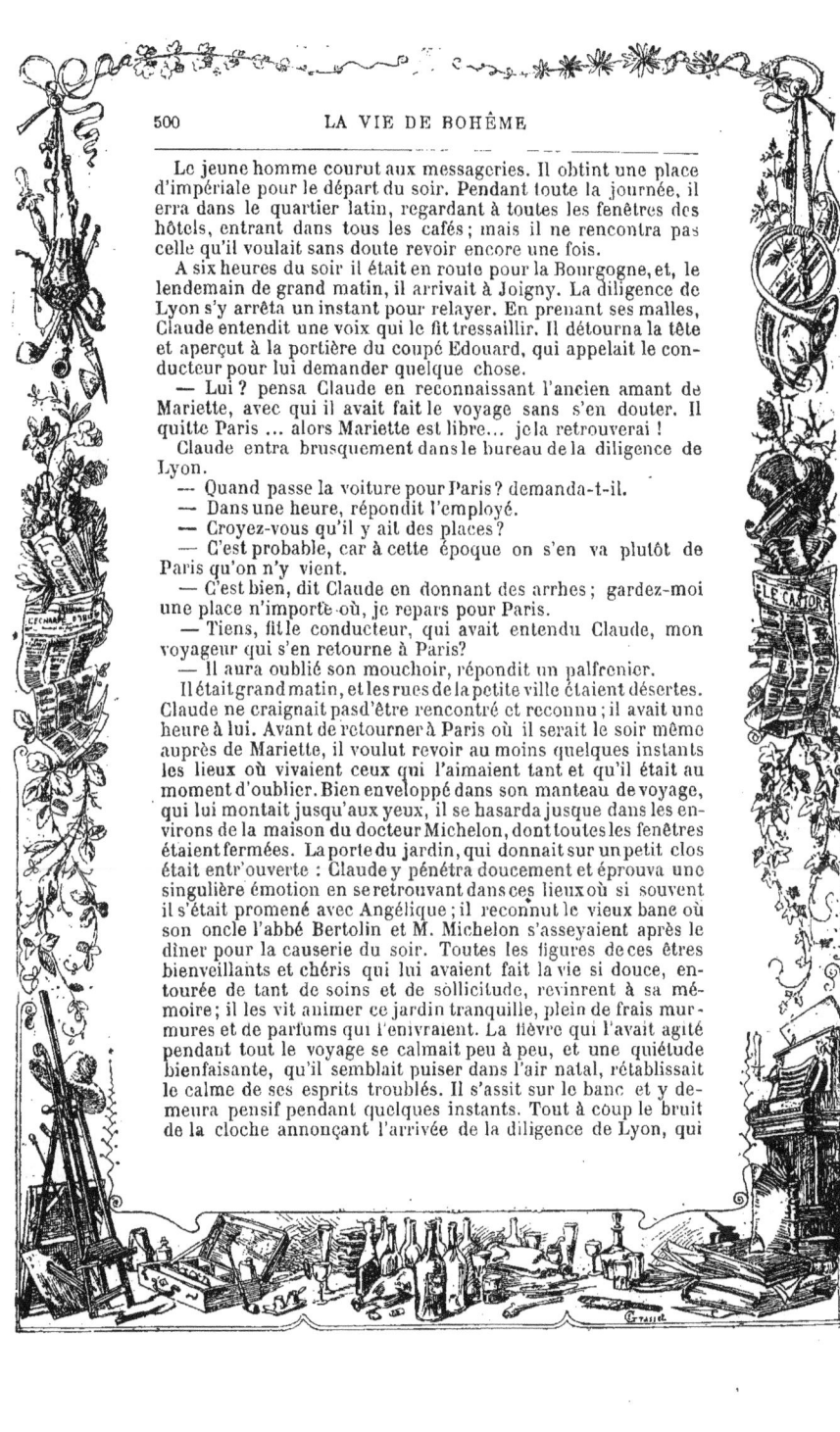

LA VIE DE BOHÊME

Le jeune homme courut aux messageries. Il obtint une place d'impériale pour le départ du soir. Pendant toute la journée, il erra dans le quartier latin, regardant à toutes les fenêtres des hôtels, entrant dans tous les cafés ; mais il ne rencontra pas celle qu'il voulait sans doute revoir encore une fois.

A six heures du soir il était en route pour la Bourgogne, et, le lendemain de grand matin, il arrivait à Joigny. La diligence de Lyon s'y arrêta un instant pour relayer. En prenant ses malles, Claude entendit une voix qui le fit tressaillir. Il détourna la tête et aperçut à la portière du coupé Edouard, qui appelait le conducteur pour lui demander quelque chose.

— Lui ? pensa Claude en reconnaissant l'ancien amant de Mariette, avec qui il avait fait le voyage sans s'en douter. Il quitte Paris... alors Mariette est libre... je la retrouverai !

Claude entra brusquement dans le bureau de la diligence de Lyon.

— Quand passe la voiture pour Paris ? demanda-t-il.
— Dans une heure, répondit l'employé.
— Croyez-vous qu'il y ait des places ?
— C'est probable, car à cette époque on s'en va plutôt de Paris qu'on n'y vient.
— C'est bien, dit Claude en donnant des arrhes ; gardez-moi une place n'importe où, je repars pour Paris.
— Tiens, fit le conducteur, qui avait entendu Claude, mon voyageur qui s'en retourne à Paris ?
— Il aura oublié son mouchoir, répondit un palfrenier.

Il était grand matin, et les rues de la petite ville étaient désertes. Claude ne craignait pas d'être rencontré et reconnu ; il avait une heure à lui. Avant de retourner à Paris où il serait le soir même auprès de Mariette, il voulut revoir au moins quelques instants les lieux où vivaient ceux qui l'aimaient tant et qu'il était au moment d'oublier. Bien enveloppé dans son manteau de voyage, qui lui montait jusqu'aux yeux, il se hasarda jusque dans les environs de la maison du docteur Michelon, dont toutes les fenêtres étaient fermées. La porte du jardin, qui donnait sur un petit clos était entr'ouverte : Claude y pénétra doucement et éprouva une singulière émotion en se retrouvant dans ces lieux où si souvent il s'était promené avec Angélique ; il reconnut le vieux banc où son oncle l'abbé Bertolin et M. Michelon s'asseyaient après le dîner pour la causerie du soir. Toutes les figures de ces êtres bienveillants et chéris qui lui avaient fait la vie si douce, entourée de tant de soins et de sollicitude, revinrent à sa mémoire ; il les vit animer ce jardin tranquille, plein de frais murmures et de parfums qui l'enivraient. La fièvre qui l'avait agité pendant tout le voyage se calmait peu à peu, et une quiétude bienfaisante, qu'il semblait puiser dans l'air natal, rétablissait le calme de ses esprits troublés. Il s'assit sur le banc et y demeura pensif pendant quelques instants. Tout à coup le bruit de la cloche annonçant l'arrivée de la diligence de Lyon, qui devait le remmener à Paris, se fit entendre au loin, Claude se leva pour regagner la station ; mais une force mystérieuse semblait le retenir, et il tomba sur le banc qu'il venait de quitter. Le galop des chevaux sur le pavé de la route vint de nouveau l'avertir qu'il n'avait plus de temps à perdre ; il se leva brusquement, et fit quelques pas dans le jardin ; mais, comme il tournait les yeux dans la direction de la maison, l'une des fenêtres s'ouvrit. Claude n'eut que le temps de se cacher derrière le tronc d'un gros arbre, et il aperçut alors Angélique, qui s'avançait sur le balcon. Claude hésita d'abord à la reconnaître, tant elle paraissait changée. La jeune fille regarda un instant autour d'elle ; puis, étendant la main vers la cime du platane qui montait au niveau du balcon, elle en cueillit une feuille qu'elle porta à ses lèvres.

Au même instant, la cloche du bureau de la diligence fit entendre un appel plus pressé et plus impératif ; mais cette fois Claude ne l'entendit pas. Il regardait Angélique qui donnait ses soins à des caisses de fleurs, déposées sur le balcon.

— Pauvre fille ! murmura-t-il, pourquoi suis-je parti d'ici ?

Puis, ayant cru entendre des pas, Claude fit un bond en arrière pour se réfugier dans un fourré d'arbrisseaux dont le feuillage épais pouvait mieux le cacher. Il se disposait à escalader cette espèce de haie formant clôture, lorsqu'il sentit tout à coup sa jambe prise dans une espèce de piège à loup. La douleur qu'il ressentit dans le moment lui fit pousser un cri. Il essayait de se dégager ; mais il avait à peine tiré sa jambe hors du malencontreux engin, qu'une main vigoureuse l'empoignait au collet, et la grosse voix de M. Michelon s'écriait :

— Je vais donc enfin savoir quel est le maraudeur qui mange mes raisins ! — Et d'un revers de main il fit sauter le chapeau de Claude.

— Quoi ! c'est vous, mon gendre ! exclama le docteur ; que faites-vous chez nous si matin ?

Un cri partit de la terrasse. Angélique venait de reconnaître Claude. Au même instant, la diligence de Lyon partait pour Paris ; mais Claude ne se souvenait plus déjà qu'il avait donné des arrhes.

LE SOUPER DES FUNÉRAILLES

I

C'était sous le dernier règne. Au sortir du bal de l'Opéra, dans un salon du café de Foy, venaient d'entrer quatre jeunes gens accompagnés de quatre femmes vêtues de magnifiques dominos. Les hommes portaient de ces noms qui, prononcés dans un lieu public ou dans un salon du monde, font relever toutes les têtes. Ils s'appelaient le comte de Chabannes-Malaurie, le comte de Puyrassieux, le marquis de Sylvers, — et Tristan-Tristan tout court. Tous quatre était jeunes, riches, menant une belle vie semée d'aventures dont le récit défrayait hebdomadairement les *Courriers de Paris*, et n'avaient à peu près d'autre profession que d'être heureux ou de le paraître. Quant aux femmes, qui étaient presque jeunes, elles n'avaient d'autre profession que d'être belles, et elles faisaient laborieusement leur métier.

La carte, commandée d'avance, aurait reçu l'approbation de tous les maîtres de la gourmandise.

En entrant dans le salon, les quatre femmes s'étaient démasquées. C'étaient, à vrai dire, de magnifiques créatures, formant un quatuor qui semblait chanter la symphonie de la forme et de la grâce.

— Avant de nous mettre à table, messieurs, dit Tristan, permettez-moi de faire dresser un couvert de plus.

— Vous attendez une femme? dirent les jeunes gens?

— Un homme? reprirent les femmes.

— J'attends ici un de mes amis qui fut de son vivant un charmant jeune homme, dit Tristan.

— Comment? de son vivant! exclama M. de Puyrassieux.

— Que voulez-vous dire ? ajouta M. de Sylvers.
— Je veux dire que mon ami est mort.
— Mort? firent en chœur les trois hommes.
— Mort? reprirent les femmes en dressant la tête.
— Quel conte de fées !
— Mort et enterré, messieurs
— Comme Marlboroug?
— Absolument.
— Ah çà, mais que signifie cela? vous êtes hiéroglyphique comme une inscription louqsorienne, ce soir, mon cher Tristan, dit le comte de Chabannes.
— Ecoutez, messieurs, répliqua Tristan, la personne que j'attends ne viendra pas avant une heure ; j'aurai donc le temps de vous conter l'aventure, qui est assez curieuse, et qui vous intéressera d'autant plus que vous allez en voir le héros tout à l'heure.
— Une histoire ! c'est charmant ! Contez ! contez ! s'écria-t-on de toutes parts, à l'exception d'une des femmes, qui était restée silencieuse depuis son entrée.
— Avant de commencer, dit Tristan, je crois qu'il serait bon d'absorber le premier service. Je fais cette proposition à cause de mon amour-propre de narrateur. Vous savez le proverbe...
— Non ! non ! dit Chabannes, l'histoire.
— Si ! si ! mangeons, cria-t-on d'un autre côté.
— Aux voix ! — L'histoire ! — Le déjeuner ! — L'histoire !
— Il n'y a qu'un moyen de sortir de là, dit Tristan, c'est de voter.
— Eh bien, votons.
— Que ceux qui sont d'avis d'écouter l'histoire veuillent bien se lever, dit Tristan.
Les trois hommes se levèrent.
— Très-bien, fit Tristan ; que ceux qui sont d'avis de déjeuner d'abord veuillent bien se lever.
Trois des femmes se levèrent, et parurent fort étonnées de voir leur compagne rester assise.
— Tiens, dit l'une d'elles, Fanny s'abstient.
— Pourquoi donc? dit une autre.
— Je n'ai pas faim, répondit Fanny.
— Eh bien, il fallait voter pour l'histoire, alors.
— Je ne suis pas curieuse, murmura Fanny avec indifférence.
— En attendant, reprit Tristan, l'épreuve n'a pas de résultat, et nous voilà aussi embarrassés qu'auparavant. Pour sortir de là et pour contenter tout le monde, je vais vous faire une proposition ; c'est de raconter en mangeant.
— Adopté ! adopté !
— D'abord, dit le comte de Chabannes, le nom de votre ami?
— Feu mon ami s'appelle Ulric-Stanislas de Rouvres.

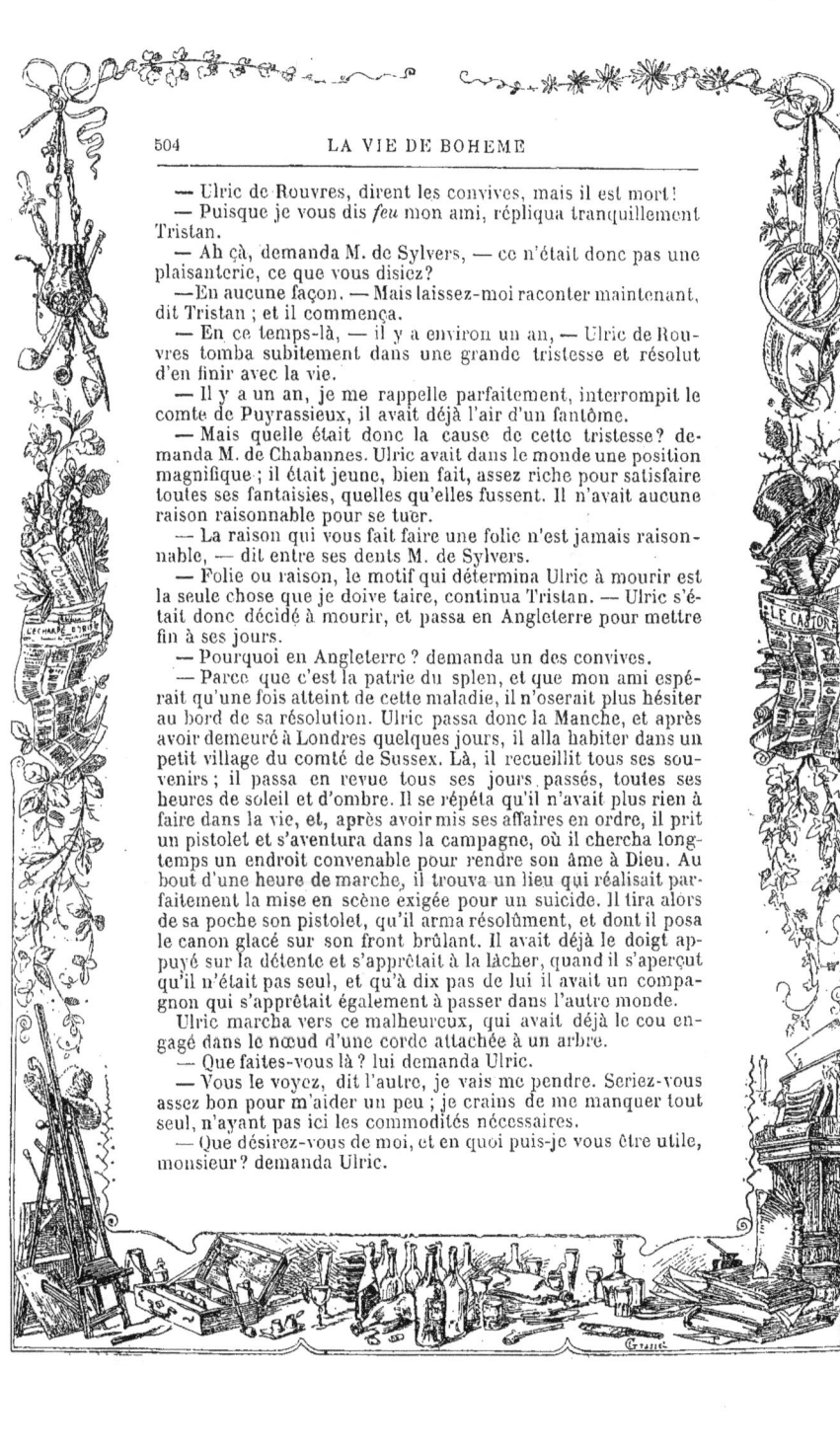

— Ulric de Rouvres, dirent les convives, mais il est mort!
— Puisque je vous dis *feu* mon ami, répliqua tranquillement Tristan.
— Ah çà, demanda M. de Sylvers, — ce n'était donc pas une plaisanterie, ce que vous disiez?
— En aucune façon. — Mais laissez-moi raconter maintenant, dit Tristan ; et il commença.
— En ce temps-là, — il y a environ un an, — Ulric de Rouvres tomba subitement dans une grande tristesse et résolut d'en finir avec la vie.
— Il y a un an, je me rappelle parfaitement, interrompit le comte de Puyrassieux, il avait déjà l'air d'un fantôme.
— Mais quelle était donc la cause de cette tristesse? demanda M. de Chabannes. Ulric avait dans le monde une position magnifique ; il était jeune, bien fait, assez riche pour satisfaire toutes ses fantaisies, quelles qu'elles fussent. Il n'avait aucune raison raisonnable pour se tuer.
— La raison qui vous fait faire une folie n'est jamais raisonnable, — dit entre ses dents M. de Sylvers.
— Folie ou raison, le motif qui détermina Ulric à mourir est la seule chose que je doive taire, continua Tristan. — Ulric s'était donc décidé à mourir, et passa en Angleterre pour mettre fin à ses jours.
— Pourquoi en Angleterre ? demanda un des convives.
— Parce que c'est la patrie du splen, et que mon ami espérait qu'une fois atteint de cette maladie, il n'oserait plus hésiter au bord de sa résolution. Ulric passa donc la Manche, et après avoir demeuré à Londres quelques jours, il alla habiter dans un petit village du comté de Sussex. Là, il recueillit tous ses souvenirs ; il passa en revue tous ses jours passés, toutes ses heures de soleil et d'ombre. Il se répéta qu'il n'avait plus rien à faire dans la vie, et, après avoir mis ses affaires en ordre, il prit un pistolet et s'aventura dans la campagne, où il chercha longtemps un endroit convenable pour rendre son âme à Dieu. Au bout d'une heure de marche, il trouva un lieu qui réalisait parfaitement la mise en scène exigée pour un suicide. Il tira alors de sa poche son pistolet, qu'il arma résolûment, et dont il posa le canon glacé sur son front brûlant. Il avait déjà le doigt appuyé sur la détente et s'apprêtait à la lâcher, quand il s'aperçut qu'il n'était pas seul, et qu'à dix pas de lui il avait un compagnon qui s'apprêtait également à passer dans l'autre monde.
Ulric marcha vers ce malheureux, qui avait déjà le cou engagé dans le nœud d'une corde attachée à un arbre.
— Que faites-vous là ? lui demanda Ulric.
— Vous le voyez, dit l'autre, je vais me pendre. Seriez-vous assez bon pour m'aider un peu ; je crains de me manquer tout seul, n'ayant pas ici les commodités nécessaires.
— Que désirez-vous de moi, et en quoi puis-je vous être utile, monsieur? demanda Ulric.

LA VIE DE BOHÊME

Je me trouve on ne peut mieux de cette inertie qui me permet d'entendre un sot parler trois heures.

— Je vous serais infiniment obligé, répondit l'autre, si vous vouliez me tirer de dessous les pieds ce tronc d'arbre, que je n'aurai peut-être pas la force de rouler loin de moi quand je serai suspendu en l'air. Je vous prierai aussi de vouloir bien ne pas quitter ces lieux avant d'être bien sûr que l'opération a complétement réussi.

Ulric regarda avec étonnement celui qui lui parlait ainsi tranquillement au moment de mourir. C'était un homme de vingt-huit à trente ans, et dont les traits, le costume, le langage attestaient une personne appartenant aux classes distinguées de la société.

— Pardon, lui demanda Ulric, je suis entièrement à vos ordres, prêt à vous rendre les petits services que vous réclamez de moi ; il faut bien s'entr'aider dans ce monde ; mais pourrais-je savoir le motif qui vous détermine à mourir si jeune ? Vous pouvez me le confier sans craindre d'indiscrétion de ma part, attendu que moi-même je me propose de me tuer sous l'ombrage de ce petit bois. Et Ulric montra son pistolet à l'Anglais.

— Ah ! ah ! dit celui-ci, — vous voulez vous brûler la cervelle, — c'est un bon moyen. On me l'avait recommandé ; — mais je préfère la corde, — c'est plus national.

— Serait-ce à cause d'un chagrin d'amour ? demanda Ulric en revenant à son interrogatoire.

— Oh ! non, dit l'Anglais, je ne suis pas amoureux.

— Une perte de fortune ?

— Ah ! non, je suis millionnaire.

— Peut-être quelques espérances d'ambition détruites ?

— Je ne suis pas ambitieux.

— Ah ! j'y suis, continua Ulric, — c'est à cause du spleen, l'ennui...

— Ah ! non, j'étais très-heureux, très-joyeux de vivre.

— Mais alors...

— Voici, monsieur, puisque cette confidence paraît vous intéresser, le motif de ma mort. — Il y a deux ans, au milieu d'un souper, j'ai parié avec un de mes amis que je mourrais avant lui. La somme engagée est très-considérable, et le pari est connu dans les trois royaumes. Et comme la mort n'a pas voulu venir à moi depuis ce temps, si je ne suis pas allé à elle dans une heure, j'aurai perdu mon pari.. Et je veux le gagner... Voilà pourquoi...

Ulric resta stupéfait.

— Maintenant, monsieur, que vous avez reçu ma confidence, je vous rappellerai la promesse que vous m'avez faite, dit l'Anglais, qui, monté sur le tronc d'arbre, venait de se remettre la corde au cou.

— Un instant, monsieur, de grâce, je n'aurai jamais le courage !

— Eh ! monsieur, dit l'autre, pourquoi donc m'avoir interrompu alors ! Je n'ai pas de temps à perdre si je veux gagner

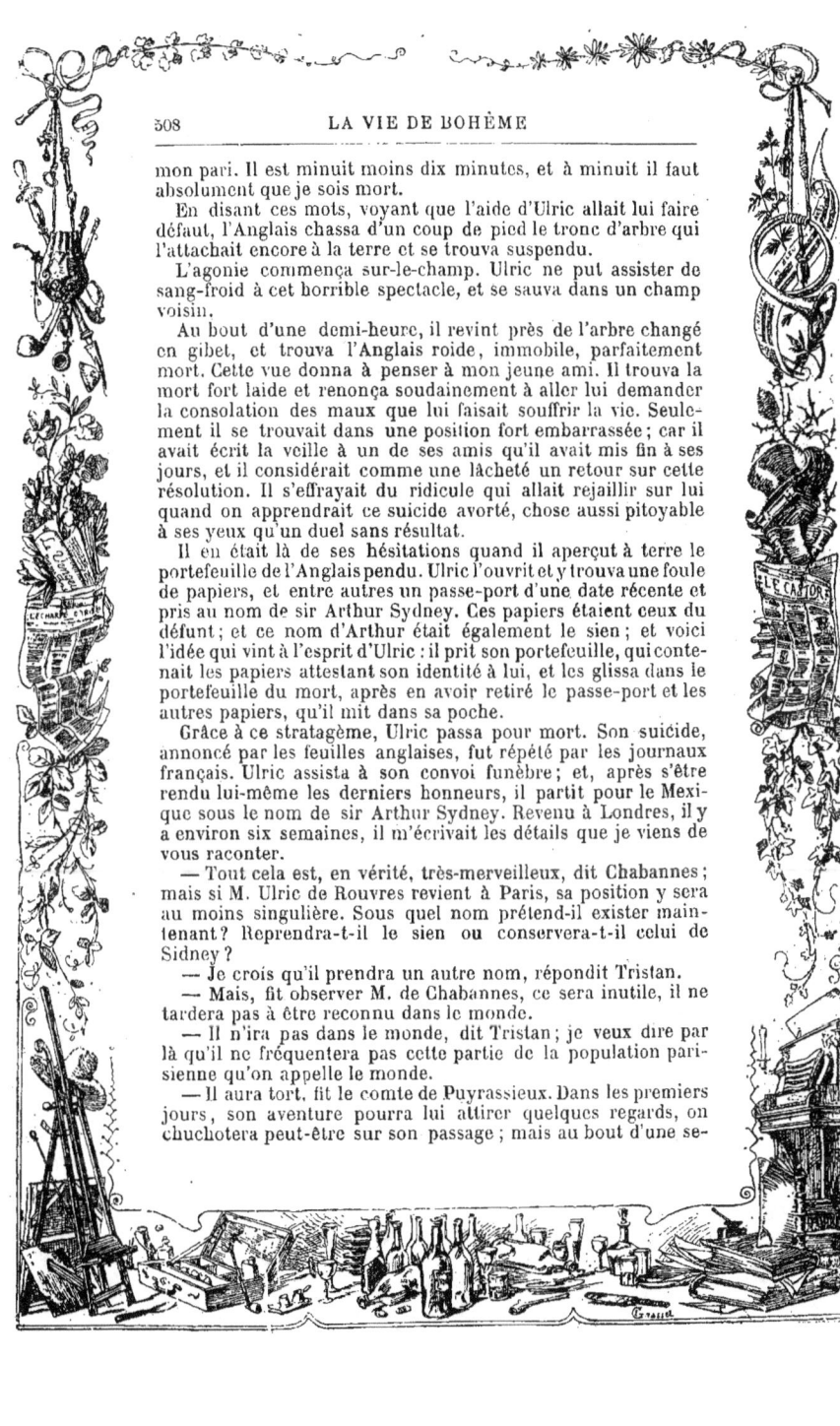

mon pari. Il est minuit moins dix minutes, et à minuit il faut absolument que je sois mort.

En disant ces mots, voyant que l'aide d'Ulric allait lui faire défaut, l'Anglais chassa d'un coup de pied le tronc d'arbre qui l'attachait encore à la terre et se trouva suspendu.

L'agonie commença sur-le-champ. Ulric ne put assister de sang-froid à cet horrible spectacle, et se sauva dans un champ voisin.

Au bout d'une demi-heure, il revint près de l'arbre changé en gibet, et trouva l'Anglais roide, immobile, parfaitement mort. Cette vue donna à penser à mon jeune ami. Il trouva la mort fort laide et renonça soudainement à aller lui demander la consolation des maux que lui faisait souffrir la vie. Seulement il se trouvait dans une position fort embarrassée; car il avait écrit la veille à un de ses amis qu'il avait mis fin à ses jours, et il considérait comme une lâcheté un retour sur cette résolution. Il s'effrayait du ridicule qui allait rejaillir sur lui quand on apprendrait ce suicide avorté, chose aussi pitoyable à ses yeux qu'un duel sans résultat.

Il en était là de ses hésitations quand il aperçut à terre le portefeuille de l'Anglais pendu. Ulric l'ouvrit et y trouva une foule de papiers, et entre autres un passe-port d'une date récente et pris au nom de sir Arthur Sydney. Ces papiers étaient ceux du défunt; et ce nom d'Arthur était également le sien; et voici l'idée qui vint à l'esprit d'Ulric : il prit son portefeuille, qui contenait les papiers attestant son identité à lui, et les glissa dans le portefeuille du mort, après en avoir retiré le passe-port et les autres papiers, qu'il mit dans sa poche.

Grâce à ce stratagème, Ulric passa pour mort. Son suicide, annoncé par les feuilles anglaises, fut répété par les journaux français. Ulric assista à son convoi funèbre; et, après s'être rendu lui-même les derniers honneurs, il partit pour le Mexique sous le nom de sir Arthur Sydney. Revenu à Londres, il y a environ six semaines, il m'écrivait les détails que je viens de vous raconter.

— Tout cela est, en vérité, très-merveilleux, dit Chabannes; mais si M. Ulric de Rouvres revient à Paris, sa position y sera au moins singulière. Sous quel nom prétend-il exister maintenant? Reprendra-t-il le sien ou conservera-t-il celui de Sidney?

— Je crois qu'il prendra un autre nom, répondit Tristan.

— Mais, fit observer M. de Chabannes, ce sera inutile, il ne tardera pas à être reconnu dans le monde.

— Il n'ira pas dans le monde, dit Tristan; je veux dire par là qu'il ne fréquentera pas cette partie de la population parisienne qu'on appelle le monde.

— Il aura tort, fit le comte de Puyrassieux. Dans les premiers jours, son aventure pourra lui attirer quelques regards, on chuchotera peut-être sur son passage; mais au bout d'une semaine on n'y pensera pas, et on parlera d'autre chose. Sa position sera au contraire fort avantageuse. Toutes les femmes vont se l'arracher.

— Ulric ne retournera plus dans le monde, messieurs, dit Tristan.

— Mais pourquoi? demandèrent les jeunes gens.

— Pourquoi? dit tout à coup l'indifférente Fanny, en chassant du bout de ses doigts effilés les boucles de cheveux qui semblaient par instant faire à son visage un voile tramé de fils d'or : — pourquoi? c'est bien simple. M. Ulric ne peut plus reparaître dans le monde parce qu'il est ruiné.

— Ruiné! dirent les jeunes gens.

— Nécessairement, continua Fanny. Il n'est pas mort, c'est vrai ; mais on l'a cru tel pendant six mois. Il y a eu un acte de décès ; et comme M. Ulric de Rouvres n'avait d'autre parent que son oncle, le chevalier de Neuil, toute la fortune de son neveu a dû retourner entre les mains de celui-ci.

— Eh bien, dit M. de Puyrassieux, l'oncle fera une restitution d'héritage.

— Il ne le pourra plus, continua la blonde Fanny avec la même tranquillité. A l'heure où nous sommes, M. le chevalier de Neuil est aussi pauvre que les vieillards qui sont aux Petits-Ménages.

— Ah! la bonne plaisanterie, dit M. de Chabannes ; mais songez donc, ma belle enfant, que ce vieillard, qui aurait remontré des ruses à tous les avares de la comédie classique, avait en main propre au moins vingt mille livres de rente ; et si, comme on peut le supposer, il a hérité de son neveu, celui-ci ayant cinquante mille livres de rente, M. de Neuil, qui joue la bouillotte à un liard la carre, et qui est plus mal vêtu que son portier, est actuellement plus que millionnaire.

— J'ai dit ce que j'ai dit, répéta Fanny. M. le chevalier de Neuil n'a plus le sou.

— Ah çà! mais il avait donc un vice secret, ce vieillard? demanda Chabannes.

— Il était l'ami de madame de Villerey, répondit Fanny ; et, puisque vous paraissez l'ignorer, messieurs, je vous dirai que madame de Villerey avait pour habitude d'imposer à ses favoris l'obligation d'être les clients de son mari.

— Eh bien, la maison de banque de Villerey est une bonne maison, dit M. de Puyrassieux.

— La maison de Villerey a perdu dix-sept millions à la Bourse dans la quinzaine dernière, dit Fanny ; si l'un de vous a des fonds dans cette maison, je lui conseille de mettre un crêpe à son portefeuille. M. de Villerey est en fuite.

— Il emporte vos regrets, n'est-il pas vrai, ma chère? fit M. de Puyrassieux avec un sourire qui était une allusion.

— Il m'emporte aussi soixante-quinze mille francs, c'est ce qui me rend un peu maussade ce soir ; mais c'est une leçon, cela m'apprendra à faire des économies, ajouta la jeune femme.

En ce moment, un garçon du restaurant vint avertir Tristan qu'un monsieur le faisait demander.

— C'est Ulric, sans doute, dit Tristan ; et, se retournant vers Fanny, il lui dit tout bas à l'oreille :

— Ma chère enfant, vous vous êtes trompée, mon ami Ulric n'est pas ruiné.

— Eh bien, qu'est-ce que cela me fait à moi ? dit Fanny.

— Remettez votre masque un instant, continua Tristan.

— Mais... pourquoi ? demanda la jeune femme en rattachant néanmoins son loup de velours.

— Qui sait? dit Tristan. Peut-être pour regagner les soixante-quinze mille francs que vous avez perdus.

II

Trois jours auparavant, Ulric de Rouvres était à Plymouth, et, sous le nom d'Arthur Sydney, s'apprêtait à partir pour l'Inde anglaise, où il voulait aller faire la guerre sous les drapeaux de Sa Majesté Britannique. Au moment de s'embarquer, il reçut de France une lettre dont la lecture changea subitement ses projets; car il alla sur-le-champ faire une visite à l'Amirauté, et il en sortit pour prendre ses passe-ports pour la France, où il était arrivé aussi promptement que si le paquebot et la chaise de poste qui l'avaient amené eussent eu des ailes.

Voici quel était le contenu de la lettre qui avait motivé cette arrivée si prompte :

« Mon cher Ulric,

« Vous savez si je suis votre ami. Je crois vous en avoir donné des preuves en maintes circonstances. Je vous ai vu, il y a un an, brisé par le coup de tonnerre d'un grand malheur. C'était votre première passion sérieuse. Vous avez faibli sous les coups de ces violents ouragans qui éclatent au début de la jeunesse, et vous avez roulé au fond de cet abîme où le désespoir vertigineux a plongé votre esprit dans de noirs tourbillons. Selon l'usage, vous avez voulu mourir, et, pour accomplir ce projet, vous êtes allé en Angleterre, la patrie du spleen. Là, vous avez mis fin à vos jours, et vous êtes maintenant convenablement enterré dans un cimetière du canton de Sussex. Selon vos vœux, on a mis sur votre tombe un saule en larmes et l'on a planté de ces petites fleurs bleues qui étoilent les rives des fleuves allemands. Vous êtes on ne peut plus mort, et vos amis ne vous attendent plus qu'au jugement dernier. Ayez donc l'obligeance de ne point reparaître avant l'époque où les fanfares

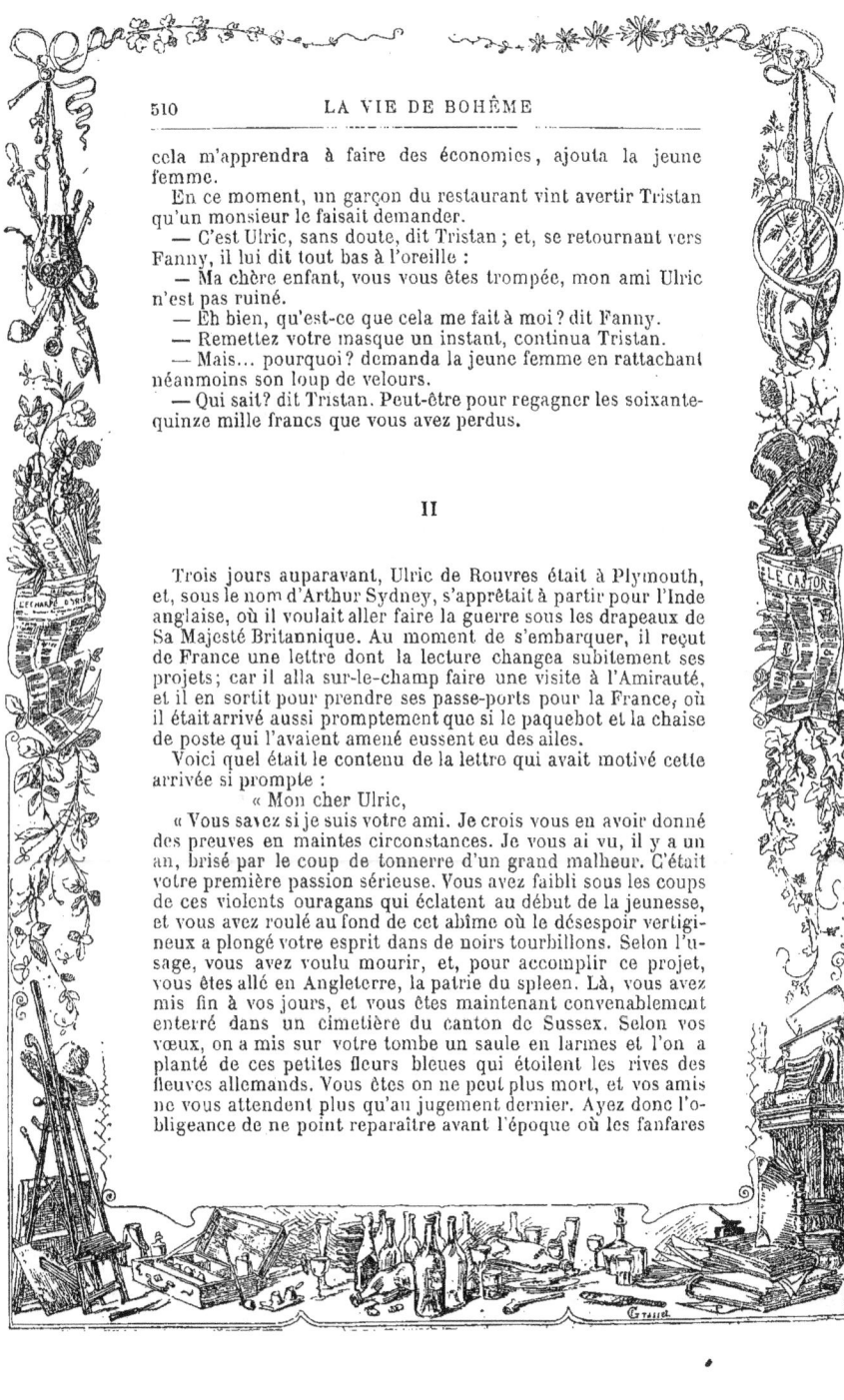

de l'Apocalypse convoqueront le monde à une résurrection officielle. Vous pouvez, du reste, dormir en paix. J'ai scrupuleusement accompli les ordres divers que vous avez bien voulu me donner dans votre testament. Je dois, pour votre satisfaction, vous déclarer que vous avez été généralement regretté. Votre décès a fait couler des larmes des plus beaux yeux du monde. Vous étiez certainement le meilleur valseur qui ait jamais glissé sur un parquet ciré, au milieu du tourbillon circulaire que dirige l'archet de Strauss. En apprenant votre décès, ce grand artiste a ressenti un chagrin profond ; et au dernier bal qui a eu lieu au Jardin d'hiver, il avait mis, pour témoigner sa douleur, un crêpe à son bâton de chef d'orchestre.

« Ah ! mon ami, si vous n'aviez pas eu d'aussi bonnes raisons, combien vous auriez eu tort de mourir ! Si vous ne vous étiez pas tant pressé, peut-être seriez-vous resté parmi nous ; car je sais plusieurs mains blanches qui se fussent tendues pour vous retenir dans la vie. Enfin, comme on dit, ce qui est fait est fait : vous êtes mort, et vous avez eu l'agrément d'assister à votre convoi, car je présume que vous vous étiez adressé une lettre d'invitation ; vous avez répandu des larmes sur votre tombe, et vous vous êtes regretté sincèrement. A ce propos, mon cher ami, puisque vous êtes un citoyen de l'autre monde, ne pourriez-vous pas me donner quelques renseignements sur la façon dont on s'y comporte ? La mort est-elle une personne aimable, et fait-il bon à vivre sous son règne ? Dans quelle zone souterraine est situé son royaume ? Y a-t-il quatre saisons et diffèrent-elles des nôtres ? Quels sont, je vous prie, les agréments dont jouissent les trépassés ? Quel est le mode de gouvernement ? Quel est le code des lois d'outre-vie ? Vous qui devez être, à l'heure qu'il est, instruit de toutes ces choses, vous devriez bien me les communiquer. Au cas où je m'ennuierais par trop sous le vieux soleil, j'irais peut-être vous rejoindre là-bas, et je l'aurais déjà fait si je ne craignais de quitter le mal pour le pire.

« Vous avez eu l'obligeance de vous inquiéter de moi et de la façon dont je menais l'existence depuis que vous m'avez quitté. Je suis resté le même, mon ami ; ce qu'on appelle un excentrique, je crois. Mes goûts et mes habitudes n'ont aucunement varié : je dors le jour et je veille la nuit. A force de volonté et de persévérance, je suis parvenu à arrêter complètement le mouvement intellectuel de mon être, et je me trouve on ne peut mieux de cette inertie qui me permet d'entendre un sot parler trois heures, sans avoir comme autrefois le méchant désir de le jeter par la fenêtre. J'assiste avec indifférence au spectacle de la vie, qui a ses quarts d'heure d'agrément. J'ai été, il y a quelques jours, forcé de recourir à ma plume pour conserver mon cheval, attendu qu'une dépêche télégraphique, arrivée je ne sais d'où, avait ruiné mon banquier, qui m'avait fait collaborer à ses spéculations. Mais heureusement, le lendemain de ce désastre, un parent à moi mourut dans un duel sans témoins, avec un pâté de faisan ; et comme, peu soigneux de son caractère, il avait oublié de me déshériter, la loi naturelle m'a forcé à recueillir son bien, qui égalait au moins la perte que m'avait causée la pantomime du télégraphe. Vous avez dû, au reste, rencontrer cet excellent homme, qui avait pour maxime que la vie est un festin.

« Maintenant que je vous ai, trop longuement peut-être, parlé de moi, je vais vous entretenir d'une circonstance très-bizarre qui est, à vrai dire, le motif sérieux de cette lettre.

« Il y a environ huit jours, dans un souper de jeunes gens où j'avais été convié, je suis resté foudroyé par l'étonnement en me trouvant en face d'une jeune femme qui est le fantôme vivant de cette pauvre Rosette, morte il y a un an à l'hôpital, et que vous avez voulu suivre dans la mort. Cette ressemblance était si merveilleusement frappante, si complète en tous points ; cette créature enfin est tellement le sosie de votre pauvre amie, qu'un instant je suis resté tout étourdi, presque effrayé, et point éloigné de croire aux revenants. Mais le doute ne m'était pas permis : j'avais vu, comme vous, la pauvre Rosette, étendue sur le lit de marbre de l'amphithéâtre ; avec vous, je l'avais vue clouer dans le cercueil et descendre dans cette fosse que vous avez fait ombrager de rosiers blancs, comme pour faire à l'âme de la morte une oasis parfumée. J'ai alors interrogé cette créature, qu'un caprice de la nature a faite la jumelle de votre bien-aimée défunte ; et supposant un instant qu'elle était peut-être la sœur de Rosette, je lui ai demandé si elle l'avait connue. Avec une voix qui avait les douces notes de la voix de votre amie, Fanny m'a répondu qu'elle ne l'avait point connue, et que d'ailleurs elle n'avait point de sœur. J'ai causé quelque temps avec cette fille, qui est fort recherchée dans le monde de la galanterie officielle, et je me suis convaincu que sa ressemblance avec Rosette s'arrêtait à la forme.

« Fanny est un être de perdition, une créature vierge de toute vertu. Appliquant à faire le mal une intelligence vraiment supérieure, cette fille, rouée comme un congrès de diplomates, grâce à ses relations, qui sont nombreuses, exerce dans la société où elle vit une influence qui la rend presque redoutable, et depuis qu'elle règne avec toute l'omnipotence de ses fatales perfections, elle a déjà causé la ruine de bien des avenirs et le désastre de bien des jeunesses sans qu'une simple fois son cœur, immobilisé dans sa poitrine comme un glaçon dans une mer du pôle, ait fait une infidélité à sa raison. C'est parce que je sais de quel amour profond vous aimiez Rosette ; c'est parce que moi, sceptique et railleur à l'endroit des choses de sentiment, je suis convaincu que le souvenir de cette pauvre fille, qui s'est presque immolée pour vous, comme Marguerite pour Faust, vivra autant que vous vivrez, que je vous ai instruit de ma rencontre avec celle qui est sa copie. J'ai pensé que votre

Quel est ce mystère ? murmura Tristan.

nature de poëte trouverait peut-être un certain charme mystérieux à revoir, ne fût-ce qu'un instant, parée de toutes les grâces de la vie et dans tous les rayonnements de la jeunesse, la douce figure qu'il y a un an nous avons pu voir ensemble disparaître sous le vêtement des trépassés. Au cas où, comme je le présume, les détails que je viens de vous raconter exciteraient votre curiosité et vous amèneraient à Paris, je vous ai d'avance préparé une entrevue avec Fanny. Vous nous trouverez samedi prochain, c'est-à-dire dans quatre jours, après la sortie du bal de l'Opéra, au café de Foy, où vous rencontrerez d'anciennes connaissances.

« Pour ne pas effrayer l'assemblée, il serait peut-être convenable que vous ne vinssiez pas avec votre linceul. Quittez donc ce négligé mortuaire et mettez-vous à la mode des vivants. Pour des réunions du genre de celle où je vous convie, on s'habille volontiers de noir, avec des gants et un gilet blancs. Je vous rappelle ces détails au cas où vous les auriez oubliés dans l'autre monde, où les usages ne sont peut-être pas les mêmes que dans celui-ci.

« Tout à vous,

« Tristan. »

III

Pendant qu'Ulric de Rouvres se rend au rendez-vous que lui avait assigné Tristan, nous donnerons au lecteur quelques explications sur les événements qui avaient déterminé son suicide, si singulièrement avorté.

Entré de bonne heure dans la vie, car il avait été mis en possession de sa fortune avant d'avoir atteint sa majorité, Ulric, ébloui d'abord par le soleil levant de sa vingtième année, et étourdi par le bruit que faisait ce monde où il était appelé à vivre, hésita un moment; et, comme un voyageur qui, mettant pour la première fois le pied sur un sol inconnu, craint de s'y égarer, il demanda un guide.

Il s'en présenta cinquante pour un; car, ainsi qu'aux barrières des villes qui renferment des curiosités, on trouve aux portes du monde une foule de cicerone qui viennent bruyamment vous offrir leurs services.

Ulric, ivre de liberté, voulut tout voir et tout savoir; nature ardente, curieuse et impatiente, il aurait désiré pouvoir, dans une seule coupe et d'un seul coup, boire toutes les jouissances et tous les plaisirs.

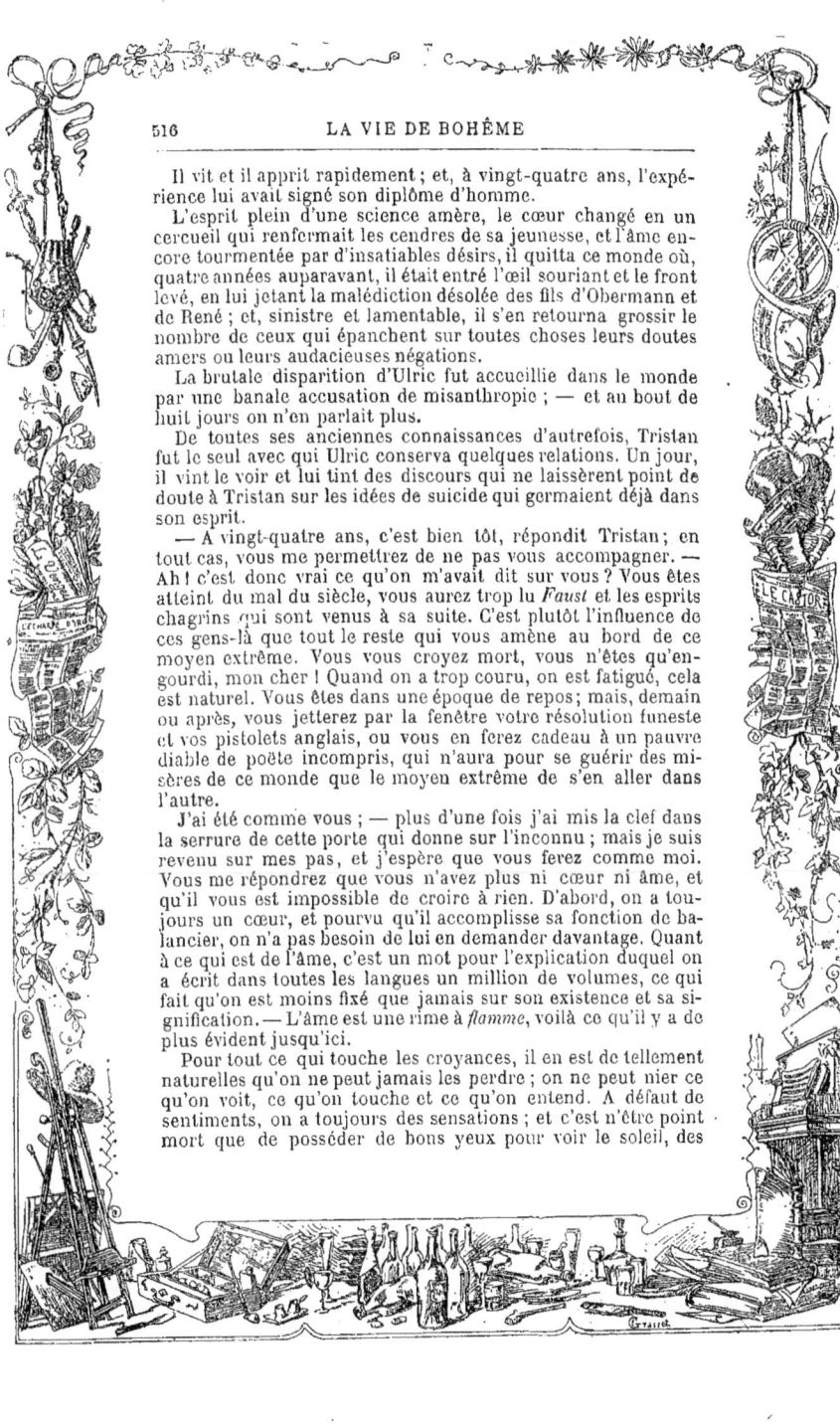

Il vit et il apprit rapidement ; et, à vingt-quatre ans, l'expérience lui avait signé son diplôme d'homme.

L'esprit plein d'une science amère, le cœur changé en un cercueil qui renfermait les cendres de sa jeunesse, et l'âme encore tourmentée par d'insatiables désirs, il quitta ce monde où, quatre années auparavant, il était entré l'œil souriant et le front levé, en lui jetant la malédiction désolée des fils d'Obermann et de René ; et, sinistre et lamentable, il s'en retourna grossir le nombre de ceux qui épanchent sur toutes choses leurs doutes amers ou leurs audacieuses négations.

La brutale disparition d'Ulric fut accueillie dans le monde par une banale accusation de misanthropie ; — et au bout de huit jours on n'en parlait plus.

De toutes ses anciennes connaissances d'autrefois, Tristan fut le seul avec qui Ulric conserva quelques relations. Un jour, il vint le voir et lui tint des discours qui ne laissèrent point de doute à Tristan sur les idées de suicide qui germaient déjà dans son esprit.

— A vingt-quatre ans, c'est bien tôt, répondit Tristan ; en tout cas, vous me permettrez de ne pas vous accompagner. — Ah ! c'est donc vrai ce qu'on m'avait dit sur vous ? Vous êtes atteint du mal du siècle, vous aurez trop lu *Faust* et les esprits chagrins qui sont venus à sa suite. C'est plutôt l'influence de ces gens-là que tout le reste qui vous amène au bord de ce moyen extrême. Vous vous croyez mort, vous n'êtes qu'engourdi, mon cher ! Quand on a trop couru, on est fatigué, cela est naturel. Vous êtes dans une époque de repos ; mais, demain ou après, vous jetterez par la fenêtre votre résolution funeste et vos pistolets anglais, ou vous en ferez cadeau à un pauvre diable de poëte incompris, qui n'aura pour se guérir des misères de ce monde que le moyen extrême de s'en aller dans l'autre.

J'ai été comme vous ; — plus d'une fois j'ai mis la clef dans la serrure de cette porte qui donne sur l'inconnu ; mais je suis revenu sur mes pas, et j'espère que vous ferez comme moi. Vous me répondrez que vous n'avez plus ni cœur ni âme, et qu'il vous est impossible de croire à rien. D'abord, on a toujours un cœur, et pourvu qu'il accomplisse sa fonction de balancier, on n'a pas besoin de lui en demander davantage. Quant à ce qui est de l'âme, c'est un mot pour l'explication duquel on a écrit dans toutes les langues un million de volumes, ce qui fait qu'on est moins fixé que jamais sur son existence et sa signification. — L'âme est une rime à *flamme*, voilà ce qu'il y a de plus évident jusqu'ici.

Pour tout ce qui touche les croyances, il en est de tellement naturelles qu'on ne peut jamais les perdre ; on ne peut nier ce qu'on voit, ce qu'on touche et ce qu'on entend. A défaut de sentiments, on a toujours des sensations ; et c'est n'être point mort que de posséder de bons yeux pour voir le soleil, des oreilles pour entendre la musique, et des mains pour les passer amoureusement dans la chevelure parfumée d'une femme, qui, à défaut de ces vertus idéales que réclament les jeunes gens de l'école romantique allemande, a au moins les qualités positives et plastiques de sa beauté. Vous avez fini votre temps de poésie et perdu les ailes qui vous emportaient dans les olympes de l'imagination ; mais il vous reste des pieds pour marcher encore un bon bout de temps dans une prose substantielle et nourrissante ; et ce qui vous reste à faire est le meilleur du chemin.

Mais en voyant que ces railleries, qui lui étaient familières, à lui poëte du matérialisme et apôtre du septicisme, semblaient provoquer Ulric au lieu de le calmer, Tristan quitta subitement le ton qu'il avait pris d'abord et le sermonna avec une éloquence onctueuse, persuasive et presque paternelle, qui eut, du moins un instant, pour résultat de le faire renoncer à son dessein de suicide

Cependant, à compter de ce jour, Ulric ne revint plus voir Tristan, qui, malgré tous les soins qu'il prit pour le découvrir, fut longtemps sans savoir ce qu'il était devenu.

Un jour Tristan faisait, en compagnie de quelques amis, une partie de cheval dans une campagne des environs de Paris. Ce fut là que le hasard lui fit rencontrer Ulric, après six mois de disparition. Ulric n'était pas seul ; il donnait le bras à une jeune fille de dix-huit à vingt ans, ayant le costume des ouvrières. Ulric aussi, Ulric, qui jadis avait donné dans le monde l'initiative de l'élégance ; Ulric, qui avait été pendant un temps le thermomètre des variations de la mode et dont les innovations, si audacieuses qu'elles fussent, étaient toujours acceptées ; qui, s'il lui avait pris un jour l'idée de porter des gants rouges, en aurait fait porter à tout le *Jockey Club*, Ulric était vêtu d'habits coupés sur les modèles trouvés sans doute dans les Herculanums de mauvais goût. Il était méconnaissable. Cependant Tristan le reconnut au premier regard et allait s'approcher de lui pour lui parler, quand Ulric lui fit signe de ne pas l'aborder.

— Quel est ce mystère ? murmura Tristan en s'éloignant.

En voici l'explication :

Dans les naïfs récits des romanciers et des poëtes du moyen âge, on rencontre beaucoup d'aventures de princes et de chevaliers mélancoliques qui, fuyant les cours et les châteaux, se mettent un jour à courir le pays, cachant leur naissance et leur fortune, et, déguisés en pauvres trouvères, s'en vont, la guitare en main, chanter l'amour, et, parmi toutes les femmes, en cherchent une qui *les aiment pour eux-mêmes*. Ils donnent un soupir pour un sourire, et s'arrêtent aussi volontiers sous l'humble fenêtre des vassales que sous le balcon armorié des châtelaines.

Enfant de ce siècle, — Ulric de Rouvres, qui comptait peut-

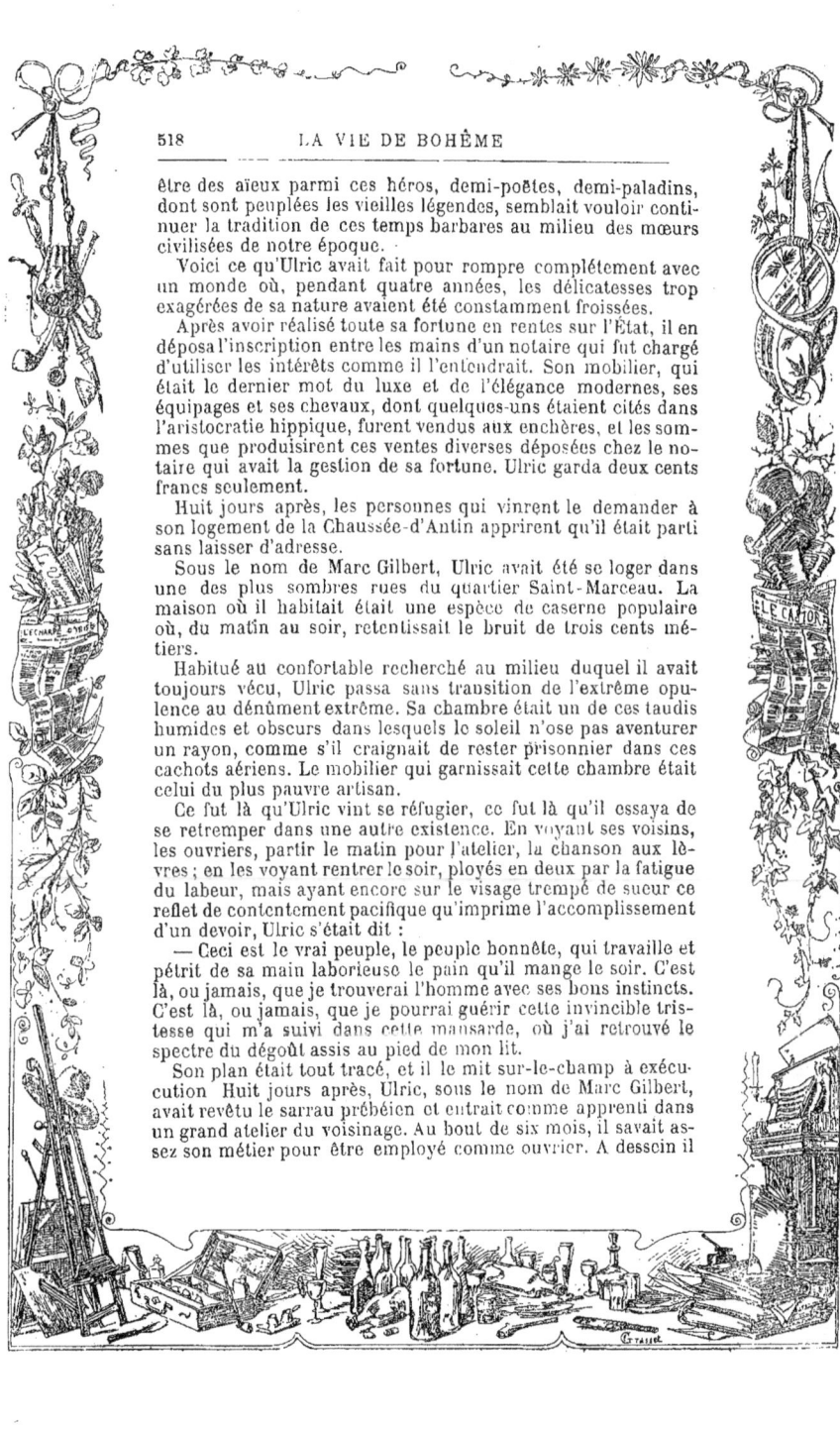

être des aïeux parmi ces héros, demi-poètes, demi-paladins, dont sont peuplées les vieilles légendes, semblait vouloir continuer la tradition de ces temps barbares au milieu des mœurs civilisées de notre époque.

Voici ce qu'Ulric avait fait pour rompre complétement avec un monde où, pendant quatre années, les délicatesses trop exagérées de sa nature avaient été constamment froissées.

Après avoir réalisé toute sa fortune en rentes sur l'État, il en déposa l'inscription entre les mains d'un notaire qui fut chargé d'utiliser les intérêts comme il l'entendrait. Son mobilier, qui était le dernier mot du luxe et de l'élégance modernes, ses équipages et ses chevaux, dont quelques-uns étaient cités dans l'aristocratie hippique, furent vendus aux enchères, et les sommes que produisirent ces ventes diverses déposées chez le notaire qui avait la gestion de sa fortune. Ulric garda deux cents francs seulement.

Huit jours après, les personnes qui vinrent le demander à son logement de la Chaussée-d'Antin apprirent qu'il était parti sans laisser d'adresse.

Sous le nom de Marc Gilbert, Ulric avait été se loger dans une des plus sombres rues du quartier Saint-Marceau. La maison où il habitait était une espèce de caserne populaire où, du matin au soir, retentissait le bruit de trois cents métiers.

Habitué au confortable recherché au milieu duquel il avait toujours vécu, Ulric passa sans transition de l'extrême opulence au dénûment extrême. Sa chambre était un de ces taudis humides et obscurs dans lesquels le soleil n'ose pas aventurer un rayon, comme s'il craignait de rester prisonnier dans ces cachots aériens. Le mobilier qui garnissait cette chambre était celui du plus pauvre artisan.

Ce fut là qu'Ulric vint se réfugier, ce fut là qu'il essaya de se retremper dans une autre existence. En voyant ses voisins, les ouvriers, partir le matin pour l'atelier, la chanson aux lèvres ; en les voyant rentrer le soir, ployés en deux par la fatigue du labeur, mais ayant encore sur le visage trempé de sueur ce reflet de contentement pacifique qu'imprime l'accomplissement d'un devoir, Ulric s'était dit :

— Ceci est le vrai peuple, le peuple honnête, qui travaille et pétrit de sa main laborieuse le pain qu'il mange le soir. C'est là, ou jamais, que je trouverai l'homme avec ses bons instincts. C'est là, ou jamais, que je pourrai guérir cette invincible tristesse qui m'a suivi dans cette mansarde, où j'ai retrouvé le spectre du dégoût assis au pied de mon lit.

Son plan était tout tracé, et il le mit sur-le-champ à exécution Huit jours après, Ulric, sous le nom de Marc Gilbert, avait revêtu le sarrau prébéien et entrait comme apprenti dans un grand atelier du voisinage. Au bout de six mois, il savait assez son métier pour être employé comme ouvrier. A dessein il avait choisi dans l'industrie une des professions les plus fatigantes et exigeant plutôt la force que l'intelligence. Il s'était fait mécanique vivante, outil de chair et d'os. Et, en voyant ses doigts glorieusement mutilés par les saintes cicatrices du travail, c'est à peine s'il se reconnaissait lui-même dans le robuste Marc Gilbert, lui, l'élégant Ulric de Rouvres, dont la main aristocratique aurait jadis pu mettre, sans le rompre, le gant de la princesse Borghèse.

Cependant, malgré le rude labeur quotidien auquel il s'était voué, au milieu même de son atelier, et si bruyantes qu'elles fussent, les clameurs qui l'environnaient ne pouvaient assourdir le chœur de voix désolées qui parlaient incessamment à son esprit.

Lorsqu'il rentrait le soir dans sa chambre, après une laborieuse journée, Ulric ne pouvait même pas trouver ce lourd sommeil qui habite les grabats des prolétaires. L'insomnie s'asseyait à son chevet; et, quoi qu'il fît pour l'en détourner, son esprit descendait au fond d'une rêverie dont l'abîme se creusait chaque jour plus profondément, et d'où il ressortait toujours avec une amertume de plus et une espérance de moins.

Ulric avait au cœur cette lèpre mortelle qui est l'amour du bien et du bon, la haine du faux et de l'injuste; mais une étrange fatalité, qui semblait marcher dans ses pas, avait toujours donné un démenti à ses instincts et raillé la poésie de ses aspirations. Tout ce qu'il avait touché lui avait laissé quelque fange aux mains, tout ce qu'il avait connu lui avait gravé un mépris ou un dégoût dans l'esprit, et, comme ces soldats qui comptent chaque combat par une blessure, chacun de ses amours se comptait par une trahison.

Aussi, pendant ses heures de solitude, et quand il déroulait devant sa pensée le panorama de sa vie passée, ne pouvait-il s'empêcher de pousser des plaintes sinistres.

On est majeur à tout âge pour les passions; mais le plus grand malheur qui puisse arriver à un homme est sans contredit une majorité précoce. Celui qui vit trop jeune vit généralement trop vite; et les privilégiés sont ceux qui, pareils aux écoliers, peuvent prendre le long chemin et n'arriver que le plus tard possible au but où la raison enseigne la science de la vie. Mais chacun porte en soi son destin. Il est des êtres chez qui les facultés se développent avant l'heure, et qui, se hâtant d'aller demander à la réalité ses logiques démentis, toujours pleins de désenchantements, se déchirent aux épines de la vérité, à l'âge où l'on commence à respirer l'enivrant parfum des mensonges.

Lorsqu'on rencontre quelques-uns de ces malheureux mutilés par l'expérience, il faut les accueillir avec une pitié secourable; on ne peut interdire la plainte aux blessés, et l'ironie et le blasphème d'un sceptique de vingt ans ne sont bien souvent que le râle de sa dernière illusion.

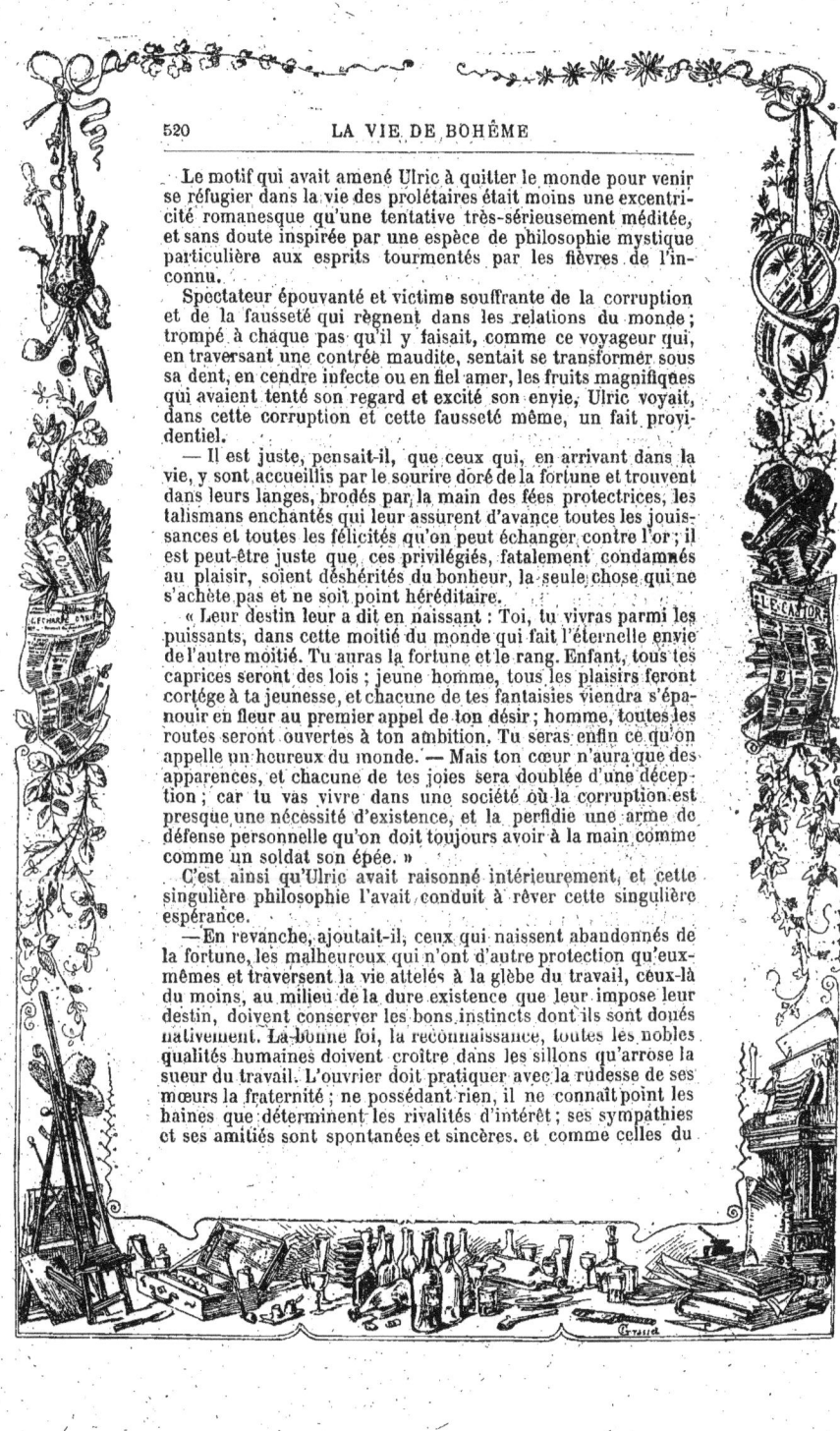

Le motif qui avait amené Ulric à quitter le monde pour venir se réfugier dans la vie des prolétaires était moins une excentricité romanesque qu'une tentative très-sérieusement méditée, et sans doute inspirée par une espèce de philosophie mystique particulière aux esprits tourmentés par les fièvres de l'inconnu.

Spectateur épouvanté et victime souffrante de la corruption et de la fausseté qui règnent dans les relations du monde; trompé à chaque pas qu'il y faisait, comme ce voyageur qui, en traversant une contrée maudite, sentait se transformer sous sa dent, en cendre infecte ou en fiel amer, les fruits magnifiques qui avaient tenté son regard et excité son envie, Ulric voyait, dans cette corruption et cette fausseté même, un fait providentiel.

— Il est juste, pensait-il, que ceux qui, en arrivant dans la vie, y sont accueillis par le sourire doré de la fortune et trouvent dans leurs langes, brodés par la main des fées protectrices, les talismans enchantés qui leur assurent d'avance toutes les jouissances et toutes les félicités qu'on peut échanger contre l'or; il est peut-être juste que ces privilégiés, fatalement condamnés au plaisir, soient déshérités du bonheur, la seule chose qui ne s'achète pas et ne soit point héréditaire.

« Leur destin leur a dit en naissant : Toi, tu vivras parmi les puissants, dans cette moitié du monde qui fait l'éternelle envie de l'autre moitié. Tu auras la fortune et le rang. Enfant, tous tes caprices seront des lois; jeune homme, tous les plaisirs feront cortége à ta jeunesse, et chacune de tes fantaisies viendra s'épanouir en fleur au premier appel de ton désir; homme, toutes les routes seront ouvertes à ton ambition. Tu seras enfin ce qu'on appelle un heureux du monde. — Mais ton cœur n'aura que des apparences, et chacune de tes joies sera doublée d'une déception; car tu vas vivre dans une société où la corruption est presque une nécessité d'existence, et la perfidie une arme de défense personnelle qu'on doit toujours avoir à la main comme un soldat son épée. »

C'est ainsi qu'Ulric avait raisonné intérieurement, et cette singulière philosophie l'avait conduit à rêver cette singulière espérance.

— En revanche, ajoutait-il, ceux qui naissent abandonnés de la fortune, les malheureux qui n'ont d'autre protection qu'eux-mêmes et traversent la vie attelés à la glèbe du travail, ceux-là du moins, au milieu de la dure existence que leur impose leur destin, doivent conserver les bons instincts dont ils sont doués nativement. La bonne foi, la reconnaissance, toutes les nobles qualités humaines doivent croître dans les sillons qu'arrose la sueur du travail. L'ouvrier doit pratiquer avec la rudesse de ses mœurs la fraternité; ne possédant rien, il ne connaît point les haines que déterminent les rivalités d'intérêt; ses sympathies et ses amitiés sont spontanées et sincères, et comme celles du

LA VIE DE BOHÊME

Qu'y a-t-il donc ? demanda Ulric.

monde n'ont pas seulement la durée d'une paire de gants ou d'un bouquet de bal. Ses amours ignorent les honteux alliages dont sont composés les amours du monde, amours faits d'ambition, d'orgueil, de haine même quelquefois, mais jamais d'amour. L'ignorance du peuple est une sauvegarde contre le mal, car le mal est un résultat du savoir. On fait le bien avec le cœur seulement; le mal exige la collaboration de l'esprit et de la raison. »

Mais cette suprême espérance, à laquelle Ulric s'était obstinément attaché, ne survécut pas à sa tentative. Après avoir pendant six mois vécu au milieu des hommes de labeur, l'étude et le contact des mœurs de ce monde nouveau pour lui laissa Ulric encore plus désolé; et son expérience l'amena à cette conclusion absolue que le bien et le bon n'existaient pas, où n'existaient qu'à l'état d'instincts dont l'application et le développement n'étaient pas possibles.

Dans les classes élevées de la société, parmi le monde des cravates blanches et des habits noirs, il avait rencontré toute la hideuse famille des vices humains, mais ils étaient du moins correctement vêtus, parlaient le beau langage promulgué par décrets académiques, et n'agissaient point une seule fois sans consulter le code des convenances. Il avait souvent, dans un salon, serré avec joie la main droite d'un homme qui le trahissait de la main gauche, mais cette main était irréprochablement gantée. Souvent il avait cru au sourire de ces trahisons vivantes qu'on appelle des femmes ; il s'était laissé émouvoir par les soli de sensibilité qu'elles exécutent en public après les avoir longuement étudiés, comme on fait d'une sonate de piano ou d'un air d'opéra, et il avait été dupe; mais, du moins, ces femmes qui le trompaient étaient vêtues de soie et de velours ; les perles et les diamants, arrachés au mystérieux écrin de la nature, luttaient de feux et d'éclairs avec les flammes de leurs regards et resplendissaient sur leur front comme une constellation d'étoiles terrestres. Ces femmes étaient les reines du monde; elles portaient des noms qui avaient eu déjà l'apothéose de l'histoire, et quand elles traversaient un bal, laissant derrière elles un sillage de parfums et de grâces, tous les hommes faisaient sur leur passage une haie d'admirations génuflexes. — Ulric ne tarda pas à se convaincre que les mœurs de l'atelier ne valaient pas mieux que celles du salon.

En venant pour la première fois à son travail, l'apparence chétive de sa personne, la pâleur distinguée de son visage, la blancheur de ses mains, jusque-là restées oisives, lui valurent, de ses nouveaux compagnons, un accueil plein d'ironie et d'insultes. Résigné d'abord aux humbles fonctions d'apprenti, Ulric subit patiemment sans y répondre toutes les oppressions et toutes les injures dont on l'accablait à cause de sa faiblesse apparente, à cause de sa façon de parler, qui n'avait rien de

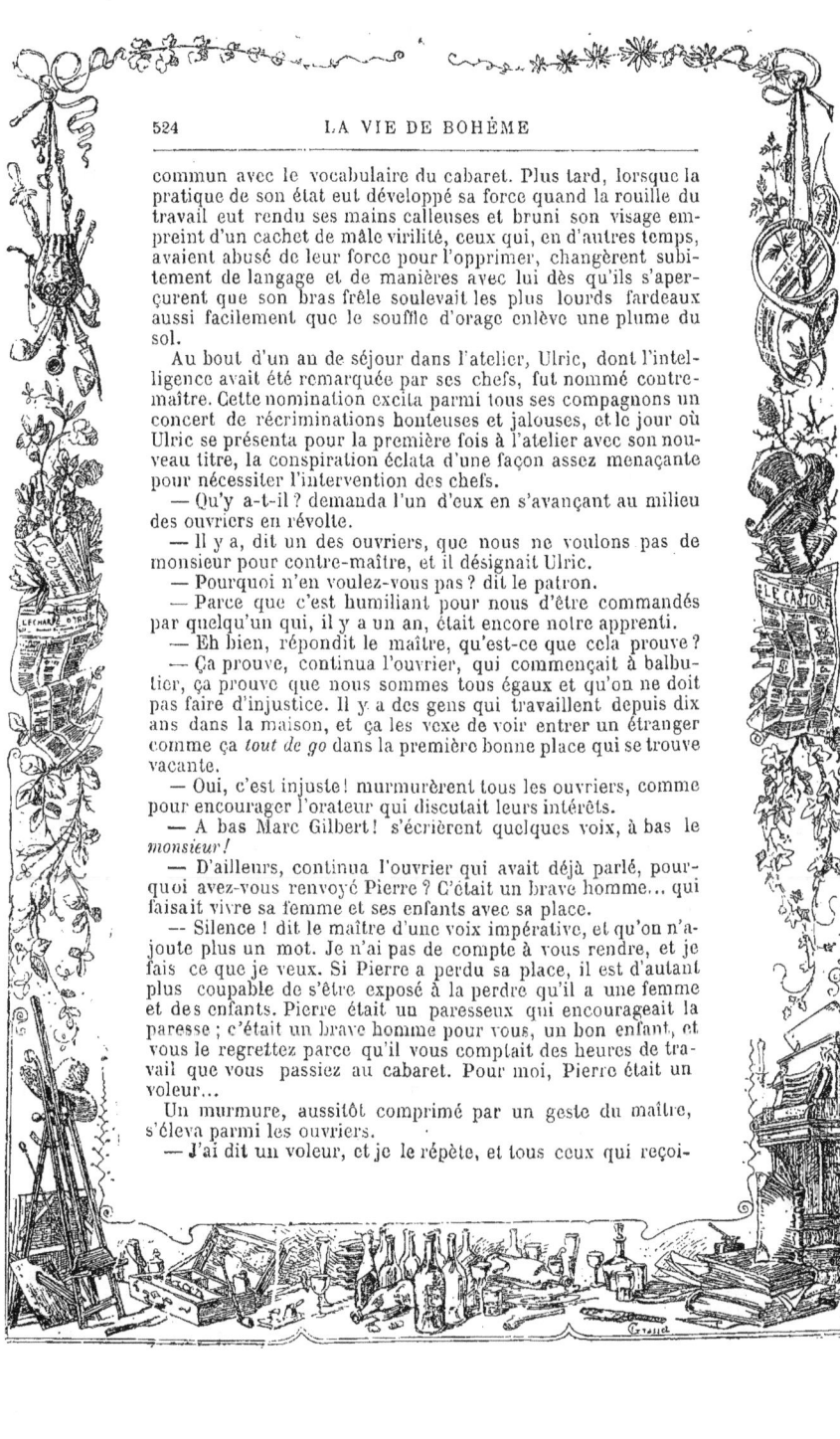

commun avec le vocabulaire du cabaret. Plus tard, lorsque la pratique de son état eut développé sa force quand la rouille du travail eut rendu ses mains calleuses et bruni son visage empreint d'un cachet de mâle virilité, ceux qui, en d'autres temps, avaient abusé de leur force pour l'opprimer, changèrent subitement de langage et de manières avec lui dès qu'ils s'aperçurent que son bras frêle soulevait les plus lourds fardeaux aussi facilement que le souffle d'orage enlève une plume du sol.

Au bout d'un an de séjour dans l'atelier, Ulric, dont l'intelligence avait été remarquée par ses chefs, fut nommé contre-maître. Cette nomination excita parmi tous ses compagnons un concert de récriminations honteuses et jalouses, et le jour où Ulric se présenta pour la première fois à l'atelier avec son nouveau titre, la conspiration éclata d'une façon assez menaçante pour nécessiter l'intervention des chefs.

— Qu'y a-t-il ? demanda l'un d'eux en s'avançant au milieu des ouvriers en révolte.

— Il y a, dit un des ouvriers, que nous ne voulons pas de monsieur pour contre-maître, et il désignait Ulric.

— Pourquoi n'en voulez-vous pas ? dit le patron.

— Parce que c'est humiliant pour nous d'être commandés par quelqu'un qui, il y a un an, était encore notre apprenti.

— Eh bien, répondit le maître, qu'est-ce que cela prouve ?

— Ça prouve, continua l'ouvrier, qui commençait à balbutier, ça prouve que nous sommes tous égaux et qu'on ne doit pas faire d'injustice. Il y a des gens qui travaillent depuis dix ans dans la maison, et ça les vexe de voir entrer un étranger comme ça *tout de go* dans la première bonne place qui se trouve vacante.

— Oui, c'est injuste ! murmurèrent tous les ouvriers, comme pour encourager l'orateur qui discutait leurs intérêts.

— A bas Marc Gilbert ! s'écrièrent quelques voix, à bas le *monsieur !*

— D'ailleurs, continua l'ouvrier qui avait déjà parlé, pourquoi avez-vous renvoyé Pierre ? C'était un brave homme... qui faisait vivre sa femme et ses enfants avec sa place.

— Silence ! dit le maître d'une voix impérative, et qu'on n'ajoute plus un mot. Je n'ai pas de compte à vous rendre, et je fais ce que je veux. Si Pierre a perdu sa place, il est d'autant plus coupable de s'être exposé à la perdre qu'il a une femme et des enfants. Pierre était un paresseux qui encourageait la paresse ; c'était un brave homme pour vous, un bon enfant, et vous le regrettez parce qu'il vous comptait des heures de travail que vous passiez au cabaret. Pour moi, Pierre était un voleur...

Un murmure, aussitôt comprimé par un geste du maître, s'éleva parmi les ouvriers.

— J'ai dit un voleur, et je le répète, et tous ceux qui reçoivent de l'argent qu'ils n'ont pas gagné sont de malhonnêtes gens. Pierre a abusé de ma confiance; pourtant j'ai été patient, j'ai eu égard à sa position de père de famille. Mais plus j'étais indulgent, et plus il s'est montré incorrigible. A mon tour, j'eusse été coupable envers mes associés en conservant chez moi un homme qui compromettait leurs intérêts. L'honnêteté est dans le devoir; j'ai fait le mien, donc j'ai été juste en renvoyant Pierre, et juste encore en le remplaçant par un homme honnête, laborieux, intelligent. Est-ce ma faute si, parmi tous les ouvriers qui travaillent ici depuis dix ans, je n'en ai pas trouvé un réunissant les qualités et les capacités nécessaires pour remplir l'emploi vacant? Est-ce ma faute si c'est justement l'apprenti à qui tout l'atelier commandait, il y a un an, qui se trouve être le seul aujourd'hui digne de commander à tout l'atelier? Vous parliez d'égalité tout à l'heure; eh bien, non, vous tous qui parlez, vous n'êtes pas les égaux de Marc Gilbert. Vous n'êtes pas égaux les uns aux autres, puisqu'il y en a parmi vous dont le salaire est différent, et ceux-là qui vous prêchent cette égalité sont des fous; et vous savez bien vous-mêmes, quand vous venez de recevoir votre *paye*, que celui qui travaille le plus et le mieux doit être payé davantage que ceux dont le travail et l'habileté sont moindres.

Ainsi donc, à partir d'aujourd'hui, Marc Gilbert est votre contre-maître. C'est un autre moi-même, et j'entends qu'on le respecte et qu'on lui obéisse comme à moi-même. Et maintenant, ceux qui ne sont pas contents peuvent s'en aller.

Pendant ce discours, tous les ouvriers étaient silencieusement retournés à leur travail.

— Cet homme est juste, pensa Ulric, en regardant son patron.

— Monsieur Marc Gilbert, lui dit celui-ci, il y a un an vous êtes entré dans la maison en qualité d'apprenti; aujourd'hui, après moi, vous allez y occuper la première place. Ce n'est pas une faveur que je vous accorde, comme je le disais tout à l'heure, c'est une justice. J'espère que vous êtes content et qu'en une année vous avez fait du chemin. Seulement, comme vous êtes un peu jeune et que vous n'auriez peut-être pas toute l'expérience nécessaire, nous ne vous donnerons d'abord que les deux tiers des appointements que nous donnions à votre prédécesseur. Néanmoins la part est encore belle, avouez-le.

Ulric resta profondément étonné par cette contradiction.

— Singulière justice, murmura-t-il quand il fut seul. On remplace un homme paresseux, sans intelligence et sans probité, par un homme qu'on sait être intelligent, probe et dévoué, et, sans tenir compte du bénéfice que sa gestion loyale procurera à la maison, on paye l'honnête homme moins cher qu'on ne payait le voleur!

Au bout de huit jours, les nouvelles fonctions et l'autorité dont elles investissaient Ulric lui avaient attiré déjà une foule

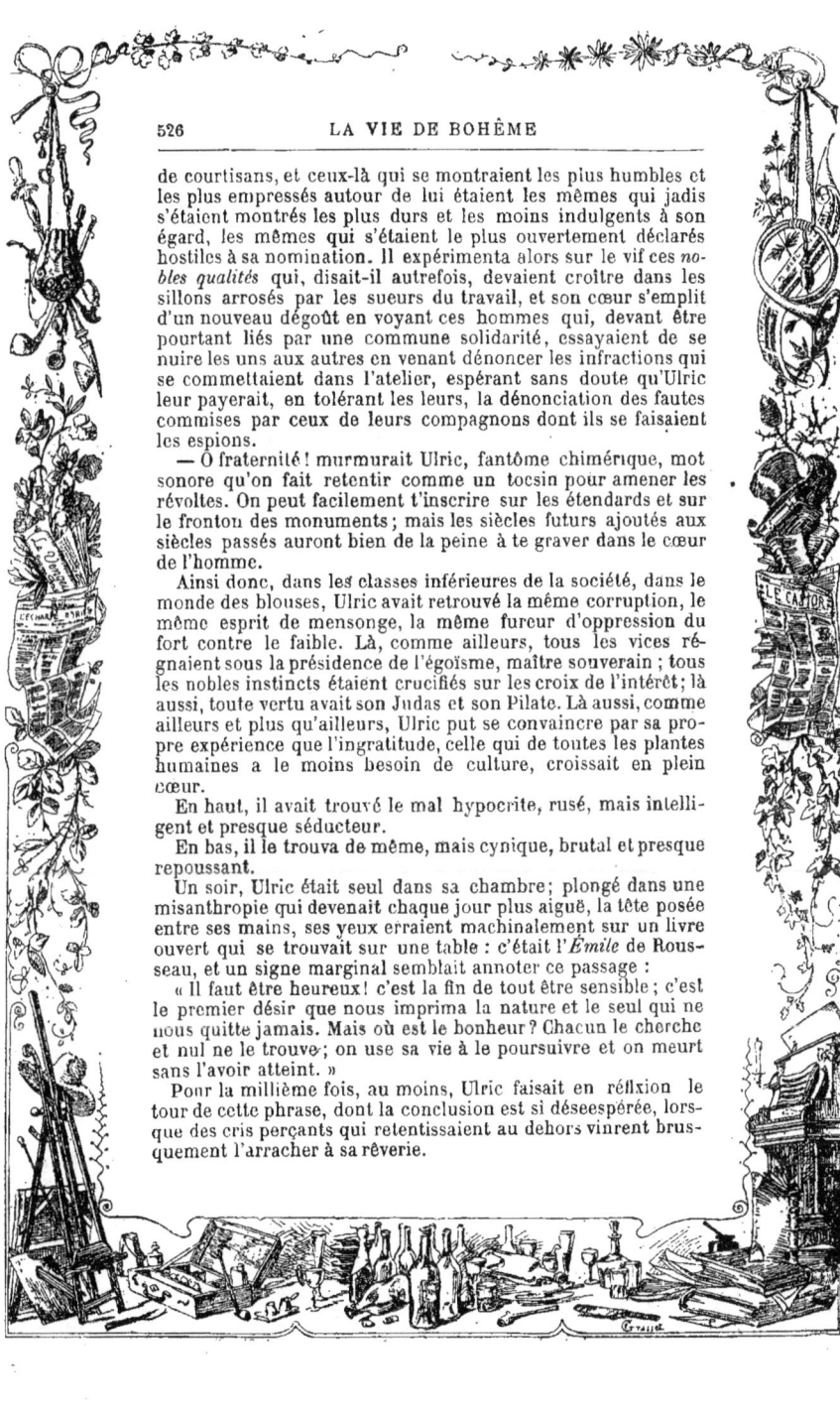

de courtisans, et ceux-là qui se montraient les plus humbles et les plus empressés autour de lui étaient les mêmes qui jadis s'étaient montrés les plus durs et les moins indulgents à son égard, les mêmes qui s'étaient le plus ouvertement déclarés hostiles à sa nomination. Il expérimenta alors sur le vif ces *nobles qualités* qui, disait-il autrefois, devaient croître dans les sillons arrosés par les sueurs du travail, et son cœur s'emplit d'un nouveau dégoût en voyant ces hommes qui, devant être pourtant liés par une commune solidarité, essayaient de se nuire les uns aux autres en venant dénoncer les infractions qui se commettaient dans l'atelier, espérant sans doute qu'Ulric leur payerait, en tolérant les leurs, la dénonciation des fautes commises par ceux de leurs compagnons dont ils se faisaient les espions.

— Ô fraternité! murmurait Ulric, fantôme chimérique, mot sonore qu'on fait retentir comme un tocsin pour amener les révoltes. On peut facilement t'inscrire sur les étendards et sur le fronton des monuments; mais les siècles futurs ajoutés aux siècles passés auront bien de la peine à te graver dans le cœur de l'homme.

Ainsi donc, dans les classes inférieures de la société, dans le monde des blouses, Ulric avait retrouvé la même corruption, le même esprit de mensonge, la même fureur d'oppression du fort contre le faible. Là, comme ailleurs, tous les vices régnaient sous la présidence de l'égoïsme, maître souverain ; tous les nobles instincts étaient crucifiés sur les croix de l'intérêt; là aussi, toute vertu avait son Judas et son Pilate. Là aussi, comme ailleurs et plus qu'ailleurs, Ulric put se convaincre par sa propre expérience que l'ingratitude, celle qui de toutes les plantes humaines a le moins besoin de culture, croissait en plein cœur.

En haut, il avait trouvé le mal hypocrite, rusé, mais intelligent et presque séducteur.

En bas, il le trouva de même, mais cynique, brutal et presque repoussant.

Un soir, Ulric était seul dans sa chambre; plongé dans une misanthropie qui devenait chaque jour plus aiguë, la tête posée entre ses mains, ses yeux erraient machinalement sur un livre ouvert qui se trouvait sur une table : c'était l'*Émile* de Rousseau, et un signe marginal semblait annoter ce passage :

« Il faut être heureux! c'est la fin de tout être sensible ; c'est le premier désir que nous imprima la nature et le seul qui ne nous quitte jamais. Mais où est le bonheur? Chacun le cherche et nul ne le trouve; on use sa vie à le poursuivre et on meurt sans l'avoir atteint. »

Pour la millième fois, au moins, Ulric faisait en réflexion le tour de cette phrase, dont la conclusion est si désespérée, lorsque des cris perçants qui retentissaient au dehors vinrent brusquement l'arracher à sa rêverie.

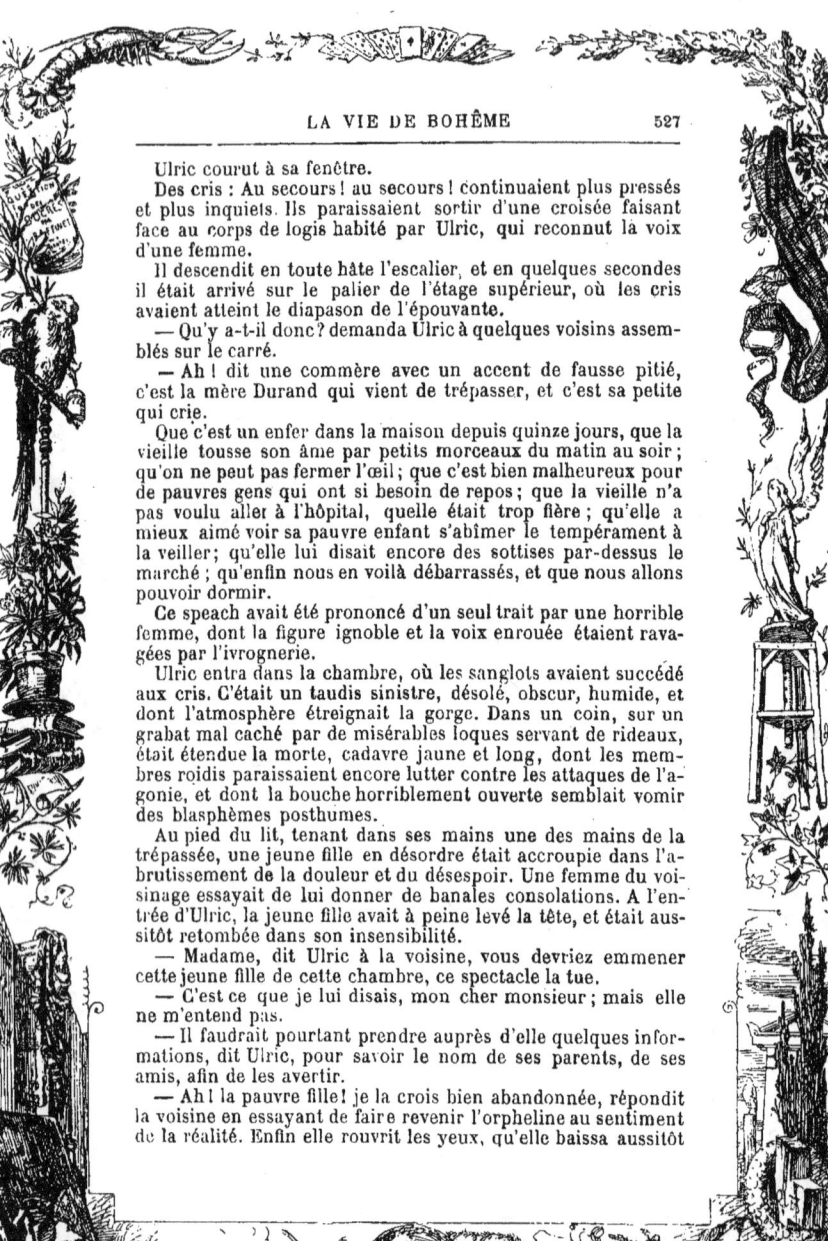

Ulric courut à sa fenêtre.

Des cris : Au secours ! au secours ! continuaient plus pressés et plus inquiets. Ils paraissaient sortir d'une croisée faisant face au corps de logis habité par Ulric, qui reconnut la voix d'une femme.

Il descendit en toute hâte l'escalier, et en quelques secondes il était arrivé sur le palier de l'étage supérieur, où les cris avaient atteint le diapason de l'épouvante.

— Qu'y a-t-il donc? demanda Ulric à quelques voisins assemblés sur le carré.

— Ah ! dit une commère avec un accent de fausse pitié, c'est la mère Durand qui vient de trépasser, et c'est sa petite qui crie.

Que c'est un enfer dans la maison depuis quinze jours, que la vieille tousse son âme par petits morceaux du matin au soir ; qu'on ne peut pas fermer l'œil ; que c'est bien malheureux pour de pauvres gens qui ont si besoin de repos ; que la vieille n'a pas voulu aller à l'hôpital, quelle était trop fière ; qu'elle a mieux aimé voir sa pauvre enfant s'abîmer le tempérament à la veiller ; qu'elle lui disait encore des sottises par-dessus le marché ; qu'enfin nous en voilà débarrassés, et que nous allons pouvoir dormir.

Ce speach avait été prononcé d'un seul trait par une horrible femme, dont la figure ignoble et la voix enrouée étaient ravagées par l'ivrognerie.

Ulric entra dans la chambre, où les sanglots avaient succédé aux cris. C'était un taudis sinistre, désolé, obscur, humide, et dont l'atmosphère étreignait la gorge. Dans un coin, sur un grabat mal caché par de misérables loques servant de rideaux, était étendue la morte, cadavre jaune et long, dont les membres roidis paraissaient encore lutter contre les attaques de l'agonie, et dont la bouche horriblement ouverte semblait vomir des blasphèmes posthumes.

Au pied du lit, tenant dans ses mains une des mains de la trépassée, une jeune fille en désordre était accroupie dans l'abrutissement de la douleur et du désespoir. Une femme du voisinage essayait de lui donner de banales consolations. A l'entrée d'Ulric, la jeune fille avait à peine levé la tête, et était aussitôt retombée dans son insensibilité.

— Madame, dit Ulric à la voisine, vous devriez emmener cette jeune fille de cette chambre, ce spectacle la tue.

— C'est ce que je lui disais, mon cher monsieur ; mais elle ne m'entend pas.

— Il faudrait pourtant prendre auprès d'elle quelques informations, dit Ulric, pour savoir le nom de ses parents, de ses amis, afin de les avertir.

— Ah ! la pauvre fille ! je la crois bien abandonnée, répondit la voisine en essayant de faire revenir l'orpheline au sentiment de la réalité. Enfin elle rouvrit les yeux, qu'elle baissa aussitôt

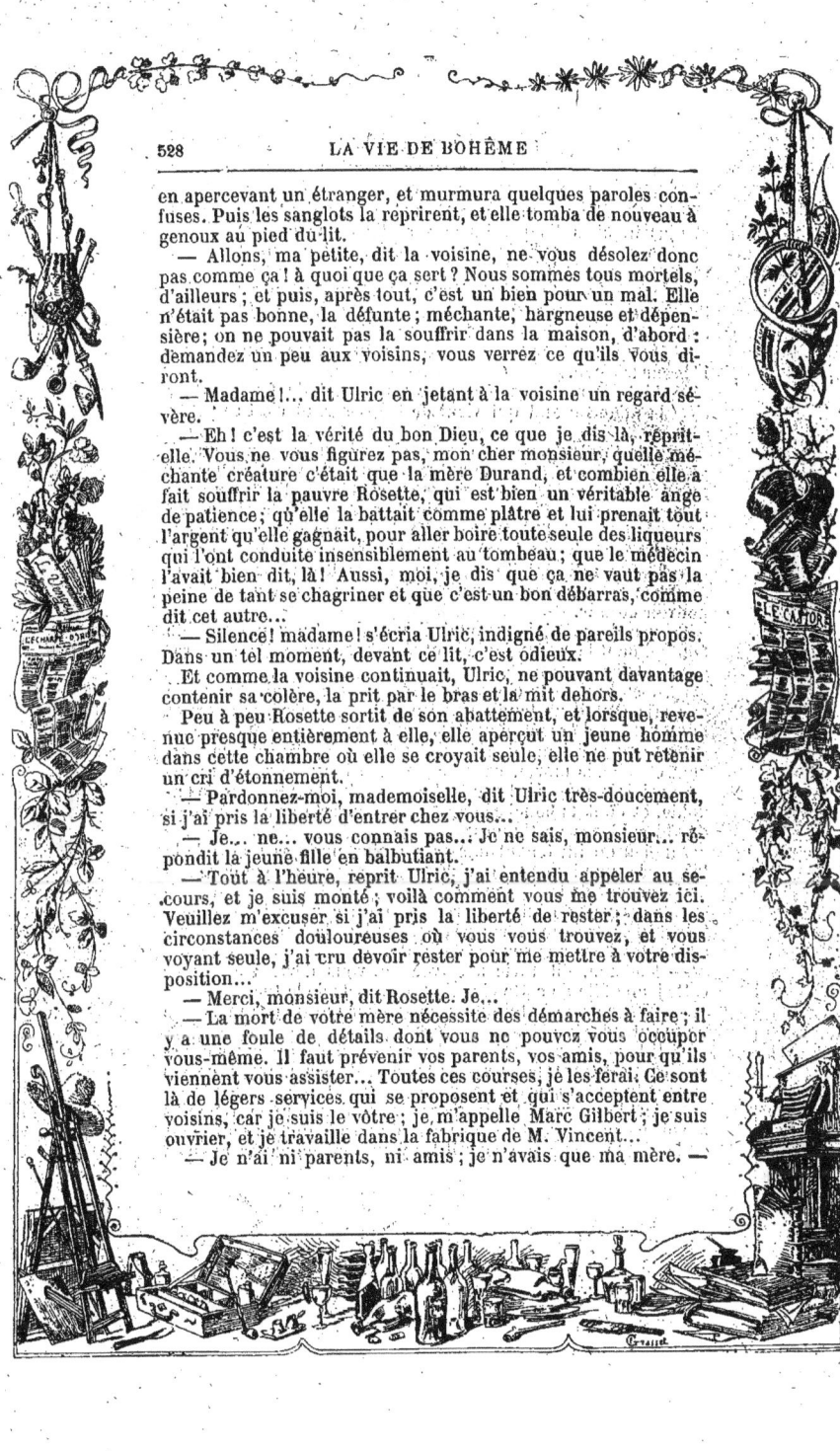

en apercevant un étranger, et murmura quelques paroles confuses. Puis les sanglots la reprirent, et elle tomba de nouveau à genoux au pied du lit.

— Allons, ma petite, dit la voisine, ne vous désolez donc pas comme ça! à quoi que ça sert? Nous sommes tous mortels, d'ailleurs; et puis, après tout, c'est un bien pour un mal. Elle n'était pas bonne, la défunte; méchante, hargneuse et dépensière; on ne pouvait pas la souffrir dans la maison, d'abord: demandez un peu aux voisins, vous verrez ce qu'ils vous diront.

— Madame!... dit Ulric en jetant à la voisine un regard sévère.

— Eh! c'est la vérité du bon Dieu, ce que je dis là, reprit-elle. Vous ne vous figurez pas, mon cher monsieur, quelle méchante créature c'était que la mère Durand, et combien elle a fait souffrir la pauvre Rosette, qui est bien un véritable ange de patience; qu'elle la battait comme plâtre et lui prenait tout l'argent qu'elle gagnait, pour aller boire toute seule des liqueurs qui l'ont conduite insensiblement au tombeau; que le médecin l'avait bien dit, là! Aussi, moi, je dis que ça ne vaut pas la peine de tant se chagriner et que c'est un bon débarras, comme dit cet autre...

— Silence! madame! s'écria Ulric, indigné de pareils propos. Dans un tel moment, devant ce lit, c'est odieux.

Et comme la voisine continuait, Ulric, ne pouvant davantage contenir sa colère, la prit par le bras et la mit dehors.

Peu à peu Rosette sortit de son abattement, et lorsque, revenue presque entièrement à elle, elle aperçut un jeune homme dans cette chambre où elle se croyait seule, elle ne put retenir un cri d'étonnement.

— Pardonnez-moi, mademoiselle, dit Ulric très-doucement, si j'ai pris la liberté d'entrer chez vous...

— Je... ne... vous connais pas... Je ne sais, monsieur... répondit la jeune fille en balbutiant.

— Tout à l'heure, reprit Ulric, j'ai entendu appeler au secours, et je suis monté; voilà comment vous me trouvez ici. Veuillez m'excuser si j'ai pris la liberté de rester; dans les circonstances douloureuses où vous vous trouvez, et vous voyant seule, j'ai cru devoir rester pour me mettre à votre disposition.

— Merci, monsieur, dit Rosette. Je...

— La mort de votre mère nécessite des démarches à faire; il y a une foule de détails dont vous ne pouvez vous occuper vous-même. Il faut prévenir vos parents, vos amis, pour qu'ils viennent vous assister... Toutes ces courses, je les ferai. Ce sont là de légers services qui se proposent et qui s'acceptent entre voisins, car je suis le vôtre; je m'appelle Marc Gilbert; je suis ouvrier, et je travaille dans la fabrique de M. Vincent...

— Je n'ai ni parents, ni amis; je n'avais que ma mère. —

LA VIE DE BOHÊME

Bonsoir les amoureux!

Ah ! mon Dieu ! comment faire ? qu'est-ce que je vais devenir ? s'écria Rosette en pleurant.

Ce cri, qui révélait un abandon et une misère si profonds, émut Ulric.

— S'il en est ainsi, mademoiselle, dit-il à Rosette, par amour même pour votre mère, vous devriez accepter mes propositions et me laisser le soin de veiller aux tristes devoirs qu'il reste à accomplir.

Après une longue hésitation, Rosette se laissa convaincre et accepta les offres de service que lui faisait Ulric.

Le lendemain, un modeste corbillard emmenait à l'église le corps de la mère Durand, et de là au cimetière, où Ulric avait acquis une fosse particulière pour que l'orpheline pût y agenouiller son souvenir filial.

Deux jours après l'enterrement de sa mère, Rosette vint chez Ulric pour le remercier de ce qu'il avait fait pour elle. Elle exprima sa reconnaissance avec une franchise et une sincérité telles, qu'Ulric resta encore plus ému, après cette seconde entrevue, qu'il ne l'avait été lors de sa première rencontre avec la jeune fille.

Quelque temps après, comme il rentrait chez lui le soir, son portier lui remit une lettre. Ulric, inquiet de savoir qui pouvait lui écrire, courut d'abord à la signature : il y trouva celle de Rosette. La lettre contenait ces mots :

« Monsieur Marc,

« Excusez-moi si je prends la liberté de vous écrire ; c'est que j'ai de mauvaises nouvelles à vous apprendre, et je ne puis pas aller chez vous pour vous les dire. Il y a des méchantes gens dans la maison, et on dit de vilaines choses sur nous deux, à cause du service que vous m'avez rendu. J'ai beaucoup de chagrin, et je voudrais vous voir un moment. Ce soir, en revenant de mon ouvrage, je passerai par la grande allée du Jardin des Plantes.

« Votre servante bien reconnaissante,
« Rosette Durand. »

Ulric courut au rendez-vous que lui donnait l'orpheline. Elle venait seulement d'arriver. Sans parler, elle prit le bras d'Ulric, et le jeune homme s'aperçut que son cœur battait avec violence. Son visage était pâle, fatigué, et laissait voir des traces d'une rosée de larmes. — Il la conduisit dans une allée peu fréquentée et la fit asseoir auprès de lui sur un banc désert.

— Qu'est-il arrivé, Rosette ? demanda Ulric.

— Ne l'avez-vous pas deviné en lisant ma lettre ? répondit la jeune fille en baissant les yeux. Oh ! c'est horrible, ce qu'on a dit ! ajouta-t-elle précipitamment, et une rougeur d'indignation empourpra son visage.

— Eh bien, dit Ulric, — qu'a-t-on pu dire ? — que j'étais votre amant, — n'est-ce pas ?

— Si on n'avait dit que cela, je ne souffrirais pas tant, conti-

nua Rosette, — car ce serait seulement ma vertu qu'on attaquerait ; — mais c'est plus horrible. On a dit que nous avions joué tous les deux une comédie, le jour même où ma mère est morte. Ce service que vous m'avez si généreusement rendu sans me connaître, on a dit que c'était une spéculation, un marché... conclu et payé... devant le corps de ma mère...
— C'est odieux ! on a dit cela ? fit Ulric.
— Et depuis quelques jours tout le monde le répète dans la maison, dit Rosette.
— Eh bien, ma pauvre enfant, que voulez-vous y faire ? Ce que vous m'apprenez ne m'étonne pas. Je comprends que vous vous soyez indignée de cette monstrueuse calomnie ; mais, à vrai dire, j'eusse été surpris davantage si elle n'avait pas été faite. Il y a des gens qui ne peuvent pas comprendre qu'on fasse le bien seulement pour le bien ; nous avons affaire à ces gens-là, et quoi que nous disions, quoi que nous fassions, l'honnêteté de nos relations sera toujours criminelle à leurs yeux.

En ce moment une ombre passa rapidement devant le banc sur lequel ils étaient assis, et une voix leur jeta ces mots en passant :
— Bonsoir les amoureux !
Rosette tressaillit et se serra auprès d'Ulric.
Tous deux venaient de reconnaître la voix d'une de leurs voisines.

IV

Peu de jours après leur entrevue au Jardin des Plantes, Ulric et Rosette quittaient ensemble la maison où ils s'étaient connus, et emménageaient dans un logement commun, situé dans une des rues désertes et tranquilles qui avoisinent le Luxembourg.

Sa liaison avec Rosette n'avait été, dans le principe, pour Ulric que le résultat d'une affection tranquille et presque protectrice que la jeune orpheline lui avait tout d'abord inspirée. Mais peu à peu, à sa grande surprise et à sa grande joie, comme un homme qui recouvre tout à coup un sens perdu, il comprit qu'il aimait Rosette.

Alors une nouvelle existence commença pour lui. Cette misanthropie amère, ce dégoût obstiné des hommes et des choses qui auparavant se trahissaient dans toutes ses réflexions et dans ses moindres paroles, s'adoucirent graduellement, et son esprit retrouva le chemin qui conduit aux bonnes pensées.

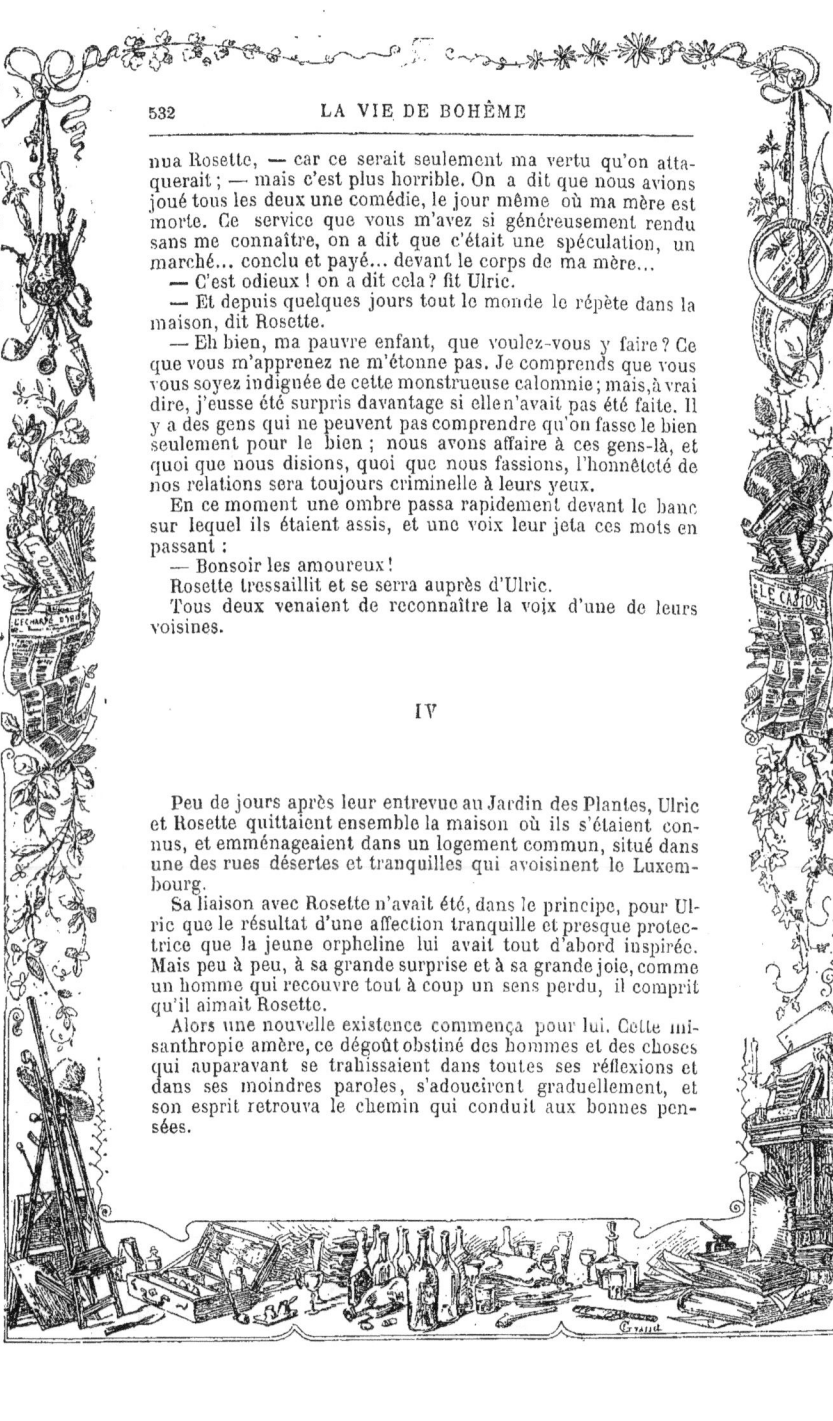

Cependant, quelquefois, par une brusque transition, il lui arrivait de retomber dans les ombres de l'incertitude, un souvenir importun des jours passés apparaissait tout à coup devant lui, comme une fatale prophétie de l'avenir. Il voyait alors se dresser devant lui le fantôme jaloux des femmes qu'il avait aimées jadis, et toutes lui criaient : Souviens-toi de nos leçons ! Comme toutes celles qui ont tenté de faire battre ton cœur si bien pétrifié, ta nouvelle idole te prépare une déception : fuis-la donc aussi, celle-là qui est notre sœur à nous toutes, qui t'avons trompé. D'ailleurs, tu te trompes toi-même en croyant l'aimer : — les cadavres remuent quelquefois dans leur tombe ; — tu as pris un tressaillement de ton cœur pour une résurrection, ton cœur est bien mort...

Mais, en relevant la tête, Ulric apercevait devant lui Rosette, heureuse et belle, Rosette, dont le cœur, gonflé d'amour et de juvénile gaieté, semblait, comme un vase trop plein, déborder par ses lèvres en flots de sourires. Alors, en regardant ce doux visage, en écoutant cette voix vibrante d'une douceur sonore, Ulric croyait voir dans sa maîtresse la fée souriante de sa vingtième année, et il l'entendait lui dire :

— C'est moi qui suis la jeunesse, ta jeunesse dont tu t'es si mal servi. Tu m'as renvoyée avant l'heure, et pourtant je reviens vers toi. J'ai de grands trésors à prodiguer, et quand tu les auras dépensés, j'en aurai encore d'autres. Laisse-toi conduire où je veux te mener : c'est à l'amour. Tu t'es trompé, et l'on t'a trompé, toutes les fois que tu as cru aimer ; cette fois ne repousse pas l'amour sincère. Celle qui te l'apporte a les mains pleines de bonheur, et elle veut partager avec toi. Laisse-toi rendre heureux ; il est bien temps.

Alors Ulric, couvrant de baisers insensés le visage et les mains de sa petite Rosette, entrait dans une exaltation dont la jeune fille s'étonnait et s'effrayait presque. Il lui parlait avec un langage dont le lyrisme, souvent incompréhensible pour elle, faisait craindre à Rosette que son amant ne fût devenu fou.

— Merci ! mon Dieu ! s'écriait Ulric, vous êtes bon ! La vie a longtemps été pour moi un lourd fardeau, — vous le savez. Il est arrivé un moment où nulle force humaine n'aurait pu le supporter ; j'ai failli fléchir et m'en débarrasser par un crime. — Vous l'avez vu. J'ai douté un instant de votre justice souveraine ; puis, au bord de l'abîme où j'étais penché déjà, j'ai crié vers vous du fond de mon âme : Ayez pitié de moi ! Vous m'avez entendu, vous avez envoyé cette femme à mon côté, et vous m'avez sauvé par elle. — Merci ! mon Dieu ! Vous êtes bon !

— Comme tu m'as aimé à temps, ma pauvre Rosette ! et comme tu as bien fait de m'aimer ! si tu savais... Maintenant, je ne suis plus le même qu'autrefois. Le bain de Jouvence de ton amour m'a métamorphosé. Dans moi, hors moi, tout est changé. J'ai laissé au fond de mon passé ténébreux tout ce que j'avais de flétri : passions mauvaises, instincts haineux, mépris des hommes. Je renais à la lumière du jour, pur comme un enfant ; je salue la vie comme une bonne chose que j'ai longtemps maudite, dédaignée ; et cela, je le dis en vérité, parce que je t'aime, et parce que tu m'aimes.

Rosette, dont l'esprit n'avait pas fréquenté le dictionnaire familier aux passions exaltées, comme l'était devenue celle d'Ulric, ne comprenait peut-être pas bien les mots dont il se servait, mais sous l'obscurité du langage, elle devinait le sens, et, à défaut de paroles, elle répondait par des caresses.

Pendant près d'un an, ce fut une belle vie.

Ulric et Rosette continuaient à travailler chacun de son côté ; et comme ils menaient l'existence régulière et tranquille des ménages d'ouvriers laborieux et honnêtes, on les croyait mariés, et plus d'une fois leurs voisins leur firent des avances pour établir entre eux des relations de voisinage.

Mais l'un et l'autre avaient préféré rester dans la solitude de leur amour, et s'étaient obstinément efforcés à vivre en dehors de toute relation avec les étrangers.

Un jour, pendant l'absence de Rosette, Ulric reçut la visite d'un jeune homme qui lui apportait une lettre.

Cette lettre était adressée à M. le comte Ulric de Rouvres.

En lisant cette suscription, Ulric ne put s'empêcher de pâlir.

— Vous vous trompez, dit-il au jeune homme qui lui avait apporté le billet ; cette lettre n'est pas pour moi... Je m'appelle Marc Gilbert.

— Pardon, monsieur le comte, répondit le jeune homme en souriant. Ne craignez point d'indiscrétion de ma part. Je suis envoyé par M⁰ Morin, votre notaire. Des motifs sérieux l'ont mis dans l'obligation de vous rechercher, et ce n'est qu'après bien des peines et des démarches que nous avons pu parvenir à vous découvrir... Cette lettre, qui est bien pour vous, car, ayant eu l'honneur de vous voir dans l'étude de mon patron, je puis vous reconnaître, cette lettre vous apprendra, monsieur le comte, les raisons qui ont forcé M⁰ Morin à troubler votre incognito.

Ulric comprit qu'il était inutile de feindre plus longtemps, et prit lecture du billet que lui adressait son notaire.

Il ne contenait que ces quelques lignes :

« Monsieur le comte,

« Étant sur le point de vendre mon étude, je désirerais vivement avoir avec vous un entretien pour vous rendre compte des fonds dont vous avez bien voulu me confier le dépôt il y a dix-huit mois. Depuis cette époque, les neuf cent mille francs déposés par vous entre mes mains se sont presque augmentés d'un tiers, grâce à des placements avantageux et dont je puis garantir la sûreté pour l'avenir ; toute cette comptabilité est parfaitement en ordre, et je voudrais vous la soumettre avant de résigner mes fonctions. C'est pourquoi je vous prie, monsieur le comte, de vouloir bien m'assigner un rendez-vous. Selon qu'il vous plaira le mieux, j'aurai l'honneur de recevoir chez moi M. le comte Ulric de Rouvres, ou je me rendrai chez M. Marc Gilbert.

« Recevez, etc.

« MORIN. »

— Veuillez répondre à M. Morin que j'irai le voir demain, dit Ulric au clerc de son notaire, quand il eut achevé la lettre dont le contenu venait brutalement lui rappeler un passé, une fortune et un nom qu'il avait complétement oubliés. Aussi la lecture de cette lettre le jeta-t-elle dans un courant d'idées qui amenèrent sur son front un nuage de tristesse et d'inquiétude dont Rosette s'aperçut le soir en rentrant.

Aux interrogations de sa maîtresse, Ulric répondit par un banal prétexte d'indisposition. Le lendemain il alla voir son notaire; et, après avoir écouté très-indifféremment les explications que M. Morin lui donna sur l'administration de sa fortune, Ulric le pria de transmettre à son successeur tous les pouvoirs qu'il lui avait donnés; il insista surtout pour qu'à l'avenir, et sous aucun prétexte, on ne vînt déranger son incognito, qu'il voulait encore conserver.

— Ne désirez-vous pas que je vous remette quelque argent? demanda M. Morin à son client singulier?

— De l'argent? dit Ulric; non, j'en gagne...

Il rentra chez lui l'esprit plus libre, le front rasséréné, et retrouva auprès de Rosette la tranquille et charmante familiarité que l'incident de la veille avait vaguement refroidie. Mais le malheur avait fait brèche dans le ménage.

Peu de temps après, la fabrique dans laquelle Ulric était employé comme contre-maître fut ruinée par un incendie. Ulric chercha de l'occupation dans d'autres établissements; il essaya de se placer seulement en qualité d'ouvrier; mais on était alors au milieu d'une crise commerciale, et un grand relâche s'était opéré dans les travaux de son industrie. Les patrons avaient été dans la nécessité de mettre à pied une partie de leurs ouvriers. Ulric se trouva les bras libres, — la sinistre liberté de la misère; et lui, *ultrà*-millionnaire, il comprit l'épouvante du père de famille, pour qui la saison du chômage est aussi l'époque de la famine.

— Pourtant, pensait-il au retour de ses courses infructueuses, je n'aurais qu'un mot à dire...

Quant à Rosette, jamais peut-être elle n'avait été plus gaie, jamais ses dix-huit ans en fleur n'avaient embaumé la maison d'un plus doux parfum de jeunesse et d'amour. Seulement elle travaillait deux heures de plus soir et matin; — et le petit ménage vécut encore un mois, malgré les privations imposées par la nécessité.

A la nécessité succéda la misère. Plusieurs fois, le soir, à la nuit tombante, choisissant les rues désertes, Rosette s'aventura dans ces comptoirs d'usure patentés vers lesquels les premiers vents de l'hiver poussent une foule de misères frissonnantes, qui viennent, timides et honteuses, demander au prêt le maigre repas du soir ou le petit cotret de bois vert qui doit pour une heure enfumer la mansarde.

Peu à peu tous les tiroirs se vidèrent dans les magasins du Mont-de-Piété. Et cependant, durant cette lutte avec la misère, Ulric éprouvait la volupté singulière qui, chez quelques natures, résulte d'un sentiment inconnu, fût-il même douloureux. Son amour souffrait en voyant la pauvre Rosette sortir le matin, par le brouillard et le froid, vêtue d'une pauvre robe bleue à petits pois blancs, reléguée jadis pour cause de vétusté et devenue maintenant son unique vêtement. Mais l'esprit d'analyse l'emportait sur le cœur. La manie de l'expérience étouffait la voix de l'humanité, — et il voulait savoir jusqu'à combien de degrés pourrait atteindre le dévouement de Rosette.

Un soir, comme il rentrait avec Rosette, qu'il allait chercher tous les soirs dans la maison où elle travaillait, Ulric entendit deux femmes marchant derrière lui, mises avec le somptueux mauvais goût des lorettes bourgeoises, railler la toilette de Rosette, qui faisait effectivement une antithèse avec la rigueur de la saison.

— Tiens, vois donc, disait l'une, une robe d'indienne ; c'est original.

— Et un chapeau de paille, ajoutait l'autre, en novembre ; c'est un peu tôt ou un peu tard.

Rosette avait entendu, mais elle ne le fit point paraître. Quant à Ulric, il lança aux deux femmes un coup d'œil chargé de colère et de mépris.

Quand ils furent rentrés chez eux, Ulric fut pris d'une crise violente dont l'exaltation effraya Rosette, pourtant accoutumée à ces explosions d'amour. Il se jeta aux pieds de sa maîtresse, et, embrassant à pleines lèvres la petite robe bleue dont elle était vêtue, il s'écria :

— Ma pauvre fille, tu es malheureuse avec moi, tu souffres ; hier et aujourd'hui tu as eu froid, demain tu auras faim peut-être. Si tu voulais, ta jeunesse pourrait s'épanouir au milieu d'une existence de joie et de plaisir, au lieu de rester emprisonnée dans la misère. Mais, patience, les bons jours viendront. Toi aussi, tu seras belle, élégante, parée ; tu auras de la soie, du velours, de la dentelle, tout ce que tu voudras, ma chère. — Ah ! quels trésors pourraient payer ton sourire ? — Tu ne travailleras plus... Tes pauvres mains, mordues tout le jour par l'aiguille, elles ne feront plus rien que se laisser embrasser par mes lèvres. Oh ! ma chère Rosette, ma pauvre fille !... patience, tu verras.

En cet instant, Ulric était bien décidé à aller le lendemain chercher de l'argent chez son notaire.

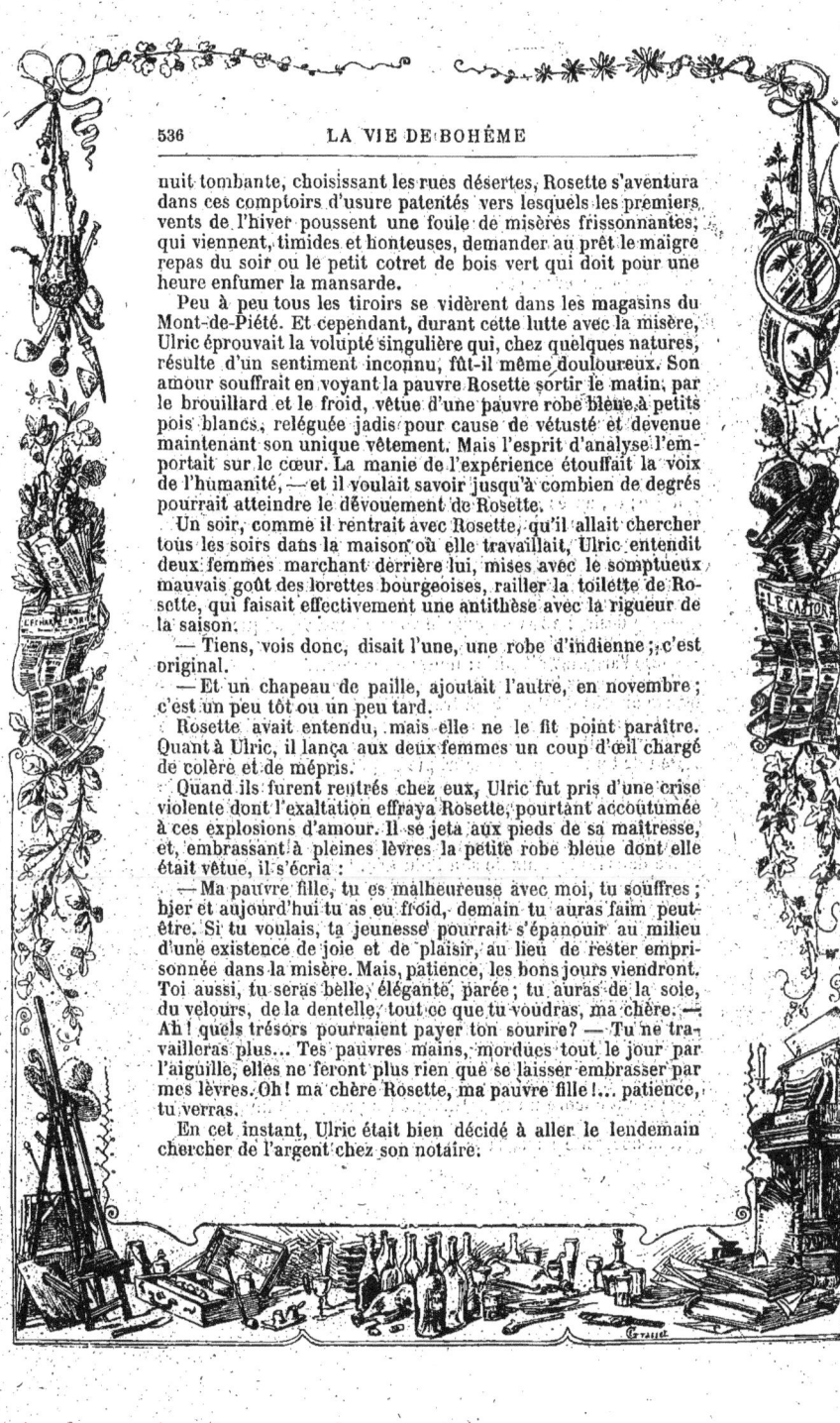

LA VIE DE BOHÊME

Je puis sur le champs vous remettre vingt cinq mille francs.

Le lendemain, en effet, il se présenta chez le successeur de M. Morin, qui, prévenu d'avance sur les excentricités de son client, ne parut point surpris du costume délabré sous lequel il voyait le comte de Rouvres.

— Monsieur, dit Ulric, je viens vous prier de me remettre quelque argent.

— Je suis à votre disposition : quelle somme désirez-vous, monsieur le comte ? demanda le notaire.

— J'ai besoin de cinq cents francs, répondit Ulric.

Le notaire entendit cinq mille francs. — Il ouvrit sa caisse et en tira cinq billets de banque, qu'il posa sur son bureau en face d'Ulric.

— Pardon, monsieur, dit celui-ci, vous me donnez trop ; c'est seulement cinq cents francs que j'ai eu l'honneur de vous demander.

Le notaire resserra les billets et compta vingt-cinq louis à Ulric, qui les mit dans sa poche après avoir signé la quittance.

Mais en entendant le bruit de cet or, qui sonnait joyeusement, Ulric fut pris de réflexions qui lui firent regretter la démarche qu'il venait de faire. Par quelles raisons pourrait-il expliquer à Rosette la possession de cette somme, qui aurait, pour la pauvre fille, l'apparence d'une fortune ? Ulric lui avait trop souvent répété qu'il n'avait aucune connaissance, aucun ami, aucune protection, pour qu'il pût prétexter un emprunt fait à quelque personne. Mais ce n'était pas encore là le vrai motif qui inquiétait Ulric : le motif réel avait sa cause dans l'égoïsme dont était pétri l'amour violent qu'il éprouvait pour Rosette. Ulric se savait, plus que tout autre, habile à se créer des tourments imaginaires. Enclin à faire ce qu'on pourrait appeler de la chimie morale, il ne pouvait s'empêcher de soumettre tous ses sentiments, toutes ses sensations aux expérimentations d'une logique impitoyable. Il avait remarqué que son amour pour Rosette, amour né d'ailleurs dans des conditions particulières, avait acquis une violence nouvelle depuis qu'une misère, chaque jour plus agressive, avait assailli le ménage.

A ce dénûment, Rosette avait toujours opposé non une résignation muette, tristement placide et faisant la moue, mais au contraire une indifférence en apparence si vraie, un oubli si complet, un si profond dédain du lendemain, qu'Ulric éprouvait un charme étrange à voir cette créature si insolente avec le malheur.

Quelquefois cependant, ayant remarqué la pâleur maladive qui peu à peu avait envahi le visage amaigri de la jeune fille, en écoutant cette voix dont la fraîche sérénité était souvent altérée par des éclats métalliques, Ulric se demandait avec inquiétude si ces fanfares de gaieté immodérée, ces fusées de rires fous qui s'échappaient sans motifs des lèvres de sa maîtresse, n'étaient point semblables aux lumières fantastiques

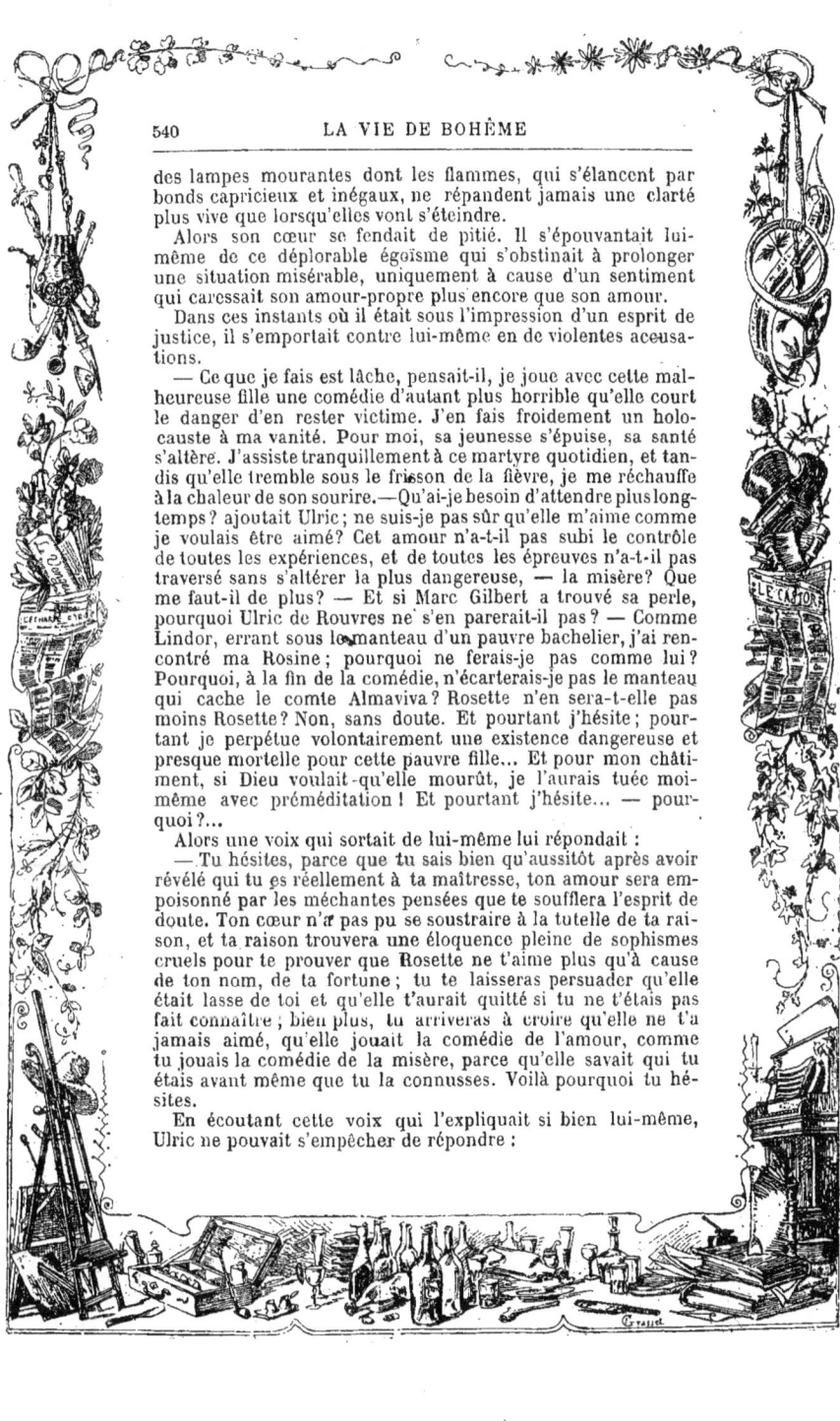

des lampes mourantes dont les flammes, qui s'élancent par bonds capricieux et inégaux, ne répandent jamais une clarté plus vive que lorsqu'elles vont s'éteindre.

Alors son cœur se fendait de pitié. Il s'épouvantait lui-même de ce déplorable égoïsme qui s'obstinait à prolonger une situation misérable, uniquement à cause d'un sentiment qui caressait son amour-propre plus encore que son amour.

Dans ces instants où il était sous l'impression d'un esprit de justice, il s'emportait contre lui-même en de violentes accusations.

— Ce que je fais est lâche, pensait-il, je joue avec cette malheureuse fille une comédie d'autant plus horrible qu'elle court le danger d'en rester victime. J'en fais froidement un holocauste à ma vanité. Pour moi, sa jeunesse s'épuise, sa santé s'altère. J'assiste tranquillement à ce martyre quotidien, et tandis qu'elle tremble sous le frisson de la fièvre, je me réchauffe à la chaleur de son sourire.—Qu'ai-je besoin d'attendre plus longtemps? ajoutait Ulric; ne suis-je pas sûr qu'elle m'aime comme je voulais être aimé? Cet amour n'a-t-il pas subi le contrôle de toutes les expériences, et de toutes les épreuves n'a-t-il pas traversé sans s'altérer la plus dangereuse, — la misère? Que me faut-il de plus? — Et si Marc Gilbert a trouvé sa perle, pourquoi Ulric de Rouvres ne s'en parerait-il pas? — Comme Lindor, errant sous le manteau d'un pauvre bachelier, j'ai rencontré ma Rosine; pourquoi ne ferais-je pas comme lui? Pourquoi, à la fin de la comédie, n'écarterais-je pas le manteau qui cache le comte Almaviva? Rosette n'en sera-t-elle pas moins Rosette? Non, sans doute. Et pourtant j'hésite; pourtant je perpétue volontairement une existence dangereuse et presque mortelle pour cette pauvre fille... Et pour mon châtiment, si Dieu voulait qu'elle mourût, je l'aurais tuée moi-même avec préméditation! Et pourtant j'hésite... — pourquoi?...

Alors une voix qui sortait de lui-même lui répondait :

— Tu hésites, parce que tu sais bien qu'aussitôt après avoir révélé qui tu es réellement à ta maîtresse, ton amour sera empoisonné par les méchantes pensées que te soufflera l'esprit de doute. Ton cœur n'a pas pu se soustraire à la tutelle de ta raison, et ta raison trouvera une éloquence pleine de sophismes cruels pour te prouver que Rosette ne t'aime plus qu'à cause de ton nom, de ta fortune ; tu te laisseras persuader qu'elle était lasse de toi et qu'elle t'aurait quitté si tu ne t'étais pas fait connaître ; bien plus, tu arriveras à croire qu'elle ne t'a jamais aimé, qu'elle jouait la comédie de l'amour, comme tu jouais la comédie de la misère, parce qu'elle savait qui tu étais avant même que tu la connusses. Voilà pourquoi tu hésites.

En écoutant cette voix qui l'expliquait si bien lui-même, Ulric ne pouvait s'empêcher de répondre :

— C'est vrai !

Alors il concluait de cette façon laconiquement égoïste :

— L'amour de Rosette est la seule chose qui me rattache à la vie ; je l'aime, et je crois à son amour, parce que je ne suis plus pour elle qu'un ouvrier, — que son dévouement me paraît sincère. — Mais si je lui révèle mon nom, mon amour sera frappé de mort, parce que je ne croirai plus à celui de Rosette. — Et je ne veux pas que mon amour meure ; — car c'est mon amour que j'aime.

Telles étaient les réflexions d'Ulric en revenant de chez son notaire.

Comme il passait sur un pont, une neige épaisse commença à tomber, dispersée par un vent glacé.

Une pauvre femme qui mendiait lui tendit la main en disant :

— Mon bon monsieur, la charité ; j'ai ma fille malade, elle a froid, et j'ai faim.

— Pauvre Rosette ! murmura Ulric ; elle aussi, elle a froid...

Et il mit dans la main de la mendiante le rouleau qui contenait les vingt-cinq louis.

Deux jours après les craintes d'Ulric se trouvaient réalisées. Rosette tomba sérieusement malade. Aux premières atteintes du mal, Ulric la fit conduire dans un hôpital.

Quand il revint à la maison et qu'il se trouva seul dans la chambre déserte, Ulric tomba dans une prostration dans laquelle son être tout entier demeura anéanti.

Ce fut son cœur qui sortit le premier de cet anéantissement.

Au milieu de cette chambre qui avait été pendant si longtemps un paradis, il entendit s'éveiller le chœur des souvenirs qui chantaient la joie des jours passés. Comme un tableau fantasmagorique, il vit bientôt se dérouler devant lui tous les épisodes du poëme de son amour. Il vit Rosette, pétulante et gaie, tournant, chantant dans la chambre, donnant ses soins au ménage, ou préparant le repas du soir qu'on prenait en commun, assis au coin du feu, l'un auprès de l'autre, et toujours à portée de lèvres.

Chaque meuble, chaque objet, lui venait rappeler la grande fête domestique dont son acquisition avait été la cause. Toutes ces choses muettes semblaient prendre une voix pour lui parler et lui dire avec un doux accent de reproche :

— Où donc est-elle, — celle-là qui avait un si grand soin de nous ? Et qu'as-tu fait de ta jeune amie ?

— Ne reviendra-t-elle plus ? — disait la petite glace entourée d'un humble cadre de bois de sapin verni, ne reviendra-t-elle plus celle-là qui, coquette pour toi seul, venait me demander des conseils ? J'étais l'innocent complice de sa beauté modeste, et quand elle ondulait devant moi ses cheveux blonds, j'aimais à lui dire : — Tu es belle, ma pauvre fille du peuple ; le prin-

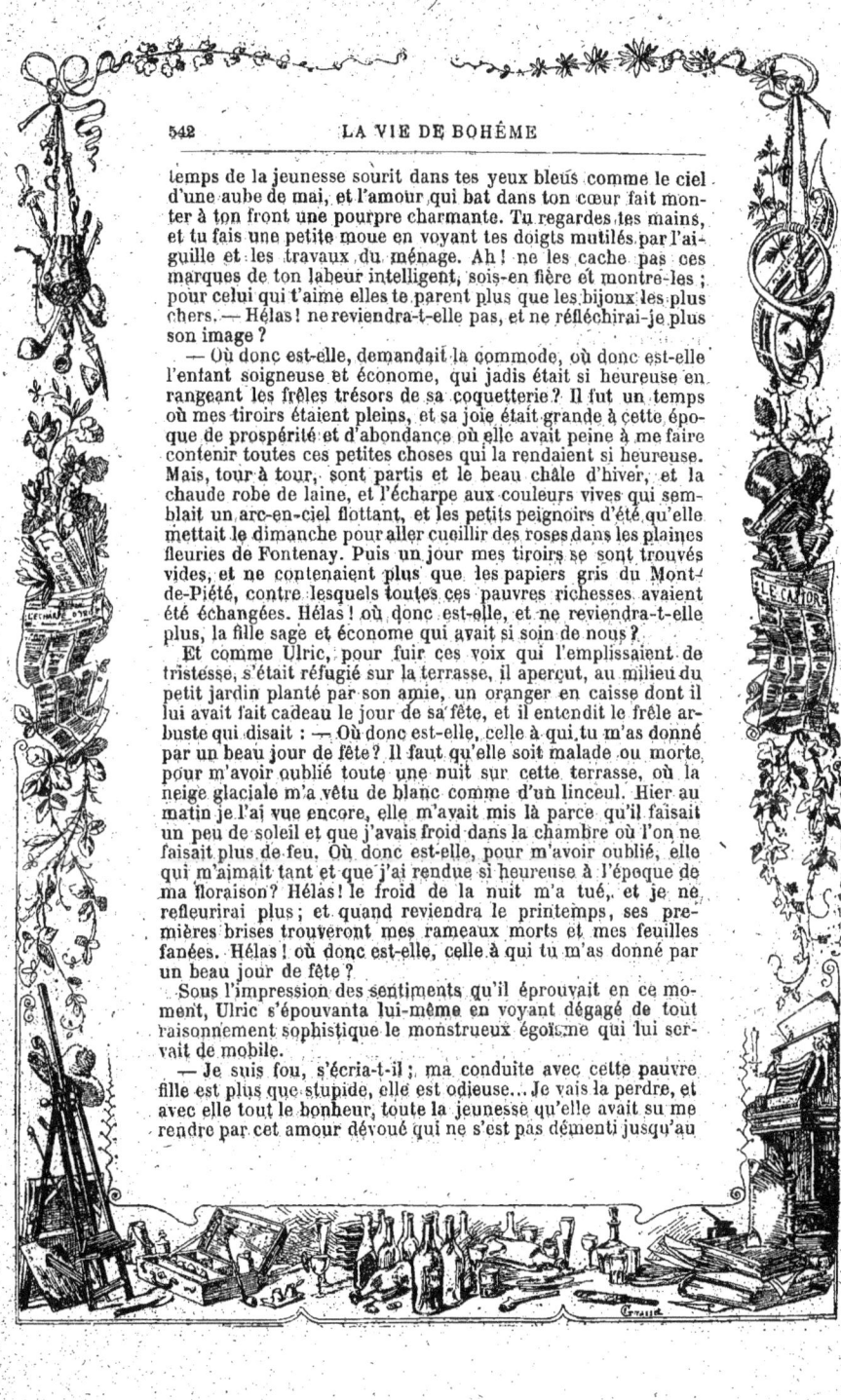

temps de la jeunesse sourit dans tes yeux bleus comme le ciel d'une aube de mai, et l'amour qui bat dans ton cœur fait monter à ton front une pourpre charmante. Tu regardes tes mains, et tu fais une petite moue en voyant tes doigts mutilés par l'aiguille et les travaux du ménage. Ah! ne les cache pas ces marques de ton labeur intelligent, sois-en fière et montre-les ; pour celui qui t'aime elles te parent plus que les bijoux les plus chers. — Hélas! ne reviendra-t-elle pas, et ne réfléchirai-je plus son image?

— Où donc est-elle, demandait la commode, où donc est-elle l'enfant soigneuse et économe, qui jadis était si heureuse en rangeant les frêles trésors de sa coquetterie? Il fut un temps où mes tiroirs étaient pleins, et sa joie était grande à cette époque de prospérité et d'abondance où elle avait peine à me faire contenir toutes ces petites choses qui la rendaient si heureuse. Mais, tour à tour, sont partis et le beau châle d'hiver, et la chaude robe de laine, et l'écharpe aux couleurs vives qui semblait un arc-en-ciel flottant, et les petits peignoirs d'été qu'elle mettait le dimanche pour aller cueillir des roses dans les plaines fleuries de Fontenay. Puis un jour mes tiroirs se sont trouvés vides, et ne contenaient plus que les papiers gris du Mont-de-Piété, contre lesquels toutes ces pauvres richesses avaient été échangées. Hélas! où donc est-elle, et ne reviendra-t-elle plus, la fille sage et économe qui avait si soin de nous?

Et comme Ulric, pour fuir ces voix qui l'emplissaient de tristesse, s'était réfugié sur la terrasse, il aperçut, au milieu du petit jardin planté par son amie, un oranger en caisse dont il lui avait fait cadeau le jour de sa fête, et il entendit le frêle arbuste qui disait : — Où donc est-elle, celle à qui tu m'as donné par un beau jour de fête? Il faut qu'elle soit malade ou morte, pour m'avoir oublié toute une nuit sur cette terrasse, où la neige glaciale m'a vêtu de blanc comme d'un linceul. Hier au matin je l'ai vue encore, elle m'avait mis là parce qu'il faisait un peu de soleil et que j'avais froid dans la chambre où l'on ne faisait plus de feu. Où donc est-elle, pour m'avoir oublié, elle qui m'aimait tant et que j'ai rendue si heureuse à l'époque de ma floraison? Hélas! le froid de la nuit m'a tué, et je ne refleurirai plus; et quand reviendra le printemps, ses premières brises trouveront mes rameaux morts et mes feuilles fanées. Hélas! où donc est-elle, celle à qui tu m'as donné par un beau jour de fête?

Sous l'impression des sentiments qu'il éprouvait en ce moment, Ulric s'épouvanta lui-même en voyant dégagé de tout raisonnement sophistique le monstrueux égoïsme qui lui servait de mobile.

— Je suis fou, s'écria-t-il ; ma conduite avec cette pauvre fille est plus que stupide, elle est odieuse... Je vais la perdre, et avec elle tout le bonheur, toute la jeunesse qu'elle avait su me rendre par cet amour dévoué qui ne s'est pas démenti jusqu'au dernier moment. Oh! non! non! ma pauvre Rosette, tu ne mourras pas!

Ulric courut tout d'une haleine chez son notaire, et le rencontra au moment même où celui-ci se disposait à aller en soirée.

— Monsieur, lui dit Ulric, les raisons pour lesquelles j'avais quitté le monde n'existent plus; je quitte mon incognito et je rentre dans la société; je reprends possession de ma fortune; je vous prie donc, dans le plus court délai qui vous sera possible, de réunir les fonds que j'ai déposés chez vous. En attendant, et pour l'heure présente, de quelle somme pouvez-vous disposer?

— Monsieur le comte, répondit le notaire, je puis sur-le-champ vous remettre vingt-cinq mille francs.

— C'est bien, dit Ulric : je vais vous en signer la quittance. Mais ce n'est pas tout, j'ai un autre service à vous demander.

— Je suis entièrement à vos ordres.

— Il faut, dit Ulric, que d'ici à deux jours vous m'ayez procuré un appartement habitable pour deux personnes. Comme je n'ai pas le temps de m'occuper de tous ces détails, je vous prierai également de me trouver un homme d'affaires intelligent, qui s'occupera de l'ameublement. Je veux que tout y soit sur le pied le plus confortable, qu'on n'épargne rien. Je ne puis pas accorder plus de deux jours.

— Je prends l'engagement de ne point dépasser ce délai d'une heure, répondit le notaire; dans deux jours, j'aurai l'honneur de vous faire prévenir.

Le lendemain matin, Ulric courut à l'hôpital pour voir sa maîtresse et lui avouer qui il était. Elle était hors d'état de le comprendre; la fièvre cérébrale s'était déclarée pendant la nuit, et elle avait le délire.

Ulric voulait l'emmener, mais les médecins s'opposèrent au transport; néanmoins ils donnèrent quelque espérance.

Au jour fixé, l'appartement du comte Ulric de Rouvres était préparé. Ulric y donna rendez-vous pour le soir même à trois des plus célèbres médecins de Paris. Puis il courut chercher Rosette.

Elle venait de mourir depuis une heure.

Ulric revint à son nouveau logement, où il trouva son ancien ami Tristan, qu'il avait fait appeler, et qui l'attendait avec les trois médecins.

— Vous pouvez vous retirer, messieurs, dit Ulric à ceux-ci. La personne pour laquelle je désirais vous consulter n'existe plus.

Tristan, resté seul avec le comte Ulric, n'essaya pas de calmer sa douleur, mais il s'y associa fraternellement. Ce fut lui qui dirigea les splendides obsèques qu'on fit à Rosette, au grand étonnement de tout l'hôpital. Il racheta les objets que la jeune fille avait emportés avec elle, et qui, après sa mort, étaient devenus la propriété de l'administration. Parmi ces objets se trouvait la petite robe bleue, la seule qui restât à la pauvre défunte. Par ses soins aussi, l'ancien mobilier d'Ulric, quand il demeurait avec Rosette, fut transporté dans une pièce de son nouvel appartement.

Ce fut peu de jours après qu'Ulric, décidé à mourir, partait pour l'Angleterre.

Tels étaient les antécédents de ce personnage au moment où il entrait dans les salons du café de Foy.

L'arrivée d'Ulric causa un grand mouvement dans l'assemblée. Les hommes se levèrent et lui adressèrent le salut courtois des gens du monde. Quant aux femmes, elles tinrent effrontément pendant cinq minutes le comte de Rouvres presque embarrassé sous la batterie de leurs regards, curieux jusqu'à l'indiscrétion.

— Allons, mon cher trépassé, dit Tristan en faisant asseoir Ulric à la place qui lui avait été réservée auprès de Fanny, signalez par un toast votre rentrée dans le monde des vivants. Madame, ajouta Tristan en désignant Fanny, vous fera raison. Et vous, dit-il tout bas à l'oreille de la jeune femme, n'oubliez pas ce que je vous ai recommandé.

Ulric prit un grand verre rempli jusqu'au bord et s'écria :

— Je bois...

— N'oubliez pas que les toasts politiques sont interdits, lui cria Tristan.

— Je bois à la mort, dit Ulric en portant le verre à ses lèvres, après avoir salué sa voisine masquée.

— Et moi, répondit Fanny en buvant à son tour... je bois à la jeunesse, à l'amour.

Et comme un éclair qui déchire un nuage, un sourire de flamme s'alluma sous son masque de velours.

En entendant cette voix, Ulric tressaillit sur sa chaise, et, prenant dans sa main la main que Fanny lui abandonna, il lui dit :

— Répétez, répétez, madame...

Fanny reprit son verre, qu'elle n'avait achevé qu'à demi, et répéta avec un accent d'enthousiasme juvénile :

— Je bois à la jeunesse, je bois à l'amour !

— C'est impossible... Cette voix, d'où vient-elle ? Ce n'est pas cette femme qui a parlé. De quelle tombe est sortie cette voix ? Quelle est cette femme ? murmura Ulric en interrogeant du regard Tristan, qui se borna à lui répondre : — Vous avais-je menti ?

Mais tout à coup, sur un geste de Tristan, Fanny laissa tomber le capuchon de son domino en même temps qu'elle détachait son masque, et avec une grâce adorable elle se retourna vers Ulric, et lui dit en lui parlant de si près qu'il sentit la fraîcheur de son haleine :

LA VIE DE BOHÊME

Je bois à la mort, dit Ulric

— Me ferez-vous raison, monsieur le comte ?

En voyant le visage de Fanny, Ulric resta muet, foudroyé, presque épouvanté.

Fanny était admirablement belle ce soir-là.

Une couronne de petites roses naturelles était posée sur son front comme une auréole printanière, et les brins de son feuillage faisaient une alliance charmante avec ses beaux cheveux blonds, dont les crêpelures avaient l'éclat lumineux de l'or en fusion. C'était, comme idéalisée par un poëte mystique, une de ces adorables figures qui sourient si doucement dans les toiles de Greuze.

— Rosette! ma Rosette!... C'est Rosette!... s'écria Ulric à demi fou.

— Pour tout le monde je m'appelle Fanny, dit la jeune femme en inoculant à Ulric une exaltation qui croissait à chaque coup de son regard bleu, — je m'appelle Fanny ; j'ai dix-huit ans, et je suis une des dix femmes de Paris pour qui les hommes les plus considérables marcheraient à deux pieds sur tous les articles du Code pénal. La porte par où l'on sort de mon boudoir ouvre sur le bagne ou sur le cimetière, et pour y pénétrer, il y a des pères qui ont vendu leurs filles, il y a des fils qui ont ruiné leur père. Si je voulais, je pourrais marcher pendant cent pas sur un chemin de cadavres, et pendant une lieue sur un chemin pavé d'or ; pour l'instant où je vous parle, je suis presque ruinée, à cause d'un accès de confiance que j'ai eu pendant un mois, dans un moment d'ennui. Aussi, pendant un mois, vais-je coûter très-cher. Voilà quelle femme je suis, monsieur le comte, ajouta Fanny en terminant son cynique programme, et, par un dernier coup d'œil provocateur, elle sembla dire à Ulric :

— Maintenant, monsieur, que désirez-vous de moi ?

Mais celui-ci avait à peine écouté ce qu'elle avait dit ; il n'avait entendu que le son de la voix, sans prêter d'attention aux paroles ; il regardait fixement Fanny, comme on regarde un phénomène, et n'interrompait sa contemplation que pour murmurer de temps en temps :

— Rosette! Rosette !

— Eh bien ! vint lui demander tout bas son ami Tristan, — ce que vous avez vu ne vaut-il pas la peine du voyage que je vous ai fait faire ?

— Mais, maintenant que je suis venu, je ne pourrai plus repartir, dit Ulric en montrant Fanny, qui feignait d'être indifférente à la conversation des deux hommes, bien qu'elle n'en perdît pas un mot.

— Enfin, dit Tristan en tirant Ulric à l'écart, que voulez-vous faire ?

Ulric parla longuement, en baissant la voix, à l'oreille de Tristan, et quand il eut achevé, Fanny, qui redoublait d'attention, entendit Tristan qui répondait à son ami :

— Je vous assure qu'elle acceptera.

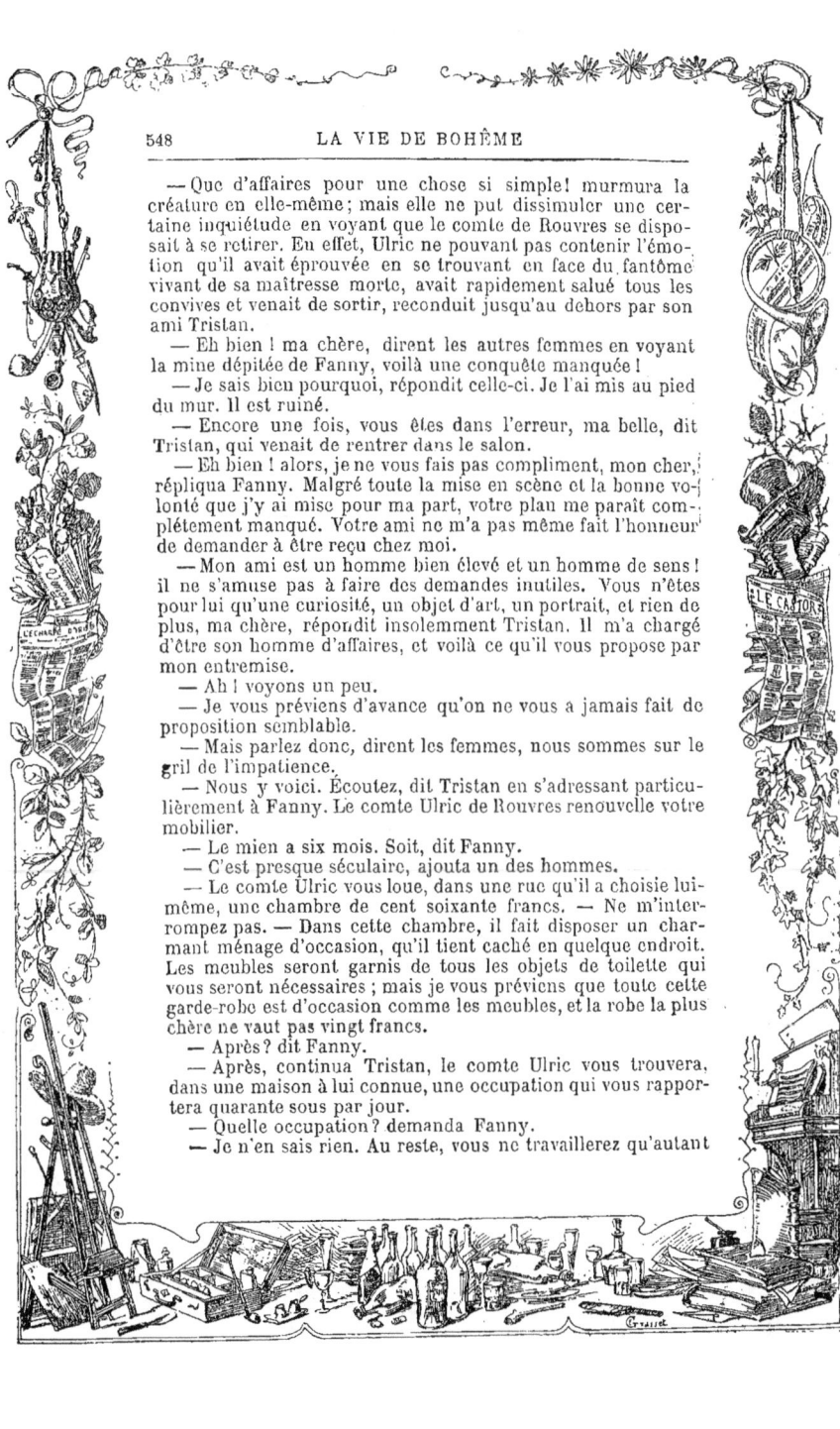

— Que d'affaires pour une chose si simple! murmura la créature en elle-même; mais elle ne put dissimuler une certaine inquiétude en voyant que le comte de Rouvres se disposait à se retirer. En effet, Ulric ne pouvant pas contenir l'émotion qu'il avait éprouvée en se trouvant en face du fantôme vivant de sa maîtresse morte, avait rapidement salué tous les convives et venait de sortir, reconduit jusqu'au dehors par son ami Tristan.

— Eh bien! ma chère, dirent les autres femmes en voyant la mine dépitée de Fanny, voilà une conquête manquée!

— Je sais bien pourquoi, répondit celle-ci. Je l'ai mis au pied du mur. Il est ruiné.

— Encore une fois, vous êtes dans l'erreur, ma belle, dit Tristan, qui venait de rentrer dans le salon.

— Eh bien! alors, je ne vous fais pas compliment, mon cher, répliqua Fanny. Malgré toute la mise en scène et la bonne volonté que j'y ai mise pour ma part, votre plan me paraît complètement manqué. Votre ami ne m'a pas même fait l'honneur de demander à être reçu chez moi.

— Mon ami est un homme bien élevé et un homme de sens! il ne s'amuse pas à faire des demandes inutiles. Vous n'êtes pour lui qu'une curiosité, un objet d'art, un portrait, et rien de plus, ma chère, répondit insolemment Tristan. Il m'a chargé d'être son homme d'affaires, et voilà ce qu'il vous propose par mon entremise.

— Ah! voyons un peu.

— Je vous préviens d'avance qu'on ne vous a jamais fait de proposition semblable.

— Mais parlez donc, dirent les femmes, nous sommes sur le gril de l'impatience.

— Nous y voici. Écoutez, dit Tristan en s'adressant particulièrement à Fanny. Le comte Ulric de Rouvres renouvelle votre mobilier.

— Le mien a six mois. Soit, dit Fanny.

— C'est presque séculaire, ajouta un des hommes.

— Le comte Ulric vous loue, dans une rue qu'il a choisie lui-même, une chambre de cent soixante francs. — Ne m'interrompez pas. — Dans cette chambre, il fait disposer un charmant ménage d'occasion, qu'il tient caché en quelque endroit. Les meubles seront garnis de tous les objets de toilette qui vous seront nécessaires; mais je vous préviens que toute cette garde-robe est d'occasion comme les meubles, et la robe la plus chère ne vaut pas vingt francs.

— Après? dit Fanny.

— Après, continua Tristan, le comte Ulric vous trouvera, dans une maison à lui connue, une occupation qui vous rapportera quarante sous par jour.

— Quelle occupation? demanda Fanny.

— Je n'en sais rien. Au reste, vous ne travaillerez qu'autant que cela pourra vous amuser; seulement vous aurez soin de vous faire sur le bout des doigts des piqûres d'aiguille. Vous irez dans cette maison depuis le matin jusqu'au soir. Mon ami, M. le comte de Rouvres, ira vous chercher pour vous reconduire au sortir de votre besogne et vous ramènera à votre chambre, où vous passerez la soirée avec lui. A dix heures vous serez libre de votre personne; mais le lendemain, dès sept heures, vous serez à la disposition de M. le comte de Rouvres, qui vous conduira à votre travail. Le dimanche, quand le temps sera beau, vous irez avec lui à la campagne manger du lait et cueillir des fraises. En outre, vous appellerez M. de Rouvres *Marc*, et vous apprendrez, pour les lui chanter, quelques chansons qu'il aime à entendre. Vous lui préparerez aussi vous-même certaine cuisine dont il vous indiquera le menu.

— Est-ce tout? demanda Fanny, qui ne savait pas si Tristan se moquait d'elle.

— Ce n'est pas tout, reprit celui-ci. — Pendant deux mois de l'hiver, vous irez travailler, — ou du moins dans la maison où vous serez censée travailler, — vêtue seulement d'une vieille petite robe d'indienne bleue semée de pois blancs.

— Mais j'aurai froid.

— Certainement, d'autant plus que pendant ces deux mois d'hiver vous ne ferez pas de feu dans votre chambre.

— Ah! dit Fanny, j'ai connu des gens singuliers, mais votre ami les surpasse; le comte de Rouvres me paraît un être ridicule. Pourquoi ne me propose-t-il pas tout de suite de me couper la tête pour la faire encadrer comme étant le portrait de sa maîtresse?

— Il y a pensé, dit tranquillement Tristan.

— Et après? reprit Fanny. Est-ce là tout?

— C'est tout, dit Tristan.

— Voilà ce qu'il exige? Et moi, que puis-je exiger en échange de cette comédie, si je consens à la jouer?

— Le comte de Rouvres vous offre le traitement d'un ministre : cent mille francs par an!

— C'est sérieux? s'écria Fanny.

— Très-sérieux. On passera, si vous l'exigez, un acte notarié.

— Mais il est donc décidément bien riche?

— Il a plus d'un million de fortune.

— Et combien de temps durera cette fantaisie?

— Tant que vous le voudrez. Ah! j'oubliais de vous dire qu'en acceptant ces conditions, vous changez de nom, comme mon ami. Il s'appellera Marc Gilbert, et vous vous nommerez Rosette.

— Eh bien! Fanny, demanda celle-ci à une de ses compagnes, qu'en dis-tu?

— Mesdames, répondit Fanny, je ne vous connais plus. Je m'appelle Rosette, et je suis la maîtresse vertueuse de M. Marc Gilbert.

Le lendemain soir, dans l'ancienne chambre de la rue de

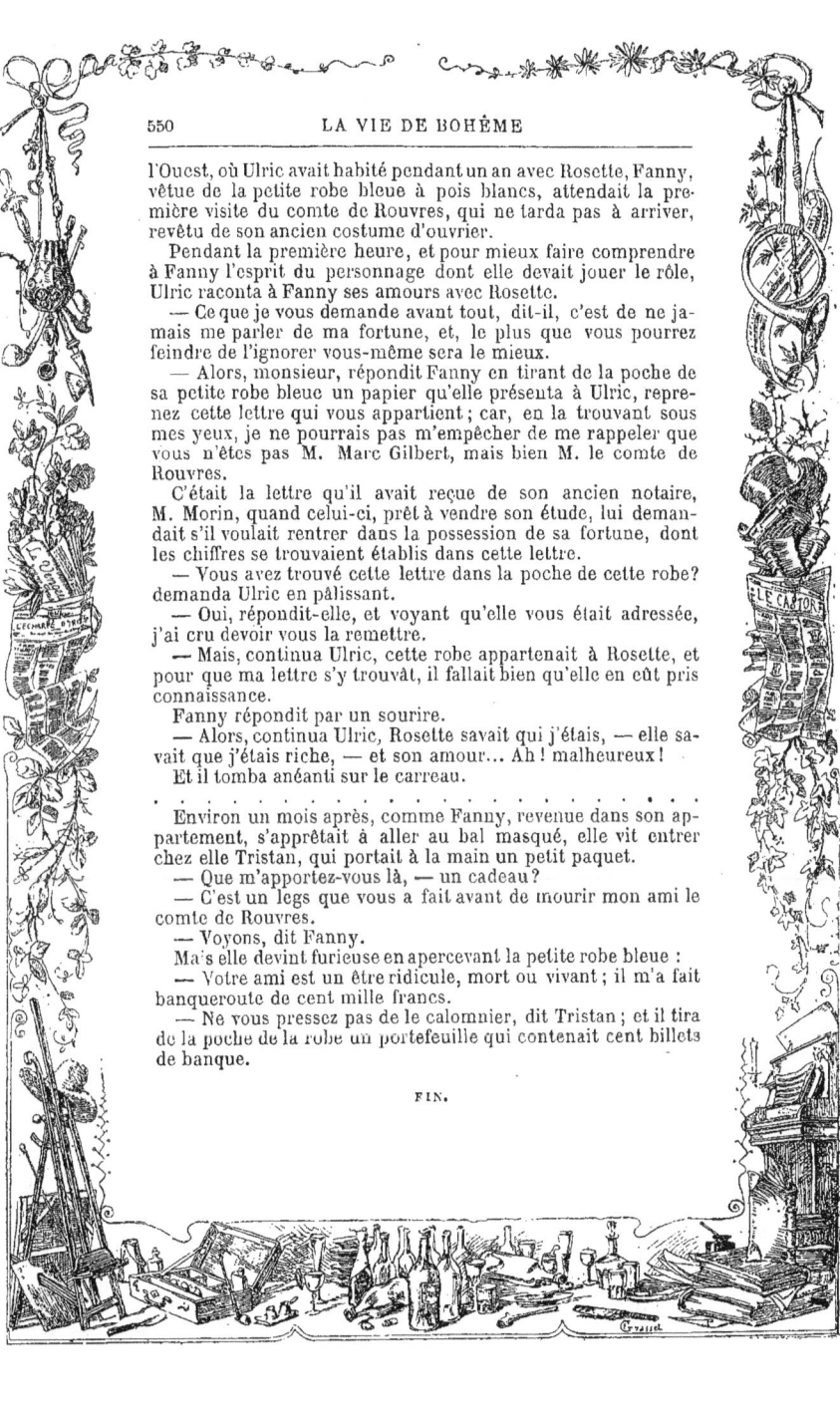

l'Ouest, où Ulric avait habité pendant un an avec Rosette, Fanny, vêtue de la petite robe bleue à pois blancs, attendait la première visite du comte de Rouvres, qui ne tarda pas à arriver, revêtu de son ancien costume d'ouvrier.

Pendant la première heure, et pour mieux faire comprendre à Fanny l'esprit du personnage dont elle devait jouer le rôle, Ulric raconta à Fanny ses amours avec Rosette.

— Ce que je vous demande avant tout, dit-il, c'est de ne jamais me parler de ma fortune, et, le plus que vous pourrez feindre de l'ignorer vous-même sera le mieux.

— Alors, monsieur, répondit Fanny en tirant de la poche de sa petite robe bleu un papier qu'elle présenta à Ulric, reprenez cette lettre qui vous appartient; car, en la trouvant sous mes yeux, je ne pourrais pas m'empêcher de me rappeler que vous n'êtes pas M. Marc Gilbert, mais bien M. le comte de Rouvres.

C'était la lettre qu'il avait reçue de son ancien notaire, M. Morin, quand celui-ci, prêt à vendre son étude, lui demandait s'il voulait rentrer dans la possession de sa fortune, dont les chiffres se trouvaient établis dans cette lettre.

— Vous avez trouvé cette lettre dans la poche de cette robe? demanda Ulric en pâlissant.

— Oui, répondit-elle, et voyant qu'elle vous était adressée, j'ai cru devoir vous la remettre.

— Mais, continua Ulric, cette robe appartenait à Rosette, et pour que ma lettre s'y trouvât, il fallait bien qu'elle en eût pris connaissance.

Fanny répondit par un sourire.

— Alors, continua Ulric, Rosette savait qui j'étais, — elle savait que j'étais riche, — et son amour... Ah! malheureux!

Et il tomba anéanti sur le carreau.

. . . .

Environ un mois après, comme Fanny, revenue dans son appartement, s'apprêtait à aller au bal masqué, elle vit entrer chez elle Tristan, qui portait à la main un petit paquet.

— Que m'apportez-vous là, — un cadeau?

— C'est un legs que vous a fait avant de mourir mon ami le comte de Rouvres.

— Voyons, dit Fanny.

Mais elle devint furieuse en apercevant la petite robe bleue:

— Votre ami est un être ridicule, mort ou vivant; il m'a fait banqueroute de cent mille francs.

— Ne vous pressez pas de le calomnier, dit Tristan; et il tira de la poche de la robe un portefeuille qui contenait cent billets de banque.

FIN.

TABLE

LA VIE DE BOHÈME

I.	Comment fut installé le cénacle de la Bohème........	1
II.	Un Envoyé de la Providence..............	35
III.	Les amours de carême................	40
IV.	Ali-Rodolphe, ou le Turc par nécessité.........	51
V.	L'écu de Charlemagne..	59
VI.	Mademoiselle Musette..................	67
VII.	Les flots du Pactole..	72
VIII.	Ce que coûte une pièce de cinq francs.......	85
IX.	Les violettes du pôle................	93
X.	Le cap des Tempêtes................	101
XI.	Un café de la Bohême...............	110
XII.	Une réception dans la Bohême..........	118
XIII.	La crémaillère................	139
XIV.	Mademoiselle Mimi...............	147
XV.	Donec gratus................	164
XVI.	Le Passage de la mer Rouge...........	172
XVII.	La toilette des Grâces..	180
XVIII.	Le manchon de Francine...........	197
XIX.	Les fantaisies de Musette..........	220
XX.	Mimi a des plumes...............	243
XXI.	Roméo et Juliette..	259
XXII.	Épilogue des amours de Rodolphe et de mademoiselle Mimi.	268
XXIII.	La jeunesse n'a qu'un temps.............	296
	LE PAYS LATIN................	307
	LE SOUPER DES FUNÉRAILLES...........	502

F. AUREAU. — IMPRIMERIE DE LAGNY

www.ingramcontent.com/pod-product-compliance
Lightning Source LLC
Chambersburg PA
CBHW070835230426
43667CB00011B/1800